U0165501

學習刑法

總則編

長明偉／著

自從2005年返國開始刑總教學生涯迄今，已經整整過了十個寒暑。雖然從大一就已接觸刑法總則，卻一直到現在，還不時的會糾結於不同見解之間，雖然不致於昨是今非，竟也不覺從自己對自己的妥協中，體會到社會不同人與人間思維與利害的矛盾。而作為處理社會矛盾工具的法律，如果無視於這些矛盾，甚至不能包容某些必然存在的矛盾，就難免會出現所謂治亂世用重典的迷思，而無法真正的解決問題之所在。很多人都說刑法難，或許難就是難在這裡吧！

作為一本教科書，本書以釐清刑法總則之基本概念為主要目標。而鑒於坊間相關著作少有對併罰論與刑罰論有深入的探討，本書亦以相當篇幅介紹數罪併罰以及刑罰等相關制度，期能作為讀者窺視刑法世界的墊腳石。雖然這並不是一本主題式的專論，不以介紹外國法制為宗旨，且無意於一一臚列所有源自比較法的爭議問題並予以處理，不過，對於某些在沿革上主要係借鏡外國法制所形成的制度，卻不得不對其外國之師有所著墨，以免所述失所附麗。

最後，期待本版新增修的內容，有助於讀者更清晰的掌握刑法總則的輪廓，也期待讀者在勉力學習之後，能善用刑總這一門工具，並真正了解法制與法治的差異所在。

張明偉

2015.08.20

自 序

　　時光飛逝，轉眼間竟也已教了三年的刑法總則。期間雖亦忙於其他的課程與活動，刑法總則的課程準備與資料整理卻仍一直持續地在進行。雖然近期的研究主要在於訴訟法制的探索，似仍未忘情大學與研究所時期對於刑法總則的熱情追求。因此當有機會出版過去所整理的刑法總則學習資料，也就不湍簡陋地勉力而爲。原本出版社希望我能改寫由高仰止教授所出版的《刑法總則精義》，不過在嘗試改編之後，發覺架構與內容變更的幅度太大，不得不決定跳脫原書的框架，按照筆者自己對於刑法總則的認識，決定本書的篇幅與架構。正因本書之作源自於改寫高教授大作的初衷，因此關於架構與內容，不免深受到高教授大作的啟發。事實上，若非法制變革，筆者絕無資格在此狗尾續貂地損益斟酌。前人種樹、後人乘涼，在此謹向未曾謀面之前輩致上最高的謝意。

　　本書名爲「學習刑法—總則編」，期能作爲學習刑法總則的敲門磚，並希望讀者能透過閱讀本書進而初步掌握刑法總則名單元所內含的基本概念。惟因筆者學植未深，資短歷淺，書中所言難免一隅之偏，難登大雅；縱或有一己之得、自屬野人獻曝，實不收妄稱「精義」，以免僭越。如讀者能透過本書的鋪陳，較順利地入門學習浩瀚無垠的刑法總則，則本書之階段性任務即已告成；至若刑法總則的堂奧之妙，本應求諸名家之門，原非本書所得一窺究竟。

　　本書內容主要係以現行刑法爲中心，除以法制沿革爲論述基礎外，亦一併納入英美法制相關概念的初步介紹，期能讓讀者對相關刑法概念有更進一步與更完整的認識。此外，在犯罪競合部分，筆者延續長期以來的關懷，詳細地探討此部分法制因移植不完整所形成的特徵，期能在比較法差異的基礎上，正確地理解競合問題在本土實踐上所具有的意義與特色，而不再只是一味地採納外國法制的觀點，使本國法制在相關發展上只能淪爲外國法制的殖民地，並喪失本土化的契機。蓋縱現行刑法之體例源自法制移植，本不表示刑法之發展也只能移植他山。

爲求簡省篇幅，本書關於引用之編排原則上採夾註（而不採同頁註）的體例，因此如讀者對於夾註中的引用資料有深入了解的必要，可參考書末的參考文獻。最後要感謝所有在刑法學習過程中曾給予教導的諸位老師，特別是引導入門的蔡墩銘教授，若非因曾在蔡老師刑總班上得到足堪告慰的分數，或許不會對於刑法產生濃厚的興趣。而一直以來給予諸多指導與協助的王兆鵬教授，也著實啟發了筆者開始思考將美國刑法概念注入我國刑法體系的可能性，本書初步介紹美國刑法相關基本概念的構想，實係來自某次與王老師交談所得。當然，倘若書中說明有所失焦，甚而引喻失義，自是個人思慮不周所致。

張明偉

97.08.20

contents 目錄

第一篇　緒　論

第二篇　　犯罪論

第三篇　數罪併罰
（複數構成要件實現之併合處罰）

第四篇　刑罰論

第五篇　保安處分論

第一篇

緒　論

第一章
刑法的基本概念

第一節　刑法的規範基礎

　　自從人類社會開始經營群體生活以來，人們難免因人際間磨擦與衝突而產生各種型態的糾紛；惟不論何種類型的衝突糾紛，由於此際行為人之行為均不免對群體社會生活利益造成一定程度之影響或侵害，當影響或侵害普遍被認為重大（不可忍受）時，人類社會勢必將面對「如何妥適處理（對待）某些已經犯錯（或即將犯錯）的行為人」此一問題。基本上，在各種糾紛類型中，有些侵害行為似乎比其他類型的侵害行為更令人感到惡劣（或是過分）；例如，相較於民事契約違反或是財產侵害等糾紛類型，兇殺或強姦等直接侵害人身利益之行為應屬於令人更加無法忍受的侵害行為。如果某種具體類型之侵害行為或危險行為被公認為是「真正」的錯誤行為而被歸類為社會大眾普遍無法容忍的「犯罪行為」，那麼此時就需要動用到強調刑事制裁（具有苦痛的內含本質）的法律系統來處理這類的侵害行為或危險行為。換句話說，並非所有錯誤的社會侵害行為均應受到刑事處罰，那些被社會大眾（特別是立法機關）視為較輕微而非無法忍受的侵害行為（非犯罪），因無對其施加刑事處罰的必要，則將此種較輕微的侵害行為交由法律體系中的民事法或行政法部分予以處理即已足夠。故如以侵害行為不必然遭受刑事處罰（刑法未必保護所有被侵害的法益）之角度而言，社會生活具有相當程度之風險性，基本上，在合理風險範圍內所發生之侵害事件，即非刑法所欲以規制之對象。

　　傳統上認為刑法乃規定犯罪與刑罰之法律，亦即規定「何種行為屬於犯罪，對於犯罪行為人應科以何種程度刑罰」之法律即可歸類為刑法。然

而近代刑法在傳統之「犯罪與刑罰」概念以外，分類上尚包括「社會危險行為與保安處分」，故就現代意義之刑法而言，刑法乃規定犯罪或社會危險行為之構成，並賦予其法律效果之刑罰或保安處分的法律規範體系。關於何種類型的社會侵害行為屬於「真正」的過錯行為而無法被社會大眾普遍的容忍，通常需視其行為是否創造了社會生活不合理的風險以為斷，事實上這部分是立法機關在刑法分則或特別刑法部分必須加以處理的工作；從而相對於刑法分則係將犯罪予以類型化的規定，刑法總則只是在闡述「在什麼情形下刑事不法的侵害行為不構成犯罪」以及「如何運用刑法處理刑事不法之行為（刑罰或保安處分）」等問題。

一般而言，刑法有廣狹二義，凡一切規定犯罪與其處罰之法律皆屬廣義之刑法，廣義之刑法包含刑法法典以及散見於其他各種有罪名與刑罰規定之法律，故亦稱實質的刑法；狹義之刑法則專指國家的刑法法典而言，又有形式的刑法之稱，其內容可分為總則及分則兩部分，總則規定犯罪與刑罰之一般原則，分則規定各種犯罪之構成要件及其刑度。

第二節　刑法的功能

刑法在解決人際糾紛的同時，除了積極地宣示「某種具體類型之侵害或侵害危險行為已被公認為真正的過錯行為，而屬於無法被社會大眾普遍容忍的犯罪行為」外，其負面地表列出哪些社會侵害或侵害危險行為類型屬於當代社會所禁止的犯罪行為類型，亦描繪出社會共同生活基本價值之輪廓。一般認為，刑法是所有法律中法律效果最嚴苛的法律，也是非戰時社會秩序維護的最後一道防線。刑法嚴苛本質的主要目的在於保護法益，並對將來可能犯罪的行為人來產生威嚇作用，抑制犯罪的產生。除了站在法益保護的角度觀察刑法的功能，我們還能站在加害者與被害者兩方面角度來觀察刑法的功能。對於被害者而言，因加害者已遭法律制裁，其身心所受的傷害某種程度也會得到撫平；而對加害者來說，其因犯罪受到刑罰宣告，可藉服刑矯正其行為，以利其再社會化，而對於良知未泯的行

為人，藉由服刑也能衡平其罪惡感，達到贖罪的效果。刑法可說是人類社會共同生活所不可或缺之基本秩序，本質上可認刑法具有四大功能（蔡順雄）：

一、保護法益

社會共同生活中，無論個人、社會或國家，均存有值得保護之生活利益。凡以法律手段而加以保護之生活利益，即稱法益。由於對較為重要之法益破壞，或對於一般法益較為重大之破壞，將足以減低個人之安全感，並危及社會之安寧秩序，故乃以刑罰作為制裁法益破壞行為之法律手段。因此，制裁對法益有侵害或危險之違法行為，乃為刑法之保護機能。刑法之功能乃在於法益保護，亦即保護法益不受他人非法之侵害。刑法具有保護「法益」不受犯罪行為侵害之機能，此時法益概念具有「決定刑罰必要性與處刑規定合理性」之功能；另參照最高法院69年台上字第2685號判例：「刑法為國內法採屬地主義以保護中華民國之法益為目的，其第5條所稱本法於凡在中華民國領域外犯該條所列第1款至第5款之罪適用之，雖兼採保護主義之立法，但其目的乃在確保我國刑法所應保護之法益，蓋該條上列各款之保護對象，於我國家之生存、財政金融及經濟之安定進步並國際信用，至有關係，其第5款所指犯刑法第214條、第216條之罪，必須合於我刑法第214條規定之要件，惟法文所稱公務員職務上所掌管之公文書，係指我國公務員（如駐外使、領館人員）所掌管之我國公文書而言，至於在我國境外使外國公務員在其職務上所掌之外國公文書為不實之登載，於我國之法益既無絲毫影響，且不在我刑法保護範圍之內，應由所在國家之法律加以保護處罰。」與72年台上字第5872號判例：「刑法為國內法，採屬地主義；刑法第5條第1款至第5款之規定，雖兼採保護主義，但以我國國家、社會、人民之法益為保護之對象；故刑法第5條第4款所稱有價證券不包括在外國發行流通之有價證券在內。」等意旨，我國刑法僅具保護我國法益之功能目的，至於外國法益之保護，原非我國刑法存在之目的。不過，鑑於行賄受賄現象普遍存在於國際商務活動（包括貿易與投

資）中，引起國際社會道德上和政治上的嚴重關注，損害政府形象，阻礙了經濟發展，擾亂了國際競爭秩序，基於OECD（經濟合作暨發展組織）在1997年通過「禁止在國際商務活動中賄賂外國公共官員公約」，締約國對賄賂外國公共官員的行為應當以有效、按比例、勸阻性的刑事處罰原則加以懲處。處罰標準應當比照針對賄賂本國公共官員的規定施行；如果當事人為自然人，對其處罰應包括剝奪其自由，以確保發生國與相關國之間相互提供有效的法律援助和進行引渡。雖我國非締約國之一，因刑法第7條對我國人民在中華民國領域外觸犯法律設有所犯最輕本刑三年以上有期徒刑之限制，因此，在我國領域外犯行賄罪者，依現行刑法與貪污治罪條例均無法追訴，法務部遂於「貪污治罪條例修正草案」增訂「行賄外國公務員罪」，基此規定，國人若對外國、中、港、澳等公務人員，就商業活動有關事項從事賄賂或其他不正利益行為，將處一年以上七年以下有期徒刑，得併科新臺幣三百萬元以下罰金。然因該草案規定存在保護外國法益之疑慮，因此目前對於是否增訂此一規定尚無共識。

二、制壓與預防犯罪

犯罪為最嚴重之不法行為，國家乃以最嚴厲之法律效果加以處罰，給予行為人相當之刑罰制裁，藉刑罰之威嚇力，產生制壓與遏阻犯罪之功能。同時，更由於刑法對於行為人之公正制裁，不但足以滿足社會大眾對於正義感之需求，而且昭示社會大眾，法益與法律秩序之不可破壞性，亦產生社會教育之作用，使刑法除具制壓犯罪之功能外，尚具有預防犯罪之功能。

三、保障人權

刑法明定應予刑事制裁之犯罪行為及其法律效果，具有限制國家刑罰權發動，保障國民活動自由之機能，其一方面保證凡是未違反刑法規範者，均不受國家權力機關之干涉與侵犯；另方面則保證行為人不受法律規定外之處罰，以及不受有違人道與藐視人性尊嚴之殘虐刑罰。易言之，如

不是刑法明定之犯罪類型，刑法即不能對之加以處罰，國民個人之活動自由因此獲得保障，而不受法律之干涉。刑法由於此等雙重之保證作用，而產生保障人權之功能。

四、矯治犯罪人

刑法以其法律效果科處犯罪人應得之刑罰，並利用執行刑罰之機會矯治犯罪人，促使犯罪人再社會化，使其在接受刑罰之執行後，能改過遷善，安分守己，而不再犯罪。刑法之所以較其他法律與道德規範間具有更為密切的關係，在於其保障基本人權，藉由追訴及預防犯罪之手段保護法益，並滿足社會大眾之正義感，昭示大眾產生警示效果及矯正犯罪人。

第三節　刑法的性質

刑法的性質及其在法律上之定位，本應於學習刑法前亦應先予瞭解，以免有所偏差，茲分別說明於後：

一、刑法為公法

凡規定國家主權本體自身以及國家與人民間權力服從關係之法律，通稱為公法；凡規定人民相互間，或國家與個人間私權關係之法律，則為私法。刑法既為規定何種行為應受何種處罰之國家與人民間權力服從關係，且為規範國家對犯罪人刑事制裁權存否之法律，自應屬公法而非私法。

二、刑法為實體法

凡規定權利義務關係本體的法律，為實體法；凡規定實體法運用之手續者，為程序法。刑法在實質上屬規定犯罪之種類及刑罰範圍之法律，自為實體法。

三、刑法為國內法

凡規定國家相互間權利義務關係之法律，為國際法；凡規定國家與人民或人民相互間權利義務關係之法律，為國內法。刑法之效力，原則僅能及於一國領域之內，故為國內法。

四、刑法為強行法

凡具有絕對適用之效力，不容人民自由變更或選擇，而必須絕對遵守者，為強行法，否則即為任意法。刑法規定犯罪之處罰，除告訴乃論及請求乃論之罪外，只要有犯罪即應追訴、處罰，非當事者意思所得左右，故為強行法。

五、刑法為成文法

凡按照立法程序，作成法典，並經公布施行等手續之法律，稱為成文法；倘非依立法程序制定公布，而由國家有權機關承認之習慣，同樣具有法律之效力者，稱為不成文法。刑法之內容，與人民之自由權利，息息相關，基於罪刑法定主義，必經立法程序之制定公布，故為成文法。

六、刑法為普通法

凡法律施行於一般地區、一般人民、一般時期以及一般事項者，稱為普通法；凡施行於特定之人、地、時、事者，稱為特別法。刑法之效力，及於一般的人、地、時、事，故為普通法。

七、刑法為司法法

國家之法律，可分為立法法、司法法及行政法。憲法之主要部分，為立法法，因其為立法之準據。刑法，則為裁判上應適用之法律，故為司法法。

第四節　刑法之分類

　　刑法因其適用範圍、法律效果及其內容與形式之不同，亦得為各種分類，茲述之如後：

一、普通刑法與特別刑法

　　普通刑法係適用於一般事項及一般人之法律，原則上無論何人、何時、何地，均有其適用，如本書所指之刑法。至於特別刑法，相較於普通刑法而言乃特殊適用之刑法，每因適用對象之人、地、時、事等不同而有差異：如人方面有陸海空軍刑法；事方面有殘害人群治罪條例、槍炮刀械管制條例等；時方面有許多以往戡亂時期的條例；地方面有已廢止之臺灣省內菸酒專賣暫行條例等。一般而言，特別刑法所規定的犯罪，大多可見於普通刑法中，其特別立法之目的或為加重刑罰，或為更詳盡規定犯罪類型的要件。雖然有謂特別刑法不能超越普通刑法處罰範疇，而僅能將成立範圍更加限縮（並對應於較高的刑度），但是現實上擴張普通刑法處罰範疇的特別刑法規定，反倒是屬於多數。

二、永久刑法與限時刑法

　　永久刑法並未規定施行期間，如普通刑法。限時刑法純為適應一時的特別情況，施行於一定期間之刑罰法規，例如已廢止之懲治貪污條例第16條規定施行期間為二年。又依照民國88年9月25日發布之緊急命令第11點規定：「（第1項）因本次災害而有妨害救災、囤積居奇、哄抬物價之行為者，處一年以上七年以下有期徒刑，得併科新臺幣五百萬元以下罰金。（第2項）以詐欺、侵占、竊盜、恐嚇、搶奪、強盜或其他不正當之方法，取得賑災款項、物品或災民之財物者，按刑法或特別刑法之規定，加重其刑至二分之一。（第3項）前二項之未遂犯罰之。」與第12點規定：「本命令施行期間自發布日起至民國89年3月24日止。」所制定之九二一

震災重建暫行條例第71條：「於緊急命令施行期間內，犯緊急命令第11點所規定之罪者，於緊急命令施行期滿後，仍適用緊急命令第11點之規定處罰」規定亦具有限時刑法之性質，因依立法意旨，於限時法之時限外本無因趁火打劫另予加重處罰之必要，故僅於時限內予以加重處罰。

三、形式刑法與實質刑法

所謂形式刑法，有成文刑法典可資依據，外形上一望而知其為刑罰法規，如刑法、陸海空軍刑法。至於實質的刑法則不具備刑法法典之形式，而在其實際的內容中定有罪名及刑罰，例如破產法、公司法、職業安全衛生法等定有刑罰罰則規定之法律，凡此種未定於形式刑法典內卻具有刑法處罰性質之規定，即為實質刑法。

四、廣義刑法與狹義刑法

凡法律中有犯罪與刑罰之規定者，均可稱為刑法，此乃廣義之刑法，如懲治走私條例、妨害兵役治罪條例。凡具有法典形式，而以刑法之名稱公布者，為狹義刑法，此專指刑法法典而言。

五、單一刑法與附屬刑法

所謂單一刑法，即單純規定犯罪與刑罰之法律，如刑法及陸海空軍刑法。所謂附屬刑法，係以行政事項或其他法律關係為主體，而於違反某項規定時，始附帶科以刑罰之規定，換言之，附屬刑法乃為輔助刑法規定不足而存在的刑罰規範，如工廠法、礦業法中所規定之罰則，此通常是行政刑法，但亦有屬於特別刑法的特例。

六、完整刑法與空白刑法

凡對於犯罪之構成要件與刑度在法條中有明確之規定者，謂之完整刑法，如刑法分則各條之規定，絕大多數之犯罪，均屬完整刑法。其以犯罪

構成要件之一部或全部，委諸其他法律或命令者，謂之空白刑法，如刑法第117條之局外中立命令，刑法第192條關於預防傳染病所公布之檢查或進口之法令，均為空白刑法之適例。至於補充部分之法律或命令，稱為補充規範，關於補充規範可否視為刑法規範，本書將於第四章第一節第四段刑法之變更中予以詳細說明。

第二章
憲法對刑法的限制：
刑法規範的合憲性

第一節　憲法與刑法之關聯

　　由於刑事法規範包含剝奪生命或自由財產的制裁體系，故其存在與實行勢必對個人受憲法保障的基本人權造成重大的影響，因此關於刑法規範之妥當性本應從憲法保障人權的角度出發思考，以避免出現僅由刑事政策或刑事立法觀點處理刑法爭議所衍生之規範衝突。關於憲法與刑法的關聯，大致可有以下之理解：「在法治國家中，憲法為國家之根本大法，是一切法令之母，一切法令依據憲法而產生，且不得違反或牴觸憲法，法律命令之違反牴觸憲法者無效，這是憲法和一切法令之關係，刑法也不能獨外，所以近代以後，刑法是由於憲法的產生而產生，跟著憲法之變遷而變遷的。故憲法的整個精神，和其中有關刑事法的規定，應該是刑法立法的基本原則，也是刑事法令的解釋基礎。憲法這一部分的變化，則為刑事法變化的先驅。刑事法是和人身自由關係最密切的法律，它規定適當與否，和人身自由關係很大，故由這一角度看，憲法和刑事法之間，尤有密切的關係，亦可反轉過來，由刑事法的發生和發展，看出憲法一部分變遷的情形（林紀東I，1-2）。」；簡單來說，憲法為人權保障的基礎，刑法的立法與解釋，均須符合憲法的精神，任何違反憲法精神的刑事立法與司法解釋，均不被允許。

　　然自人類營社會生活以來，只要有歷史記載，刑法即一直存在於各個國家社會當中，歷來各個王朝也大都以刑法規範作為統治的工具之一。

在封建王朝時代，所有的犯罪均因其行為破壞國王的秩序與和平而有加以刑事處罰之必要；而因基督教的發展，許多犯罪之形成只因其行為違反了「神性」（例如雞姦（sodomy）因違反具神性之異性戀而在中古歐洲屬於死刑犯罪），因此早期的犯罪處罰並不具有法益保護之功能。由於現代憲法的概念乃起源於西元1776年的美國獨立革命與西元1789年的法國大革命，因此相較於刑法概念與原則的古老，現代憲法所包含的諸原則可以說是相對新穎的法律概念。雖然憲法發展的歷史不若刑法長久，現代憲法的理念與已發展超過千年以上的刑法概念相互之間，並非絕不相容甚或彼此排斥；反之，許多刑事法領域中長期累積的基本原理原則，因其具高度的社會生活重要性，在今日反而已成為現代憲法的重要基本原則。

　　由於早於憲法概念與法位階理論發展的諸多刑法原理間，本身亦存在規範價值高低之分，例如：一事不二罰與處罰不溯及既往等原理，因相較於其他規範（如法律保留原則、後法優於前法原理）具有較不易變異的共識，本質上並不允許立法者僅以普通多數決之方式予以變更，相較於特定法益侵害行為之可罰性（高低），前者已具有高度穩定之憲法特徵而可視為具憲法位階之刑法原理。因此，對於先於憲法發展之刑法法理，其於法位階理論中之定位，似有重新加以檢討之必要；基本上關於一事不二罰與處罰不溯及既往等原理，具有如同憲法般的法位階，因其對於人民法律生活安定而言乃極為重要的利益，為避免人民自己受到因普通多數決而改變法律之弊害，制度上僅允許以加重多數決（修憲）的方式加以改變；而關於法律保留原則、後法優於前法等原理以及重傷或公務員定義，僅具有如同法律般的位階，得以一般相對或絕對多數決（修法）的方式予以變更。縱然在中世紀的刑法世界中未曾見過學者使用「合憲解釋」或「憲法界線」等字眼，在當代立憲主義與憲法概念的支配下，刑事法律原則的發展，自然也應符合憲法規定的精神。從而，凡涉及國家刑罰權內涵或實施的法律規定，都不能背離現代憲法的基本精神。若認刑法領域本身所獨自發展出的法則不須受到當代憲法規範之拘束，而忽視憲法精神與刑法規則間的交錯，不但昧於某些憲法原則係承襲刑法原理而發展之現實，其主張不免對刑法體系於當代憲法規範中之定位有所誤解。

第二節　一事不二罰原則

　　刑法意義的一事不二罰原則，係指國家對於人民同一刑事不法行為，可否予以多次處罰的問題。此原則之歷史可以溯及至古希臘時期，而英國習慣法向來亦接受此原則，美國聯邦憲法增修條文第5條以「雙重危險禁止原則」稱一事不二罰原則：「任何人不得因同一罪行，而使其生命或身體受兩次危險。（nor shall any person be subject for the same offence to be twice put in jeopardy of life or limb。）」美國實務原則上僅將此原則適用於純粹的刑事程序及少年事件程序，其他非刑事程序之制裁，因立法者已明確將此類制裁定位為民事賠償，而非刑事懲罰，故不屬「雙重危險禁止原則」適用範圍。因此，當立法者已明示或默示認定某種制裁之屬性，司法機關應予以尊重。德國早於帝國法院時期即已接受一事不二罰原則為裁判基礎，而德國基本法第103條第3項：「任何人不得因為同一行為，受到普通法的多次處罰。」也明文禁止對同一行為進行重複處罰，與美國法制相同，一事不二罰原則在德國亦具有憲法上的位階。德國實務認為，由於刑罰之性質異於與懲戒罰，因此人民於接受刑事制裁後，再因相同之單一行為接受懲戒罰並不違反德國基本法關於一事不二罰之規定。我國實務過去對於一事不二罰爭議的見解，可以說是相當複雜。

　　關於刑罰與行政罰可否併罰的問題，我國早期實務見解認為，縱行為人之一行為同時觸犯了行政罰與刑罰的構成要件，仍無一事不二罰原則的適用，國家可對違反行政罰及刑罰的同一行為同時加以處罰，此觀行政法院42年判字第16號判例：「而私運物品進口之行為，並無於受刑事制裁後，不再受行政處罰之限制。」、48年判字第83號判例：「懲治走私條例所規定之處罰，係刑罰之制裁，海關緝私條例所規定之罰金及沒收，則為行政上之處罰，二者併用，於法並無限制，不發生從一重處斷之問題。」以及司法院54年12月10日院臺（參）字第803號函：「查刑罰處罰的客體，為反社會反道德的犯罪行為，其目的為社會的防衛以及犯人的感

化，行政罰處罰的客體，為行政上義務的違反行為，其目的為社會秩序之維持，兩者性質根本不同，當不發生從一重斷或是吸收的問題，故同一事實而同時構成犯罪行為或行政犯行為者，除法律有特別規定或性質上不能重複處罰者（例如已由行政罰處罰沒入的貨物不能再以刑事判決諭知沒收）外，當可分別依照規定施以刑罰與行政罰，並行不悖。」可知。而在釋字第503號解釋：「納稅義務人之行為如同時符合行為罰及漏稅罰之處罰要件時，除處罰之性質與種類不同；必須採用不同之處罰方法或手段，以達行政目的所必要者外，不得重複處罰，乃現代民主法治國家之基本原則」及其解釋理由「同時構成漏稅行為之一部或係漏稅行為之方法而處罰種類相同者，如從其一重處罰已足達成行政目的時，即不得再就其他行為併予處罰……其處罰目的及處罰要件，雖有不同，前者係以有違反作為義務之行為即應受處罰，後者則須有處罰法定要件之漏稅事實始屬相當，除二者處罰之性質與種類不同，例如一為罰鍰、一為沒入，或一為罰鍰、一為停止營業處分等情形，必須採用不同方法而為併合處罰，以達行政目的所必要者外，不得重複處罰，乃現代民主法治國家之基本原則。」肯認應以「行政目的」判斷是否採取併罰或從一重處罰標準之規範下，行政罰法（民國94年2月5日公布）第24條：「（第1項）一行為違反數個行政法上義務規定而應處罰鍰者，依法定罰鍰額最高之規定裁處。但裁處之額度，不得低於各該規定之罰鍰最低額。（第2項）前項違反行政法上義務行為，除應處罰鍰外，另有沒入或其他種類行政罰之處罰者，得依該規定併為裁處。但其處罰種類相同，如從一重處罰已足以達成行政目的者，不得重複裁處。（第3項）一行為違反社會秩序維護法及其他行政法上義務規定而應受處罰，如已裁處拘留者，不再受罰鍰之處罰。」、第25條：「數行為違反同一或不同行政法上義務之規定者，分別處罰之。」及第26條：「（第1項）一行為同時觸犯刑事法律及違反行政法上義務規定者，依刑事法律處罰之。但其行為應處以其他種類行政罰或得沒入之物而未經法院宣告沒收者，亦得裁處之。（第2項）前項行為如經不起訴處分或為無罪、免訴、不受理、不付審理之裁判確定者，得依違反行政法上義務規定裁處之。」等規定，乃明定了一事不二罰原則之範圍界線。依其立法說

明，行政罰法第24條第1項係就一行為違反數個行政法上義務規定應受罰鍰裁處之情形而為規定，此際因行為人之違規行為僅為單一行政不法行為，僅因個別行政法令所欲達成之行政目的有所不同，致同時觸犯多數均應裁處罰鍰之規定，故明文規定應依法定罰鍰額最高之法律規定裁處，惟其裁處之金額仍不得低於其他法律規定之最低罰鍰額度。如一行為同時觸犯刑事法律及違反行政法上義務規定時，由於刑罰與行政罰同屬對不法行為之制裁，而刑罰之懲罰作用較強，若該行為已依刑事法律處罰，即足以達到警惕行為人之效果，基於憲法保障人民權利之意旨，僅得對行為人為一次處罰，自無再對同一行為人裁處罰鍰之必要，因此行政罰法第26條第1項前段規定應優先依刑事法律處罰，以避免與一事不二罰原則相牴觸。惟罰鍰以外之沒入或行政罰法第2條所規定之其他種類行政罰，因兼具維護公共秩序之作用，故第26條第1項但書規定行政機關仍應併予裁處，以達行政目的。或有謂依行政罰裁處罰鍰之數額若較依刑罰得判處罰金之數額為重時，則刑罰之懲罰作用即未必較行政罰為強，惟按刑罰係維護社會秩序之主要手段，依刑法第33條規定，刑罰之主刑分死刑、無期徒刑、有期徒刑、拘役及罰金五種，前四種刑罰係對行為之人身自由加以拘束，其懲罰之作用自非裁處罰鍰所得比擬，即便係屬罰金刑，亦因刑事訴訟之程序通常較為嚴謹，並由專業的司法機關偵查、審理，更易取得人民之信賴，且經法院判決有罪確定者，尚會發生留下前科紀錄之效果，故不得僅因罰鍰金額較高，即認其懲罰作用較罰金刑為強。

第三節　罪刑法定主義

一、以罪刑擅斷主義為沿革背景

罪刑法定主義，係相對於罪刑擅斷主義而言之概念。所謂罪刑擅斷主義，乃在法律上不以明文預定犯罪與刑罰，而關於何種行為構成犯罪，對之應科處如何之刑罰，均由國家元首或裁判官任意判定之制度。在此制度下，如裁判官才德兼備，或能作出公平適當之裁判；惟若裁判官恣意裁

判,非但人民無所適從,人權亦失保障。在中國唐代以前,裁判官常以習慣法或成文法之類推、比附入人於罪。貞觀年間,唐太宗不忍人民受判官擅斷之苦,故唐律明定「無正條不為罪」(無成文法條不得使人入罪),以遏止判官專權。

羅馬時代刑法的基本原則是國家至上,因此為了國家利益可以對任何有害行為包括具有侵害危險性的行為處以嚴厲的刑罰,個人沒有任何權利可以獲得國家的尊重,也沒有任何限制國家刑罰權的措施,為了維護羅馬皇帝的專制統治,利用含義模糊的叛逆罪來進行刑事追訴。日爾曼人入侵後,羅馬刑法的國家至上主義又朝向更加落後和原始的私人復仇和血親復仇倒退,法蘭克人建立王朝以後,仍沿用根深蒂固的習慣法,此時神明裁判與司法決鬥等裁判方式盛行,日爾曼習慣法的強大影響更使得中世紀時期歐洲大陸的刑事制度具有愚昧和野蠻的特點。除羅馬與日爾曼遺留下來的刑法制度外,宗教世界對於刑法的發展也產生一定的影響,這種影響不僅體現在法律內容上,還表現為一套獨立於世俗法律的、有時甚至凌駕於世俗法律之上的「基督教教會刑事法律」的產生和發展。教會律法以摩西十誡的教義為中心,違反宗教律法的行為被稱為「罪孽」(sin);宗教教義和道德法規通過教會司法權的擴張,滲透進刑事規範和制度之中,犯罪和刑罰日益蒙上了濃厚的宗教色彩,在神秘主義的基礎上,罪刑擅斷成為這一時期刑法的典型特色。

造成罪刑擅斷格局的原因很多。就刑法規律本身而言,在於「道義責任論」和「隨意的司法自由裁量權」二者的相輔相成。道義責任論是受神學教義影響而得出的結論,基督教神學認為上帝賦予人以靈魂,靈魂是一種獨立於並優越於肉體的精神實體;上帝的教義否認人的意志受物質需求和社會物質生活條件的制約,並認為物質享受和要求是束縛人心的鐐銬,道義責任論更推崇以禁慾的方式獲得真正的自由。基本上,宗教神學的觀念對於刑法領域關於歸責理由的理論產生重大的影響。根據聖經及聖奧古斯丁的原罪說,亞當在墮落前曾有過自由意志,並可依此而避免犯罪,但由於他和夏娃偷吃了伊甸園中的蘋果,於是他們開始墮落,道德開始敗壞,並從此遺傳給其所有後代;人類犯罪的根源就是這種道德的墮落,罪

惡來自於人類的靈魂。

　　奧古斯丁認為罪的起源是「壞的意志」或「惡的意志」本身；並進一步指出：只當意志拋棄了比自己優越的事物而轉向低下的事物時，才變成惡──不是因為它所轉向的事物本身為惡，只是因為這種轉向本身就是惡的緣故。受這種宗教觀念的影響，在歐洲中世紀的刑事司法中，犯罪與其說是個法律上的概念，不如說是個道德上的主觀概念。在中世紀早期，犯罪（Crime）和罪孽（Sin）是兩個互相通用的詞，二者之間沒有明確的分界線，一般而言，不僅所有犯罪都是罪孽，而且所有罪孽都是犯罪。直到十一世紀晚期和十二世紀，由於教會從世俗當局手中收回了對罪孽的管轄權，在罪孽和犯罪之間第一次有了程序上的區別。

　　犯罪和罪孽的混淆導致了法律責任與道義責任的混淆。教會懲罰罪孽的目的不是為了懲罰，而是照管靈魂、革新道德生活以及恢復與上帝的正當關係。刑罰是藉以向上帝贖罪的手段，為了確定犯罪人責任的大小，不但需要考慮行為人行為的性質和危害結果，還必須依據教義探究人的心理狀態和動機。根據教會法規，應特別受到嚴懲的動機主要包括：自大、妒忌、憤怒、憎惡、淫蕩、貪吃和貪婪。此處主要是透過不可預測的犯罪主觀要件來認識犯罪，並使用了一個新詞，即Contemptus（這個詞儘管從未被人下過定義，但用於表示蔑視、藐視、挑釁、頑固、傲慢或者從相對的角度表示驕傲和自高自大），來描述一樁刑事罪孽的特性。因此，亞當的罪孽就是自大，它本身表現在對上帝律法的藐視性挑釁中。判斷有罪與否的權力掌握在權力者手中，這就為司法擅斷大開了方便之門。

　　司法領域自由裁量權的濫用與當時的司法體制也有關係，刑事法院（古羅馬的審問處）的繁雜、眾多以及犯罪分類的變化繁多和極不規則乃自古羅馬刑事法院傳統遺留下來的特點。這種司法體制至少在兩個方面體現了司法裁量的隨意性：

　　（一）在各個不同的審問處之間劃出一條正確分界線是有困難的，因此某一個審問處所作的無罪開釋不能作為另一個審問處提出控告的辯護，此在管轄權上表現出不穩定性。（二）將不法行為轉化為犯罪的類推適用普遍存在，而對犯罪審判的正規方式竟是訴諸於超自然力（通常是透過儀

式宣誓或神明裁判）（宗建文）。

二、罪刑法定主義之發展

當代刑法最重要的精神，首推罪刑法定主義，因此各國之立法例，多以該原則為該國刑法第1條之規定。如前所述，在專制時代的歐洲大陸，刑法乃帝王統治人民之工具，何種行為構成犯罪，法律並無明文規定，而任由統治者依其個人喜怒哀樂決定罪刑，而形成罪刑擅斷之現象，並致人民生活在嚴刑峻罰之恐怖下。直至十七、十八世紀之啟蒙時代，刑事政策與刑法思潮受到啟蒙哲學之影響，因而反對中古時代嚴刑峻罰之思潮，提出理性刑法的新主張。直至啟蒙運動抬頭，罪刑法定主義已與罪刑擅斷主義形成相互對抗之局面，至十九世紀拿破崙法典頒布後，罪刑法定原則已真正落實於歐洲。拿破崙時代結束後，各歐洲國家紛紛實行罪刑法定主義，此後罪刑法定主義便成為所有法制水準達一定程度以上國家之共通刑事法原則，並為法治精神之實質體現。罪刑法定亦成為法國大革命之政治主張，西元1789年之法國人權宣言第8條即基於此政治主張，而規定「任何人非依犯罪前已制定公布，且經合法適用之法律，不得處罰之」。其後制定於西元1810年之法國刑法法典即基於人權宣言之主張，而將罪刑法定原則規定於其中，自此罪刑法定原則已有成文法之形式。德國刑法學者封·費爾巴哈曾以法諺「無法律即無犯罪，無法律即無刑罰」描述罪刑法定原則，而於西元1813年制定之拜耶王國刑法法典中，已納入此項原則。

由於前述法國刑法法典與拜耶王國刑法法典係十九世紀歐陸法系各國刑法法典之主要範本，因而罪刑法定原則遂成為歐陸法系各國刑法遵循之重大原則。通常來說，罪刑法定主義係以下列三種思想為其理論基礎：（一）自然法上天賦人權的思想；人權既由天賦，統治者自然不能橫加剝奪，縱令有剝奪之必要，亦必須有明白的根據，適當的手續，這些根據和手續，載諸法律；法律的內容，無論為社會契約所明定（社會契約說），或議會所議決，要係出於人民的意思；（二）立法至上的思想；法治既以法律為治，法律具有至高無上的權威，司法機關只能依照法律的規定，論

罪科刑；（三）罪刑均衡論的思想；十八世紀的學者如：盧梭、貝加利亞等，均盛倡罪刑均衡論，以為犯人因犯罪所得的快感，應以因處罰所得的不快遏制之，犯罪和刑罰，應由法律明白規定，而後人人恍然於犯罪和刑罰的密切關係，以遏止犯罪的傾向。換言之，憲法保障人權的目標，乃構成刑法基本原則——罪刑法定主義（林紀東I，6）。

　　在現代憲法開始發展以前，罪刑法定主義之精神已不知不覺地蔓延到各國的刑事法律系統中，並逐漸地成為刑法領域之重要原則。美國憲法第一條第九節亦已明確規定「國會不得通過事後法」（No ... ex post facto law shall be passed.）（U.S. Const. art. I, sec. 9），以保障人民不受政府不合理的事後侵擾。另在Calder v. Bull（3 Dall. 386, 1798）乙案中，美國聯邦最高法院宣告了四種類型的事後法違反美國憲法的規定：「一、處罰已作成之行為或作成時無罪之行為之法律；二、將已完成之犯罪罪質加重之法律；三、將已完成之犯罪處罰加重之法律；與四、為了入人於罪而於事後緩和證據規則嚴屬性之法律。」誠如美國開國元勳湯瑪仕‧傑佛遜（Thomas Jefferson）所言：「即便部分州憲法未明文規定，在美國事後法之制定違反人民自然權利的觀點是十分明確的。」；因而事後法之禁止，也是內含於正當法律程序（due process）之概念中。

　　所謂罪刑法定主義，乃犯罪與刑罰均以法律明文規定，非有法律明文之根據，不得定罪科刑之制度。罪刑法定原則是刑法中最重要的一項原則，蓋刑罰本質上剝奪法益，若任由審判者隨己意而擅斷，將嚴重地影響人民自由，亦有違法律維護公平正義之旨；也就是說，罪刑法定原則的意義是所犯的罪名與可能的刑罰等涉及人民重要權利的事項，必須要經由國會通過的法律規定，所以凡在刑法典中未曾出現的罪名或刑罰種類都不能予以適用。舉例來說，雖然有主張應可將在新加坡行之有年並令人聞之色變的鞭刑移植到我國的刑法規定中，但是在鞭刑未立法明文化之前，法官並不能在判決書中將其作為裁判的內容。又罪刑法定主義在學說上可區別為二：一為「絕對的罪刑法定主義」，一為「相對的罪刑法定主義」。前者對於犯罪與刑罰均為單一的規定，裁判官僅得就其法定罪刑而為宣告，毫無斟酌裁量之餘地；後者對於犯罪採概括的規定，刑罰採選擇的規定，

允許裁判官在法定刑範圍內,得為酌情量刑。蓋罪刑絕對法定,固足以防止擅斷,但犯罪情節千差萬別,科刑而無伸縮衡量之餘地,亦難期裁判之公允;且近代刑法之概念,趨向主觀主義,刑罰之目的,重在改善,尤須注意犯罪者之主觀性格,而為適當之量處。故現代各國刑法,均採相對的罪刑法定主義為原則,而以絕對罪刑法定主義為例外。

三、罪刑法定主義之基本原則

自法國大革命以來,罪刑法定主義已成為不移之法則,並奉為刑法之最高原理,學者間亦多認罪刑法定主義乃憲法保障基本人權的重要手段。一般而言,其基本原則(內涵)有四(劉幸義,43):

(一)罪刑法定,刑法應以成文法為法源,習慣(法)不得為刑法之法源(習慣法禁止原則)

刑法必須為成文法(包含:刑法法典、特別刑法法規、附屬刑法法規、補充空白刑法法規之行政命令、判例與大法官解釋),如以習慣(法)作為刑法而適用,不但有背「刑法明確性」之精神,且若可否適用習慣法之定奪,操於裁判官之手,無異承認其有擅斷之權,故必須排斥習慣刑法之適用。若刑法規範內容對受規範的人民而言不具可預見性者,則其規範之正當性基礎將因而動搖。換言之,罪刑法定主義禁止藉由不成文的習慣(法)創設刑罰與加重刑罰。

雖基於習慣法禁止原則,一般均否認習慣(法)得為刑法之法源,不過對於構成要件要素之解釋與違法性之認定,例如:是否構成「業務」、是否達到「無自救能力」或是否足以評價為「無故」等,均有賴於社會慣行(習慣法)所承認之事實予以實質補充;依最高法院47年台上字第1399號判例:「甘蔗田內白露筍尾梢,如果類同什草並無經濟價值,且依當地農村習慣,任人採刈,即無構成竊盜罪之餘地。」之說明,習慣(法)所承認之事實,仍具有補充刑法內容之作用。

（二）罪刑均衡，否定絕對不定期刑之原則（絕對不定期刑禁止原則）

罪刑法定主義要求「絕對確定法定刑」，其目的在使法官適用法規時有一明確標準，藉以防止法官因其個人之好惡，而為擅斷，保障個人之權利，因此絕對不定期刑與其精神相背，故予否定。從而，刑罰權的種類與範圍必須由法律明定，除非為法律所承認之刑罰種類，否則不得用以處罰犯罪。然而，雖此處僅要求「絕對確定法定刑」，惟「絕對不定期宣告刑」，仍與罪刑法定主義之原則相違。然而本諸教育刑理念以及刑罰個別化之要求，此原則亦承認相對不定期刑之原則。

（三）刑法效力，不溯及既往之原則（事後法禁止原則）

刑法效力如能溯及於制定以前之行為，使人人有不虞之罰，與保障人權之旨，大相逕庭，故罪刑法定主義排斥「事後刑法」，乃為當然之理，此即事前法的要求。換言之，除非有事前公布施行之法律存在，否則不能作為處罰犯罪的依據。

（四）禁止類推解釋之原則（類推解釋禁止原則）

類推解釋者，對於法律無明文規定之事實，援引與行為性質最相類似之條文，而此附適用之謂。是項解釋，近於擅斷，刑法如可適用，則可羅織法無明文規定之行為，人之於罪，自與罪刑法定主義之原則相背，故刑法不許類推解釋。依釋字第522號解釋之闡釋，刑罰係以國家強制力為後盾，且動輒剝奪人民生命、自由及財產權利之制裁手段，自應以嚴格之標準要求其規範內容之明確性，此即「罪刑法定主義」作為刑法規範基本原則之根本意義所在。雖然關於是否得藉由類推適用做有利於行為人的解釋，學說上尚有爭論，惟基於嚴格法的要求，罪刑法定主義原僅在禁止以類推適用創設刑罰與加重刑罰，故多數見解認為得藉由類推適用做有利於行為人的解釋。

基於罪刑法定主義此四項個別原則，刑法遂產生保障功能。如果由現代法治國家的角度來思考，罪刑法定原則也應被歸屬於憲政法治原則之

一，蓋依此一原則，凡行為沒有法律規定要處以刑罰，就不構成犯罪，既然不構成犯罪，則在任何情形之下，不得施以刑事處罰；換句話說，犯罪行為的法律構成要件及其法律效果，都必須以法律明確地加以規定，法律如果沒有明文規定，則沒有犯罪與刑罰可言。將罪與刑明確規定在刑法條文內，旨在使社會各構成員知道，自己做了什麼行為會成立犯罪，而且會受到如何的處罰。因為刑法已明定國家刑罰權的範圍，因此刑法也同時保障人民沒犯罪時不受刑事追訴，即使犯罪也不受濫刑處罰，由此而產生刑法保障人權的功能。學說上無爭議的是，前述四項原則的內涵適用於刑法分則的構成要件；不過該等原則是否也適用在其他方面，例如其他一般的可罰性要件以及行為後果，似有爭論。雖然罪刑法定主義存在適用範圍的爭論，但由於罪刑法定原則的精神要旨，在於有利行為人的保護作用，因此唯有當立法與司法違反此原則，而使行為人處於不利的地位時，此原則才介入；反之，此原則並不阻止法官作有利於行為人的處理，例如有利行為人的類推或溯及地減輕刑罰，此有台灣高等法院90年上易字第4225號判決：「依憲法對於基本人權保障及本於法治國家原則作用，衍生有罪刑法定主義之刑法思維，而禁止類推適用則為罪刑法定原則之實踐原則之一，然其所禁止者，在於行為之可罰性及法律效果的負擔，對於刑事程序法的規定解釋，並不在禁止類推適用之列，此外在對於行為人有利之事由，亦不在禁止類推適用之列。」可資參照。依其保護方向來看，明確性的要求與禁止溯及既往主要是針對立法者，制定刑法條文時有義務遵守。此外，禁止以習慣法與類推適用創設與加重刑罰，主要是針對法官而設。

四、我國刑法關於罪刑法定主義之規定

我國歷代所謂「律無正條，不得科處」之原則，雖含有罪刑法定主義之精神，但其理論之出發點，究與歐美所謂罪刑法定主義，異其旨趣。民國元年臨時約法以迄現行憲法，均承認人民之身體自由權，非依法定程序，不得逮捕拘禁，非依法定程序，不得審問處罰，此為憲法上之規定。現代罪刑法定主義見諸我國法律始於清末，由沈家本主持制定，並由日本

法學家岡田朝太郎等起草，於1911年1月25日頒布之大清新刑律（又名欽定大清刑律）即已明文罪刑法定主義，惟該草案因清廷被推翻而未施行。民國建立以後以大清新刑律為藍本，於1912年公布施行「中華民國暫行新刑律」第10條：「法律無正條者，不問何種行為，不為罪。」及民國17年制定之「舊中華民國刑法」第1條：「行為時之法律無明文科以刑罰者，其行為不為罪。」等規定，即為我國刑法上明定罪刑法定主義之濫觴。此後，立法院於民國20年成立刑法起草委員會擬定之刑法亦於其第1條前段：「行為之處罰，以行為時之法律有明文規定者為限」，採取罪刑法定主義原則；事實上該規定於「犯罪」係採用絕對罪刑法定主義，而對於「刑罰」則採相對罪刑法定主義為原則，絕對罪刑法定主義為例外。

　　刑法第1條原僅規定：「行為之處罰，以行為時之法律有明文規定者為限。」，因此罪刑法定主義原本只適用於刑罰，而不及於保安處分部分。不過依照釋字第471號解釋：「人民身體之自由應予保障，憲法第8條設有明文。限制人身自由之法律，其內容須符合憲法第23條所定要件。保安處分係對受處分人將來之危險性所為拘束其身體、自由等之處置，以達教化與治療之目的，為刑罰之補充制度。本諸法治國家保障人權之原理及刑法之保護作用，其法律規定之內容，應受比例原則之規範，使保安處分之宣告，與行為人所為行為之嚴重性、行為人所表現之危險性，及對於行為人未來行為之期待性相當。」之說明，由於在保安處分的執行過程中，其對於人身自由的拘束限制，如強制工作、感化教育、禁戒處分等，仍有與刑罰相當的處遇，也因此在2005年的刑法修正中，於刑法第1條後段增加，拘束人身自由之保安處分，亦有罪刑法定原則適用之明文規定。因此，現行刑法第1條之規定，即為罪刑法定主義之表現。

五、法律保留原則與罪刑法定主義

　　在上述罪刑法定主義的四個內涵中，禁止類推適用原則乃為最重要的核心。在這個基礎上，法律保留原則，不但成為判斷是否有違罪刑法定主義的重要準據，也成為刑罰權實現過程是否符合憲法精神（保障基本權）

的指標。也就是說,依據憲法第8條規定,為防止刑罰權之濫用,執法者任意追訴、處罰而侵害人權,故須制定各種有關實施訴訟之程序法,明文規定非依法定程序,不得進行偵查、審判、執行。因此在刑事法領域中,只要涉及基本人權限制,均有法律保留原則的適用。也就是說,刑罰權行使必須遵守法治國罪刑法定原則,關於那些行為構成犯罪,將處以何種制裁,立法者(限於國會)基於法明確性原則,對於犯罪構成要件與相關適用範圍,法條本身應作明確性規範。任何人對於那些行為將構成犯罪及其可罰性,應有合理的預見可能性(認知可能性、可瞭解性),隨著刑法所定情狀(限制),自行負責地調整他的作為或不作為,而不必擔心國家對他的恣意制裁。不過縱然法明確性原則要求法規範的內容必須相當明確,鑑於在立法技術上仍然無法排除法條中使用「不確定法律概念」或「概括條款」,因此實務上必須要透過通常法學解釋方法,對於這些概念提供一個可信賴的基礎或者透過司法案例之援引而推知其足夠的明確性(董保城,9)。換言之,即便在規範上必須於法條中使用「不確定法律概念」或「概括條款」,法理上仍然必須受到構成要件明確性原則之拘束。

然而,司法實務對於法律保留原則與罪刑法定主義之保障功能經常抱持過於保守的態度,導致可於法理上類推適用以減輕或免除其刑之案例中,仍然以法律保留原則與罪刑法定主義作為不予減輕或免除刑罰之理由;反而在罪刑法定原則之入罪模式下,錙銖必較於法條文字之文義。如能正確理解罪刑法定原則並未禁止法官作有利於被告類推解釋之原義,則自民國100年5月增訂之會計法第99條之1生效日起,法院如認各民意機關所支用之研究費等與各機關所支用之特別費性質相同,本可在未進一步修正會計法之前提下,基於平等法理,將該規定類推適用於民意代表或是大學教授,以達實質除罪之效果,蓋因立法者已明確表示無欲追究因制度缺失所導致的相關歷史共業;基於相同說明,類此修正法理亦得類推適用於國務機要費等案件,以之為超法規阻卻違法事由,即可解決相關因轉型不正義所衍生之訟累。如司法者能正確評價罪刑法定主義並本諸公平正義原則善用利於被告的類推適用,社會上必能免去許多源自轉型不正義的司法案件。

第四節　刑罰之最後手段原則

　　除了前述罪刑法定主義外，早在立憲主義發展前，刑法也開始注意到被告與處罰間的關係，也就是說，該用什麼種類的刑罰處罰被告，什麼時候可以評價為過度殘酷的處罰，早已成為刑事法領域所關心的議題。例如在中世紀的歐洲，即使觸犯了竊盜罪，也很有可能被判處死刑。此種罪刑失衡的現象，難免令人覺得刑法過於嚴酷，畢竟就以死刑制度而言，如發現裁判有所錯誤，將無法彌補。若不論死刑此一極富爭議的刑事處罰手段，在各種刑事處罰的手段當中，自由刑是以拘禁犯罪人於監獄的一種刑罰，因為其主要內容是剝奪犯罪人的自由，所以稱為自由刑，其內涵尚可分為無期徒刑、有期徒刑、拘役等。蓋自十八世紀中葉以後，由於人權運動的影響，人道觀念的發達，死刑、身體刑、流刑的執行，日漸減少，自由刑始占重要的地位，並開始以懲罰性較小的自由刑，代替不人道的死刑、身體刑、流刑。綜合來說，自由刑發達主要有四大原因：（一）人權運動的發達；（二）人道觀念的發達；（三）刑事政策觀念的發生；（四）經濟思想的發達（林紀東II，5）。因此，相較於死刑的嚴酷，自由刑的採用與普遍，本身即含有保障人權的意義在內。關於各種刑罰在選用上，為避免國家濫用刑罰權（例如將單純的竊盜罪處以死刑），刑法遂發展出以下之次原則。

一、刑法之節制原則

　　在刑事制裁的領域中，首先應認識：刑法是所有法律規範中最具嚴屬性、強制性之法律手段，刑法所規定之法律效果，即刑罰本身，在性質上即是對於人民法益的侵害。是以，刑罰的反應，只有在具備刑罰必要性前提下，才有可能施予。蓋就刑罰的本質以言，其僅在不得已情形下始為之，亦即是具有苛的必要時，才得予以適用。換言之，刑罰的施加，乃是一種基於理性考量不得已的最後手段，唯有在別無其他法律可為制裁方

法，或其他法律不能較刑法更具有效果的前提下，始得加以考慮。正如德國刑法學者Gallas所言：刑法的制裁作用，並非一種實現正義的絕對目標，而祇是一種以正義的方式達成維護社會秩序目的時，不得不採用的必要手段而已。因此，刑法應本乎節制原則，在必要及合理的最小限度內為之（鄭文中，6）。通常而言，刑法的最後手段性，表現在二大方面，一是立法方面，關於何行為須科以刑罰，何行為不應科以刑罰，立法者均應審慎擬定；另一是司法方面，關於是否屬於構成要件之不法行為，法院應審慎認定，從而法院對犯罪宣告具體刑罰時，須依次進行種種的裁量，不過何種刑罰適合具體犯罪，有待於法官的個別判斷。在此種刑法節制原則的理念下，鑑於罰金刑不僅在避免短期自由刑的弊害產生有效的代替作用，更能適應經濟犯罪與法人刑罰上的需要，反對死刑制度之法制遂發展出「自由刑最後手段原則」之概念。

二、自由刑最後手段原則

何謂自由刑最後手段原則？按所謂短期的自由刑，係指六個月以下的有期徒刑或拘役而言。短期自由刑的弊害，在於因為刑期的短暫，難以收到感化的效果，反而足使受刑人或因自暴自棄，或因感染惡習而有增加其危險性格之虞。現行法制，對於短期自由刑雖然仍未予以廢除，但理論及最新立法例，如德國1969年刑法第47條第1項的立法：法院之科處不滿六個月之自由刑，只有在依犯罪或犯罪人性格所具特別的情況下，堪認為科處自由刑，對於犯罪人的影響作用及法律秩序的維護，確不可缺少時，始得為之。則認為必須設定一定的適用準則，限制其不當使用，可謂為一致的見解趨向。這種特別的懲罰、儆戒的作用與效能，概念上主要是指刑法在一般積極的預防作用之下，基於國民信守法律秩序的維護，有其不得不採納的理由而言，法理上稱之為最後手段條款（蘇俊雄II，107）。從這個角度來說，自由刑最後手段原則乃源自避免短期自由刑的刑事政策思潮。依司法院大法官釋字第544號解釋：「自由刑涉及對人民身體自由之嚴重限制，除非必須對其採強制隔離施以矯治，方能維護社會秩序時，其科

處始屬正當合理，而刑度之制定尤應顧及行為之侵害性與法益保護之重要性。」之說明，我國司法實務應已接受自由刑最後手段原則。

本諸自由刑「最後手段原則」之要求，如以較輕微之制裁手段亦可達成遏止不法之效果者，即無採用更嚴厲手段之必要。此種最後手段性之要求，不僅拘束法官的量刑，亦拘束檢察官或法官的執行手段（柯耀程IV，63）。

第五節　基本權之憲法保障原則

在認識前述於刑法領域內發展而成的自由刑最後手段原則後，接下來所要探討的部分，即在於現代憲法保障基本人權之原則，是否已背離於前述刑法原則？也就是說，早於現代憲法發展形成的前述刑法原則，是否仍受到現代憲法保障基本人權原則的支持？此一問題之釐清，將有助於理解憲法與刑法間究竟存在何種關聯。也就是說，如果自由刑最後手段原則仍符合現代憲法保障基本人權之原則，縱自嗣後始發展成形的憲法觀點出發，亦應可理解自由刑最後手段原則所應具有之內涵。

我國憲法第二章名為「人民之權利義務」，其內涵主要在揭示憲法保障人民權利之意旨，蓋對一個民主法治國家而言，基本權的保障原本就是憲法制定的最終目的，其本身不僅為憲法秩序所不可或缺的重要部分，並可作為實現公平正義的重要指標。由於刑罰權的發動與實現除涉及自由刑最後手段原則外，更與限制人身自由等憲法問題息息相關，因此在憲法保障人民權利之規範目的下，刑罰權的發動與實現自應符合憲法原則與法律規定。

一、基本權的防禦權功能

既然憲法制定的最終目的，在於保障人民的基本權，那麼基本權的擁有者（人民），直接依據憲法的規定，究竟可向國家主張什麼，便成為有待探討的問題。由於迄今經大法官直接或間接承認或型塑出來的基本

權功能約計有：防禦權功能、受益權功能、保護義務功能、程序保障功能以及制度保障功能五種，其中又以防禦權功能最為重要；在我國大法官所作的解釋中，以防禦權為標的的解釋，幾乎占了所有解釋的九成九。所謂基本權具有防禦權功能，乃指基本權賦予人民一種法的地位，於國家侵犯到其受基本權所保護的法益時，得直接根據基本權規定，請求國家停止其侵害，藉以達到防衛受基本權保護的法益，並使人民免於遭受國家恣意干預的目的，故防禦權功能亦可稱為侵害停止請求權的功能。稱要求停止侵害，係指要求宣告侵害基本權的法律或命令違憲、無效，或要求廢棄侵害基本權利的行政處分與司法裁判，或要求停止任何其他侵害基本權利的國家行為。基本上，任何基本權利，無論其保護的法益是行為與不行為的自由、特性、狀態或法律地位的完整性，都具有這種最起碼的防禦權功能（許宗力I，25）。因此，不論是自由權、財產權、工作權、參政權，只要是憲法所保障的權利受到公權力的侵害，人民均得本於基本權的防禦功能，請求國家停止侵害。

二、人身自由之保障

刑事制裁之手段，依我國刑法第32條之規定，可分為主刑及從刑。於主刑中，不論無期徒刑、有期徒刑或是拘役，均以限制人身自由為內涵。由於制定憲法原即在保障人民之基本權，因此，國家行為若侵及人民基本權利之基礎範圍者，吾人通常可以視為一種違憲之徵兆。從而，除非國家能夠提出憲法上之正當事由，否則即構成對人民基本權利之違法侵害，換言之，國家負有提出合憲理由之舉證責任，此為基本權利規範作用之當然解釋。一般而言，所謂國家限制人民基本權利之阻卻違憲事由，約可分為形式阻卻違憲事由與實質阻卻違憲事由兩種。前者係著重於限制基本權利之基本要件，要求國家必須有法律依據，始得為之，一般稱之為法律保留原則，此為國家限制人民基本權利之基本要件；而後者則著眼於限制之內容，審究其原因及侵害之程度，特別審查有無逾越之必要限度，一般稱為比例原則（李建良，66）。換言之，在憲法保障人身自由的前提下，所有

限制人身自由（基本權利）的規定，均需具備前述之「阻卻違憲事由」，否則即有違憲之虞。

　　關於人身自由之限制，釋字第544號解釋等相關大法官解釋，已有明確的說明，該號解釋指出：「國家對個人之刑罰，屬不得已之強制手段，選擇以何種刑罰處罰個人之反社會性行為，乃立法自由形成之範圍。就特定事項以特別刑法規定特別罪刑，倘與憲法第23條所要求之目的正當性、手段必要性、限制妥當性符合者，即無乖於比例原則。自由刑涉及對人民身體自由之嚴重限制，除非必須對其採強制隔離施以矯治，方能維護社會秩序時，其科處始屬正當合理，而刑度之制定尤應顧及行為之侵害性與法益保護之重要性。」依此說明，規範內容實質正當的要求（比例原則），亦為立法限制人身自由所應遵守的憲法原則。而上述「自由刑最後手段原則」，適為判斷此一抽象實質正當要求的標準。

三、平等原則之保障

　　平等原則是當代沒有任何人會質疑的正統價值，「人生而平等」亦早已經成為表面上眾所服膺的最基本規範原則，幾世紀以來憲政思潮的重要文件也一再對此原則加以確認。美國獨立宣言第1條主張「人生而平等」；法國人權宣言強調「人類生來即屬自由且在權利上平等」；1948年通過之世界人權宣言主張「人皆生而自由；在尊嚴及權利上均各平等」。我國憲法第7條亦規定：「中華民國人民，無分男女、宗教、種族、階級、黨派，在法律上一律平等。」雖然平等概念過於抽象，不容易正面、具體地描述；不過，可以確定的是，平等審查本身「就是判斷差別待遇或相同處理是否合理的問題。我國憲法第7條所揭櫫的平等原則並非保障絕對的、機械的平等，而係保障人民在法律上地位之實質平等，也就是所謂等者等之，不等者不等之的實質平等，故差別待遇本身並不必然違背平等原則之意旨，甚至沒有差別待遇之相同處理也有可能違反平等原則。那到底平等原則禁止的又是什麼？其禁止的，簡言之，即無正當理由，不合理的差別待遇，以及無正當理由，不合理的相同處理。」也就是說，平等權

所強調的是所謂「等者等之，不等者不等之」、「相同事物為相同對待，不同事物為不同對待」，其精神基本上就是「恣意的禁止」與「禁止不合理之差別待遇」（許宗力II，85）。平等審查「之所以由形式平等轉向實質平等，究其實，與對個人生存基本價值之尊重有關。近代各國憲法學說多強調人性尊嚴的重要性，我國憲法雖未明定人性尊嚴的相關條款，但大部分學者受德國學說的影響，多認為人性尊嚴是前定於我國憲法的基本價值、當然內涵。其作用除了禁止國家挾其權力宰制的地位，侵犯個人外；還進一步要求國家應致力於保護每個人的尊嚴亦不受國家以外力量的侵犯，並分配資源、使個人具有能尊嚴地生存、發展的基本條件（蔡宗珍，101）」，一旦有實際需要，國家原即可以透過合理的差別待遇達成實質的平等。

自防禦權的角度來說，平等原則係對不公正之差別待遇之概括性防衛權，亦即以所有人民應予同等待遇為其基本之原則。憲法第7條乃以人作為平等與否之判定標準，只須其為中華民國人民，則在同一情況下即應受相同之無差別待遇，亦因其如此，所謂平等原則係要求比例性平等，而允許不同、特殊情況之考量，即在立法上對於特殊、不同之情況，允許法規作相異之差別規範。因是某法規就某一事項為與其他不同之差別規範時，倘經為憲法上之評價，而足認其係本乎公平、正義之理念，應為憲法價值判斷上所容許者，即不得僅因差別規範之乙端，遂指其為不平等。準此，平等係屬原則，其於不同情況而為不同之考量，非特為憲法所允許，且亦係事實上所必要，而其如此不同待遇，並亦為憲法所要求；蓋對於不同者應依其特性為不同處理之此一要求，目的即在避免不公平之結果。法秩序之本質固不宜過分強調各人間之事實上差異，但若完全忽視其間之不同，要亦非法的理念所應有。是對於不同情形在立法上為不同之規範，即是平等原則之實現，並亦為平等權之必要內涵（釋字第403號解釋林永謀大法官協同意見書）。

平等條款雖亦為憲法保障基本人權之重要依據，不過由於平等概念本身缺乏實質內涵，因此平等權並無法單獨成為基本權侵害之客體，其須與其他的基本權（如自由權、工作權等）結合後，始可成為違憲審查之標的

（何建志，108）。故就基本權的防禦功能而言，平等權乃是一種抽象地對抗來自國家機關（不論為行政部門、立法部門或司法部門）侵害（不合理的差別待遇）的權利；而在與自由權結合的情形中，平等權即為一種具體地對抗「不合理地以差別待遇的方式限制自由權」之權利。不過雖然平等概念本身缺乏實質內涵，然若逕以憲法第7條所列舉的「男女、宗教、種族、階級、黨派」作為差別待遇之基礎，即易產生違反平等原則之疑義。反之，如刑法第18條：「未滿十四歲人之行為，不罰。十四歲以上未滿十八歲人之行為，得減輕其刑。滿八十歲人之行為，得減輕其刑。」、第19條：「行為時因精神障礙或其他心智缺陷，致不能辨識其行為違法或欠缺依其辨識而行為之能力者，不罰。行為時因前項之原因，致其辨識行為違法或依其辨識而行為之能力，顯著減低者，得減輕其刑。」及第20條：「瘖啞人之行為，得減輕其刑。」等規定，以行為人年齡、精神狀態或身體障礙等實質因素作為差別處罰之基礎，在心理學或醫學研究的實證支持下，並不違反平等原則之精神。

第六節　憲法精神與刑法原則之相容

在社會有營群體生活之必要，卻又無法完全避免人際衝突的前提下，國家為調和群體生活與個人自由，在憲法第23條：「以上各條列舉之自由權利，除為防止妨礙他人自由、避免緊急危難、維持社會秩序或增進公共利益所必要者外，不得以法律限制之。」規範下，對基本人權並非不得為一般性的限制。只不過究竟有無必要採用刑罰做為限制（剝奪）基本人權的手段，國家仍不可恣意為之，蓋對某些類型的糾紛或侵害縱然存在國家管制的必要性，其侵害管制必要未必是施加刑罰制裁的必要理由。

雖然前述憲法第23條「以法律限制」之規定，適度回應了罪刑法定主義的要求，不過這並不表示只要有法律的依據，任何形式的處罰規定都符合憲法的精神。究竟應如何在行政管制手段與刑罰手段之間作出立法選擇？本身亦應有合憲性之考量。舉例說明：以殺人為例，防止殺人，可

以有什麼手段呢？加強教育？在每個人身邊安置一個警察？設置遙控器或監視器？這些避免殺人的管制手段，未必全部都不可能做到。但是殺人行為發生的可能性根本無從預測，全面性的管制非常難以做到，因此設立一個刑罰的規定，宣示全面性的禁止，是一個必要而有效的手段。反觀散布有害性資訊與性言論，如果不廣為傳布，沒有危險可言，無須管制；如果廣為傳布，有流通管道，就有管制方法，以行政手段管制，較能防範於未然。如以刑罰手段制裁，總在犯罪事實發生之後，緩不濟急。雖然刑罰規定也有事前教育的一般預防效果，但是比起行政手段的立即介入干預，防範效果究竟相差太多。尤其在行政訴訟法將司法救濟程序完備之後，人權獲得相同的訴訟保障，行政管制手段對於保護法益，比刑罰手段更積極而有效。此外，就排除自由刑而言，行政管制手段也是侵害較小的手段（釋字第617號解釋許玉秀大法官不同意見書）。也就是說，一旦還存在其他侵害較小且比較有效的行政管制手段時，刑罰就不再是必須採用的最後手段，此時使用刑罰手段即非必要，亦即國家立法限制基本人權時，仍須受到憲法原則的拘束。而在罪刑法定主義之外，前述刑罰（自由刑）最後手段原則，適足為此處憲法原則之重要內涵。基於以上說明，關於人權保障部分，憲法精神與刑法規定間，實互為表裡，相互依存。刑法領域內所發展的諸項原則，除具有補充憲法抽象規定之功能外，在規範目的上，亦須受到憲法人權保障精神之限制。

第七節　舉證責任與無罪推定

一、舉證責任內涵

在2002年2月修法前，我國學說與實務在職權主義的傳統下，大致認為檢察官依舊刑事訴訟法第161條規定，需就被告犯罪事實負「形式」舉證責任，且依刑事訴訟法第251條第1項規定，只需使法院對被告犯罪存在產生「合理懷疑」即已盡其形式舉證責任；而在「合理懷疑」與「有罪確信」之間，法院為發現真實，依舊刑事訴訟法第163條規定，應負職權調

查義務，因此法院應負實質舉證責任。

　　然而，在2002年2月修正刑事訴訟法第161條規定與2010年5月制定刑事妥速審判法第6條：「檢察官對於起訴之犯罪事實，應負提出證據及說服之實質舉證責任。倘其所提出之證據，不足為被告有罪之積極證明，或其指出證明之方法，無法說服法院以形成被告有罪之心證者，應貫徹無罪推定原則。」後，依最高法院101年度第2次刑事庭會議決議（二）：「七、本法第163條第2項前段所稱『法院得依職權調查證據』，係指法院於當事人主導之證據調查完畢後，認為事實未臻明白仍有待澄清，尤其在被告未獲實質辯護時（如無辯護人或辯護人未盡職責），得斟酌具體個案之情形，無待聲請，主動依職權調查之謂。但書所指『公平正義之維護』，專指利益被告而攸關公平正義者而言。至案內存在形式上不利於被告之證據，檢察官未聲請調查，然如不調查顯有影響判決結果之虞，且有調查之可能者，法院得依刑事訴訟法第273條第1項第5款之規定，曉諭檢察官為證據調查之聲請，並藉由告訴人、被害人等之委任律師閱卷權、在場權、陳述意見權等各保障規定，強化檢察官之控訴功能，法院並須確實依據卷內查得之各項直接、間接證據資料，本於經驗法則、論理法則而為正確判斷。因此，非但未減損被害人權益，亦顧及被告利益，於訴訟照料及澄清義務，兼容並具。」之說明，法院僅於有利被告並與公平正義有關事項負職權調查之義務，除外之部分，均應由檢察官或自訴人負刑事舉證責任。

二、無罪推定乃程序法原則

　　世界人權宣言（the Universal Declaration of Human Rights）第11條第1項規定：「凡受刑事控告者，在未經獲得辯護上所需的一切保證的公開審判而依法證實有罪以前，有權被視為無罪。（Everyone charged with a penal offence has the right to be presumed innocent until proved guilty according to law in a public trail at which he has had all the guarantees necessary for his defense.）」，此即一般所稱之無罪推定原則。基本上，「無罪推定原

則」主張任何人在沒有經過法院以證據證明其犯罪事實之前都應該被推定是無罪的。惟就其沿革而言，此原則的提出旨在擔保審判程序之實質進行，蓋如在審判程序中被告未獲無罪推定之保障，則其時所進行之訴訟程序將流於形式，而在有罪推定的操作模式中，被告恐將有義務自證無罪，如此將使被告承擔舉證困難之不利益而違罪疑唯輕之精神，蓋若不能堅守無罪推定之原則，則於訴訟上檢察官亦不需證明被告有罪至無合理可疑之程度（the accused is guilty beyond a reasonable doubt）。就字面而言，檢察官或自訴人之起訴（prosecution）並無推翻無罪推定之效力，只有在被告之犯罪事實已被證明至無合理可疑之有罪（proved guilty）程度時，無罪推定原則才被推翻。一般來說，當負責事實認定之陪審團評決為有罪時，即為無罪推定原則被否定之時。因此，至少在最後事實審做出有罪裁判時，即不應再推定被告為無罪，蓋其裁判之基礎本即在於證明為有罪（proved guilty）。

　　既然無罪推定原則原在防止裁判者逕為有罪裁判或不待充分證明即做出有罪裁判，其程序法之特徵即十分明顯，本質上無罪推定原則在提出之際，並未考量是否應限制立法者將某行為入罪化（刑事處罰）之議題，因此關於某行為是否應予以刑事處罰並足以該當實體犯罪，自僅應考量入罪化之作法是否符合法益保護原則以及是否違背罪刑法定原則等刑事立法憲法界線等因素。至於程序法之因素，尚不屬刑事不法內涵之主要考量。

三、現行立法之檢討

　　關於無罪推定原則，我國刑事訴訟法第154條第1項：「被告未經審判證明有罪確定之前，推定其為無罪。」定有明文，惟查其立法理由（一）：「按世界人權宣言第11條第1項規定：『凡受刑事控告者，在未經獲得辯護上所需的一切保證的公開審判而依法證實有罪以前，有權被視為無罪。』此乃揭示國際公認之刑事訴訟無罪推定基本原則，大陸法系國家或有將之明文規定於憲法者，例如意大利憲法第27條第2項、土耳其憲法第38條第4項、葡萄牙憲法第32條第2款等，我國憲法雖無明文，但本條

規定原即蘊涵無罪推定之意旨，爰將世界人權宣言上揭規定，酌予文字修正，增訂為第1項，以導正社會上仍存有之預斷有罪舊念，並就刑事訴訟法保障被告人權提供其基礎，引為本法加重當事人進行主義色彩之張本，從而檢察官須善盡舉證責任，證明被告有罪，俾推翻無罪之推定。」之說明，似亦肯認無罪推定原則之立法，係自程序法之角度出發，並無絲毫刑事實體法之色彩。惟若細究我國無罪推定原則之內涵，似與世界人權公約第11條第1項之規定有所出入。如前所述，關於被告無罪之評價，原只推定至法院或陪審團證明為有罪（proved guilty）之時，一旦被告已被證明為有罪，在裁判確定前，在有罪裁判有效性尚未被上級法院推翻之拘束下，被告應受有罪推定，此時本即無必要再引用該原則推定被告為無罪。

　　不過我國刑事訴訟法第154條第1項之規定卻與此不同，逕以「裁判確定」作為無罪推定之界線。惟如此種觀點可以成立，於一審或二審有罪判決作出後，被告仍受無罪推定時，不但令人質疑一審或二審裁判本身何以無從推翻無罪之「推定」？而堅持有罪判決後仍受無罪推定原則保障之觀點，亦不免令人質疑上訴審審查的究竟是起訴書或是有罪裁判？蓋於被告與檢察官均未對一審或二審之有罪裁判提起上訴之情形中，如依現行法規定，於上訴期間經過前，該裁判尚未推翻無罪推定原則；惟卻於上訴期間經過後，該裁判卻產生推翻無罪推定原則之效果。同一裁判本身因是否提起上訴而產生是否推翻無罪推定效力之差異，難道認為無罪推定原則之推翻須以當事人之同意（不上訴）為前提？其不當不言可喻。有趣的事，雖然現行刑事訴訟法第154條第1項係以判決確定作為無罪推定原則適用之界線，不過參照司法院網站上關於無罪推定原則所公布之說帖，似仍以世界人權宣言第11條第1項之「審判證明有罪」（proved to be guilty through a trial）為無罪推定原則適用之界線，是否表示司法院已察覺現行立法之不當？不得而知，惟至少其英文版所呈現之意義乃迥異於中文字面之意義。既然在沿革上無罪推定原則係以有罪證明為適用之界線，為避免上述疑義，因此本文建議將現行刑事訴訟法第154條第1項修正為以第一次的有罪裁判之作成作為無罪推定原則適用之終點，而這樣的觀點在二審改採續審制後，或將更具有說服力。蓋縱於現行二審為覆審制的架構下，二審所

進行的程序除自為決定被告有無犯罪外,尚須決定原判決應否廢棄,因此二審所審查之標的與一審不同。或可謂單純之起訴不足以推翻無罪推定原則,惟起訴加上第一次的有罪裁判(包括一審或二審之有罪裁判)即使上級審之審判程序因審判標的之增加(起訴書加上第一次的有罪判決書)而不受無罪推定原則之拘束。

四、無罪推定之例外

雖然無罪推定原則已為普世承認的法則,不過當事涉重大公益時,該原則也存在例外,例如英國1956年性交易法第30條第2項《依賴性交易維生罪》規定:「凡在從事性交易之場所任職或有證據顯示從事控制性交易行為或幫助教唆性交易行為,即推定係犯依賴性交易維生罪。」即以法律明文為有罪推定。其後於1972年歐洲人權委員會受理指控英國政府所定之上開法律違反無罪推定原則時,委員會認為因為該推定是屬可舉反證反駁的,且因檢察官要蒐集被告依賴性交易維生罪之證據甚難,該項犯罪證據具有一種特性,往往只有被告自己知悉,故犯罪推定之法律規定尚屬合理。此外,新加坡毒品濫用法第17條規定凡是被告持有之容器內有超過二公克以上之海洛因,就推定被告係因為要交易而持有。該見解迄今並未改變。我國勞動基準法第81條第2項規定:「法人之代表人或自然人教唆或縱容為違反之行為者,以行為人論。」即法律明文規定因教唆或縱容而逕以行為人論擬。由此可見無罪推定,並非絕對的原則。

第八節　積極抗辯之舉證責任

在美國刑事審判實務中,刑事舉証責任並非全然落在檢察官身上,有時被告也須負舉証責任,基本上,檢察官對於犯罪構成要件(elements of crime)之存在負舉証責任,不過被告對於積極抗辯(affirmative defense,例如心神喪失、正當防衛(self defense, defense of others, defense of home/ property)等阻卻違法事由及阻卻責任事由)須負舉證責任(大部分州法

就此有明文規定）。因此，但就算檢察官已證明被告殺人，該被告在主張殺人具備正當化事由（justifiable，包括了自衛、防止罪案發生、心神喪失（insanity）等等）並成立的時候，即可脫罪。在提出正當防衛抗辯時，被告須能證明其係基於誠實且合理的確信認為其所採之防衛行為足以排除外來的侵害，以保護自己或第三人。因此，事實錯誤（mistake of fact）往往可以透過與其他積極抗辯事由結合而達到脫罪之目的，例如在錯誤防衛（誤想正當防衛）的情形中，雖然客觀上不存在防衛情狀，不過只要被告基於己身觀察誠實且合理地認知有必要實施該防衛行為保護自己，其行為亦不為罪。法律上將此種辯護稱為積極抗辯（affirmative defense），承認此種抗辯的目的在於限制或免除被告的民刑事責任。如果被告提出積極抗辯，那麼舉證的責任就從檢察官轉到被告。然而被告亦須及時提出積極抗辯，否則將視為其放棄積極抗辯。

不過關於違法搜索獲得之証據應否排除，究應由被告來證明搜索違法？或應由檢察官來證明搜索合法？若是後者，當檢察官聲請傳喚承辦警察至法庭做證陳述搜索扣押之經過以證明其合法性時，若被告主張警察偽證，此時究應由檢察官來證明警察說實話？或是應由被告來證明警察偽證？基本上美國法認為檢方應證明同意搜索時「同意」之存在，緊急搜索時「緊急」之存在，但不要求檢方須證明「警方有說實話（即沒有偽證）」（People v. Brrios, 270 N.E.2d 709 (N.Y.1971)）。至於自白之任意性，部分判例或州立法要求檢察官必須證明被告自白任意性之「存在」，亦即證明「自白確實出於自願」，但非證明「沒有刑求」。此外，關於應證明至何程度之疑問，亦即是否要證明至無合理可疑（beyond a reasonable doubt）？或僅符合其他較低程度即可？就此美國聯邦最高法院在Lego v. Twomey（404 U.S. 477(1972)）乙案主張，因有關自白任意性與犯罪構成要件是否存在本質上不應等同視之，鑑於後者旨在推翻無罪推定原則之保護，因此對於前者檢察官只要證明到證據優勢程度（preponderance of the evidence）即符合正當法律程序之要求，換言之，檢察官對於被告自白任意性之存在只要證明到「任意之可能性大於非任意之可能性」即可（又可稱為過半原則，此名詞原是民事訴訟之用語，比此原則更高之要求是證據

明確（clear and convincing evidence），再上去就是超越合理可疑（beyond a reasonable doubt）的程度），如以大陸法系之用語理解，即僅須「釋明」而無須「證明」。通常被告對積極抗辯負較低程度的舉證責任，亦即只需證明到證據優勢或證據明確之程度即可，不過也有些州法認為被告只要提出積極抗辯即可，而檢察官則必須證明該抗辯不成立至超越合理可疑之程度。

　　美國實務上若要提出與精神疾病相關的心神喪失抗辯，通常檢察官會主張犯嫌平日行為如常，故而行為時並未心神喪失（insane）；相反的，辯方會爭執行為人平時就有精神上的問題，並且可能會舉出他長期以來都有心理諮商醫療記錄等舉證。惟依台灣高等法院89年度再字第4號判決：「按刑事訴訟法第294條第1項、第2項規定：『被告心神喪失者，應於其回復以前停止審判。被告因疾病不能到庭者，應於其能到庭以前停止審判。』惟被告是否有刑事訴訟法第294條第1項、第2項規定：『心神喪失』、『因疾病不能到庭』（含在押被告），仍應依職權調查之。」之說明，關於心神喪失之存否，似非被告須予以舉證之積極抗辯事項。

第三章
刑法之理論

    由於刑法是一種規範犯罪行為法律要件及其附隨法律效果之法律系統，因此刑法提供了一個使用法之人能夠了解什麼行為是犯罪，什麼行為還不算是犯罪的判斷標準。然而，對於社會生活利益予以侵害之犯罪行為，何須科以刑罰？刑罰之目的何在？此即刑法理論所欲解決之問題。不過，「刑法理論」一詞不僅闡明犯罪成立之基本觀念，尚包含犯罪理論與刑罰理論，茲就有關理論分舉如下：

第一節　客觀主義與主觀主義

    刑法乃是規範人類犯罪行為與其相對應法律效果之法律。此處所謂犯罪行為乃是指人類之偏差行為，而由國家以刑罰制度加以制裁。關於人類之偏差行為是否成立犯罪以及國家對犯罪者之刑罰究竟欲實現何種目的？亦即刑罰之本質為何？雖存在各種不同學說，不過歷史上關於犯罪理論的研究，自德國的李士特（Franz von Listz）開始，卻僅有二百多年的歷史。犯罪理論乃討論犯罪成立要件的刑法理論，關於是否成立犯罪之爭論，如以刑罰評價對象為標準，可分為客觀主義與主觀主義。換言之，關於刑罰之評價，究應以犯罪之客觀事實抑或以犯人之主觀性格為標準？即為區別客觀主義與主觀主義之實益所在，茲析其要旨如次：

一、客觀主義

    此說以客觀的犯罪事實為科刑之基礎，因而刑罰之評價對象為「犯罪者之行為與結果」，故此說又有「事實主義」或「行為主義」之稱。此說

認為法律與道德應嚴格區別，法律係規範外部之行為，道德係規範內在之意思，故人類心理現象，應置於法律領域之外，而法律所干涉者，僅就人類外部行為影響於他人利害之事實，予以評價，故科刑之輕重，當視由其行為所生實害或危險之大小而定。然客觀主義者亦非完全忽視行為者之主觀因素，如對於幼年人、精神障礙人之行為，無犯意或無過失之行為，均非基於自由意思之行為，不認為成立罪犯，惟其所考慮之主觀因素，祇以行為者之行為所表現之範圍以內者為限。

二、主觀主義

此說以行為人的主觀性格為科刑之標準，故刑罰評價之對象，為犯罪行為人之惡性，亦即反社會之危險性，因而此說又有「人格主義」、「行為者主義」或「犯罪人主義」之稱。此說以為刑事責任之基礎，不存於犯人外部單純之行為，而存於犯人內部之性格，故科刑之輕重，當視其犯罪之惡性，即反社會的危險性之如何而定。然主觀主義者亦未嘗忽視客觀要素之行為，認為行為並非脫離行為人之抽象行為，而應認係行為人之行為不過為行為者人格之表現，本質上乃藉以認識行為者內在心意之媒介。

第二節　應報主義與目的主義

刑法理論，並非自始即存在有組織的體系，而係於歷史演進及學者之爭論中，經批判觀察，逐漸形成今日所謂之刑法理論體系。若就刑罰之本質與目的為標準，可分為應報主義與目的主義。簡單來說，十九世紀以前，康德主張以牙還牙的惡害相抵理論（應報主義）；但到了十九世紀末葉，李斯特氏則基於特別預防理論，強調刑法另外應具有教化功能，透過教育及感化矯正治療犯罪者，使其再社會化（目的主義）。茲就其要旨分述如後：

一、應報主義

　　此說又稱應報刑理論，應報理論是刑罰學的理論之一，認為因果應報是自然的理性，而刑罰的理由即僅只是犯罪的應報。換言之，此說以為犯罪乃違反正義之行為，對犯罪科以刑罰，即所謂惡有惡報，乃理所當然。故應報為刑罰之本質，對犯罪之惡害加以報復，即為刑罰之目的。刑罰之目的，既在於刑罰本身，而非達到他種目的之手段，故又有「絕對主義」之稱。

　　應報思想可追溯至聖經，依聖經記載，適當的懲罰即在於「以命還命、以眼還眼、以牙還牙、以手還手、以腳還腳」。然若嚴格主張有罪必罰（絕對應報主義），此種近於復讎之思想，亦非妥善，蓋不論上述「還命」、「還眼」、「還牙」、「還手」或「還腳」，均將對社會造成新的困擾。故近世主張應報主義者，已由相對的立場，說明應報之觀念，即所謂「相對應報主義」，最高法院43年台上字第721號判例：「再刑罰目的原在膺懲惡性，上訴人等犯罪如確屬情有可原，量刑時尤應注及。」似採此說。此說以為正義感乃人所同具，報復觀念亦出自人類之天性，法律苟不能加以利用，即無由保持社會之秩序，故刑罰之功能，不外為滿足人類報復之本性，並予被害人感情上相當滿足之作用，此說調和舊派過激之主張，因而應報主義又有「絕對應報主義」與「相對應報主義」之別。

　　死刑制度可謂基於應報理論而生，其在極端的案例上，表達了社會的一個信念，相信有某些犯罪本身是對人性最嚴重的侮辱，而對於這樣的侮辱，社會唯一能給予回應的適當制度就只有死刑。不過也因歷史上死刑制度經常被當權者（不論是國王或是教廷）作為鎮壓（消滅）異己之工具，故其正當性很早就已被挑戰。近代又因審判程序之科學性與正確性迭遭質疑，在過度依賴自白的訴訟結構中，死刑制度遂因「一旦誤判即無從補救」之特性，而成為被改革之對象。惟鑑於死刑裁判皆以「被告惡性重大，顯有與社會永久隔絕之必要」為論述基礎，一旦犯罪之證據確實而不存在誤判事實之可能時（如案發經過已被完整錄影），如何將惡性重大的被告（如九一一恐怖攻擊者）與社會永久隔絕，或為值得進一步探討之議

題，然不論如何，應報主義均為此時所應考量之基礎。

二、目的主義

　　此說又稱目的刑理論，以為刑罰本身並非目的，而另有其他之目的。刑罰之目的，並非對於犯罪者之報復，而重於將來犯罪之預防，刑罰為保護社會利益之手段。由於刑罰本身為達成預防目的之方法，故又稱「相對主義」或「預防主義」。預防理論是刑罰學的重要理論之一，主張刑罰不是對犯罪的應報，而是在藉由刑罰的設定，保障社會共同安全。

　　預防理論是持效益主義者所採的理論，設想的是「未來的」刑罰後果，其認為使用刑罰的目的在於矯正、預防或者避免未來的犯罪。預防理論在犯罪學上為實證學派所採，又可以分為一般預防和特別預防兩大面向。一般預防認為刑罰的目的在於遏止社會上的其他人再次犯下相同的罪行，而特別預防則認為刑罰的目的在於使犯下罪行的犯罪人改過向善。由於持目的刑理論者認為，刑罰以防衛社會為目的，故亦稱「保護刑主義」或「防衛社會主義」。又以刑罰乃對受刑人之改善教育方法，因而目的主義乃被醇化為「教育刑主義」，又稱「改善刑主義」。釋字第202號解釋李鐘聲、張承韜大法官曾於不同意見書中指出：「近代學者們更倡教育刑理論，注重防範犯罪措施，於是成為西方國家的新立法理論基礎。這和我國固有的『明刑弼教』的刑法理論，不謀而合。注重防範犯罪措施，以維護社會安全為目的，亦不外乎我國無刑或祥刑的目的，足見中西刑法理論趨於一致。」此外，最高法院93年台抗字第530號裁定：「現代刑法，執行刑罰的目的，並非以犯罪的報應為主，而是以改善主義及教育刑主義，為自由刑執行的本旨，重在感化的功能，此參監獄行刑法第1條規定『徒刑拘役之執行，以使受刑人改悔向上，適應社會生活為目的。』」亦肯認目的主義為刑罰之基礎。

第四章
刑法之效力

第一節　刑法關於時之效力

　　所謂刑法關於時之效力，乃指刑法在時間上之規範力而言，亦即其有效適用之期間，茲分別說明如下：

一、刑法效力之發生與終止

　　現行刑法本身並未規定施行日期，依據國民政府民國24年1月1日明定，以同年7月1日為開始施行之日期，其效力即自施行之日起發生。又依刑法施行法第10條之1之規定，中華民國94年1月7日修正公布之刑法，自95年7月1日施行。現行刑法之效力，既經發生，在法律未廢止前，自屬繼續有效。

二、刑法不溯既往之原則及其例外

　　行為之準繩，存於行為當時之法令，以免不教而誅之虐，此實源自罪刑法定主義之基本原則。現行刑法第1條前段規定：「行為之處罰，以行為時之法律有明文規定者為限」。所以揭示「罪刑法定主義」與「法律不溯既往」之二大原則。不過刑法不溯既往之原則，亦非無例外。若行為後法律變更之結果，其罪刑與舊法相同，甚至輕於舊法，或不認其行為為犯罪者，則應適用新法，修正前刑法第2條第1項前段「行為後法律有變更者，適用裁判時之法律」從輕從新之規定，將裁判時新法的效力適用至新法生效前之行為時，即為法律不溯及既往之例外。又關於非拘束人身自由

之保安處分，依釋字第471號解釋之說明，因其與刑罰之性質不同，故修正後刑法第2條第2項規定，非拘束人身自由之保安處分適用裁判時之法律，故縱其行為發生在舊法時期，而裁判作成於新法施行以後，亦適用裁判時之法律，此實為從輕從新原則之體現。

三、刑法不後及之原則及其例外

法律不後及之原則係指在法律廢止或停止其效力後，不適用已廢止或已停止之法律之謂。刑法定有施行期間或解除條件者，於期間屆滿或條件成就，即失其效力；又在刑法未規定施行期間或解除條件的情形下，且新舊兩法就同一事項皆有規定而刑罰不變，若依後法優於前法之原則，當援用新法，則舊法失其效力。舊刑法第2條第1項前段原規定：「行為後法律有變更者，適用裁判時之法律。」即為刑法不後及原則之適例。對於刑法不後及之原則，有二種例外：一為「限時法」，即法律本身規定有後及之效力，例如前述九二一震災重建暫行條例第71條：「於緊急命令施行期間內，犯緊急命令第11點所規定之罪者，於緊急命令施行期滿後，仍適用緊急命令第11點之規定處罰。」之規定，蓋於本質上，民國88年9月25日行政院臨時院會決議諮請總統頒布之緊急命令，其中第11點規定：「（第1項）因本次災害而有妨害救災、囤積居奇、哄抬物價之行為者，處一年以上七年以下有期徒刑，得併科新臺幣五百萬元以下罰金。（第2項）以詐欺、侵占、竊盜、恐嚇、搶奪、強盜或其他不正當之方法，取得賑災款項、物品或災民之財物者，按刑法或特別刑法之規定，加重其刑至二分之一。」亦具有限時法之性質；一為舊刑法第2條第1項但書：「但裁判前之法律有利於行為人者，適用最有利於行為人之法律。」之規定，例外適用已廢止之法律。

惟鑒於刑法第2條第1項係以刑法第1條為適用前提，遇有法律變更時若依舊刑法條文「行為後法律有變更者，適用裁判時之法律」（此即學說所謂之「從新原則」），似難以與第1條罪刑法定主義契合，而有悖於法律禁止溯及既往之疑慮。為貫徹上開法律禁止溯及既往原則之精神，新刑

法第2條第1項遂修正為「行為後法律有變更者，適用行為時之法律。但行為後之法律有利於行為人者，適用最有利於行為人之法律。」，自此「從新從輕」原則改為「從舊從輕」原則，刑法不後及原則反而成為一項例外，而其例外（刑法後及原則）反倒成為一項新刑法原則。惟不論採從舊從輕原則或從新從輕原則，於具體案例的刑罰適用並無太大區別（即改採從舊從輕原則之結果，與現行之從新從輕原則相同），此部分修正僅為符合罪刑法定原則。

四、刑法之變更

（一）實體法律變更

刑法第2條第1項所謂「法律有變更」者，係指法律之修正或廢止之情形，依司法院院字第1854號解釋：「刑法第2條第1項但書所稱之法律，係指實體法而言，程序法不在其內，原呈所舉兩例，在舊刑事訴訟法有效期間，其告訴已不適法，或告訴人已經合法撤回告訴，不能因新刑事訴訟法之施行而變更，此與適用刑事訴訟法施行法第2條無關。」之意旨，此處之法律變更以刑事實體法變更為原則，程序法變更不在其內。又如實體法律變更於行為前，自無刑法第2條之適用，此可參照最高法院103年度第18次刑事庭會議決議：『修正前刑法第四十九條規定：「累犯之規定，於前所犯罪依軍法或於外國法院受裁判者，不適用之」。嗣於九十四年二月二日修正為：「累犯之規定，於前所犯罪在外國法院受裁判者，不適用之」，並自九十五年七月一日起施行。被告係於新法施行後始犯丁罪，其行為時，刑法已無「於前所犯罪依軍法受裁判者，不適用累犯規定」之相關明文，是否成立累犯，自應以犯丁罪時之法律為斷，不能適用行為前之法律。被告在刑法第四十九條修正前，因犯罪受軍法判處有期徒刑確定，但已與普通法院判處有期徒刑之他罪，合併定其應執行刑而執行完畢，乃其故意犯丁罪前既存之事實，並符合犯丁罪行為時累犯之要件，而其犯丁罪後有關累犯之規定又無變更，當無法律不溯既往或行為後法律變更新舊法比較適用之問題，應逕依刑法第四十七條規定論以累犯。』之說明。

（二）行政命令變更

關於法律變更，其範圍為何？依釋字第103號解釋：「刑法第2條所謂法律有變更，係指處罰之法律規定有所變更而言。行政院依懲治走私條例第2條第2項專案指定管制物品及其數額之公告，其內容之變更，並非懲治走私條例處罰規定之變更，與刑法第2條所謂法律有變更不符，自無該條之適用。」之說明，法律變更似專指刑罰法規之變更而言，不包括事實之變更，蓋法律變更主要是指立法者對行為評價（是否具違法性）的改變，而不是指構成違法狀態的事實（行政命令）產生變化，例如禁止進口事項的行政命令變動屬於事實變更而不是法律變更，此觀最高法院51年台非字第76號判例：「刑法第2條所謂有變更之法律，乃指刑罰法律而言，並以依中央法規制定標準法第2條（前）之規定制定公布者為限，此觀憲法第170條、第8條第1項，刑法第1條之規定甚明。行政法令縱可認為具有法律同等之效力，但因其並無刑罰之規定，究難解為刑罰法律，故如事實變更及刑罰法律外之法令變更，均不屬本條所謂法律變更範圍之內，自無本條之適用。」之說明，其僅承認立法者有權調整「行為不法評價」，而不承認行政權亦有此權限，自可明瞭。

依前述實務「行政命令變更非法律變更」之見解，空白刑法中之行政命令變更乃屬於事實變更，此種觀點使得變更前之行政命令一律產生類似限時法的效力，以防止已依變更前之行政命令構成犯罪者，得藉由變更行政命令之手段而逃避刑事處罰；不過既然行為時所據以處罰的行政命令嗣後已變更或廢除（例如最高法院65年台上字第2474號判例：「犯私運管制物品進口逾公告數額者，如於行為後裁判時，該私運進口之物品，又經行政院依懲治走私條例第2條第3項（舊）重行公告，不列入管制物品之內，乃是行政上適應當時情形所為之事實上變更，並非刑罰法律有所變更，自不得據為廢止刑罰之認定而諭知免訴。」所指對某項物品解除走私管制的情形），則在行政權明白表示管制必要性已不復存在的背景下，先前違反該行政命令之可罰性基礎是否依然存在，不無進一步深入檢討之必要。

釋字第103號解釋林紀東大法官之不同意見書：「查我國刑法，對於

行為後法律有變更行為之處理，採從新兼從輕主義，故於第2條第1項規定曰：『行為法律有變更者，適用裁判時之法律，但裁判前之法律，有利於行為人者，適用最有利於行為人之法律。』茲所謂法律，無論由文理或法理上觀之，似均非專指有關處罰規定之法律而言，而宜包括關於構成要件之法律在內。蓋在文理上，該條既未定為『行為後處罰法律有變更……』，而僅泛稱『行為後法律有變更者』，已不容任意縮小解釋，排除關於構成要件之規定，於該條所稱法律之外矣。由法理上言之，刑法之構成要件規定，與其處罰規定，恆同氣連枝，互為一體，亦未容遽予割裂，謂該條所稱法律，專指有關處罰之法律而言，而置關於構成要件之規定於不問。次查法律一語，學理上有廣狹二義，廣義之法律，兼指中央立法機關通過之法律，及行政機關公布之命令而言，狹義之法律，則專以中央立法機關通過者為限。依照現代刑法理論，刑法之用語，不利於行人者，固宜採嚴格解釋；有利於行為人者，則宜從寬解釋，俾符國家慎刑恤獄保障人權之至意，故該條項所謂法律，應否採取廣義解釋，包括行政機關公布之命令在內，已可研究。矧依懲治走私條例第2條規定：『私運管制物品進出口逾公告數額者，處七年以下有期徒刑拘役，得併科七千元以下罰金。前項所稱管制物品及其數額，以經行政院，依本條例專案指定公告者為限。』是行政院依照上開條項所為之公告，具有授權命令之質性，所以填充法律之空白規定，而具有代替法律之效力，與一般命令不同，甚為明顯。如拘於一格，謂行政院依照上開條項所為之公告，不具法律之性質，故非刑法第2條第1項所稱之法律，則懲治走私條例上開規定，將根本違反罪刑法定主義之原則矣。綜上所述，足見刑法第2條第1項所稱法律，並非專指有關處罰規定之法律而言，而宜包括關於構成要件之法律在內。且非專指中央立法機關所通過之法律而言，行政機關依據法律之授權，就其空白規定，予以填充者，亦應包括在內，故行政院依懲治走私條例第2條第2項，專案指定之管制物品及其數額所為之公告，其內容如有變更時，對於變更前之行為，亦應適用刑法第2條第1項之規定處斷，俾合於刑法採取從新兼從輕主義之本旨，與授權命令之性質。」曾指出，由於行政機關依法授權所為之行政命令亦具有規範（不法行為）調整之功能，從而

嗣後行政命令之變更亦足以改變其先前行為之不法內涵,換言之,只要行政命令之變更已使得先前之行為不再該當構成要件行為,行政命令變更前「受管制行為」之可罰性即因行政命令變更而解消。此外,參照法務部96年3月6日法律字第0960700154號函說明,行政罰法第5條所定「行為後法律或自治條例有變更」者,限於已公布或發布且施行之實體法規之變更,其變更前後之新舊法規必須具有同一性,且為直接影響行政罰裁處之義務或處罰規定;又法律或自治條例授權訂定法規命令或自治規則以補充義務規定或處罰規定之一部分,而此類規定之變更如足以影響行政罰之裁處,自亦屬行政罰法第5條所定之法規變更。既已於行政罰領域內承認行政院依懲治走私條例第2條第3項授權公告之「管制物品項目及其數額」及貿易法規授權公告內容(法律授權訂定之法規命令)之變更具有「法律變更」之效力,則於更為嚴屬之刑法領域中,更應採釋字第103號解釋林紀東大法官不同意見書之見解,以符刑法謙抑原則。

在層級化的規範保留體系下,行政部門原即被賦予制定規範管制人民(限制人民權利)的權限。而當該行政命令具有補充犯罪構成要件之能量(如刑法第117條之局外中立行政命令以及刑法第192條關於預防傳染病所公布之檢查或進口之行政命令)時,行為之可罰性原即以該補充規範為基礎;該補充規範之內涵自具有調整行為可罰性之功能。既然行政部門有權決定某特定行為是否構成要件該當,一旦行政部門調整其對於構成要件該當之決定,某特定行為是否足以啟動犯罪評價的程序,自亦因此而受影響。從而,雖「事實變更說(多數說)」足以防止已依變更前之行政命令構成犯罪者,藉由變更行政命令之手段而逃避刑事處罰,鑑於行政命令(補充規範)之變更具有改變「行為不法」之功能,行政命令之變更非僅該當為事實變更,其對行為不法產生決定性之影響亦足以評價為法律變更,在法律本身未明文規定某補充規範有後及效力之情形中,採法律變更說之觀點對於行為人之保障較為周到,亦較符合刑法謙抑之精神。蓋認行政命令之變更不生法律變更之效力,將使得先前之行政命令產生如限時法般「後及」之效力,則於國會未明確授權該行政命令內容具有限時法後及效力之前提下,多數說將使得單純之行政命令產生比普通法律更強之後及

效力是否洽當，並非毫無疑義。由於刑法第2條第1項本質上填補了刑法第1條罪刑法定主義於行為可罰性變更時所產生之規範漏洞，因此刑法第2條第1項之適用本即以行為可罰性變更為前提，某種程度而言，如不存在刑法第2條第1項之規定，則所有之處罰之禁止規定皆為限時法，因此刑法第2條第1項之規定具有排除處罰條文成為限時法之功能。鑒於空白構成要件之可罰性係以行政命令為基礎，如不認行政命令變更所導致之可罰性變更具有法律變更之效力，則以已廢止之行政命令做為裁判基礎，其當下之可罰性為何？恐難自圓其說。而以過去之可罰性作為目前處罰之基礎，實已有違刑法第2條第1項之規範精神。

　　此外，依最高法院25年非自第139號判例：「非常上訴之提起，以發見案件之審判係違背法令者為限，徵諸刑事訴訟法第四百三十四條之規定，至為明顯，所謂審判違背法令，係指其審判程序或其判決之援用法令，與當時應適用之法令有所違背者而言，至終審法院之判決內容，關於確定事實之援用法令如無不當，僅係前後判決所持法令上之見解不同者，尚不能執後判決所持之見解而指前次判決為違背法令，誠以終審法院判決關於法律上之解釋，有時因探討法律之真義，期求適應社會情勢起見，不能一成不變，若以後之所是即指前之為非，不僅確定判決有隨時搖動之虞，且因強使齊一之結果，反足以阻遏運用法律之精神，故就統一法令解釋之效果而言，自不能因後判決之見解不同，而使前之判決效力受其影響。」之說明，實務上向認最高法院所持法令上之見解變更，並非刑法第2條所指之法律變更，故對於變更判例前所為之確定裁判，自不得據已變更之判例提起非常上訴，而使前之裁判受影響。實則，此種見解亦非無可議之處，蓋判例是否變更，原非被告所得左右，以不可歸責被告之事由要被告承擔已遭變更舊判例之不利益，其法理何在？基於前述與刑罰權基礎事實有關之行政命令變更亦應視為法律變更之推理，似亦應肯認與刑罰權基礎事實有關之判例變更，亦具有法律變更之效果。蓋司法本為民所在，縱採此觀點會增加法院案件負擔，惟為能於糾錯制度（try and error）下避免司法權之不當行使，應有必要寬認被告依刑法第2條規定尋求救濟之必要。

51

（三）法律適用

　　關於行為時與裁判時之法律變更，究應適用裁判時之新法或適用行為時之舊法，抑或適用新法與舊法之間所施行之中間法，各國立法例有四：1.從新主義：適用裁判時法。2.從舊主義：適用行為時法。3.從輕主義：適用有利於行為人法。4.折衷主義：可分下列二種：(1)從舊兼從輕主義：從舊主義為原則，從輕主義為例外。如遇新舊法無輕重可言時，一律依舊法處斷。(2)從新兼從輕主義：從新主義為原則，從輕主義為例外；如遇新舊法無經重可言時，概從新法。我國舊刑法第2條第1項規定：「行為後法律有變更者，適用裁判時之法律。但裁判前之法律有利於行為人者，適用最有利於行為人之法律。」係採上述折衷主義中之從新兼從輕主義之立法例。而現行刑法第2條第1項規定：「行為後法律有變更者，適用行為時之法律。但行為後之法律有利於行為人者，適用最有利於行為人之法律。」則係採上述折衷主義中之從舊兼從輕主義之立法例。

　　不過在繼續犯的類型中，如果法律變更發生在犯罪既遂與行為終了之間，例如在持有槍砲（犯罪既遂）後並為警查獲（行為終了）前出現法律變更，依照最高法院88年台上字第2968號判決：「未經許可持有槍砲、彈藥、刀械等罪，其持有之繼續，為行為之繼續，並非狀態之繼續，故一經持有，其犯罪即告成立，但其完結，須繼續至持有行為終了時為止，其間法律縱有變更，因其行為繼續實施至新法施行以後，即應適用新法，尚無行為後法律變更之可言。」之說明，由於此時不該當行為後法律變更之要件，此時並無刑法第2條從舊從輕原則之適用，而應一概適用新法之規定。而在連續犯的類型中，依最高法院88年台上字第6930號判決：「刑法第2條第1項所規定之從新從輕原則，以行為後法律有變更者始有其適用，而連續犯為裁判上之一罪，如連續犯之最後一次行為，新法已經發生效力，即不發生行為後法律變更的問題。」之說明，亦因不該當行為後法律變更之要件，而無刑法第2條從舊從輕原則之適用。

　　關於舊刑法第2條第1項所謂「裁判時之法律」，指裁判確定前之法律而言，其「裁判時」則兼指一、二、三審與再審之裁判時。又關於裁判

時是否包含非常上訴審之裁判時，亦曾存在是否有舊刑法第2條第1項規定適用之爭議。不過此項爭議，已在刑法第2條第1項改採「適用行為時之法律」後，不復存在。

（四）裁判確定後變更

上述從舊從輕原則，適用的時機乃在裁判未確定前，若於判決確定後，法律產生變更，該變更之新法固不影響已確定之裁判，原本應無是否該從舊或從新的問題，惟立法者基於慎刑的思考，乃於刑法第2條第3項規定，若裁判確定後，未執行或執行未完畢，但法律變更為不處罰者，則免其刑的執行。應予注意者，此條文的適用僅限於法律變更為不處罰，若僅是變更為較輕的刑罰則不適用該條項之規定；保安處分亦同此適用。

（五）有利不利之判斷

至若新舊法何者較有利於行為人之判斷，除須比較新舊法可罰性範圍、主刑刑度、是否屬告訴乃論以及有無免除其刑之規定（包含必免或得免）外，最高法院24年上字第4634號判例：「新舊刑法關於刑之規定，雖同採從輕主義，而舊刑法第2條但書，係適用較輕之刑，刑法第2條第1項但書，係適用最有利於行為人之法律，既曰法律，自較刑之範圍為廣，比較時應就罪刑有關之共犯、未遂犯、連續犯、牽連犯、結合犯以及累犯加重、自首減輕、暨其他法定加減原因、與加減例等一切情形，綜其全部之結果，而為比較，再適用有利於行為人之法律處斷。」與85年台上字第105號判決：「刑法第2條第1項所定：『行為後法律有變更者，適用裁判時之法律。但裁判前有利於行為人者，適用最有利行為人之法律』，其所謂有利行為人之法律，除參酌刑法第35條所規定主刑輕重之標準外，尚須整體的考察，綜合比較之。若有刑法分則或其他類似之特別法有減輕規定時，自應先依該規定減輕其刑後之本刑與其他法律之法定本刑比較，採用最有利於行為人之法律始為適法。」等說明亦足供參考。

至於新舊法究於法律之適用有利或不利被告，有時甚難判斷，舉最高法院96年度第3次刑事庭會議所討論之法律問題為例：「刑法關於拘束人身自由保安處分之強制治療於88年4月21日修正公布後，增訂同法第91

條之1，其第1項規定：「犯第221條至第227條、第228條、第229條、第230條、第234條之罪者，於裁判前應經鑑定有無施以治療之必要。有施以治療之必要者，得令入相當處所，施以治療。」第2項規定：『前項處分於刑之執行前為之，其期間至治癒為止，但最長不得逾三年。』第3項規定：「前項治療處分之日數，以一日抵有期徒刑或拘役一日或第42條第4項裁判所定之罰金數額。」嗣該條文於94年2月2日又修正公布，並自95年7月1日施行，將上開規定修正為：『犯第221條……之罪，而有下列情形之一者，得令入相當處所，施以強制治療：一、徒刑執行期滿前，於接受輔導或治療後，經鑑定、評估，認有再犯之危險者；二、依其他法律規定，於接受身心治療或輔導教育後，經鑑定、評估，認有再犯之危險者。』亦即由刑前治療改為刑後治療，但治療期間則未予限制，抑且治療處分之日數，復不能折抵有期徒刑或拘役刑期。設被告於90年7月4日犯上開法條所列舉之罪，於95年7月1日以後為裁判時，究應如何為新、舊法之比較適用？」雖該會議決議採乙說：「民國95年7月1日起施行之刑法第91條之1有關強制治療規定，雖將刑前治療改為刑後治療，但治療期間未予限制，且治療處分之日數，復不能折抵有期徒刑、拘役或同法第42條第6項裁判所定之罰金額數，較修正前規定不利於被告。」惟甲說：「按行為後法律有變更者，適用行為時之法律，但行為後之法律有利於行為人者，適用最有利於行為人之法律，刑法第2條第1項定有明文。被告所犯強制性交未遂罪，其犯罪之時間為90年7月4日，被告犯罪後，刑法部分條文於94年2月2日修正公布，並自95年7月1日施行。其中第91條之1關於強制治療之規定，已從『於刑之執行前為之』，修正為『徒刑執行期滿前，於接受輔導或治療後，經鑑定、評估，認有再犯之危險者』，始得令入相當處所，施以強制治療，比較結果，以現行新法有利於上訴人。」所持見解亦值參考。換言之，關於修法有利被告與否，有時並無絕對的判斷標準。

此外，若行為後出現法律不只一次修正時，關於舊法、中間法及新法究應如何適用？參照最高法院27年上字第2615號判例：「犯罪在刑法施行前，比較裁判前之法律孰為有利於行為人時，應就罪刑有關之一切情形，比較其全部之結果，而為整個之適用，不能割裂而分別適用有利益之條

文。」之精神，一旦認為何者有利於行為人，即應全部適用，不得部分從舊、部分又從新而割裂適用，紊亂法律系統。另在新法之修正於個案中不生差別法律適用之情形中，依最高法院96年度台上字第4039號判決：「刑法第47條第1項有關累犯構成要件之規定亦經修正施行，但甲係於受有期徒刑之執行完畢後，五年以內再『故意』犯本件之罪，依修正前後新、舊法第47條第1項之規定，均構成累犯，即無有利或不利之情形，自無適用刑法第2條第1項為比較新舊法之問題，應適用現行有效之修正後規定論以累犯。」與97年度第2次刑事庭會議決議：「依本院95年度第8次及95年度第21次刑事庭會議決議意旨，甲受有期徒刑之執行完畢，於5年內之95年1月間故意再犯有期徒刑以上之罪，無論依修正前刑法第47條或修正後第47條第1項之規定均構成累犯，即無有利或不利之情形，於刑法修正施行後法院為裁判時，無庸為新、舊法之比較。個案如有其他應依刑法第2條第1項之規定為新、舊法之比較情形時，依綜其全部罪刑之結果而為比較後，整體適用法律。」之意旨，只有在新舊法律適用出現有利或不利之差別結果時，始有刑法第2條第1項規定之適用。

（六）裁判上之比較

關於新舊法之比較適用，刑法第2條修正前之實務見解原認如原審判決未及比較適用新舊法時，上訴後，雖比較結果以舊法有利於行為人，而原判決別無其他撤銷事由，仍應由上訴法院以此為由撤銷改判。惟實務上雖曾有認修正後之規定係以適用行為時法為原則，如原審判決未及比較適用新舊法，上訴法院經比較新舊法後認行為後之法律並非較有利於行為人，仍應適用行為時法，則原判決適用行為時法即無不當，不構成撤銷之事由（參照台灣高等法院台中分院95年上訴字第336號刑事判決）；故雖刑法第47條第1項有關累犯構成要件之規定亦經修正施行，但甲係於受有期徒刑之執行完畢後，五年以內再「故意」犯本件之罪，依修正前後新、舊法第47條第1項之規定，均構成累犯，即無有利或不利之情形，自無適用刑法第2條第1項為比較新舊法之問題，應適用現行有效之修正後規定論以累犯（參照最高法院96年度台上字第4039號刑事判決）。

綜合最高法院95年第21次刑事庭會議決議：「本院95年5月23日刑事庭第8次會議就「刑法94年修正施行後之法律比較適用決議」一、之1．即明載新法第2條第1項之規定，係規範行為後「法律變更」所生新舊法比較適用之準據法……。故如新舊法處罰之輕重相同，即無比較適用之問題，非此條所指之法律有變更，即無本條之適用，應依一般法律適用原則，適用裁判時法。本院同決議五、之2．想像競合犯認新法第55條但書係科刑之限制，為法理之明文化，非屬法律之變更；六、之1．謂新法第59條之規定，為法院就酌減審認標準見解之明文化，非屬法律之變更，均同此見解。其為純文字修正者，更應同此。」、97年度第2次刑事庭會議決議：「依本院九十五年度第八次及九十五年度第二十一次刑事庭會議決議意旨，甲受有期徒刑之執行完畢，於五年內之九十五年一月間故意再犯有期徒刑以上之罪，無論依修正前刑法第四十七條或修正後第四十七條第一項之規定均構成累犯，即無有利或不利之情形，於刑法修正施行後法院為裁判時，無庸為新、舊法之比較。個案如有其他應依刑法第二條第一項之規定為新、舊法之比較情形時，依綜其全部罪刑之結果而為比較後，整體適用法律。」與97年台上字第1196號判決：「行為後法律有變更者，應依刑法第2條第1項為新舊法律之比較適用。本件上訴人行為時商業會計法第71條第1款規定商業負責人、主辦及經辦會計人員或依法受託代他人處理會計事務之人員，以明知為不實之事項，而填製會計憑證或記入帳冊罪，法定刑為五年以下有期徒刑、拘役或科或併科新臺幣十五萬元以下罰金。原審裁判時，同條款已於95年5月24日修正公布，法定刑修正為五年以下有期徒刑、拘役或科或併科新臺幣六十萬元以下罰金，關於罰金法定刑部分較行為時之規定為重，原判決未為新舊法之比較適用，難謂無判決不適用法則之違誤。」等說明，如法律修正導致出現前後法律適用之利害差異時，現行實務仍維持刑法第2條修正前之見解，法院於裁判時仍應為新舊法之比較適用；惟如法律修正不生前後法律適用之利害差異時，法院即應依裁判時法律為適用，而毋庸為新、舊法之比較。

五、最高法院中華民國刑法94年修正施行後之法律比較適用

因刑法於94年2月2日修正公布，於95年7月1日施行（下稱新法；修正前刑法下稱舊法）後，有關新舊法之適用原則，最高法院乃有決議如下：

（一）法律變更之比較適用原則

1. 新法第2條第1項之規定，係規範行為後法律變更所生新舊法律比較適用之準據法，於新法施行後，應適用新法第2條第1項之規定，為「從舊從輕」之比較。

2. 基於罪刑法定原則及法律不溯及既往原則，行為之處罰，以行為時之法律有明文規定者為限，必行為時與行為後之法律均有處罰之規定，始有新法第2條第1項之適用。

3. 拘束人身自由之保安處分，亦有罪刑法定原則及法律不溯及既往原則之適用，其因法律變更而發生新舊法律之規定不同者，依新法第1條、第2條第1項規定，定其應適用之法律。至非拘束人身自由之保安處分，仍適用裁判時之法律。

4. 比較時應就罪刑有關之共犯、未遂犯、想像競合犯、牽連犯、連續犯、結合犯，以及累犯加重、自首減輕暨其他法定加減原因（如身分加減）與加減例等一切情形，綜其全部罪刑之結果而為比較。

5. 從刑附屬於主刑，除法律有特別規定者外，依主刑所適用之法律。

（二）刑法用語之立法定義

新法第10條第2項所稱公務員，包括同項第1款之職務公務員及第2款之受託公務員，因舊法之規定已有變更，新法施行後，涉及公務員定義之變更者，應依新法第2條第1項之規定，適用最有利於行為人之法律。

（三）刑

1. 主刑

罰金刑：新法第33條第5款規定罰金刑為新臺幣一千元以上，以百元計算之，新法施行後，應依新法第2條第1項之規定，適用最有利於行為人之法律。

2. 刑之重輕

刑之重輕標準，依裁判時之規定。

3. 易刑處分

易科罰金之折算標準、易服勞役之折算標準及期限，新法施行後，應依新法第2條第1項之規定，適用最有利於行為人之法律。

（四）累犯

新法施行前，過失再犯有期徒刑以上之罪，新法施行後，應依新法第2條第1項之規定，適用最有利於行為人之法律。

（五）數罪併罰

1. 定應執行刑

新法第51條第2款增訂罰金與死刑併予執行；第5款提高多數有期徒刑合併應執行之刑不得逾三十年，新法施行後，應依新法第2條第1項之規定，適用最有利於行為人之法律。裁判確定前犯數罪，其中一罪在新法施行前者，亦同。

2. 想像競合犯

新法第55條但書係科刑之限制，為法理之明文化，非屬法律之變更。

3. 牽連犯

犯一罪而其方法或結果之行為，均在新法施行前者，新法施行後，應依新法第2條第1項之規定，適用最有利於行為人之法律。若其中部分之行為在新法施行後者，該部分不能論以牽連犯。

4. 連續犯

(1) 連續數行為而犯同一之罪名，均在新法施行前者，新法施行後，應依新法第2條第1項之規定，適用最有利於行為人之法律。部分之數行為，發生在新法施行前者，新法施行後，該部分適用最有利於行為人之法律。若其中部分之一行為或數行為，發生在新法施行後者，該部分不能論以連續犯。

(2) 常業犯之規定刪除後之法律比較適用，同前。

（六）刑之酌科及加減

　　1. 新法第57條、第59條之規定，為法院就刑之裁量及酌減審認標準見解之明文化，非屬法律之變更。

　　2. 新法施行前，犯新法第61條第2款至第6款增訂之罪名者，新法施行後，應依新法第2條第1項之規定，適用最有利於行為人之法律。

　　3. 犯罪及自首均在新法施行前者，新法施行後，應依新法第2條第1項之規定，適用最有利於行為人之法律。犯罪在新法施行前，自首在新法施行後者，應適用新法第62條之規定。

　　4. 未滿十八歲之人在新法施行前，犯刑法第272條之罪者，新法施行後，應依新法第2條第1項之規定，適用最有利於行為人之法律。

　　5. 新法施行前，犯法定本刑為死刑、無期徒刑之罪，有減輕其刑之原因者，新法施行後，應依新法第2條第1項之規定，適用最有利於行為人之法律。

　　6. 新法施行前，法定罰金刑有加減之原因者，新法施行後，應依新法第2條第1項之規定，適用最有利於行為人之法律。

（七）緩刑

　　犯罪在新法施行前，新法施行後，緩刑之宣告，應適用新法第74條之規定。

（八）保安處分

　　1. 監護處分或酗酒禁戒處分之事由，發生在新法施行前者，新法施行後，應依新法第2條第1項之規定，視其具體情形，適用最有利於行為人之法律。

　　2. 強制工作或強制治療之事由，發生在新法施行前者，新法施行後，應依新法第2條第1項之規定，適用最有利於行為人之法律。

　　3. 拘束人身自由保安處分之事由，發生在新法施行前者，新法施行後，其許可執行，應依新法第2條第1項之規定，適用最有利於行為人之法律。

（九）告訴或請求乃論之罪

刑罰法律就犯罪是否規定須告訴（或請求）乃論，其內容及範圍，暨其告訴或請求權之行使、撤回與否，事涉國家刑罰權，非僅屬單純之程序問題，如有變更，亦係刑罰法律之變更，而有新法第2條第1項之適用。

第二節　刑法關於地之效力

一、刑法關於地之效力之立法主義

刑法關於地之效力，即刑法效力所及之領域範圍，亦稱刑法之場所效力。關於此一問題，各國立法例，頗不一致，茲分述如後：

（一）屬地主義

以本國領域為適用刑法之範圍，凡在本國領域內發生的犯罪，不論行為人或被害人為本國人或外國人或無國籍人，亦不問是何種犯罪，侵害何種法益，均適用本國刑法處斷。亦即在本國主權所及的領域內，刑法均有地的效力，而一概適用本法。依此主義之主張，本國人在國外對本國有重大之犯罪行為，亦不得論其罪，是其缺點。

（二）屬人主義

以本國人為刑法適用之對象，不問犯罪在國內或國外，凡為本國人一律適用本國刑法。依此主義之主張，外國人在本國犯罪者，亦不能適用，未免有損國權，而本國人在國外犯罪時，其在外國領域內，本國政府審判權之行使，殊為不便，均其缺失。

（三）保護主義

以法益為保護之對象，不問犯罪在國內或國外，亦不問犯人係本國人或外國人，凡對於本國或本國人民之法益有侵害時，皆適用本國刑法。採此主義，實行上頗多困難，如犯人在國外，而又不能請求引渡時，則刑法之效力，無由表彰，是其缺點。

（四）世界主義

　　以世界為本國刑法支配空間，不問犯人之國籍，不問犯罪之地點，亦不問被害之法益屬於何國或何國人，任何國家皆得隨時行使其本國刑法，加以處罰，此主義基於自然法觀念，以犯罪為文明社會共同之弊害，用意甚善，然各國風習互異，對犯罪之概念亦不同。且本國刑罰權行使外國，困難殊多，有時尤無必要，此主義陳義未免過高，實行更為困難。

（五）折衷主義

　　上述四種主義，各有所短，如僅採用其一，必窒礙難行，截長補短，而有折衷之說。折衷主義以屬地主義為原則，其他主義為例外。凡在本國領域內之犯罪，不問犯人與被害人之國籍如何，皆適用本國刑法之制裁，即為屬地主義。本國人在領域外犯較重大之罪者，亦適用本國刑法處罰之，即採屬人主義。外國人在領域外對本國或本國人犯重大之罪者，亦有本國刑法之適用，係採保護主義。其妨害世界共同利益者，不問犯罪之地點，亦不問犯人之國籍，一律適用本國刑法之制裁，乃兼採世界主義。折衷主義，兼籌並顧，近代各國立法多採之。

二、我國刑法所採之主義

　　我國刑法以屬地主義為根本，兼採屬人主義、保護主義及世界主義，乃折衷主義之立法例也。茲就其內容分述於次：

（一）關於屬地主義者

　　刑罰權為國家主權作用之一種形態，其效力自應及於一國領域之內，故刑法第3條規定：「本法於在中華民國領域內犯罪者，適用之。在中華民國領域外之中國船艦或航空器內犯罪者。以在中華民國領域內犯罪論。」依此規定我國刑法原則上係採屬地主義，至為明顯。所謂領域，係指國界以內，受本國主權支配之地域而言，上自領空，下至地層，旁及領海均屬之。至若國權所及之範圍，尚有實質領域與想像領域之別。

1. 實質領域

(1) 領土

中華民國主權所及範圍內之土地，依憲法第4條之規定，採概括主義，所謂固有之疆域，應依我國歷史與事實，就主權所可支配之區域決定之。惟依最高法院89年台非字第94號判決：「中華民國憲法第4條明文：『中華民國領土，依其固有之疆域，非經國民大會之決議，不得變更之。』而國民大會亦未曾為變更領土之決議。又中華民國憲法增修條文第11條復規定：『自由地區與大陸地區間人民權利義務關係及其他事務之處理，得以法律為特別之規定。』且臺灣地區與大陸地區人民關係條例第2條第2款更指明：『大陸地區：指臺灣地區以外之中華民國領土。』揭示大陸地區仍屬我中華民國之領土；該條例第75條復規定：『在大陸地區或在大陸船艦、航空器內犯罪，雖在大陸地區曾受處罰，仍得依法處斷。但得免其刑之全部或一部之執行。』據此，大陸地區現在雖因事實上之障礙為我國主權所不及，但在大陸地區犯罪，仍應受我國法律之處罰，即明示大陸地區猶屬我國領域，並未對其放棄主權。本件被告被訴於民國82年至85年間在大陸福州市犯有刑法第339條第1項之詐欺取財及第215條之業務登載不實文書罪嫌，即為在中華民國領域內犯罪，自應適用中華民國法律論處。」之說明，我國刑法關於地之效力，似仍及於中華民國治權現所不及的大陸地區。

(2) 領海

毗連領土之海面，始自十八世紀基於「武力終止之處，即領域終止之處」之原則，因早期大砲射程只有3海浬，故荷蘭國際法學家格老秀斯等學者多主張以當時的「岸砲射程」（Cannon Shot）做為控制海域的範圍，其後逐漸有主張領海為12海浬甚至200海浬。1982年聯合國海洋法公約乃確定領海為12海浬。我國政府曾於民國20年宣布領海為3海浬，不過立法院於民國86年三讀通過之「中華民國領海及鄰接區法」規定我國主權及於領海、領海之上空、海床及其底土；領海是從基線起到外側12海浬的海域，在此範圍內的海底、上空都是我國主權範圍，視同領土；我國與相向國家間之領海重疊時，以等距中線為其分界線，若有協議，則從其協議。

鄰接區是領海外側到距離基線24海浬之間的海域，在此範圍內的人或物有違反我國法令之虞時，得進行緊追、登臨、檢查，必要時得扣留、逮捕或留置。

(3) 領空

自圍繞領土、領海之界線，與天空之垂直線範圍以內之空間，為一國之領空。依巴黎航空公約和國際民用航空公約規定，國家對其領土上空的空氣空間享有絕對主權。至於領空之高度若何，為太空法上之問題，迄今尚無定論。

2. 想像領域

(1) 本國船艦或航空器

可分國有及私有二種，前者為軍艦及軍機之類，在國際慣例上享有治外法權，其停泊於本國領域外者，認為本國領土之延長，應受本國法律之支配。後者如商船及民航機，其在外國領域內之中華民國私有船機內犯罪者，除合於刑法第5條至第8條之情形，適用各該條之規定外，應適用所在國之法律。惟我國籍私有船機如行駛在公海或公空時，學說上稱為「浮離領土」，亦即本國領土之延長，乃屬地主義之擴張，以填補刑法關於屬地效力之真空領域，故在公海或公空之中華民國私有船機內犯罪者，應以我國領土內犯罪論，適用刑法之規定，此觀最高法院70年台上字第4357號判決：「上訴人金○堂係在中華民國領域外之中華民國高雄市國○漁業股份有限公司所屬國○十一號漁船內犯罪，即有中華民國刑法之適用，此觀同法第3條之規定甚明，」與法務部（77）法檢字第13004號函釋：「按『本法於中華民國領域內犯罪者適用之。在中華民國領域外之中華民國船艦或航空機內犯罪者，以在中華民國領域內犯罪論。』我國刑法第3條定有明文。復按『本法於在中華民國領域外犯第333條及第334條之海盜罪者，適用之。』同法第5條第8款亦著有明文。故國輪航行於國際公海或他國領海內，如遇盜匪搶劫，依現行犯不問何人得逕予逮捕及船長得為緊急處分之規定，自得逕予捕捉（刑事訴訟法第88條，海商法第41條參照），而盜匪搶劫之行為合於前開我國法之規定時，並得依我國法有關規定之程序處理。惟此純就我國法而言，如依國際公約、慣例及條約有無特殊處理方

式,則宜徵詢外交部之意見。」亦明。又依刑法第3條之修正說明,「航空機」之含義,較之包含飛機、飛艇、氣球及其他任何藉空氣之反作用力,得以飛航於大氣中器物之「航空器」範圍為狹。航空器雖未必盡可供人乘坐航行,但「犯罪地」一詞如採廣義解釋,當包括中間地,則此種航空器亦有成為犯罪地之可能。為期從廣涵蓋,乃將「航空機」一詞,修改為「航空器」。

(2) 中華民國駐外使館區域

本國設在友邦國家之大使館及公使館,享有治外法權,但在慣例上本國對於本國設在外國使館內之犯罪者,能否實施其刑事管轄權,常以駐在國是否同意放棄其管轄權為斷,是以有明顯之事實足認該駐在國已同意放棄其管轄權者,自亦得以在我國領域內犯罪論,最高法院58年度第1次民、刑庭總會會議決議(二):「刑法第3條所稱中華民國之領域,依國際法上之觀念,固有真實的領域與想像的(即擬制的)領域之分,前者如我國之領土、領海、領空等是,後者如在我國領域外之我國船艦及航空機與夫我國駐外外交使節之辦公處所等是,但同條後段僅規定在我國領域外船艦及航空機內犯罪者,以在我國領域內犯罪論,對於在我國駐外使領館內犯罪者,是否亦屬以在我國領域內犯罪論,則無規定。按國際法上對於任何國家行使的管轄權,並無嚴格之限制,在慣例上本國對於本國駐外使領館內之犯罪者,能否實施其刑事管轄權,常以駐在國是否同意放棄其管轄權為斷。是以對於在我國駐外使領館內犯罪者,若有明顯之事證,足認該駐在國已同意放棄其管轄權,自得以在我國領域內犯罪論。」足供參考。

(3) 中華民國軍隊占領區域

因戰事由本國軍隊占領之區域,由軍隊之占領,受本國統治權之支配,故有本國刑法之適用,陸海空軍刑法第5條之規定,可資參考。

(4) 無主地

不屬於任何國家領域內之土地,既未受外國主權之行使,則本國之審判權非不可及,因之在無主地犯罪者,亦有本國刑法之適用。

3. 隔地犯

　　犯罪之涵義，包括行為與結果二者。如其行為地與結果地不在同一處所者，謂之隔地犯。隔地犯之行為與結果均發生在中華民國領域內者，應適用我國刑法，自無疑問。惟如二者僅有其中之一在本國領域內，則屬地原則的適用，究竟應就行為地，抑就結果地而作認定，即不免發生爭論。為避免適用刑法時因解釋的不同致生問題，故在刑法第4條明定：「犯罪之行為或結果，有一在中華民國領域內者，為在中華民國領域內犯罪。」因此，無論是犯罪的行為地，抑或犯罪結果的發生地，甚而包括中間過程，只要其中有一個在本國領域內，即視為在本國領域內犯罪，而適用本法處斷，最高法院93年台非字第190號判決：「我國內銀行為發卡銀行之信用卡持卡人至國內、外特約商店消費，利用刷卡機進行交易，當信用卡磁條於刷卡機刷過後，磁條資料自動送至我國內銀行授權中心，核對資料與密碼無誤後，始傳回授權碼，同時在印表機自動印出交易時間、商店名稱、消費金額、授權碼等資料之簽帳單。則被告等前揭行使偽造之信用卡盜刷購物過程中，因所偽造信用卡之發卡銀行為我國內銀行，縱其係利用韓國特約商店之刷卡機進行交易，然當信用卡磁條於刷卡機刷過後，磁條資料即自動送至我國內銀行授權中心，經核對資料與密碼無誤，傳回授權碼後，始能完成該項交易。並使我國內發卡銀行誤信係真正持卡人消費，而代墊系爭消費款項予該特約商店。故其犯罪之行為及結果有部分在我國領域內，仍應認為在我國領域內犯罪，自得依我國刑法予以追訴處罰。」亦同此旨。至於犯罪之行為或結果，有一在中華民國領域外之我國船艦或航空器內者，法律雖無明文，參照最高法院69年台上字第4852號判決：「刑法第3條、第4條規定犯罪之行為或結果有一在中華民國領域內者，為在中華民國領域內犯罪，又犯罪發生於中華民國領域外之中華民國船艦內者，以在中華民國領域內犯罪論，即有中華民國刑法之適用。本件兩船碰撞地點屬於公海之上，而被撞之榮○六號漁船又屬我國船艦，如果船員陳○壽等三人確已發生死亡之結果，適用我國刑法處罰，殊無庸疑。」意旨，解釋上亦應認為在我國領域內犯罪。

（二）關於保護主義者

保護原則是指凡侵害本國國家法益或本國人民法益的犯罪，無論行為人為本國人或外國人或無國籍人，亦不問犯罪發生在本國領域內或領域外，均適用本法處斷。蓋犯罪地在國外，且行為人又非本國人，若依屬地原則或屬人原則，本國刑法原無適用的餘地，故刑法乃採保護原則，以資補救。惟其適用範圍係採限制的規定，以後述各條犯罪為限，如受我國裁判時適用之。其情形有三：

1. 國家法益之保護

依刑法第5條規定，本法於凡在中華民國領域外犯下列各罪者，適用之。按此等犯罪，與我國之生存、信用、財政、經濟，有莫大之利害，雖其犯罪遠在我領域之外，不問犯人之國籍如何，均應適用刑法制裁之，故採保護主義。

第一款：內亂罪。

第二款：外患罪。

第三款：第135條、第136條及第138條之妨害公務罪。

第五款：偽造貨幣罪。

第六款：第201條至第202條之偽造有價證券罪。

第七款：第211條、第214條、第218條及第216條行使第211條、第213條、第214條文書之偽造文書罪。

2. 國家公務之保護

依刑法第6條規定：本法於中華民國公務員在中華民國領域外，犯左列各罪者適用之。所謂公務員並無國籍之限制，即外國人而為我國公務員者，亦屬之。

第一款：第121條至123條、第125條、第126條、第129條、第131條、第132條及第134條之瀆職罪。

第二款：第163條之脫逃罪。

第三款：第213條之偽造文書罪。

第四款：第336條第1項之侵占罪。

3. 國民法益之保護

依刑法第8條準用第7條之規定，外國人在中華民國領域之外，對於中華民國人民犯第5條及第6條以外之罪，其最輕本刑為三年以上有期徒刑，且依犯罪地之法律處罰其行為者，亦有刑法之適用。所謂外國人，凡無中華民國國籍之人均是，至其有無外國國籍，在所不問。

（三）關於屬人主義者

依刑法第7條規定：本法於中華民國人民在中華民國領域外，犯前二條以外之罪，而其最輕本刑為三年以上有期徒刑者，適用之。但依犯罪地之法律不罰者，不在此限。本條即以我國人民為適用對象，故為屬人主義。本條規定之要件有四：1.行為人須為中華民國人民，至是否為公務員，在所不問；2.所犯之罪，其最輕本刑須為三年以上有期徒刑；3.所犯者非第5條及第6條所列之罪；4.其犯罪地之法律並非不罰者，必具備此四項條件，始有刑法之適用，前司法行政部（54）台函刑（三）字第1361號函釋：「查刑法上詐欺罪之構成，以意圖不法所有，以詐術使人交付財物或得財產上之不法利益為要件。本件華僑吳某已入菲律賓籍，應屬雙重國籍之人，其於離菲入台前，曾先後向菲律賓中央紡織廠等五廠商採購紗衫布等，總值菲幣八萬二千九百九十餘元，其中小部分尚未付款，大部分則以限期支票抵付，并將採購物品搬運他去，究竟其購買當時曾否使用詐術，有無不法之意圖，非經翔實之調查，不足以認定。況我國人民在外國犯罪得適用我國刑法者，以刑法第5、6條所列舉之罪或所犯最輕本刑為三年以上有期徒刑之罪者為限，詐欺罪既非各該條所例舉之罪，其最輕本刑復非三年以上，是縱令該僑在菲涉及詐欺罪嫌，要無從適用我國法律訴追處罰。至禁止其離台，似亦欠缺法律上之根據。」之說明，可供參照。惟如犯罪地不屬任何國家之領域，自無所謂犯罪地之法律，則無本條但書之適用也。至於我國人民同時具有雙重國籍時，依國際法原則，須先受所在國法權之支配，但無礙於我國法權之行使，故仍有刑法之適用。

值得注意者，雖大部分之公務員均具有中華民國國籍，似不產生刑法第6條是否屬於屬人主義之疑義，不過由於國籍法第20條第1項：「中華

民國國民取得外國國籍者，不得擔任中華民國公職；其已擔任者，除國民大會代表由國民大會、立法委員由立法院；直轄市、縣（市）、鄉（鎮、市）民選公職人員，分別由行政院、內政部、縣政府；村（里）長由鄉（鎮、市、區）公所解除其公職外，由各該機關免除其公職。但下列各款經該管主管機關核准者，不在此限：一、公立大學校長、公立各級學校教師兼任行政主管人員與研究機關（構）首長、副首長、研究人員（含兼任學術研究主管人員）及經各級主管教育行政或文化機關核准設立之社會教育或文化機構首長、副首長、聘任之專業人員（含兼任主管人員）。二、公營事業中對經營政策負有主要決策責任以外之人員。三、各機關專司技術研究設計工作而以契約定期聘用之非主管職務。四、僑務主管機關依組織法遴聘僅供諮詢之無給職委員。五、其他法律另有規定者。」並未要求所有的公務員均須具備中華民國國籍，因此刑法第6條以公務員為適用對象之規定，即無從視為屬人原則之規定。

（四）關於世界主義者

　　刑法第5條規定：本法於凡在中華民國領域外犯下列各罪者，適用之。按劫持交通工具罪及危害飛航安全罪，其犯罪縱在中華民國領域外，亦應嚴加遏阻，已為國際上之共同要求；毒品戕害人類健康，應予嚴加禁止其製造、運輸與販賣，亦為國際上之共同要求；至於廢除奴隸、緝捕海盜，亦為國際上共同要求，且以今日之觀念言之，此等犯罪可謂自然犯，故不問其國籍如何，被害法益何屬，均得適用刑法制裁之，以符世界主義之立法精神。

　　第四款：第185條之1及第185條之2之公共危險罪。

　　第八款：毒品罪。但施用毒品及持有毒品、種子、施用毒品器具罪，不在此限。

　　第九款：第296條及第296條之1之妨害自由罪。

　　第十款：第333條及第334條之海盜罪。

三、域外裁判之效力

　　關於業經外國法院裁判之案件，能否再理問題，亦即一行為如觸犯二國以上之刑法，而其行為已經外國法院確定裁判者，是否須再依本國刑法處罰，似有疑義，蓋本國領域外之犯罪，雖亦有可能適用本法處斷，但因外國法院依據屬地原則，原可適用其刑法處罰其領域內之犯罪。不過這些外國的裁判，對我國的刑罰權來說，僅不過是一種事實狀態，而非具有確定力的裁判，故刑法第9條規定：「同一行為雖經外國確定裁判，仍得依本法處斷」，此觀最高法院94年台上字第6074號判決：「維護司法權之完整，不受外國政府干涉，係國家對外主權獨立之重要表徵，對內實現憲法第80條所揭櫫之法官依法獨立審判精神，則為司法獨立之核心事項，就刑事審判而言，乃審斷有無以刑罰制裁之必要，特重實體之真實發現與直接審理，要與民事訴訟屬私法上解決私權爭議，而採絕對當事人進行及證據處分主義，二者性質有別，亦與國與國間之平等互惠原則無關，故外國法院之裁判，不能拘束我國刑事法官之獨立審判。我國人民就同一行為，經外國確定裁判後，我國刑事法院依刑法第九條前段規定，適用我國刑法及相關之法律予以審判、處斷時，該外國法院之裁判書，因係外國法官依據外國法律裁判、製作，既非我國公務員所作成，亦非一般業務人員基於業務過程所製作之紀錄或證明文書，是就其作成之情況以觀，祇用於證明被告已經外國法院裁判確定之待證事實時，固得認其證據適格；但就證明被告犯罪構成事實之存否時，既係外國法官依外國法律審判、製作，應不具證據能力。從而，上揭刑事被告自白以外之補強證據，倘未經蒐集存在於我國案卷，無從顯出於我國審理事實法院之審判庭，我國法院自不得逕以外國法院之裁判書，資為被告在我國自白犯罪之補強證據，否則無異受外國裁判所拘束，與我國法權自主及法官審判獨立之精神顯相違背。」說明亦明；惟該犯罪如經外國確定裁判，並在外國已受刑罰的全部或一部分的執行，則依刑法第9條但書的規定，經我國法院依本法處斷的刑罰，得免除全部或一部分的執行，以免一罪二罰，有失公允；此可參照最高法院71年台上字第5445號判決：「同一行為已在外國受刑之全部或一部之執

行者，得免其刑之全部或一部之執行，而非應免其全部或一部之執行，如准予免刑之執行，並應於主文內宣告之。」與76年台上字第4279號判決：「本案之同一行為，業經韓國漢城高等法院判處上訴人罪刑確定，而上訴人攜運之金塊，僅貳公兩餘，其所圖之利益不多，犯罪情節尚非重大，依刑法第9條規定雖仍得依法處斷；但上訴人果在韓國已受刑之全部或一部執行者，依同條但書之規定，是否得免其刑之全部或一部之執行，亦待審酌。」等說明。

　　與此類似者，兩岸人民關係條例第75條規定：「在大陸地區或在大陸船艦、航空器內犯罪，雖在大陸地區曾受處罰，仍得依法處斷。但得免其刑之全部或一部之執行。」亦同此理，蓋雖依最高法院89年台非字第94號判決，我國刑法效力及於大陸地區，不過事實上因我國治權之行使不及於大陸地區，且大陸地區事實上為中華人民共和國所統治，在我方未承認大陸地區之判決在臺灣地區亦有既判力與執行力之前，大陸地區法院所為之判決，僅具有類似外國法院裁判之效力。不過參照前西德「刑事案件司法及行政互助法」（RHilfeG）第3條之規定，只要符合該條規定所列要件之前東德法院刑事判決，前西德司法機關即承認該前東德刑事判決在前西德亦有既判力與執行力，此時前西德司法單位即不必對發生於前東德地區之同一犯罪事實再行追訴處罰（朱石炎，18）。換言之，前西德刑事案件司法及行政互助法第3條防止了在前西德領域內，出現同一犯罪事實先後在前東德與前西德均受到追訴處罰之「在一個德國領域內一事兩罰」現象，如可認兩岸間之岸際（cross-strait）犯罪亦有一事不再理原則之適用，則前西德之立法例或可作為將來處理台灣人民在大陸地區犯罪已受審判之立法參考。

第三節　刑法關於人之效力

一、刑法對人效力之原則

　　我國刑法第3條規定：「本法於在中華民國領域內犯罪者適用之。」

此即刑法對人效力之原則。凡在中華民國領域內一切之人，不論本國人、外國人或無國籍人，一律受我國刑法之支配及拘束。惟在國內法上及國際慣例上，頗多例外，茲述之如下。

二、國內法上之例外

依國內法上之原因，在某種條件下，得暫時無刑法之適用，蓋通常因其具有某種身分，基於該身分之特殊目的，特承認其享有免責特權或免訴特權者也。其情形如下：

（一）國家元首

一國之元首，對外代表國家，對內總攬全國政務，地位至尊，我國憲法第52條規定，總統除犯內亂罪及外患罪外，非經罷免或解職，不受刑事上之訴究，就此，大法官釋字第388號解釋：「憲法第52條規定，總統除犯內亂或外患罪外，非經罷免或解職，不受刑事上之訴究。此係憲法基於總統為國家元首，對內肩負統率全國陸海空軍等重要職責，對外代表中華民國之特殊身分所為之尊崇與保障。」及第627號解釋：「依本院釋字第388號解釋意旨，總統不受刑事上之訴究，乃在使總統涉犯內亂或外患罪以外之罪者，暫時不能為刑事上訴究，並非完全不適用刑法或相關法律之刑罰規定，故為一種暫時性之程序障礙，而非總統就其犯罪行為享有實體之免責權。是憲法第52條規定『不受刑事上之訴究』，係指刑事偵查及審判機關，於總統任職期間，就總統涉犯內亂或外患罪以外之罪者，暫時不得以總統為犯罪嫌疑人或被告而進行偵查、起訴與審判程序而言。但對總統身分之尊崇與職權之行使無直接關涉之措施，或對犯罪現場之即時勘察，不在此限。總統之刑事豁免權，不及於因他人刑事案件而對總統所為之證據調查與證據保全。惟如因而發現總統有犯罪嫌疑者，雖不得開始以總統為犯罪嫌疑人或被告之偵查程序，但得依本解釋意旨，為必要之證據保全，即基於憲法第52條對總統特殊身分尊崇及對其行使職權保障之意旨，上開因不屬於總統刑事豁免權範圍所得進行之措施及保全證據之處分，均不得限制總統之人身自由，例如拘提或對其身體之搜索、勘驗與鑑

定等,亦不得妨礙總統職權之正常行使。」已有說明。

(二) 中央民意代表

我國國民大會、立法院、監察院共同代表國會(釋字第76號解釋參照)。依憲法本文規定,國民大會代表、立法委員、監察委員,在會議時或院內所為之言論及表決,對外不負責(憲法第32條、第73條、第101條參照),即對於因言論及表決而觸犯罪名,享有免責特權。此外,雖依憲法第33條之規定,國民大會代表在會期中,除現行犯外,非經國民大會許可,不得逮捕或拘禁,惟因國民大會已於2005年修憲時已廢止,此規定已無適用餘地。

立法委員或監察委員除現行犯外,非經立法院或監察院之許可,不得逮捕或拘禁(憲法第74條與第102條參照)。但此不得解為免訴特權,蓋一旦取得所屬會院之許可,仍得加以逮捕或拘禁,至於逮捕拘禁以外之追訴處罰,則不受限制。惟依民國81年5月28日公布之憲法增修條文第15條及第16條及民國89年4月25日公布之憲法增修條文第7條規定,自82年2月1日起,憲法第101條及第102條之規定均停止適用,則監察委員自此日起,已無免責特權。又依大法官釋字第435號解釋:「憲法第73條規定立法委員在院內所為之言論及表決,對院外不負責任,旨在保障立法委員受人民付託之職務地位,並避免國家最高立法機關之功能遭致其他國家機關之干擾而受影響。為確保立法委員行使職權無所瞻顧,此項言論免責權之保障範圍,應作最大程度之界定,舉凡在院會或委員會之發言、質詢、提案、表決以及與此直接相關之附隨行為,如院內黨團協商、公聽會之發言等均屬應予保障之事項。越此範圍與行使職權無關之行為,諸如蓄意之肢體動作等,顯然不符意見表達之適當情節致侵害他人法益者,自不在憲法上開條文保障之列。至於具體個案中,立法委員之行為是否已逾越保障之範圍,於維持議事運作之限度,固應尊重議會自律之原則,惟司法機關為維護社會秩序及被害人權益,於必要時亦非不得依法行使偵審之權限。」之說明,只有與行使職權有關之言論始得享有免責權。

（三）地方民意代表

依地方制度法第50條言論免責權及例外之規定，直轄市議會、縣（市）議會、鄉（鎮、市）民代表會開會時，直轄市議員、縣（市）議員、鄉（鎮、市）民代表對於有關會議事項所為之言論及表決，對外不負責任。但就無關會議事項所為顯然違法之言論，不在此限。又依同法第51條禁止逮捕或拘禁及例外之規定，直轄市議員、縣（市）議員、鄉（鎮、市）民代表除現行犯、通緝犯外，在會期內，非經直轄市議會、縣（市）議會、鄉（鎮、市）民代表會之同意，不得逮捕或拘禁。凡此規定，皆以保障地方民意代表其獨立行使職權為目的。

（四）外國駐軍

於冷戰時期，中華民國政府本於合作精神，為期圓滿執行中美共同防禦條約，依據中華民國與美利堅合眾國間關於在中華民國之美軍地位協定處理在華美軍人員刑事案件，特於中華民國55年2月10日公布「中美共同防禦期間處理在華美軍人員刑事案件條例」，美軍人員或文職單位人員及其家屬，在我國地區內犯罪案件之處理，除在華美軍地位協定另有規定外，其管轄權依在華美軍地位協定第14條規定，分別由中國法院或美國軍事法庭受理，其應由中國法院審理之案件，是否捨棄管轄權或撤回捨棄，由行政院決定之。依中美共同防禦期間處理在華美軍人員刑事案件條例第4條：「（第1項）依在華美軍地位協定第14條規定歸屬美國軍事法庭管轄之案件，中國法院或檢察官基於美國軍事法庭之請求，得簽發傳票，傳喚中國籍或其他屬於中國法院管轄之非中國籍證人，到美國軍事法庭作證。（第2項）前項證人，無正當理由不遵傳喚到場者，中國法院得依刑事訴訟法第165條第1項規定，強制其到場。（第3項）第1項之證人，無正當理由拒絕具結或拒絕證言，或有偽證情事者，中國法院得依刑事訴訟法第180條第1項或刑法第168條規定處罰之。」與第5條：「依在華美軍地位協定，經美國軍事法庭所為之裁判，刑法第9條之規定不適用之。」等規定，美國軍事法庭對於美軍人員或文職單位人員及其家屬在我國地區內犯罪享有一定之審判權及管轄權。惟因該條例第6條：「本條例自公布日施

行，其有效期間至在華美軍地位協定廢止之日為止；該項協定停止適用時，本條例亦停止其適用。」定有限時規定，則依中華民國與美利堅合眾國關於在中華民國美軍地位協定第20條第1項：「本協定及其經協議修正之規定除雙方同意提早終止外，應在中華民國43年12月2日簽訂之中美共同防禦條約有效期間繼續生效。」規定，因「中美共同防禦條約」於1979年12月31日終止效力，我國亦於中華民國68年12月31日公布廢止「中美共同防禦期間處理在華美軍人員刑事案件條例」。

三、國際慣例上之例外

基於國際法、國際慣例、國際禮讓或條約義務，對於具有某種身分之外國人，不適用本國刑法。分別說明如後：

（一）外國元首

外國元首正式應聘來訪者，其滯留期間內，元首本人及其同行家屬隨從，均享有治外法權，不受所在國法律之支配及拘束，為國際法上所承認。

（二）外國使節

外國使節如大使、公使或特使，係代表各該國家元首，此等使節及其家屬隨員，亦受國際上之禮遇，皆享有治外法權，不受駐在國刑事管轄與審判，為國際法上所承認。至本國人為隨員者，則不能適用。

（三）外國軍隊

經本國政府承諾入境之外國軍隊、軍艦、軍用飛機，在國際公法學上稱為該國主權之延長，既許其進入本國，自必有其任務，為尊重其主權，故亦承認其有治外法權。例如發生於1957年3月20日的劉自然事件，該案中我國國民劉自然遭駐台美軍上士雷諾於住宅門前連開兩槍擊斃，雖我國警方欲以雷諾是現行犯加以逮捕，然美國憲兵卻以「駐台美軍享有外交豁免權」為由阻止我國警方之行動，並遂將雷諾移送美國軍事檢察官。兩個月後，美軍軍法庭於5月23日以「罪證不足」為由將雷諾無罪釋放，並且

不准上訴。因該案發生在「中美共同防禦期間處理在華美軍人員刑事案件條例」施行之前，適可為外國軍隊於我國犯罪不適用我國刑法規定之例證。

（四）外國領事

外國領事，為外國之商務代表，並負有管理僑民之責，但非國家之使節，依國際法上之原則，自不能享有治外法權之優遇。惟近代國際慣例，為便於其獨立行使職務，亦認許享有治外法權，不受駐在國刑法之支配。

第五章
刑法之解釋

第一節　刑法解釋之種類

一、文理解釋與論理解釋

　　直接就法條中之字句而為解釋者，稱為文理解釋，又稱文義解釋，此為一般解釋方法之通例，亦為刑法解釋之基礎。至於論理解釋，係法條文義不能明確時，不拘泥於條文之字義，而運用邏輯（演繹或歸納）法則，探求立法之原意，以闡明法律之真義之謂。其探求之道，乃就刑法之立法目的與原則，條文之精神，前後之順序，與其他條文之關係，以及一般法理與社會通念等各方面，盡其查考之能事，始合論理之要求，例如最高法院86年台非字第39號判決：「按著作權法第98條規定『犯第91條至第95條之罪，供犯罪所用或因犯罪所得之物，沒收之。』此固為刑法之特別規定，採義務沒收主義；然著作權法既無如刑法第200條、第205條、第209條、第219條、第265條、第266條第2項等有『不問屬於犯人與否，沒收之。』之規定，則應回歸適用刑法總則第38條第1項第2款、第3項之規定；即著作權法第98條所謂『供犯罪所用或因犯罪所得之物』，以屬於犯人者為限，始應予沒收，庶符沒收制度之基本原則。」主張，在法無明文規定之情況下，沒收應回歸適用刑法總則規定；又最高法院94年台上字第628號判決：「刑法上賄賂罪所稱之『職務上之行為』，係指依據法令從事公務之人員，在其職務範圍內所應為或得為之行為。又地方制度法第36條第9款及新竹縣議會組織規程第19條第9款所謂『接受人民請願』之縣（市）議會職權，係指人民依請願法第2條規定所為之請願，亦即人民對

77

國家政策、公共利害或其權益之維護事項，具備請願書，向職權所屬之民意機關或主管行政機關所為之請願。縣（市）議會為地方民意機關，其職務行使本由縣（市）議員依法令規定為之，是縣（市）議員若代表縣（市）議會接受人民請願，並參與請願事項之處理，如審查、討論、表決或其後續執行等事務，即屬其職務上之行為，對此職務上之行為收受賄賂，固應成立貪污治罪條例第5條第1項第3款對於職務上之行為收受賄賂罪；倘縣（市）議員非代表縣（市）議會接受人民請願，而係人民向縣（市）議員個人提出陳情，該縣（市）議員因而向政府提出建議，此建議行為，即非該縣（市）議員職務上之行為，縱有利用身分圖得私人不法之利益，除合於其他犯罪構成要件，應依該罪處罰外，尚難以上開對於職務上之行為收受賄賂罪相繩。」對職務上之行為作限縮解釋，亦為論理解釋之適例。此外，依最高法院101年度第10次刑事庭會議決議（四）之說明，懲治走私條例第3條第1項銷售走私物品罪，其條文既僅規定為銷售，自不宜予以擴張解釋為販賣，故如未著手銷售，即不能以懲治走私條例第3條第1項銷售走私物品罪相繩。

二、行政解釋、司法解釋與立法解釋

（一）行政解釋

　　行政機關執行法律時，基於環境之需要，或便於法律之執行，而制定單行法規，頒行細則，或對所屬機關之釋示或解答，以為法律之解釋者，稱為行政解釋，最高法院93年台上字第860號判例：「森林係指林地及其群生竹、木之總稱。而所謂森林主產物，依國有林林產物處分規則第3條第1款之規定，係指生立、枯損、倒伏之竹木及餘留之根株、殘材而言。是森林主產物，並不以附著於其生長之土地，仍為森林構成部分者為限，尚包括已與其所生長之土地分離，而留在林地之倒伏竹、木、餘留殘材等。至其與所生長土地分離之原因，究係出於自然力或人為所造成，均非所問。他人盜伐後未運走之木材，仍屬於林地內之森林主產物。森林法第50條所定竊取森林主、副產物之竊取云者，即竊而取之之謂，並不以自己

盜伐者為限，縱令係他人盜伐而仍在森林內，既未遭搬離現場，自仍在管理機關之管領力支配下，如予竊取，仍為竊取森林主產物，應依森林法之規定論處。」所稱之森林主產物，即透過行政解釋「國有林林產物處分規則」予以確定。

（二）司法解釋

　　司法機關依其職權對於法律疑義所為之解釋，稱為司法解釋。其情形有二：一係本於憲法第78條及第79條由司法院大法官所為之解釋，具有一般適用之效力。一係裁判終審機關對於適用法律所為之見解，即最高法院或最高行政法院所作之判決，除對各該案件發生效力外，一經採為判例，即有拘束下級法院之效力。舉例而言，依最高法院95年第19次刑事庭會議決議：「刑法上所謂偽造有價證券或偽造私文書，係以無權製作之人冒用他人名義而製作，為其構成要件之一。若基於本人之授權，或其他原因有權製作有價證券或私文書者，固與無權製作之偽造行為不同，而不成立偽造有價證券罪或偽造私文書罪。但若無代理權，竟假冒本人之代理人名義，而製作虛偽之有價證券或私文書者，因其所製作者為本人名義之有價證券或私文書，使該被偽冒之本人在形式上成為虛偽有價證券之發票人，或虛偽私文書之製作人，對於該被偽冒之本人權益暨有價證券或私文書之公共信用造成危害，與直接冒用他人名義偽造有價證券或私文書無異，自應分別構成偽造有價證券罪或偽造私文書罪。」之說明，無代理權人假冒為本人之代理人，而擅自製作本人名義之有價證券或私文書（例如無代理權人在有價證券發票人欄，或私文書製作人欄書寫本人之姓名，並同時在旁簽署自己之姓名及加註一「代」字），應認為冒用本人名義製作，而分別構成刑法第二百零一條第一項之偽造有價證券罪，或同法第二百十條之偽造私文書罪，此即為司法解釋之事例。

　　此外，參照最高法院96年度第5次刑事庭會議決議：『修正前公司法第七條規定，公司之設立、變更或解散之登記或其他處理事項，由中央主管機關或委託地方主管機關審核之。該條文於九十年十一月十二日修正為「公司申請設立、變更登記之資本額，應先經會計師查核簽證；其辦法，

由中央主管機關定之。」並於九十一年三月六日訂定「公司申請登記資本額查核辦法」，於第二條規定「公司申請設立登記或合併、分割、增減實收資本額等變更登記，除依證券交易法第二十八條之二規定辦理庫藏股減資外，應檢送設立、合併、分割、增減實收資本額基準日經會計師查核簽證之資產負債表，……。」及於同辦法第八條第二項、第九條第二項分別規定「會計師對應行查核事項，應備具工作底稿，主管機關得隨時調閱之。」「會計師查核公司之資本額，如發現有虛偽情事者，應拒絕簽證。」另修正前公司法第四百十二條第二項關於「主管機關對於前項之申請，應派員檢查，並得通知公司限期申復。」及修正前公司法第四百十九條第二項關於「前項第四款、第五款所列事項，如有冒濫或虛偽者，主管機關應通知公司限期申復，經派員檢查後得裁減或責令補足。」等規定，均於九十年十一月十二日修正時，予以刪除；並將第九條第四項修正為「公司之設立或其他登記事項有偽造、變造文書，經裁判確定後，由檢察機關通知中央主管機關撤銷或廢止其登記。」依修正後規定觀之，除縮小第七條之範圍外，並將「公司申請設立、變更登記之資本額」事項，改由會計師負責查核簽證，及將應派員檢查等相關規定刪除。至於修正後公司法第三百八十八條雖仍規定「主管機關對於公司登記之申請，認為有違反本法或不合法定程式者，應令其改正，非俟改正合法後，不予登記。」然僅形式上審查其是否「違反本法」或「不合法定程式」而已，倘其申請形式上合法，即應准予登記，不再為實質之審查。且公司之設立或其他登記事項如涉及偽造、變造文書時，須經裁判確定後，始撤銷或廢止其登記。則行為人於公司法修正後辦理公司登記事項，如有明知為不實之事項，而使公務員登載於職務上所掌之公文書，足以生損害於公眾或他人者，即有刑法第二百十四條之適用。』之說明，刑法第214條需以公務員無實質審查義務為適用前提，乃司法解釋所加之限制，並非該條文義解釋之必然結果。又參照最高法院96年度第7次刑事庭會議決議：『（一）依法條文義，既僅規定「……而以申請文件表明收足」，相當於刑法「行使」偽造文書之概念，以行為人將不實之申請文件提出於主管機關，就其內容有所主張，即為已足，並不以主管機關之承辦公務員已依其申請，進而完成

登記為必要。（二）公司法第三百八十八條所定：「主管機關對於公司登記之申請，認為有違反本法或不合法定程式者，應令其改正，非俟改正合法後，不予登記。」乃屬申請之程式要件欠缺而責令補正之規定，應與判斷同法第九條第一項前段之罪構成要件無涉。（三）依本院九十六年六月十二日九十六年度第五次刑事庭會議決定，公司之申請登記，主管機關僅須形式審查，倘其申請形式上合於規定，即應准予登記。為達防止虛設公司及防範經濟犯罪之立法本旨，不宜在法條文義之外，增加法文所無之要件，認為尚須以承辦公務員未發覺其申請文件之實質內容不實並進而准予登記，始構成公司法第九條第一項前段之罪。』之說明，公司法第9條第1項前段之適用，不需以完成形式上登記為要件，此亦為司法解釋之結果。

（三）立法解釋

　　立法機關為防法律將來適用時發生疑義，於立法當時預先列有釋明法律用語之條款以為解釋者，稱為立法解釋，如刑法第10條之規定，此種解釋具有一般的絕對效力，又稱有權解釋。

　　除了上述立法明文規定之立法解釋外，立法者於其理由中所為之相關說明，表現了立法的精神，本質上屬於歷史解釋之一種；此種立法說明，亦對刑法之適用產生一定的影響，蓋法律適用本應受規範目的之拘束。舉例而言，刑法第131條圖利罪中所謂「違反法令」之範圍為何，因立法者未於法條中明文，遂無從直接得自圖利罪規定本身，最高法院92年台上字第522號與96年台上字第2594號等刑事判決，參照民國90年11月7日修正公布圖利罪之立法理由說明，認定該條所稱法令係指：「法律、法律授權之法規命令、職權命令、自治條例、自治規則、委辦規則等，對多數不特定人民就一般事項所作對外發生法律效果之規定」，以明確其範圍。又參照民國98年4月22日修正施行之貪污治罪條例第6條第4款、第5款圖利罪之修正理由：「貪污治罪條例第6條公務員圖利罪條文中所指之『法令』，應限縮適用範圍，以與公務員之職務具有直接關係者為限，以達公務員廉潔及公正執行職務信賴要求外，更避免原條文及有關『違背法令』的範圍不明確，致使公務人員不敢勇於任事，延滯行政效率的不良影響。爰將『明

知違背法令』的概括規定修正為『明知違背法律、法律授權之法規命令、職權命令、自治條例、自治規則、委辦規則等,對多數不特定人民就一般事項所作對外發生法律效果之規定』,以杜爭議。」說明,實際上不乏立法者將先前法律之立法理由說明定為法律文字之事例,惟如立法者明文將其定為法律文字,本質上又屬透過立法解釋之方式明文限縮違背法令之適用範圍。

三、類推解釋與當然解釋

所謂類推解釋,係對於法律無明文規定之事項,援引其他類似事項之規定而為適用之解釋(即我國舊律所謂比附援引),例如,舊刑法第321條第1項:「犯竊盜罪而有左列情形之一者,處六月以上五年以下有期徒刑:……六、在車站或埠頭而犯之者。」將發生於車站與碼頭的竊盜層升為加重竊盜;雖機場亦類似車站或碼頭為交通往來之處所,而於機場竊盜亦將導致如同於車站或碼頭竊盜般使回鄉游子無法回家之不利益狀態,不過由於現行法於制定時未將於機場竊盜定為加重竊盜,因此不論依文義解釋或是立法解釋,舊刑法第321條第1項之加重竊盜罪皆不包含機場竊盜在內,只有透過類推解釋才有可能將機場竊盜解為加重竊盜(現行刑法第321條第1項第6款已修正為:「犯竊盜罪而有下列情形之一者,處六月以上、五年以下有期徒刑,得併科新臺幣十萬元以下罰金:六、在車站、埠頭、航空站或其他供水、陸、空公眾運輸之舟、車、航空機內而犯之者。」)。因向來認為刑法解釋應以從嚴為原則,而類推適用幾近於擅斷,在罪刑法定主義下,類推解釋自非法律所許,以防裁判官濫入人罪;台灣台北地方法院96年度易字第2811號刑事判決:「刑法第323條規定:『電能、熱能及其他能量,關於竊盜罪章以動產論』,此所謂其他能量應以性質上等同電能、熱能之能量為限,否則即與罪刑法定主義之類推適用禁止原則有違,準此以言,具消長性質之『能量』始為刑法竊盜罪章所欲保護之客體,而有線電視台所傳輸之『影音視訊』,乃係利用設置纜線方式以電磁系統傳輸影像聲音供公眾直接視、聽之訊息,其為電磁波之一

種，使用之後物質的全部能量並不會減少，性質上非屬於電能、熱能等概念範疇內之能量，非刑法竊盜罪章所欲保護之客體，甲未經乙公司同意，而截收或接收系統播送之影音視訊內容，並不會排除他人對影音視訊接收或播送之所有或持有狀態，其行為態樣亦與刑法竊盜罪之構成要件有間，自難論以刑法第323條、第320條第1項之竊盜罪。」亦禁止刑法之類推適用。所謂當然解釋，係就法律對於某一事項之規定，為當然適用於同一性質之另一事項之解釋。刑法雖不許類推解釋，但於當然解釋則不禁止。例如刑法第262條規定吸食鴉片者有罪，若不以吸食方法而用吞食方法，自亦包括在內，乃屬當然解釋。

四、學說解釋與比較解釋

以學者所提供有關法律之意見，而為法律疑義之解釋，稱為學說解釋，此種解釋僅供適用法律之參考，並無拘束之效力。根據各國立法例予以比較，從而探究法律真義之解釋者，稱為比較解釋，此種解釋亦不能發生直接效力，祇供適用法律時之參考而已。

第二節　刑法用語之立法解釋

刑法上若干重要專門用語，具有一定之意義與範圍，於制訂法律時，以專條予以闡明，在適用上可收劃一之效，即遇複雜條文，亦不致有歧異之虞，此即立法解釋將特定用語予以特定定義之主要目的，茲將刑法第10條之立法解釋，詳述如後：

一、以上、以下、以內

刑法第10條第1項規定，稱以上，以下、以內者，俱連本數或本刑計算，即應包括本數或本刑在內。例如十四歲以上、十五年以下、五年以內等等，均應連本數或本刑計算。稱「滿」稱「內」者，亦連本數計算。例如滿八十歲、二個月內、五親等內是。

　　至稱「以外」或「外」者，則不連本數計算。例如刑法第7條、第35條第3項，即無第10條第1項之適用。又稱「未滿」或「不滿」者，係指未及之意，亦不連本數計算。例如第18條第1項、第63條、第42條第7項、第72條等是，此等規定亦與第10條第1項之規定無關。又如刑法第58條：「科罰金時，除依前條規定外，並應審酌犯罪行為人之資力及犯罪所得之利益。如所得之利益超過罰金最多額時，得於所得利益之範圍內酌量加重。」所規定之「超過」，因不在刑法第10條第1項之規範範圍內，亦不連本數計算。

二、公務員

　　公務員的定義原本隨著各種法律制訂目的而有不同，一般認為國家賠償法與刑法係採最廣義的概念，只要是「依法令從事於公務之人員」皆屬之，依舊刑法第10條第2項之規定，「稱公務員者，謂依法令從事於公務之人員」，因刑法就此採概括主義，只要其所從事公共事務有法律或命令之依據即屬之，至於有無具備公務人員任用法上的公務員身分，則可不管，故其範圍較公務人員任用法上所稱之公務員為廣。不問為政務官、事務官、軍職、公職或民意代表，更不分有無官階及何種官階，選任、委任或派用，臨時或永久、專任、兼任或輪充，俸給之有無，凡此公職人員，均包括之。依釋字第8號解釋，公營事業機構及公私合營之公司，凡政府之股份在百分之五十以上者，其職員均為刑法上之公務員。又刑法上之公務員，不以本國人為限，為外國人依中華民國法令從事於公務者，亦屬之。

　　舊刑法上所稱公務員，係指現依法令從事於公務之人員，原不包括已休職或已離退職者在內。但有特別規定者，則不以此為限，例如：（一）刑法第318條：「公務員或曾任公務員之人，無故洩漏因職務知悉或持有他人之工商秘密者，處二年以下有期徒刑、拘役或二千元以下罰金。」所指「曾任公務員之人」；（二）刑法第123條：「於未為公務員或仲裁人時，預以職務上之行為，要求期約或收受賄賂或其他不正利益，而於為公

務員或仲裁人後履行者，以公務員或仲裁人要求期約或收受賄賂或其他不正利益論。」所稱之「準公務員」；（三）舊貪污治罪條例第2條：「依據法令從事公務之人員，犯本條例之罪者，依本條例處斷；其受公務機關委託承辦公務之人，犯本條例之罪者，亦同。」所指之「擬制公務員」。

　　然而，前述有關公務員之舊定義，其規定太過於抽象、模糊，於具體案件適用上，經常造成不合理現象，例如，依司法院釋字第8號、第73號解釋，政府股權占百分之五十以上之股份有限公司（如銀行），即屬公營事業機構，其從事於該公司職務之人員，應認為係刑法上之公務員。然何以同屬股份有限公司，而卻因政府股權占百分之五十以上或未滿之不同，使其從事於公司職務之人員，有刑法上公務員與非刑法上公務員之別？又如公私立醫院之醫師與護士等醫療人員，均係以醫療救護為其專業；或公私立銀行均係以貸放款業務為主，何以因其服務機關之所屬，而導致其相似不當行為（如收受紅包）之可罰性基礎迴異？此等於法理上實難以理解。按公務員在刑法所扮演之角色，有時為犯罪之主體，有時為犯罪之客體，為避免因具有公務員身分，未區別其從事職務之種類，即課予刑事責任，而有不當擴大刑罰權之情形。究其根源，實為舊刑法關於公務員定義之立法與解釋不當結果，基此遂產生修正之議。因此為了明確公務員定義，現行刑法第10條第2項乃將公務員定義為：「稱公務員者，謂下列人員：一、依法令服務於國家、地方自治團體所屬機關而具有法定職務權限，以及其他依法令從事於公共事務，而具有法定職務權限者。二、受國家、地方自治團體所屬機關依法委託，從事與委託機關權限有關之公共事務者。」

　　刑法第10條第2項第1款前段所謂「依法令服務於國家、地方自治團體所屬機關」之人員，係指國家或地方自治團體所屬機關中依法令任用之成員。故其依法代表、代理國家或地方自治團體處理公共事務者，即應負有特別保護義務及服從義務。至於無法令執掌權限者，縱服務於國家或地方自治團體所屬機關，例如僱用之保全或清潔人員，並未負有前開特別保護義務及服從義務，即不應認其為刑法上公務員。如非服務於國家或地方自治團體所屬機關，而具有依「其他依法令從事於公共事務而具有法定權

限者」，因其從事法定之公共事項，應視為刑法上的公務員，故於第1款後段併規定之。此類之公務員，例如依水利法及農田水利會組織通則相關規定而設置之農田水利會會長及其專任職員屬之。其他尚有依政府採購法規定之各公立學校、公營事業之承辦、監辦採購等人員，均屬本款後段之其他依法令從事於公共事務而具有法定職務權限之人員。至於受國家或地方自治團體所屬機關依法委託，從事與委託機關權限有關之公共事務者，例如陸委會委託海基會辦理兩岸關係業務，因受託人得於其受任範圍內行使委託機關公務上之權力，故其承辦人員應屬刑法上公務員。簡言之，刑法上公務員身分是以其「所從事之行為是否涉及國家公權力行使」為判斷標準，在刑法第10條第2項概括主義之規範模式下，其取得身分之原因為何、職稱為何、地位為何、權限為何等，均非所問；此與公務員任用法係以其是否屬於業經正式任命的公務員為判斷依據，大有不同。

　　事實上，現行刑法第10條第2項所稱之公務員，增加了較修正前刑法第10條第2項規定：「稱公務員者，謂依法令從事於公務之人員。」更為限縮構成犯罪身分公務員範圍效果之要件：「具有法定職務權限」，準此，依法令服務於國家者，尚須具備法定職務權限，方為刑法所稱之公務員。雖然處罰範圍較窄之結果符合了刑法第10條第2項限縮刑罰權適用範圍之立法目的，不過這樣的限縮究竟對於刑法分則或特別刑法規範（貪污治罪條例）產生何種影響，甚至這樣的立法目的是否與其他刑事法律之立法目的相互牴觸，並未見立法理由進一步說明。鑑於最高法院96年台上字第2717號判決：「上訴人行為後，刑法業於94年2月2日修正公布，並於95年7月1日施行，其中刑法第10條第2項有關公務員之定義，於第1款所規定者為『依法令服務於國家、地方自治團體所屬機關而具有法定職務權限，以及其他依法令從事於公共事務，而具有法定職務權限者』……上訴人何以係『依法令』服務於上述公務機關並具『法定職務權限』，其任用服務及執掌權限之『法令』依據各為何？上訴人上述聲請調查之事項，又何以並無查證之必要？至關認定上訴人如何具公務員身分及應負罪責，原審未詳加說明論列，亦嫌理由欠備。」要求下級法院於認定被告是否為刑法第10條第2項所稱之公務員時，應具體說明被告任用服務及執掌權限之法律

依據，則關於行為人如何具有法定職務權限，實為探討公務員身分是否成立時，所不得不面對之議題。

　　按政府部門設官分職，原各有所司，本難想見政府設置任何不具權限之職務之必要；而在人員組織採法律保留原則之政府架構下，亦難預見何等非法定之職務，蓋縱係不具任用資格之司機或是工友甚至其他聘用或雇用人員，大多係依機關內部或上級機關規定所任用或聘僱，並負有開車或是傳遞公文等職務權限，難謂不具任何法定職務權限，事實上任用依據乃行政法上國家與人民間存在何種關係之基礎，本非是否行使公權力或是否具有法定職務權限之依據。依照聘用人員聘用條例第3條：「本條例所稱聘用人員，指各機關以契約定期聘用之專業或技術人員。其職稱、員額、期限及報酬，應詳列預算，並列冊送銓敘部登記備查；解聘時亦同。」與派用人員派用條例第2條：「派用人員之設置，以臨時機關或有期限之臨時專任職務為限，其性質、期限、職稱及員額，臨時機關應於法定組織中規定，有期限之臨時專任職務，應列入預算。」等規定，縱係聘用或派用人員，依法令亦具一定權限；又依替代役實施條例第58條：「依本條例規定服警察役之役男，於執行職務時，得使用必要之警械；其使用辦法，由主管機關定之。」規定，縱係替代役役男依法亦可能具有法定職務權限；因此，關於以公務員為犯罪之構成身分，除依法令外，何謂具有法定職務權限？遂成為判斷是否具公務員身分之重要指標。就字面意義而言，修法後之刑法公務員，除行為人依法令所從事者係公務外，尚以其具有法定職務權限為要件，易言之，不具有法定職務權限之人所從事者縱係公務，亦不該當刑法公務員（參照台灣高等法院檢察署95年6月28日法檢字第0950802827號函：被告係在檢察官之指示下，協助檢察官處理行政事務，性質上僅為檢察官之輔助人力，並非獨立之官署或具有自主之地位，故非公務員）。

　　又關於公立大學教授受政府、公立研究機關（構）或民間之委託或補助，負責科學技術研究計畫，由學校出面簽約，受託或受補助之研究經費經撥入學校帳戶，其辦理採購事務，是否具刑法公務員身分？依最高法院103年度第13次刑事庭會議決議：『二、雖然立法理由中，又將依政府

採購法規定之各公立學校、公營事業之承辦、監辦採購等人員,列為刑法第十條第二項第一款後段之「其他依法令從事於公共事務,而具有法定職務權限者」(授權公務員),然則較諸身分公務員,其性質上既屬次要、補充之規範,解釋上自應從嚴限縮。此觀諸政府採購法第九十五條規定,是類採購人員,宜以專業人員為之,並特別設有一定之資格、考試、訓練、發證及管理,作為配套規範甚明,益見所謂承辦、監辦採購等人員,係以上揭醫院、學校、事業機構之總務、會計等專業人員為主;至於非專業之人員,仍須以採購行為所繫本身之事務,攸關國計民生之事項者為限。三、再由修法理由對非身分公務員之職能性公務員(授權公務員、委託公務員),所指「從事法定之公共事務」、「公務上之權力」等字詞,並參照國家賠償法有關行政委託之界定,本於刑法謙抑思想,作為最後手段性之刑法,其涵攝自應較諸行政法愈為嚴格。易言之,所稱公共事務或公務權力,除所從事者為公權力行政(高權行政)外,雖有包括部分之給付行政在內,惟應以學說上之通說,亦即以攸關國計民生等民眾依賴者為限,此從刑法學界對公共事務之看法,認為必須兼備對內性與對外性二種要件,亦可印證。四、題示從事科學研究計畫之公立大學教授(下稱主持教授),既非總務、會計人員,採購物品,並非其法定職務權限,實際上,其任務主要係在於提出學術研究之成果,政府或公立研究機關(構)對於主持教授,並無上下從屬或監督之對內性關係,人民對於主持教授學術研究之成果,亦毫無直接、實質的依賴性及順從性,遑論照料義務。是主持教授雖有辦採購,仍不符合公務員有關公共事務、法定職務權限等要件,自非刑法上之公務員。具體而言,請購物品(非採購)固勿論;縱有直接辦理採購事務,依政府採購法規定意旨及法律解釋之原則,因非專業之人員,且所涉亦非攸關國計民生之事項,同非在授權公務員之列。況其後修正通過之科學技術基本法,為杜爭議,已經直接在第六條第四項明文規定,上揭各情形,不適用政府採購法之規定,排除授權公務員之適用;至於科學技術基本法雖有子法即科學技術研究發展採購監督管理辦法之設,僅為內部管理之便,不能超越該母法及政府採購法規定意旨,採取更

為寬鬆之解釋，不應因此被視成委託公務員。』、「公立大學教授受民間委託或補助，負責執行科學技術研究發展計畫，由學校與委託或提供補助者簽約，受託或補助之研究經費撥入學校帳戶，該教授為執行此項科學技術研究發展計畫而參與相關採購事務，因經費既係來自民間，即不涉及國家資源之分配使用，而與公共事務無涉，非屬授權或委託公務員，自不能認為具有刑法上之公務員身分。」等見解，因公立大學教授並不僅因執行學術計畫即具採購之法定職務權限，自不因此該當刑法第10條第2項之公務員。然而，以依法令從事於公務之人是否具有法定職務權限或者是否從事與委託機關權限有關之公共事務作為判斷是否成立刑法公務員之標準，相較於刑法修正前之規定，固然限縮了刑法處罰公務員之範圍，但該立法限縮與以公務員作為保護對象或是規制對象之關連性為何？亦即是否該立法限縮已慮及所有有關公務員之犯罪？卻無法自法條本身或其立法理由得知。

　　事實上，以具有法定職務權限限縮公務員處罰範圍，在公務員屬刑法保護對象之犯罪類型中，因排除侵害對象係不具法定職務權限者成立犯罪，固能避免刑罰不正擴張，但在公務員係刑法規制對象之犯罪類型中，其一概排除不具法定職務權限者成立犯罪，卻反而有可能產生刑罰不當限縮之副作用。舉例而言，由於只有警察人員具有法定職務權限開罰單，倘若有副市長向違規設攤者索取金錢利益，並稱此舉得免除業者於一定期限內被警察開單，但事實上其並未與警察單位達成此種默契。很明顯的，副市長並不具有開罰單之法定職務權限，因此如妨礙自稱有權開罰單之副市長開罰單，因實際上無礙於開罰單公務之遂行，自不成立妨礙公務罪；然而，如因市長無權開罰單而認其不屬具法定職務權限之公務員藉以解免成立兼含保障人民財產與國家公務正當遂行之犯罪（例如：貪污治罪條例第4條第1項第2款：「藉勢或藉端勒索、勒徵、強占或強募財物者。」與第5款：「對於違背職務之行為，要求、期約或收受賄賂或其他不正利益者。」、第5條第1款：「意圖得利，擅提或截留公款或違背法令收募稅捐或公債者。」與第2款：「利用職務上之機會，詐取財物者。」等規定，即兼含保障公務正當遂行並保障人民財產之雙重目的），不但無助於該法

規範目的之達成，並忽略了外觀上是否具有足以使人受威脅或心生恐懼之地位，才是行為人得以「藉勢或藉端勒索、勒徵、強占或強募財物者」之主要因素。故如主張僅具有法定職務權限者才可能成立此項藉勢藉端之勒索犯罪，就被害人之角度而言，似乎是反過來要求被索取金錢之被害人，於申告犯罪前必須有義務釐清這個在面前索取金錢的人是否在法律上真有法定職務權限處理其所稱之職務，以免於勒索者不具法定職務權限時反而成立誣告罪，果如此，則其規範基礎為何，恐將難以自圓其說。

反之，如果承認人民無釐清政府部門間權責分配之義務、甚至往往無能力搞懂政府部門間之責任分工，則只要索取金錢者之身分或地位，在客觀上足以令一般人民相信其有能力積極或消極地協助完成其所聲稱之職務或事項，即不論其事實上是否具有該法定職務權限，即責令行為人就索取或收受不法金錢行為負擔刑責，亦無違事理之平；蓋依公務員服務法第5條：「公務員應誠實清廉，謹慎勤勉，不得有驕恣貪惰，奢侈放蕩，及冶遊賭博，吸食煙毒等，足以損失名譽之行為。」及第6條：「公務員不得假借權力，以圖本身或他人利益，並不得利用職務上之機會，加損害於人。」等規定，公務員本負有義務不向人民索取法定費用以外之金錢，此乃至明之理，因此對「藉勢或藉端勒索、勒徵、強占或強募財物者」予以刑事處罰並非僅因該公務員違反行政廉潔義務，亦因其行為實際上已侵害人民之財產權而有處罰之必要。故就被害人財產保護之角度而言，以行為人是否真具有法定職務權限（公務員）來決定被害人民財產是否受刑事法律保護（亦即是否屬於刑法上公務員而可適用貪污治罪條例），毋寧課與人民過度之澄清義務，此種見解非但不能維持廉潔風氣，更有害於人民財產保護，其不當自明。

因此，在維護公務正當運作並防止公務進行遭不正侵害之規範目的上，以是否具法定職務權限作為限縮刑罰權之基礎，其手段尚有助於目的之達成，尚屬正當；反之，在保障人民財產權不受公務員不當侵害與要求公務員履行廉潔義務之規範目的上，由於不具特定法定職務權限者亦可能因其職務或地位令人相信其具有特定之法定職務權限而侵害人民財產權並違反廉潔義務，故以是否具法定職務權限限縮刑罰權之範圍，將因過度限

縮處罰而造成法益保護不足的現象。既然法規規範目的才是決定處罰範圍的主要依據，則在適用刑法第10條第2項公務員規定時，自應先探討系爭處罰規定之規範目的為何，然後才有可能正確決定公務員應有的範圍。因此，在個別處罰規定規範目的之拘束下，是否具有法定職務權限此一要件應不具有全面性篩選是否為刑法公務員之功能，特別當個別處罰規定除在保障國家公權力有效與公正運作或人民對國家信賴法益外，尚同時具保障人民財產權（非單純瀆職罪）功能時，由於行為人是否「令人相信」具有法定職務權限才是造成法益侵害之主因，則事實上是否真具有法定職務權限反已非法益保護之重點，此時是否構成刑法上公務員，自亦不應以其實際上具有法定職務權限為前提要件。

三、公文書

刑法上所謂文書，指記載人之一定意思或觀念之有體物，其存在之形式，自具有多樣性，一份文件未必僅成立一種文書，時或存在多種文書之效力。依刑法第10條第3項規定，稱公文書者，謂公務員職務上制作之文書（最高法院86年台上字第6470號判決參照）。刑法上所謂公文書，必須具備：（一）制作者為公務員，此不論該公文書自始即由公務員制作（實質制作）或係公務員利用現存之私文書作為公文書之附件（形式制作）均屬之；（二）基於職務上而制作；兩者缺一，即難認為公文書。又依最高法院28年7月22日之決議，公文書除須公務員基於職務而作成外，尤須其內容為公法上之關係，若為私法上之行為，則非公文書，例如公務員代表國家機關與私人間所訂立之私法上契約（買文具或便當），不應認為公文書。

公文書不以已經制作者為限，即應由公務員制作而未制作者，亦包括在內。例如刑法第138條毀棄公文書罪與第211條變造公文書罪，固均須先有公文書之存在，然而第211條之偽造公文書罪，則指應制作而未制作之文書而言也。又參照法務部83年4月19日83法律字第7751號函之說明，公文書並不限於全部由公務員所制作，即利用其他之文書，由公務員本其

職務而加以編訂制作，並視其為公文書之一部者，亦包括在內，例如訴訟當事人之訴狀，一經法院公務員編入案卷，即屬公文書；但私文書（如買賣契約）雖經公務員審查收執，或僅由公務員粘連於公文書而保管者，因其內容並未經該管公務員指定或引用為公文書之內容，故除公文書部分之外，對於私文書之本體，其性質並不變更，自不能認其為公文書；蓋公文書與私文書相粘連或制作於同一用紙，乃公私兩種性質兼具之文書。又依最高法院63年台上字第1550號判例：「汽車牌照為公路監理機關所發給，固具有公文書性質，惟依道路交通安全規則第12條規定，汽車牌照僅為行車之許可憑證，自屬於刑法第212條所列特許證之一種。對變造汽車牌照即無依同法第211條之變造公文書論處之餘地。」之說明，偽造或變造汽車牌照固屬偽造公文書之一種，亦具有特許證之性質，因刑法第212條乃第211條之特別規定，故僅成立偽造特種文書罪，惟依釋字第82號解釋：「偽造公印，刑法第218條既有獨立處罰之規定，且較刑法第212條之處罰為重，則於偽造刑法第212條之文書同時偽造公印者，即難僅論以該條之罪而置刑法第218條處刑較重之罪於不問。」之說明，如偽造公印以偽造特種文書，即不能僅論以偽造特種文書罪。

四、重傷

　　傷害，因其結果之不同，可分普通傷害、重傷害及傷害致死三種。傷害致死意義明顯，極易區別。惟重傷與普通傷害之界限為何，非有明白規定，適用時即不無疑義，由於刑法傷害罪包含輕傷罪（刑法第277條）與重傷罪（刑法第278條）的區別，從而有必要在總則設有重傷的立法解釋。原則上，凡重傷以外的一切傷害，即屬輕傷，而依舊刑法第10條第4項規定，稱重傷者，原指下列之傷害：一、毀敗一目或二目之視能。二、毀敗一耳或二耳之聽能。三、毀敗語能、味能或嗅能。四、毀敗一肢以上之機能。五、毀敗生殖之機能。六、其他於身體或健康有重大不治或難治之傷害。

　　前述第1款至第5款原係有關生理機能重傷之規定，而第6款則為關於

機能以外身體與健康重傷之規定，因實務上如最高法院25年上字第4680號、30年上字第445號、40年台上字第73號判例等見解，咸認其第1款至第5款中之「毀敗」一詞，須視能、聽能等完全永久喪失機能，始符合各該款要件，如僅減損甚或嚴重減損效能並未完全永久喪失機能者，縱有不治或難治情形，亦不能適用同條項第6款規定，仍屬普通傷害之範圍。惟因此觀點與一般社會觀念有所出入，而機能以外身體或健康倘有重大不治或難治情形之傷害，則又認係重傷（第6款），兩者寬嚴不一，已欠合理，且普通傷害法定最高刑度為三年有期徒刑（參見第277條第1項），而重傷罪法定刑最低刑度為五年有期徒刑（參見第278條第1項），兩罪法定刑度輕重甚為懸殊，故嚴重減損機能仍屬普通傷害，實嫌寬縱，不論就刑法對人體之保護機能而言，抑依法律之平衡合理之精神而論，均宜將嚴重減損生理機能納入重傷定義，爰於第4項第1款至第5款增列「嚴重減損」字樣，以期公允。至此，重傷之定義乃成為：稱重傷者，謂下列傷害：一、毀敗或嚴重減損一目或二目之視能。二、毀敗或嚴重減損一耳或二耳之聽能。三、毀敗或嚴重減損語能、味能或嗅能。四、毀敗或嚴重減損一肢以上之機能。五、毀敗或嚴重減損生殖之機能。六、其他於身體或健康，有重大不治或難治之傷害。

五、性交

在舊刑法第221條第1項：「對於婦女以強暴、脅迫、藥劑、催眠術或他法，至使不能抗拒而姦淫之者，為強姦罪，處五年以上有期徒刑。」強姦罪之規範下，只要不該當男子以性器侵入女子之性器此種具生殖性功能的性行為，均不構成強姦罪。惟或因用性器或其他身體部位或器物，違反他人意願地插入他人的性器在侵害他人身體自主權上，將對被害人產生相同的心理衝擊；或為了避免因性侵害者基於滿足性慾以外之動機（例如為凌虐被害人而以鐵條或木棒為性侵「工具」）而使較單純以滿足性慾為目的之性侵犯惡性更高之侵害者不構成強姦罪，另因「姦淫」一詞含義包含男女私合，或男女不正當之性行為，不無放蕩淫逸之意涵，為免致令強姦

罪被害人過於難堪，民國88年4月21日所公布之刑法遂以性交一詞取代傳統之姦淫，並於第10條第5項將性交予以定義，該條項所稱之性交，原指下列性侵入行為：一、以性器進入他人之性器、肛門或口腔之行為。二、以性器以外之其他身體部位或器物進入他人之性器、肛門之行為。惟為避免基於醫療或其他正當目的所為之進入性器行為，被誤解為係本法之「性交」行為，爰於序文增列「非基於正當目的所為之」文字，以避免適用上之疑義；又為顧及女對男之「性侵害」及其他難以涵括於「性侵入」之概念，遂增訂「或使之接合」之行為，以免再度發生男子無法勃起或女子強迫男子與之發生性行為因欠缺性侵入行為而只能判處強制猥褻罪之案例。故現行刑法第10條第5項之性交定義，已成為：稱性交者，謂非基於正當目的所為之下列性侵入行為：一、以性器進入他人之性器、肛門或口腔，或使之接合之行為。二、以性器以外之其他身體部位或器物進入他人之性器、肛門，或使之接合之行為。

上述性交定義不以舊刑法時期的「男對女」為限，即女對男、男對男與女對女等任何「性侵入」與「性侵害」等行為都算是性交。刑法以「性交」取代舊刑法使用的「姦淫」一詞，並把口交、肛交與異物插入性器或肛門的行為，都列入性交範疇，依此規定，不論是以性器官、手指甚或木棒，只要是違反他人意願地插入其性器或肛門，都算強制性交。值得注意的是，這樣規定下的性交，已逾越傳統認知上性交屬於具有生殖可能性的性行為概念，其範圍相當廣泛，雖法條已特別限定在非基於正當目的下所為始成立性交，但其範圍似仍過廣，並產生強制性交罪的處罰範圍太過擴大的現象，並相對造成強制猥褻罪的範圍縮小，如強制對方口交或肛交，在過去只能成立強制猥褻，現在則成立強制性交，此種侵害類型是否應為強制性交罪原欲保護之對象，或是否仍可涵蓋於「性行為」概念之下，妨害自由罪處罰是否真有不足之處，似不無檢討之必要。而以性交一詞指稱「以性器以外之其他身體部位或器物進入他人之肛門或使之接合之行為」，恐將另人產生肛門為性器官之疑惑，除非存在肛門應等同性器官予以保護必要之事由，否則似應於刑法第10條第5項第2款規定中刪除「肛門」一詞，以符合一般人民對於性行為之認知。至於單純侵害肛門應如何

處罰？是否有必要於普通傷害罪外特別針對傷害肛門另予以立法規範，則是刑法分則應另行檢討之議題。此外，依現行規定，基於正當目的所為之性侵入行為並非性交，則該如何名之？是否將因現行刑法第239條使用通姦或相姦之詞，而將所有非屬刑法第10條第5項性交概念之性行為皆定位為「相姦」？類此疑義，立法者似未慮及。而將性交成立與否繫於行為人主觀上是否基於正當目的而為，而非被害人主觀意願，似有違強制性交原在保護被害人性自主法益之規範目的。

六、電磁紀錄

依刑法第10條第6項之規定，稱電磁紀錄者，謂以電子、磁性、光學或其他相類之方式所製成，而供電腦處理之紀錄。按有關電磁紀錄之定義，原係規定在第十五章偽造文書印文罪章中第220條第3項中，然有關電磁紀錄亦適用於該章以外之偽造有價證券罪（參考第201條之1、第204條、第205條）、第二十八章妨害祕密罪章（參考第315條之1）、刑事訴訟法（參考第122條、第128條）、陸海空軍刑法（參考第20條、第31條、第63條、第78條）、軍事審判法（參考第111條）等，已非單純於分則編之偽造文書印文罪章適用之，故將現行第220條第3項有關電磁紀錄之定義，增列「光學或其他相類之方式所製成」之紀綠後，再移列於本條第6項，以資概括適用。

七、其他字義

刑法上除前述重要專門用語，予以立法解釋外，其他若干文字，亦有其一定之涵義，不容有所誤解，茲將常見者，說明於後：

所謂「應」者，裁判官必須援用，否則即為違法。「得」者，裁判官有自由裁量之餘地。刑法中「應」字不多見，凡有「得」字者，即「應」字之反面，蓋無「得」字者，即含「應」字之意義也。例如「得免除其刑」，即得免或不免，裁判官可酌量適用。「免除其刑」，則必須免除，不容裁判官之斟酌也。所謂「或」字者，在刑法上乃對犯罪條件或法定主

刑有選擇之性質者也，「或」字意義兩可，予裁判官以自由裁量之餘地。又「但」字乃表示原則設有例外之意，即法律上所謂「但書」。

此外，刑法之用語亦可能因已失其立法當時之規範目的而有揚棄並改變之必要，例如民國88年4月21日公布修正前之刑法231條第1項規定：「意圖營利，引誘或容留良家婦女與他人姦淫者，處三年以下有期徒刑，得併科五百元以下罰金。」所稱之「良家婦女」，即為適例。依大清律例，婦女被區分為娼妓（非良家婦女）與良家婦女（非娼妓）二類，因此良家婦女乃相對於娼妓之概念，以此區分為基礎，我國曾於1956年3月頒布「台灣省管理妓女辦法」，台北市亦曾在1972年施行娼妓管理辦法，雖台北市公娼到了2001年3月已全面結束營業，不過截至2009年6月為止，我國還有6個縣市存在著11家領牌合法的公娼館，執業公娼則還有51人。由於依前述傳統上有關娼妓與良家婦女之區分，舊刑法第231條第1項之規範目的已不適合當代社會善良風化需求，蓋依其規定，縱係意圖營利，只要引誘或容留非良家婦女（包含娼妓與男子）與他人姦淫，即不構成犯罪；鑒於將婦女分為「良家婦女」與「非良家婦女」有違平等原則，而男妓日益普遍，亦妨害風化，故原條文所定「良家婦女」已無法發揮當代有關維持善良風化規範功能，現行法遂將之改為「男女」。

第三節　刑法總則適用範圍

刑法之內容，有關於總則性之規定者，有關於分則性之規定者。普通刑法總則部分之效力，除及於分則部分外，是否亦得適用於其他刑罰法律，適用之範圍為何，本非自明之理，而有明文規範之必要。蓋刑法總則，為刑事實體法之通則，亦即刑罰法規之基本原則，且其他刑罰法律，多無總則之規定，間或有之，亦簡而不全，未能網羅一切原理原則於無遺，故除其他刑罰法令有明文規定排斥適用刑法總則規定者外，仍得適用刑法總則，以資劃一。

依舊刑法第11條：「本法總則於其他法令有刑罰之規定者，亦適用

之。但其他法令有特別規定者，不在此限。」規定，關於保安處分以及行政命令是否適用總則編規定，頗有疑義。基於法律保留及罪刑法定等原則，刑法以外的其他刑事特別法，原應指法律之規定，不包括行政命令在內，因而有將「法令」修正為「法律」之必要。又原條文關於「有刑罰之規定者」，雖解釋上兼含保安處分在內，例如，竊盜犯贓物犯保安處分條例第1條規定：「竊盜犯及與竊盜案件有關之贓物犯，其保安處分之宣告及執行，依本條例之規定；本條例未規定者，適用刑法及其他法律之規定。」惟為免爭議並使法規範明確，遂增訂有保安處分之法律亦適用本法總則編規定之必要。現行刑法第11條：「本法總則，於其他法律有刑罰或保安處分之規定者，亦適用之。但其他法律有特別規定者，不在此限。」之修正，即本上述要旨而來。

　　刑法總則適用於其他刑罰法律，係原則規定，惟本諸特別法優於普通法之原則，遂於其第11條設「但書」之例外規定，最高法院69年台上字第707號判決：「查藥物藥商管理法並無特別適用刑法之規定，自應引用刑法第11條文，第一審判決未引用刑法第11條，反引用藥物藥商管理法第1條，原審未予糾正，亦欠允當。」與80年台上字第4804號判決：「查刑法第11條規定本法總則於其他法令有刑罰之規定者亦適用之，但其他法令有特別規定者不在此限。故特別刑法案件，適用刑法總則之規定時，如特別刑法有規定『適用刑法總則』或『適用刑法』之明文者，應引用特別刑法該規定。如特別刑法僅規定『本條例未規定者，適用其他法律』或無規定者，則應引用刑法第11條前段。」就此已有說明；演繹其義，其情形有四：

　　一、其他刑罰法律無獨立之總則者，且對於刑法總則之適用無特別規定者，應適用刑法總則。

　　二、其他刑罰法律雖無獨立之總則，但已明文特別規定而不適用刑法總則某部分者，除此特別規定不適用之部分外，刑法總則其餘部分，仍可適用，例如依貪污治罪條例第17條：「犯本條例之罪，宣告有期徒刑以上之刑者，並宣告褫奪公權。」規定，刑法第37條第2項：「宣告一年以上有期徒刑，依犯罪之性質認為有褫奪公權之必要者，宣告一年以上十年以

下褫奪公權。」有關「得宣告褫奪公權」之規定即無適用。

三、其他刑罰法律有獨立之總則者，該獨立之總則規定於該法領域內有優先適用之效力，而刑法總則得於不相矛盾之範圍內，適用之，例如陸海空軍刑法第15條：「刑法總則之規定，與本法不相牴觸者適用之。」之規定即為適例。

四、其他刑罰法律雖無排斥刑法總則之明文，而已就刑法總則所規定之事項另設特別規定者，除此特別規定部分外，刑法總則其餘部分，仍可適用。

第二篇

犯罪論

第六章
犯罪之概念

第一節　犯罪之成立標準

　　犯罪在本質上乃為侵害或危及社會生活秩序之法益侵害或侵害危險行為，而其所以應加以處罰者，乃因其具有反社會性之特徵，且其行為足以破壞人類生活之安寧與秩序，故不得不藉由刑罰之作用，以資防衛（預防）。應予留意者，此處所謂之反社會性，必待其表現於外部後，始得確定其為犯罪，而予以刑罰之制裁，然其反社會性究須表現至若何程度，始能認為犯罪，有二種不同見解，分述如後：

一、現實主義

　　此說為客觀的應報主義者所主張，並認為刑法所干涉者，係表現於外界之行為，若其惡性僅存於單純的內心作用，而未對外有所表示，則非刑法所得處罰之對象。此說以現實行為為決定犯罪之標準，故稱現實主義，為傳統流行之見解。

二、表徵主義

　　此說為主觀的目的主義者所主張，並認為犯罪乃對社會安寧秩序之危害，如有危及社會安寧秩序之虞時，即可不待其表現為一定行為，而就其主觀的惡性，預籌防衛之方法，始足以達刑罰防衛社會改善犯人之目的，故有足以表明反社會之象徵，犯罪即告成立。此說以犯罪之本質，存於犯人惡性之表徵，故稱表徵主義，為近代刑法學派之見解。

三、小結

持平而論，現實主義與表徵主義各有優劣，然而欲求刑法保障個人自由與維護社會安全雙重機能，惟有斟酌損益於客觀與主觀之標準，妥為運用，方屬允當；亦即犯罪之認定，不能離開一定之行為，以防裁判官之擅斷，至對犯人責任輕重之量定，又必研究其主觀的意思與性格，在相當範圍內，容許自由裁量，以達刑法改善犯人惡性之使命。如是，則現實主義與表徵主義之矛盾對立，始可解除。

第二節　犯罪之意義

一、犯罪之實質意義

自犯罪之本質觀察，犯罪之實質意義，乃侵害或危害社會重要生活利益與價值之反社會行為（法益侵害或侵害危險行為），而可科以刑罰者。然而何種反社會行為，屬於值得科刑者，則為立法政策問題。故犯罪之實質意義，乃為刑事學上之犯罪概念，亦即刑事政策上之犯罪概念也。實質意義的犯罪，雖已造成法益侵害或危害，卻未必已為立法機關制定為形式意義的犯罪，例如自殺行為，雖造成生命法益之侵害或危害，卻因刑事政策上無法達成刑法處罰的目的，而未被規範為形式意義的犯罪。

二、犯罪之形式意義

自犯罪之形式觀察，所謂犯罪者，乃違反刑罰法規而賦以刑罰效果之反社會的行為。因其純以刑罰法規之抽象規定是否存在為判斷犯罪行為之準據，故稱為犯罪之形式意義，亦即犯罪之法律意義。然而形式意義的犯罪，卻未必仍具有實質法益侵害的特徵，例如已廢止之票據刑罰與動產擔保刑罰，均因時空變遷而失去繼續以刑事處罰處理該類型事件的必要；惟在被大法官宣告違憲或立法機關廢止該法律前，其雖屬形式意義的犯罪，該犯罪之實質意義似已遭重大質疑。值得注意者，由於司法院大法官於民

國75年4月11日作成之釋字第204號：「票據法第141條第2項有關刑罰之規定，旨在防止發票人濫行簽發支票，確保支票之流通與支付功能，施行以來，已有被利用以不當擴張信用之缺失，惟僅係該項規定是否妥善問題，仍未逾立法裁量之範圍，與憲法第15條及第22條尚無牴觸。」並未否認嗣後被廢止之票據刑法之合憲性，故票據法之廢止似僅為立法裁量之結果。

　　法律上所謂犯罪，乃有責任能力之人，非於阻卻違法時，因故意或過失而觸犯刑法所列舉應科以刑罰規定之行為也。依此定義，得分析為：（一）有行為始為犯罪；（二）有責任能力人之行為，始為犯罪；（三）非阻卻違法時之行為，始為犯罪；（四）因故意或過失之行為，始為犯罪；（五）觸犯刑法所列舉科以刑罰制裁規定之行為，始為犯罪。

第三節　犯罪之分類

一、自然犯與法定犯

　　凡違反社會倫理道德，而在道德上值得非議之犯罪，為自然犯，或稱刑事犯，例如：殺人、強盜者是；反之，其行為並未違反倫理道德，在道德上本無可非議，只不過因違反國家基於政策目的所制定之行政上法律義務規定而被認為犯罪者，此為法定犯，或稱行政犯。惟法定犯（行政犯）之性質，則未可一律視為犯罪，應以「刑事罰」與「行政罰」之觀念加以區別，似較洽當。

二、國事犯與常事犯

　　凡侵害國家政治秩序，諸如主權、政府組織、政治制度等之犯罪，謂之國事犯，亦稱政治犯。凡侵害社會秩序之一般犯罪，謂之常事犯。又國事犯與常事犯相結合者，稱為混合犯。常事犯固不帶國事犯之性質，而國事犯卻不免帶有常事犯之性質，例如以殺人或放火之方法實行內亂罪之情形，即屬之。

三、實質犯（結果犯）與形式犯（舉動犯）

實質犯之犯罪構成，以發生一定結果為要件，即其行為以對於法益構成侵害為內容，故又稱結果犯。刑法上大部分之犯罪，以結果之發生為要件，多屬實質犯，例如刑法第271條第1項之普通殺人罪。形式犯以實行與構成要件該當之一定行為，即成立既遂罪，其行為不以對於法益構成具體侵害為內容。形式犯不以發生一定結果為必要，故又稱「純粹舉動犯」或簡稱「舉動犯」，亦稱「行為犯」，例如刑法第237條規定之重婚罪。形式犯本質上為危險犯，而其危險性乃立法者所決定。

四、實害犯與危險犯

「實質犯」中又可分為實害犯與危險犯兩種。所謂實害犯，乃指以法益受現實侵害，為構成要件內容之犯罪，因其以發生客觀可見之實際損害結果為犯罪成立之要件，故又稱侵害犯，例如刑法第278條第1項之重傷罪。所謂危險犯，則指以實施構成要件內容之行為，致法益或行為客體受有侵害之危險性，而不以有現實侵害為必要之犯罪，易言之，即其犯罪僅以發生一定程度之危險為已足，例如偽造貨幣罪、公共危險罪與遺棄罪等是。又關於危險犯，尚可區分為具體危險犯與抽象危險犯等二種型態，前者係以法益現實發生危險為成立要件，且法官必須針對具體案情，對有無危險作確實具體之判斷，若經認定有具體危險之可能者，則犯罪成立，此類型之犯罪多於法條文字中明文「致生公共危險」等字眼，例如刑法第174條第2項與第3項之規定；而後者犯罪之成立不以現實有危險之發生為必要，故無待法官就具體案情作認定，行為只要符合構成要件所描述之事實，即可認為已對一般法益產生危險而成立犯罪，例如刑法第173條第1項與第3項之規定，此外，關於抽象危險犯之內涵，亦可參照最高法院92年台上字第3677號判例：「會計憑證，依其記載之內容及其製作之目的，亦屬文書之一種，凡商業負責人、主辦及經辦會計人員或依法受託代他人處理會計事務之人員，以明知為不實事項而填製會計憑證或記入帳冊者，即該當商業會計法第71條第1款之罪，本罪乃刑法第215條業務上文書登載不

實罪之特別規定，自應優先適用。良以商業會計法第33條明定：『非根據真實事項，不得造具任何會計憑證，並不得在帳簿表冊作任何記錄。』倘明知尚未發生之事項，不實填製會計憑證或記入帳冊，即符合本法第71條第1款之犯罪構成要件，立法認上開行為當然足生損害於他人或公眾，不待就具體個案審認其損害之有無，故毋庸明文規定，否則不足達成促使商業會計制度步入正軌，商業財務公開，以取信於大眾，促進企業資本形成之立法目的，反足以阻滯商業及社會經濟之發展。從而商業會計人員等主體，就明知尚未發生之事項，一有填製會計憑證或記入帳冊之行為，犯罪即已成立，不因事後該事項之發生或成就，而得解免罪責。」之說明。

五、即時犯（狀態犯、即成犯或情況犯）與繼續犯

凡犯罪達於實行之階段（既遂）後，其犯罪行為即得同時結束，而無繼續之情形者，為即時犯，亦稱狀態犯、即成犯或情況犯，換言之，其構成要件行為不含時間繼續性之要件，一旦造成法益侵害之狀態，即滿足該類型構成要件之不法內涵而完成犯罪即屬之，一般之犯罪皆是，例如殺人罪、傷害罪、詐欺罪與竊盜罪等。基本上，一旦此類型犯罪達於既遂之階段，其犯罪行為通常業已終了，縱其法益侵害之違法狀態仍然繼續存在（例如竊盜既遂後行竊者仍繼續持有盜贓物），除非法律另有規定（例如贓物罪），否則該繼續存在之違法狀態並不另外成立獨立之犯罪，也就是說，由於事後幫助（犯罪既遂後之幫助）通常並未造成新的法益侵害，故不構成犯罪。

與前述「犯罪既遂即屬行為終了」相對，犯罪達於實行之階段（既遂）後，更繼續其犯罪行為時，若行為人未放棄犯罪之實施，其犯罪之違法情狀仍繼續進行，則為繼續犯。易言之，凡行為人之意思，足以決定行為所造成違法情狀（結果）久暫，且其違法情狀之久暫亦為犯罪構成要件之不法內涵之犯罪類型，因肇致犯罪違法（法益侵害）本身，並非其構成要件不法內涵之全部，故其不屬狀態之繼續（狀態犯）而為行為之繼續（繼續犯）。通常在此類型的犯罪中，違法情狀造成（既遂）時，犯罪行

為尚未終了或完成，而在行為人終止犯罪行為前，其犯罪仍在繼續進行中，因此在既遂至終了期間有可能成立「事中幫助」。一般來說，刑法第302條的私行拘禁罪，其構成要件包含「非法剝奪被害人自由」與「一定時間的非法拘禁」等，即屬繼續犯之適例。此外，學說上之徐行犯，亦稱接續犯，係指連合數次之犯罪行為，始達到行為人主觀目的之犯罪類型，因接續犯亦以「一定時間的行為繼續」為成立要件，學說上亦有將之歸類為繼續犯，例如同一夜裡數次進入被害者家中盜取各種財物，雖各個竊盜行為均分別足以評價為竊盜罪，惟因其犯罪時間接近，在法律上僅被認為對同一財產監督法益的侵害而僅成立單一個竊盜罪。

六、目的犯、傾向犯與表現犯

目的犯者，謂除故意外，尚以具有一定之目的，為其特別構成要件之犯罪。例如：各種偽造罪中，超過其外部偽造行為之外，更具有主觀上「行使目的」者是。又如刑法第231條的妨害風化罪，除引誘之行為外，更具有「營利目的」，均其適例。目的犯所含之目的內容可分：（一）對行為之目的，例如一般偽造罪之目的，為供行使之用；（二）對結果之目的，例如一般財產罪之目的，為自己或第三人不法之所有，即以侵害他人之權利為其目的。

傾向犯者，謂行為足以表示其主觀傾向時所成立之犯罪。此種犯罪如單純實現其意欲之外部行為，尚不能構成犯罪，必須有超過外部行為之內心傾向，始能成立犯罪。例如刑法第309條之公然侮辱罪，須其內心有侮辱之意思；又如刑法第224條之猥褻罪，須其行為出於主觀之肉慾，若出於診斷醫療之目的即欠缺猥褻性而不構成該罪。傾向犯與目的犯不同之點在於：傾向犯之傾向，係包含於構成要件之解釋中，而目的犯之目的，則明定為構成要件。

表現犯者，謂行為表現其一定之內心狀態而成立之犯罪。例如刑法第168條之偽證罪，其虛偽之陳述必係主觀上「確信」為非真實而予以陳述，始足當之，亦即須以「明知」為不實之事項，而故為虛偽之陳述，始

能成立也（最高法院21年上字第1368號判例參照）。又如刑法第213條公務員登載不實罪之「明知」，若行為人無此明知而登載於職務上所載之公文書，縱足生損害於公眾或他人，亦不成立該犯罪。

七、結合犯與結果加重犯

結合犯係二個獨立之犯罪，基於法律之規定，結為一個新的獨立犯罪，例如刑法第332條：「（第1項）犯強盜罪而故意殺人者，處死刑或無期徒刑。（第2項）犯強盜罪而有下列行為之一者，處死刑、無期徒刑或十年以上有期徒刑：一、放火者。二、強制性交者。三、擄人勒贖者。四、使人受重傷者。」之強盜結合罪等是。結果加重犯，亦稱加重結果犯，係就故意而成立之犯罪，更就行為人所無認識之結果，加重其處罰之犯罪，例如刑法第277條第2項之傷害致死罪或致重傷罪之規定等。參照最高法院61年台上字第289號判例：「刑法上之加重結果犯，以行為人對於加重結果之發生有預見之可能為已足。如傷害他人，而有使其受重傷之故意，即應成立刑法第278條第1項使人受重傷罪，無論以同法第277條第2項，傷害人之身體因而致重傷罪之餘地。」之說明，加重結果犯僅以對加重結果有預見可能性為成立要件，不以行為人實際有預見為前提。

八、隔地犯與隔時犯

犯罪之行為與其所引致之結果，不在同一空間者，謂之隔地犯，如刑法第4條：「犯罪之行為或結果，有一在中華民國領域內者，為在中華民國領域內犯罪。」之規定；而犯罪之行為與其所引致之結果，不同其時間者，謂之隔時犯。

九、身分犯與非身分犯

法律規定犯罪之主體，以具有一定之身分為要件之犯罪，或以身分關係或其他特定關係而刑罰有加重減免之事由者，稱為身分犯，或稱「特別

犯」，其中行為人須具備特定資格或條件，始能成立犯罪者，稱為純正身分犯，例如刑法第121條第1項之「公務員或仲裁人」之身分；而特定之資格或條件僅為刑罰加重事由者，稱為不純正身分犯，例如刑法第272條殺害直系血親尊親屬罪中之特定身分。身分犯以外之一切犯罪，即為非身分犯，又稱「普通犯」，或稱「常人犯」。

十、現行犯與非現行犯

犯罪在實施中，或實施後即時發覺者，稱為「現行犯」。又因特有兇器、贓物或其他物件，或於身體衣服等處，露有犯罪痕跡，被疑為犯罪之人，或被追呼為犯罪人時，以現行犯論，稱為「準現行犯」（刑事訴訟法第88條參照）。其餘之犯罪，均為「非現行犯」。

十一、親告罪與非親告罪

法律對於某種犯罪，為保全家庭和平及一定關係者名譽起見，得以被害人之告訴為起訴之要件，此種犯罪即稱為親告罪，其餘之犯罪則為非親告罪。親告罪包括告訴乃論之罪及請求乃論之罪。

第四節　犯罪之行為

一、行為之概念

刑法概念上之行為，除包含內在要素（心素）與外在要素（體素）兩大部分外，尚包含因身體動靜而引起外界發生具有刑法重要性之變化（例如法益侵害或義務違反）。本質上，行為乃基於人類意思決定之身體動靜，而引起外界之變化者。Actus Reus是法律拉丁文，在刑法領域中代表者「惡的行為」（evil act）。依習慣法（common law），唯有當Actus Reus與Mens Rea二者均具備時，被告才可能負刑事責任。英美法制沿革上，Actus Reus源自「缺乏邪惡意志之動作本身並無法使人為

罪」（actus non facit reum nisi mens sit rea）此一拉丁法諺。行為之意義如何，論者不一其說，然一般咸認刑法上所謂行為（Actus Reus），係指「可導致法律欲防止之特定結果之人類行止」。由於任何人均不須為其他人的意志或決意負責，因此Actus Reus此一概念係以出於行為人個人自由意志（voluntariness）之身體運動（body movement）為基礎，而在決定行為之內涵時，客觀的「發生情況」（circumstance）與「引起結果」（consequence）亦須考慮在內；易言之，不同之情況與結果將使得相同的人類行止具有不同的刑法意義，例如辱罵他人原不具有刑法上之重要性，然若公然辱罵，即具有刑法上之重要性而有刑法第309條第1項公然侮辱罪之適用。大體上，Actus Reus可分為作為（commissions；conduct；act）與不作為（omissions）兩大類型，前者是指積極的動作，而後者則是指消極的不行動或行動失敗。不論是習慣法犯罪（common law offence）或是制定法犯罪（statutory offence），除Actus Reus外，通常犯罪尚包括構成該犯罪之其他必要事實要件（the factual components necessary to constitute the actus reus），例如：危險駕駛、夜間駕駛、拒捕致傷等附隨要件。

　　行為概念之提出，除具有過濾「行為」與「非行為」之功用而停止對「非行為」進行無意義的刑法評價工作、並對不同的行為種類予以分類外，最重要的是，不論構成要件該當性、違法性或罪責層次，咸以行為為其判斷之對象，從而若無行為概念之提出，即無從有機地作出整體犯罪判斷，此種結合構成要件該當性、違法性與罪責的功能，實為提出行為概念最重要的意義。

二、行為之階段

　　犯罪行為之作成，大致可分為六個階段，依次分析說明於下：

（一）犯意表示

　　所謂犯意表示者，乃意思決定之表示。犯罪行為發生於決意後，預備實施前，先有犯意之表示者，無論以書面、口頭或其他舉動表示於外部時，即為犯意之表示。原則上刑法不罰單純之犯意表示，蓋任何人原不因

思想而受罰，但若犯意表示具高度反社會性，例如其為達犯罪目的之手段者，則可為獨立之犯罪，如煽惑軍人不執行職務之犯意表示，成立刑法第155條之煽惑罪。又如舊刑法第29條第3項，被教唆人雖未至犯罪，教唆犯仍以未遂犯論，亦具有單純處罰犯意表示之特徵。

（二）陰謀

陰謀者，二人以上對犯罪計畫成立互相協議之謂，故必須：1.二人以上；2.指定一定之犯罪；3.彼此意思之交換及互相同意。陰謀不過為犯意表示之加乘，因對法益侵害之程度極為輕微，本無處罰之必要，故刑法以不處罰為原則，惟就重大之犯罪，設處罰之特別規定，如暴動內亂罪（刑法第101條第2項參照）與外患罪章（刑法第103條第3項、第104條第3項、第105條第3項、第106條第3項、第107條第3項、第109條第4項與第111條第3項等參照）中之陰謀犯是。

（三）預備

預備者，實行犯罪之準備行為，而尚未達於著手之謂。預備行為，情形不一，有以購置器具為預備者，有以探定場所為預備者，有以偵察被害人之行動為預備者，有以藏匿其身體為預備者，有以研究實施方法為預備者，皆為著手以前之預備行為也。預備之階段，介乎犯意與著手之間，本亦無處罰之必要，惟刑法為預防禍患，僅基於經驗法則對於某些情節重大之犯罪，因深懷恐懼，遂於少數犯罪類型設有處罰預備之特別規定。如內亂罪、外患罪、公共危險罪、殺人罪、強盜罪與擄人勒贖等罪之預備犯是。又有以預備為獨立之罪而處罰者，如意圖為犯罪之用而製造或持有危險物罪（刑法第187條參照）是。

（四）著手

著手者，實行之開始也，此較預備階段又朝犯罪之完成進一級矣。行為已達著手與實行之分界，惟著手與預備有時極易相混，學者間對其區別之主張，頗不一致，約可分為兩說：

1. 客觀說

此說注重於外部動作方面，就客觀之事實以決定著手之標準。

2. 主觀說

此說以為犯罪為犯意之表現，以其行為可以識別是否為犯罪之顯著狀態為標準，如足以識別犯意之成立時，即為犯罪行為之著手。

主觀說對於預備與著手之區別，以犯意之能否識別為準，其區別有時頗難明晰。例如未著手前，因有意思之表示，人人皆知其欲犯罪，則其預備行為亦應認為著手矣。依此解說，凡屬預備行為而為人所能識別者，皆以著手論，殊難予兩者以實質上之區別也。至於客觀說於實用上雖不免有紛歧之感，但大旨固甚得當。通說咸以密切接近於犯罪構成要件之行為，認為犯罪之著手。惟犯罪行為至若何程度，始為著手，須就各個犯罪構成事實，運用一般經驗，觀察而確定之。故著手觀念，不僅為法理上之問題，且係事實上之問題。

（五）既遂

既遂者，即完全實現犯罪主觀與客觀構成要件之狀態，例如「殺害行為」與「被害人死亡」為殺人既遂罪之犯罪構成要件，若對他人生命實施殺害行為，並因此導致被害人死亡，即為殺人之既遂。雖然既遂通常以結果發生為要件，不過立法上有不以結果之發生，亦可認為犯罪既遂之規定，如侮辱罪（刑法第309條參照）、偽證罪（刑法第168條參照）等舉動犯，祇須有侮辱、偽證之行為，其犯罪即已完全成立，刑法上並不問其結果如何。

（六）行為終了

終了乃指法益侵害行為完成的時間點，有些犯罪既遂時行為即終了，如殺人罪，被害人死亡時，殺人行為即終了。不過，卻有些犯罪在既遂時，行為必未終了，如刑法第302條之私行拘禁罪，一開始私行拘禁，犯罪即既遂，卻需等到私行拘禁之被害人被釋放時，行為才終了。

三、行為之分類

（一）積極行為與消極行為

行為乃基於意思決定之身體動靜，其為身體之動作者，為積極行為，其為身體之靜止者，為消極行為。兩者均可達犯罪之目的，學說上稱前者為作為犯，後者稱為不作為犯。

1. 作為犯：本於意思而為身體積極的動作之犯罪，稱為作為犯。如舉刀殺人、灌油放火等是。

2. 不作為犯：本於意思而消極的不為身體動作之犯罪，稱為不作為犯。法律規定之形式上，以純粹消極的不作為，為犯罪內容者，即所謂「純正不作為犯」；法律上以積極行為之形式，所規定之犯罪，以消極的不作為而犯之者，則為「不純正不作為犯」。

（二）故意行為與過失行為

由意思決定所引起之行為，若其結果之發生，包括於意思決定之範圍內者，稱為故意行為，而其結果之發生不包括於意思決定範圍以內者，稱為非故意行為。後者又可分為過失行為與不可抗力。刑法上以處罰故意為原則，處罰過失為例外，至於不可抗力，則全不處罰。由此可見過失行為，係介乎應處罰行為與不應處罰行為之中間者，不但與故意有別，且與不可抗力亦應分別以觀。

（三）主要行為與附屬行為

凡構成犯罪必要條件之行為，稱為主要行為；對於構成犯罪並非必要條件之行為，稱為附屬行為。附屬行為係補助主要行為之作用，以完成犯罪。例如竊取財物，為竊盜罪之主要行為，惟為達成竊盜之目的而察看地形，侵入住宅，則為附屬行為。附屬行為有時亦能單獨成立其他之罪名，如侵入他人住宅之無故侵入罪是。

（四）實害行為與危險行為

以法益受侵害之程度為準，可分實害行為與危險行為。對於法益直接

已有侵害之行為，稱為實害行為，如殺人、傷害等是。對於法益間接將有侵害之行為，稱為危險行為，例如投毒藥於供公眾所飲之水源者，不待其致人於死傷，即可成立刑法第190條第1項之犯罪，蓋其行為，有發生實害之可能性，故稱危險犯。

第五節　犯罪成立要件

形式意義之犯罪，乃法律規定應受刑罰制裁之行為，其成立自須在法律上具備一定之條件，此即犯罪之要件是。易言之，犯罪成立要件即一定行為在刑法上構成犯罪所必要之條件。以往多數學者將犯罪成立要件（或稱要素）分為：一、一般成立要件，規定於刑法總則，包括：（一）主觀的要件（責任能力與責任條件）；（二）客觀的要件（行為之危險性與行為之違法性）。二、特別成立要件，規定於刑法分則或其他特別刑法。因此種分類方法簡單而易於解說，早年曾為我國多數學者所主張。惟近年來我國學者對於犯罪成立要件之分析，多採用德、日學者之通說，主張除刑法分則所規定的犯罪特別要件（包含客觀構成要件要素與主觀構成要件要素）外，刑法總則已明定下列犯罪一般要件，包含：

一、構成要件該當性（犯罪之主體、客體及行為）

依罪刑法定之精神，犯罪之成立，應依法律規定之，刑法即為此處規定反社會行為應具備之抽象條件之法規。原則上，犯罪行為乃法律所禁止之特定行為，此法律上禁止之特定行為概念稱為犯罪之「構成要件」。一定行為成立犯罪，首須與刑法規定之犯罪構成要件相符，此即構成要件該當性，亦即行為與刑法分則各法條所列舉之侵害性或危險性行為之不法內涵相符合之義，實為犯罪成立之第一要件。

二、違法性（客觀要件）

與構成要件合致之構成要件該當行為尚須具備應受法律否定價值判斷

之條件（具有違法性），始能成立犯罪。因而行為之違法性，乃違反整體法律秩序，而侵害法律所保護之生活利益，故違法性之有無，非僅自法律本身得之，而應自整體法律秩序為實質之認定。

三、有責性（主觀要件）

犯罪表現行為人內在之惡性，此行為人內在之惡性，應受社會之非難，進而成為行為人應對其行為負犯罪責任（罪責）之基礎。故縱屬違法行為，苟行為人並無惡性，仍不成立犯罪。行為人之罪責應具備二種要素：責任能力和責任條件。

而主張行為必須具備上述三要件，始能成立犯罪者，稱為「犯罪成立三階論」。基本上，犯罪之「成立要件」，係刑法總則上之問題，然而各個具體犯罪之「構成要件」為何，則為刑法分則或其他特別刑法上之問題。行為人之行為，只有在實現刑法分則或其他特別刑法上之構成要件時，才有對於總則上所謂「構成要件該當性」之結合關係加以檢討之必要，也只有在構成要件該當後，始有必要對「違法性」與「有責性」依次加以判斷，以決定是否成立犯罪。惟三者相互間，前者為後者之前提，例如「構成要件該當性」為「違法性」之前提，而「違法性」則為「有責性」之前提，自外表深入於內部，其相互間亦可稱之為「立體重合關係」。

第六節　構成要件之分類

一、獨立構成要件與非獨立構成要件

獨立構成要件，係指普通犯罪形態構成要件之規定而言，又稱基本構成要件，例如普通竊盜罪（刑法第320條第1項參照）之構成要件是，刑法分則各本條大多數屬於獨立構成要件之規定。非獨立構成要件，係指加重或減輕犯罪形態之構成要件而言，又稱派生構成要件，例如加重竊盜罪

（刑法第321條第1項參照）之構成要件是。獨立構成要件與非獨立構成要件，雖係分別設定之構成要件，但適用非獨立構成要件時，則必須參照獨立構成要件之規定。

二、單純構成要件與混合構成要件

單純構成要件，係指構成要件中僅列舉一種犯罪方法或一種行為客體，例如製造鴉片者（刑法第256條第1項參照），遺棄無自救力之人者（刑法第293條第1項參照），均屬單純構成要件。混合構成要件，係指構成要件列舉多種犯罪方法或多種行為客體，如販賣或運輸鴉片者（刑法第257條第1項參照），對於壇廟、寺觀、教堂、墳墓或公眾紀念處所公然侮辱者（刑法第246條第1項參照），均屬混合構成要件。混合構成要件中，有時對於犯罪之方法，設概括之規定，如其他方法（刑法第224條第1項參照）是；有時對於行為客體，設概括之規定，如其他氣體（刑法第177條第1項參照）、其他物品（刑法第235條第1項參照）等是。

三、單獨構成要件與結合構成要件

單獨構成要件，係指構成要件僅有單一之犯罪行為，例如傷害人之身體或健康者（刑法第277條第1項參照）是，刑法上大多數之構成要件，皆為單獨構成要件。至於結合構成要件，係指構成要件包括二個以上可以單獨成立犯罪之規定者，刑法上僅有少數之構成要件為結合構成要件，並可分為明示與默示兩種，前者如結合強盜罪與殺人罪而成為一個強盜殺人罪（刑法第332條第1項參照）是，後者如概括妨害自由罪與竊盜罪而成為一個強盜罪（刑法第328條第1項參照）是。明示之結合構成要件所成立之犯罪，稱為結合犯。

四、完結構成要件與開放構成要件

完結構成要件，係指完全刑罰法規之構成要件，刑法上絕對大多數之

構成要件，均為完結構成要件。至於開放構成要件，係指空白刑罰法規之構成要件，又稱待補充構成要件，刑法上僅屬絕少數，例如違背關於預防傳染病所公布之檢查或進口之法令者（刑法第192條第1項參照），又如私運管制物品進口、出口逾公告數額者（懲治走私條例第2條第1項參照）等是。

第七節　構成要件之要素

構成要件，規定於刑法分則各本條之內，或規定於特別刑法各法條之中，故亦稱為「特別成立要件」。構成要件要素，乃為形成構成要件內容之要素，與構成要件本身，應予區別。茲將構成要件要素之構造，依其性質之不同，分類說明如後：

一、客觀要素與主觀要素

所謂客觀要素者，乃指構成要件要素中含有外界可感覺之客體者，例如刑法第211條之公文書、第210條之私文書、第235條之猥褻文字與圖畫、第240條之脫離家庭、第349條之收受、搬運與牙保等是。所謂主觀要素者，乃指構成要件要素中含有行為人或行為人以外之人之心理狀態者。一般犯罪僅就客觀要素為其規定對象，其主觀要素，本不待乎明文，但特定犯罪，有以主觀要素為其定型者，則以主觀要素為其構成要件。關於行為人之心理狀態者，如（一）目的犯之目的：意圖供行使之用（刑法第195條參照）、意圖侮辱外國（刑法第118條參照）、意圖營利（刑法第231條參照）等是；（二）傾向犯之傾向：公然侮辱之意思（刑法第309條參照）、猥褻之肉慾滿足（刑法第224條參照）等是；（三）表現犯之表現：明知（刑法第254條參照）、虛偽（刑法第168條參照）、善意（刑法第311條參照）、基於義憤（刑法第273條參照）等是。關於被害人之心理狀態者，如乘其心神喪失（刑法第225條參照）、乘未滿二十歲人知慮淺薄或乘人精神耗弱（刑法第341條參照）、乘他人急迫輕率無經驗（刑

法第344條參照）、羞忿（刑法第226條第2項參照）、承諾（刑法第282條參照）、聽從（刑法第288條第2項參照）、誤信（刑法第229條參照）等是。關於主觀構成要件之變更，依最高法院99年台上字第702號判決：「（二）行為始於著手，著手之際，有如何之犯意，即應負如何之故意責任。犯意變更與另行起意本質不同；犯意變更，係犯意之轉化（昇高或降低），指行為人在著手實行犯罪行為之前或行為繼續中，就同一被害客體，改變原來之犯意，在另一犯意支配下實行犯罪行為，導致此罪與彼罪之轉化，因此仍然被評價為一罪。犯意如何，既以著手之際為準，則著手實行階段之犯意若有變更，當視究屬犯意昇高或降低定其故意責任；犯意昇高者，從新犯意；犯意降低者，從舊犯意，並有中止未遂之適用。另行起意，則指原有犯意之構成要件行為已經完成，或因某種原因出現，停止原來之犯罪行為，而增加一個新的犯意產生，實行另一犯罪行為之謂，至於被害客體是否同一則不問；惟因其係在前一犯罪行為停止後（即前一犯罪行為既遂、未遂或中止等），又另起犯意實行其他犯罪行為，故為數罪。行為人以傷害之犯意打人，毆打時又欲置之於死地，乃犯意昇高，應從變更後之殺人犯意，殺人行為之傷害事實，當然吸收於殺人行為之內。倘若初以傷害之犯意打人已成傷之後，復因某種原因再予以殺害，則屬另行起意，應分論併罰，成立傷害與殺人二罪。」說明，係指著手實行階段所發生之犯意變更，在構成一罪評價範圍內，「犯意昇高者，從新犯意；犯意降低者，從舊犯意，並有中止未遂之適用。」；至於罪責層次所謂之故意與過失，與構成要件之主觀要素有別。

二、記述（描述）要素與規範要素

所謂記述（描述）要素者，乃指構成要件要素中含有一般人可以認識之客體，無須裁判官之評價者，例如鴉片（刑法第256條參照）、軍隊、軍港、橋樑、鐵路、電線（刑法第107條參照）、寺觀、教堂（刑法第246條參照）、貨幣（刑法第195條參照）、郵票、印花（刑法第204條參照）、建築物、礦坑、船艦（刑法第353條參照）等是。所謂規範要素

者，乃指構成要件要素所指之事項，對具體事實而言，尚須加以判斷，有待於裁判官之評價，方能確定者，此即所謂具有裁量的要素。如公共危險（刑法第174條參照）、他人秘密（刑法第316條參照）、類似奴隸之不自由地位（刑法第296條參照）、軍事上之利益（刑法第106條參照）、案情有重要關係之事項（刑法第168條參照）、猥褻（刑法第224條參照）、生命上危險（刑法第288條參照）、無自救力之人（刑法第293條參照）、知慮淺薄（刑法第341條參照）等是。

三、行為要素與行為人要素

所謂行為要素者，乃指構成要件中就行為類型所設之規定，即以意思、身體動靜與結果，為構成要件要素者，刑法上構成要件，大多數係屬行為要素，如侵占（刑法第335條參照）、恐嚇（刑法第346條參照）、竊取（刑法第320條第1項參照）、傷害（刑法第277條第1項參照）、製造（刑法第256條參照）、販賣、運輸（刑法第257條參照）等是。所謂行為人要素者，乃指構成要件要素中涉及行為主體之身分或特殊關係，就行為人之類型加以限制者，如有追訴或處罰犯罪職務之公務員（刑法第125條參照）、有執行刑罰職務之公務員（刑法第127條參照）、有投票權之人（刑法第143條參照）、證人、鑑定人、通譯（刑法第168條參照）、懷胎婦女（刑法第288條參照）、為他人處理事務者（刑法第342條參照）、債務人（刑法第356條參照）等是。

四、違法要素與責任要素

所謂違法要素者，乃指構成要件要素中，有關行為之違法性者，如不依法令（刑法第307條參照）、違背建築術成規（刑法第193條參照）、違背關於預防傳染病所公布之檢查或進口之法令（刑法第192條第1項參照）、違背定程（刑法第206條參照）、未受允准（刑法第156條參照）、無故（刑法第306條參照）等是。所謂責任要素者，乃指構成要件要素中會影響責任之事宜者，如良家婦女（刑法第231條參照）、直系血親尊親

屬（刑法第272條參照）、利用權勢（刑法第228條參照）、利用權力（刑法第261條參照）、包庇（刑法第270條參照）、謀為同死（刑法第275條第3項參照）與業務上（刑法第276條第2項參照）等是。

第八節　其他相似要件與構成要件之區別

刑法分則各本條所規定之事項，除構成要件外，尚有所謂處罰條件、訴訟條件及刑罰阻卻與刑罰解除事由等，與犯罪構成要件頗為類似而實質不同，特說明於後。

一、客觀處罰條件（積極的處罰條件）

犯罪一經成立（亦即行為人之行為係構成要件該當的、違法的、以及有責的），原則上刑罰權隨之而發生，本可予以刑罰制裁，但有時基於某種政策理由尚須具備其他與行為或行為人之規範評價無關之條件，始得加以處罰，學說上稱此條件，為「客觀處罰條件」或「積極的處罰條件」，又稱「客觀可罰要件」。例如刑法第123條規定準賄賂罪之處罰，其未為公務員或仲裁人者，以事後成為公務員仲裁人為處罰之要件，若以後並未成為公務員或仲裁人，則不能使該條處罰。同法第238條規定詐術結婚罪之處罰，以婚姻無效之裁判或撤銷婚姻之裁判確定為條件。

二、訴訟條件

所謂訴訟條件，乃刑事訴訟上為實體裁判所必備之條件，又稱追訴要件。此種要件為單純刑事追訴之條件，本屬訴訟法上之制度，既非犯罪之成立要件，亦非客觀可罰要件。惟訴訟條件是否欠缺，仍應以實體法上刑罰權已否消滅為前提。如告訴或請求乃論之罪，未經告訴或請求，或其告訴、請求經撤回或已逾告訴期間者，法院應諭知不受理之判決（刑事訴訟法第303條第3款參照），無從為實體之裁判，現實的刑罰權即無由確定與實現。又如未確定之刑罰權，因時效已完成或大赦而消滅者，法院應諭知

免訴之判決（刑事訴訟法第302條第2、3款參照），亦無從為實體上之裁判。

三、個人刑罰阻卻事由（消極的處罰條件）

　　所謂刑罰阻卻事由者，係以一定事由之不存在，為處罰之條件。此種事由，多係由於行為人具有特殊之身分關係，故亦稱為「個人刑罰阻卻事由」。例如日本刑法第257條規定，親屬贓物罪之直系血親等身分間犯之者，免除其刑。我國刑法就此僅規定得免除其刑（刑法第324條第1項、第338條、第343條及第351條參照），為相對之個人阻卻處罰事由。具有阻卻處罰之事由者，其刑罰權自始不發生，法院應諭知免刑之判決。

四、個人刑罰解除事由（消極的處罰條件）

　　所謂刑罰解除事由，係以一定事由之存在，為不處罰之條件。此種事由，使原已成立之可罰性不再存在，故亦稱為「個人刑罰解除事由」。例如刑法第27條之中止與第154條第2項參與犯罪結社罪之自首。

第七章
犯罪理論之演變與發展

　　犯罪理論在發展上有幾個重要的階段：「古典犯罪理論」、「新古典犯罪理論」、「目的犯罪理論」以及「新古典暨目的論的犯罪理論」，基本上後一個階段的理論乃承繼了前一個階段的理論並加以修正，現今的通說是「新古典暨目的論的犯罪理論」，因此古典體系與新古典體系只剩下歷史沿革的意義。

　　我國的法律體系主要繼受自大陸法系，雖然近年來刑事程序法之發展逐漸走向英美法系，不過在刑事實體法的發展上，似乎還是借鏡德國與日本的學說，特別是刑法部分，更是主要參照大陸法系的原則及學理作為論述的基礎。由於整部刑法的基本構造與原理，特別是犯罪理論體系的問題，德國刑法學說向來佔有重要的支配地位，因而在介紹到犯罪論（犯罪成立要件）的發展演變時，不得不對德國刑法犯罪論的發展，作初步的介紹。應先說明者，關於犯罪的成立要件，國內學者也有稱之為「犯罪結構」、「犯罪階層體系」、「犯罪階層理論」、「刑法體系要件」、「犯罪判斷要件」、「犯罪成立判斷」、「犯罪構成原理」、「刑法行為評價架構」等，用語雖然不一，但內涵所指應係相同。國內有些刑法學的教科書將目的犯罪論與新古典目的犯罪論混為一談，並認為現今的通說是目的犯罪論，實則其意應指新古典目的犯罪論而言。所謂的目的犯罪論是受到目的行為理論所啟發的犯罪理論，嚴格來講應該是「目的主義的犯罪論」，所以「目的行為論不等於目的犯罪論」，而「目的犯罪論也不等於是新古典目的犯罪論」。教科書當中認為是通說的目的犯罪論是指「新古典目的犯罪論」，而非「目的主義的犯罪論」（呂秉翰）。

第一節　犯罪論提出之背景

　　關於犯罪是否成立之判斷，往往必須藉由一定的評價系統（犯罪論）作為標準。為免基於個別犯罪類型所演繹出的刑法概念作為判斷犯罪是否成立的模式過於不經濟，理論上不免出現以刑法體系演繹的方法判斷犯罪是否成立的需求，因此在刑法發展上，乃出現將個別零星的刑法概念組織成為一個體系，以作為行為是否成立犯罪的判斷標準的基礎理論，這就是犯罪論提出的背景。在犯罪理論演變為三階論前，關於如何設定犯罪的一般性理論，早在十七世紀即有主張所謂的「歸責說」，認為犯罪的成立即是歸責，而歸責又可區分為「客觀的歸責（又稱之為事實的歸責）」與「主觀的歸責（又稱之為法律的歸責）」，此說將犯罪之成立與歸責的概念劃上等號，且關於違法與罪責之概念也未予區分。然而此處所謂的客觀歸責，迥異於今日刑法學說上的「客觀歸責理論」，應予注意。

第二節　古典犯罪理論（法實證主義）

　　在十九世紀「經驗主義」席捲歐洲的浪潮下，受到「法實證主義」的影響，李士特與貝林認為只有依據經驗，遵循實證法，法官才能受法律的拘束，做出的判決才會客觀可信；並由於強調「法安定性」的重要，因而肇生了嚴格意義的「罪刑法定主義」。李士特（Franz von Liszt, 1851-1919）首先自實定法探討犯罪行為的刑罰要件，提出「犯罪乃是違法且具罪責而應科處刑罰的行為」之看法，隨後貝林（Ernst Beling, 1866-1932）更主張行為是否構成犯罪，尚有待實定法明文，基於無法律無犯罪無刑罰之原則，只有符合刑法構成要件規定之行為才可算是犯罪，從而犯罪之成立應以構成要件該當之行為為前提，所以犯罪之要素應補上構成要件該當性，故犯罪是指「合致於構成要件之違法且有責的行為」，此為「李士特－貝林體系」（Das Liszt-Belingsche System）。因而在古典

犯罪理論架構下，犯罪包含行為、構成要件該當性、違法性與罪責等四項要素。不過受限於「法實證主義」，古典犯罪理論並不承認超法規阻卻違法事由之存在。

　　古典犯罪理論對於罪責之本質採取「心理罪責論」，主張罪責是行為人與行為結果間之心理關係，所以行為人內心上之故意或過失，顯現於外者，即為罪責。因此，故意或過失本身即等同於罪責。除了故意、過失是二種不同的罪責型態之外，罪責的內容還包括了罪責能力（或稱罪責條件，判斷的基準有：年齡、精神狀態與生理狀態）。基本上，此說在二十世紀初提出構成要件、違法性及罪責的概念，作為犯罪是否成立之判斷標準，奠定了三階層犯罪結構之基礎，是刑法史上第一個成形的犯罪理論體系。而以實證主義為基礎的古典犯罪理論，在刑法界支配了約二十年始衰退。

第三節　新古典犯罪理論（實質違法性理論）

　　到了1920年左右，以新康德學派為基礎的新古典犯罪理論興起，其目的在於「扭轉先前流行的實證主義風潮」。在方法論上，新古典犯罪理論主要自存在論的觀察出發，認為實存的現象本身都有其相關的價值系統，得以評價客觀事實的規範體系（法律規定）是一種與客觀現實（現實上不可忍受之法益侵害）無關而得先驗存在的評價體系，透過這個評價體系的轉換，客觀現實才能成為能被理解的對象，不過規範體系只能從另一個評價體系引申出來。

　　在承認「規範性構成要件要素」與「主觀不法要素」（意圖）的基礎上，構成要件並非全然客觀中立，而必須做價值上的補充，因此，構成要件在滲入評價色彩後應為「不法的構成要件」。至於不法的意圖，應歸屬於主觀的構成要件（但此時主觀的構成要件尚未納入故意與過失，故意、過失還停留在罪責的階層）。在新古典犯罪理論的體系中，最重要的特色即是承認了超法規的阻卻違法事由，而這個變化主要是受到了「實質違法

性理論」的影響。由於違法性階層的判斷是以負面表列的方式加以判斷，而且是否定不法的判斷，因此並無違背「罪刑法定原則」之虞。依實質違法性理論所發展出來的超法規阻卻違法事由有：社會相當性、容許的風險、義務衝突、法益衡量、得被害者之承諾……等等；從而不法是指行為在實質上經利益衡量具有「社會損害性」或「不可忍受性」內涵之概念。

罪責之本質在此時期係採「規範罪責論」，認為故意、過失並非即是罪責，只是罪責的構成要素而已，故意與過失仍然僅為二種並列的罪責型態，並沒有提升到構成要件的層次裡。不過由於「期待可能性」概念的提出，使得罪責的內涵轉變成行為人的「可非難性（期待可能性）」。新古典犯罪理論跟古典犯罪理論的最大差別在於，新古典犯罪理論對行為作了價值判斷，並在法益衡量的基礎上承認超法規阻卻違法事由，從而構成要件不再像古典理論僅屬於客觀的、純描述性且中立無色彩的要件。在此說的影響下，究應如何判斷行為人之行為是否符合刑法上所規定之犯罪時，學說上遂開始出現二階說與三階說的爭議。在判斷行為人之行為是否符合刑法上所規定之犯罪時，主張須經過三個階段檢驗（即第一階段為「構成要件該當性」；第二階段為「違法性」；第三階段為「有責性」）者，即為學說上所稱之「三階層理論」，此說為目前通說。另有主張須經過二個階段檢驗者，則稱為「二階層理論」（即第一階段為「不法構成要件該當性」；第二階段為「有責性」），基本上二階層理論乃將「三階層理論」中的構成要件視為「正面構成要件」，違法性視為「負面構成要件」，而將此二者合成「綜合不法構成要件」，放在不法構成要件該當性中判斷，故又稱為「負面構成要件理論」。值得注意的，與大部分主張三階層理論者類似，主張二階層理論的論者並不認為在罪責部分有故意或過失的主觀要素存在，不過部分主張三階層理論者則將故意及過失分別放在構成要件及罪責檢驗（故意的雙重功能）。如採故意雙重功能理論，故意、過失已提升成為構成要件要素，但故意、過失在罪責領域中仍保持原有的重要性，故意與過失在刑法上不僅是兩種不同的行止型態，亦是兩種不同的罪責型態。因此，故意、過失在犯罪判斷體系上，具有「雙重地位」或「雙重功能」。所謂「雙重功能」就是把故意、過失檢驗兩次，一次在構成要

件，一次在罪責，故意就有構成要件故意與罪責故意，過失就有構成要件過失與罪責過失等概念。新古典犯罪理論體系在德日刑法學上影響極大，它從形式上承繼了李士特與貝林格開創的古典體系的犯罪階層架構，然因其奉行新康德主義的哲學基礎，揚棄了古典體系所依附的法實證主義。其後，在目的犯罪理論的撞擊下與之融合，並成為目前通說的基礎。

第四節　目的犯罪理論

以德國波昂大學刑法教授魏采爾（Hans Welzel）為代表的目的犯罪理論，自1930年左右開始，支配了刑法界的發展。目的行為論者在思維基礎上拋棄過去抽象的思維模式和價值相對主義，主張行為本質的要素在於預見結果，因為人的行為是具有目的性的活動，人可以控制其行為有計畫地實現目標的。再者，目的論係著眼於行為社會意涵之實質內容探討，而以超越古典論以來犯罪原理所強調之觀念論的概念範疇為其特色。目的行為論者認為行為人的意向是一種無法忽略的因素，故異於古典犯罪理論與新古典犯罪理論之主張，將本屬於罪責層次的故意，移至構成要件該當性，成為主觀的構成要件要素，自此「故意」本身僅須對事實有所認識即足，不必然包含不法意識在內，而過失也不必等到罪責層次才處理，蓋就過失作為破壞社會共同生活必要注意義務之基礎而言，本質上可歸類於構成要件的層次；至於欠缺故意的個人可責性，則屬罪責要素。在目的犯罪理論下，過失的內涵也被切割為二：「客觀的注意義務」與「缺乏注意義務之個人可責性」，前者屬於構成要件，後者屬於罪責。故意犯的構成要件故意成為構成要件要素後，故意犯與過失犯一開始在構成要件階層即有所區別，並非如古典理論所主張的在罪責階段才區別開來。從而，故意犯與過失犯在構成要件該當的層次中即應予以區分。

不過目的犯罪理論與新古典犯罪理論關於違法性之主張卻相類似，二者均承認超法規阻卻違法事由；雖在罪責層次均採規範責任論，惟因故意已提升至構成要件該當性層次，故目的犯罪理論在罪責層次仍以期待可能

性為基礎，並以「不法意識」為主要內涵。在目的犯罪理論主導刑法學界
之後，新古典犯罪理論幾乎徹底瓦解。

第五節　新古典與目的結合的犯罪理論

關於當代犯罪成立之判斷，並非單獨採取前述三種體系其中一種，
而是結合了新古典犯罪理論與目的犯罪理論，因此可稱為「新古典與目的
結合的犯罪理論」。此說主張客觀現實不是毫無意義、無法被理解的一團
混亂；反之，客觀現實本身即包含規則，客觀事實本身不是價值中立而是
內含價值，評價客觀現實的體系（法律規定）可以從客觀現實（現實上不
可忍受之法益侵害）當中引申出來，不同評價體系的差異不在於體系本身
的不同，而在於被評價對象本身的差異（亦即現實上是否為社會不可忍受
之法益侵害），至於法秩序本身即等於生活秩序，也就是說，在生活秩序
當中存在著規則與規範。這樣的看法其實主要還是沿續著新康德價值哲學
的思考模式。在判斷行為人之行為是否符合刑法上所規定之犯罪時，此說
延續著新古典犯罪理論的區分，亦存在二階層理論與三階層理論之不同主
張。

新古典與目的結合的犯罪理論雖然是受目的行為理論影響後所確立
之體系，但多數的新古典目的論學者採的都是「社會行為理論」（主張刑
法上的行為乃行為人意志所可支配之具有社會重要性的人類行止），雖然
所謂的目的行為並無法說明過失行為與不作為（蓋過失行為與不作為無法
對於因果歷程作有目的的操控），但保留構成要件故意卻可以掌握構成要
件行為的社會意義。如採故意雙重功能理論，由於罪責之本質仍和新古典
時期一樣採規範罪責論，但不法意識因已改採「罪責理論」而成為罪責的
核心，把不法意識從故意裡獨立出來後，不法意識已不再是故意的要素之
一，從而不法意識與故意各自並列成為罪責的要素之一，故欠缺不法意識
並不會影響故意的成立，而是阻卻罪責或減輕罪責。

第六節　犯罪論提出之意義

　　就理論沿革的角度來說，大陸法系的犯罪理論並不存在單一的理論基礎，因歷史變遷而衍生不同觀點，不能一概而論。在刑事古典學派的規範學派看來，構成要件該當性的判斷，只接受經驗上可以掌握、可以描述的事實，罪責並不是構成要件應判斷的內容，其因果關係的判斷也只接受條件說（即純粹的因果律或者說經驗上可以捕捉的相繼條件）；而構成要件該當的行為是否違法，只能在規範內進行判斷，是形式的違法性而非實質的違法性，只需檢驗有無法定的阻卻違法事由而不能進行價值上的思考；所謂罪責，是與客觀行為對應的一切心理事實，包括故意、過失和罪責能力即精神狀態與年齡。這些心理事實，在相當的程度內容易被檢驗。1920年後，以新康得主義為方法論的新古典學派興起，因特別重視文化價值對刑法概念的詮釋，因此認為構成要件不完全是客觀的，不法意圖屬於構成要件的組成部分，對構成要件的解釋必須作價值上的補充。雖在新古典學派看來，違法性是與實證法衝突的狀態，不過在違法性的判斷上，承新古典學派認超法規的阻卻違法事由之存在與價值，其以社會損害性對行為是否違法進行價值思考。構成要件該當的行為若無社會損害或者損害輕微，則不屬違法，這是實質的違法說。在罪責判斷上，該學派創造了可非難性的價值標準，採取規範的罪責論。與古典學派相比較，新古典學派在因果關係判斷以及罪過判斷上具有共性，即都把罪過當作罪責形態，都不對因果關係作價值判斷。區別之處在於，新古典學派主張超法規的違法阻卻事由，主張期待可能性學說，在構成要件各階層引入了價值判斷。此外，古典學派采形式的違法說，新古典學派采實質的違法說。魏采爾（Welzel）於1930年創立目的犯罪論，從目的犯罪論出發，構成要件該當性的判斷，不能忽略行為意向，因此，故意屬於構成要件範疇，並且是主觀構成要件的核心。而故意即目的，目的即故意。故意的判斷，必須考慮行為人能否對經驗上的因果關係作出有目的的操控。而對違法性的判斷，該學說繼承

了新古典學派利益衡量的價值判斷方法，同樣主張實質的違法性說和超法規的阻卻違法事由。在罪責範疇，目的犯罪論仍然主張以可非難性或者期待可能性的價值判斷，不法認識（違法性認識）成為罪責核心，但不法認識並非故意內涵。故意不再是罪責要素，而是構成要件要素。過失則被一分為二：客觀的注意義務（即生活經驗上必須有的注意義務）屬於構成要件（事實判斷），主觀的注意能力屬於罪責（價值判斷）。目前德國刑法理論中的通說，是新古典學說與目的論的結合。該說堅持了新古典學說在構成要件該當性、違法性、因果關係和罪責評價上的基本立場，又在罪責評價中考慮了故意的因素。其特點是：故意既在構成要件中評價，也在罪責中評價；在違法性範疇中，以社會損害性作為評價行為的價值標準，在罪責範疇中，以可非難性作為評價行為人的價值標準。以駱克遜（Roxin）為代表的目的理性學說於1970年創立，該學說主張客觀的歸責理論，強調構成要件的結果歸責，但對構成要件的實現進行了價值思考，在構成要件該當性的判斷上，被害人同意或者承諾的行為排除構成要件的該當性，並主張考慮「行為是否在規範保護目的內製造了不被容許的危險」。而判斷一個行為是否製造了不被容許的危險，固然有比較具體的判斷標準，但更重要的是抽象的價值思考，特別是利益衡量。社會利益較大的行為，容許較大的危險程度存在，反之亦然。對於罪責的判斷，此說之價值標準包含了可非難性與預防的必要性。因此，罪責已經演變為「負責性」，需要行為人負責的原因，是有一般預防與特殊預防的必要，否則就可能沒有罪責。新古典學說並未壽終正寢，至少在德國還有市場。目的理性學說在德國已經產生了廣泛影響，新古典學說與目的論結合說是德國對外輸出的主流科學產品，我國犯罪構成理論明顯受到該學說的感染。以上述不同學說而言，在大陸法系犯罪構成理論中，只有目的理性說主張構成要件該當性的判斷屬於價值判斷，其他學說主張事實判斷。而在違法以及罪責問題上，這些學說都主張價值判斷。大體上可以說，除了目的理性說之外，大陸法系犯罪成立要件的認識過程，就是遵循事實判斷到價值判斷這一進路的認識過程（曾粵興）。

關於如何判斷行為人之行為是否符合刑法上所規定之犯罪，若能透過

對於犯罪構成要素的分析、定位，不但可以促進學習的便利，利於教育和傳承，最具體的效果便是透過對犯罪構成要素的定性與定位，促進刑法學的教學。此外在實務上，犯罪論體系也是一項便利的判斷工具，因如將所有的案例放入犯罪論體系中檢驗，較能保證相同的案例可以得到相同的判決，不同的案例得到不同的判決，而這「等則等之」之現象正是「公平」的內涵（許玉秀I，15）。換言之，體系性的犯罪判斷有助於思考經濟，也使得法院的判決具有可預測性。犯罪理論演變至今，整體的架構已經定型，一般咸認，所謂的犯罪乃是構成要件該當的、違法的、並且有責的行為。也就是說，審查一個（具有刑法上意義的）行為究竟能否構成犯罪，至少要經過構成要件合致性（該當性）、違法性以及有責性（又稱之為罪責）的檢視，這三個階層是犯罪論的核心概念。在這三個大的框架之下，構成要件在客觀構成要件與主觀構成要件之中又包含著許多的構成要件要素（含各種規範性的、描述性的、成文的與不成文的要素），違法性階層的任務則在於審視有無各類的阻卻違法事由（包括法定的與超法規的事由）足以排除行為的違法性，最後在有責性的階段則要檢驗有無阻卻或減免罪責的狀況（這些狀況包括了責任能力、責任型態、不法意識以及期待可能性的判斷）。至於在構成要件之前的前審查階層——刑法上行為概念的篩檢以及不法與罪責之外的其他可罰性要件，只不過是環繞在犯罪論核心周圍的機制而已。

第八章
犯罪構成要件

第一節　構成要件該當性之意義

　　構成要件為德國學者貝林首先提出，主要作為不同犯罪類型之區分基礎，現今構成要件則為適用刑罰效果之前提要件。最早之犯罪概念，除以「行為」為中心外，另以違法性（行為外部之客觀要素）及有責性（行為內部之主觀要素）共同構成犯罪要件。惟今日之通說，犯罪概念乃以「構成要件該當性」為中心，輔以違法性與有責性（罪責），雖仍維持三元之構造，惟其內容已與昔日不同。

　　所謂構成要件該當性，乃指某一行為該當於構成要件之性質，亦即具體事實該當法律上構成要件之性質，為犯罪成立要件之一種。構成要件該當性概念之提出使刑法總則與刑法分則產生有機的結合，乃係將抽象的構成要件與具體事實結為一體的媒介。例如行為人隨意丟擲煙蒂於紙堆，有起火之虞，如行為人利用已生之危險，任其發生火災，此一事實是否與放火罪之構成要件該當，須判斷行為人是否有防止結果發生之義務及防止之可能，如有可能防止而竟不防止，則其行為與積極行為同，應負放火罪責。此即對日常生活之事實，判斷其是否符合構成要件所預定之行為類型，即所謂構成要件該當性，亦稱構成要件該當判斷。

　　進一步而言，「構成要件該當性」與「構成要件」本身，以及「犯罪構成事實」有所不同。構成要件為判斷構成要件該當性之基本要件，為法律所規定之抽象條件，明定於刑法分則或特別刑法各本條之犯罪類型，屬於評價之基準。至於犯罪構成事實，係符合構成要件之現實事實，為依構成要件評價之對象。刑法第320條第1項規定之「意圖為自己或第三人

不法之所有，而竊取他人動產者」為竊盜罪，此即法律上之構成要件。如某甲於某日在某地意圖為自己不法之所有，而竊取某乙手錶一只，是為犯罪構成事實，依刑法第320條第1項為基準，藉以判斷某甲竊取某乙手錶之情事，自客觀衡量其間具有一致性，則判斷之結果，即為構成要件之該當性。故「構成要件該當性」、「構成要件」以及「犯罪構成事實」三者之概念各殊，未可混同。

具體事實與法律上犯罪構成要件完全符合時，即為「構成要件之實現」。如一行為實現構成要件，即成為犯罪構成事實，因而其行為則為「構成要件該當行為」。關於行為之態樣，作為方式或不作為方式，均無不可，故意或過失，亦非所問。至於「構成要件不該當」之行為，因欠缺犯罪構成所必備之條件，自始即不成立犯罪，此即所謂構成要件要素之欠缺，例如：欠缺行為要素、結果犯之欠缺結果要素，欠缺主體、手段、時地與情況等要素是。此外，又有「阻卻構成要件事由之存在」，則使「構成要件該當性」難以成立，例如：犯誹謗罪，對於所誹謗之事能證明其為真實者不罰（刑法第310條第3項參照），又如以供人暫時娛樂之物為賭者，不在賭博罪之列（刑法第266條第1項但書參照），均其適例，惟刑法上此種規定不多。

第二節　犯罪之主體

犯罪之主體，乃在刑法上具有犯罪之資格。按犯罪乃人之行為，故犯罪之主體應為自然人，亦即行為之主體，此觀諸刑法第2條第1項、第14條、第17條等規定之行為人，第28條規定人之行為，即甚明白。惟一般而言，犯罪主體並未見於構成要件規定內，如構成要件對犯罪主體有所規定時，其規定必係對犯罪主體予以一定之限制，如身分犯是。又構成要件雖不規定犯罪主體，然對犯罪客體之被害人則類多規定，而一人不可能同時為犯罪之主體及其犯罪之客體，因此犯罪之主體，必為犯罪被害人以外之人。

　　法律上所謂人，有自然人與法人之別，自然人可為犯罪主體，固無疑義，法人是否可為犯罪主體，學者頗多爭議，以下分別述之：

一、自然人

　　自然人者，具有五官四肢之人類也。自然人之人格，始於出生，終於死亡（民法第6條參照）。自然人自出生後，雖不能立即可為犯罪主體，但可即為被告之主體也。自然人死亡後，雖無犯罪之能力，但仍有被害之資格。惟應注意者，民法上之擬制出生（民法第7條參照）或擬制死亡（民法第8條參照），在刑法上並不適用。

二、法人

　　法人者，非自然人而依法律之規定，得為權利義務之主體也。大陸法系國家。原為「法人無犯罪能力」原則所支配，但自十九世紀以後，法人日益增多，因此對法人之處罰，亦感必要，但固有刑法，仍認法人並無犯罪能力，亦不得為刑罰之對象，惟行政刑法已採肯定說。

第三節　犯罪之客體

　　犯罪之客體有二種意義，即被害法益與被害人是也，茲分述於後：

一、被害法益

　　法益，即法律所保護之利益或價值，亦稱保護之客體。刑法之所以明定一定之行為為犯罪者，莫不為保護因其行為而被侵害之利益與價值。近代各國刑法所保護者，如生命、身體、自由、名譽、貞操、財產、信用等，為個人之法益。公共安寧、風俗秩序、倫理道德、宗教信仰等，為社會之法益。國家存在、政府組織、政體維護等，為國家之法益。刑法所保護者，大體上不外此三方面之法益而已。

二、被害人

犯罪之客體，固以被害之法益為中心，惟同時亦為享有法益之人，即被害法益所屬之人，或稱法益之本體。蓋法益必有附屬之主體，即為法益之保有人，法律保護之各種法益，實係保護各該法益之享有人，當法益被侵害時，其享有人即為被害人也，惟依實務所見，刑法上通常所稱之犯罪被害人，係指直接被害人而言，不及於間接被害人。

三、犯罪客體與行為客體

犯罪客體與行為客體有其區別。犯罪客體係指被害法益及被害人而言，已如前述。行為客體則指犯罪行為直接攻擊之物體而言，亦即行為之對象，又稱攻擊客體或被害物體，例如竊盜罪之犯罪客體（被害法益）為他人動產所有權之安全性與物之所有人或持有人；而行為客體為所竊之物。

第四節　犯罪行為與因果關係

一、因果關係之概念

因果關係是否存在本質上屬於客觀構成要件之內涵，乃建構刑事責任之前提，亦即指特定原因與結果間的關連性，因此所謂犯罪行為與結果間之因果關係，係指在某行為發生某結果時，其行為與結果間存在必要之關係。行為與結果間必須具備之關係，乃為行為人對結果擔負刑事責任之歸責基礎，此歸責基礎即為刑法上之因果關係，其存在之作用乃在合理地分配刑事責任，並使國家刑罰權合理地實現。前事實與後事實間，互有關聯，後事實係由於前事實連鎖而生，苟無前事實，則後事實無由生，此時前後兩事實間即有其因果關係之存在。簡而言之，依照社會通念，後事實可（刑事）歸責於前事實之基礎關係，即存在（犯罪）因果關係。然而刑法上之因果關係畢竟是人為創造的法律概念，在規範目的之影響下，其

與自然界之因果關係有所不同。縱使具有自然界的因果關係，倘依社會通念，後事實不應歸責於前事實，法律上的因果關係即不成立，前事實之行為人即不須為後事實之發生負任何刑事責任。因果關係本質上應自客觀存在的事實加以判斷，而與行為人主觀上的認識無關，亦與行為人的故意或過失無關。若客觀上行為與結果間存在著必要的關聯，縱令行為人對原因欠缺認識，亦不影響因果關係的成立。

二、因果關係之學說

　　關於因果關係存否之判斷標準為何，學說不一，按多數學者之見解，可分三說，茲分述於次：

（一）條件說

　　此說純以論理學之觀點為其基礎，認為結果之發生，如有多數條件（因素）時，其中有邏輯上意義之任何條件，不問其為直接條件或間接條件，均為結果發生之原因，因認一切條件具有同等價值，一切條件均為刑法上之原因，故又稱等價理論。例如甲欲殺乙，置毒於餅內，因分量不足，食之未死，適有某丙亦於食物內置分量不足之毒，乙食後兩毒俱發，卒致傷命，甲丙之行為，單獨言之，雖均無原因力，但在效力發生上，則互為條件，故甲丙之行為對於結果之發生，均有因果關係。惟依此說有時不免過度擴張因果關係之範圍，遂有「因果關係中斷理論」以限制因果關係過度擴張。因此，若在自然連鎖的因果關係進行中，介入其他足以單獨引起結果的另一原因時，則前事實與後事實間之因果關係，即為之中斷。我國實務於早年大理院時期所作之裁判，例如：大理院4年上字第518號：「被害人因傷身死，無論由於拳傷，或由於磕傷，被害人皆應同負罪責，蓋被害人於負傷倒地後，致被磕傷，乃由於一種自然力之關係，決非傷害人故意自傷，可知係因磕傷所生之結果，對於以前之傷害原因，在法律上仍有相當之因果關係，以自然力之介入不得為因中斷之原因。」、大理院7年上字第937號：「以傷害的意思而生致死之結果者，即應就其結果擔負責任，所謂結果犯是也，故縱令傷害以後因自然力之參入，以助其傷害

所應生之結果者，其因果關係並非中斷。申言之，即仍不能解除傷害致死之責任。此案被告人用鐵瓢毆傷被害人頭顱，業經供認不諱，被害人殞命以後，復經驗明致死原因確係由傷口進風，是被告人傷害的動作與被害人之死亡結果，仍不能謂無相當的因果關係，蓋傷口進風雖為自然力之參入，然並不能中斷因果之聯絡，其應負傷害致死之責，實無可疑。」與大理院9年上字第91號：「查本案被害人屍傷，既經第一審驗明，委係生前被毆後，因體質結氣，以致氣絕身死，而上告人加害之情形，復據其在第一審供稱，我就用手打他幾下，經人拉散，沒想他到家就死了等語，則被害人之死，既與被毆相距僅止片時，又死於被毆結氣，因不能謂上告人加害行為與之無相當因果關係，及不能解除罪責。」等判決，皆以此說為本。

（二）原因說

此說以認定多數條件（因素）中之一條件，乃為發生結果之原因，而其他條件則為單純條件，不認為發生結果之原因。關於決定原因之標準如何，同持原因說者，主張亦不一致，約可分為五派：

1. 必要原因說

又稱直接原因說，以多數條件中，必然引起結果之發生者，或對結果之發生有直接關係者，為結果之重要原因，其他非必要或間接關係者，則為條件。

2. 優勢原因說

又稱決定原因說，以多數條件中，對於結果之發生具有優勢力量或有決定性之力量者，為結果之原因，其餘則為條件。

3. 有力原因說

以多數條件中，選出惹起結果最有力之條件，即為原因。

4. 最終原因說

以多數條件中，最後之條件為結果之原因，其以前之條件（前因行為）僅為單純之條件而非原因。

5. 異常原因說

以多數條件中，足以改變事物正常進展順序，使其為異常之進行，而違反常規之條件，為結果之原因。

（三）相當因果關係說

此說本為原因說中之一派，經學者補充修正之後，從原因說中脫穎而出，自成獨立一說，且為今日之多數說。此說認為在通常之情形下，有同一之條件，均可發生同一之結果者，則該條件乃為發生結果之相當條件，亦即結果之原因。惟關於相當性之判斷，其標準與範圍如何，學者所見並不相同，區別之，約有下列三種主張：

1. 主觀的相當因果關係說

此說認為應以行為人於行為當時所認識或可能認識之情況，為決定因果關係之基礎。亦即注意行為人主觀的認識，如就其認識或可能認識之事實，隨時隨地均能發生相同之結果者，其行為與結果間始有因果關係之存在。

2. 客觀的相當因果關係說

此說認為因果關係，應以事後之客觀審查，綜合行為當時之一切情況為基礎，依一般人之經驗而為判斷。易言之，依客觀之觀察，認為有此環境，有此行為，均能發生相同之結果者，其行為與結果間乃有因果關係之存在。亦即依客觀的一般常識為標準，而定其因果關係也。

3. 折衷的相當因果關係說

此說以客觀說為基礎，加入主觀說之精神，以行為當時一般人可能認識之情況，以及特別由行為人所認識之情況為決定因果關係之標準，亦即原則上以客觀的觀察，採一般常識的見解，若因偶然條件之湊合，而行為人所認識者，仍可認為有因果關係之存在。倘因異常的條件之湊合，非行為人所能預見者，則足以阻斷其因果關係。

（四）小結

比較言之，各種有關因果關係之學說理論，其目的皆在透過防止因果關係過度擴張，以避免刑罰權過度擴張。三說中以客觀的相當因果關係

說，最為妥適。依客觀的相當因果關係說，認為多數條件中，有為惹起結果之原因者（起果條件），有僅係單純條件者。行為人之行為如僅為單純條件，則與結果無因果關係。反之，若為引起結果之原因者，即與結果有因果關係。至於相當性之判斷，如就結果觀察，認為確因某項條件（起果條件）所引起，而就該項條件觀察，依通常人之經驗，事實評價上皆認為可以發生此種結果，則該項條件即具有相當性，而為結果之原因。因此近今理論，多主張相當因果關係說，我國實例亦本此趨向（參照最高法院76年台上字第192號判例：「刑法上之過失，其過失行為與結果間，在客觀上有相當因果關係始得成立。所謂相當因果關係，係指依經驗法則，綜合行為當時所存在之一切事實，為客觀之事後審查，認為在一般情形之下，有此環境、有此行為之同一條件，均可發生同一之結果者，則該條件即為發生結果之相當條件，行為與結果即有相當之因果關係。反之，若在一般情形之下，有此同一條件存在，而依客觀之審查，認為不必皆發生此結果者，則該條件與結果並不相當，不過為偶然之事實而已，其行為與結果間即無相當因果關係。」）。

值得注意的是，雖然我國實務是以相當因果關係作為判斷因果關係是否存在的基礎，不過德國刑法一向係以條件說作為檢驗因果關係是否存在的依據。條件說係以因果關係中斷之事由負面排除因果關係之成立，而原因說係以各該強調之原因正面承認因果關係之成立。惟徵諸實際，不論係採負面排除之途徑或是採正面承認的方式，其排除或承認之理由均與相當因果關係之「相當」此一概念相符，蓋是否「相當」原係依社會生活經驗判斷所得，其判斷過程與條件說之「因果關係中斷」判斷類似，依此不難理解何以相當因果關係之論者咸認無另討論因果關係中斷理論之必要。

又因民刑事責任之本質各異，因此存在民事上之因果關係，並不當然存在刑事上之因果關係，例如依民法第187條第1項：「無行為能力人或限制行為能力人，不法侵害他人之權利者，以行為時有識別能力為限，與其法定代理人連帶負損害賠償責任。行為時無識別能力者，由其法定代理人負損害賠償責任。」及第188條第1項：「受僱人因執行職務，不法侵害他人之權利者，由僱用人與行為人連帶負損害賠償責任。但選任受僱人及

監督其職務之執行已盡相當之注意或縱加以相當之注意而仍不免發生損害者，僱用人不負賠償責任。」等規定，法定代理人與僱用人與侵權行為造成之損害間，存在民事法上擬制的因果關係，而刑事法上除了下述不作為與法益侵害結果間存在擬制的因果關係外，並不存在類似民事法上之擬制因果關係。

三、消極行為與因果關係

消極的身體靜止與不為刑法第15條所期待之特定行為稱為不作為，然而作為與不作為之區分並非絕對，如就刑法第149條之公然聚眾不解散罪來說，就在場助勢而言，其屬一定之作為，惟自受解散之命令而不解散來說，又可評價為不作為。只不過就特定之（作為或不作為）義務違反而言，不可能同時存在特定之作為與不作為義務。

不作為犯可分純正不作為犯與不純正不作為犯；純正不作為犯，乃以「不作為」本身為犯罪構成要件而成立「不作為」犯，不以結果之發生為必要，故不生因果關係之問題。惟不純正不作為犯，乃以「不作為」實現作為犯之犯罪構成要件。惟關於「不作為」與「結果」間是否存在原因與結果之連鎖關係，學說尚有不同見解；持「否定說」者不承認不作為與結果間有因果關係之存在；但持「肯定說」者認為應於不作為之外，另探求其他原因，其中「他行為說」認應視與不作為相對之作為為該結果之原因；「先行為說」認應視不作為前之積極作為為結果之原因。然因刑法上因果關係概念本身為一法律問題而非邏輯，若可認社會已期待行為人為特定行為以防止結果發生，法律即擬制不作為與結果間之因果關係，使有違特定行為義務者就結果之發生負刑事責任，此為「準（假設）因果關係說」。易言之，準因果關係說認為「不作為」乃不為其期待之「作為」，故應與作為同其價值。若積極行為可防止結果發生，法律將結果發生歸責於未為積極行為者，即可認不作為與結果間存在「準因果關係」。基本上，準因果關係乃人為擬制之概念，該概念本身乃為達特定刑法規範目的所提出，本質上未必等同於自然界之因果關係。從創造準因果關係概念亦

不難發現：刑法受其規範目的影響之層面有多麼廣泛。

消極行為與結果間之因果關係，其範圍不能漫無限制。其一，不作為與結果之發生，必須為直接的相當關係，此與積極行為相同，毋待深述。其二，不作為之成立犯罪，以具有防止結果發生之義務（保證人地位）為前提，必須違反一定之社會義務，始負法律上之責任，蓋義務之違反通常均足致破壞某種社會生活的信賴關係（即破壞人民對其防止犯罪結果發生之信賴），而該種信賴關係之破壞將導致社會共同生活之重大危害。依我國刑法第15條第1項：「對於犯罪結果之發生，法律上有防止之義務，能防止而不防止者，與積極行為發生結果者同」與第2項：「因自己行為致有發生犯罪結果之危險者，負防止其發生之義務」等規定（此處防止犯罪結果發生之義務，僅指保證結果不發生而居於「保證人地位」的人），可將防止義務發生（構成保證人地位）之原因，申述如次：

（一）依法令之規定者

如民法第1084條父母對於未成年子女，有保護及教養之義務以及同法第1114條所規定親屬間互負扶養之義務等是。

（二）基於契約或其他法律行為而自願負擔義務者

如醫生、護士之於病人，受寄人之於寄託人，乳母之於嬰兒以及救生員之於泳客等是。

（三）基於法律之精神者

本於公共秩序或善良風俗之原則而有作為義務者，均包括於法律精神之中。此項作為義務，係法的義務，並非單純道德上之義務。如房屋所有人或占有人係居於管理人地位，對於該房屋足以發生侵害他人法益之危險，負有防止之義務。

（四）危險共同體

例如登山探險隊之隊員相互間，對於隊員於登山期間所遭受的危難，負有防止危險發生之義務。

四、加重結果犯之因果關係

　　加重結果犯係指行為人雖僅出於基本構成要件故意，並實施基本構成要件該當行為，卻出現該當加重構成要件之結果所成立之犯罪，因較重之刑罰係以加重結果之發生為基礎，此種規定應為原始應報刑法之遺留，其加重責任僅以行為人有預見可能為基礎之本質，綜合了故意與過失之特徵。加重結果犯雖以行為人能預見為要件，然於能否預見，應依客觀事實定之，即對預見之可能性，應以行為當時客觀存在之一般情形，以及行為後可能預見其結果發生之情形斷定，不以行為人個人能力能否預見為斷。依刑法第17條：「因犯罪致發生一定之結果，而有加重其刑之規定者，如行為人不能預見其發生時，不適用之。」之規定，須加重結果與基本行為間存在因果關係，且法律有加重其刑之規定始有適用。由於加重結果犯綜合了故意與過失之特徵，其因果關係亦與一般犯罪不同，除基本犯罪型態所需具備的因果關係外，基本犯罪與加重結果間亦須有因果關係存在，亦即加重結果犯之成立須具備雙重的因果關係。雖然我國刑法僅就故意犯設有加重結果犯之規定，惟於理論上，加重結果犯尚包含綜合過失與過失本質之加重結果類型，如失火致死之加重結果犯即屬之。

五、客觀歸責理論

　　客觀歸責的概念最早可以追溯自黑格爾時期，其早期曾是民事法上債務不履行可否歸責於債務人之判斷標準，雖於十九世紀末期即開始被運用於刑法領域中，不過在戰後刑法發展的歷程中，客觀歸責概念卻是在1970年代才開始在德國學者駱克遜（Roxin）的倡導下，真正發揮阻卻構成要件該當之功能。由於新古典犯罪理論開始反省法實證主義下的形式違法說所造成的過度處罰現象，以實質違法理論為核心的刑法思考，亦開始出現對古典犯罪理論中所謂構成要件是客觀、中性與不具價值判斷內涵的概念予以檢討的實質刑法發展趨勢，雖然新古典犯罪理論已承認超法規阻卻違法事由以排除侵害行為之違法性，惟因實務態度存在對超法規阻卻違法事由之肯認過於保守之現象，因此在前述對古典犯罪理論中所謂構成要件是

客觀、中性與不具價值判斷內涵的概念予以檢討之趨勢下，對於構成要件進行價值判斷以排除不具實質法益侵害內涵行為成立犯罪之方法，遂成為避免過度處罰以維刑法最後手段性之有效手段。鑒於古典犯罪理論僅於違法性層次始對法益侵害行為進行價值判斷，因此於構成要件層次即進行價值判斷之作法，本質上對法益侵害行為提前進行實質判斷。在肯認構成要件判斷亦應具有價值判斷色彩之基礎上，學說上也出現有別於傳統「構成要件、違法、罪責」三階論而以「不法構成要件、罪責」為主要內涵之二階段犯罪成立判斷理論。

　　由於條件說在因果關係之判斷上過度重視原因行為與法益侵害結果間之自然影響或實際作用，因此學說上除出現因果關係中斷理論，以阻斷原因行為與結果之間的關聯並排除犯罪之成立外，亦有主張相當因果關係說，試圖以原因行為與法益侵害結果間之相當性，限縮構成要件該當之範圍；然不論何者，均係在避免犯罪成立範圍不當擴大之基礎上，否認將自然界之因果關係直接視為刑法上之因果關係，而屬於刑法對因果關係之修正。然而，如肯認刑法之規範目的並非在處罰所有造成法益侵害之行為、而僅在處罰社會所不能忍受之法益侵害行為，則於民事法上具因果關係而須負賠償責任者，亦未必即具有刑法上之因果關係而應負刑事責任。因此，社會能忍受之法益侵害行為縱可能須負民事賠償責任，卻因該原因結果間之因果歷程不具刑法上的重要性而不必負擔刑事責任（即以重要性理論排除結果原因）；此外，如於概念上不嚴格區分單純以經驗或機率為基礎之民事因果關係與以支配可能性或處罰必要性或實質侵害性為基礎之刑事因果關係，甚至同樣使用因果關係之字眼，沿革上亦有主張其於因果關係之外，勢必存在另外一個刑法上的價值判斷基礎，使得行為人此時不須負擔刑事責任（即以規範價值判斷進行結果歸責）；而在社會價值判斷之影響下，法益侵害結果「客觀不可歸責於行為人」之觀點，正是行為人此時不須為法益侵害結果負責的「正當化」理由（至於該當未遂與否則係另外一個問題）。反之，如法益侵害結果「客觀可歸責於行為人」，行為人對該結果即須負擔刑事責任。某種程度來說，這種以社會價值判斷作為正當化基礎之阻卻構成要件事由，與以不具實質違法性為基礎之超法規阻卻

違法事由，在阻卻成立犯罪既遂評價之功能上，具有類似的效用。而於因果關係之外，主張仍須自社會規範價值角度進一步探討法益侵害結果可否刑事歸責於行為人，以決定構成要件是否該當之理論，一般乃稱為客觀歸責理論。

　　當代客觀歸責理論的代表人物駱克遜教授認為，由於客觀歸責理論不是從單純犯罪事實出發，而是著眼於法規範之刑事政策目的，因此在保護法益與預防犯罪之基礎上，客觀歸責的根本歸責要素是刑法與刑事政策的客觀目的性，如果引起法益侵害結果的原因行為已非法律規範射程所得涵蓋，則其法益侵害結果即不能刑事歸責於行為人。一般而言，刑法與刑事政策的客觀目的性係以規範保護目的與行為的風險製造能力為前提要件，如果該行為在規範保護目的的範圍內製造了社會不能忍受之風險，則該行為即具有客觀目的性，該當客觀構成要件所要規範的行為。因此，客觀歸責概念即包含創造社會不能忍受的風險、實現不被允許的風險與為構成要件規範效力所及等三大內涵。由於刑法在保護法益之目的上禁止人們創造社會不能忍受之風險，因此當行為人對法益創造了一個社會不可忍受的風險，並且實現了這個原則上被刑法禁止的風險，只要不具刑法上的正當化事由，其所為之法益侵害行為即該當不法行為。又由於刑罰僅具有（一般及特別）預防性功能，故作為一種社會控制工具而言，科予刑罰應具有社會合理性基礎。由於罪責原則禁止處罰無罪責的行為人與禁止超越罪責程度處罰行為人之主張欠缺刑罰目的與刑事政策的思考，因此如於具體個案中予以刑事處罰不能發揮刑法之預防功能，即欠缺預防之必要性，縱有不法與罪責，亦不應負擔刑事責任並接受處罰。換言之，駱克遜教授的客觀歸責理論包含不法與刑事責任二大部分，前者包含創設法律與社會不容許的風險以及在欠缺正當事由的前提下實現了該風險，後者包含以行為能力為前提之罪責與預防性必要性。因此，其他相關的主觀要件與客觀行為，均屬構成要件描述之犯罪客觀事實，非但不能反映價值上的不法，亦無法直接決定其刑事責任。某種程度來說，客觀歸責理論之客觀乃指犯罪事實以外的客觀社會需求，是從刑事政策的角度檢討行為人的刑事歸責（夏勇，33）。

　　依照客觀歸責概念之三大內涵（創造社會不能忍受的風險、實現不被允許的風險與為構成要件規範效力所及），通常只要具備（一）行為人之行為僅創造了社會可以忍受之風險（降低風險之行為、未製造法律上具有重要性之風險以及製造容許之風險）、或是（二）行為人之行為未實現該風險（亦即法益侵害結果並非基於所創造風險所致，即不存在風險實現關係，該法益侵害結果無法歸責於行為人，因此若結果與危險行為之關係，只是一種不尋常之結合現象者，則行為人即不必對該結果負責。如以幾近確定之可能性可確認即使行為人合法行事依然會發生法益侵害結果，則行為人所未遵守之法律義務即屬一種無效義務，此時所發生之結果即不可歸責於行為人；但反對者所提出的「風險升高理論」認為，只要行為人之行為提高結果發生之風險，且此一風險已超越社會容許風險之範圍，此時結果之發生對於行為人而言都是可歸責的）、或是（三）其行為非某犯罪構成要件規範射程所及（引起法益侵害結果之行為尚須在刑法規範射程範圍內，或是屬於構成要件保護效力所要規範的對象，該法益侵害結果始可刑事歸責於行為人）等情形，行為人即得主張因客觀不可歸責而不負刑事責任。參照最高法院96年度台上字第5992號刑事判決：「被害人陳○○於民國94年6月7日車禍後送國軍桃園總醫院（下稱桃總）就醫，昏迷指數為E4V2M5，屬輕微昏迷，同年月20日出院時，昏迷指數E4M5V6，為正常全醒狀態，同年月29日，跌倒至桃總急診，生命徵象穩定，昏迷指數E3M5V5，僅為稍差現象，當日即出院，意識清醒，迨其後追蹤電腦斷層，始發現缺血性腦中風及水腦症，而自我照護及行走能力逐漸下降。是此病症是否車禍抑同年月29日跌倒所致，已非無疑，如為後者，即與本件車禍無涉。嗣被害人於94年7月17日、20日因二次發燒到醫院治療，7月22日因肺炎等症第五次至桃總急診住院，接受電腦斷層檢查，仍發現上述水腦症及缺血性腦中風，經手術治療，於同年8月18日出院，同月24日、9月9日因電解質不平衡及發燒又就醫，迨至94年11月29日始因跌倒造成外傷性硬腦膜下腔出血，因中樞神經休克，於同年12月1日死亡。由上以觀，被害人因車禍出院時意識清楚，其後跌倒二次、發燒數次，並非被告製造並實現了危及生命之風險，自非其負責之領域，無客觀歸責可言。經國立

台灣大學醫學院附屬醫院鑑定結果，亦認死亡與車禍應無相關。原審憑此而認定被告僅負業務過失傷害罪刑，不構成業務過失致人於死罪，所為事實之認定及證據之取捨判斷，均無不合。」之說明，我國實務亦已肯認客觀歸責理論。

六、客觀歸責之判斷

　　由於相當因果關係理論旨在限縮行為之結果責任，並不能解決因果歷程的本體問題，因此，行為與結果間之實質因果歷程的關係，仍應以條件說為其理論基礎。惟在條件說之因果關係中，各相關條件之間均具有等價性，當反常之因果歷程發生時（例如因交通事故撞傷人，被害人于送醫途中，又遇下雨雷擊致死之情形）已超乎一般社會生活經驗可得預見之範圍，縱然開車撞人與為雷擊死結果之間，具有條件關係且具相當性，但是受傷人為雷所擊斃，究非肇因於法律所禁止之風險之實現，所以對行為人而言，被害者之死亡結果，屬於不可歸責，不該當於過失致死之構成要件。客觀歸責理論已經確立數項一般共識的基本準則，對於結果責任相當性的個案判斷，提供客觀合理的依據，頗有實踐的價值。蘇俊雄大法官歸納判斷經驗，認為下列八項典型問題，具有排除結果責任之可歸責性判斷的示範作用：

（一）減低風險所採取之行為措施

　　行為人為了減輕被侵害法益之風險，而採取的措施所引起的具體結果，不列入客觀歸責的範圍。例如，當丙向乙攻擊頭部時，甲為降低乙被擊中頭部的風險，乃出手推了乙一把，結果乙之手臂受傷。此時按照客觀歸責理論，乙之手臂受傷，不得怪罪於甲之推撞行為。其間雖有因果條件之關係，亦有相當關係，但因出於為防止乙受到更嚴重之傷害，所以對甲而言，乙之受傷應屬不可歸責，方為合理；從而甲之行為不具備客觀犯罪構成要件，應被認定不構成犯罪。

（二）因果過程欠缺支配性之因素

行為人對於因果之過程，不能支配者，不得責令其負擔法律所預計的危險結果；例如甲在雷電交加的下雨天，意圖乙被雷擊斃而命乙到野外的情形，如乙果被雷擊斃，甲之行為亦不具備客觀犯罪構成要件，應被認定不構成犯罪。

（三）生活經驗以外之因果因素

因果關係的過程，超出一般常態的社會經驗，以致行為人對於偶發性的具體結果，無法預見而做所謂相當性判斷者；例如，甲本欲殺乙，而乙受傷，但因住院養傷時，因醫院火災，乙罹難而死。在此情形，因為不可抗力因素的介入，甲之殺傷行為與乙被火災燒死之結果，應被認為不具備客觀可歸責性。此時如依照條件說理論而言，則為因果關係中斷的問題。

（四）合法的替代行為仍不可避免之結果

具體結果之發生，縱行為人有合法之替代行為，仍無可避免時，則無歸責行為人之意義。例如甲行車時雖然不注意行車速度，而有過失超速之行為，因而剎車不及撞到小孩子乙；但實際上小孩子乙，是突然間從路旁沖出，縱然甲未超速行車，亦無法避免撞到。德國聯邦法院之判決，認此時肇事司機不成立過失致死罪；其理由為「只有在客觀可以確定，遵守交通規則，即可避免事故之發生時，其不遵守交通規則之行為，始可被判斷為事故發生之原因」。因此在個別情形，如果被認為即使遵守交通規則，亦難避免事故之發生時，對於未遵守交通規則之行為，則無客觀歸責性。此種見解，在學界亦有不少之支持者。至於從反面之推論，如果遵守規則在客觀上有可能避免結果之發生時，其未遵守規則之行為，即有升高危險之意義，因而可以歸責，此即駱克遜於1962年發表之「過失犯之義務違反與結果」一文所創之危險升高原則。

（五）不具備規範保護目的關係之結果

所謂規範保護目的關係，是指結果之發生必須是與行為人所製造為法律所不容許之危險的實現相關聯之意；因此，結果之發生，並非肇因於行

為人，而是由單獨的其他危險所致者，則不可歸責於行為人。例如，甲因駕車不慎，傷及行人乙；乙在車禍地點等待救護車時，卻不幸因另架飛機失事墜地，乙無法逃避而亡。甲駕車不慎而傷乙，其行為連接製造乙因飛機失事不及逃避之風險，是一般社會經驗可得理解者，且該風險之事實亦已實現；換言之，其間有因果條件之關係，並有風險之實現，而且依據一般經驗，一個人受傷之後，行動能力可能受損，遇到緊急情況必然會有所不便。惟法律禁止傷害之規範保護目的，並不是在於保全交通事故（飛機失事）時之逃避能力，故乙因不能逃避而亡之結果，應不可歸責於甲；其僅負因駕車不慎之過失傷害之罪責。

（六）參與第三者自負責任之自傷或自我冒險之行為

　　刑法上對於他人故意造成之結果，除非法律上另有防止之義務者（例如刑法第15條之不作為犯）或明文處罰加工自傷者（例如加工自殺、加工自傷）外，基本上是不在負責之範圍。從而，危險結果之發生若系主要出自被害人有意之自我傷害或自我冒險所致者，雖然被害人之損害與第三者參與行為間，具有條件關係，且其因果關聯性亦為第三者可得預見，因而通常可認定其間不無相當因果關係。但是，依據客觀歸責之理論，基於人格權自由原則、自我負責之精神，以及規範保護必要性之考量，其風險所造成之後果責任，原則上，應由被害人自我承擔，對第三者之參與行為而言，對此結果欠缺可罰性。不過法律就參與自傷行為或自害行為設有特別處罰者，則為例外，乃屬當然。例如某甲販賣毒品給某乙，乙自行施打，結果毒發而死。某甲販賣毒品之行為除構成販毒罪外，是否對於乙之死亡，仍應負相當過失致死甚或未必故意之殺人罪責？或如相約賽車，或催促計程車司機開快車，從而由被約之賽車者或被催之司機所造成的風險，參與者，是否應負刑事責任？針對此類問題，早先德國聯邦法院曾認為相約賽車，參與者要對於別人之死亡，應負過失致死之罪責，其理由是，參與者對於死亡之結果可以預見，也可以避免。然而依據客觀歸責理論，則以賽車者或司機對於賽車、超速之危險性本身有所知悉，並且可以自我決定冒險之程度；危險結果的實現，可謂操諸於計程車司機和賽車手自己，

參與者並無實現過失致死之構成要件，因此該風險之實現應不可歸責於相約或催促之行為人。

（七）對於特別加重罰之結果，必須以直接預見可能性為限，且其加重結果之發生，並不排除基本犯之適用

因犯罪致發生一定之結果，而有加重其責任之規定者，必須以行為人對於其結果的發生具有預見可能者為限（參照刑法第17條規定）；在此情形，行為與加重結果之間，除必須具備一般因果關係之外，尚以有密切性之存在為要件。如非行為人所預見者，僅能科以基本犯之結果責任。例如，甲毆打乙，致乙為閃躲繼續被打而撞到桌角致死。甲之行為雖是一種傷害行為，而致乙死亡，按刑法第277條第2項規定，犯傷害之罪因而致人於死者，設有加重刑責；但是上例情形，乙為閃躲被毆打不慎撞到桌角致命之結果，顯非毆打行為會密切發生之結果，為甲之預見所不及，故雖其毆打行為與乙死亡結果之間，依一般社會經驗判斷，仍有相當因果關係之存在，但從客觀歸責理論而判斷，則只能令甲負刑法第276條過失致死罪之結果責任。這是客觀歸責理論修正或補充相當因果關係理論的適例。

（八）可容許之危險與信賴原則

客觀歸責理論以行為造成不被法所容許之危險，為其判斷之基礎；因此法律上可容許之危險，被視為客觀歸責下之概念。此項概念通常情形並非法律所明定，而是基於社會生活中利害衡量之考量，應予忍受之法益侵害行為。學者間有認為可容許之冒險，是一種超越法規之阻卻違法事由者。但依據客觀歸責之新理論，從因果責任之觀點，即認為應可排除於構成要件該當行為之範圍。至於信賴原則則係可容許危險之法則概念下，導引出來的實踐法則，意指行為人雖然意識到危險發生之可能趨向，但相信即使在法律容許冒險之原則之下，他人仍能自愛自責，不致犯錯；如果因此造成法益之侵害，行為人應不可歸責。這些法則，對於現代工業化社會之產業責任、交通責任之界定，尤其有實際上意義。例如，在明知交通事故頻頻發生之都市交通的情形之下，幼稚園以交通車載運學童上下學，仍屬可容許之冒險；交通車司機，明知有可能被他人違規犯錯而造成車禍，

但信賴每位開車者均能自愛，而仍然執行勤務。凡因此所造成之學童傷害，除非違規之錯誤在司機自己，否則因他人錯誤之行為所引起者，不可歸責於司機（蘇俊雄V，533-539）。

第五節　構成要件故意

由於傳統的古典犯罪學派係以心理責任論為前提，故視行為人之過失與故意同為刑事歸責所應具備之心理狀態，故意或過失因而屬於責任要素。然因現今罪責理論之主流已從心理責任論轉變為規範責任論，復在目的行為論之主張下，不再視故意與過失純粹為責任之內涵，如採故意雙重功能理論，故意與過失乃兼具不法類型表徵與罪責之內涵。在構成要件層次中，遂得以構成要件故意及構成要件過失稱之。

一、故意之意義

故意云者，對於犯罪事實具有認識，而後決意行之之內心意思，亦稱犯意。申言之，「認識（知）」與「決意（欲）」為故意成立之要件，二者缺一，則故意不能構成。依刑法第13條第1項：「行為人對於構成犯罪之事實，明知並有意使其發生者，為故意。」與第2項：「行為人對於構成犯罪之事實，預見其發生而其發生並不違背其本意者，以故意論。」之規定，構成要件故意係指行為人對於構成犯罪之客觀事實，於行為時有所認識或預見，並進而決意實現或容忍該事實發生之主觀心態。換句話說，行為人首先對於客觀的構成犯罪事實有所認識或有所預見，而後基於這種主觀的認識或預見，進而決意使其所認識的成為事實，或者容任其所預見的情狀成為事實。這種有認識或有預見，而決意使犯罪發生，或容任犯罪發生的心理狀態，即為故意。由於刑事實體法規定處罰的犯罪行為，絕大多數均屬故意的作為犯，在刑事立法技術上乃將絕大多數的犯罪均須具備的主觀構成要件（即故意），自法定構成要件中，加以省略，以免在絕大多數的法定構成要件，存在均須一再重覆標明故意之不經濟，而只需在刑

法總則中，對於故意作立法定義的規定（如刑法第13條），即為已足。原則上行為人主觀心態上有無存在構成要件故意，應以行為時為準。判斷行為人有無故意，係以行為當時的主觀心態為斷。事前故意或事後故意，均非構成要件故意。

故意犯如屬意圖犯的，則其主觀構成要件除故意外，尚包括不法意圖，刑事立法上雖在故意犯的主觀構成要件不規定故意，惟在意圖犯則逐一在主觀構成要件上明定各種不同的意圖。意圖犯在主觀上必須出於主觀構成要件所規定的不法意圖，而故意實現客觀構成要件的行為，才具意圖犯的構成要件該當性；否則，行為人的故意行為縱然符合客觀構成要件的全部構成要素，惟並非出於主觀構成要件的特定意圖，則仍不具意圖犯的構成要件該當性，而不成立犯罪。所謂「意圖」是指行為人出於實現特定結果的犯罪目的，而努力謀求構成要件的實現，或希求發生構成要件所預定的結果，以達成犯罪目的的主觀心態。行為人只要在主觀內心上具有希求達到主觀構成要件所明定的犯罪目的，而故意著手實行客觀構成要件的行為，即具有不法意圖。至於行為人的不法意圖終究能否實現，亦即該犯罪是否既遂，則與意圖犯的成立無關，且不致影響成立意圖犯的既遂。

二、故意之種類

故意，因其內容及認識程度之不同，得分下列諸類，亦可謂為下列各種狀態或形態：

（一）確定故意與不確定故意

1. 確定故意

行為人對於構成犯罪事實之行為客體及其結果之發生，具有確定的認識者，為確定故意。

2. 不確定故意

對於構成犯罪事實行為客體之認識不確定，或對於行為結果之預見不確定，惟希望其犯罪事實之能發生者，為不確定故意。尚可分為：

(1) 客體不確定故意

行為人對於犯罪結果之發生，雖有確定之認識，但其結果發生於何一客體，則無確定之認識。其情形有二：

①概括的不確定故意：行為人僅知其行為將對不特定人造成法益侵害，而決意實施其行為，而實際上亦造成不特定人之損害，或容忍其行為對不特定人造成損害，即為概括故意，例如向群眾開槍，並不確定目標，無論何人為其擊斃，均不違背其本意。概括故意另包括對於因果歷程產生錯誤認識之情形，例如殺人後將被害人投入河中，若被害人實際上死於溺斃而非殺人行為，雖然行為人對於因果關係有錯誤認識，但該錯誤於結果並無差別，所以仍評價為殺人故意。

②擇一的不確定故意：行為人雖預見其行為將對數個特定人造成損害，但實際上其行為究竟對於那一個發生損害結果並無預見，只要該行為能對數個特定人中之任何一個造成損害，即與行為人之本意相符之情形，即稱為擇一故意，例如甲、乙、丙三人同坐車內，丁自車外射擊，明知三人中必有一人中彈，不論誰中彈均不違背其本意。

(2) 結果不確定故意

行為人對犯罪事實之客體，雖有確定的認識，但其結果是否發生，並無確定的預見，而以未必即發生之意思，加以實行，終至發生該結果，亦不違背其本意者，謂之結果不確定故意，又稱「未必故意」。例如甲開槍打獵，預見有人在林中行走，乃置之不顧，竟發彈射擊，如擊斃行人，亦不違背其本意，某甲於開槍之初，對於結果如何，尚無確定的預見，但結果未中獵物而擊斃行人。

（二）直接故意與間接故意

刑法總則規定的故意有直接故意與間接故意之分，行為人明確認識犯罪結果之可發生，而決意直接實現結果者，為直接故意，或稱確信故意，例如：明確認識刀能殺人，如持刀砍人，致人於死，即係直接之故意，刑法第13條第1項之規定屬之。刑法分則為明示特定的故意犯罪只限於直接故意，始能成罪，亦會在主觀構成要件中出現「明知」一詞。這些在

主觀構成要件規定有「明知」構成要素的犯罪，行為人只有明知故犯才能成罪，假如僅出於未必故意而違犯的，則不能成罪。行為人預見結果有發生之可能，而間接聽任其發生亦所意欲者，為間接故意，或稱蓋然故意，例如損壞屋內電線走火，預見有釀成火災之可能，而以領取火災保險金之意思，竟不加救熄，聽任其延燒鄰居，其預見火災之發生，並不違背其本意，即應負放火罪間接故意之責任，刑法第13條第2項之規定是。

（三）積極故意與消極故意

對於某一舉動，明知其必發生某一犯罪事實，而仍積極的決定其實行之意思者，為積極故意，例如灌油放火，舉槍殺人是。對於某一犯罪事實之結果，預見其有發生之可能，乃決意不加防止，聽任其發生，則為消極故意，例如防水人員，預見堤防有潰決之虞，而決意不加修治，任其潰決者，雖非積極決水之行為，然有防止義務而不防止，即不能免除刑法上廢弛職務釀成災害罪（刑法第130條參照）。

（四）預謀故意與一時故意

行為人經深思熟慮，始決意犯罪，或決意之後，經深思熟慮而後著手實施者，稱為預謀故意，或稱熟慮故意。行為人因一時之刺激，突然決意犯罪，對於犯罪之方法、手段、結果等，均未加深思者，稱為一時故意，亦稱單純故意。

三、故意的要素

故意包括知與欲兩個要素，前者為故意的認識要素，後者為故意的決意要素。今分述如下：

（一）認識（知）的要素

行為人主觀上必須對於客觀構成要件所描述的所有重要的行為情狀（事實）全部有所認識，才屬具有故意的認知要素，而有可能成立故意。否則，行為人主觀上如對客觀構成要件的構成犯罪事實全部無認識，或一部分無認識，則足以影響故意的成立。

（二）決意（欲）的要素

　　行為人主觀上對於構成犯罪事實具有認知要素之後，並進而有實現客觀構成犯罪事實的決意，才有可能成立故意。行為人主觀上必須具備客觀構成要件的全部客觀行為的情狀的決意，才算具有故意的決意要素；否則，縱使行為人認識其行為可能發生致他人於死的後果，惟主觀上並不具置他人於死地的決意，雖然他人因行為人的行為而死，但亦不能認定行為人具有殺害故意。惟就間接故意而言，決意要素係以容忍客觀構成犯罪事實發生為內涵，此與直接故意乃以積極促使客觀構成犯罪事實發生為內涵有別。

四、英美刑法之故意概念

　　在英美刑法的體系中，犯罪之概念，亦包含主觀犯罪構成要件（Mens Rea）與客觀犯罪構成要件（Actus Reus）兩大部分，在習慣法中，惟有當Actus Reus與Mens Rea二者均具備時，被告才可能負刑事責任。Actus Reus本身是法律拉丁文，在刑法領域中代表著「惡的行為」（evil act）。Mens Rea本身是法律拉丁文，在刑法領域中代表著「惡的意志」（evil mind）或「有罪的意志」（guilty mind）。沿革上，Mens Rea係來自「缺乏邪惡意志之動作本身並無法使人為罪」（actus non facit reum nisi mens sit rea）此一拉丁法諺。一般而言，除非是採嚴格責任類型之犯罪事件（strict liability crimes），通常犯罪均要求犯罪行為人具有此部分所討論的主觀惡意，Mens Rea包含：「意圖」（intention or intentionality）、「魯莽或冷漠」（reckless）與「刑事過失」（criminal negligence）等三大類型。

　　主觀惡意的三大類型係以其所包含之「意欲」（desire）或「預見」（foresight）等兩種要件之程度來作區分：當行為人已明確預見其行為之結果並於主觀上期待該結果發生時，其主觀惡意便已達意圖之程度；雖行為人已預見特定行為之結果，惟其主觀上並不在乎該結果是否發生時，對其行為所招致之結果而言，其主觀惡意便已達魯莽或冷漠之程度；至於在行為人主觀上並未預見其行為會導致特定結果發生，而若一般理性之人在

相同之情況下均會預見該特定結果發生時，行為人對於該結果之發生，其主觀惡意便已達刑事過失之程度。

　　在西元1962年美國模範刑法典（Model Penal Code）制定前，各州雖均沿用習慣法中的Mens Rea作為犯罪之要件，然因其本身在規範上常使用一個模糊、內涵不確定的用語（例如： It shall be unlawful for a person to cause the death of a human being with "malice aforethought". A violation of this section is murder in the second degree. 在以上習慣法規範中，何為malice aforethought便存有爭議），故關於該如何解釋適用其所使用的用語，經常出現爭議。為了避免前項弊端，模範刑法典遂建議各法域（jurisdiction，指各州與聯邦）在主觀惡意部分，使用內涵較為明確的用語（例如：A person commits murder if he "purposely or knowingly" causes the death of a human being.）。一般來說，其所建議採用的用語，可分為：「有意或意圖」（purposely）、「明知」（knowingly）、「魯莽或冷漠」（recklessly）與「過失」（negligently）等四大類型。意圖與明知大致上可說是習慣法中意圖的類型化區分，其間主要的區別乃在於犯罪結果是否發生在特定的被害人身上。如果行為人主觀上想要開槍射甲，如其果真射中甲，則其主觀惡意為有意；如其僅射中乙，則其主觀惡意為明知。然應予注意者，實際上模範刑法典中之明知，是由習慣法主觀惡意中屬於「意圖的低度部分」與「魯莽的高度部分」二部分所組成的（請參考以下之例示）。

1. 習慣法之主觀構成要件分類

意圖　　　　　　　　　魯莽　　　　　　　　過失
－－－－－－－－＋－－－－－－－－＋－－－－－－

2. MPC之主觀構成要件分類

意圖　　　　　明知　　　　　魯莽　　　　　過失

在我國刑法的架構下，模範刑法典中的有意與明知類似於我國刑法第13條第1項直接故意以上程度的主觀不法構成要件，魯莽則類似於我國刑法第13條第2項間接故意之主觀不法構成要件，而過失即相當於我國刑法第14條所指之概念。

第六節　構成要件過失

依刑法第12條第1項之規定：「行為非出於故意或過失者不罰。」因此既非故意行為，亦非過失行為，原即無由構成犯罪，進而發動刑罰。故意犯罪的行為人對於所有的客觀構成要素，均有所認識，並且具有實現構成要件的意欲。相反地，過失犯罪的行為人，只因違背在日常社會活動中客觀必要的注意義務，而在不情願或無意的心態下，造成法益的破壞或侵害危險。換句話說，故意犯罪是行為人在知與欲的心態下，實現構成要件；而過失犯罪則是行為人在不知與不欲的（欠缺對於具體情狀認知）心態下，實現構成要件。這兩種截然不同的心態，而構成的犯罪，無論在不法內涵與罪責內涵，抑在刑法理論上的犯罪結果，均有相當的差異。而就刑事政策上的考量，由於故意與過失本質上存在前述差異，對於不法內涵與罪責內涵均較故意行為為低的過失行為，並無全部加以處罰的必要。原則上，過失行為僅限於對生命或身體等較重要法益造成實際侵害後果時，始認為具有應刑罰性，而有加以刑罰制裁的必要，此即現行刑法第12條第2項：「過失行為之處罰，以有特別規定者，為限。」規定的由來。

一、過失之意義

所謂過失，即行為人雖非故意，而因不注意，致其行為構成犯罪事實之謂；此外，若行為人已預見構成犯罪之事實能發生之前提下，如具合理之理由而確信其不發生者，亦以過失論。申言之，即行為人雖無犯罪之意思，但於應認識且可認識之事實，因不注意而致發生犯罪，刑法以注意之義務為歸究責任之基礎，故可予以非難。換句話說，刑法上所謂的過失係

155

指行為人怠於履行「依其個人情況客觀上可認其有能力並可期待其注意」之義務,因而實現犯罪構成要件之情形。行為人由於輕率、恣縱、懈怠、疏忽而根本未注意,或僅為不足夠的注意,並由於這種不注意或注意不足,而未認識原本應能認識其行為實現構成要件的危險性;或雖認識行為實現構成要件的危險性,但未終止該行為以避免構成要件的實現;或雖仍實施這一行為,但未保持必要的注意,並為妥善的安全措施,以避免構成要件的實現者;以上所述之各種狀態即為過失。

過失,以欠缺認識為本質,以欠缺注意為條件,惟若行為人因無注意義務而不加注意,致缺乏事實上之認識,發生犯罪之結果者,則不負刑事責任。刑法第14條規定過失之定義:「(第1項)行為人雖非故意,但按其情節,應注意並能注意而不注意者,為過失。(第2項)行為人對於構成犯罪之事實,雖預見其能發生而確信其不發生者,以過失論。」學說上稱第1項為無認識之過失,稱第2項為有認識之過失。後者,頗與「未必故意」之內容相近似,但有其區別。此外,亦有以客觀歸責理論作為判斷過失之依據,在容許風險的範圍內,行為人之行為不成立過失,亦欠缺不法,因此在容許風險範圍內,不成立構成要件該當行為。某種程度來說,若認「客觀上」注意義務之違反即該當過失犯之構成要件要素,則不論無認識的過失或是有認識的過失,其「不注意」或「確信其不發生」均不具備以認識犯罪結果發生為內涵之主觀犯罪構成要件。

二、過失之類別

過失,依其狀態之不同,得為種種之分類,茲說明如後:

(一)不認識過失與有認識過失

不認識過失即刑法第14條第1項規定之過失,亦稱「懈怠過失」,謂行為人對於犯罪事實之發生,事先並無預見,由於懈怠注意,以致發生犯罪之事實者,其要件有三:

1.應注意

本質上注意義務乃源自法律規範,違背此注意之規範義務,乃過失

之違法要素。注意義務之內容及程度，須在行為人所處之具體情狀下，依客觀標準決定；亦即應依一般人處於行為人所處具體情狀所可能注意及其注意程度，以決定該情狀應注意之程度為何。簡單來說，如果在具體個案中，行為人的行為創造了一個不被社會容許的風險，此風險即使其負有應注意之義務，蓋因其創造了一個不被社會允許的風險，故對社會整體應負有保證該風險未被實現、該風險不會造成實際損害之責任（保證人地位），如果實際上果真造成了法益侵害，則需進一步判斷行為人主觀上是否有能力防止該損害發生。

2. 能注意

除客觀上所負之注意義務外，行為人尚須具有實現該注意義務之能力。關於能注意之判斷標準如何？若主張以抽象一般人對該事實注意能力為準（即民法上所謂善良管理人之注意），如行為人怠於善良管理人應有之注意時，即為不注意（亦即有過失），此可稱為單純的客觀說（抽象說）；若主張應以具體行為人本身之注意能力為準，如行為人怠於與處理自己事務之同等注意時，即為不注意，此可稱為單純的主觀說（具體說）。不過亦有綜合主觀說與客觀說之折衷說，該說中有主張應將能注意之內容區分為「行為能注意」與「結果能注意」兩部分，並主張應以客觀說為衡量其行為能注意之準據，應採主觀說決定結果能注意；亦有主張應以客觀說為一般人注意能力之判斷標準，如行為人注意能力高於一般人時，以客觀說為衡量依據，如行為人注意能力低於一般人時，以主觀說為衡量依據；司法院院字第2946號解釋：「關於過失責任，應依刑法第14條第1項，以善良保管為注意之標準，並以保管人注意能力為其能注意之標準。」似採此說。由於單純的客觀說對未達普通人注意能力程度者，亦以一般之注意能力衡量其有無過失，不免以其所不能而罰之；而單純的主觀說純以個人主觀認識為準據，缺乏確實之標準，有其適用上的實際困難。因單純之主觀說與單純的客觀說均不免失之狹隘，故近來趨向折衷說。

3. 不注意

除前述應注意與能注意外，行為者怠於實踐其注意義務，而違背法規範之要求也。行為人如予以通常之注意，即得認識一定之構成犯罪事實，

從而為防止結果發生之積極或消極行為之決心，為因怠於注意，致無認識，而未能避免結果之發生。故怠於注意即具有義務違反性，為過失責任所特有之要素。

有認識過失，即刑法第14條第2項規定之過失，亦稱「疏虞過失」，係指行為人雖認識其行為有可能實現法定構成要件，但因違背義務地或可非難地過份自信，而認為其行為不致實現法定構成要件，乃貿然地著手實行，終致實現法定構成要件的主觀心態。換句話說，行為人雖預見其行為對於法律所保護的行為客體存有危險，但因低估這種危險，或高估其自己的能力，或是單純希望好運當頭，而確信法定構成要件不致實現，可是仍舊實現法定構成要件的主觀心態。應注意者，有認識過失係以已預見構成要件事實發生為前提，在此種已預見構成要件事實發生之心態下，欲區分間接故意與有認識過失並非是件容易的事，因此若過於廣泛地承認「確信其不發生」，將限縮「其發生並不違其本意」之成立空間。因而應以「具合理之理由而確信其不發生」為有認識過失成立之前提，較為恰當。

（二）積極過失與消極過失

因積極的行動而發生一定之結果，其出於過失者，稱為積極過失，例如駕車不慎，撞傷行人；又如玩弄手槍，誤傷他人。因消極的行為而不防止其結果之發生，其出於過失者，稱為消極過失。例如手槍上膛，置諸桌上，對他人玩弄不加警告或制止，發生誤傷；又如鐵路上掌分軌機者，因不注意忘記扭轉，以致火車顛覆者是。

（三）普通過失與業務過失

普通過失，又稱一般過失，即一般人不盡其通常注意義務之過失，例如過失傷人（刑法第284條第1項參照）、過失致人於死（刑法第276條第1項參照）等是。業務過失，又稱加重過失，即從事一定業務之人，因不盡其關於業務上應特別注意之義務，致發生構成犯罪之事實，而構成過失罪者，為業務過失，例如業務過失傷害（刑法第284條第2項參照）、業務過失致人於死（刑法第276條第2項參照），均較普通過失傷害或普通過失致死等處罰為重。究之業務上過失所以加重其刑者，除基於一般預防之

目的，使從事一定業務者提高警覺，以防其怠於業務上所必要之注意外，亦因一定業務多與眾人利害攸關，較一般過失侵害法益之機率更為重大；復徵諸實際，從事業務之人實際上之認識能力莫不因反覆實施或學有專精而較通常人為強，故要求其注意義務較普通人為大亦不致有違社會公平。蓋從事業務者因反覆持續地從事特定業務，自較一般人對其業務行為所可能發生之危險有更深之認識，並因此具有較高之注意能力、負有較高之注意義務；故從事業務者在業務時之過失，在不法內涵與罪責內涵上，均較普通人之一般過失為高。另就刑事政策上而言，業務行為之危險性及其發生之頻率均較普通行為高，且通常因業務過失行為所造成之後果，亦較因一般之過失行為為嚴重。故無論就刑法論理之觀點，抑就刑事立法政策上之考量，因業務之過失行為而造成之過失犯罪，應較因一般過失行為而造成之過失犯罪，擔負較重之刑事責任。簡單來說，普通過失與業務過失二者因注意義務性質不同，因而須課以不同刑責，而「業務過失」之所以加重其刑，除就刑法理論之觀點而言，從事業務之人，因反覆從事其業務之行為，具有較高之注意能力及防止能力，故應負較高之注意義務外，另就刑事政策之考量而言，亦由於業務過失之行為所造成之後果較嚴重，發生之頻率較高，必須課以較重之刑罰，俾資警惕，使其更加小心地從事該業務活動。此應為業務過失刑責較一般過失刑責為重之核心概念所在，亦為「業務過失」犯罪獨立存在之實益。又對於「業務過失」必須加重刑責的理由，學說上存在數種觀點：

1. 特別注意義務說

此說認為從事一定業務之人，因其業務之反覆繼續性，自然比一般人具有較為豐富之知識與經驗，在認識或預見結果發生方面，亦具有較高能力，理應課以特別高度之注意義務，倘有違反，即應令其負較重之責任。

2. 一般預防說

此說認為從事危險業務之人，因其所反覆之工作會招致危險，為防止其怠於注意，需加重其刑，俾能警戒其謹慎將事，而達一般預防之目的。此說非導源於刑法理論，而係基於刑事政策之目的，但加重刑責是否真能達到預防過失之效果？恐有疑慮。

3. 法益重大說

此說認為業務過失犯罪之被害法益通常均較重大或多數，故其違法性較重大。此說雖自違法性方面著眼，但事實上，業務過失所造成之法益侵害未必大於一般過失。茲以駕車不慎肇事為例，發生車禍時，其所造成之法益侵害，不論重大性或多數性（例如死傷人數），並不因職業駕駛或一般人而有不同，甚至一般人因其不甚熟稔之駕駛行為，應變能力不夠，更可能造成重大或多數之法益侵害，故此說亦有缺失。

4. 違法性重大說

此說認為過失犯之違法性，除法益侵害之結果無價值外，亦包含行為不適切之行為無價值。業務過失者因具有高度之注意能力，縱與一般人違反同一注意義務，較之一般人，其違反之程度則較為顯著，行為逸脫社會相當性之程度亦較為顯然。行為無價值既較為重大，自應給予較重之處罰。

5. 責任重大說

此說認為業務過失者既從事有發生侵害結果且高度危險性之業務，則其預見危險之能力以及迴避危險之能力，自較一般人為高，同時規範期待其將謹慎從事該業務行為之程度亦較一般人為大，如因不慎而造成結果時，其責任之非難性顯然較大，故應加重處罰。惟責任之判斷，乃係個別、具體之判斷，如何能對所有從事業務之人，均假設其所從事者係有發生侵害結果且高度危險性之行為，且又進而假設行為人之預見及迴避危險之能力均較一般人為高？此種假設立論與責任之本質，未盡相符。

然而，不論採何種理論，業務過失加重處罰之根據，似均有無法合理說明之處。依最高法院71年台上字第7098號判例：「上訴人係以駕車為業，其所駕駛者復為其公司之大貨車，縱此次非載貨而載人，但因與其駕車業務有直接關係，仍屬業務上之行為，自應負特別注意義務。」之說明，我國實務係採「特別注意義務說」。因而從事一定業務之人，因其具有從事一定業務，即負有特別注意義務；此一見解固為我國一般學界通說，惟此說之前提必須是確有「特別注意義務」之存在，否則即宜以一般過失視之。然由許多判決甚至判例中卻可發現，法院往往在未確認行為人

負有特別注意義務之情形下，即依據從事業務之人所具之「身分」，將之以「業務過失」罪責處斷，使得「業務過失犯」成為「準身分犯」，此種操作恐有過分擴張解釋業務之虞。此外，亦有質疑「業務過失」罪必要性之主張，並認應仿照德國刑法取消「業務過失」條文，僅將過失罪分為重大過失與輕過失。按「重大過失」原為民法之概念，現行德國民法總則並未對重大過失及輕過失之義以明文規定，但在刑法分則之下則設有所謂「輕率」（即重大過失）之相關之規定，以茲與輕過失相區別。實則此種重大過失之立法模式，應係參考英美刑法魯莽或冷漠（reckless）而來（鄭孟伯），從而我國刑法是否應在故意與過失之主觀構成要件類型中，增訂魯莽、冷漠或重大過失之主觀構成要件新型態，即有討論之空間。

　　鑒於業務過失加重處罰之規定，將使得交辦業務之業主獲得業務順利實施之較優越地位，因此相關加重處罰基礎為何，自為加重處罰是否正當之前提。惟若僅以保障業主業務順利實施而科執行業務者較重之刑罰，似有以刑罰保障單純民事契約利益之不當。由於過失之歸責基礎在於行為人之行為製造了社會不容許的風險，則業務過失之加重處罰即應以行為人之行為製造了社會不容許的較高風險為前提。若僅因反覆從事該業務而認其行為創造了社會不容許之（較高）風險，似與「因該業務本身為社會所容許、故而業務行為所生之風險應為社會容許之風險」此一概念相互牴觸。事實上，業務過失應負較重刑責之主張始自舊過失理論，因此其較高之可罰性基礎乃在於行為人因反覆實施業務而對法益侵害之發生具有較高之預見可能性。不過既已依新過失理論承認過失行為之可罰基礎在於行為人對法益侵害結果之防止可能性而非預見可能性，則是否具備較高注意義務與注意能力者果真有較高的防止業務行為實現風險之能力，已不無可疑；因此，除非事實上可以證明從事某業務行為者較其他非從事該業務行為者，事實上具有較高的能力防止法益侵害發生，否則似不存在於該行為中區分業務行為與非業務行為之必要，以免刑罰不當地擴張；而僅以反覆實施相同業務行為即具較高防止結果發生能力之說法，似亦與新過失理論相同成立普通過失，而失其獨立成為過失歸責形態之必要。如果業務過失與普通過失在規範上不存在篩選不同犯罪類型之功能，似有考慮揚棄此類概念區

分之必要。如依舊過失理論而於個案判斷中因執行業務而將客觀上與主觀上關於「應注意」及「能注意」之預見能力標準提高，並於個案（業務與非業務）中所決定之應注意或能注意之內涵已有不同（業務部分較高而非業務部分較低），則一般過失與業務過失似亦將因應注意與能注意之標準同時提高或未提高而無出現不同判斷結果之可能性；此時一般過失與業務過失就是否成立過失之實際判斷上，恐將不存在有意義之區分。

特別應予注意的是，不少人會以為須「以此為業」才該當「業務」的定義，舉凡像醫生執行醫療行為，或是司機、運將載客、載貨行為都屬「業務」，其他非以此為業者就不該當法律上的「業務」要件，然依最高法院43年台上字第826號判例：「刑法上所謂業務，係以事實上執行業務者為標準，執行此項業務，縱令欠缺形式上之條件，仍無礙於業務之性質。」所謂「業務」係採「事實業務說」，不以從事法律所承認之專門職業技術為常業者為限，只要實際上持續地從事某項事務之反覆行為（以反覆從事某項行為為目的而為之行為），即為此處所指之業務，且一人不以從事一種業務為限。又參照最高法院71年台上字第1550號判例，業務包含主要業務所附隨之準備工作或輔助事務。換言之，只要是個人基於其某種社會地位反覆執行的附隨業務，即使所執行者不是本業，也算是「業務」的範圍，此觀最高法院89年台上字第8075號判例：「刑法上所謂業務，係指個人基於其社會地位繼續反覆所執行之事務，包括主要業務及其附隨之準備工作與輔助事務在內。此項附隨之事務，並非漫無限制，必須與其主要業務有直接、密切之關係者，始可包含在業務概念中，而認其屬業務之範圍。上訴人以養豬為業，其主要業務係從事豬隻之生產、養殖、管理、載運、販賣等工作，倘上訴人並非經常駕駛小貨車載運豬隻或養豬所需之飼料等物，以執行與其養豬業務有直接、密切關係之準備工作或輔助行為，僅因欲往豬舍養豬，單純以小貨車做為其來往豬舍之交通工具，自不能謂駕駛小貨車係上訴人之附隨事務。」之說明亦明。前述將業務之範圍擴及至「事實業務」之觀點，其歸責原理並不符前述新過失理論之說明，蓋一般豬農於載運豬隻時所具防止車禍事故之能力，與一般駕駛人並無何不同，故事實業務說亦係以舊過失理論為前提，係以其具有較高的預見能

力為加重處罰之基礎。事實上，此種以預見可能為歸責基礎之舊過失理論，本質上亦存在民刑事責任不分之盲點，蓋從事業務者與非從事業務者間所存在最明顯的不同，應在於從事業務者之賠償能力（民事責任之負擔能力）通常較非從事業務者為強（至少可以透過商業保險以分散損失之風險），至於防止法益侵害發生之能力，從事業務者則未必具有較優勢之地位，相關分析說明詳如以下有關刑事過失責任內涵之說明。

三、容許危險與信賴原則

在依客觀歸責理論探討客觀不法構成要件該當性之際，結果原因僅係客觀可歸責之前提，關於原因行為是否具有行為不法，結果是否具有結果不法，本質上係以該行為是否製造了法所不許之風險為前提，並以該不容許之風險已經實現為要件。由於客觀歸責在判斷上須先確定行為具有「社會所不能忍受的危險性（法所不容的危險性）」，因此如違背某種社會所共同承認之行為準則、且不保持依據客觀情狀所應有之注意義務，當其所為之行為符合各個構成要件的具體描述時，評價上即可認該行為即創造了社會所不許的風險而具「法所不容的危險性」；又當具備「法所不容的危險性」之行為與構成要件結果間所存在之因果歷程並未偏離正常的因果歷程，且該法益侵害之結果為行為人可預見與可防止時，評價上即可以將這個構成要件結果歸責於行為人。因此，一個非源自注意義務違反且未創造社會所不能容許危險的行為所造成之法益侵害，在概念上僅應歸類為不幸事件，而無行為之不法，亦不應構成犯罪。由於在科技發達之現代，許多科技工具或設備本身具有一定程度之危險性，雖如拒絕使用可以避免侵害法益，但如其為現代社會生活所不可或缺並有利於社會共同生活之運作（如汽車之使用），雖行為人對於使用該設備可能侵害法益之事實具有預見可能性及防止可能性，社會仍應在一定之範圍內，忍受因使用該現代科技設備所產生之法益侵害風險，此種社會應容許使用科技設備所產生風險，並在一定範圍內不令行為人負擔刑事過失責任之主張，即為容許風險的概念。

　　由於有認識的過失係以行為人對於構成犯罪事實有預見可能性為前提，當客觀上發生行為人合理確信不發生之構成犯罪事實時，行為人即應負過失之罪責。然而此項原則在科技進步的現代社會，或將產生不便利社會生活之結果。以在高速公路上駕駛汽車而言，由於人人皆知在高速公路上發生車禍不免死傷，因此只要在高速公路上發生車禍，不論原因為何，過失之定義均將使駕駛者擔負過失傷害或過失致死之罪責，而人民恐將為避免過失罪責而不願意駕車上高速公路，此一結論應有違一般人民之法感情。因此在便利社會共同生活之容許危險概念思考下，只要對方之違規行為可歸類為不可預測之意外，因駕駛人已遵守交通規則，即應基於信賴其他駕駛者亦應遵守交通規則而「否定」源自不可預測之異常行為所產生之過失責任，此即法理上所謂信賴原則之意義。不過信賴原則亦有其應用上之限制，如肇事之駕駛者本身亦違反交通規則、或對方違反交通規則之行為十分明顯且易於察覺、或違反交通行為者係群體行為等，均不得主張信賴原則而阻卻過失責任。

　　參照最高法院32年上字第1664號判例：「被害人由馬車跳下，橫汽車路跑過，亦屬不無過失，雖上訴人欠缺注意停車不及，將其撞傷身死，是為被害人致死之主要原因，不能影響於上訴人犯罪之成立，然被害人既與有過失，自應量處較輕之刑。」之說明，我國實務早期不採信賴原則，惟最高法院74年台上字第4219號判例：「汽車駕駛人雖可信賴其他參與交通之對方亦能遵守交通規則，同時為必要之注意，謹慎採取適當之行動，而對於不可知之對方違規行為並無預防之義務，然因對於違規行為所導致之危險，若屬已可預見，且依法律、契約、習慣、法理及日常生活經驗等，在不超越社會相當性之範圍應有注意之義務者，自仍有以一定之行為避免結果發生之義務。因此，關於他人之違規事實已極明顯，同時有充足之時間可採取適當之措施以避免發生交通事故之結果時，即不得以信賴他方定能遵守交通規則為由，以免除自己之責任。」已肯定信賴原則於過失案件之適用。立法上亦有基於信賴原則所為之規定，如刑法第158條之4：「駕駛動力交通工具肇事，致人死傷而逃逸者，處六月以上五年以下有期徒刑。」駕駛動力交通工具肇事致人死傷逃逸罪，其成立衹以行為人有駕駛

動力交通工具肇事並致人死傷而逃逸之事實為已足，至行為人對於肇事行為有否過失，則非所問（最高法院89年度台上字第6270號、第6514號、92年度台上字第6541號判決意旨參照），蓋該罪非僅保護個人生命、身體安全法益，尚及於對一般用路人依交通法令已生駕駛動力交通工具者於肇事後能對被害人即時救護以減少死傷信賴之保護（參照最高法院93年度台上字第5585號判決，本罪亦側重社會公共安全之維護，駕駛動力交通工具肇事致人死傷，縱無肇事責任，苟已逃逸，亦應課以肇事逃逸之責）。

四、刑事醫療過失之檢討

關於醫療過失是否存在刑事責任之判斷，參照最高法院89年度台上字第1233號刑事判決：「（二）刑法上之過失犯，以行為人對於結果之發生應注意而不注意為成立要件，判斷醫師就醫療行為有無過失，自應依一般醫師客觀上應有之注意程度決之。」之說明，我國實務向以「是否已違反一般醫護人員所應注意之義務」為是否該當醫療過失之判斷標準，學說上則有「過失犯的構成要件即是行為與結果之因果性，而行為的義務違反性、結果的可預見性、合義務行為的可期待性等，則屬過失犯的罪責要素（林山田II，166）」進一步的補充說明。此外，依最高法院89年度台上字第1233號刑事判決：「（二）刑法上之過失犯，以行為人對於結果之發生應注意而不注意為成立要件，判斷醫師就醫療行為有無過失，自應依一般醫師客觀上應有之注意程度決之。」之說明，我國實務亦承認醫療過失之存否應以一般醫師客觀上應有之注意義務為判斷標準；只不過關於醫師之客觀注意義務為何？以及是否一有違一般醫師客觀上應有之注意義務即該當醫療過失犯罪？最高法院並未提供進一步判斷之標準。

為填補此一闕漏，學說上乃有主張前述一般醫師客觀上應有之注意義務具有之內涵為：「故在醫療關係中，醫師為達應有之醫療效果，應以善良管理人注意義務，為病患處理醫療事務。同時，整個醫療行為建立於病患對醫師專業知識、能力、經驗之信賴基礎上，醫師為達到醫療目的，亦應避免醫療行為發生任何不利於醫療目的之不可預期後果。乃醫師

於醫療行為開始前，須詢問病患之病史、進行各項必要檢查；於醫療行為進行中，須注意各項療程之效果、副作用、並進行適當診治，以求順利達成醫療目的。因此，醫療關係，並不限於狹隘之治療行為本身，而著重在於其所欲達成之目的，即應是為達醫療目的所必要之一切行為。故在醫療關係中，醫師在侵權責任方面注意義務之程度，亦應為善良管理人之注意義務，醫師在侵權責任方面注意義務之內容，除主要之醫療給付義務外，亦有為促使達成醫療目的，並保障病患之人身安全之從屬與附隨之給付義務，故對其醫療行為之結果應為檢查得為預見而不為檢查或不為預見、對其醫療行為所生不必要之損害能避免而不加避免、於發現未預見情況時能中止其醫療行為以免損害擴大而不加中止、對醫療過程中應加處置且能處置以減低病患之損害或痛苦而不為之、限於設備或能力無法提供完整治療即應建議轉診而未為之等，不論出於其作為或不作為，均屬違反注意義務而有過失（甘添貴VI，10）」；實務上亦有主張只要違反一般醫師客觀上應有之注意義務即該當醫療過失犯罪之案例（參照最高法院93年台上字第2714號刑事判決理由：「（三）第一審判決事實欄認定周黃興良於手術前曾做血液常規檢查，上訴人即發現『血小板過低』，應注意有無凝血因素缺陷，並應做凝血功能之測試，竟疏於注意做凝血功能之測試，即為周黃興良施行手術，而推論上訴人有過失情事。意指上訴人於周黃興良於手術前即發現其『血小板過低』，為上訴人違反注意義務之依據。然原判決理由內謂周黃興良於手術前血液生化檢查其血小板數量為六萬個，已達正常凝血功能所需之五萬個。而於事實欄內並未以上訴人於周黃興良於手術前發現其『血小板過低』，為上訴人違反注意義務之依據。據此以觀，原判決與第一審判決所認定之事實並非一致，乃原判決未糾正第一審判決，而予維持，尚欠允洽。」）。因此，我國醫界人士除希望法官在依刑法第276條及第277條為裁判時（醫師若因業務過失致使病人受到傷害，則依刑法第284條第2項及第3項業務過失傷害罪論處；若病人死亡，則以刑法第276條第2項業務過失致人於死罪歸責）能夠考慮到：醫生並非故意使病人受到損害、日本已經不分業務過失與普通過失、我國法制對醫療過失之處罰較中國大陸醫療事故罪（參照中國刑法第335條：「醫務人員由於嚴重

不負責任，造成就診人死亡或者嚴重損害就診人身體健康的，處三年以下有期徒刑或者拘役」）嚴格，更建議在法制上將醫療業務過失部分除罪化。依其主張，醫療不良事件或醫療錯誤是由一連串的失誤所造成，減少醫療錯誤的有效方法是建立「通報制度」，讓醫事人員自發性的報告過錯，進而公開討論，使其他人員從中學習，而不再犯同樣的錯誤。醫界並進一步建議參照民用航空法第84條、第112條之1等規定通報的資料不得作為檢察官起訴或法官論罪之證據，而對於主動向衛生機關通報醫療錯誤者，亦得視其情節輕重，減輕或免除其刑罰。

五、刑事過失內涵之探討

依刑法第12條第1項規定：「行為非出於故意或過失者不罰。」因此若非故意行為，亦非過失行為，原即無由構成犯罪，進而發動刑罰。故意犯罪的行為人對於所有的客觀構成要素，均有所認識，並且具有實現要件的意欲；相反地，過失犯罪的行為人，只因違背在日常社會活動中客觀必要的注意義務，而在無意願的心態下造成法益的侵害。換句話說，故意犯罪是行為人在知與欲的心態下，實現構成要件；而過失犯罪則是行為人在不知與不欲的（欠缺對於具體情狀認知）心態下，實現構成要件。基於刑事政策的考量，由於故意與過失本質上存在前述差異，對於不法內涵與罪責內涵均較故意行為為低的過失行為，並無全部加以處罰的必要。

除依最高法院76年台上字第192號判例：「刑法上之過失，其過失行為與結果間，在客觀上有相當因果關係始得成立。所謂相當因果關係，係指依經驗法則，綜合行為當時所存在之一切事實，為客觀之事後審查，認為在一般情形下，有此環境，有此行為之同一條件，均可發生同一之結果者，則該條件即為發生結果之相當條件，行為與結果即有相當之因果關係。反之若在一般情形下，有此同一條件存在，而依客觀之審查，認為不必皆發生此結果者，則該條件與結果並不相當，不過為偶然之事實而已，其行為與結果間即無相當因果關係。」過失責任之成立係以過失行為與過失結果間存在相當因果關係為前提外，刑事過失責任依其型態之不同，尚

得區分為不認識過失（「懈怠過失」）與有認識過失（「疏虞過失」），前者係指行為人對於犯罪事實之發生，事先並無預見，由於懈怠注意，以致發生犯罪之事實之情形，其條文所稱之「應注意」，乃指行為人客觀上負有注意義務而言，本質上注意義務乃源自法律規範，違背此規範乃過失之違法要素，此處所指注意義務之內容及程度，須在行為者所處之具體情狀下，依客觀標準決定；亦即應依一般人處於行為者所處具體情狀所可能注意及其注意程度，以決定應注意之程度為何。簡單來說，如果在具體個案中，行為人的行為創造了一個法益將受侵害的風險，此風險即令行為人負有應注意之義務，蓋因其創造了一個不被社會允許的法益侵害風險，故對社會整體應負有保證該風險未被實現、該風險不會造成實際損害之責任（保證人地位），如果實際上果真造成了法益侵害，則需進一步判斷行為人主觀上是否有能力防止該損害發生，此即其條文所稱之「能注意」。換言之，行為人除客觀上所負之注意義務外，尚須具有實現該注意義務之能力，否則不啻強人所難地課予過失責任。在應注意與能注意的條件下，一旦行為人怠於實踐其注意義務，而違背法規範之要求，亦即在不注意的情形中實現了法益侵害行為，行為人即應負有認識過失之責，蓋行為人如予以通常之注意，即得認識一定法益侵害事實發生之風險，從而產生防止結果發生之積極或消極行為之決心，卻因怠於注意，致無認識，而未能避免法益侵害結果之發生，自有必要對其不在乎他人法益侵害（義務違反）之冷漠心態予以非難；而後者係指行為人雖認識其行為有可能實現法定構成要件（侵害法益），但因違背義務地或可非難地過份自信，而認為其行為不致實現法定構成要件，仍貿然地著手實行，終致客觀上實現法定構成要件的主觀心態，換句話說，行為人雖預見其行為對於法律所保護的行為客體存有危險，但因低估這種危險，或高估其自己的能力，或是單純希望好運當頭，而確信法益侵害之事實不致實現，可是仍舊造成法益侵害的主觀心態，即為有認識過失。

又依最高法院20年非字第40號判例：「查刑法上過失犯之成立，應以不注意於可以預知之事實為要件，若對於構成犯罪之事實，已預見其能發生，又無確信其不能發生之情形，係故意而非過失。」之說明，不認識過

失責任主要係以行為人對結果具預見可能為成立要件，換言之，刑法上所謂的不認識過失係指行為人怠於履行「依其個人情況客觀上可認其有能力並可期待其注意」之義務（違反刑法上之客觀注意義務），因而實現犯罪構成要件之情形，而導致法益侵害結果發生之違反注意義務行為，即為不認識過失犯罪之構成要件該當行為，不過當行為人客觀上無從避免該結果發生時，即應認該結果之發生與行為人違反注意義務之行為間不存在因果關係，而否定其過失犯罪之成立。前述以主觀預見可能性為內涵之過失理論，一般稱為舊過失理論；而為緩和舊過失理論偏重主觀預見可能導致過失概念犯罪攔截功能不足之弊端，新過失理論改以客觀上是否有結果迴避可能作為過失犯成立之判斷標準，亦即以外在的規範是否遵守、以是否已盡力防止法益侵害結果之發生作為過失之刑事歸責基礎。然而如以客觀上結果可否迴避作為過失成立與否之判斷標準，較之以主觀上結果可否預見之舊過失理論，實際上將產生增加「意外事故」發生的機率，而限縮了刑事過失構成空間之結果。至於有認識之過失，雖字面上以「雖預見其能發生而確信其不發生」為要件，但如行為人本不負任何注意義務亦無防止或避免結果發生之能力，縱其主觀上具聽任結果發生之心態，其因不注意而致之不作為與法益侵害之結果間，亦不存在因果關係，否則不啻要求行為人就無法防止或避免之法益侵害事故負刑事責任，其不當自不待言。故如依事件之本質，其法益侵害之事實係不可能避免者，如仍強令行為人負過失犯罪之責，亦無助於刑法特別預防功能之實現，因此如行為人並未創造或增加法益侵害之風險，自不應為原已存在的法益侵害風險之最終實現負任何刑事責任。換言之，有認識過失亦應與不認識過失相同，二者皆以行為人具注意義務與結果防止或避免可能為內涵，其違反注意義務與防止義務而生之結果不發生確信，即為有認識過失之刑事歸責基礎。

　　徵諸實際，由於注意義務之違反，客觀上容有程度之別，概念上尚可依注意義務違反或偏離之各種情狀，將過失區分為「輕微過失（抽象輕過失，欠缺善良管理人之注意義務）」、「一般過失（具體輕過失，欠缺與處理自己事務為同一注意之注意義務）」以及「重大過失（欠缺一般人應有之注意義務，即稍加注意即不致發生過失情狀）」；不過類此過失區

分乃民事法上之分類，我國現行刑法除前述懈怠過失與疏虞過失外，並未於條文中將過失區分為「輕微過失」、「一般過失」以及「重大過失」。在刑法未依注意義務違反程度區分過失責任型態之前提下，或因受到民事法過失體系之影響，我國實務遂產生所有注意義務違反皆足以該當刑事過失評價之現象。而在未詳明刑事注意義務內涵與民事注意義務內涵有何差異之前提下，針對不同程度之過失，學說上亦存在「在刑法中，只要認定成立過失行為，且又為刑法明定處罰之過失行為者，即可成立過失犯罪，至於過失究為重大過失抑屬輕過失，則在所不問。易言之，過失之輕重程度僅影響刑罰之裁量，而與過失犯罪之成立無關。因此，在傳統刑法領域中，過失之輕重程度，並不如在民法領域中重要，而且在刑法學中亦未探討輕過失與重大過失之問題（林山田II，173）」、「縱使是行為人所犯的僅是輕微過失，也僅在量刑上考慮而已，並不影響過失犯之成立（林鈺雄，477）」等前述未區分過失型態之過失評價標準。簡單來說，前舉學說與實務似皆未進一步區分刑事過失與民事過失之內涵，而在民、刑事過失內涵相互混淆之基礎上，不免存在民事法庭與刑事法庭依據同一份車輛肇事鑑定報告判斷民事過失與刑事過失是否成立之實務現象，此種現象不免導致出現一旦可成立民事過失，即該當刑事過失之司法評價。然而，既然民、刑事法律體系各有不同的規範目的及功能，前述以民事過失概念詮釋刑事過失概念或以刑事過失概念詮釋民事過失概念之我國司法實務，除將造成民、刑事過失內涵之模糊不清外，亦將導致民、刑事過失規範功能之混淆。基本上，如果肯認民事注意義務與刑事注意義務具有不同的規範目的，那麼民事注意義務的違反（民事過失）與刑事注意義務的違反（刑事過失）自應存在不同的概念內涵。通常而言，違反社會生活所負之注意義務（善良管理人之注意義務、與處理自己事務為同一注意之注意義務、一般人應有之注意義務），即為民事過失之主要內涵。既然肯認民事注意義務之違反與刑事注意義務之違反具有不同之內涵，那麼除了違反民事注意義務外，究竟還需要滿足何種條件才足以該當為刑事過失呢？換句話說，除了違反前述民事上的注意義務外，還須具備何種要件才足認此時之注意義務違反具有可罰性（應刑罰性）而該當刑法上的注意義務違反呢？

　　由於模範刑法典認為魯莽與過失之判斷，須以事實上行為人創造了實質與不合理之結果發生風險為前提，因此當行為人主觀上並未預見其行為創造了實質與不合理之特定結果發生風險，而若一般理性之人在相同之情況下均會預見該特定結果（風險）發生時，行為人未能依一般理性之人之預見，並進一步從事標準照護，以避免在特定情形中，對他人安全造成原可預見的危害或傷害之情形，即為刑事過失概念應有之內涵；易言之，若事實上原本即已存在合理的結果發生風險時，只要行為人之行為並未創造或提升實質與不合理之結果發生風險，不論其是否盡客觀上之標準照護義務，因其行為不具社會可責性，也就不能成立刑法上之魯莽與過失的評價。關於注意義務違反之程度，亦即民事上之一般輕過失是否即成立刑事過失，美國刑法界卻存在與我國刑法界全然不同之獨特觀點。鑒於刑事責任是以行為之非難可能性（社會可責性）為基礎，因此並非行為人一違反注意義務之致死行為即當然成立犯罪，只有在行為人注意義務違反該當刑事過失以上程度之主觀犯罪構成要件時，其致死行為才有可能成立犯罪。不過普遍說來，成立刑事過失所要求注意義務違反之程度，本質上比成立民事過失所要求之注意義務違反程度（平均人之合理行為標準）為高。行為人必須因重大偏離平均人標準之注意義務，致實質且不合理地無預見侵害結果發生之風險，其主觀心態始該當刑事過失之評價；較之民事過失以偏離平均人之注意義務為概念內涵，刑事過失於本質上應屬較為嚴重或較可非難之高度注意義務違反。換句話說，並非所有的民事過失（注意義務違反）均足以該當為刑事過失，必須具非難必要性與社會可責性之高度民事過失（重大注意義務違反），始足以評價為刑事過失。

　　按民事過失概念之提出，不論就債務不履行或侵權行為而言，原在以損害之填補為其目的，至於行為人之過失行為（過失侵權行為或過失債務不履行行為）是否該當為刑事不法行為而具應刑罰性並構成刑法上之犯罪，本非民事過失概念所欲探究之問題。然而，或因我國民法並未針對過失提供立法解釋，有關民事過失之論述，我國學說與實務向來均未於概念內涵上嚴格區分民事過失與刑法第14條所定之過失，並常以刑法第14條之規定作為民事過失之判斷基礎。又依最高法院42年台上字第865號民事

判例：「因過失不法侵害他人致死者，固應負民法第192條、第194條所定之損害賠償責任，惟過失為注意之欠缺，民法上所謂過失，以其欠缺注意之程度為標準，可分為抽象的過失、具體的過失，及重大過失三種。應盡善良管理人之注意（即依交易上一般觀念，認為有相當知識經驗及誠意之人應盡之注意）而欠缺者，為抽象的過失，應與處理自己事務為同一注意而欠缺者，為具體的過失，顯然欠缺普通人之注意者，為重大過失。故過失之有無，抽象的過失，則以是否欠缺應盡善良管理人之注意定之，具體的過失，則以是否欠缺應與處理自己事務為同一之注意定之，重大過失，則以是否顯然欠缺普通人之注意定之，苟非欠缺其注意，即不得謂之有過失。」之說明，民事過失主要以抽象輕過失為內涵，原則上當行為人具備抽象輕過失時，即應負損害賠償責任。按不同層次過失概念之提出本源自羅馬法時代之法律思想，雖其不同層次之過失內涵有異，然因民事過失之規範目的旨在填補損害，因此在損害填補之目的下，民事過失之概念原本在分配社會活動的風險，一旦偏離各該社會活動應負之注意義務而創造了損害（實現風險），即應依事件性質而由不同層次之過失內涵決定有關損害填補，而關於相關之損害，亦可透過保險制度分配損害風險或在自我承擔風險的前提下，將之納入交易成本而分散或承擔系爭損害以繼續社會活動。因此，民事侵權的核心概念與法律體系乃在決定損害之分配與填補，其與是否予以刑事處罰沒有關係，如逕以民事過失是否成立之標準決定是否應負擔刑事責任，即明顯有違民事過失體系原本之規範目的，而有體系上之不當。

關於民事侵權事件與刑事過失犯罪之區分，紐澤西州最高法院曾於州訴威納（State v. Weiner）乙案中指出：在民事事件中，法院所處理的是損害由誰負擔的問題，因此決定的標準是通常過失，須視一般理性人在該情況下是否均能依該標準行為；因其影響僅及於財物損失，因而在損害填補之民事目的上，法律允許事實認定者（陪審團）透過推論的方式，決定行為與損失間是否存在因果關係或是其行為本身是否有過失，縱然事實上無法確定是否存在因果關係或是過失。如果本案之目的亦在滿足民事賠償，或可推論出被告之不小心導致了死亡結果之發生，或是推論出護士之

不小心行為亦可能為導致死亡之原因，縱使護士本身之行為是不可非難的
（State v. Weiner, 194 A. 2d 467 (N.J., 1963)）。但刑事案件就不同，刑事傷
害事件並非僅表示被害人遭遇錯誤對待，更表示對國家社會的一種暴行，
此時產生的問題不僅在於被告是否應承擔被害人遭受之財產損失，更在於
其行為是否足以將其標誌為刑事罪犯並將其送入監獄。因此在刑事層面的
思考上，決定的標準即不是民事過失；一般來說，刑事過失（特別在有致
死風險的情況中）包含輕率、不道德地不在乎其他人的生命安全的主觀態
度。換言之，在保險制度填補損害的功能下，民事過失責任（注意義務）
的提出與建構，旨在決定賠償責任之歸屬，本質上乃為財產分配之法則，
民事過失概念之提出，對人民社會生活而言，充其量不過增加了社會活動
之交易成本或活動成本，並未具有判定刑事責任存否之功能。鑑於民事注
意義務本身除了劃分由誰終局地負擔此次損害之功能外，其概念提出之
初，並未將行為人是否應因此受到刑事非難（亦即其行為是否在道德上具
有可非難性）乙事考慮在內，若逕僅因民、刑法律共同使用「注意義務違
反」之概念理解過失而認民、刑事過失具有同樣的內涵，甚至進而認為刑
事過失包含單純注意義務違反在內，似乎嚴重地混淆了民、刑事過失概念
原應有的功能區分。因此，並非一違反或偏離注意義務即構成刑事過失；
至於到底違反注意義務到何種程度始應負刑事過失責任，則是另外一個問
題。

六、刑事過失內涵之新定位

　　過失乃相對於故意之另一種歸責型態，我國法制長期以來均以注意
義務之違反理解民、刑事過失，並未進一步釐清其應有之界線，此種近似
百分之一的過失就是刑事過失的觀點，除忽略了輕微過失於民事上尚有過
失相抵以資救濟外，更導致輕微注意義務違反行為人反遭受重大注意義務
違反行為人透過刑事程序糾纏之不當，因此似有必要檢討現行以輕微過失
為刑事過失內涵之見解。鑑於美國法制認為只有在醫師被告對病人安全出
現魯莽不關心（較民事過失更嚴格的過失標準）的態度時，才有可能成立

過失刑事犯罪，因此輕微違背注意義務的（民事）過失行為，在欠缺傷人意圖或對他人安全等不為社會容認的冷漠與輕率的態度下，縱其違背注意義務之行為事實上致人於死傷，其違背注意義務之行為亦不必然因存在道德瑕疵而在客觀上具備刑事可非難性（應刑罰性），自亦不應僅因此種程度之注意義務違反即對其提起刑事訴追。不過當行為人未能改正其主觀上已認知將致他人死傷的缺點（例如駕駛人不維修有瑕疵之煞車）、或行為人因欠缺他人得合理信賴行為人已具備的專業知識而致他人死傷（例如醫師不繼續進修以獲取最新的醫藥資訊、並避免舊藥之副作用）時，對於法益侵害結果的發生，客觀上行為人之態度即已達可對之予以刑事非難的程度，蓋於此情形中，行為人不改正缺點或不獲得應具備之專業知識本身對他人而言，已創造了一項社會大眾不可忍受之法益侵害風險。不過值得注意的是，雖然客觀上未完全符合理想標準行為模式的要求（亦即與之有所偏離，例如開車時吃東西或抽菸）即可稱為錯誤或失誤，但並非一偏離標準行為模式的錯誤即必然該當於刑事過失之評價，畢竟只應在行為人主觀心態達到可刑事非難程度時，才有予以刑事處罰之必要。

為了能在行為人主觀層次區別民、刑事過失，以釐清過失行為之民、刑事責任界線，美國刑事法院經常使用一些形容詞，例如：明顯的、重大的（gross）、嚴重的（serious）、有意的（willful）、可歸責的（culpable）或是不道德的、放任的（wanton）等，來描述刑事過失之內涵，因此，在非故意的前提下，如行為人於行為時，實際上所實現之注意義務明顯地低於一般謹慎小心之正常人於該情況中所應具之注意義務，即可認其行為應負刑事過失之責。故如行為人僅輕微偏離通常注意義務，其造成法益侵害之行為亦僅該當通常過失（民事過失），此時其行為尚不致受到刑事過失之評價，只有當其注意義務違反之情事明顯地超越民事過失之程度，而於道德上具非難必要時，才有成立刑事過失之可能；換言之，如果容忍或放任某種「過失」行為及其所造成之損害，將驚擾或傷害社會大眾對法秩序之信賴時，該程度之過失即屬於應予刑事處罰之刑事過失，故在謙抑原則或刑法最後手段性之拘束下，並非所有符合民事過失侵權內涵之權利侵害行為均屬過失犯罪，此觀並非所有過失法益侵害行為

均屬犯罪（刑法第12條第2項參照）自明，因此在不驚擾或傷害社會大眾對法秩序信賴之規範目的下，美國法乃以不道德、放任（wanton）與輕率（reckless）作為區分民、刑事過失之主要標準，此標準實值我國實務界採納參考。

基於民、刑事過失制度功能之差異，美國法學界一般均承認並非一偏離注意義務即必然構成刑事過失，亦即犯罪並非注意義務違反之當然結果；關於注意義務存否之判斷，本質上亦應與民事事件同採客觀標準，亦即以一般合理謹慎之人（醫師）在該情況中會如何處置該狀況為標準（不過當所發生之醫療問題十分複雜時，所謂「一般合理謹慎醫師在該情況中會如何處置」之標準，並不是一個容易判斷之標準）。雖然一般認為「卑鄙的心態」與「魯莽、不道德以及重大偏離標準注意義務」因均應負刑事責任而在規範（處罰）功能上相當，不過刑事過失（criminal negligence）與魯莽（reckless）之內涵卻有實質的差異，原則上前者（無認識過失）是行為人應注意而不注意客觀存在的實質與不合理風險（故為因疏忽而實現風險）；而後者（有認識過失）是對「不在乎或忽略其主觀上已注意到的實質與不合理風險（故為因放任或冷漠而實現風險），而仍執意繼續從事該危險行為」之評價。

透過上述說明，本書認為如僅存在輕微的注意義務違反，在過失侵權行為法制已具填補損害的功能與刑法謙抑性的要求下，尚無必要逕行將之認定為犯罪行為；而僅在注意義務違反已達明顯或重大的程度時，才有必要動用具最後手段性質的刑事制裁，予以處罰，並實現刑法一般預防與特別預防之目的。至於是否明顯或重大違反注意義務，以表徵行為人主觀上對他人法益侵害之漠不關心，則有待客觀評價。此種以客觀上是否具結果迴避可能判斷是否明顯或重大違反注意義務之說法，與新過失理論極為相似。學說上雖有主張以重大過失為處罰醫療過失行為之前提，不過由於現行刑法之過失概念並未如民事法律系統將過失概念區分重大過失與輕過失，如承認僅在注意義務違反已達明顯或重大的程度時，才有課行為人過失責任之必要，則因刑事過失之內涵已類似或接近民事上之重大偏離注意義務，則是否仍有必要在刑法領域中另設置重大過失之概念，不免有疑。

175

而如將刑事過失定位為明顯或重大程度的偏離注意義務，亦將衍生出重大過失的內涵為何（何謂「非常」重大偏離注意義務？）之疑義；因此，倘若肯認輕微偏離注意義務並不構成刑事過失，似已無必要在刑事過失之外另行建構內涵不明的刑事重大過失概念。又於輕微過失即該當刑事過失的現行法制中，事實上不免導致僅有百分之一的過失行為人（如車禍事件中雙方皆受傷）因民事法過失相抵之適用而得要求具重大過失之對造負擔民事上之損害賠償責任，卻仍需與重大過失之對造一同承受刑責的不均衡現象，而此種現象恐將造成重大過失行為人（真正應負過失刑責者）反而有立場要求輕微過失行為人（不應負過失刑責者）一同撤回告訴、甚至免除相互間民事賠償責任，而過度保護真正應負過失刑責之人。惟如能重新定位刑事過失之內涵，而僅處罰明顯重大偏離注意義務之行為人，則僅具輕微過失之行為人即不致因本身亦須負刑事責任而不得不在權利之主張上過度讓步。

第九章
行為之違法性

第一節　違法性之概念

　　違法性係指構成要件該當行為違反法律（社會生活）秩序之狀態，其乃刑法上犯罪成立要件之一種，係從法律之觀點對行為所作之反價值判斷，故為一切犯罪必須共通具備之前提要件，又稱行為之違法性，或稱違法；用語雖略有不同，其意義則一。違法判斷之前，須先有構成要件該當之判斷，因而只有構成要件該當之行為，始有受違法性判斷之必要。然而雖然構成要件該當行為具有法規範違反之表徵，不過有某些構成要件該當行為，在日常社會生活中，因本質上未牴觸整體法規範秩序，甚至完全符合法秩序所欲維護之價值觀，且為社會共同生活所必需，雖然符合刑法規定的構成要件，但是這些行為卻不被認為成立犯罪，不須受到刑法的制裁。在判斷上為了使這些與法規範價值觀完全符合或未牴觸的構成要件該當行為不致成立犯罪且不受刑法的制裁，刑法乃創設違法性（阻卻處法）的概念，以作為篩選可罰行為的工具，透過在犯罪判斷過程中，對所有構成要件該當行為進行違法性的判斷，決定構成要件該當行為是否於實質上具可罰性；若認該構成要件該當行為具有違法性，則須繼續對該行為進行下一階段之犯罪審查；相反地，假如認為構成要件該當行為並不具有違法性，則對該行為之犯罪判斷即應中止，蓋此時已無成立犯罪之可能。

　　所謂行為的「違法性」係指行為對於法規範的對立否定狀態。換句話說，一旦該構成要件該當行為與整體法規範秩序的價值觀不相符合，而形成對立衝突的狀況，該行為即具有違法性；相反地，若構成要件該當行為符合整體法規範的價值觀，而與之無對立衝突的狀況，該行為即因不具違

法性而應為整體法秩序所容忍接受，從而國家對此構成要件該當行為即不應加以刑事處罰；既然此時國家刑罰權並不存在，則對於此種未牴觸整體法規範秩序之構成要件該當行為，國家只好採取放任的態度而不加處罰，蓋刑法旨在處罰社會不可忍受的法益侵害（或侵害危險）行為，而非在處罰所有的法益侵害（或侵害危險）行為；舉例而言，假使鐵達尼號的男主角傑克為求自保而致女主角蘿絲溺斃，縱使其在道德上有所瑕疵，法律也不應強人所難地僅因男主角未為愛犧牲之道德瑕疵而使其負任何刑事責任。

由於在刑事立法技術上，無法毫無遺漏地正面明定那些行為跟整體法規範的價值觀對立否定，故只好反面規定那些行為跟整體法規範的價值觀符合，而足以排除構成要件該當行為與整體法規範秩序的價值觀不相符合之違法性；換句話說，在刑法中規定足以排除構成要件該當行為違法性的各種事由，即是刑法上的「阻卻違法事由」。行為一旦具備構成要件該當性，在原則上即推定其具有違法性，但是例外地，假如構成要件該當行為具有阻卻違法事由，則其違法性即因被阻卻而不存在。就另一個角度而言，因有阻卻違法事由的存在，而合法化構成要件該當行為，使其成為適法行為，故阻卻違法事由亦可稱為「合法化事由」（justification），或稱為「容許構成要件」（亦即使構成要件該當行為為法秩序所容許之要件）。易言之，違法性概念具有決定構成要件該當行為是否為現行整體法規範（秩序）接受或容忍之功能，違法性之否定恰可被視為正當化與合法化構成要件該當行為之事由。只要構成要件該當行為未與整體法秩序對立衝突，縱不具備法益保護或救助之積極功能，甚至已造成法益侵害或侵害之危險，亦因未「實質地」侵害或危害法益，而不具備可罰性（應刑罰性）。

關於構成要件該當行為之違法性，是否會受到其他非刑事法規範之影響，亦存在不同之看法，有認為其他法規範領域之違法，應該也被認為是刑事法規範意義之違法，不過這種觀點似乎混淆了刑事不法、民事不法甚至行政不法的界線，故僅少數學者採之。一般而言，雖可認為其他法域不違法的情事通常不具備刑法的違法性，但是此種觀點似亦無法否定其他法

域不違法之情事有時在刑法領域內仍會被認為是違法的；反之，欠缺違法
性之構成要件該當行為亦不必然屬於其他法域不違法的情事，所以違法性
的評價應該在各個法系統間有所不同。蓋之所以未違反其他法律規定，有
可能是因為其他法體系的規範不備（立法疏漏），若可將其他法規範中的
合法或違法判斷標準當成刑法阻卻違法的一般原則，規範上似乎就不需要
有刑法上的阻卻違法事由存在。因此刑法上違法性的判斷，並不必然與其
他的法規體系存在對應的關係。鑑於不同法律規範體系間存在不同的違法
判斷標準，所以是否違法應是一種相對而非絕對的概念。舉例而言，違背
醫師法的醫療行為（不具醫師資格），未必不屬於實施醫療業務行為而必
然具備傷害罪之違法性。此外，其他法規體系內之合法行為亦有可能因在
刑法法益保護之考量下，欠缺處罰必要性，以致大部分符合其他法規之構
成要件該當行為不具備刑事違法性，蓋若其他法規已允許該行為，則大致
來說，縱該類行為將造成法益侵害或侵害風險，亦多將因其他法規已容許
而不屬不可容忍的法益侵害。而其他法規體系中的違法性判斷，不應成為
刑法違法考量時所應考量之焦點，以免發生行政違法必然導致刑事違法的
誤解，並不當地擴張刑事不法的範圍。

第二節　違法性之本質

如前所述，構成要件該當行為之違法性本質在於重要的（社會不可
忍受的）法益侵害或侵害危險，不過由於構成要件該當行為並不一定會產
生實質的法益侵害，一旦所造成的法益侵害尚未達到（社會不可忍受的）
值得處罰的程度時，構成要件該當行為即無加以處罰之必要。德國刑法學
者李士特首先將違法性區分為「形式違法」與「實質違法」等概念，所謂
形式違法性係指行為形式上違反國家法律規範，依此觀點違法性僅係行為
與法律規定間之形式關係；而實質違法性則係指行為實質上具有反社會性
或社會危害性，於此則違法性乃具有實質法益侵害之內涵。然亦有謂形式
違法性係是指行為違反實定法規，至於行為是否違反實定法規，端視該行

為是否該當犯罪構成要件而定。構成要件規定違法類型，一個行為經構成要件該當的判斷，具有構成要件該當性時，即可推定該行為是一具有違法性的行為。由構成要件所推定的違法性，就是形式的違法性。實質違法性係指構成要件該當行為實質上違反整體的法秩序而言，至於行為是否實質上違反整體法秩序，則必須從規範的實質面來理解與認識。而所謂規範的實質面，就是關於整體法秩序實際上所禁止與所容許之內涵，故實質違法性，本質上在回答行為為什麼違法以及行為何以不見容於全體法秩序等問題。簡言之，行為即使已具備形式違法性，如實質上未具與整體法秩序不相容之違法性時，仍不能認為是具有違法性內涵的行為。

違法性的本質為何，不僅涉及法定阻卻違法事由的認識，更與法未明文之超法規阻卻違法事由之承認有關。一般來說，違法性的本質，與刑法的任務與機能（刑法的規範目的）有關，從過去行為反價值與結果反價值的爭論，到目前規範違反說與法益侵害說的爭執，均針對違法性本質為何而生。倘認刑法的規範目的，旨在保護法益的安全，則法秩序規範原在禁止侵害他人之法益，故一個行為若已威脅到他人法益的安全時，該行為即具有實質違法性；倘認刑法的規範目的，係在維護社會生活的倫理秩序，則法秩序規範就在禁止違反社會生活倫理秩序的行為，因此，一個行為若違反社會生活的倫理秩序時，蓋行為即為具有實質違法性的行為。前者為法益侵害說，後者為規範違反說。茲分述如次：

一、法益侵害說

法益侵害說認為違法性是指行為對於法益造成的侵害或危險，因刑法以保護法益為規範目的；而法秩序本身原在禁止任何人恣意侵害他人的法益或造成他人法益危險。換言之，行為如果對於他人的法益造成侵害或危險時，即具有實質的違法性。鑒於刑法本質上係一種保護多數國民生活利益之管制（規範）手段，違法性之本質應以是否存在法益侵害為基礎，這種違法性的概念不但可以表現出法益保護之基本法秩序觀點以及確實的規範管制內涵，並對特定客觀的內容與事實（即刑法分則條文所指事實）做

出否定的價值判斷。不過並非造成任何輕微法益侵害的行為皆具違法性，關於構成要件該當行為是否具違法性，似應限於社會普遍認為不可忍受而值得處罰者，從而違法性之本質係以「值得處罰的法益侵害」為前提，因此，阻卻違法並非指違法性為零，而係指所造成的法益侵害尚未達到值得處罰的程度。

二、規範違反說

　　規範違反說認為違法性的實質內涵，存在於法規範背後的倫理以及道義秩序，犯罪不僅在形式上違反刑罰法規，而實質上違反早於刑罰法規存在的不成文規範（如文化規範、社會倫理等），而行為違法性的實質應該求諸於這種規範違反性。蓋刑法的規範目的，旨在教導國民的行為符合社會倫理秩序的要求。因此，行為如果違反社會倫理秩序的要求，也就是行為如果違反規範的行為準則時，即具有實質的違法性。亦即將法規範的內涵以違反道義秩序、違反文化規範及欠缺社會相當性來加以說明，故違法性的實質係依道義秩序或社會相當性而為決定（余振華，9）。本質上，規範違反說係以整體法規範作為評價「構成要件該當行為是否與整體法秩序對立衝突」之基準，倘經評價後認與整體法秩序對立衝突，則該行為已具違法性，尚須繼續進行有責性之審查；倘經評價後未有對立衝突時，可認係屬符合整體法秩序的行為而阻卻違法性，則該構成要件該當行為並不構成犯罪。

第三節　可罰的違法性

　　刑法的規範目的，雖主要在保護法益的安全，亦有保護社會倫理秩序之作用。一旦某項法益侵害行為符合刑法分則或特別刑法之規定，判斷構成要件該當行為是否具備實質違法性，除應先視其對於法益是否造成實害或危險外，實應再進一步審查該法益侵害之客觀情狀，是否違反社會倫理秩序而不為一般民眾所接受；如果二種情形均同時具備時，即可肯定該行

為具有實質的違法性，而應加以處罰。

　　就犯罪成立之判斷而言，「違法性」是行為因違反法規範而被否定的性質；在整體法秩序下，某構成要件該當行為，若進一步被認為與整體法秩序的價值相悖離，該構成要件該當行為即具違法性。惟若該行為與整體法秩序未相違背，或是違背的程度尚未達應予處罰（社會不能忍受）的程度，縱然事實上已造成法益的侵害或危險，亦不應認為該行為屬於犯罪行為，蓋法律不應強人所難，如果某種法益侵害情狀是否違反整體法秩序並不明確，甚至法學界就其合法性存在人言言殊、百家爭鳴的盲點，此時不但可能存在該法益侵害情狀因欠缺罪刑法定原則之構成要件明確性而不應處罰之爭議，亦可因該法益侵害情狀存在合法性爭議，而主張該構成要件該當行為不具社會不能忍受之特徵，未達應予處罰的可罰的（實質）違法性，故不成立犯罪。蓋構成要件該當性的判斷如果過於不明確，會喪失其於規範上可以達成保障人權的機能；而在刑法的世界裡，並不是一出現法益侵害或侵害危險的情狀，即一律地應課以刑事處罰；這也是為什麼並不是所有的法益侵害（實害犯）都有處罰其未遂型態（危險犯）的必要；而不處罰所有造成法益侵害或其危險的原則，亦可說明何以緊急避難會逐漸自法未明文的超法規阻卻違法事由轉變為法定阻卻違法事由之一。

　　基本上該當阻卻違法的情形並非指違法性完全不存在，而係指所造成的法益侵害尚未達到值得處罰或社會不能忍受的程度，在此認知下，刑法在違法性的判斷上，僅會出現「實質違法」或「實質不違法」二種結果，而並不會出現實質違法性程度輕重的問題。由於犯罪行為是以構成要件該當、且其可罰性已達值得科處刑罰或社會不能忍受之程度（具可罰的違法性）為其前提（亦即可罰違法性是指經社會評價已達值得科處刑罰程度或社會不能忍受的違法性），因此可罰違法性理論是指「以可罰違法性不具備推論出構成要件不該當以否定犯罪成立」的刑法理論。本質上可罰違法性理論可視為違法性概念的具體化描述，某種程度上會被認為是超法規阻卻違法事由是否被承認的判斷依據。不過可罰違法性的判斷於邏輯上乃優先於法定阻卻違法事由，其條件亦較寬鬆。我國實務除最高法院74年台上字第4225號判例外，依同院85年台上字第1547號判決：「又伊應陳○○之

請求，所取交給陳○○之空白支票，未具備票據法所規定之絕對必要記載事項，依法並不具有支票之性質與效力，在客觀之價值上與任何一張廢紙無異，亦根本不具備竊盜構成要件所預定之可罰違法性，原審遽論以竊盜罪責，不無判決適用法則不當之違法。」與90年第6次刑事庭會議：「按構成要件之相當性、行為之違法性及有責任，共為成立犯罪之三大要件。其中構成要件形式規定本身，不過僅屬一般抽象違法性之類型推定而已，至其行為之具體違法性，仍有待個案另作綜合之調查認定。故有認為：犯罪之成立，僅實現相當於形式構成要件，尚有未足，更須具備行為之實質上違法性（包括社會相當性與處罰必要性）；我國審判實務，亦不乏認為：行為雖適合於犯罪構成要件之規定，但如無實質之違法性時，仍難成立犯罪之見解（74年台上字第4225號判例參照）。可罰的違法性論者，甚至主張：雖有違法，如不值科處刑罰程度之違法性行為，即認為構成要件不相當；或苟無可罰之違法性，即係構成要件相當性之欠缺。」等說明，可認可罰的違法性理論，已為我國刑法實務所採。不過這樣的觀點，在民國86年10月刑法第339條之1第1項：「意圖為自己或第三人不法之所有，以不正方法由收費設備取得他人之物者，處一年以下有期徒刑、拘役或三千元以下罰金。」制定後，可能產生爭議，蓋由於自動販賣設備所販賣之商品價值多屬不高，因此犯罪客體的價值究竟超過多少才滿足可罰的違法性之要件，便有爭議，如認（意圖為自己或第三人不法之所有）以不正方法由收費設備取得他人所販賣之低價商品（如養樂多），因所侵害之法益價值過低而不具可罰的違法性（故不應依刑法第339條之1第1項之規定處罰），則此種觀點似乎推翻了立法機關就何種法益侵害應否科處刑事處罰的憲法權限，而與權力分立的法理有違。反之，如認其具可罰的違法性而應處罰，則似認可罰與否的區分僅在於是否侵害超過新臺幣伍圓或拾圓，則此種可罰與否之區分似又與社會一般觀感不符。從而，關於多少價值或何種型態的法益侵害滿足了可罰的違法性而應處罰，實有待進一步的共識形成。

第四節　阻卻違法事由

一、阻卻違法之一般原理

　　犯罪行為須有違法性，始能處罰，故違法要件為犯罪成立要件之一種，此無論為作為犯或不作為犯皆同。所謂違法性係指構成要件該當行為，經價值判斷後而與整體法規範處於對立衝突之狀態。一般來說，構成要件該當後，除非有特殊情形可以推翻該行為表徵（推定）之違法性，否則該行為即具違法性。此處所指之特殊情形，即指阻卻違法事由，易言之，構成要件該當性與違法性是屬於「原則」及「例外」關係，構成要件該當後原則上即具有推定的違法性，除非在個案中存在法律或學說或實務所承認之阻卻違法事由，否則該法益侵害行為即具違法性。鑒於構成要件該當行為僅推定違法性存在，故欲具體確定其違法性之存否，尚須就具體情形，從實質上予以檢討決定，一旦行為有阻卻違法事由存在，即不為罪。關於何種事由得為阻卻違法，原以法律明文規定為宜，然因刑法之目的，在調和個人與社會，以促進社會生活之向上，為達到此項目的，自有依行為之實質面並就全部法律秩序之精神，以決定其違法性之必要。由於法制上存在以行為實質決定違法性，而不拘泥於法律上阻卻違法事由存否之必要，可認刑法第21條至第24條規定之四種阻卻違法事由類型，乃吾人日常生活中，最具有代表性及普遍性者之例示規定，而非列舉規定，畢竟立法技術上尚難將所有阻卻違法事由悉數列舉。至若法律未明文之部分，則為「超法規阻卻違法事由」。由於社會價值多元，難免出現法益互為衝突之現象，因有予以調和之必要，因此除刑法第21條至第24條規定四種法定阻卻違法事由外，亦有必要承認超法規阻卻違法事由之存在，以濟法律之窮。法定阻卻違法事由有規定於刑法總則，亦有規定於刑法分則或特別法中，例如優生保健法第9條所定之人工流產即為特別法所定之阻卻違法事由。

　　阻卻違法具有「為保障正當、不得不違法」之內涵，例如基於正當防

衛而傷人，就構成阻卻違法的事由，構成要件該當行為須具備阻卻違法事由才能不受處罰。關於阻卻違法的基礎，通常有目的說、社會相當性說、法益衡量說、優越利益說等學說。（一）目的說認為為達正當目的而採取的相當手段得阻卻違法，不過關於何謂正當目的、相當手段？該說並無具體的說明；（二）法益衡量說認為若所犧牲（侵害）的法益較所救助的法益具有較高的價值，則該法益侵害行為具有實質違法性；反之，若所救助的法益較所侵害的法益具有較高的價值，則該法益侵害行為因沒有必要處罰而不具有實質違法性。不過何種法益具有較高的價值？同類型法益（生命、身體健康、財產等不同的類型）價值之順序（例如斷手或斷腳何者較為優先）如何決定？仍無具體可遵循之標準；（三）優越利益說不單純只作抽象的比較衡量，而是按客觀狀況作具體衡量，在比較相衝突法益之「保護的必要性」後，保護必要性高者即為應優先保護之法益，此時保護行為縱已造成法益侵害，亦生阻卻違法之效果；（四）社會相當性說認為若行為具有社會相當性即得阻卻違法，而一般認為社會相當性係指依健全的社會通念所認定的社會共同生活秩序所承認之正當行為。

　　依前述可罰的違法性理論之說明，我國實務似以社會相當性說為判斷該構成要件該當行為之違法性是否已達可罰程度之標準。雖然可罰的違法性理論主要在推論出「欠缺構成要件該當性」的法律效果，而阻卻違法理論旨在否定被立法者推定具有違法性特徵的構成要件該當行為之違法性，二者不同；不過由於前者係正面地觀察違法性本質，而後者係負面地排除不具實質違法性行為的處罰必要性，不論從正面或負面理解違法性，均在防止處罰所有構成要件該當行為的不當，蓋並非一出現構成要件該當之法益侵害或危險即屬社會不能容忍而應予以刑事處罰，此乃刑法謙抑原則之體現。

二、依法令之行為

　　刑法第21條第1項規定：「依法令之行為，不罰。」本條所謂依法令之行為者，乃指屬於現行法令所規定之應為或容許之行為，蓋依法規範價

值一致性原則，法體系內的價值原不應發生矛盾衝突，故若依其他法律為合法，則在刑法領域內也應該認為是社會可忍受之行為，不應發生依其他法律為合法的行為，在刑法領域內卻成為社會不能忍受之違法行為；不過刑法認為不違法的行為，在其他法律領域內，卻不見得就會是合法的，畢竟刑法具有補充性，其所認定的標準應是最低標準。而如某行為係現行法令所允許或期待，則在法令追求更優越的社會生活利益或價值的認識下，自應容許或忍受依法令侵害法益的構成要件該當行為，而否定該行為之違法性。再者，人民原有遵守立法規定之義務，若處罰依法令之行為，不啻處罰人民履行其守法公民義務的行為，如此不但有害法的威信，亦動搖人民對法的信賴。

本條所謂法令，係兼指刑法及刑法以外的法律及單行法規命令而言，蓋憲法第23條規定：「以上各條列舉之自由權利，除為防止妨礙他人自由、避免緊急危難、維持社會秩序，或增進公共利益所必要者外，不得以法律限制之」所謂「以法律限制之」部分，即大法官反復闡明人民自由及權利之限制，應以法律為之，但不排除得由法律授權行政機關以命令為補充規定，惟其授權必須具體明確，而逐步建立憲法上所謂法律保留原則、授權明確性原則之憲法基礎。惟人民自由及權利之限制，並非形式上符合法律保留原則、授權明確性原則，即當然合憲。其實質內容，尚須符合憲法第23條前段規定，即為達成特定目的所必要，換言之，即尚須符合比例原則（釋字第612號解釋彭鳳至與徐璧湖大法官協同意見書）。因此符合授權明確原則之法規命令亦具有限制人民基本權利之效力，自應視為得阻卻違法之法令。惟法令不包括非法規性質之職務命令，蓋職務命令屬於刑法第21條第2項之範圍。依法令之行為阻卻違法，須具備下述三項要件：

（一）須行為人有行使權利或履行義務之意思

此為主觀阻卻違法之要素，行為人在主觀上，須認識其所實施者為權利行為或義務行為，而且有行使權利之意思或履行義務之意思。

（二）須有法令之明文

不論法令所規定之內容，為實體事項抑係程序事項，凡對於一定的行

為之實施予以命令或容許者，皆屬之。

（三）不得有權利之濫用

行為人應以適當之手段，行使其權利或履行其義務。行為雖係依據法令，然不得有權利之濫用。

依法令之行為，範圍甚廣，不可能臚舉無遺，惟就其主要者，約有下列數種：

1. 現行犯之逮捕（刑事訴訟法第88條）。
2. 利害關係人對通緝被告之逮捕（刑事訴訟法第87條第2項）。
3. 逕行拘提（刑事訴訟法第76條）。
4. 無令狀搜索（刑事訴訟法第130條、第131條）。
5. 預防性羈押（刑事訴訟法第101條之1）。
6. 懲戒行為（民法第1085條）。
7. 監護行為（民法第1112條第2項）。
8. 中央及地方民意代表之言論及表決（憲法第32條與第73條）。
9. 訴訟程序上之行為：在訴訟程序上，裁判官或訴訟關係人所為之行為，雖有損他人名譽，但其行為係行使法律上權利或履行法律上之義務，乃依法令之行為，不構成犯罪。如其行使權利有濫用情形，仍應負責。被告在訴訟程序上有辯護之權，因辯護而毀損他人名譽者，亦得阻卻違法。如有濫用情事，則非當然阻卻違法。
10. 私法上權利之行使：行使私法上之權利，係基於行使權利意思，且其行使方法在社會觀念上認為尚屬相當者，亦得阻卻違法。如其外形上雖係行使權利，而其實質係藉行使權利之名，意圖犯罪；或雖以行使權利為目的，而其方法顯不相當者，此乃權利之濫用，並不阻卻違法。
11. 依優生保健法實施之人工流產：優生保健法第9條規定六款合法人工流產之事由，其中依第6款以懷孕或生產將影響其心理健康或家庭生活而施行墮胎者最常被使用，依同條第2項之規定，請求實施人工流產者若為未成年人或受監護宣告人，應得法定代理人之同意；若為有配偶之人，應得其配偶之同意。關於得法定代理人或配偶之同意，有認為僅拘束醫

生，不拘束婦女，故若懷孕婦女未獲法定代理人或配偶之同意，為其施行墮胎之醫生仍構成加工墮胎罪，而該孕婦只要符合優生保健法第9條之規定，仍可阻卻違法。

12. 依主管機關函釋或核准之行為或行政慣例：例如經主管機關依法律授權核准而製造炸藥之行為，不構成刑法上公共危險罪，蓋此時主管機關之函釋或核准旨在具體化法律規定，依法律授權所為之行政行為，本身應構成該法令之一部分。在民主社會中，除非法院或上級機關已就原主管機關之行政函釋作出相反的見解，民眾原有義務信賴原主管機關就個案所作解釋之合法性並遵循該函釋之內容行事，縱事後該函釋內容之合法性已為其他有權之行政機關或司法機關所否定，人們善意信賴原主管機關行政作用之利益（保障），亦不應因行政機關事後立場之變更而受到影響（否定）；蓋法秩序原期待民眾遵守主管機關之意見或指示（除非進入司法救濟程序），並不樂見人民未依救濟程序恣意地主張或堅持主管機關所未承認之觀點或說明。

此外，由於法規範（憲法秩序）只賦予相關憲法（主管）機關有權對於主管事項解釋說明或作出決定，其他非主管機關縱不同意主管機關之見解，亦無從越俎代庖地代為決定，即便原主管機關所表示之觀點事後被推翻，先前基於信賴原主管機關有權解釋所作成的行為，亦應因符合法律要求遵守主管機關之意見或指示的期待，而符合整體法秩序之要求而不屬於一社會不能忍受而具違法性的行為，否則若某行政函釋事後被大法官宣告違憲，先前依該函釋課徵稅款或限制人民其他權利之公務員，豈不將因依法行政反而成了刑事被告？若認依主管機關有權解釋之行為不能阻卻違法，則任何國家機關之決定一但嗣後被宣告違憲或被撤銷，其決定在被宣告違憲或撤銷前均將失其實定法或確定裁判的規範效力，果如此則民眾將因無從得知該決定是否事後會被推翻，而對國家機關的決定無所適從；而此一現象恐將造成不信賴有關憲法部門（不論是行政機關、立法機關或司法機關）就主管事項所作成的決定，並導致憲法秩序崩解的不利益。

又由於行政慣例之存在旨在填補法規範之不足，只要其存在本身是一個長期不爭的事實，並已使相關機關或個人對之產生法之確信，依該

行政慣例所為之行為應屬社會可忍受之行為（否則此行政慣例即不具規範填補之功能）。基於習慣法之規範效力，在該慣例被糾正或廢止前，本諸習慣法所為之行為亦難謂有違整體法秩序之要求，而屬社會不可忍受之犯罪行為；否則若因該慣例被糾正或廢止而認先前遵守該習慣或慣例之行為具違法性，不啻將國家機關怠於針對該習慣或慣例立法的責任，全部推由信賴該行政慣例之行為人承擔。類此殺雞儆猴之作法，不但忽視習慣法亦為行政法法源之事實，亦有如在處罰人民信賴主管機關函釋與行政慣例之情事，如此恐將導致人民或行政機關於法令未及規範之領域出現寸步難行之窘境。因此，依主管機關函釋或行政慣例之行為，縱實質上造成法益侵害，亦將因法治社會要求遵守主管機關有權解釋或尊重習慣法而為一社會必須容忍的風險，其既為不可避免而非無法容忍的風險，自不屬牴觸整體法秩序而為具備違法性之行為。因此，依主管機關函釋、行政慣例或核准之行為，縱實質上造成法益侵害，亦因其為社會可忍受之行為而無刑事處罰之必要，自亦不構成犯罪。舉例而言，依財政部國庫署經費動支要點相關規定，各機關人員公務出差搭乘飛機、汽車、捷運、火車、輪船等交通工具均須按實報支，且出差地點距離機關所在地六十公里以上，且有在出差地區住宿事實者，得在規定標準數額內，檢據核實列報住宿費；不過該規定針對膳雜費報支，卻僅規定按「中央機關公務員工國內出差旅費報支數額表」，所列各該職務等級規定標準數額內辦理，並未如交通費般要求實報實支。又參照中央機關公務員工國內出差旅費報支數額表之規定，膳雜費依其等級每日可支領新臺幣六百五十元（特任級人員）、五百五十元（簡任級人員）、五百元（九職等以下人員包括雇員）及四百五十元（技工、司機、工友），惟徵諸實際，因公出差之公務人員鮮少有一日或一餐花費膳雜費超過前述金額者。有趣的是，雖然大家都知道膳雜費發放金額超過公差實際支出，慣例上卻未曾要求繳回溢領的膳雜費，如果因為法未明文膳雜費是實質薪資的一部分進而認為前述「未要求繳回溢領的膳雜費之行政慣例」不具備阻卻違法的功能，那麼幾乎所有擔任過公務員且出差過的人都有侵占公款甚至詐領公款的嫌疑，此種觀點不免牴觸一般公務員的認知，蓋既已形成行政慣例自難將之評價為社會不可忍受之行為；若肯

189

認基於行政慣例而為之行為亦具有違法性，也有違刑法謙抑的精神。

三、依上級命令之職務上行為

公務員之職務上行為，如係依據法令之規定，固得阻卻違法，如依據上級公務員之職務命令者，本亦係依法令行為之一種，得為阻卻違法之事由。惟依我國刑法第21條第2項：「依所屬上級公務員命令之職務上行為不罰。但明知命令違法者，不在此限。」之規定，依上級命令之職務上行為，除係一獨立的阻卻違法事由外，因並非一概無條件地阻卻違法，故有與依法令行為區分之必要。通常依上級公務員直接以文字發布之命令當然可以阻卻違法，不過如果在下屬簽陳而奉長官批示「如擬」或「可」等情況，也可認屬依上級公務員命令之職務上行為而阻卻違法。

依上級命令之職務上行為，其阻卻違法須具備下列要件：

（一）須為所屬上級公務員基於職權所發布之命令

按公務員服務法第2條規定：「長官就其監督範圍以內所發命令，屬官有服從之義務，但屬官對於長官所發命令如有意見，得隨時陳述。」由此可見上級公務員所發布之命令，須本其職務上監督權而為，屬官始有服從之義務。

（二）須為受命者職務上之行為

所謂職務，乃指職權以內之事務。受命令之下級公務員對於有拘束力之命令，固應服從，但如命令之事項，不在其職權範圍以內者，亦無遵守之必要，而執行命令之公務員亦不得逾越命令之範圍，且執行行為尚屬適當。

（三）須命令於形式上具備法定程式而有拘束力

如應以書面下命卻以口頭下命，或是書面應加蓋印信卻有闕漏，或應經副署卻有欠缺，均為此處形式要件不備之情形。

（四）須不知命令為違法

　　按依公務員服務法第2條之規定，下級公務員對上級公務員之命令，依法本有服從之義務；上級所命令者既屬職務上之行為，下級公務員尤應確切執行。依法執行職務，原為公務員之權利，有時且為義務，自應阻卻違法。奉行上級公務員命令之職務上行為，固為阻卻違法之原因，但上級公務員之命令為違法而奉行之者，是否亦可阻卻違法，應以行為人是否明知為準。倘行為人不知命令之違法，因主觀上仍具依法執行職務之意思，尚不失為依法盡其服從之義務，仍得阻卻違法性。反之，若明知命令為違法，即不應奉行，其主觀上所具依法執行職務之意思，即因明知違法之情事而被否認，從而不應奉行而奉行，自不得為阻卻違法之原因。

　　惟關於上級公務員所發之職務命令是否違法，又下級公務員有無審查其是否違法之權，涉及阻卻違法事由及犯罪成立與否，因此對於下級公務員審查之權限範圍如何，即為相當重要之議題。有主張公務員與國家之關係，乃特別權力關係，上級公務員之命令，下級公務員有絕對服從之義務。不問其形式上之要件是否具備，抑或實質上是否合法，下級公務員無審查之權。至該命令本身是否違法，應由發布命令之上級公務員負其責任。下級公務員，應絕對服從，不得拒絕。此說不問命令是否違法，均須服從，一般皆不採此絕對服從說，並認下級公務員有審查上級公務員所發職務命令之權限，惟關於審查權限為何，又有形式審查說與實質審查說及折衷說之分：

1. 形式審查說

　　此說認為命令有無形式違法，下級公務員固極易判別；惟命令有無實質違法，下級公務員往往難以或根本無法判斷，下級公務員對上級公務員之命令，只能就形式上審查，其是否具有法定之程式，如形式完備，即應服從，至於該命令內容，實質上是否違法？非下級公務員所能審查。亦即下級公務員不應負命令是否實質違法之審查義務。故該命令如具備合法之程式，縱違法，下級公務員奉行，亦構成阻卻違法之事由。

2. 實質審查說

此說以下級公務員對於上級公務員之命令，雖有服從義務；然於內容違法之命令，如予服從，違法瀆職，關係國家人民之權益者至大，故公務員就命令應予實質審查。不過關於應如何進行實質審查以及審查義務之內涵與範圍為何，此說並未提供明確的判斷標準。

3. 折衷說（明知違法說）

此說原則上採形式審查說，但如下級公務員，明知上級公務員命令違法，而仍予以執行者，則不能成為阻卻違法之事由，仍應負違法之責。

前述不論形式或實質審查說在理論上固有相當理由，不過在實踐上則易影響行政效能，混淆權限，蓋下級公務員，如藉此得以任意否定上級長官之命令，亦違上下分工、層層節制之行政原理，苟對是否違法發生解釋上之爭議，更足影響行政效率。鑑於刑法第21條第2項但書僅規定「明知命令為違法」者，不得阻卻違法，則於下級公務員奉行上級命令時，只須「非」明知命令為違法，縱該行為造成法益侵害，亦不屬社會不可忍受之法益侵害，此觀最高法院30年上字第1811號判例：「明知上級公務員拘捕命令違法，而因與被拘提人有隙，故意將其逮捕，或並無逮捕權責，而藉口奉命私擅逮捕人者，均應以非法方法剝奪人行動自由論罪。」與司法院36年院解3740號解釋：「業戶拖欠堤費，該管警察所長奉縣長令執行押繳，如明知違法命令，應以私禁論罪。」等實務見解，均以行為人明知為前提要件自明。換言之，只要下級公務員在非明知命令違法之情形下，其依所屬上級公務員命令之職務行為並不具違法性。惟不論形式審查與實質審查之主張，均屬判斷是否該當「明知」之工具，就此而言，若以實質審查說為標準，不啻科下級公務員審查上級公務員命令之義務，徵諸實際，其說自有不當；但如下級公務員明知該命令未具法定形式要件（例如上級公務員之命令違反行政程序法第111條：「行政處分有下列各款情形之一者，無效：一、不能由書面處分中得知處分機關者。二、應以證書方式作成而未給予證書者。三、內容對任何人均屬不能實現者。四、所要求或許可之行為構成犯罪者。五、內容違背公共秩序、善良風俗者。六、未經授權而違背法規有關專屬管轄之規定或缺乏事務權限者。七、其他具有重大

明顯之瑕疵者。」之情形），卻仍執行該形式欠缺之違法命令，即不得主張刑法第21條第2項之阻卻違法。為避免行政執行上下權力服從關係無從貫徹，影響行政效能，並為避免惡化下級公務員之法律地位，課與過重之審查義務，關於明知之判斷，似以上述折衷說為宜，亦即上級命令只要客觀上、形式上合法，即得阻卻違法。又依公務員服務法第2條規定，縱公務員明知命令違法，亦僅得陳述意見，於陳述意見後，仍有服從之義務。因此公務員如已依公務員服務法第2條規定向上級陳述意見，因仍負有服從義務，此時似可將之視為刑法第21條第1項依法令之行為阻卻違法。而在上級公務員故意下達內容違法之職務命令之情形中，下級公務員縱因採折衷說而得主張阻卻違法，上級公務員仍無從解免於間接正犯之成立，此時縱僅由發動法益侵害之上級公務員負刑事責任，亦無保護法益不周之疑慮。

四、業務上之正當行為

業務上之正當行為者，乃指從事特定業務之人，基於業務所行為而言。因業務為社會生活正常運作所不可或缺，縱造成一定法益侵害，亦因從事該業務行為本身值得鼓勵、該業務之執行具有較優越的社會利益（價值）值得維護，從而應認若行為人從事被鼓勵並期待之業務行為，縱造成法益侵害亦不認其具不可忍受之本質，我國刑法第22條遂規定：「業務上之正當行為，不罰。」業務上之正當行為，有時尚須具備學術上、社會習慣上之要件，且不得逾越社會所要求之範圍與必要之程度，方能阻卻違法。業務上之正當行為得阻卻違法，除行為人主觀上須有執行業務之意思外，客觀上尚須具備下列要件：

（一）業務之本質須為法律所容許

所謂業務，指合法之業務而言。業務之種類甚多，持續的從事特定之業務，而不違背公序良俗者，即為合法之業務，並不以曾經主管機關許可之業務為限。從而密醫所從事之醫療行為，亦該當業務之判斷。

（二）從事之人須有持續性及固定性

業務雖係合法，若從事之人僅偶爾為之，即非其業務。必須其從事業務，有持續性及固定性，始有阻卻違法之可言。依最高法院43年台上字第826號判例：「刑法上所謂業務，係以事實上執行業務者為標準，即指以反覆同種類之行為為目的之社會的活動而言；執行此項業務，縱令欠缺形式上之條件，但仍無礙於業務之性質。上訴人行醫多年，雖無醫師資格，亦未領有行醫執照，欠缺醫師之形式條件，然其既以此為業，仍不得謂其替人治病非其業務，其因替人治病，誤為注射盤尼西林一針，隨即倒地不省人事而死亡，自難解免刑法第276條第2項因業務上之過失致人於死之罪責。」所述，所謂「業務」係採「事實業務說」，不以從事法律所承認之專門職業技術為常業者為限，只要實際上持續地從事某項事務之反覆行為（以反覆從事某項行為為目的而為之行為），即為此處所指之業務。且一人不以從事一種業務為限，參照最高法院71年台上字第1550號判例，業務包含主要業務所附隨之準備工作或輔助事務。

（三）其行為須在業務範圍以內

凡屬業務，必有其一定範圍，而依最高法院75年台上字第1685號判例：「汽車駕駛人之駕駛工作，乃隨時可致他人身體生命於危險之行為，並係具有將該行為繼續，反覆行使之地位之人。因此應有經常注意俾免他人於危險之特別注意義務。上訴人所駕駛之客貨兩用車，係以之為販賣錄音帶所用，其本人並以販賣錄音帶為業，故其駕駛該車本屬其社會活動之一，在社會上有其特殊之屬性（地位），其本於此項屬性（地位）而駕車，自屬基於社會生活上之地位而反覆執行事務，因之，在此地位之駕車，不問其目的為何，均應認其係業務之範圍。上訴人徒以其時非用以運載錄音帶，即謂非業務行為，難認有理由。」所示，凡與業務有直接關係者，亦業務之範圍所涵蓋，若逾此範圍，則不能謂為屬於業務上之行為。

（四）其行為須不逾越必要之程度

正當行為之「正當」，應作「適當」解，必其行為不逸出業務上必要

之不程度，始屬正當。至於何種情形為必要，須依客觀事實認定之。

五、正當防衛行為

正當防衛云者，係指對於現在不法之侵害，出於防衛自己或他人之權利，所為適當之反擊行為，又稱緊急防衛。按於法治國家中，排除不法侵害原為國家機關責無旁貸之職責，不許私力行使，惟於侵害急迫之情形下，自應允許於必要合理範圍內，由私人自行反擊以保護救助即將受到侵害之法益，蓋人民本無義務忍受不法之侵害，無須向惡勢力低頭，正當防衛遂被認為權利行使之一環，各國立法亦就此設有阻卻違法之明文規定，我國刑法第23條規定：「對於現在不法之侵害，而出於防衛自己或他人權利之行為，不罰。但防衛行為過當者得減輕或免除其刑。」亦承認適當之正當防衛行為得阻卻違法。除刑法有此類規定外，民法第149條：「對於現時不法之侵害，為防衛自己或他人之權利所為之行為，不負損害賠償之責。但已逾越必要程度者，仍應負相當賠償之責。」亦有類似規定。

關於正當防衛之主張，必須滿足以下要件：

（一）須有不法侵害之存在

排除他人現在之不法侵害，乃人類自衛本能之展現，所謂「不法」，指其行為客觀上為法律所不容許（違反規範）或者正當防衛者對此侵害無容忍義務之情形，非僅實質上為法律所不許，即形式上有所欠缺（例如未經告訴或事後自首）亦屬之，從而亦得對於無責行為之侵害（如精神病患之侵害或未滿十四歲人之侵害）實施正當防衛。而此處之侵害包含侵害之危險，但不以侵害型態有處罰未遂為限，故縱傷害未遂未構成犯罪，仍得對之主張正當防衛。惟如行為人欲利用正當防衛而達侵害他人之目的（如挑唆防衛），應評價為權利濫用而不得主張正當防衛。而該不法侵害之行為須為自然人之行為（不論故意或過失、亦不論作為或不作為），單純自然現象（如地震或海嘯）或動物自發性之攻擊，原非正當防衛之對象。但若動物之攻擊乃人類利用支配之結果，雖表面上屬對物防衛，事實上卻可評價為對人防衛。由於正當防衛本身屬於一種權利行為，故對於正當防衛

行為自不得再主張正當防衛。

（二）須為現在之侵害

所謂「現在」，係別於過去或未來而言，但不以急迫為必要。故其侵害行為業已開始，且在可以即時排除之狀態中者，均不失為現在。若侵害已成過去，則被害人儘可請求國家對於侵害者處罰，或命其賠償損害；倘侵害尚屬未來，或係想像之侵害，自可請求國家予以保護，均無自力防衛之必要，故行使防衛以現在之侵害為限。惟關於是否該當「現在」之不法侵害，應不以侵害行為已否著手或終了為判斷之基礎，蓋實施正當防衛為防衛者合法之權利，只要實施防衛行為足以「有效」排除法益受到侵害或侵害風險，縱該侵害行為尚未至犯罪「著手階段」甚至未至犯罪（如傷害不罰未遂，故傷害未遂不成立犯罪），仍符合「現在」之規範目的，蓋防衛者本無義務忍受侵害，自無理由要求其須至著手甚至既遂階段始得主張正當防衛並實際承受法益侵害及其風險，若需等到著手時始允許正當防衛，亦將導致防衛者採取較著手前更嚴重的法益侵害手段；而當法益受侵害已成定局無法回復或已無從防止侵害擴大時，即已非「現在」而屬「過去」之侵害。

另依刑法第329條規定：「竊盜或搶奪，因防護贓物、脫免逮捕或湮滅罪證，而當場施強暴脅迫者，以強盜論。」與司法院大法官釋字第630號解釋：「刑法第329條之規定旨在以刑罰之手段，保障人民之身體自由、人身安全及財產權，免受他人非法之侵害，以實現憲法第8條、第22條及第15條規定之意旨。立法者就竊盜或搶奪而當場施以強暴、脅迫者，僅列舉防護贓物、脫免逮捕或湮滅罪證三種經常導致強暴、脅迫行為之具體事由，係選擇對身體自由與人身安全較為危險之情形，視為與強盜行為相同，而予以重罰。至於僅將上開情形之竊盜罪與搶奪罪擬制為強盜罪，乃因其他財產犯罪，其取財行為與強暴、脅迫行為間鮮有時空之緊密連接關係，故上開規定尚未逾越立法者合理之自由形成範圍，難謂係就相同事物為不合理之差別對待。」之說明，因立法者禁止竊盜犯或搶奪犯以強暴脅迫之方式防護贓物、脫免逮捕或湮滅罪證，故允許竊盜或搶奪之被害

人，得於竊盜或搶奪事後以私力取回被侵害之物品、逮捕被告或保全證據，似乎承認對於發生於過去侵害得進行正當防衛，並可評價為正當防衛旨在排除現在侵害之例外。不過，若將刑法第329條規定視為刑法科加害人不以強暴脅迫之手段防護贓物、脫免逮捕或湮滅罪證之義務，並賦予被害人追奪被侵害物品之權利，則被害人排除法益受侵害之追奪行為，反倒可以視為依法令之行為而主張阻卻違法。此外，依最高法院28年上字第1984號判例：「刑法第329條所謂當場，固不以實施竊盜或搶奪者尚未離去現場為限，即已離盜所而尚在他人跟蹤追躡中者，仍不失為當場。惟於竊盜或搶奪者離去盜所後，行至中途始被撞遇，則該中途，不得謂為當場，此時如因彼此爭執，犯人予以抵抗，實施強暴或脅迫，除可另成其他罪名外，不生以強盜論之問題。」之說明，因已擬制「跟蹤追躡中」為先前犯罪之當場，故仍得對之主張正當防衛。

（三）須因防衛自己或他人之權利

防衛之對象為權利，所謂權利，包括人之生命、自由、財產、名譽等法益，不以實體法上所稱權利為限，並包括法律上所保護之一般法益在內。不過，原則上單純涉及國家統治權的國家法益與單純與公序良俗有關的社會法益，尚不在得行使正當防衛之列，畢竟一般個人對於該類國家權力之維持原無越俎代庖之必要。對於自己之權利，固得行使正當防衛，即目睹他人之權利受緊迫之侵害，或見義勇為，或出於情感，亦得行使防衛權。又因正當防衛之合法性源自抑制不法侵害以保護法益，則防衛行為所攻擊之對象，自應限於引起該不法侵害之加害人，而不及於其他非加害之第三人，若竟造成非加害之第三人法益侵害，除另得成立緊急避難外，尚不得主張正當防衛阻卻違法。惟現行實務認為姦夫姦婦正在通姦時，本夫殺死姦夫，因不屬防衛自己或他人之權利，除得成立較輕微之義憤殺人罪外，並不構成正當防衛。

（四）須防衛行為不過當

防衛行為，即對於不法侵害所施之反擊行為。必其客觀上防衛情狀存在而防衛行為並未過當者，始得阻卻違法，至於是否過當，尚須以第

三人居於同一地位,應否採取同樣強度之防衛行為,作為衡量標準,換言之,應就攻擊手段、侵害行為之危險性、侵害行為之急迫性、防衛者所處之客觀情狀以及防衛手段等個案情節,參酌社會一般通念予以綜合評價。如其防衛行為超過容許防衛之程度者,是為防衛過當,或稱過剩防衛,則不得阻卻其違法性。一般來說,如果對於極為輕微的侵害(如偷摘一粒水果)、對於明顯無責任能力人所為之侵害(如幼稚園學童之攻擊)、對於最近親屬所為之侵害(如父母所施加之體罰)、對於可以輕易避免之侵害實施(如醉漢之言語謾罵)實施攻擊性之正當防衛,或是正當防衛反擊行為與侵害程度顯不成比例(如開槍射殺偷摘一粒水果之侵害者),極有可能因該等行為之社會不可忍受性而被視為過當防衛。

(五)須主觀上出於防衛權利之意思

主張正當防衛需行為人於主觀上對於防衛情狀存在已有認識,並本於防衛權利之意思發動攻擊之行為。然若行為人主觀之認知與客觀之情狀有所出入,是否仍有正當防衛之適用,即不免有爭議,然因此乃錯誤理論探討之焦點,於此暫先不論。

六、緊急避難行為

前述諸法定阻卻違法事由,不論是依法令行為、依上級公務員命令之職務上行為、業務上正當行為或是正當防衛行為,其內涵莫不以行為人之法益侵害行為具有正當化事由為前提,換言之,其實質違法性之欠缺乃因社會生活所必須。然而,以下所要討論之阻卻違法事由(包含緊急避難與超法規阻卻違法事由),其存在並非以社會正當性為基礎,相反地,下述阻卻違法事由卻是以刑法謙抑性格為前提基礎,只要其法益侵害事實尚非達到社會不可忍受之程度,縱使該行為非社會生活所必需,亦不需要用刑罰予以制裁;以容許風險概念阻卻構成要件該當之客觀歸責理論,實亦以刑法謙抑精神為基礎,而與下述阻卻違法事由具有異曲同工之妙。

所謂緊急避難,乃指當緊急危難之際,因避免自己或他人之權益遭受正在發生的損害,於不得已之狀態下,犧牲第三者較輕微合法權利之行

為；蓋當人遭遇危急存亡之難時，往往為保護自己而侵害他人之法益，雖在道德層次上有所瑕疵，但若一概認為其在緊急危難時侵害法益之行為為不可忍受之法益侵害行為，而具有違法性，似乎過於嚴苛，因此沿革上多將之視為「放任行為」，並以「法律不強人所難」為基礎，承認其為阻卻違法事由，應注意者，法制沿革上在其成為法定阻卻違法事由前，係以超法規阻卻違法事由之形式存在。又因受侵害之第三者常為無辜的第三者，無忍受法益侵害之義務，故緊急避難具有轉嫁損害之本質，對於緊急避難行為，能再實施緊急避難，因此緊急避難與正當防衛不同，屬於正對正的法益衝突。之所以會在阻卻違法事由中承認緊急避難，主要是因為立法者認為在社會共同生活中，有必要在他人面臨緊急危難時，犧牲自己輕微法益而保障他人法益的義務。正因如此，我國刑法第24條第1項：「因避免自己或他人生命、身體、自由、財產之緊急危難，而出於不得已之行為，不罰。但避難行為過當者，得減輕或免除其刑。」及第2項：「前項關於避免自己危難之規定，於公務上或業務上有特別義務者，不適用之。」才作如此之規定，但其要件則較正當防衛為嚴。緊急避難通常可分為兩種情況：一為防禦性的緊急避難，例如毀損惹起急迫危險之物，以避免危險（狂犬追逐，將該犬擊斃）；另一為攻擊性的緊急避難，例如因避免急迫危險而損及與危險的發生無關之他人權利（為逃避水災而破門進入他人住居；司馬光兒時打破水缸救人）。由於緊急避難並非不法侵害，有認對於避難行為不得實施正當防衛。惟緊急避難的被害者，並無容忍侵害的義務，亦有認為亦得對之實施正當防衛。

除行為人主觀上須出於法益救助之避難意思（主觀上認知避難情狀存在）外，緊急避難之客觀阻卻違法要件有五，茲分述如後：

（一）須有緊急之危難

所謂「緊急危難」，係指足致法益發生現實損害之虞，而有緊急迫切之狀態。條文所稱之緊急，與刑法第23條所指之現在相同，均指若不即時搭救，法益必受侵害之情形，故危難已過去或尚未發生，均不屬緊急之危難。又危難之原因，不限於人的行為（如被人追擊），凡足以造成法益

侵害之自然現象（如地震、颱風）或動物動作（如猛犬囓人），均包括在內，蓋此危難並未如正當防衛係以不法為要件（故如係不法行為之侵害，乃屬正當防衛之問題）；因此，饑餓亦可視為危難。惟如危難係可歸責於避難者之行為而發生，即為所謂的「自招避難」，依最高法院25年上字第337號判例：「上訴人殺傷某甲後，背負某乙涉江而逃，行至中流，水深流急，將某乙棄置江中溺斃，其遭遇危險之來源，固係上訴人所自召，但當時如因被追捕情急，以為涉水可以避免，不意行至中流，水急之地，行將自身溺斃，不得已而將某乙棄置，以自救其生命，核與法定緊急避難之要件，究無不合，原審認為不生緊急避難問題，尚有未洽。」與59年台上字第2505號判決：「刑法上之緊急避難行為，須以災難之發生非出於行為人之故意或過失所致為前提」等說明，我國實務肯定「非出於故意過失之自招避難」之正當性，換言之，自始以緊急避難為幌子，並藉以故意侵害他人法益為目的之權利濫用行為，應非屬緊急避難。

（二）須為避免自己或他人生命、身體、自由、財產之損害

何種法益遭受危難，得為避難行為，由於社會對緊急避難之容忍程度，較正當防衛為差，故其適用範圍，不宜過廣。故應認我刑法係採列舉規定，受救護之法益，僅限於生命、身體、自由、財產等四種。因此為避免名譽遭受侵害所採取之避難行為，並無法援引刑法第24條緊急避難之規定阻卻違法，此種避難行為充其量只能當作阻卻或減輕罪責之事由。至於避難行為所救護之法益，不以自己之權利為限，救護他人（包含陌生人）之權利，亦為阻卻違法之原因。

（三）避難行為須出於不得已

雖然我國刑法緊急避難並未如同民法第150條緊急避難或德國刑法第34條緊急避難等規定，明文將「利益衡量」列為成立要件，然而是否成立緊急避難，本質上仍取決於利益衡量，因此行為人必須為保全高度利益而侵害較輕利益時，始符合條文所謂「不得已」或「不過當」之要件，而得成立緊急避難。所謂「不得已」，依最高法院24年上字2669號判例：「緊急避難行為，以自己或他人之生命、身體、自由、財產猝遇危難之際，非

侵害他人法益別無救護之途，為必要之條件。」之意旨，係指除侵害第三人之法益外，別無其他方法可行之意，亦即捨此別無他法之謂，學理上稱此為「補充原則」，需該避難行為屬於救助法益最後且唯一之方法始足當之，蓋緊急避難行為大都犧牲他人法益，保全自己之權利，即所謂救護之行為多具有損人利己之特徵，其適用範圍自不宜太廣。

（四）須無公務上或業務上之特別義務

緊急避難行為之得為阻卻違法事由者，乃基於遭受危難之人並無冒此危難之義務而來。所謂公務上有特別義務者，例如警察、消防員、有守土責任之文武職公務員等，所謂業務上有特別義務者，如船長、船員、醫師、護士等是。然所謂公務上或業務上之義務，並不以法律有明文規定為限，契約上之義務，甚至是習慣上之義務，均該當之。不過，刑法第24條第2項之規定僅在避免自己危難之情形下有其適用，若因避免他人之緊急危難，仍得依刑法第24條第1項之規定阻卻違法。

（五）須避難行為不過當

避難行為過當，即避難行為超過不得已之限度，亦稱「過剩避難」。關於避難行為是否過當，一般以「相當原則」為判斷依據，即所侵害之法益於質的比較上不得超過擬保護之法益價值，所保全之法益價值需大於或等於所侵害之法益價值（法益權衡原則），且所採取之避難行為需為造成最小法益侵害之行為（手段相當原則）。避難行為除以侵害第三人之權益為手段外，如尚有其他合理之方法可以避開危難而施行，或其救護之法益與避難行為所侵害之法益，相差懸殊時，即屬過剩避難，其行為即不能免除刑事責任，但得視其情節，減免其刑。依前述最高法院25年上字第337號判例所述，因生命價值無從比較高低，因生命法益受侵害而主張緊急避難時，無避難過當之疑義。

七、緊急避難與正當防衛之異同

雖正當防衛與緊急避難均屬為保全自己或他人法益之行為，均為法定

阻卻違法事由，均須具有主觀阻卻違法意思，且於行為過當時，均為得減免罪責，惟緊急避難與正當防衛，相異之點甚多，茲列舉於後：

（一）正當防衛以他人之不法侵害為前提，緊急避難則以有危難之發生為前提。

（二）正當防衛係對人的侵害之反擊行為，緊急避難不限於人的侵害，對於自然力之侵害，亦得為之。

（三）正當防衛僅得對加害人行使，緊急避難行為侵害於任何人之法益均不為罪。

（四）原則上言，正當防衛係對於侵害者直接的積極的加以反擊，因防衛而被害者，不出加害者之範圍。緊急避難則係對於危難間接的消極的加以避免，故常犧牲無辜第三者之利益。

（五）正當防衛於一切權利被侵害時，皆可行使。緊急避難則限於生命、身體、自由、財產被侵害時，始得行使。

（六）正當防衛行為以出於必要為已足，縱其行為並非保全法益之唯一方法，亦得阻卻違法。緊急避難行為以出於不得已為條件，須客觀上別無其他可以避免之方法為限，始得阻卻違法。

（七）正當防衛行為祇須受現在不法之侵害，不論何人，皆得行使。緊急避難行為於公務上或業務上有特別義務者，不適用之。

（八）就行為之性質言，正當防衛為法律所賦與之權利，故為合法行為。緊急避難既非法律所禁止，亦非法律所保護，既非合法行為，亦非違法行為，乃為法律上之放任行為。

（九）正當防衛既屬合法行為，法律較不保障不法侵害者之地位，故法益之輕重如何，則非所計。緊急避難僅為放任行為，法律對於因避難行為而受損害者之地位，乃有充分保障之必要，故有法益輕重均衡原則之適用。

（十）對於正當防衛行為，除過剩防衛之情形外，因正當防衛為合法的侵害，加害人無更為防衛之權利。對於緊急避難行為，因不以合法為成立要件，故受損害者得為對抗行為。

八、超法規阻卻違法事由

　　由於社會不斷進步，刑事立法往往不及將各種未造成實質（社會不能忍受）法益侵害之事由明定為阻卻違法事由，因而向來均認為刑法僅例示（非列舉）足以排除違法性之阻卻違法事由，只要通過社會相當性之檢驗，亦足以阻卻構成要件該當行為所表徵之違法性，此類非由法律規定，卻來自實務或學說所承認之阻卻違法事由，多稱為「超法規阻卻違法事由」。事實上緊急避難一開始亦僅以超法規阻卻違法事由之形式存在，待社會普遍承認其阻卻違法之特徵後，即被立法者承認為法定阻卻違法事由之一，由此亦可見超法規阻卻違法事由在刑法體系中的重要。茲將得歸為超法規之阻卻違法事由，列舉如下：

（一）得被害人承諾

　　在所有的超法規阻卻違法事由中，得被害人承諾（被害人自願性放棄法益保護）向來是普遍獲得承認的事由，雖然承諾在法律上可分為阻卻構成要件（強制罪以違反被害人的意願始能成罪，若得被害人之承諾，即構成要件不該當）與阻卻違法（傷害罪，立法者形成構成要件時，不考慮到被害人之意思，僅是對於客觀事實的描述，因此被害人的同意，不影響構成要件之該當），惟其區別乃因立法技術上的不同安排所致，得其承諾則非社會不能容忍之行為則無一致。一般來說，得為超法規阻卻違法事由之承諾應具備下列要件：

1. 被害人有權處分該法益

　　若法律不許被害人處分該法益，其處分行為無效，若造成法益侵害應已逸出社會必須忍受之範圍，因此得被害人承諾所為之加工自殺行為，並非阻卻違法事由，而關於國家法益或是單純社會法益的侵害，因不許由單一被害人加以處分，亦不得據此主張阻卻違法。而自刑法第282條僅處罰加工傷害致重傷或致死之行為，可以推測立法者允許被害人處分輕傷罪所保護之身體法益。不過，有時依立法者之規定，被害人同意與否並不待於違法性層次判斷始生阻卻違法之效力，蓋因其時被害人之同意足以阻卻構成要件該當，例如刑法第298條第1項之略誘原即指未經被害人同意或違反

被害人意願之情形，故若被害人原已同意，即因不符略誘之定義而為構成要件不該當之行為。

2. 被害人有能力處分該法益

此處分法益之能力不等同於行為能力或責任能力之概念，而係指對一般事理之判斷識別能力，應以被害人對於承諾內容或是該承諾所可能引起後果之認識為判斷依據。

3. 被害人之承諾無瑕疵

承諾除須出於自願所為外，並須出於真摯之意思，故本諸戲謔心態之承諾，不具阻卻違法之效力。而若承諾內容本身違反公序良俗、或是逾越公序良俗之界線，亦不生承諾之效力。

4. 承諾須於行為前或行為時做成

主觀上加害人須於行為時已認知被害人已為承諾，事後之承諾並不生追認之效力。附有條件之承諾亦因內容不確定而不生承諾之效力。惟若被害人承諾具有阻卻構成要件成立之效力，加害人主觀上是否確實知悉被害人已為承諾之事實，並非所問。

5. 加害人行為須未逾越承諾之範圍

縱認被害人承諾得為超法規阻卻違法事由，若加害人之行為逾越承諾之範圍，該逾越之部分即失被害人承諾之基礎，而具備違法性。

（二）推測承諾

雖有時事實上欠缺被害人之承諾，但如得依照一般社會通念推斷被害人知悉該情事亦會做出該承諾，亦得作為阻卻違法事由。此項超法規阻卻違法事由除須具備前項「得被害人承諾」之1.、2.要件外，為避免推測承諾之濫用，似應限於法益侵害輕微之情形，而因推測承諾本質上居於補充被害人承諾之地位，若客觀上並非無取得實際承諾之可能，應以尊重法益被害人意願為優先。又因推測承諾符合社會相當性的評價，縱然被害人於事後表示反對，亦無礙阻卻違法事由之成立，蓋本款阻卻違法事由係尊基於社會相當性與價值衡平而生。本質上此項阻卻違法事由係以民法上無因管理之概念為基礎，故加害人主觀上需具備有利於被害人之意思。

（三）義務衝突

本質上義務衝突屬於不相容義務間之抉擇問題，因其不具危難之現在性或緊急性，故不屬緊急避難之範疇。只要義務衝突之發生不可歸責於行為人，則行為人主觀上與客觀上已履行其中保護較高或同等價值法益之義務（保護等價或優越利益），即屬得主張義務衝突之阻卻違法。反之，行為人若選擇履行保護較低價值法益之義務，即不得阻卻違法，惟本諸期待可能性之觀點，僅得減輕或免除其罪責。

（四）懲戒行為與管教行為

雖民法第1085條：「父母得於必要範圍內懲戒其子女。」承認父母對子女得行使懲戒權，惟因未明文其內涵，因此關於父母之體罰行為是否得以阻卻違法，不免產生疑義。此外，教師法第17條第1項第4款：「輔導或管教學生，導引其適性發展，並培養其健全人格。」雖亦授權教師管教學生，不過關於教師管教之行使是否為阻卻違法事由，亦非毫無爭議。鑑於兒童及少年福利與權益保障法第112條：「（第1項）成年人教唆、幫助或利用或對兒童及少年犯罪或與之共同實施犯罪或故意對其者，加重其刑至二分之一。但各該罪就被害人係兒童及少年已定有特別處罰規定者，從其規定。（第2項）對於兒童及少年犯罪者，主管機關得獨立告訴。」針對「故意利用或對兒童犯罪」定有加重處罰或獨立告訴等規定（另參照最高法院86年台上字第1227號判決），因此懲戒行為或管教行為是否得主張阻卻違法，在刑法上極為重要。如不承認父母懲戒行為與教師管教行為屬於法定阻卻違法事由之一，由於父母對於子女行使民法懲戒權在過當時仍得依家庭暴力防治法加以處罰，而教師依教師法第17條之授權在行使管教權時，亦必須符合教育目的，則在手段與目的適當之必要範圍內，應承認父母懲戒行為與教師管教行為屬於超法規阻卻違法事由。

（五）容許構成要件錯誤

關於容許構成要件錯誤之內涵，詳見以下錯誤章之介紹。此處必須說明的是，如果依照犯罪二階理論可以獲得（阻卻故意）無罪的結論，實

無必要因實定法上尚未承認其為阻卻違法事由而認其有刑事處罰的必要，蓋不承認超法規阻卻違法事由原為古典犯罪理論因襲法實證主義所得之結論，既然學理上新古典犯罪理論已質疑古典犯罪理論在違法性層次所持之法實證主義，鑑於法律原未明文應以二階論或三階論為犯罪成立與否之判斷基礎，如果無法明確指出二階論在犯罪成立判斷上存在本質上重大的瑕疵而不應以之為犯罪成立判斷之依據，即應承認依二階理論審查（容許構成要件錯誤）所獲得之無罪判斷具有重要的指標意義。此時在保護被告的刑法謙抑思想指導下，應承認法實證主義下之三階理論有結構上瑕疵（來不及於立法上承認所有的阻卻違法事由），而主張容許構成要件錯誤得為超法規阻卻違法事由，並不當然違反當代刑法思潮，蓋刑法旨在處罰社會不能容忍的法益侵害，並非一出現法益侵害即有動用刑事處罰的必要，從而本章認為二階論之無罪判斷，或可作為非社會不能忍受法益侵害之判斷標準。

第十章
罪責（有責性）

第一節　罪責之概念

一、罪責之意義

　　自啟蒙運動以來，基於個人主義與自由思潮，傳統的團體責任（滿門抄斬）、行為人責任（累犯加重）、結果責任（以牙還牙）與罪刑擅斷（以不可預測之不確定法律概念如：「行為不檢」、「奇裝異服」作為犯罪構成要件；絕對不定期刑）等舊時代思惟均逐漸遭揚棄，取而代之者，為個人責任（刑止一身）、行為責任、意思責任（罪責應以行為人之主觀惡性與自由意思為基礎）與罪刑法定主義等新興概念。其中在刑事責任方面，又以罪責原則之建立最值得注意。依罪責原則，唯有確認行為人之可非難性而具有罪責時，始足以對其故意或過失造成之法益侵害（或危險）發動國家刑罰權，並對行為人科處刑罰。雖然刑法對罪責或有責性並沒有直接定義，一般而言，罪責原則主要有二大內涵：

（一）罪責是刑罰的前提要件（無責任即無刑罰）

　　刑罰係以罪責為前提要件，因此具有罪責的行為，始屬可罰行為，得科處刑罰。因而行為人若不具罪責者，則不應受刑罰的制裁，故罪責可以說是刑法制裁的基礎，「以行為人責任為基礎而科刑」的刑法，即是罪責刑法。

（二）刑罰必須與罪責相當（責任應與刑罰成正比）

　　刑法科處行為人的刑罰種類或刑罰的輕重程度必須與行為的人罪責程

度相當，而具罪責相當性（罰刑相當原則）。以此為基礎，刑罰的輕重程度不得逾越罪責的高低度，逾越行為罪責程度的刑罰應予禁止（超量禁止原則）。

依據罪責原則，無論在刑事立法上或在刑事司法上，均須固守罪刑相當原則與超量禁止原則。如此除可以保障行為人的基本權利或自由不受逾越其罪責程度的干預或剝奪外；亦可使行為人或社會大眾對於刑法明定的法定刑或法官宣判的宣告刑，均產生本該如此處罰的共識，而形成罪有應得之感。惟有在此情形下，始能透過刑事立法與刑事司法，以罪刑相當的公正刑罰，提升人民的法意識，而使刑罰能夠充分發揮其鎮壓犯罪與預防犯罪的功能。我國法制中罪刑不相當之事例首推（已廢止）懲治盜匪條例所規定之擄人勒贖盜匪罪，在實施懲治盜匪條例的年代，因懲治盜匪條例規定犯擄人勒贖罪者，不論有無殺害被害人，均應處唯一死刑，此規定乃不當地導致當時犯擄人勒贖罪之行為人肆無忌憚地殺害被害人，實為罰刑不相當之結果。

按三階段之犯罪成立理論，犯罪為構成要件該當、違法與有責之行為。在此架構上，刑法上之罪責，乃指將具體構成要件該當之違法行為，與行為人連結評價後所肯認之「非難可能性」或是「歸責可能性」而言，亦即對於犯人意思決定之非難可能性或歸責可能性。申言之，是否屬於具違法性之構成要件該當行為，乃以行為與整體法秩序間之關係為判斷之基準；而是否屬於刑事可歸責之法益侵害或危險行為（罪責），則以行為人應否因其行為而受刑事處罰（行為人應該為其所實行的不法行為承擔刑罰）為概念核心。因此，縱某法益侵害行為已具備構成要件該當性及違法性，如不能歸責於行為人者，其犯罪仍不能成立，此種歸責可能性或非難可能性即為罪責之本質，亦可稱有責性，因此罪責實乃廣義犯罪行為（構成要件該當且實質違法之法益侵害或侵害危險行為）該當狹義犯罪行為（構成要件該當且實質違法並具有責性之法益侵害或侵害危險行為）之基礎。基本上，對於構成犯罪事實之認識屬於故意或過失是否該當的問題，至於行為是否違反整體法秩序的認識則是行為人是否具不法意識的問題，換言之，責任能力是有關行為違法性認識的能力。

二、刑事非難可能之前提基礎

關於刑事責任之基礎或根源，除已不採之行為責任論、性格責任論以及人格責任論外，目前尚存在道義責任論與社會責任論，惟不論何者，均屬合理化對行為人施以應報之理由，茲述之如下：

（一）道義責任論

此說係以人類意思自由（非決定論）為基礎，其認為只要達到一定年齡且無精神上瑕疵，均有自我決定是否棄惡從善並抗拒不法之能力，故其是否從事一定行為並非單純受制於遺傳或環境之支配。因此，責任乃以違反「源自社會道義而生之義務」為基礎，若行為經社會倫理道義評價為不容許，因違反社會道義之行為係基於行為人主觀自由意思所做成，其義務違反之行為亦因社會道義之違反而成為可歸責之刑事不法行為。從另外一個角度來說，如果從事某特定法益侵害之行為屬不可避免，法律似不應處罰其無從抉擇之不幸；反之，如果客觀上避免從事某特定法益侵害之行為易如反掌，那麼行為人違反社會義務並做出侵害特定法益之決意，即為刑事可歸責（非難）之基礎。從而，罪責係以社會道義規範之違反為其基礎。簡單來說，罪責即為刑法對於「從事不法行為的行為人作出進行不法行為之意思決定」所給予的非難，因為當一個人可以作出「不做違法行為」的決定，卻偏偏作出「做違法行為」的決定，違反了法規範對他的期待，所以刑法才給予他非難。現行刑法所採之責任理論，主要以此說為本。

（二）社會責任論

此說本質上反對人類意思決定自由之論點，並認人類行為乃受制於遺傳與環境，故社會立於自我防衛之立場，對於破壞社會安全之行為實施人，應採取一定之防衛措施。因此，刑事責任須自保全社會安全之角度出發，以行為人有實施社會有害行為之危險性格為基礎，一旦確認其具有前述危險性格，即肯認其具有刑事可歸責性（非難可能性、罪責）。因為此說以行為人之社會危險性（反社會性）為基礎，並視刑事責任為社會防衛

行為發動之前提，故稱為社會責任論。鑑於絕對意思自由之說尚未被現代科學所證實，在相對意思自由說之基礎上，此說適用於保安處分之規定，以濟前述道義責任論之窮。

三、非難可能之罪責内涵

關於罪責之内涵，亦即對廣義犯罪行為（構成要件該當且實質違法之法益侵害或侵害危險行為）科處刑事責任（刑罰）之基礎，向來主要有心理責任論與規範責任論之爭執，茲述之如下：

（一）心理責任論

自十九世紀後期至二十世紀初，自然主義思想居於支配地位，基於「不法為客觀、責任為主觀」之犯罪概念，認為與主觀心理相關之事實，均應列入責任之層次探討，因此行為人對於其所引發違法事實之主觀心態，即為刑事責任應予探討的議題。又鑑於罪責乃行為人主觀心態與行為結果之間的心理關係，在行為人具有識別與控制能力的前提下，一旦其行為足以表現出行為人內在的心理瑕疵狀態（故意或過失），即應令其負起刑法上的責任。據此而論，故意罪責是行為人對於結果的知與欲，過失罪責則是行為人對於結果的不知與不欲。由於故意與過失乃平行的二種罪責型態，因此應受非難之心理狀態僅包含故意與過失二種類型，責任概念即為故意與過失二主觀心態之總合。因此，當行為人之行為客觀上違反法規範時，對該行為人「主觀上之內心瑕疵狀態（形成故意與過失之心理歷程）及因欠缺違法認識所為行為之心理歷程」所為之非難，即為罪責之内涵。由於心理責任論所謂主觀之認識係以客觀之不法事實為對象，故此說之罪責，除具有對於犯罪事實認知程度（故意或過失）之內涵外，尚包括對於系爭事實是否符合法規範之認知（違法性認識）。

（二）規範責任論

由於無認識之過失實際上並無主觀心理活動歷程存在（行為人的內心與行為結果並無心理學上的關係），因此心理責任論之論點即遭遇論述之

困境。另因故意與過失等概念系建立於對不法事實之認知上，基於故意或過失乃行為時所應具備之心理狀態，應為行為之前提，遂認故意或過失本身為行為之不法要素，而非僅為罪責要素。再者，心理責任論未考慮到實施行為之客觀附隨情狀，當出現不得不為之客觀強制情形時，逕科以故意或過失之刑事責任恐有強人所難之弊。為匡正前述流弊，早期的規範責任論者除主張應將責任能力（責任年齡、精神狀態）與責任條件（故意或過失）列入罪責層次探討外，尚須就意思決定之整體客觀情狀，探討其「作出適法決定以取代違法決定」之期待可能性，若具有期待行為人為適法決定之可能性，則其不作出適法決定即於評價上具備非難可能性；反之，若不可期待行為人作出適法決定，則其所為之違法決定即因無期待可能性而不具罪責。簡單來說，此說認為罪責的本質乃在於意思決定與意思活動的可責性與可非難性，故意與過失本身並非即是罪責，而只是罪責的前提要件，從而罪責就是行為人違反法律期待之可非難性。換言之，行為人自己決定從事違法行為，對於其所作的這個意思決定以及其意思活動，亦即對行為人「客觀上可盡注意義務但主觀上不盡注意義務」或「客觀上可為適法行為但主觀上不遵守法規範」之心理狀態（形成故意或過失之意思活動）之非難，即為刑法罪責非難之所在。事實上如行為人無從認識其行為將可能牴觸法規範，本無由期待行為人不從事違法行為，因而違法認識本身已為期待可能之前提要件。由於此說以規範違反之認識與法規範遵守之可期待性作為刑事責任之判斷基礎，故稱為規範責任論。現行刑法多以「減輕其刑」或「免除其刑」之規定表現期待可能性之思想，例如刑法第23條但書以及刑法第24條第1項但書之規定。此外，刑法第165條之湮滅證據罪不處罰湮滅關係自己刑事被告案件之證據者，亦應係出於期待不可能之思考始不以之為罪。

四、非難可能之罪責要素

罪責要素，亦稱刑事責任要素，係指罪責判斷之對象而言，亦即「有責性」之類型是。目前之責任理論，多以規範責任論之見解為基礎，惟在

立法例上，對於「期待可能性」加以明文規定為責任要素者，則尚不多見。依早期規範責任論之見解，責任要素之種類，應包活下列三類：責任能力（此為行為人受評價可能性之要素）、責任意思（亦稱責任條件，為行為人與其行為發生關聯之心理要素，即故意與過失）與期待可能性（為行為人可依其自己之評價而實施行為之規範要素）。值得留意者，期待可能性並未明定於刑法條文之內，而為超法規之阻卻責任要素，雖因其概念模糊有害於刑法一般預防功能以及法安定性而受批評，但至少可以確認的是，期待可能性本身已成為今日學說上普遍承認之減免罪責事由之基礎。

按依心理責任論原認故意與過失為責任之全部內涵，惟在目的行為論之影響下，由於故意與過失已成為不法之重要內涵，為避免行為不法層次之檢驗成為無意義，後期規範責任論者乃將對於犯罪事實認識之故意與過失當作犯罪行為類型之表現形式，除將故意過失自罪責層次提前至構成要件層次檢驗外，並視「對於構成犯罪事實認識之故意過失」為構成要件之主觀要素。不過由於心理責任論下之罪責原本即包含「與犯罪事實認知無關之違法性認識」在內，因此當後期規範責任論者將故意過失提前至構成要件層次判斷後，其在罪責層次對於責任意思（責任條件）之判斷，似僅剩下與構成犯罪事實認知無關之違法性認識而已。換言之，目前在罪責層次中，已不再需要將故意過失作為判斷之對象，而僅須判斷以下三大要素：（一）責任能力；（二）違法性認識或其認識可能性；以及（三）期待可能性。只要通過此三大類型對於罪責之篩選檢驗，任何構成要件該當且無阻卻違法事由之法益侵害行為，即為具備罪責並應受刑事處罰之犯罪行為。

第二節　責任能力

一、責任能力之意義

所謂責任能力，按一般之見解，係指生理精神發育健全，理解行為之社會道義義務而決定實行，足以使其負擔刑罰制裁之能力，係以經一定程

度之社會化為基礎，此為主張道義責任論與社會責任論兩者調和論者之解說。若依道義責任論者之主張，以自由意志為根據，所謂責任能力應解為辨別是非、決定意思之能力，亦即犯罪能力。若依社會責任論者之主張，則以危害能力為根據，而謂責任能力乃因科刑足以達防衛社會目的之主觀能力，不僅衹限於犯罪能力，而應兼刑罰能力。所謂刑罰能力，亦即受刑能力，或稱刑罰適應性。

責任能力所考量者有二，其一為「行為人對於行為的合法與非法的認識及判斷能力」，其二為「行為人依其認識而行為的能力（控制自己行為的能力）」。行為人可能因為年齡、精神狀況以及生理狀況的因素，對於自己行為的合法性判斷以及控制自己行為的能力較低，因此，責任能力的判斷是必須從年齡以及精神狀態、生理狀態等方面來檢討。又責任能力為判斷罪責之首要要素，一旦否定其存在，即不必再對其他罪責要素進行判斷，易言之，不具責任能力原可直接做出無責並無罪之判決，故責任能力乃極為重要之罪責要素。依道義責任論之觀點，責任係對於違反道義倫理所為之非難評價，包含辨識能力（認識行為違法）與控制力二要素。前者係指辨別是非善惡之能力，後者則為依前者自由決定意思並控制外部行為之能力，依照行為與責任同時存在之原理，責任能力僅以實施犯罪行為時為判斷時點。惟因社會責任論者係以行為人之反社會性為基礎，並自社會防衛之角度檢視責任，為達成防衛目的，乃認行為人感應防衛手段以消弭社會危險性格之能力為責任能力，因其乃面對防衛措施之感應與改善能力，故以受刑時為是否具行為能力之判斷時點。因現行刑法主要以道義責任論為基礎，故關於有無責任能力之判斷，應以行為時為判斷時點。

二、責任能力之分類

責任能力依其人之辨識力及意思力程度之不同，實際上可分為三類：（一）完全責任能力；（二）無責任能力；（三）減輕責任能力（又稱限制責任能力或薄弱責任能力）。因現行立法未就責任能力作積極之規定，而僅反面就未具備完全責任能力之事由設消極規定，故其審查方式與違法

性同。凡滿十八歲,精神狀態正常而無瘖啞之情形者,以其具有常人之辨識力及意思力,故為完全責任能力人。以下分就無責任能力人及減輕責任能力人說明之。

三、無責任能力人

無責任能力人,亦稱絕無責任能力人,依我國刑法規定,計有二種:

(一)未滿十四歲人

刑事責任之有無及應否減輕,原以行為人對於是非善惡之辨識力及意思力為準,惟辨識與意思能力,因各人智慧、教育程度、生活環境、社會經驗等情況不同,甚難定一正確之標準。鑑於行為辨別違法的能力以及控制能力通常與行為人的年齡有關,年齡小的人,因心智尚未成熟,而導致其判斷違法以及依其認識而行為之控制能力低到法律不承認其具有能力,便是無責任能力。故以年齡為區別之標準,學理上稱為「責任年齡」,我國刑法第18條第1項規定:「未滿十四歲人之行為,不罰。」事實上指的是未滿十四歲之人無責任能力,其行為不構成犯罪之意。這種未滿十四歲之人無責任能力是出於法律上的擬制,基本上只要行為人的年齡未滿十四歲,就認定為無責任能力,縱使他的心智成熟度或是生理的成熟度已達二十歲以上成年人的程度,仍應認定為無責任能力,且此部分並不能以反證來推翻。

(二)心神喪失人(不能辨識其行為違法或欠缺依其辨識而行為之能力者)

依最高法院26年渝上字第237號判例:「刑法上之心神喪失與精神耗弱,應依行為時精神障礙程度之強弱而定,如行為時之精神,對於外界事務全然缺乏知覺理會與判斷作用,而無自由決定意思之能力者,為心神喪失,如此項能力並非完全喪失,僅較普通人之平均程度顯然減退者,則為精神耗弱。」之說明,心神喪失是指行為時的精神狀態對於外界事務全然欠缺知覺理會及判斷的作用,而無自由決定意志之能力,簡言之,心

神喪失是指精神障礙之程度甚強，其程度已至全無意識之心理狀態而言。此種精神上之障礙，本當求諸藥石治療，殊非刑罰所能矯正，故修正前刑法第19條第1項原規定：「心神喪失人之行為，不罰。」所謂不罰，乃不予處罰之義。依最高法院91年台上字第5187號判決：「鑑定報告祇為形成法院心證之資料，對於法院之審判並無拘束力，故待證事項雖經鑑定，法院仍應本於職權予以調查，以期發現事實之真相，如鑑定報告顯然存有疑義，於究明之前，仍不得遽採為判決之基礎。……，各該鑑定機構，雖自精神醫學上判定被告之精神狀況已達心神喪失之程度，然其鑑定意見既認被告對於外界事務之知覺、理會、判斷作用，僅『受明顯而嚴重之損害』（非謂全然喪失）；或其精神病理『未影響其一般之基本生活、記憶及感受能力，故能計畫，並詳述有關細節』，參諸被告於案發後經帶往警局訊問時，對其犯罪前之計畫、犯罪時之行動過程，均陳述甚詳，警員依其所供，亦確在台北市二二八紀念公園之女廁內，尋獲硫酸空瓶四瓶；再以其犯罪時猶知使用水杓舀起水桶中之硫酸向人潑灑，以避免因直接碰觸而傷及自己之手等情觀之，顯見被告於行為時，對外界事物並非已全然缺乏知覺理會及判斷作用，而無自由決定意思之能力，得否謂其當時已達刑法上所謂心神喪失之程度，顯非全無疑義而仍待釐清。」之說明，心神喪失只是一個法律用語，而不是醫學用語，因此行為人是否心神喪失，醫生並沒有辦法判斷，醫生只能就行為人的心理、精神以及生理方面的狀態加以鑑定，關於行為人是否對於外界事務全然欠缺知覺理會及判斷的作用，只能由法官來判斷，上述最高法院91年台上字第5187號判決即為法官自由心證與鑑定人專業意見有所出入的適例。

　　不過，前述關於心神喪失定義本身似乎混淆了故意與責任能力的意義，蓋責任能力指的是行為人對於行為合法性的判斷與依其判斷而行為之能力，故意則是對於犯罪事實的認知，在前述實務見解對於心神喪失的定義中，似乎認為行為人對於外界事務非全然欠缺知覺理會就足以該當故意，而非責任能力。為改正前述缺失，現行刑法第19條第1項遂規定：「行為時因精神障礙或其他心智缺陷，致不能辨識其行為違法或欠缺依其辨識而行為之能力者，不罰。」原則上現行條文是以醫學用語來取代過去

所使用的法律用語，因此在具體個案中，醫師確實可以鑑定人之身分，針對行為人責任能力來做決定。這種立法方式，稱之為混合生理與心理的立法方式，生理方面指的是精神障礙或其他心智欠缺，這部分是由醫師來判斷；心理方面指的則是，辨識行為的違法以及依其辨識而行為之能力，這部分則應該由法官來判斷。刑法第19條修正後，所謂「精神障礙」或「心智缺陷」將由醫學專家做實質判斷，並由法官依據鑑定報告進行審判，至於依據鑑定報告所認定之精神障礙或心智缺陷是不是導致行為人完全喪失或顯著降低辨識行為違法之能力，則係由法官依照自由心證認定。如此雖不能完全限縮法官之自由心證的範圍，但似已有效將醫學專家之專業意見強制納入判決內容當中。

又「不能辨識其行為違法或欠缺依其辨識而行為之能力」與一般人認知之智能障礙有何不同？依內政部（台(80)內社字第32882號函）及衛生署（衛署醫字第954437號函）於民國80年6月12日會銜頒布的殘障等級認定標準，所謂智能障礙，指「成長過程中，心智的發展停滯或不完全發展，導致認知、能力和社會適應有關之智能技巧的障礙。」並依其程度區分為四級：

1. 極重度

智商未達該智力測驗的平均值以下五個標準差，或成年後心理年齡未滿三歲，無自我照顧能力，亦無自謀生活能力，須賴人長期養護的極重度智能不足者。

2. 重度

智商界於該智力測驗的平均值以下四個標準差至五個標準差（含）之間，或成年後心理年齡在二歲以上至未滿六歲之間，無法獨立自我照顧，亦無自謀生活能力，須賴人長期養護的重度智能不足。

3. 中度

智商界於該智力測驗的平均值以下三個標準差至四個標準差（含）之間，或成年後心理年齡界於六歲至未滿九歲之間，於他人監護指導下僅可自理簡單生活，於他人庇護下可從事非技術性的工作，但無獨立自謀生活能力的中度智能不足者。

4. 輕度

智商界於該智力測驗的平均值以下二個標準差至三個標準差（含）之間，或成年後心理年齡界於九歲至未滿十二歲之間，在特殊教育下可部分獨立自理生活，及從事半技術或簡單技術性工作的輕度智能不足者。

雖前述標準側重於智能障礙者之福利保障，與刑法罪責層次著重於自我決定之非難有所不同，不過目前精神醫學界已經有一致的見解，即是將鑑定結果判定為極重度及重度的智能障礙認定為「不能辨識其行為違法或欠缺依其辨識而行為之能力」之無責任能力，將中度及輕度智能障礙認定為「辨識行為違法或依其辨識而行為之能力顯著降低」之限制責任能力。

四、減輕責任能力人

依我國刑法規定，減輕責任能力人有以下幾種類型：

（一）十四歲以上未滿十八歲之人

我國刑法第18條第2項規定：「十四歲以上未滿十八歲人之行為，得減輕其刑。」此種人之生理精神狀態及知識程度，雖已隨年齡而漸次發達，然仍未臻完全，故於絕無責任與全負責任之間，設此過渡階段。所謂「得減輕其刑」，為法定相對的減輕，即是否減輕，由裁判官自由裁量，與法定必減之情形不同。

（二）滿八十歲之人

各國立法例對於老人犯罪，多有關於刑罰減免之規定，蓋年老之人因為退化，致未能正確判斷或是完全依其判斷而控制行為，我國新舊刑法，均有對老年人犯罪得減輕之規定，現行刑法第18條第3項「滿八十歲人之行為得減輕其刑」，此所以根據道德上尊老敬長之習慣，為維護固有傳統美德，乃有得減之規定也。

（三）精神耗弱之人（辨識行為違法或依其辨識而行為之能力顯著降低者）

所謂精神耗弱，亦係精神障礙之一種，修正前刑法第19條第2項原規

定：「精神耗弱人之行為，得減輕其刑。」按精神狀態之障礙若未達心神喪失，而僅至精神耗弱者，限制其責任能力，依照最高法院47年台上字第1253號判例：「精神是否耗弱，乃屬醫學上精神病科之專門學問，非有專門精神病醫學研究之人予以診察鑑定，不足以資斷定。」與48年台上字第1486號判例：「刑法上所謂精神耗弱，係指行為時之精神，對於外界事物之判斷能力，較普通人之平均程度，顯然減退者而言。」等說明，似排除法官自行認定精神耗弱之權限。現行刑法第19條第2項對於精神耗弱者規定為：「行為時因前項之原因，致其辨識行為違法或依其辨識而行為之能力，顯著減低者，得減輕其刑。」故行為人於行為時，雖非對於行為之違法全然欠缺辨識之能力，或並非全然欠缺依其辨識而行為之能力，只是其辨識能力或依其辨識而行為之能力顯注降低者，即為限制責任能力者。

（四）瘖啞人

瘖啞人者，先天或自幼既聾且啞之人是也。刑法第20條所謂「瘖啞人之行為，得減輕其刑」者，即將此種欠缺聽能與語能之瘖啞人認定為限制責任能力人。惟若二者尚具其一，依最高法院75年度台上字第770號判決之說明，本條瘖啞人係指出生及自幼瘖啞而言，瘖而不啞，或啞而不瘖，即非本條之瘖啞人。查本條規定主要是認為在過去聾啞教育較不發達的時候，自幼瘖啞之人所受的教育與一般人有別，所以認為瘖啞人對於行為違法的辨識能力或是依其辨識而行為的能力較一般人為低，故認為屬於限制責任能力。然由於現代聾啞教育的發達，瘖啞人所接受的教育與一般人並無太大不同，瘖啞人對於行為違法的辨識能力以及依其辨識而行為之能力，不應與一般人有所不同，所以現在多數學者傾向於建議將此一規定刪除。關於瘖啞人之限制責任能力，我國刑法採得減主義，減輕與否，由裁判官自由裁量，裁量時應視瘖啞人實際辨識力與意思力如何而定，如其智識程度與常人相等，亦可不予減刑。所謂的瘖啞指的是自幼瘖啞，因為自幼瘖啞，所以未能接受到良好的教育，才會對行為違法的判斷以及依其判斷而為行為的能力有所不足，才需要減輕其刑。若是成年後才因為疾病或外傷造成瘖啞，並不適用刑法第20條有關減輕其刑的規定。又一般以

為，所謂自幼是指從學齡以前開始瘖啞就算是自幼瘖啞，蓋其於學齡前瘖啞通常未能接受正常的教育，而符合減輕其刑之立法目的。不過既然瘖啞人只是得減輕責任之事由，因此嚴格認定瘖啞人之成立要件似乎不具太大意義，鑑於瘖啞人與社會其他人士在溝通上存在一定程度之障礙（畢竟只有少數人才會手語能與瘖啞人溝通），因此區分其為天生瘖啞或是後天瘖啞而異其責任能力，似乎不是一個洽當的立法模式。本書認為，只要行為人確實因瘖啞狀態而對於行為是否違法的辨識能力或是依其辨識而行為的能力較一般人為低，即應為本條所指之瘖啞人，而有得減輕其刑規定之適用。

五、原因自由行為

在責任原則的基礎上，原則上責任能力須以實際實施侵害行為之時點進行判斷，因此在罪責原則下，若行為人故意或過失自陷於無意識或無責任之狀態並造成法益侵害，因其於實際實施侵害行為時不具責任能力，原因不具可罰性而不屬狹義犯罪行為。然若行為人無意識或無責任之狀態係因可歸責自己之事由所造成，若仍一概否定其無意識或無責任狀態下造成法益侵害行為之可罰性，鑑於行為人對於無意識或無責任能力之發生可控制或可歸責，不免有輕縱利用無意識或無責任能力狀態進行犯罪者之嫌，並產生處罰的漏洞，因此現行刑法第19條第3項乃規定：「前二項規定，於因故意或過失自行招致者，不適用之。」也就是說，因故意或過失自行招致不能辨識行為違法或欠缺依其辨識而行為之狀態，或致辨識行為違法或依其辨識而行為之能力顯著降低之情形者，不適用刑法第19條第1、2項無罪責不成立犯罪或減輕其刑之規定。

雖依最高法院28年上字第3816號判例：「舊刑法第32條關於不得因酗酒而免除刑事責任之規定，已為現行刑法所不採，故如被告於尚未飲酒之先，即已具有犯罪之故意，其所以飲酒至醉，實欲憑藉酒力以增加其犯罪之勇氣者，固不問其犯罪時之精神狀態如何，均應依法處罰。假使被告於飲酒之初，並無犯罪之意圖，祇因偶然飲酒至醉，以致心神喪失，或精神

耗弱而陷於犯罪，即難謂其心神喪失之行為仍應予以處罰，或雖係精神耗弱亦不得減輕其刑。」之說明，我國實務似早已承認故意原因自由行為具有可罰性，而過失原因自由行為並不具有可罰性，不過在現行刑法第19條第3項施行後，不論故意或過失原因自由行為，只要對於法益侵害已預見或具有預見可能行，均具有可罰性。從而，因故意或過失而自陷於精神障礙，並於精神障礙的情況之下故意或過失實現犯罪構成要件者，因立法者將其前（原因設定階段）後（結果實現階段）行為視為一個整體，故行為人仍須就其無意識或無責任能力之故意或過失侵害行為負完全刑事責任，並不嚴格適用責任能力與行為同時存在之罪責原則。

　　一般而言，構成原因自由行為的要件有三：（一）故意或過失自陷於無意識或無責任能力之精神障礙；（二）對於陷入無意識或無責任能力之精神障礙後所會導致之利益侵害有故意或過失；以及（三）利用於無意識或無責任能力之精神障礙中之故意或過失行為實現犯罪構成要件。在原因自由行為之規範下，行為人將不因結果實現階段之精神障礙而不受處罰，而現行刑法第19條之規定，適用範圍並不限於酗酒，關於吸毒、藥物濫用以及催眠等足致行為人精神障礙之事由，均有適用。

第三節　責任意思之意義與內涵（違法性認識）

　　責任意思，又稱為責任條件，乃行為應負刑事責任所必須具備之一定之意思狀態，亦即從事法益侵害行為時之心理意思狀態，或謂行為者可被非難之心理歷程，而為犯罪行為之原因者。惟於行為人之故意及過失兩者已由罪責層次提前至構成要件該當層次檢驗後，罪責層次之責任意思，已不包含對於犯罪事實認知之故意或過失，從而參照最高法院99年度台上字第607號判決：「刑法第16條所謂不知法律，係指對於刑罰法律有所不知，且其行為不含有惡性者而言。」之說明，以「行為人認識其行為之違法性而敢於為其行為（故意）」與「行為人有認識其行為違法性可能而怠於認識致從事違法行為（過失）」為內涵之違法性認識，遂成為責任意思

之主要內涵。易言之，違法性認識係指行為人主觀上對其行為違反法律規範，並與維持社會生活秩序不相容之抽象認識（含認識可能性），只要行為人於進行法益侵害行為時不具備「從事阻卻違法行為」或「進行放任行為」之認識，其對於「正在從事侵害行為之認識」即為此處所指之違法性認識，至於具體違反何種法律規定，並非違法性認識之判斷標準。

由於受到目的行為論影響之規範責任論者已不將故意與過失當作責任之要素，因此在刑法第13條與第14條不以違法性認識為故意過失前提之立法體例，以及刑法第16條立法理由：「關於違法性認識在犯罪論之體系，通說係採責任說立場。」等說明下，違法性認識應已非構成要件層次中區分故意與過失之標準。從而以明確違法性認識為故意前提的最高法院29年上字第2857號判例：「上訴人係蘇俄人民，依其本國法律，夫妻之一方已向僑寓地之領事館聲請離婚登記者，既有離婚效力，則其主觀上以為前之婚姻關係已因聲請離婚登記而消滅，係屬無配偶之人，遂與另一俄女舉行結婚，即為犯罪構成事實之認識錯誤，不能謂有犯罪之故意，無論其後之婚姻在法律上效力如何，均不負重婚罪責。」應已無適用之餘地。復參照刑法第16條修正理由：「三、按法律頒布，人民即有知法守法義務，惟如行為人具有上揭違法性錯誤之情形，進而影響法律效力，宜就違法性錯誤之情節，區分不同法律效果。其中，（一）行為人對於違法性錯誤，有正當理由而屬無法避免者，應免除其刑事責任，而阻卻其犯罪之成立。（二）如行為人對於違法性錯誤，非屬無法避免，而不能阻卻犯罪之成立，然得視具體情節，減輕其刑，爰修正現行條文，以配合違法性錯誤及責任理論。」與最高法院92年度台上字第4497號判決：「舊刑法第16條規定：不得因不知法律而免除刑事責任。但按其情節得減輕其刑。如自信其行為為法律所許可而有正當理由者，得免除其刑；究有無該條所定情形而合於得免除其刑者，係以行為人欠缺違法性之認識，即以無違法性之認識為前提，且其自信在客觀上有正當理由，即依一般觀念，通常人不免有此誤認而信為正當，亦即其欠缺違法性認識已達於不可避免之程度者，始足當之。」、97年度台上字第4566號判決：「舊刑法第16條規定不得因不知法律而免除刑事責任，所指法律之不知，專指刑罰法令而言，至其他法律

（如民事法、行政法）之不知或誤認，而與犯罪構成要件攸關者，則屬是否阻卻故意範疇。」、97年度台上字第1743號判決：「94年2月2日刑法修正前第16條所謂自信其行為為法律所許可而有正當理由者，須依一般觀念，通常人均不免有此誤認而信為正當，亦即其欠缺違法性認識已達於不可避免之程度者，始足當之，如其欠缺未達於此一程度，尚不得邀同條但書所定免除其刑之寬典；修正後刑法第16條明文規定除有正當理由而無法避免者外，不得因不知法律而免除刑事責任，尤同其旨趣。」等說明，違法性認識本身已成為罪責層次中一獨立之評價因素；蓋若於個案中，行為人果真無從知悉其行為不符法規範、甚至合理的認知其行為符合法規範，縱其基於此種有缺陷之認識而決意為法益侵害行為，因此時該認知之缺陷有正當理由而屬無法避免，亦難謂其「依主觀上合法認知所進行之法益侵害行為」有何可非難之處，因此只有在其「主觀上不知該行為不符法規範」之情節具有可歸責之理由非屬無法避免時，行為人始因具備非難可能性而具有罪責。

第四節　期待可能性

一、期待可能性之概念

　　由於規範責任論已取代心理責任論而成為罪責領域之主流學說，故行為當時客觀具體存在的附隨情狀，對犯罪意思決定所造成的影響，遂左右罪責的判斷，蓋因法不能強人所難，故罪責應以「可期待行為人本於反對動機而阻止法益侵害」為判斷基礎，否則刑法不啻在處罰運氣不好的倒楣鬼而失去了一般預防與特別預防的功能。因法律只能要求人們做有可能做的事，不能強迫他人完成不可能的任務，則關於行為人在無可奈何情形下不得已從事違法行為之刑事責任如何，即為有無「期待可能性」或「非難必要性」之問題。易言之，該行為人因不得已所為之違法行為，如任何人處於其相同之立場，均當如是為之者，是否仍應使其負刑事責任，此不僅為立法上之問題，亦為解釋上之問題。蓋法律對於期待可能性之情形，雖

無明文直接加以規定，然亦有主張可依解釋方法予以認定，而視之為超法規的阻卻責任事由。

　　所謂「期待可能性」者，乃對於某一定之行為，欲認定其刑事責任，必須能期待其不為該行為，而為其他適法行為之情形；亦即依行為當時之具體的情況，如能期待行為人不實施犯罪行為，而為其他適法行為，其竟違反此種期待，實施犯罪行為者，始足以產生刑事責任。易言之，如依行為時具體情況可期待行為人實施合法行為的可能性，即為期待可能性。如有期待可能性，因可期待行為人此時實施合法行為，則當行為人違反此為合法行為之期待並從事違法行為，即生罪責；反之，如無期待可能性，因行為人在行為時只可能從事違法行為，在不能期待其實施合法行為之前提下，行為人即無罪責。一般而言，期待可能性之概念源自德國案例法，亦即1897年德意志帝國法院第四刑事部所作的野馬脫韁案確立了期待可能性在責任層次之地位，該案中之受雇馬車伕雖明知肇事馬匹性格乖劣，不易控制，雖已向雇主陳報該馬匹頑劣，惟迫於生活而不敢辭去車夫工作，致仍以該馬拖曳馬車，因該馬在路上脫韁狂奔而傷及路人，馬車伕及雇主被以過失傷害罪起訴，雖當時德國帝國法院認定該雇主有過失，但卻認馬車夫在困苦的經濟、社會環境下，難為合乎法律規範之行為，故無為為合法行為之期待可能性可言，而宣告該馬車伕無罪。

　　期待可能性係以「個案中行為人有機會為合法行為」為罪責之前提要件，故若缺乏此種「期待可能性」，則為「期待不可能」或「無期待可能性」，而成為阻卻責任之事由，不能使該行為人負刑事責任。基本上以期待可能與否阻卻罪責之觀點係源自刑法謙抑思想以及刑罰最後手段原則，畢竟在完全無期待可能之情形中處罰行為人，並無法達成刑法的預防功能，亦無必要在無期待可能性的情形中發動刑事處罰；若處罰無期待可能之人，似乎僅處罰其遭遇此種無期待可能事故之不幸。因此，無期待可能性，即無刑事非難之必要。雖期待可能性於早期僅適用於過失案件，並有認僅應於過失犯與不作為犯中適用此原則以調節刑法注意義務與作為義務之界限，惟鑑於以法律不強人所難為內涵之期待可能性已為罪責之核心概念，因此於故意案件中亦無排斥其適用之必要。參照基隆地院85年重訴字

第6號判決:「經查85年1月19日錦昌三號回返臺灣,於接駁時固有一女子落海,惟當日海象甚差,風浪達七、八級,此有中央氣象局近海預報表二紙在卷可稽,且時值冬季,落海三十分鐘,證諸經驗法則,鮮有生還之可能,因而錦昌三號於搜尋四十分鐘後離去,應係本諸經驗法則判斷該女子已無生還可能而為之行為,堪認陳朝榮等並無遺棄之故意,因而不能論以遺棄罪。又公訴人以被告等未報警及通知其他船舶救助,亦因認為並無期待可能性,難以該理由非難之。」與高雄地院87年訴字第1904判決:「被告○○○雖係敦揚公司之董事長,惟董事長對內為股東會董事會之主席,對外代表公司,董事長對公司之經營方針、品質政策負最終裁奪權,其職權並不包括實際業務之執行及事務之管理,有該公司之品質權責管理辦法一份附卷可稽。參以經濟部加工出口區管理處87年1月22日經加處(87)檢字第000604號函附之職業災害檢查報告書所載被告第一公司之事業單位管理體系及經營授權概況,被告○○○乃在授權體系表之最頂端,為各階層業務執行管理之授權者,足認其並非直接從事於該項業務執行或管理之人。在現代企業之管理實際運作,實難強求經營管理授權體系最頂層之授權者,對所屬各事業單位之各個生產機械設備有關安全衛生設施己否充足完備有應注意之義務,就客觀具體情況而言,亦不能期待該授權者能注意,也就是其無遵守注意義務之期待可能性,過失責任乃受阻卻。公訴人以被告○○○係敦揚公司之經營負責人,本件發生死亡結果之職業災害係因其業務上之過失未注意工廠之安全防護設施所致,認被告○○○涉犯刑法業務過失致人於死罪云云,尚屬誤會。」等判決說明,實務似漸承認得以無期待可能性阻卻犯罪之成立。

二、期待可能性之判斷標準

關於客觀附隨之情狀需達到何種程度,始得謂其法益侵害行為之意思決定欠缺期待可能性,由於以維持國家法秩序為目的之國家標準說背離個人責任之本質,故關於期待可能之判斷有以下二種觀點:

（一）行為人標準說

由於罪責之判斷乃對個人具體的非難評價，因此是否期待可能，應自行為人於具體情狀下可否捨棄違法意思為判斷。

（二）平均人標準說

此說主張應以具有理性之一般人處於該具體情狀下，是否可期待其為合法行為為判斷標準。

由於罪責乃以行為人之意思決定是否具可非難性為前提，因此應以行為人標準說為恰當，不過若行為人之可期待程度較一般人為高時，為免處罰能力較高者，此時似應以平均人標準說為洽。

三、刑法上寓有期待可能性之規定

我國現行刑法，雖未如德國刑法1925年及1927年草案，於條文中明白使用「期待」用語，然就立法之精神觀之，亦有可認係依據期待可能性之理論而為規定者，其情形約可分為：

（一）阻卻責任事由之情形

依據欠缺期待為其他適法行為之可能性，亦即欠缺規範的要素，而視為阻卻責任事由者：

1. 防衛過當及避難過當行為之免除其刑（刑法第23條但書、第24條第1項但書）。

2. 配偶、五親等內之血親或三親等內之姻親，圖利犯人或依法逮捕拘禁之脫逃人而犯藏匿人犯罪或湮滅證據罪之免除其刑（刑法第167條）。

3. 直系血親、配偶或同財共居親屬間竊盜罪、侵占罪、詐欺罪、背信罪、或贓物罪之免除其刑（刑法第324條、第338條、第343條、第351條）。

4. 懷胎婦女因疾病或其他防止生命上危險之必要而犯墮胎罪之免除其刑（刑法第288條第3項）。

5. 偽造、變造、湮滅或隱匿關係他人刑事被告案件之證據，或使用

偽造變造之證據者，處二年以下有期徒刑，拘役或五百元以下罰金（刑法第165條）。因認於偽造、變造、湮滅或隱匿關係自己刑事被告案件之證據，或使用偽造變造之證據者，無期待可能性，故不罰；惟此未涉及罪責層次，而係構成要件是否該當之問題。

（二）減輕責任事由之情形

期待可能性雖未至於完全欠缺之程度，然因其顯著低落，刑法上規定為減輕之事由者：

1. 防衛過當及避難過當之行為，未至免除其刑之程度者，得減輕其刑（刑法第23條但書、第24條第1項但書）。

2. 配偶、五親等內之血親或三親等內之姻親，圖利犯人或依法逮捕拘禁之脫逃人而犯藏匿人犯罪或湮滅證據罪，未至免除其刑之程度者，減輕其刑（刑法第167條）。

3. 配偶、五親等內之血親或三親等內之姻親犯便利脫逃罪，得減輕其刑（刑法第162條第5項）。

4. 對於收受後方知為偽造變造之通用貨幣、紙幣、銀行券；而仍行使或意圖行使之用而交付於人之情形，因期待其不再行使之可能性極低，故規定較普通之行使或交付偽造、變造幣券罪之處罰為輕（刑法第196條第2項）。

第十一章
錯　誤

　　錯誤者，謂行為人之主觀認識與客觀實現之事實相齟齬之情形。申言之，錯誤即指行為人之主觀態度，因有誤信（錯覺或幻覺）或不知之因素，致與基此主觀態度而實現之客觀事實不相一致之情形，不但包括部分之不知或不一致，抑且及於全部之不知或不一致。由於在刑事可罰性的評價上，認為基於認識錯誤之行為可罰性並不完全等同於無認識錯誤之行為可罰性，因此行為人之認識如有錯誤，其意思責任即不免受到影響，故錯誤在法律評價上極為重要。

　　就錯誤之性質而言，其不一致有以物理事實為對象者，有以規範存在為對象者，早期大陸法系刑法學說乃基於上述區分將錯誤分為「事實錯誤」及「法律錯誤」二種類型。惟因於二次戰後刑法學說認為故意與過失已非罪責要素，再加上事實與法律難有明確的分界，故難以區分事實錯誤與法律錯誤，至今在刑法學說上已揚棄上述傳統的分類法，而將錯誤區分為構成要件錯誤與禁止（違法性認識）錯誤二種類型。不過由於事實錯誤往往影響犯罪成立，而法律錯誤通常不影響廣義犯罪成立，故在英美刑法中，仍存在如何區分二者的問題。

第一節　構成要件錯誤

　　構成要件錯誤又稱為「構成犯罪事實的錯誤」，係指行為人主觀上認識的內容與客觀構成要件的構成犯罪事實不相符合（所知異於所犯）之情形，因其以行為人之主觀認知內容為前提，故僅應於故意犯之檢驗過程中產生錯誤之問題。由於在三階論中構成要件層次之檢驗無涉於違法性之探討，因此構成要件錯誤只需積極地針對構成犯罪事實是否出現錯誤認知

為判斷即可，並不需消極地另行針對阻卻違法事由是否存在錯誤認知為判斷。一般而言，構成要件錯誤之內容可分為「具體的事實錯誤」與「法定的事實錯誤」兩種。

一、具體的事實錯誤（同一構成要件錯誤；等價的錯誤）

具體的事實錯誤謂在同一犯罪構成要件（罪名）範圍以內，行為人之認識與所發生之犯罪事實不相一致。此種不影響同一構成要件（罪名）成立之錯誤，又可分為「客體錯誤」與「方法錯誤」兩種。

（一）（等價的）客體錯誤

客體錯誤又稱「目的錯誤」或「認識錯誤」，依最高法院28年上字第1008號判例：「（二）殺人罪之客體為人，苟認識其為人而實施殺害，則其人之為甲為乙，並不因之而有歧異。」之說明，若就行為客體（如被害人之人別）同一性發生錯誤，並不生阻卻構成要件故意之效力；蓋刑法所規定之殺人罪僅以行為人認識行為客體為自然人為要件，並不以行為人認識行為客體為特定自然人（張三或李四）為要件，畢竟不論被害客體係何人，殺人行為本身所造成之法益侵害，其社會不可忍受之程度並無不同。也就是說，此類具有構成要件等價的客體錯誤，在刑法的評價上可以被忽略，而被當作沒有發生錯誤一樣地予以評價。因此這類型的錯誤並不會影響行為人主觀的故意，行為人仍成立其主觀上原欲犯罪的既遂犯。

（二）（等價的）方法錯誤

所謂「方法錯誤」（打擊失誤、打擊錯誤），是指行為人的侵害或攻擊行為本身並未發生對於行為客體之誤認，卻由於實施侵害或攻擊之過程發生失誤，致其事實上所侵害的客體與行為人原來所認識應受侵害的客體不相一致的情形。易言之，打擊失誤是因行為實行的失誤，致客觀事實上所發生的侵害與行為人主觀本所預期的侵害非屬同一個客體，因此與前述「主觀認識與客觀事實不相一致的等價客體錯誤」有所不同。

（三）等價錯誤之評價

參照最高法院17年上字第401號判例：「傷害某乙部分，既因共同殺害其夫某甲之際，持刀誤中某乙，以致微傷，實係打擊錯誤，當然阻卻故意。苟非出於過失，不能加以罪責，第一審判決科以故意傷人之罪，原審未予糾正，均屬不合。」、28年上字第1008號判例：「（一）打擊錯誤，係指行為人對於特定之人或物加以打擊，誤中他人等之情形而言。若對於並非為匪之人，誤認為匪而開槍射擊，自屬認識錯誤，而非打擊錯誤。」與96年台上字第5483號判決：「又行為人所認識之犯罪事實與發生之犯罪事實不相符合者，則屬學理上所謂之打擊錯誤，應依其認識之情節，予以論處。」等說明，實務見解似未區分具體事實錯誤或法定事實錯誤之打擊錯誤，一概認為行為人對原欲侵害的行為客體，因目的未遂而成立未遂犯，另對事實上所侵害的客體，如符合過失之要件則成立過失犯，兩罪間屬一行為而觸犯數罪名的想像競合，而從一重處斷。不過這種論斷方式，似乎僅因客觀上行為人技術不好或運氣不好，而減輕「造成相同法益侵害行為之不法內涵（由既遂到未遂）」，並無法完整說明何以造成相同法益侵害之加害行為，僅因行為人認知與事實有誤，即產生不法內涵減輕之判斷。故若可將其實際上出現的打擊錯誤，視為不重要的因果歷程之錯誤，不足以產生阻卻故意之效果，即可論以故意犯處罰；蓋若允許行為人得於不重要的因果歷程錯誤中，堅持其所欲侵害之客體應為某特定被害者（如射擊能力普通之行為人朝向人群中開槍並堅持其只欲置甲於死地卻誤中甲身旁之乙），而減輕其不法內涵，除將使得既遂罪所欲保護之法益及客體，出現保護不足的亂象，亦將使得不確定故意，少有適用餘地而流於空談。鑑於不重要的因果歷程錯誤（如行為人對於化學反應歷程之認知與實際狀況不同）在既遂犯法益保護評價上，不足以產生阻卻該行為故意構成要件既遂該當之效力，應視其打擊錯誤是否源自重要的因果歷程錯誤，而決定是否會產生阻卻故意的法律效果。

二、法定的事實錯誤（不同構成要件錯誤；不等價的錯誤）

在不同之構成要件（罪名）範圍，行為人之認識與所發生之事實不相一致，也就是所知與所犯分屬不同之構成要件範圍（罪名）之錯誤類型。易言之，即對刑法所規定構成犯罪之構成要件要素或刑罰輕重等法定要件，有認識之錯誤者。在此種錯誤中，具體事實錯誤，並非重要之錯誤，而抽象的事實錯誤，因將改變所犯罪名，故係重要的錯誤，又稱抽象的事實錯誤。其情形有下列數種：

（一）關於犯罪構成要件要素之錯誤

1. 以有為無（出於錯覺）

即行為人主觀上認為不成立犯罪，而發生犯罪事實之結果者，學理上謂之「事實的錯覺錯誤」。例如獵人行獵，誤人為獸舉槍射擊，將人擊斃。此客體錯誤之例，行為人原無犯殺人罪故意，依刑法第12條第1項規定，不成立殺人罪，惟其致人於死之行為如有過失，自應以過失致死罪論處。

2. 以無為有（出於幻覺）

即行為人主觀上有犯罪之故意，而實際上發生之事實，卻非犯罪，學理上謂之為「事實的幻覺錯誤」；例如意欲殺人，以獸為人而射殺之。此類客體錯誤之例，行為人本有殺人之故意，並已實行，因客體之不存在，絕無發生預期結果之可能，實務上認為欠缺犯罪客體而不予處罰。惟亦有持相反說者，其認為刑法之故意，係採希望主義，祇須行為人具有犯罪故意，並已實行，即應成立犯罪，至於其犯罪之結果，是否發生，乃為既遂與未遂之問題。

由於未遂旨在處罰行為人創造社會不容許的高度法益侵害風險，而非針對實際法益侵害所發動之處罰，因此關於前述以無為有之法定事實錯誤是否成立未遂犯，雖最高法院19年上字第1335號判例：「刑法處罰未遂罪之精神，係以其著手於犯罪之實行，雖因意外障礙不遂，而有發生實害之危險，不能不加以制裁，故刑法第39條第1項後段之不能犯，亦係指該項行為有發生實害之危險者而言，如實際上本不能發生損害，即無何種危

險之可言，自不成立犯罪。本案上訴人侵入某甲家，雖意在將其殺害，但某甲既早已出外，絕無被害之危險，按照上開說明，究難令負殺人未遂罪責。」與30年上字第2671號判例：「犯罪之故意，祇須對於犯罪事實有所認識而仍實施為已足，不以犯人主觀之認識與客觀事實不生齟齬為必要。上訴人率人向被害人屋內開槍射擊，雖因被害人事先走避未遭殺害，然上訴人既認其尚在屋內而開槍，不能謂無殺人事實之認識及發生死亡結果之希望，而其犯罪結果之不能發生，既係由於被害人事先走避之意外障礙，則上訴人對此應負故意殺人未遂之責，自屬毫無疑義。」中，關於「被害人外出不在家是否成立未遂」存在矛盾，然關於是否成立不能未遂，實應依實際情狀視該行為是否已創造了社會不容許的高度法益侵害風險為斷，如該行為實際上並無創造任何社會不能忍受之法益侵害風險，自無依未遂予以處罰之必要；反之，如該行為實際上已創造了社會所不能忍受之法益侵害風險，則有依未遂予以處罰之必要。惟關於該行為實際上是否已創造社會不能忍受之法益侵害風險（事實認定部分），常因審判者之觀察立場而有不同之結果。

（二）關於刑罰輕重要素之錯誤

1. 所知輕於所犯（出於錯覺）

即行為人以犯輕罪之意思，實施犯罪，而發生之事實重於預見之罪名者，從其所知。例如甲不知乙為其直系血親尊親屬而殺之，甲僅負責普通殺人之故意，而無殺直系血親尊親屬之故意，應成立普通殺人罪。

2. 所知重於所犯（出於幻覺）

即行為人以犯重罪之意思，實施犯罪，而發生輕於預見罪名之結果者，從其所犯。例如犯強盜罪之意思，入室後發覺主人離去，遂竊物而遁。此例，舊律謂之強入竊出，祇應成立竊盜罪。

我國暫行新刑律第13條第2項，曾有規定：「犯罪之事實與犯人所知有異者，使下列處斷：第一、所犯重於所知或相等者，從其所知。第二、所犯輕於所知者，從其所犯。」現行刑法雖未設此項規定，惟解釋上仍可作如是觀。

三、因果關係錯誤（因果歷程錯誤）

因果關係錯誤非指一切因果關係之情形，而係指行為及結果，其法定事實雖屬一致，而具體事實發展之歷程卻出現錯誤不一致之情形，亦即行為人主觀上所預定之攻擊歷程，與客觀上行為與結果間實際發生之因果歷程有所出入，但侵害客體仍屬同一之情形。如甲以殺乙之故意，開槍射擊成傷，甲誤以乙已死亡，為湮滅證據，投乙於河，遂致溺死之例是。其故意、槍殺、投河、溺死之順序，有相當因果之存在，殺人手段已行，殺人目的已達，即應成立一個殺人罪也。蓋此種錯誤之所以發生，雖由於行為人欠缺必要因果關係之認識，但既生行為人所意圖之結果，且其因果歷程之錯誤經評價為不重要的錯誤，由於行為人之行為對於法益侵害所造成的危險，並未因此種不重要的因果歷程錯誤而減輕或是抵銷，法益侵害之結果亦不因此種不重要的因果歷程錯誤而受影響，該行為之不法內涵自不至於因此而減輕或消失，則其故意之成立並不受影響。換言之，如果發生的因果歷程不一致，在刑法評價上屬於無關緊要的事實，而最終結果亦未超出可預見的界限（亦即因果歷程之偏離並未違一般社會大眾生活經驗可預見之範圍），並與行為人實現其犯意所預期的結果相同時，則行為人仍應就其行為負故意既遂的責任。

因果關係錯誤之發生，其情形不一，茲分類敘述，因後三者可謂因果關係中斷之問題，惟因果關係中斷理論乃採條件說之結果，故亦列為因果關係錯誤，俾便討論對故意之影響（蔡墩銘I，93）：

（一）由於行為人之行為所引起的因果關係錯誤

例如甲以使乙溺死之故意，在橋上將乙推落河中，但乙未落水，卻因頭部觸及沙灘亂石，致頭蓋骨跌碎而死。此種情形乙雖非溺死，而係撞石而死，但在一般經驗上莫不認乙之落橋撞石，乃出於甲之推墜行為，故甲之殺人故意不受阻卻，最高法院28年上字第2831號判例：「（一）如果某甲並不因被告之殺傷而死亡，實因被告將其棄置河內始行淹斃，縱令當時被告誤為已死而為棄屍滅跡之舉，但其殺害某甲，原有致死之故意，某甲之死亡又與其殺人行為有相當因果關係，即仍應負殺人既遂責任。至某

甲在未溺死以前尚有生命存在，該被告將其棄置河內，已包括於殺人行為中，並無所謂棄屍之行為，自不應更論以遺棄屍體罪名。」曾採此見解。

（二）由於被害人之行為而引起的因果關係錯誤

例如甲欲殺乙，乙受傷後，奪門而逃，致跌下樓梯而死，此種情形，乙之死雖非由甲之直接行為所引起，然乙之死和甲之行為有密切關係；採主觀相當因果關係說者，認乙之行動，若為甲所認識者，則甲成立殺人既遂，否則僅負殺人未遂之責。依客觀相當因果關係說和折衷說，則認甲只負殺人未遂之責。最高法院29年上字第2705號判例：「原審認定上訴人以毒粑給予某甲服食，某甲回家毒發，肚痛難忍，自縊身死，是上訴人雖用毒謀殺甲，而某甲之身死，究係由於自縊所致。其毒殺行為既介入偶然之獨立原因而發生死亡結果，即不能謂有相當因果關係之聯絡，祇能成立殺人未遂之罪。」曾認此種情形阻卻故意之成立。

（三）由於第三人之行為而引起的因果關係錯誤

例如甲殺乙，乙受重傷倒地，路人丙經過該地，誤乙已死，乃將其棄入河中，乙因而溺死。此種情形乙之死非由甲之行為所致，而係第三人行為之介入。故此種因果關係之錯誤足以影響故意之成立。

（四）由於自然力之介入而引起的因果關係錯誤

例如甲意欲殺乙，乙受傷未死，丙將乙送醫，嗣後醫院失火，乙遂被燒死。此種情形，乙之死乃因火災非甲之殺害行為。對此種自然力之介入，無論依條件說或相當因果關係說，均否定其因果關係，故足以影響故意之成立（最高法院21年上字第462號判例參照）。惟若不存在該介入之自然力，結果仍必然會發生者，自然力之加入即不生因果關係錯誤之問題，最高法院22年上字第2311號判例：「刑法上傷害之人於死罪，以傷害行為與死亡之發生有因果聯絡關係而言。不僅以傷害行為直接致人於死亡者為限，即因傷害而生死亡之原因，如因自然力之參加以助成傷害應生之結果，亦不得不認為有因果關係之存在。倘被害人既於受不能起力之重大傷害，一、二日後雖復觸傷殞命，亦不過因自然力之參加以助成其結果而

已，仍具有因果聯絡之關係。加害人應負傷害致死之罪責。」可資參考。

四、構成要件錯誤之判斷標準

關於構成要件是否錯誤之判斷，其目的本在探討所知異於所犯時，是否產生阻卻故意之效力。針對構成要件錯誤之判斷，約有三種理論：

（一）抽象符合說

此說認為在構成要件錯誤的類型中，由於構成要件故意已因構成要件類型化而抽象化其可罰性，因此只要行為人造成之法益侵害符合類型化之可罰性，縱行為人之主觀認知與所犯罪行不在同一構成要件範圍內，其主觀認知亦因符合已抽象化的構成要件故意，而不生阻卻故意之效果。

（二）法定符合說

此說認為若所知與所犯屬於具體的事實錯誤（同一構成要件錯誤），則構成要件錯誤不生阻卻故意之效果；反之，若所知與所犯屬於法定的事實錯誤（不同構成要件錯誤），則構成要件錯誤即生阻卻故意的效果。

（三）具體符合說

此說認為所知與所犯間既然存在現實上的差異，則構成要件錯誤應生阻卻故意之效果，惟應按其情節，續就是否成立過失犯罪進行判斷。

（四）小結

由於抽象符合說忽略了所知異於所犯之事實，其以行為構成要件類型化而抽象化之可罰性為構成要件故意之成立基礎，亦有循環論證之不當，故該說未成為構成要件錯誤之判斷基礎。關於客體錯誤，實務多採法定符合說；又關於打擊錯誤，實務多採具體符合說。

第二節　違法性錯誤（禁止錯誤）

行為人不知其行為係法律所禁止，或誤認其行為係法律所允許者，學

說上稱為「違法性錯誤」，或稱「禁止錯誤」。此類行為人認識與法律規定不相一致之錯誤，不屬構成要件事實錯誤，其特點在於行為人欠缺違法性之認識。正因行為人基於這種錯誤而欠缺「不法意識」，其主觀上既誤認客觀上不法之行為為合法的行為，其主觀上並無對抗法秩序之意識。基本上，禁止錯誤與構成要件錯誤不同，構成要件錯誤是指行為人在行為時對於該當客觀構成要件的行為情狀所產生的錯誤，此時行為人不知道其實際所為究為何事；而禁止錯誤則是指行為人在行為時對於行為被法律禁止出現認知的錯誤，此時行為人雖然知道他做了什麼事，但是卻誤認他的行為係法律所允許的。如一般人均不致產生此種誤認，其所造成之法益侵害或侵害危險即不具社會忍受性；反之，若一般人均不免產生此種誤認，則其所造成之法益侵害或侵害危險即不具社會不可忍受之本質。

違法性錯誤之內容可分為「刑罰法規之錯誤」與「阻卻違法事由之錯誤」二類：

一、刑罰法規之錯誤

即對於刑罰法規之不知或誤認，又可分為「積極錯誤」與「消極錯誤」：

（一）積極錯誤

行為人對於原非違法之行為，由於不知法律或誤解法律，而誤以為違法行為，此種錯誤，出於行為人之幻覺，學理上謂之「法律的幻覺錯誤」，依罪刑法定主義之原則，自不構成犯罪。例如二十歲以上之未婚男女相姦，法律本無處罰規定，而誤以為婚前性行為犯罪是。

（二）消極錯誤（直接的禁止錯誤）

行為人對於原為違法之行為，由於不知法律，或誤解法律，而誤以為合法行為或誤認其刑事責任，此種錯誤，出於行為人之錯覺，學理上謂之「法律的錯覺錯誤」，例如不知法律對墮胎有懲罰規定而墮胎是。

二、阻卻違法事由之錯誤

如事實上無阻卻違法事由存在，而行為人卻誤信有此事由存在，並因而實施其行為者，雖非屬構成犯罪事實之錯誤，但因其誤解法律，以為其行為有阻卻違法之原因，故應視為違法性錯誤；阻卻違法事由之錯誤包含以下二種情形：

（一）因錯誤而認為有阻卻違法事由存在

本無阻卻違法事由存在，卻誤認存在某類型之阻卻違法事由屬之（例如誤認安樂死本身為阻卻違法事由），此類型之禁止錯誤又稱「關於阻卻違法事由本身之錯誤」或「間接的禁止錯誤」，例如：公務員過年時收受高級禮物，誤以為此乃足以阻卻違法之禮尚往來習俗，並不成立犯罪。但若因錯誤而認為沒有阻卻違法事由存在，而做出不利於己之判斷，即為幻覺犯，並無處罰的必要。

（二）因錯誤而曲解阻卻違法事由的界限

雖有某類型之阻卻違法事由存在（例如正當防衛），卻因行為人對其前提事實發生錯誤判斷而自以為其所從事之法益侵害行為乃具有正當化事由之「構成要件該當但阻卻違法」而不屬違法行為。此類型之禁止錯誤又稱「關於阻卻違法事由前提事實之錯誤」或「容許構成要件錯誤」，例如：債權人在街上巧遇債務人，並自行取走債務人之財產抵債，認為其行為屬於民法第151條：「為保護自己權利，對於他人之自由或財產施以拘束、押收或毀損者，不負損害賠償之責。但以不及受法院或其他有關機關援助，並非於其時為之，則請求權不得實行或其實行顯有困難者為限。」所規定的自助行為，可阻卻違法。又誤想防衛或誤想避難等，亦屬於容許構成要件錯誤之情形。但如關於阻卻違法事由前提事實出現了「誤有為無」之錯誤，即不屬誤想防衛或誤想避難，而應成立偶然防衛或偶然避難。

三、禁止錯誤的法律效果

關於禁止錯誤之評價（不區分直接、間接），刑法曾有故意理論與罪責理論的對立。「故意理論」係以心理責任論為基礎，認為故意除了「知」與「欲」外，尚須具備不法意識，如行為人主觀上欠缺不法意識，即不具故意，因而禁止錯誤之構成要件該當、違法行為不成立故意犯罪，至多只能成立過失犯罪。我國實務如司法院院字第2029號解釋：「甲得其妻乙同意，立契將乙價賣與丙，雖乙與甲尚未正式離婚，但乙、丙如因誤認甲、乙間之婚姻關係已經消滅，而再行結婚，即屬欠缺重婚故意，自不構成刑法第237條之罪。」、最高法院23年上字第21號判例：「刑法第165條所謂僭行職權，係指無此職權僭越行使者而言。若其職權原係出諸有權者之授與，固不成立本罪，即使授權人在行政上無權授與，而行為人誤認其有權授與，因而行使該項職權，要不得謂有僭行職權之故意，仍難論以該條之罪。」、27年上字第1404號判例：「刑法上搶奪、強盜等罪所謂之意圖不法所有之意義，必行為人自知對於該項財物並無法律上正當權原，圖以巧取掠奪之手段，占為己有，始與同法第13條之故意條件相符。若行為人自信確有法律上正當所有之原因，縱其取物之際，手段涉於不法，仍與搶奪、強盜等罪之意思要件不合。」與29年上字第509號判例：「防衛是否過當，應以防衛權存在為前提，若其行為與正當防衛之要件不合，僅係錯覺防衛，當然不生是否過當之問題。被告充當聯保處壯丁，奉命緝捕盜匪，正向被人誣指為匪之某甲盤問，因見其伸手撈衣，疑為取槍抗拒，遂向之開槍射擊，當時某甲既未對被告加以如何不法之侵害，則被告之防衛權，根本無從成立，自無防衛行為過當之可言。至被告因見某甲伸手撈衣，疑其取槍抗拒，誤為具有正當防衛權，向其槍擊，固係出於錯覺防衛，而難認為有犯罪之故意，惟被告目睹某甲伸手撈衣，究竟是否取槍抗拒，自應加以注意，又非不能注意之事，乃竟貿然開槍，致某甲受傷身死，核其所為，仍與過失致人於死之情形相當，原審竟認為防衛過當之傷人致死，於法殊有違誤。」等，曾採故意理論。

「罪責理論」係以受目的行為論影響之規範責任論為基礎，認為不

法意識本身僅是一個獨立的「罪責要素」，假如行為人主觀上欠缺不法意識，尚不致影響故意的成立，充其量只會影響罪責而已，因此，禁止錯誤之構成要件該當且違法之行為仍可成立故意犯罪，惟於罪責則有部分減輕或全部免除的可能，故可以減輕或免除其刑。修法前台東地院87年訴字第145號判決：「次查修正後之現行槍砲彈藥刀械管制條例第20條第1項規定：原住民未經許可，製造、運輸、陳列或持有自製之獵槍，供作生活工具之用者，減輕或免除其刑，並不適用前條（第19條關於強制工作）規定。而查此一規定僅係對原住民就自製之獵槍有減輕或免除其刑之規定，並再查其立法理由為『基於原住民所自製之獵槍，係屬傳統習慣專供獵捕維生之生活工具，且其結構、性能及殺傷力，均遠不及制式獵槍』等語，顯已有意將制式（即非土造）獵槍排除於本條規定適用之外，故原住民未經許可，若持有非原住民所自製（即土造）之制式獵槍（例如本件被告所持有美造制式獵槍）者，則無本條規定減輕或免除其刑之適用。惟按被告確具有原住民（平地原住民）身分，該把美造制式獵槍為其父親陳○文合法所持有，亦有內政部內警乙字第3882號自衛槍枝執照。被告其於本院審理中辯稱：槍是伊父親的，領有持槍執照，伊與父親是原住民，靠打獵為生等語，顯是不知道雖伊父親領有持槍執照，然伊與其父親仍為不同之身分法律人格，伊仍不得未經許可即持有該把獵槍，而仍然自信伊代替其父親持有該把獵槍上山打獵乃應為法律所許可。惟按：原住民確多是靠打獵為生，歷代傳統父子相攜而共渡生活，且查被告與其父親陳○文同戶而居，故欲求被告對其父親合法持有之獵槍要求其完全不能有絲毫時間之持有，顯然是『無期待可能性』，又參原住民生活多在山間內，與山水為伍，在國家文化、資訊、教育之傳輸接受方面，多有重重困難之處，故被告會有自信其持有父親陳○文之獵槍應為法律所許可之情形，核應認為是『有正當理由』。綜據上揭說明暨分析，本案被告本次犯行實不應遽以刑罰對其強加苛責，爰依刑法第16條後段規定，免除其刑。」即曾以罪責理論作為免除其刑之基礎。

現行刑法針對行為人以不知法律為藉口而規避刑事責任的狡辯，設有防堵的規定，蓋按法律一經頒布，人民即有知法守法義務，惟如行為人具

有上揭違法性錯誤之情形，進而影響法律效力，宜就違法性錯誤之情節，區分不同法律效果。依刑法第16條：「除有正當理由而無法避免者外，不得因不知法律而免除刑事責任。但按其情節，得減輕其刑。」之規定，依罪責理論，若（一）行為人對於違法性錯誤，有正當理由而屬無法避免者，應免除其刑事責任，而阻卻其犯罪之成立；若（二）如行為人對於違法性錯誤，非屬無法避免，而不能阻卻犯罪之成立，然得視具體情節，減輕其刑。

　　前述無論是故意理論或是罪責理論，均係採犯罪三階理論的產物，如果改採犯罪二階理論，由於二階論之主觀不法構成要件（故意）包含「對於客觀犯罪事實存在之認識」以及「對於阻卻違法事實不存在的認識」，且二階論之罪責並不包含故意或過失的主觀心態為要素，因此在行為人誤認「阻卻違法前提事實存在」之誤想防衛中，只要該誤認屬於不可避免之錯誤，評價上便會產生主觀不法構成要件不該當之阻卻故意效果。既然容許構成要件錯誤之情形在二階論中足以阻卻主觀不法構成要件之成立，並導致不法構成要件不該當之判斷，對應於犯罪三階段理論，由於刑法第13條規定故意僅以對於構成犯罪事實之認識為內涵（故不生阻卻故意之效果），似應承認其亦具有阻卻違法之效果，而使得容許構成要件錯誤得成為一種超法規阻卻違法事由，以調和二階論與三階論在法律效果上之落差。蓋於誤想防衛之情形中，縱使實際上不存在正當防衛之情狀，只要一般人都會誤會當時存在正當防衛之情境，亦應承認其為客觀層次的判斷而得主張阻卻違法，蓋正當防衛與緊急避難等事由原即期待於緊急情況中有人見義勇為拔刀相助，只要客觀情狀足以使一般人誤認存在正當防衛或緊急避難之前提事實，即應容認其主張正當防衛或緊急避難以阻卻違法。依此說法，（不可避免的）容許構成要件錯誤在三階論的體系中，將同時具有（超法規）阻卻違法（客觀上無期待可能）與阻卻罪責（主觀上無期待可能）多段階攔截犯罪成立的功能。蓋當主觀錯誤係起因於客觀事實所不可避免地引起的時候，是否只能將之定位於主觀錯誤，僅生阻卻罪責之法律效果，並非毫無疑義；而本諸其客觀上不可避免地將導致主觀錯誤發生之特徵，而視其為客觀阻卻違法事由之一，直接在違法性層次攔截犯罪成

立，站在刑法只處罰社會所不可忍受之法益侵害與保護被告等立場，並無何等不當。

惟在因錯誤而認為有「阻卻違法事由存在」之情形（誤認安樂死本身為阻卻違法事由）中，此時因事實上不存在此類型（例如安樂死）之「阻卻違法事由」，因此不可能出現前述「對於阻卻違法事實存在的認識」之錯誤，因此無法阻卻故意。

四、事後禁止錯誤（不真正禁止錯誤）

由於一般認為行政命令變更不視為刑法第2條之法律變更，因此當填補空白構成要件之行政命令變更時，在禁止錯誤之論斷上即不免出現昨是今非之現象。由於此種禁止錯誤發生在行為後，因此與前述發生於行為時之禁止錯誤不同，或可稱為事後禁止錯誤或不真正禁止錯誤。惟因行為人於行為時無從預見相關行政命令於將來變更，是否符合刑法第16條之規定，而有前述罪責理論關於禁止錯誤之適用（行為人因「無從預見相關行政命令於將來變更」，而該當有正當理由且無法避免之禁止錯誤，並主張因不知法律而免除刑事責任），似有必要詳明。

按「法治國原則為憲法之基本原則，首重人民權利之維護、法秩序之安定及信賴保護原則之遵守。」釋字第589號解釋已有詳明，從而人民對公權力行使結果所生之合理信賴，法律自應予以適當保障，此乃信賴保護之法理基礎，亦為行政程序法第119條、第120條及第126條等相關規定之所由設。惟除抽象行政法規（包括法規命令、解釋性或裁量性行政規則）外，具體行政行為（包括行政慣例與職權命令）之變更，於人民權利之影響，並不亞於前述行政程序法所規範行政處分之撤銷或廢止，故而人民因行政機關長期不作為（亦即不取締）而生「某行為係合法」之主觀認識，因受信賴原則之保護而難認其主觀上存有故意過失，亦已為釋字第577號解釋（該號解釋係將「菸害防制法公布施行前之法秩序」定位為信賴基礎，且推定具有值得保護之信賴。由於對該法施行前，已進入銷售通路，尚未售出之菸品，如亦要求須於該法施行時已履行完畢法定標示義務，勢

必對菸品業者造成不可預期之財產權損害，故為保障人民之信賴利益，立法者對於此種菸品，則有制定過渡條款之義務。從而有關「菸品業者於菸害防制法公布施行前已將菸品送入銷售通路而尚未售出之行為」，即可界定為信賴表現，而信賴利益方面即可界定為「無菸害防制法有關菸品標示義務及責任規定之適用」。倘若此等信賴表現所產生之信賴利益遭受菸害防制法所侵害，自有信賴保護原則之適用。）、最高行政法院90年判字第447號判決（「二、則在財政部賦稅署構成前述台財稅二發字第851924817號函釋認本件業務行為屬應稅範圍前，原告主觀上不認為本件業務行為屬應稅範圍未依規定開立統一發票及申報銷售額，而難謂有何過失。原告主張其本件行為應予免罰，按諸司法院釋字第275號解釋，即非無據。」）與94年判字第131號判決（「（三）又稅捐稽徵機關固得於稅捐稽徵法第21條所定之稅捐核課期間內，依法補徵稅捐或並予處罰，但補稅及處罰之要件並不完全相同，前者只須客觀上有應稅未稅之原因事實存在即足，而處罰尚須具備故意或過失之責任條件，故為了增進人民對行政之信賴，主管稽徵機關應於營業人每期申報銷售額後，依有關規定儘速辦理稽核，不宜於相隔多年後，再追溯累積各期漏稅金額予以處罰。查被上訴人自83年4月1日取得第一張購買股東會贈品之發票申報扣抵銷項稅額起，已多年按相同方式為申報，發票上亦註明為購買「股東會贈品」，然而於此段期間，主管機關除未對該等發票可否扣抵銷項稅額為釋示外，原處分機關復未於被上訴人每期申報銷售額後即時加以查核更正，為上訴人所不否認，原判決乃據此認為被上訴人既有信賴基礎（稅捐稽徵機關未曾否准營業人以其股東會紀念品發票之進項稅額扣抵銷項稅額之實務）、信賴表現（83至87年間以股東會紀念品之進項稅額申報扣抵銷項稅額），且無信賴不得保護之情形，即應受信賴原則之保護，尚難認定其有過失，經核於法並無不合。」）所肯認。也就是說，在具備信賴基礎、信賴表現且無信賴不值得保護之前提下，依行政法院之見解，事後禁止錯誤之行為，即因不具故意過失而不屬構成要件該當行為。換言之，行政法院採前述故意理論處理事後禁止錯誤（不真正禁止錯誤），認為事後禁止錯誤並非阻卻罪責事由，但卻產生阻卻故意之效果。鑑於阻卻故意排除廣義犯罪成立之可能

性，而阻卻罪責仍屬得施以保安處分之廣義犯罪行為，站在刑法謙抑性格之立場，在事後禁止錯誤之類型中，因其非刑法第16條原欲規範之對象，似仍以適用阻卻故意之故意理論為洽。因此，依刑法第16條之立法說明，真正的禁止錯誤應適用刑法第16條罪責理論，依其情形減輕或免除其刑；而依上述實務見解，不真正的禁止錯誤則應適用故意理論，不認為其屬構成要件該當行為，進而阻卻其犯罪之成立。只不過由於刑法第13條已將故意定義為：「對於構成犯罪之事實，明知並有意使其發生者。」與「對於構成犯罪之事實，預見其發生而其發生並不違背其本意者」，立法者既僅以「期待」或「容忍」所認識之構成犯罪「事實」發生為故意之內涵，前述最高行政法院以故意理論論斷事後禁止錯誤（事後行政法規或司法判決）之說明（以行為人對違法認識可能為故意內涵），似與刑法第13條對故意之立法定義有所出入。因此，若欲強調事後禁止錯誤本質並無不法，似應求諸實質違法之概念，認為事後禁止錯誤並不具備實質違法之內涵，在三階論中基於超法規阻卻違法之地位，而阻卻其違法性，較為洽當。

第三節　英美刑法中的事實錯誤與法律錯誤

一、事實錯誤

　　自十三世紀起，英國已承認事實錯誤為刑法上的抗辯事由。實際上，除了嚴格責任（strict liability）之犯罪類型外，事實錯誤的作用主要在否定「其他以特定心理狀態為前提要件的犯罪類型中，行為人主觀構成要件該當」，例如：若甲誠摯且合理地誤認乙持槍之動作欲加害自己之生命，並基於保護自己生命安全之目的而取乙之性命，此種事實錯誤在英美法上將阻卻甲犯謀殺罪（murder）之主觀構成要件該當，而僅使甲之行為該當一般致人於死罪（manslaughter）。不過，有時候行為人誠摯與合理地事實錯誤卻因主觀構成要件該當被阻卻而得作為無罪聲明的基礎，例如：若涉嫌竊盜罪（larceny）之丙主觀上誠摯且合理地誤認其得對系爭盜贓物主張所有權，由於竊盜係以明知其為他人之物之心理狀態為其主觀構成要

件，因此在此種狀態下，丙取他人之物之行為並不構成犯罪。

二、法律錯誤

相對於前述事實錯誤之概念，在法律錯誤部分，英美刑法向來堅持「不知法律也不能免責」之原則，只要認識到被起訴的事實，不知法律也不能成為抗辯理由。此原則起源於諾曼第時期一概不允許認識錯誤的絕對責任概念，雖然英國自十三世紀起判例已承認事實錯誤為抗辯事由；不過關於法律錯誤，判例卻一向主張應予以處罰。自西元1613年英國的Vaux案開始，法律錯誤之概念主要在防止行為人以不知法律規定作為其解免罪責之藉口（Ignorantia juris non excusat；Ignorance of the law is no execuse.）。

一般而言，主觀犯罪構成要件不要求行為人認識自己行為的違法性，蓋如於刑事政策上不承認此一原則，除將會導致「犯罪是否成立取決於行為人主觀上對法律之認識，而非取決於法律規定本身」外，並將導致「越懂法律者越容易犯罪」此一不合理現象。不過，一旦法律錯誤本身具有否定某些以行為人特定心理狀態為前提要件的主觀構成要件該當之作用時，前述原則即出現例外。舉例而言，若涉嫌竊盜罪（larceny）之丁主觀上「誠摯且合理地」誤認其得合法地任意取走其債務人戊之物，以滿足丁對戊之債權，美國許多州均承認此種法律錯誤具有排除「竊盜係以明知其為他人之物之主觀構成要件」之法律效果，因此在此種狀態下，丁取他人之物之行為並不構成犯罪。從而亦有主張，關於法律錯誤不成立抗辯這一原則，一般僅限於關於刑法的認識錯誤；如果是關於私法的認識錯誤，則不管是那一種錯誤，均可有效成立抗辯，此即何以誤認為他人的財物是自己的財物而毀損可為無罪之原因。

三、法律認識錯誤

在英美刑法中，不知法律（ignorance）與法律認識錯誤（mistake）具有極為相似的意義，從判例上分析，法律認識錯誤包括兩種類型：一是不知法令的存在；二是法律解釋的錯誤。不知法令存在又包括兩種情況：

其一是行為人長時期生活在外地或海上因而不知某法令的施行,例如西元1880年發生於英國的Buruns v. Nowell案,船長在航海期間,不知國家已於西元1872年施行「誘拐禁止法」,從而不知運載南洋居民已違反該法禁令;又如西元1812年發生於美國的The Ann案,被告不知美國已於西元1808年制定「船舶出港禁止法」,禁止船舶從紐約駛向牙買加;上述兩個案件均被認定有罪。其二是外國人不知自己的行為在所在國是犯罪,最著名的是發生於西元1852年的R. V. Barronet and Allqin案,由於法國不處罰決鬥行為,因而法國人不知決鬥在英國構成謀殺罪,故若法國人在英國實施了決鬥的幫助行為,將被英國法院認定為有罪。法律解釋的錯誤,是指雖然知道存在某種法律,但由於誤解法律而認為自己的行為不構成犯罪,例如西元1840年發生於英國的R. v. Price案,被告知道法律規定申報出生的義務,但誤認為自己屬於英國國教會成員因而沒有必要申報,也被法院認定為有罪。

英美刑法判例主要基於三個理由,而主張不知法律或法律認識錯誤不能免責的原則:

(一)此一原則乃維護公共政策所必要。公共政策的內涵本即包括:負有守法義務的人不得主張不知道法律,蓋具有責任能力的人,應當知道法律。美國聯邦最高法院大法官史東曾指出:具有辨認能力的人不僅應當知道法律,而且必須知道法律,並推定其知道法律,因此,法律認識錯誤在刑事法上無法成為抗辯理由。這是羅馬法的格言,也是美國法律的格言。

(二)此一原則乃維護公共利益所必要。為了維護公共利益,任何人都必須遵守法律,否則,社會福利與國家安全就得不到保障。因此,不允許以不知法律為理由逃避法律責任。蓋如果法律認識錯誤是免責事由,則被告人將常常主張法律認識錯誤,因事實上難以證明,因此根本不可能裁判。

(三)此一原則是刑法得以有效實施的保證。司法機關往往很難查明行為人是否不知法律,如果被告人主張不知法律就免責,刑法就難以有效地實施。蓋法秩序具有客觀性,法律是具有客觀含義的規範,刑法所表現

的是通過長期歷史經驗和多數人社會輿論形成的客觀倫理。當法律與個人的信念相對立時，法律處於優先地位，故法律認識錯誤不是免責理由。

四、不能因不知法律而免責之例外

「不能因不知法律而免責」雖然具有上述根據，也幾乎是不可動搖的原則，但進入二十世紀後，在美國出現了承認此一原則有例外的判例發展，甚至還出現了因相信法律家的意見而誤解法律時被認定為不可罰的判例，其中最重要的是作出「因信賴州最高法院的判決而實施的行為不具可罰性」此一重要見解的State v. Oneil（147 Iowa 513; 126 N.W. 454 (Iowa. 1909)）案。在該案中，由於美國愛荷華州最高法院曾於西元1902年與1906年兩個判決中認為，將販賣、購入麻醉飲料的行為規定為犯罪的法律，違反了美國聯邦憲法，因此Oneil案的被告人信賴上述判決，於西元1908年實施了販賣、購入麻醉飲料的行為。然而該州最高法院在西元1909年變更了以前的判決，認為將上述行為規定為犯罪的法律並不違憲，故該州地方法院其後對上述被告人作出了有罪判決。不過該有罪判決旋即被該州最高法院撤銷，蓋信賴住所地所屬州最高法院判決而實施的行為，應作為「不能因不知法律而免責」原則的例外而免除責任。後來美國又出現了信賴地方法院判決而實施的行為不構成犯罪的判例（Wilson v. Goodin, 163 S.W. 2d 309, 313 (Ky. 1942)）。從而在某種法律曾被法院判定違憲後來又判定合憲時，信賴違憲判決而實施的行為就成為「不能因不知法律而免責」原則的重要例外，而不具可罰性。

此外，西元1911年發生的State v. White（237 Mo. 208; 140 S.W. 896 (1911)）案還確定，信賴具有某種許可權的行政官員的意見，誤認為某種犯罪行為被允許而實施該行為時，也不可罰。該案被告實際上並沒有選舉權，但事先基於選舉人登記官員的決定，誤認為自己具有選舉資格，於是作了選舉人登記。原審法院判決被告人有罪，但密蘇里州最高法院卻撤銷了原審判決，蓋雖任何人都應知道法律，但事實上有時連受過最嚴格訓練的法官也難以決定法律的正確內容。既然本案被告是根據具有選舉資格審

查權的行政官員的決定而實施投票行為，如果認定被告人有罪，即過於苛刻，因為該案中行政官員自身犯了錯誤，對被告人提出了不適當的意見。此外，美國聯邦最高法院亦認為：在特定行為後始發生之法律、判決或行政規則之改變，亦可視為前述ignorance of the law is no execuse原則之例外（Bouie v. Columbia, 378 U.S. 347 (1964)），此或可謂美國判例已明顯承認「不能因不知法律而免責」原則的例外，但英國法院還沒有如此明顯的傾向。

不過英國學者近年來也有主張：因信賴專業人員的意見所實施的法益侵害行為，若認於此情形中被告一律不能主張免責抗辯，並不洽當。按美國法院已開始承認「不能因不知法律而免責」原則的例外，主要是因為行政權已高度發展，且實際上行政機關的決定往往在許多場合都具有最終的決定力（例如行政處分之構成要件效力），既然行政機關已成了在個別領域中具有實質許可權的機關，原應允許個人信賴行政機關的解釋。信賴具有許可權限行政機關的意見，與其說具有違反法律的意圖，不如說具有遵守法律的意思，因此不能因為行政機關意見的錯誤而將依此而為之行為人認定為犯罪人。又因社會經濟的發展，商業生活複雜化，對於包含了現代商業生活最複雜局面的法規，信賴其專業人員的意見所實施的行為，沒有理由追究行為人的責任。社會的複雜化等原因，除使得法官對法律的見解發生變化外，亦使得行政官員對法律的見解異於法官的情況增多。同時，對人民因信賴其中一方（行政或司法）而實施的行為不能予以責任非難的情況也跟著增加，前述美國法院判例的變化恰恰反映了這一點。不過值得注意的是，不管在英國還是美國，「不能因不知法律而免責」仍然是處理法律錯誤的重要基本原則，只是在進入廿世紀後，才逐步承認此一原則的例外。而所謂「例外」也只限於基於相當理由完全不知法律存在的場合以及信賴有關權威者意見等非屬社會不可容忍的場合；而且，法律認識錯誤能否成為抗辯理由，還取決於法院具體的、實質的認定；另外，模範刑法典公布後，許多州的制定法也只規定了事實認識錯誤，許多州的制定法對法律錯誤作了相當嚴格的規定。

五、模範刑法典之建議

依美國模範刑法典（Model Penal Code）第202條第(9)項規定：「關於行為構成犯罪或規定犯罪成立要件之法律的存在、意義以及適用的認識、輕率及過失，並非犯罪成立要件，但規定犯罪的法律或本法有特別規定時，不在此限。」法律錯誤原則上不影響犯罪的成立，此規定基本上肯定了前述「不能因不知法律而免責」的原則；但該法典第204條第(1)項：「關於事實或法律的不知或錯誤，在下列所定場合，即可作為抗辯：(a)其不知或錯誤在否定證明犯罪基礎要件所必需之目的、認識、確信、輕率或過失時；(b)由其不知或錯誤所證明之心理狀態，經法律規定可作抗辯時。」卻又肯定了上述原則的例外，故法律錯誤與事實錯誤同樣可作抗辯事由。此外，模範刑法典第204條第(3)項：「確信其行為在法律上不構成犯罪時，如有下列所定情形，可作為對基於其行為所生之罪的追訴的抗辯：(a)行為人不知規定犯罪之制定法或其他成文法規的存在，且在實行被追訴的行為時，其法令尚未公布或處於其他不能知悉法令存在的狀態時；(b)基於相當理由，信賴包括(1)制定法及其他成文法規；(2)法院的裁定；意見或判決；(3)行政命令或許可；(4)就規定該罪之法律的解釋、適用或執行在法律上負有責任的公務員或公共機關正式解釋等公開法律見解而實施行為，其後該法律見解變得無效或錯誤時。」還進一步承認不符該法典第204條第(1)項規定也例外地可作為抗辯的情況。可見模範刑法典第204條第(3)項的規定，實際上已將前述美國法院判例條文化。

模範刑法典第204條第(3)項(a)雖以被告不知法律存在為前題，然法條卻包含「法令未公布而致行為人不知法令存在的情況」，由於法律以已公布為前提，故「其他不能知悉法令的狀態」之內涵為何，即為此處重點。從有關判例可知，其他不能知悉法令的狀態僅限於有合理根據而不知法律。如果連沒有合理根據的法律認識錯誤也作為抗辯理由，就會產生許多不良後果。模範刑法典第204條(3)項(b)規定的是，行為人信賴有關機關的法解釋而實施行為，但該解釋後來被認定為錯誤解釋的情況。在這種情況下，行為人主觀上也存在法律認識錯誤，但這種錯誤只有基於相當理由才

能免責。「信賴制定法」乃指行為人確信某制定法合憲而實施其行為，但行為後該制定法被認定違憲，因而其行為構成犯罪，在這種情況下，確信制定法合憲可作為抗辯事由。「信賴判決」則是指信賴行為時的判例而實施行為，但法院後來變更判決使該行為有罪。在這種情況下，信賴判決可作為抗辯事由。前述State v. Oneil案即是因信賴自己所屬州的最高法院判決而免責的判例，事實上也存在因信賴地方法院的判決而免責的判例，如Whiteman案。該案被告將沒有牙科醫師執照的人雇請到自己的診所，被認定違反州法律並被剝奪牙科醫師資格，被告提出上訴，理由是自己信賴法院認定該州法律違憲的判決才實施上述行為。佛羅里達州最高法院判決指出，單純主張某法律違憲並不能成為抗辯事由，但信賴法院判決而實施行為時則應免責。「信賴行政命令」成立抗辯的先例，是前述White案，此外還存在「信賴公務員的法律解釋意見」也成立抗辯的情況，如Wheedy案，該案被告是廣播局的工作人員，因擅自對他人通話錄音被起訴，被告抗辯其係根據公共事業委員會的通知，故以為這種行為是合法的，法院亦同意該抗辯成立，原審有罪判決被撤銷。不過在信賴公務員的意見時，該公務員對該問題享有何種程度的許可權，卻有問題。模範刑法典的起草者認為，信賴下級公務員或行政官廳聘僱的非公務員意見並不能免責，但實務上有不少判決承認這種情況是抗辯理由（如西元1948年的Olshefshi案與西元1907年的Simmons案）。不過在類似案件中，除要考慮發表意見的公務員的地位及其許可權限外，亦應考慮免責與不免責何者對社會較為有利。

六、信賴執業律師之錯誤法律意見

此外，因私人法律諮詢而信賴執業律師之錯誤法律意見而實施行為是否亦成立合法抗辯？美國似乎只有新澤西州的制定法規定，信賴律師的錯誤意見因而造成法律錯誤可能成立抗辯，至於其他各州並不承認這個抗辯理由。信賴律師的意見之所以不成立抗辯，主要是基於兩個方面的理由：（一）如果承認這種抗辯，則使法律認識錯誤的抗辯過於廣泛；（二）如

果由於律師的不知或錯誤而允許違反刑法，則律師的價值高於法律，蓋在多數案件中，被告會尋求律師的意見。不過，美國也有兩個判例例外地承認信賴律師意見成立抗辯，這便是發生於1907年的Williamson案與西元1949年的Long案。前者是關於取得公用土地申請的法律解釋錯誤；後者是關於離婚的有效性的認識錯誤。兩案被告都是因為誠實地信賴律師的意見而實施了行為，原審法院均認定有罪，但上級法院撤銷了原審的有罪判決。然而不管行為人信賴何種公共機關的意見，主張免責還須要求行為人的誤信具有相當理由，輕信下級公務員或律師的意見而招致的法律認識錯誤一般不得免責。要求法律錯誤須基於相當理由，旨在要求違法性意識的可能性，即一般人可能意識到違法性時，不承認其為抗辯理由。綜上所述，普通法一直承認的「不知法律也不能免責」的原則，仍然是美國處理法律認識錯誤的基本原則。

七、英國法制的發展

　　與美國例外承認法律認識錯誤可以免責相對，英國到現在還嚴格遵守「不知法律也不能免責」的原則（不承認不知法律或誤解法律是抗辯理由）。在英國，因法律認識錯誤而欠缺違法性意識的情況可分為兩類：一是信賴公共機關的意見而對自己的行為進行錯誤的法律評價；二是對法規符合性欠缺認識。至於因不知法規存在而實施行為，並不能作為免責之依據。但美國模範刑法典的例外規定，卻給英國刑法學說產生了很大影響。在二十世紀的七○年代，Ashworth首先採納美國模範刑法典的主張並指出：雖然不知或誤解法律在英國不成立抗辯，但該原則實際上已經被部分修正……第一，根據不知法律也不能免責的原則，如果是對私法的認識錯誤就成立抗辯，如果是對刑法的認識錯誤則不成立抗辯，但有的場合，即使是對刑法的認識錯誤也可能成為抗辯，即有些場合要求行為人認識到制定法規定的犯罪成立條件，沒有這種認識就不成立犯罪。第二，更明顯的例外是，制定於西元1968年的盜竊罪法（Theft Act）與1971年的毀棄罪法（Criminal Damage Act）均承認法律認識錯誤成立抗辯。例如盜竊罪法第

21條第1項規定恐嚇罪（Blackmail）以不當的（unwarranted）要求為其成立要件。故若被告確信「其脅迫是實現要求的正當（warranted）手段」，縱然不合理也不能認定為不當的。因此，雖然關於正當性的認識錯誤，在盜竊罪法制定以前不成立抗辯，但盜竊罪法制定之後卻可成立抗辯。又例如毀棄罪法第5條第2項規定，如果被告認為其損壞行為被法律允許，則不成立犯罪。由此可見，至少在恐嚇罪與毀棄罪部分，傳統上「不知法律也不能免責」的原則已被新近的立法修正。

由於西元1989年所草擬的英國刑事法草案第21條不承認法律認識錯誤可作抗辯，相較於美國的模範刑法典，英國的刑事法草案將因判例無法擴大抗辯範圍而有不當，故對於信賴政府機關的意見所實施的行為，法院應承認為抗辯理由。又如不知法律也不能免責原則的理由是「所有人都應知道法律」或「存在維護公共政策的必要」，但在重視責任主義、法律又相當複雜的現代，上述理由並不成立。由於認定犯罪最重要的要求是對行為人具有非難可能性（blameworthiness），因此針對法律認識錯誤應從刑事責任的整體上進行考察。儘管英國刑法理論對不知法律也不能免責原則提出了批評和修正，但英國1985年的刑事法草案以及修改後的1989年刑事法草案，對法律認識錯誤仍然採取了與以往一樣嚴格的態度，並沒有像美國模範刑法典那樣對上述原則作例外規定。

八、小結

在英美刑法關於錯誤的發展基礎上，或因英美刑法一貫堅持的不知法律也不能免責原則，且實際上著重於故意的成立均以認識到實質的違法性為前提，也就是說故意的成立並不要求認識形式違法性的原則，形式違法性原則上不是故意的認識內容，但若因不能認識到形式違法性進而不能認識到實質違法性時，則不成立故意。從而，在討論違法性的認識甚至錯誤的問題上，如果混淆了實質違法性（即社會危害性）與形式違法性（行為與法律規範相牴觸）的認識，即不可能正確解決法律認識錯誤問題。（張明楷）

第十二章
未遂犯

　　犯罪之狀態，可分犯罪行為之狀態及犯罪行為人之狀態兩類。前者，係就行為方面加以觀察，復可分為既遂與未遂，以及行為之單數與複數；後者，係從行為人方面加以觀察，即為共犯之各種型態。茲先就未遂犯之概念與內涵，分述如下：

第一節　未遂犯之定義與要件

　　未遂犯乃既遂犯之相對概念。所謂既遂犯者，即實行犯罪行為，已發生或已具備行為人預期之結果，而完成構成犯罪要件全部行為之謂也。易言之，行為人使犯罪構成要件事實全部發生之有責且違法之行為，即為既遂犯，亦稱完成之犯罪。通常既遂犯需具備下列要件：（一）實害犯必須有犯罪結果之發生。（二）犯罪之一般成立要件，即構成要件該當性、違法性、有責性，必須具備。（三）犯罪之特別構成要件，即刑法分則或其他特別刑法所規定之各個犯罪構成要件，必須具備。而未遂犯係指行為人本欲實行某既遂犯之犯罪構成要件，卻因行為人著手實行構成要件之後，發生行為人自始未預料之事由，致使行為人所欲實現之既遂犯構成要件無法完全實現，此等主觀上有等同於既遂犯故意，但在客觀上已為著手，卻未完全實現既遂犯構成要件的行為人，即為所謂之未遂犯。換句話說，所謂未遂犯，即指已著手犯罪行為之實行而未完成，或雖已完成，而未發生預期結果之犯罪型態，例如甲以刀砍乙，僅砍一刀後，乙即逃逸，致甲未達殺乙之目的，此即著手於犯罪實行，而未達於既遂之狀態者；又如甲以刀砍乙，在黑夜中，將乙連砍數刀後，以為乙已倒地死亡，即行逃走，但乙僅受輕傷，生命毫無危險，甲未達殺乙之目的，此即犯罪行為實行完

251

成，而未達於既遂狀態者。

　　某種程度來說，未遂也是一種主觀與客觀不一致的錯誤，蓋行為人主觀上原欲實現既遂的目的，只不過事實上發生與其主觀想像不同（構成要件未完全實現）的未遂結果，本質上亦符合錯誤之定義。廣義之未遂犯，均須具備下列四項構成要件，否則即無未遂犯之可言：（一）須有犯罪之故意；（二）須已著手於犯罪行為之實行；（三）須未發生行為人預期之犯罪結果；（四）須有處罰未遂犯之規定。又由於未遂原因之不同，刑法上之未遂犯可分為下列三種：（一）障礙未遂：謂因意外之障礙而不遂者，稱為障礙未遂，又稱狹義未遂或普通未遂；（二）中止未遂：謂因行為人之意思而不遂者，稱為中止未遂，屬於廣義之未遂犯；（三）不能未遂：謂其行為不能發生結果者，稱為不能未遂，亦屬於廣義之未遂犯。

　　一般言之，各種犯罪莫不有未遂犯，然其中亦有與未遂犯之觀念不能相容者，即無未遂犯之犯罪型態，其情形有五：

一、過失犯無未遂

　　過失犯因過失而犯罪，本無犯罪之故意，不過因其結果之發生，有害於社會，特加以處罰以促其注意。無結果之發生，則不以未遂論。

二、純正不作為犯無未遂

　　純正不作為犯之成立，不以結果之發生為其要件，故無所謂未遂犯。

三、加重結果犯無未遂

　　行為人對於基本行為有故意，而於基本行為所生之加重結果無故意，法律令其就發生之加重結果負刑罰之責任者，謂之加重結果犯。如無加重結果之發生，根本不生加重結果犯問題。如加重結果已發生，則成為既遂犯，故不可能有未遂犯之情形。

四、形式犯無未遂

犯罪行為一經著手，其犯罪即告完成者，謂之形式犯。此種視著手實行即為犯罪成立之立法方式，因立法者已將某犯罪之著手擬制為其他犯罪之既遂，形式犯（其他犯罪）自無再成立未遂之必要，否則實際上不啻產生處罰某犯罪預備階段之結果，換言之，除非有處罰預備之明文，否則未遂本身不再生未遂之問題。

五、陰謀犯與預備犯無未遂

原則上法律不處罰法益侵害之陰謀階段或預備階段，只有在法有明文之情形，陰謀或預備才可能成立犯罪。而由於陰謀與預備為未遂（著手）之前階段行為，陰謀或預備之前階段因未造成法益侵害或重要的侵害風險，故並無處罰之必要，此觀21年院字第785號解釋：「中止犯以犯罪已著手為前提，刑法第41條規定甚明，陰謀預備，其程度在著手以前，自不適用中止犯之規定，如犯有預備或陰謀罪之犯罪，於預備或陰謀中中止進行，法無處罰明文，應不為罪。」與最高法院22年上字第980號判例：「中止犯之成立，以已著手於犯罪之實行因己意中止者為要件，所謂著手，必須從客觀方面可以認其實行行為已經開始者而言，若實行行為未曾開始，而其所為尚係著手以前之準備行為，只能謂之預備，除刑法上有處罰預備罪之規定，得依預備罪論科外，實無中止犯之可言。」等實務意見亦可明瞭。

第二節　處罰未遂犯之理由

對於未完全實現犯罪構成要件而僅造成法益侵害危險的行為人，是否有發動刑事制裁予以非難之必要？就此學說上乃提出「未遂理論」以解釋處罰未遂犯的理由，原則上未遂理論有下列三種見解：

一、客觀未遂理論

此說認為未遂行為之所以可罰，是因為其行為在客觀上具有實現構成要件而侵害法益的高度危險性，因此為求法益保護的充分，必須對有法益侵害危險性但未充足所有犯罪構成要件的未遂行為加以處罰。故如客觀上不可能會發生法益侵害之結果，自亦無處罰之必要。

二、主觀未遂理論

此說認為未遂行為的可罰基礎在於「行為人在犯罪時所表露出故意侵害法益之主觀心態」，此等主觀心態顯現出行為人與法律（社會秩序）的敵對意志，自應加以處罰。只有堅持此種觀點才會認為不能未遂有處罰之必要，且未遂並不因結果未發生而成為減輕其刑之必然原因。

三、印象理論

此說認為未遂犯的處罰基礎在於行為人欲實現其主觀上有法律敵對的法益侵害意思，蓋因此種法敵對意志將會「震撼社會大眾對於既存法秩序的信賴」，甚而破壞法律的安定性與和平性。此說透過社會大眾的觀感緩和了主觀未遂理論的嚴厲，依此說則藉由草人插針欲致人於死的念頭與行為，因未震撼社會大眾對於法秩序的信賴，故為不罰之行為。

就上述三說而言，客觀未遂理論過於強調客觀面的危險，忽略行為人主觀面的法敵對意識，主觀未遂理論則未針對行為人行為並未實現構成要件此點加以考量，兩說均有不足之處，因此多數說係採印象理論，以兼對未遂行為之主觀與客觀面予以考量。但民國94年刑法修正，卻於第26條立法理由中指出：「關於未遂犯之規定，學理中有採客觀未遂論、主觀未遂論、或折衷之印象理論。參諸不能犯之前提係以法益未受侵害或未有受侵害之危險，如仍對於不能發生法益侵害或危險之行為課處刑罰，無異對於行為人表露其主觀心態對法律敵對性之制裁，在現代刑法思潮下，似欠合理性。因此，基於刑法謙抑原則、法益保護之功能及未遂犯之整體理論，

宜改採客觀未遂論，亦即行為如不能發生犯罪之結果，又無危險者，不構成刑事犯罪。」已明示採取客觀未遂理論。

第三節　著手之判斷

一、著手之內涵

　　關於構成要件未完全實現（犯罪結果未發生）之行為何時具有處罰的必要性（可罰性），刑法乃設著手之概念，以用於區隔「可罰之未遂行為」與原則上「不罰之陰謀與預備行為」。簡單而言，著手乃一判斷何時應予以刑事制裁之標準，一旦足以評價為著手，只要法律就此設有處罰未遂的規定，該行為就具備可罰性。一般來說，只要「開始實行」構成要件行為或與其直接接置之行為，並對構成要件所欲保護之客體達到社會不能容忍的法益侵害危險程度，即已達著手之階段。至於是否應對個別之著手類型施以刑罰制裁（論以未遂罪），需由立法者決定該法益侵害之危險是否已達社會不能忍受之程度。

二、判斷標準

　　著手為未遂犯處罰之始點，由於故意犯罪之類型繁雜，其構成要件亦千奇百樣，以致於具體案件判斷上，何時該當「開始實行」構成要件行為或與其直接接置之行為，出現了多種判斷標準。其判斷標準在學說上遂有三種說法：

（一）客觀說（危險理論）

　　此說主張應以客觀事實作為認定著手之標準，又可分為實質客觀說及形式客觀說，前者是指行為人必須已開始實行客觀上與構成要件有必要關聯性之行為，或對行為客體形成直接危險的行為，亦即自行為本身實質內容加以審查，只要已造成法益侵害之危險即為著手，故此說可稱為危險理論，最高法院52年台上字第1436號判例：「上訴人結夥竊魚，將竹籠

放置於他人魚塭，固有魚入籠，但未為上訴人或其他共犯提取仍有逸出之可能，入籠之魚即尚未移入行竊者自己支配之下，其行為應屬未遂。」與92年台上字第3010號：「該條所指之危險，係指客觀之危險而言，故已著手於犯罪行為之實行而不遂者，須其行為僅具有主觀之抽象危險，而在客觀事實上並無具體危險，致根本不能完成犯罪者，始得依該條但書規定減輕或免除其刑。……而○○○持改造手槍向○○○腹部開一槍，子彈既射穿厚重衣物而致○○○腹部破皮之傷害，在客觀上已生具體之危險，與不能犯係指僅具有主觀之抽象危險情形有別，原判決認○○○等人所為係屬普通未遂，與法無違。」等，即曾採實質客觀說；後者則以是否實行嚴格意義的構成要件該當行為為判斷標準，亦即自構成要件之形式觀察，唯有當行為人之行為已實行部分構成要件（亦有寬認實行與構成要件直接接置之行為亦可），始該當於著手之評價，惟關於「嚴格意義」之實際內涵為何，並不明確。觀諸最高法院25年非字第164號判例：「刑法第25條第1項所謂著手，係指犯人對於構成犯罪之事實開始實行而言，其在開始實行前所為之預備行為，不得謂為著手，自無成立未遂犯之餘地。」與39年台上字第315號判例：「刑法上之預備犯與未遂犯，應以已否著手於犯罪行為之實行為區別，被告某甲因挾警員某乙勸告帶所補領自行車牌照之恨，於途中等候，俟某乙行抵其前，自懷中取刀著手刺殺，經某乙呼喊，某丙奔到，始行他去，是被告既已著手實施殺害行為，縱因意外障礙未達到目的，亦應依殺人未遂犯處斷，不能論以預備殺人。」等說明，我國實務亦曾採形式客觀說。

（二）主觀說

以行為人之主觀犯意及其犯罪計畫，已可認開始實行犯罪者，即為判斷著手之標準。亦即按實施之行為予以觀察，如可認已達行為人犯意不可撤銷之程度（有謂此為「犯意之飛躍表動」）時，即為實行之著手；最高法院29年上字第2103號刑事判例：「凡本於姦淫之意思而施用強暴、脅迫之手段者，即使姦淫尚未開始，仍不得謂非著手強姦，原判決既認定上訴人圖姦某氏而掩住其口，挾持其脅肋，使不得聲張掙脫，則其強姦行為，

自屬已經著手。」即為主觀說之事例。不過若太過仰賴行為人主觀認識以判斷未遂是否成立，除有不易確實判斷之缺點外，亦將不當地擴大未遂犯成立之範圍，甚至及於未造成法益侵害危險之行為，並產生過早保護之現象，如此深為不當，前述實務見解應有變更之必要。

（三）主客觀混合理論

此說又可分「以主觀說為主並以客觀說為輔之混合理論」及「以客觀說為主並以主觀說為輔之混合理論」。前者主張依照行為人犯罪計畫全體予以觀察，一旦行為人已開始實行足以實現構成要件之行為，當該行為在客觀上亦對行為客體產生攻擊危險時，即為判斷著手之標準；後者主張於客觀上確認行為人已開始實施構成要件或構成要件直接接置之法益侵害行為時，若可認識其主觀犯意存在，始可評價為著手之實行。觀諸最高法院82年度第2次刑事庭會議決議（二）：「五、犯罪行為有犯罪之決意、陰謀、預備及實行等四個階段，在預備與實行之間，有一「著手」之區隔，已經著手即為實行，尚未著手則為預備。一般學說上對於著手之闡述，主要者計有主觀說、客觀說及折衷說三說。實務上，本院判例對於一般犯罪之著手，認為係指犯人對於犯罪構成要件之行為（或稱構成犯罪之事實）開始實行者而言，當係採取客觀說；對於竊盜行為之著手時點，究應從何時段開始起算，則尚無專則判例可循。考諸鄰近日本判例，對於竊盜罪著手時點之認定，見解亦不一致。或謂：『以竊盜為目的而侵入住宅，且為與侵犯他人財物有關之密接行為，例如為了物色錢財而有接近（靠近）衣櫥之情形時，即為竊盜著手』；或謂：『以竊盜為目的而侵入他人屋內，使用手電筒物色食物等財物時，即為竊盜之著手』；或謂：『犯人在被害人店舖內，以其所攜帶之手電筒照明黑暗之店內，雖知店內有堆積之電氣器具類，但因想盜取現金而有走向店內香煙販賣處所之事實者，應認與竊盜之著手行為相當』。今後我國在司法審判實務上，對於竊盜罪之著手時點，除應就眾多學說斟酌損益，並參酌各國之立法例及判例演變趨勢，於行為人以行竊之意思接近財物，並進而物色財物，即可認為竊盜行為之著手外，實務上似不妨從個案詳加審認，另創竊盜著手時點之新見解，以

期符合現代社會環境之實際需要,始為上策。」以及84年台上字第4341號判決:「侵入竊盜究以何時為著手起算時點,依一般社會觀念,咸認行為人以竊盜為目的,而侵入他人住宅,搜尋財物時,即應認與竊盜之著手行為相當,上訴人在其主觀上既以竊盜為目的侵入○○○住處,並已進入臥房,滯留時間有數分鐘之久,用眼睛搜尋財物,縱其所欲物色之財物尚未將之移入自己支配管領之下,惟從客觀上已足認其行為係與侵犯他人財物之行為有關,而屬具有一貫接連性之密接行為,顯然已著手於竊盜行為之實行。」等說明,實務上關於「竊盜」未遂主張以「物色財物」、「開始搜尋財物」為著手之判斷基礎,似採此說。

(四)小結

由於客觀理論忽略了行為人主觀上所欲實施犯罪之犯意,將產生犯罪成立評價上之困擾,例如持刀砍人之行為可能成立殺人未遂罪、重傷罪或傷害罪等罪,因而著手之判斷自亦應綜合主觀與客觀而為判斷;蓋行為人之犯意為何,往往必須自其表現於外部之行為加以判斷。因此,若行為人主觀上具有犯罪之故意,且所實行之行為在客觀評價上亦具有導致法益侵害發生之高度或然率,而已達社會不能忍受之程度,即應認為已進入著手的階段。

第四節　障礙未遂(普通未遂)

一、障礙未遂之意義

因意外之障礙而致犯罪結果不發生者,稱為障礙未遂,又稱狹義未遂或普通未遂。刑法第25條規定:「(第1項)已著手於犯罪行為之實行而不遂者,為未遂犯。(第2項)未遂犯之處罰,以有特別規定者為限,並得按既遂犯之刑減輕之。」,本條第1項即以立法闡明未遂犯之意義。除符合刑法第26條(不能未遂)與第27條(中止未遂)之規定外,其餘之未遂犯,均屬障礙未遂,得按既遂犯之刑減輕處罰。惟依最高法院24年度

總會決議：「（一〇）事實之欠缺及迷信犯，不包括本條未遂犯之內。」之說明，透過人類力量無法掌握之迷信手段實行犯罪之「迷信犯」以及未具備構成要件內容要素之事實欠缺（參照最高法院72年台上字第2846號判例），均不該當未遂犯，徵諸實際，此等實務見解實乃肇因於舊刑法之不能未遂仍得處罰之故。

二、障礙未遂之種類

（一）就障礙未遂之型態而加以區別

1. 外界障礙

未遂係因外界之阻力，致未能發生預期之結果者，復可分為：「天然障礙」與「人為障礙」兩種。前者如放火後，適逢大雨，火被沖滅；後者如入屋行竊之際，為屋主發覺而未能得手。

2. 心界障礙

未遂係因外界之因素，影響行為人之心理，致未發生預期之結果者屬之。如入屋行竊之際，聽聞腳步聲，懷疑是警察巡邏，因心生恐懼而於未得手之際逃離現場。

（二）就實行犯罪行為之程度而加以區別

1. 未了未遂

犯罪行為已著手實行尚未終了，致未發生預定之結果者。此不僅指已著手之未遂犯罪而言，即其著手之程度已大半進入實行而尚未終了以前之未遂犯，亦應包括在內。例如扒竊錢財，甫伸手入袋，即被發覺未果。又如意圖毒殺他人，預計十日可成，每日便服少許之毒藥，至第八日因被發覺而不遂者，仍為未了未遂，又可稱著手未遂。

2. 終了未遂

犯罪行為雖已實行終了，但未發生預期之結果者。例如意圖殺人，原欲使人服毒喪命，卻因被人發覺，以解毒之劑，救還生命；又如開槍殺人，因射擊未中目標，未生殺人之結果。終了未遂，亦稱既了未遂，以其僅有實行，而未有效果之發生，故又有「缺效犯」之稱。

三、障礙未遂之處罰

障礙未遂之成立，除須行為人主觀上有實行犯罪之故意外，尚須行為已達於著手之階段，且該實行行為未完全實現法定構成要件。各國立法例關於未遂犯之處罰，有採「概括主義」者，亦有採「列舉主義」者。前者認為犯罪而不遂者，皆可成立犯罪；後者則認未遂犯之成立，以法律有特別規定者為限。依我國刑法第25條第2項之規定觀之，關於未遂犯之「犯罪」成立，係採列舉主義，而就其「刑」則採概括主義。

我國刑法第25條第2項規定，未遂犯之處罰，得按既遂犯之刑減輕之，係採得減主義。至於前述各種障礙未遂，其未遂之態樣及實行之程度，雖不相同，然行為人應負之刑事責任，則無軒輊。若刑法未就未遂行為設處罰規定，依刑法第1條所揭示之罪刑法定主義，屬刑法所不罰之未遂行為，如刑法第277條之傷害罪不處罰傷害未遂行為，故傷害未遂不成立犯罪。

第五節　不能未遂

一、不能未遂之意義

行為不能發生犯罪結果之原因，非出於己意中止，亦非出於意外障礙，實因其行為性質不能發生犯罪結果時，稱為不能未遂。易言之，行為人已著手於犯罪之實行，或已實行完畢，而其行為不可能發生預期結果之謂也。民國94年修正前刑法第26條但書「其行為不能發生犯罪之結果，又無危險者，減輕或免除其刑」與現行刑法第26條：「行為不能發生犯罪之結果，又無危險者，不罰。」之規定，即闡明不能犯之意義。

二、不能未遂之分類

不能犯就其程度之不同，可分為「絕對的不能」與「相對的不能」，再就其目的與方法之關係，又可分為「手段的不能」與「客體的不能」，

茲分別說明如後：

（一）絕對的不能與相對的不能

1.絕對的不能

行為絕不可能發生犯罪結果之謂。因方法絕對無效者，例如以砂糖誤為砒霜而殺人，絕無死亡之發生。因客體不存在者，例如誤以木偶為人而殺之，亦不能發生死亡之結果，絕對的不能並無危險性之存在。

2.相對的不能

犯罪行為有時亦可能發生結果之謂。因方法不得其宜者，例如以毒藥殺人，因分量不足不能致死。因客體不在其處者，例如探知他人財物而行竊，不料他人已早將財物移存他處。相對的不能，仍有危險性之存在。

（二）手段不能與客體不能

1.手段不能

實施犯罪之手段，不可能發生犯罪結果之謂。其方法絕對不可能發生結果者，例如以維他命補丸誤為墮胎藥而墮胎，絕無發生墮胎結果之可能。其方法相對不可能發生結果者，例如以手槍向人射擊，槍內子彈並無火藥，無法射出，不能發生死亡之結果，倘槍內子彈，裝有火藥，即有殺人之可能。

2.客體不能

犯罪之目標不存在或不在其處，以致不能發生犯罪結果之謂。其客體不存在，絕對不生結果者，例如對無孕婦女施以墮胎，絕不能發生墮胎之結果。其客體不在其處，相對不生結果者，例如入室行竊，室內空無所有，以致無物可竊，但室內苟有財物，即有被竊可能。

三、現行刑法不處罰不能未遂

民國94年修正前刑法對於不能未遂之處罰，其以不能犯為一般未遂之一種，使對於絕對的不能犯設有特別減輕或免除其刑之規定，故修正前刑法第26條前段規定：「未遂犯之處罰，得按既遂犯之刑減輕之」，係兼指

一般未遂及相對的不能未遂（普通不能犯）而言。同條後段：「但其行為不能發生犯罪之結果，又無危險者，減輕或免除其刑。」則指絕對的不能未遂（特種不能犯）而言。不過依現行刑法第26條：「行為不能發生犯罪之結果，又無危險者，不罰。」之規定，由於不能犯係以結果上法益未受侵害與法益未有受侵害之危險為成立之前提，如對於此種不能發生法益侵害或法益侵害危險之行為科處刑罰，無異以「行為人表露其主觀對法律敵對性心態」為制裁之對象，在現代刑法思潮下，似欠合理性。此外，由於將來的危險性本質上僅為保安處分發動之基礎，並非刑事責任之根據，因此，立法者基於刑法謙抑原則、法益保護之功能及未遂犯之整體理論，依客觀未遂理論，規定行為如不能發生犯罪之結果，又無危險者，並不構成刑事犯罪，此可參照最高法院98年台上字第5197號判決：「民國94年2月2日修正公布，自95年7月1日施行前之刑法第26條原規定『未遂犯之處罰，得按既遂犯之刑減輕之。但其行為不能發生犯罪之結果，又無危險者，減輕或免除其刑。』其後段經修正為『行為不能發生犯罪之結果，又無危險者，不罰。』修正前後之刑法，關於不能犯之定義相同，惟其處罰與否，修正前刑法賦予不能未遂之法律效果為『減輕或免除其刑』，而修正後刑法則明定『不罰』，改採客觀說理論，將不能未遂犯除罪化。此觀立法理由謂『參諸不能犯之前提，係以法益未受侵害或未有受侵害之危險，如仍對於不能發生法益侵害或危險之行為課處刑罰，無異對於行為人表露其主觀心態對法律敵對性之制裁，在現代刑法思潮下，似欠合理性。因此，基於刑法謙抑原則、法益保護之功能及未遂犯之整體理論，宜改採客觀未遂論，亦即行為如不能發生犯罪之結果，又無危險者，不構成刑事犯罪。』即明。」之說明。不過僅將不能犯除罪化，卻仍處罰障礙未遂之立法例，似難自稱係以客觀未遂理論為整體未遂犯之理論基礎。

四、無危險之判斷

關於行為人所實施之行為是否符合本條「無危險」之要件，應以該行為是否有造成犯罪既遂危險為判斷對象，此觀最高法院98年台上字第

5197號判決：「再刑法所謂『不能犯』，係指已著手於犯罪之實行，而本質上不能達到既遂或不可能發生犯罪之結果，且無危險者而言。亦即行為人雖著手於實行構成要件之行為，但因事實上或法律上之原因，使得決意之實現與行為人原先之認識不相一致，根本不能實現客觀不法構成要件，而無結果實現之可能性，不能發生法益侵害或未有受侵害之危險，所成立之未遂類型……惟基於刑法處罰未遂犯所衍生之邏輯推理結果，未遂行為之所以被認為侵犯法律之意義薄弱，並非因其客觀上絕對不可能發生犯罪結果，而是一般社會大眾主觀上對其行為之危險認知（發生結果可能性之認知），並避免客觀說在實踐上不當過度擴張不能未遂之不罰範圍，應認唯有行為人出於『重大無知』（aus grobem Unverstand，德國刑法第22條參照）」，將本質上不可能達到既遂之行為誤以為可能導致既遂，並進而實行客觀上完全欠缺危險性的行為，始能受不能未遂之評價而邀刑罰之寬容。換言之，除實行行為客觀上完全欠缺危險性外，行為人必須誤認自然之因果法則，非僅單純錯認事實或僅因一時、偶然之原因，致未對法益造成侵害等情狀，而係出於『重大無知』，誤認其可能既遂，始有成立不能未遂之可言。否則，仍與障礙未遂同應受刑罰制裁，並使基於與法敵對意思而著手實行犯罪，足以動搖法信賴，造成破壞法秩序之行為，得收一般預防之規範效果，以求兼顧。」之說明自明。由於具體危險說係以行為時客觀存在的事實為判斷基礎，過於重視行為時具體客觀之危險，採具體危險說將出現如最高法院19年上字第1335號判例：「刑法處罰未遂罪之精神，係以其著手於犯罪之實行，雖因意外障礙不遂，而有發生實害之危險，不能不加以制裁，故刑法第39條第1項後段之不能犯，亦係指該項行為有發生實害之危險者而言，如實際上本不能發生損害，即無何種危險之可言，自不成立犯罪。本案上訴人侵入某甲家，雖意在將其殺害，但某甲既早已出外，絕無被害之危險，按照上開說明，究難令負殺人未遂罪責。」般，無法提供有效法益保護的判斷結果。因此針對有無危險之判斷，應採抽象危險說，即依行為人之犯罪計畫為判斷基礎，只要一般人於經驗上可認該行為有發生既遂結果之危險，即應成立普通未遂，只有當一般人依其經驗不認為有發生既遂結果之危險時，始足以成立不能未遂較為

恰當，如最高法院30年上字第2671號判例：「犯罪之故意，祇須對於犯罪事實有所認識而仍實施為已足，不以犯人主觀之認識與客觀事實不生齟齬為必要。上訴人率人向被害人屋內開槍射擊，雖因被害人事先走避未遭殺害，然上訴人既認其尚在屋內而開槍，不能謂無殺人事實之認識及發生死亡結果之希望，而其犯罪結果之不能發生，既係由於被害人事先走避之意外障礙，則上訴人對此應負故意殺人未遂之責，自屬毫無疑義。」即為抽象危險說之適例。

最高法院83年台上字第1671號判決：「子彈既未上膛，縱上訴人有殺人之意思，而按扣板機二次，在客觀上顯不能發生死傷結果又無危險，應係不能犯。」曾以具體危險說判斷是否無危險，惟台灣高等法院暨所屬法院84年法律座談會提案刑事類第二號所通過的審查意見，卻係以抽象危險說判斷是否無危險，因此本件某甲乙殺人之意思，持手槍對警員頭部連開兩槍，只以其忘記將褲袋內子彈裝入槍腔，致警員得免於難，則某甲之行為不能為在客觀上無危險性，依照上開說明，與不能犯要件不合。而最高法院98年台上字第5197號判決：「上訴人等所取得用於製造甲基安非他命之原料，雖經法務部調查局鑑定結果認：扣案之『對苯二甲醛』（TEREPHTH ALADEHYDE），為一般常見之工業原料，以該原料配合現場查獲之製造工具及化學原料研判，應無製成甲基安非他命之可能，上訴人等可能以甲基安非他命工廠之第一階段製造設備，意圖製造甲基安非他命或其中間產物，惟因原料不純正或技術不嫻熟致未製成中間產物氯（假）麻黃鹼或甲基安非他命等語；有卷附鑑定報告可憑。又內政部警政署刑事警察局96年11月29日刑鑑字第0960176778號函亦說明：『對苯二甲醛』非屬毒品危害防制條例之『毒品先驅原料』品項，亦非屬『先驅化學品工業原料之種類及申報檢查辦法』之『甲類』或『乙類』品項，實務上亦未曾發現以『對苯二甲醛』製造安非他命或甲基安非他命之案例；國立成功大學96年12月4日成大理院字第0960007520號函亦說明：『對苯二甲醛』並不適用於製造安非他命或甲基安非他命等語。然調查局96年10月30日調科壹字第09600461110號函說明欄第二點載明：一般而言，以麻黃素為原料製造甲基安非他命之流程，主要可分為氯（鹵）化階段、氫化階段

及純化階段等三個階段，其中氯（鹵）化階段係將原料麻黃素與亞硫醯二氯（THIONYL CHLORIDE）反應生成氯（假）麻黃素之過程，該過程中需使用氯仿、乙醚、丙酮等溶劑，所需器材為塑膠容器、過濾設備及晾乾設備等。氫化階段係將氯（假）麻黃素與氫氣反應生成具甲基安非他命成分之甲基安非他命水溶液之過程，該過程中需使用醋酸納、酸（如鹽酸等）、鹼（如氫氧化納等）、活性碳、鈀金（氯化鈀與硫酸鋇混合物）等試劑，所需器材為壓力反應瓶（槽）、氫氣供應設備、酸鹼值測試紙（或設備）、過濾設備及相關容器等。純化階段係將甲基安非他命水溶液純化得到甲基安非他命結晶之過程，該過程中需使用食鹽等試劑，所需器材為冷凍（藏）設備及過濾設備等。足見在整個製造甲基安非他命過程中，需要多種原料及器具，麻黃鹼僅是其中一個環節而已。上訴人等均明知甲基安非他命係毒品危害防制條例第2條第2項第2款所列管之第二級毒品，不得非法製造，渠等已備妥原判決附表四所示之原料及器具，進行製造甲基安非他命，只是所取得之部分原料，無法有效製成甲基安非他命。徵以丙○○、乙○○可輕易購得新臺幣一百萬元之麻黃鹼觀之，在丙○○、乙○○之社會生活關係網絡中，取得麻黃鹼並非困難之事，丁○○亦承認參與包裝丙○○、乙○○購得之麻黃鹼，使乙○○得以將麻黃鹼運送至台東，而甲○○已在原判決事實欄一，取得製造甲基安非他命之麻黃鹼，並製成甲基安非他命前期產品，其尚且供承協助乙○○確認購得之物品是否為麻黃鹼，亦提供氯仿供乙○○檢測，復告知乙○○配方比例等情。迨發現原料有誤後，亦由丙○○、乙○○、甲○○等人會查確定，擬要求賣主處理，顯見上訴人等尚能認定原料有誤，而該原料之取得並非無法實現，渠等已著手於犯罪構成要件之實行，非客觀上毫無危險，且未誤認普遍、恆常之自然法則，僅偶然錯認事實情狀而已，對於犯罪結果之無法實現洵非出於重大無知之情形，核實屬普通未遂而非不能犯，亦非預備犯。」即以抽象危險說為是否無危險之判斷基礎，肯認以不完整原料製做安毒之行為客觀上存在法益侵害之風險。

265

第六節　中止未遂

一、中止未遂之意義

　　所謂中止未遂者，即犯罪著手實行或實行終了後，結果尚未發生以前，行為人本於自由之意思，中止其實行或阻止其結果之發生，以致犯罪不能完成之謂也。刑法第27條第1項：「已著手於犯罪行為之實行，而因己意中止或防止其結果之發生者，減輕或免除其刑。結果之不發生，非防止行為所致，而行為人已盡力為防止行為者，亦同。」之規定，即係闡明中止犯之意義及其刑事責任；依最高法院98年台上字第3836號判決：「查運輸毒品罪之成立，並非以所運輸之毒品已運抵目的地為要件；區別既遂、未遂之依據，以已否起運離開現場為準，如已起運離開現場，其運輸行為即已完成，不以達到目的地為既遂之條件。上訴人已將第三級毒品藏放在行李箱內，自馬來西亞吉隆坡起運，並運抵台灣境內，其運輸毒品已屬既遂，縱入關後，上訴人未提領行李，仍無適用中止未遂犯減輕其刑之餘地。」與99年台上字第1901號判決：「次按刑法上所謂中止未遂，係指行為人已著手於犯罪之實行，因自己之意思而中止進行；或雖已實行，而以己意防止其結果之發生，因之未發生犯罪之結果而言。惟運輸毒品或運送走私物品罪之成立，並非以所運輸之毒品或運送之走私物品已運抵目的地為完成犯罪之要件；是以，區別各該罪既遂、未遂之依據，應以已否起運離開現場為準，如已起運離開現場，其構成要件之輸送行為即已完成，不以達到目的地為既遂之條件。本件上訴人既自承係快遞人員打電話通知系爭包裹送貨之相關事宜後，才打電話給○○○，告知不想收貨之事等語，足徵上訴人向○○○表示不想收貨時，系爭包裹已經起運離開大陸地區而入境台灣，則運輸毒品及走私物品罪即屬既遂，縱上訴人所辯可採，亦僅屬犯罪後態度而為量刑之審酌事項，尚不生中止犯之問題。」等說明，已達既遂階段，如未能防止結果發生，本無中止未遂之可能。又關於終止未遂與障礙未遂之區別，另可參照最高法院98年台上字第2391號判

決：「一、中止未遂，係指已著手於犯罪行為之實行，而因己意中止或防止其結果之發生而言。至於中止未遂與障礙未遂之區別，在於行為人實行犯罪行為後之中止行為是否出於自由意志，為決定中止未遂與障礙未遂之區分標準，若行為人非因受外界事務之影響而出於自由意志，自動終止犯罪行為或防止其結果之發生，無論其終止係出於真心悔悟、他人勸說或自己感覺恐被發覺、時機尚未成熟，祇須非因外界事務之障礙而使行為人不得不中止者，均為中止未遂；反之，倘係由於外界之障礙事實，行為人受此心理壓力而不得不中止者，即非出於自由意志而中止，則屬障礙未遂。」之說明。就中止行為之內容分析，行為人中止其犯罪行為之實行者，學理上稱為「未了中止」，防止其結果之發生者，則稱為「終了中止」，茲分述如後：

（一）未了中止

行為人著手犯罪行為之實行，在未終了前，本於自己之意思，中止其行為，致未發生犯罪之結果者，稱為「未了中止」，或稱「實行中之中止未遂」。又以其消極的不繼續其犯罪行為，故亦稱「消極中止」，例如：本有殺人之犯意，刀已舉起，忽然心生悔悟，放下兇刀者是；又如以毒藥殺人，每月使之飲用少許，於結果未發生前，因己意中止是。

（二）終了中止

行為人著手犯罪行為之實行且已終了，而於結果發生前，本於自己之意思，防止其結果之發生者，稱為「終了中止」，或稱「實行後之中止未遂」。又因其以積極的行為防止犯罪結果之發生，故亦稱「積極中止」。例如以毒藥殺人，施用之後，而後施以解毒之劑，防止其死亡結果之發生是；又如放火之後，自動將火種撲滅，未生燃燒之結果是。

二、準中止未遂

行為人已著手於犯罪行為之實行終了，如於結果發生前，已盡防止結果發生之誠摯努力，卻未因其行為防止結果發生，而事實上結果不發生

係由於其他原因所致者，因其防止行為與結果不發生之間並無因果關係存在，此固與以自己之行為防止結果發生之中止犯不同，惟就行為人衷心悔悟，對結果之發生已盡其防止能事之觀點而言，並無二致。立法者為鼓勵犯人於結果發生之先儘早改過遷善，乃放寬中止犯之條件，於刑法第27條第1項增列「結果之不發生，非防止行為所致，而行為人已盡力為防止行為者，亦同。」等字樣，使準中止犯亦能適用中止未遂減免其刑之規定。依最高法院98年台上字第7359號判決：「（一）刑法第27條第1項後段規定，『結果之不發生，非防止行為所致，而行為人已盡力為防止行為者』之準中止犯，所稱已盡力為防止行為，乃依當時情況，行為人因衷心悔悟，已誠摯努力，積極盡其防止之能事，而實行與有效防止結果行為，具有相當性之行為而言。亦即，至少須為與自己防止其結果之發生，可同視程度之努力者，始克相當。倘行為人僅消極停止其犯罪行為，並容忍外力之介入，致未發生結果；或其防止結果行為，尚有未盡，而係因外力之介入，致未發生結果者，仍屬障礙未遂，非準中止未遂。」說明，單純消極停止犯罪行為致未發生犯罪結果或未盡力防止結果發生，並不成立準中止未遂。

三、共犯之中止

雖民國94年修正前之刑法對於從犯及共犯中止未遂並未有明文規定，惟向來實例及解釋均承認共犯適用中止未遂之規定，如大理院6年非字第67號判例：「共謀行劫，同行上盜，經抵事主門首，心生畏懼，即行逃回，事後亦未分得贓物者，既已於著手強盜之際，以己意而中止，則對夥犯入室後拒傷事主，自不負責。」及司法院院字第785號解釋：「共同正犯、教唆犯、從犯須防止結果發生，始能依中止犯之例處斷」等說明可供參考。

雖向例均承認從犯及共犯亦得成立中止犯，惟究竟僅因己意中止其犯罪行為即足成立中止犯，抑或須進而防止結果之發生，始成立中止犯？即生疑義。德國刑法第24條(2)規定「因己意而防止犯罪之完成」與日本

大審院昭和9年2月10日第二刑事部判決，均採後說。我國實務初認僅「以己意而中止」即可依中止犯之例處斷，嗣後認為「須防止結果發生之效果發生」，始可依中止犯之例處斷。按中止犯既為未遂犯之一種，原須犯罪結果尚未發生始有成立之可能，從犯及共犯中止之情形亦應同此理，即僅共同正犯之一人或數人或教唆犯、從犯自己任意中止犯罪，尚不足產生中止之利益，必須經其中止行為，與其他從犯以實行之障礙或有效防止其犯罪行為結果之發生或勸導正犯全體中止。因此項見解既已為現行實務界所採，遂於刑法明文之。

再者，犯罪之未完成，雖非由於中止者之所為，為鼓勵犯罪行為人改過遷善，刑事政策上乃認祇須行為人因己意中止而盡防止犯罪完成之誠摯努力者，即足認定其成立中止犯，因此刑法第27條第2項遂規定：「前項規定，於正犯或共犯中之一人或數人，因己意防止犯罪結果之發生，或結果之不發生，非防止行為所致，而行為人已盡力為防止行為者，亦適用之。」以為共犯中止之適用依據。

四、中止未遂之處罰

關於中止未遂犯之刑事責任如何，論者頗不一致，我國現行刑法對於中止犯之處罰，採減免主義，蓋行為人既因己意而中止其犯罪行為，則自中止之時起，已無違法之意思，是其行為已從犯罪行為變為非犯罪行為，對於此種行為即毋庸科以通常之刑責任。然而本質上中止犯仍不失為未遂犯，只不過較普通未遂之處罰為輕。至於究應予以減輕或免除其刑，則由裁判官就行為人中止犯罪之動機及客觀之具體事實決定之。

惟如細究中止未遂之規範目的，其於刑事政策上之考量應非在於處罰，而係在於防止犯罪結果之發生。蓋於西方刑法發展的歷史上，一開始並未詳細區分刑法與刑事訴訟法之概念與作用，因此在刑法規範中經常參雜本質上屬於訴訟法之概念（例如：告訴）在內。由於中止未遂之情事在通常犯罪因己意而中止之情形中，並不易為人所察覺，因此其真正的規範功能，應在於作為犯罪偵查之工具，特別在共犯的情形中，倘如其中一

人中止犯罪即足以防止犯罪結果之發生，偵查機關即可以中止未遂作為勸誘共犯中一人中止犯罪（窩裡反）之依據，因如可免除其刑，被告原得獲不起訴處分。簡言之，早期於刑法領域所發展的中止未遂概念，其功能實與現行證人保護法第14條：「（第1項）第2條所列刑事案件之被告或犯罪嫌疑人，於偵查中供述與該案案情有重要關係之待證事項或其他正犯或共犯之犯罪事證，因而使檢察官得以追訴該案之其他正犯或共犯者，以經檢察官事先同意者為限，就其因供述所涉之犯罪，減輕或免除其刑。（第2項）被告或犯罪嫌疑人雖非前項案件之正犯或共犯，但於偵查中供述其犯罪之前手、後手或相關犯罪之網絡，因而使檢察官得以追訴與該犯罪相關之第2條所列刑事案件之被告者，參酌其犯罪情節之輕重、被害人所受之損害、防止重大犯罪危害社會治安之重要性及公共利益等事項，以其所供述他人之犯罪情節或法定刑較重於其本身所涉之罪且經檢察官事先同意者為限，就其因供述所涉之犯罪，得為不起訴處分。」之規定相類似。

第七節　英美刑法之未遂概念

雖然早期的習慣法並沒有犯罪未遂的概念，不過在現今的英美刑法中，未遂卻已然是一個普遍被承認的犯罪型態。雖然未遂犯之行為人並未完全實現所有的客觀犯罪構成要件，惟因行為人已採取積極的步驟朝犯罪之完成前進，因其行為已對社會造成明顯的（manifest）侵害或危險，未遂犯即有加以處罰之必要。又由於結果未發生，未遂犯所造成的惡害小於既遂犯，故在採應報理論的基礎上，未遂犯之處罰乃較既遂為輕。此外，由於在未遂階段尚未完全實現犯罪之所有客觀構成要件，處以較輕的刑罰，也符合一般預防理論之說理。

一般而言，未遂之成立亦包含犯罪之主觀構成要件（mens rea）與客觀構成要件（actus reus）二部分。在主觀構成要件部分，行為人必須具備犯罪之特定意圖（specific intent），因此雖然謀殺（murder）可分為四類型：一、不法意圖致人於死（unlawful intentional killings）；二、意圖造

成身體嚴重傷害或死亡（killings in which the defendant intentionally inflicts serious bodily harm）；三、因魯莽行為致人於死或造成身體嚴重傷害（killings resulting from reckless conduct）；四、某些因行為人犯重罪而致人於死或造成身體嚴重傷害（certain killings arising out of the perpetration of particular felonies），但只有第一類之意圖始足該當謀殺未遂，僅具第二類之意圖並不能視為謀殺未遂（People v. Harris, 377 N.E. 2d 28 (Ill. 1978)）。在此種主觀要件之限制下，過失未遂（attempted negligence）即無由成立。惟不作為犯（omission）卻因其具防止結果發生之保證人地位，而有成立未遂（attempted omission）之可能。此外，如共謀（conspiracy）、幫助（aiding）與教唆（abetting）等行為，因離完成犯罪還有一段距離，均不致成立未遂。

而在客觀構成要件部分，必須區分該犯罪之進行僅停留在尚未接近完成之預備（preparatory acts）階段，或已達接近完成之著手（sufficiently proximate acts）階段，蓋原則上法律不處罰前者，而後者因已對法益造成重大之危險，故有處罰之必要。在區分預備與未遂的問題上，有些州採用了「著手於犯罪實質要件」（performing a substantial act towards the commission of a crime）之標準，因此縱然行為人尚未決定侵入哪間住宅，若其於住宅區巷弄間被逮捕時已準備好侵入住宅之工具，該行為人即屬意圖犯他罪而侵入住宅罪之未遂犯（attempted burglary）（People v. Gibson, 210 P. 2d 747 (Cal. App. 1949)）；美國模範刑法典亦採此說（M.P.C. Sec. 5.01(1)(c)）。不過，雖然普遍接受僅僅是預備之程度尚不致未遂階段，美國許多州仍未明確表示區分預備與著手之標準何在。縱然尚存在其他判斷標準，惟均尚未成通說。

第十三章
正犯與共犯

第一節　概説

　　刑法第四章原名為共犯,依修正理由說明,由於我國與德國、日本同採二元犯罪參與體系,而非單一正犯體系(亦即認為犯罪參與者包括正犯與共犯,並不認為所有犯罪參與者皆為正犯),且目前學說見解皆認正犯與共犯在本質上有所不同,即正犯被評價為直接之實行行為者(如直接正犯、間接正犯、共同正犯),共犯則被評價為間接參與實行行為者(如教唆犯、幫助犯),故將章名「共犯」修正為「正犯與共犯」,以符實際。

　　凡基於自己犯罪之意思,以自己之行為實行犯罪構成要件之行為,且該構成要件該當行為係違法且有責,其行為人即為刑法第四章所稱之正犯;換言之,以自己行為實現刑法分則或特別刑法各犯罪要件者,即為正犯。原則上正犯之成立並不須其他人的參與,蓋刑法分則或特別刑法所定之犯罪,大多以一人即足以獨力完成為常態。不過當多數人參與該犯罪時,因其個別對犯罪加工或協助程度不同,遂有應否區分其是否為正犯、以別其責任之主張。

　　犯罪之狀態,若由犯罪行為人方面加以觀察,有一人犯一罪及數人犯一罪之別。一人犯一罪,即通常所謂單獨犯罪,其情形最為單純,應不生論罪之疑問;若數人犯一罪,即一罪係由數人之協力加工甚至接力而成立者,則其共犯者之狀態如何,其情形即較一人犯一罪更為複雜,然若數人共同致力於犯罪,各人間必然存在共同犯罪之關係,則此種關係在如何之範圍內存在?又此種關係中各個行為人之地位如何?各人之行為對於犯罪結果之因果關係又如何?均有詳加研究之必要,以與單獨犯罪區別,故以

非一人犯一罪為研究對象者，不論其形態，均可為廣義的共犯論所涵蓋。

第二節　正犯

一、正犯之內涵

　　由於正犯被評價為直接之實行行為者，故如直接正犯、間接正犯、共同正犯等直接造成法益侵害或侵害危險者，不論其為單獨實行或是共同實行，均該當正犯之評價。又犯罪可分為故意犯罪與過失犯罪，因此正犯包含故意正犯與過失正犯等型態。此外，依31年院字第2404號解釋之說明，因認為「實施」一詞涵蓋陰謀、預備、著手、實行等犯罪階段概念在內，故非僅侷限於直接從事構成犯罪事實之實行行為得成立正犯，故解釋上舊法之正犯包括「共謀正犯」以及「預備正犯」。惟因現行法認為正犯須以已著手於實行階段（未遂）為其前提，則在陰謀或預備階段並不成立正犯。

二、正犯之理論基礎

　　關於正犯概念之建構，學理上有否認教唆犯、幫助犯與正犯區別之主張，其認所有參與犯罪而直接或間接實現犯罪構成要件者（包含教唆犯、幫助犯與間接正犯等），均為正犯，不過應視各正犯實際參與犯罪之程度，而有刑罰輕重之不同，奧地利刑法即採此單一正犯說，又稱統一正犯概念說。不過我國刑法承認教唆犯與幫助犯之區分，關於正犯概念之建構基礎，雖不採單一正犯說，向來卻有「限制正犯概念說」與「擴張正犯概念說」之區別。

（一）限制正犯概念說

　　「限制正犯概念說」認為刑法分則或特別刑法所規定的犯罪要件，原為正犯而設，從而正犯應僅限於親自實現犯罪構成要件之人，故縱其他人之行為有助於構成要件實現，只要其非親自實現犯罪構成要件之人，皆

非正犯。基於罪刑法定原則，若無處罰教唆犯與幫助犯之明文，原不得處罰非親自實現犯罪構成要件之人，因此刑法總則關於教唆犯與幫助犯之規定，乃擴張處罰之依據，限制正犯概念說因而被稱為刑罰擴張說。不過此說排除未親自實現犯罪構成要件者成立正犯，因此利用或支配他人行為以達自己犯罪目的之不法行為，因不符正犯之定義，故在罪刑法定原則之拘束下，便可能產生處罰之漏洞，實務上遂有提出間接正犯概念予以填補處罰漏洞之必要，此觀最高法院23年上字第3621號判例：「教唆無犯罪意思之人使人實施犯罪者，固為教唆犯，若逼令他人犯罪，他人因怵於威勢，意思失其自由而實施者，在實施之人因無犯罪故意，既不構成犯罪，則造意之人為間接正犯而非教唆犯。」與26年渝上字第1929號判例：「教唆誣告以被教唆人明知其申訴係屬虛構為必要，若利用被害人家屬向之查詢被害情形時捏稱某某為加害之人使之誤信為真，而令其就所指之人訴請該管公務員究辦，顯係利用無責任意思之人以實施誣告，應為間接正犯，而非教唆犯。」等說明即知。

又由於此說不承認教唆犯與幫助犯具有正犯之本質，似否認教唆行為與幫助行為與犯罪成立間之因果關係非屬正犯之因果關係；但就條件理論以行為與結果間存在「若無前者，則無後者」之條件關係（且不存在因果關係中斷事由）即肯認其間具有刑法上因果關係而言，若不承認教唆行為與幫助行為與犯罪成立間之因果關係等同正犯之因果關係，則其間究成立何種類型之因果關係不免即有疑義，雖現行教唆犯與幫助犯非正犯之立法係以限制正犯說為立論基礎，應如何調和其與條件理論之因果關係理論不相一致，仍有待釐清。

（二）擴張正犯概念說

「擴張正犯概念說」認為凡對犯罪構成要件實現予以原因力（不論直接或間接、消極或積極、精神或物質的）者，均成立正犯，換言之，正犯之成立不以親自實現犯罪構成要件者為限。依此見解，一切對於實現犯罪要件有助力之行為，其行為人即為正犯，因此，刑法有關教唆犯與幫助犯之明文，實係限縮處罰正犯之規定；擴張正犯概念說因而被稱為刑罰限制

說。此說雖未為現行立法所採，惟其論述符合條件理論之因果關係理論，學理上似較恰當。

三、間接正犯

正犯又有「直接正犯」與「間接正犯」之分，所謂直接正犯，係指行為人親自實行犯罪要件而言，所謂親自實行犯罪要件並非不利用工具、物理力或自然力，惟所利用者必為無人類生命之物，若係有生命之他人，則因利用者未直接實行犯罪要件，故非直接正犯。故所謂間接正犯，係指假借他人之手，間接實現刑法分則或特別刑法犯罪要件（利用無責任能力之人、不負刑事責任之人或強制他人而為自己實施犯罪）者而言，例如利用未滿十四歲人竊盜、利用瘋人傷害、利用護士之不知情給病人毒藥毒斃病人等是；簡言之，利用無責任能力人當作犯罪工具以實施犯罪者，在規範上與利用刀槍等工具犯罪等同視之，即為間接正犯。

如前所述，間接正犯之概念乃在限制正犯概念說下，為因應法益保護需求所生，以為處罰「利用或支配他人行為以達自己犯罪目的之不法行為」之依據。惟因法未明文間接正犯之內涵，故學理上遂有爭議，茲述之如下：

（一）道具理論

此說認為間接正犯乃利用他人行為以實現行為人犯罪目的之犯罪型態，由於被利用人不負刑事責任（必獲無罪裁判），其於刑法上之定位即與道具無異，此種將被利用人道具化而不負刑責之主張，為間接正犯之傳統見解。

（二）目的行為支配理論

由於道具理論未能完全填補處罰「利用他人以達自己犯罪目的」之漏洞（例如正犯後正犯即因被利用者需負刑事責任而不為道具理論所涵蓋），從而為處罰就犯罪實現居於意思支配主導地位之幕後主腦，遂主張只要其主觀上以正犯之意思利用他人犯罪，並操縱整體犯罪行為之方向，

鑑於利用者（例如利用他人既存錯誤或減輕責任行為之正犯後正犯）之主觀惡性已顯現於外，只要被利用者足以被評價為受利用者特定支配之工具，遂不問被利用者是否亦受有罪之評價，利用者均該當為間接正犯，以防止幕後操控之利用人不受刑事制裁。

（三）小結

歸納歷來實務與學說之說明，依道具理論，舉凡利用非行為（強制他人以實現自己犯罪行為）、利用構成要件不該當之行為（無故意或過失）、利用阻卻違法之行為或利用他人無期待可能性之無責行為等情形，其利用者均成立間接正犯。不過為免實際支配利用他人犯罪者逍遙法外，依目的行為支配理論，仍應認被利用者可罰時，利用者仍應負刑責（即承認正犯後正犯具可罰性）較為洽當。

第三節　共犯之種類

依現行刑法規定，共犯包含教唆犯與幫助犯二者。由於教唆犯與幫助犯並未以其自身行為實現刑法分則或特別刑法之犯罪構成要件，因此刑法有關教唆犯與幫助犯之規定，可視為刑法分則構成要件之修正形式，使原非屬刑法分則明訂之構成要件行為，具有可罰之基礎，故可視為刑法擴張事由。就廣義共犯之性質而言，學理上可分為六類，述之如後：

一、廣義共犯與狹義共犯

廣義之共犯，包括共同正犯、教唆犯及幫助犯在內。狹義之共犯，僅包括教唆犯與幫助犯，而共同正犯不與焉。我國刑法之共犯規定，原採廣義共犯之方式，惟現行法以狹義共犯為共犯之立法例。

二、必要共犯與任意共犯

凡構成犯罪之事實，必須多數人共同實行方成立犯罪者，為必要共

犯，即刑法分則之共犯規定，如刑法第222條第1項第1款之「二人以上共同強制性交罪」及刑法第239條之通姦罪。構成犯罪之事實可由多數人共同實行，亦可由一人單獨實行者，為任意共犯，即刑法總則上之共犯規定，任意共犯係原由一人可得實施之犯罪而由二人以上共同實施之情形，如共犯詐欺是。最高法院81年台非字第233號判例：「共犯在學理上，有『任意共犯』與『必要共犯』之分，前者指一般原得由一人單獨完成犯罪而由二人以上共同實施之情形，當然有刑法總則共犯規定之適用；後者係指須有二人以上之參與實施始能成立之犯罪而言。且『必要共犯』依犯罪之性質，尚可分為『聚合犯』與『對向犯』，其二人以上朝同一目標共同參與犯罪之實施者，謂之『聚合犯』，如刑法分則之公然聚眾施強暴、脅迫罪、參與犯罪結社罪、輪姦罪等是，因其本質上即屬共同正犯，故除法律依其首謀、下手實施或在場助勢等參與犯罪程度之不同，而異其刑罰之規定時，各參與不同程度犯罪行為者之間，不能適用刑法總則共犯之規定外，其餘均應引用刑法第28條共同正犯之規定。而『對向犯』則係二個或二個以上之行為者，彼此相互對立之意思經合致而成立之犯罪，如賄賂、賭博、重婚等罪均屬之，因行為者各有其目的，各就其行為負責，彼此間無所謂犯意之聯絡，苟法律上僅處罰其中部分行為者，其餘對向行為縱然對之不無教唆或幫助等助力，仍不能成立該處罰行為之教唆、幫助犯或共同正犯，若對向之二個以上行為，法律上均有處罰之明文，當亦無適用刑法第28條共同正犯之餘地。」對此有詳細說明，足供參考。又依最高法院101年度第8次刑事庭會議決議（一）：「販毒者與購毒者係屬對向犯罪之結構，亦即販毒者實非故意對購毒者犯罪，故成年人販賣毒品與兒童或少年，自不構成教唆、幫助或利用其犯罪或與之共同實施犯罪或故意對其犯罪之情事，即無兒童及少年福利與權益保障法第112條第1項前段加重其刑規定之適用。」之說明，對向犯不適用教唆與幫助之規定。

三、相對共犯與集合共犯

二人以上各以對方為對象而互為犯罪行為者，為相對共犯，如行賄與

受賄、通姦與相姦、重婚與相婚是。相同目的之多數人集合而實行或加工同一犯罪行為者，為集合共犯，如刑法第149條及第150條之聚眾妨害秩序罪是。

四、共謀共犯與實行共犯

二人以上以自己犯罪之意思，事先共謀，而由其中一部分人實行犯罪之行為，其共謀者為共謀共犯，如二人共謀搶劫，事先議定由其中一人實行搶劫行為是。二人以上有犯意之聯絡，並共同實行犯罪行為者，為實行共犯，如二人共同實施強盜行為是。

五、有形共犯與無形共犯

二人以上著手實行犯罪行為，在外表上可得而見者，為有形共犯，即以有形行為加工於犯罪，如各種共同正犯，又如供給工具之從犯等是。共犯中不直接參與實行犯罪行為，或以無形行為加工於犯罪者，為無形共犯，如共謀共同正犯，又如教唆他人犯罪，以及他人犯罪之際在旁助勢等是。

六、事前共犯與事中共犯

參與犯罪在實行著手之前者，為事前共犯，如教唆他人竊盜，或於他人行竊之前供給工具是。於他人實行犯罪之際，參與犯罪實行，或予以助力者，為事中共犯，如見他人毆打，亦參與打擊。然因實行行為一旦終了，法益已遭終局之侵害，此時始參與並不致創造或擴大原法益受侵害或受侵害之風險，故無法成立事後共犯，不過事後對犯罪之參與依其情形仍可能成立刑法第247條之侵害屍體罪（對殺人罪之事後參與）以及第349條之贓物罪（對竊盜罪之事後參與）。

第四節　共犯之要件

我國刑法上所謂之共犯，即狹義的共犯，包括教唆犯及幫助犯，其成立要件如下：

一、須有二人以上參與犯罪行為

犯罪行為有二人以上參與者，始有可能於正犯外成立共犯，至其為教唆或幫助，則非所問。

二、參與犯罪行為之人必須均具有責任能力

有責任能力人如參與無責任能力人而共同犯罪者，不能認為共犯。至於有責任能力人，是否為完全負刑事責任能力人，抑或為減輕刑事責任能力人，在所不問。

三、共犯與正犯間必須犯同一之罪名

共犯與正犯，須有共同之意思，復須有共同之行為，故共犯與正犯間所犯之罪名，必須同一。例如教唆或幫助他人詐欺者，為詐欺罪之教唆犯或幫助犯是。

四、共犯之成立須以正犯之成立為前提

按依舊刑法第29條第3項：「被教唆人雖未至犯罪，教唆犯仍以未遂犯論。但以所教唆之罪有處罰未遂犯之規定者，為限。」之規定，共犯之成立原不以正犯成立犯罪為要件。惟於該項規定刪除後，共犯已不具獨立性，一旦被教唆人或被幫助人不成立犯罪，教唆者與幫助者亦不成立犯罪。

第五節　共犯從屬性

　　由於教唆或幫助行為僅加工於正犯之犯罪行為，而未親自實行犯罪構成要件行為，故如欲認定未實行構成要件行為之人之可罰性基礎，自當以正犯之犯罪行為為基礎，因此以正犯之行為具可罰性為處罰共犯前提之主張，即稱為共犯從屬性說。

一、共犯從屬性之內涵

　　關於共犯從屬性之內涵，述之如下：

（一）實行意義之從屬性

　　由於共犯之行為本身不屬於構成要件之實行行為，故必須從屬於正犯之實行行為始得處罰之基礎。若正犯未達實行著手階段，共犯即無成立犯罪可能。

（二）犯罪意義之從屬性

　　不論教唆犯或幫助犯，均須以正犯成立犯罪為前提，故共犯行為之惡性，非源自自身之惡，實乃借用正犯所具之惡性而來。

（三）處罰意義之從屬性

　　對共犯施用刑罰之必要性，須以正犯受刑罰制裁為前提，蓋若正犯不需受處罰，其教唆者或幫助者亦無處罰之必要。

二、共犯從屬性之從屬形式

　　關於共犯之從屬性（共犯是否成立犯罪）可按其從屬於正犯犯罪成立之強弱程度，區分如下：

（一）最小限度從屬形式（從屬於構成要件該當）

　　只要正犯之行為具備構成要件該當性，縱然正犯具備阻卻違法或阻

卻責任事由，共犯即可成立。此說將造成共犯與正犯間之罪刑不平衡之現象，蓋如幫助具阻卻違法事由之構成要件該當之行為人，依此說即可能出現正犯無罪但共犯有罪之不合理現象，故此說並不可採。

（二）限制從屬形式（從屬於構成要件該當且違法）

正犯之行為除需具備構成要件該當性外，尚須該行為不存在阻卻違法事由，共犯才可成立。故縱然正犯具備阻卻責任事由，亦無礙於共犯之成立。亦即只要正犯所從事者係客觀上社會無法容忍之法益侵害行為，其共犯即屬可罰。此說為現行刑法第30條所採。

（三）極端從屬形式（從屬於構成要件該當且違法有責）

正犯之行為必須為構成要件該當、違法並有責之犯罪行為，其共犯始具可罰性。由於過去之立法例多認為幫助犯係絕對從屬於正犯而成立，被幫助者不僅需實行犯罪構成要件行為，且需具備違法性與有責性，其幫助者始成立犯罪。因此當被幫助者因阻卻違法甚至私人阻卻責任事由而不成立犯罪時，幫助者雖因惡性顯現而有制裁之必要，卻與被幫助者同樣不必受處罰。我國實務如最高法院28年上字第19號判例：「教唆犯，除其所教唆之罪有處罰未遂犯之規定者外，必須正犯受其教唆而實施犯罪始能成立，若他人誤信其所教唆之事項為合法行為而實施之，並無犯罪故意者，則授意人係利用不知情之人以實施自己之犯罪行為，即屬間接正犯，而非教唆犯。反之如授意人誤信為合法行為，因介入他人之不法行為而致成立犯罪者，應由行為人獨立負責，在授意人因欠缺故意條件，亦無成立教唆犯之餘地。」即採此說。不過在此說之規範下，幫助無責任能力者侵害法益（例如幫助十歲之人竊盜），因幫助犯不屬間接正犯，反而造成幫助法益侵害者無法可罰的處罰漏洞，故現行刑法第30條已改以限制從屬形式作為幫助犯可罰性之判斷基礎，以加強防衛社會安全。

（四）最極端從屬形式

共犯之成立，不僅須正犯行為具備構成要件該當性、違法性與有責性，更需正犯具備施用刑罰必要性為成立共犯之前提。因此縱使正犯之行

為成立犯罪，一旦其具有個人刑罰阻卻事由或解除事由而不罰，共犯亦不受處罰。

第六節　共同正犯

共同正犯者，二人以上共同實行正犯犯罪行為之謂，即二以上有責任能力人，基於違法意思之（犯意）聯絡，共同故意實行同一犯罪行為之構成要件。故其要件，在主觀上須有共同實行犯罪行為之意思（共同意思），而在客觀上須有共同實行犯罪行為之事實（共同實行），惟多數正犯相互間，需具備何種關係，始得成立共同正犯，學說上約有以下三說，茲分述如次：

一、犯罪共同說

主張客觀主義者，認為共同正犯之成立，並無從捨犯罪概念而判斷，因此正犯相互間，主觀上需有實行犯罪之共同意思（犯意聯絡），且客觀上需就構成要件之實現進行分擔（行為分擔），始得成立共同正犯。從而只要欠缺主觀（例如故意與過失間或過失與過失間並無犯意聯絡）或客觀（例如殺人罪與傷害罪間不可能行為分擔）要件之一者，即不成立共同正犯。依現行刑法第28條以「二人以上共同實行犯罪行為」為共同正犯成立前提之規定，我國立法應採此說。

二、行為共同說

主張主觀主義者，認為犯罪之基礎在於行為人主觀上之反社會性，因此只要客觀上各正犯間之行為具備共同性，客觀上之行為共同已足以彰顯其內在之主觀惡性，而得成立共同正犯。由於正犯間之犯意聯絡並非共同正犯成立之要件，從而故意與過失間或過失與過失間亦得成立共同正犯，更由於此說並未以相同犯罪共同實現為共同正犯之成立前提，故共同關係得擴及於數犯罪要件間，而各共同正犯所成立之罪名，亦無強求同一之必

要，依此說即無獨立承認同時犯之必要，殺人者與傷害者亦得成立共同正犯。

三、共同意思主體說

在合夥之分工結構上，遂有主張團體責任者認為：若二人以上就特定犯罪實現達成一致之謀議，以該謀議為基礎，數人間形成「共同意思主體」，且各構成員均為實現該謀議之內容而著手於部分犯罪構成要件之實行，此時全體參與謀議者均成立共同正犯。此說之提出乃為因應集團性犯罪逐年增加所出現之打擊犯罪需求，如司法院大法官釋字第109號解釋即係以此說擴張適用刑法第28條之例，因此共同意思主體說之色彩已滲透於共同正犯之構造內。

四、共同正犯之要件

關於刑法第28條所定共同正犯之要件，可述之如下：

（一）須有二人以上正犯之共同

共同正犯必須二人以上參與，共同實行犯罪構成要件行為者，始屬相當，故教唆犯與幫助犯因欠缺正犯之意思而非共同正犯。又依最高法院28年上字第3242號判例：「共同正犯之要件，不僅以有共同行為為已足，尚須有共同犯意之聯絡。刑法對於無責任能力者之行為，既定為不罰，則其加功於他人之犯罪行為，亦應以其欠缺意思要件，認為無犯意之聯絡，而不算入於共同正犯之數。」之說明，所謂二人以上之正犯，不包含無責任能力之人。

（二）須有共同實行犯罪之意思（犯意聯絡）

所謂「共同意思」，乃共同加工之意思，即二人以上出於特定犯罪故意，相互聯絡謀議以達一定協議，並決議付諸實現之主觀意思。蓋共同正犯間相互利用對方之行為，使其成為自身手足，以實現一定犯罪結果之意思也。此種意思之相互結合，遂成為共同正犯之責任基礎。我國實務

向來強調共同正犯間犯意聯絡之必要性，如最高法院19年上字第694號判例：「共犯之成立，除共同實施犯罪行為者外，其就他人之行為負共犯之責者，以有意思聯絡為要件，若事前並未合謀，實施犯罪行為之際，又係出於行為者獨立之意思，即不負共犯之責。」、30年上字第2132號判例：「共同正犯，必須有意思之聯絡，如實施犯罪時，一方意在殺人，一方意在傷害，即不能以其同時在場而令實施傷害者，亦負共同殺人責任。」之說明。又對於意思聯絡，不一定要事前有所謀議，而且不一定要明示，此觀最高法院73年台上字第2364號判例：「意思之聯絡並不限於事前有所謀議，即僅於行為當時有共同犯意之聯絡者，亦屬之，且其表示之方法，亦不以明示通謀為必要，即相互間有默示之合致，亦無不可。」亦明。至於犯意聯絡，除以直接方式聯絡外，依最高法院77年台上字第2135號判例：「共同正犯之意思聯絡，原不以數人間直接發生者為限，即有間接之聯絡者，亦包括在內。如甲分別邀約乙、丙犯罪，雖乙、丙間彼此並無直接之聯絡，亦無礙於其為共同正犯之成立。」之說明，亦可以透過間接的方式聯絡。惟依最高法院27年附字第934號判例：「刑法第28條之共同正犯，以實施犯罪行為者有共同故意為必要，若二人以上共犯過失罪，縱應就其過失行為共同負責，並無適用該條之餘地。」與44年台上字第242號判例：「刑法第28條之共同正犯，以二人以上實施犯罪行為，有共同故意為要件，若二人以上同有過失行為，縱於其行為皆應負責，亦無適用該條之餘地。」等說明，由於實務強調共同正犯的犯意聯絡，所以不承認過失的共同正犯。

又關於共犯間故意程度不一致（部分共犯具直接故意、部分共犯僅具間接故意）時，雖存在是否亦得成立共犯之爭議，惟依最高法院101年度第11次刑事庭會議之決議：「共同正犯在主觀上須有共同犯罪之意思，客觀上須為共同犯罪行為之實行。所謂共同犯罪之意思，係指基於共同犯罪之認識，互相利用他方之行為以遂行犯罪目的之意思；共同正犯因有此意思之聯絡，其行為在法律上應作合一的觀察而為責任之共擔。至於共同正犯之意思聯絡，不以彼此間犯罪故意之態樣相同為必要，蓋刑法第13條第1項、第2項雖分別規定行為人對於構成犯罪之事實，明知並有意使其發生

者，為故意；行為人對於構成犯罪之事實，預見其發生而其發生不違背其本意者，以故意論。前者為直接故意，後者為間接故意，惟不論『明知』或『預見』，僅認識程度之差別，間接故意應具備構成犯罪事實之認識，與直接故意並無不同。除犯罪構成事實以『明知』為要件，行為人須具有直接故意外，共同正犯對於構成犯罪事實既已『明知』或『預見』，其認識完全無缺，進而基此共同之認識『使其發生』或『容認其發生（不違背其本意）』，彼此間在意思上自得合而為一，形成犯罪意思之聯絡。故行為人分別基於直接故意與間接故意實行犯罪行為，自可成立共同正犯。」之說明，共犯之成立並不以故意程度相同為前提要件。

（三）須有共同實行犯罪之行為（行為分擔）

　　共同正犯之成立須二人以上分擔其實行犯罪構成要件之行為也。依修法理由說明，由於舊法以「實施」作為共同正犯之歸責基礎，因此實務向以31年院字第2404號解釋之意旨為基礎，認為「實施」一詞涵蓋陰謀、預備、著手、實行等犯罪階段概念在內（即承認陰謀共同正犯、預備共同正犯），非僅侷限於直接從事構成犯罪事實之行為，故解釋上共同正犯包括「共謀共同正犯」。按舊實務之所以採取此種見解，即在為共謀共同正犯尋求法源之依據。但如採前解釋見解，其所產生之最大爭議，即在於應否承認「陰謀共同正犯」與「預備共同正犯」，基於近代刑法之個人責任原則及法治國人權保障之思想，應以否定見解為當，其理由如下：（一）預備犯、陰謀犯因欠缺行為之定型性，參之現行法對於犯罪行為之處罰，係以處罰既遂犯為原則，處罰未遂犯為例外，處罰預備、陰謀更為例外中之例外，學說對於預備共同正犯多持反對之立場，尤其對於陰謀共同正犯處罰，更有淪於為處罰意思、思想之虞，更難獲贊成之意見；（二）近代刑法之基本原理，強調「個人責任」，並強調犯罪係處罰行為，而非處罰行為人之思想或惡性，即重視客觀之犯罪行為。陰謀犯、預備犯之行為，既欠缺如正犯之定型性，就陰謀犯而言，行為人客觀上僅有互為謀議之行為，主觀上具有一定犯罪之意思，即得成立。倘承認預備、陰謀共同正犯之概念，則數人雖於陰謀階段互有謀議之行為，惟其中一人或數人於預備

或著手階段前，即已脫離，並對於犯罪之結果未提供助力者，即便只有陰謀行為，即須對於最終之犯罪行為，負共同正犯之刑責，如又無中止未遂之適用，實有悖於平等原則，且與一般國民感情有違。故有修正共同正犯之參與類型，確定在「實行」概念下之共同參與行為，始成立共同正犯。

此外，依最高法院103年度第4次刑事庭會議決議：『貪污治罪條例第六條第一項第四款之圖利罪，因公務員不待他人意思之合致或行為之參與，其單獨一人亦得完成犯罪，故非屬學理上所謂具有必要共犯性質之「對向犯」，自不得引用「對向犯」之理論而排除共同正犯之成立。題旨所示甲、乙二人具有犯意聯絡及行為分擔，共同對於甲主管之事務，圖乙之不法利益並因而使乙獲得利益，依貪污治罪條例第三條及刑法第二十八條、第三十一條第一項之規定，自得成立圖利罪之共同正犯。』之說明，如公務員甲與無公務員身分之乙合意，於甲辦理其職務上所掌管之工程發包業務時，甲為圖利乙，由乙以圍標之方式得標承作該項工程，而獲得不法利益，則就甲所犯圖利罪部分，乙得論以共同正犯。換言之，縱使肯認立法者得就共犯處罰型態作不同處理，學理上之對象犯，在缺乏法規明文之前提下，並不能作為排除成立共同正犯之基礎。

（四）須為自己犯罪之意思而參與

依最高法院24年上字第2868號判例：「刑法上之強盜罪，以施用強暴、脅迫等手段而奪取或使人交付財物為構成要件，在場把風，固非實施強盜罪構成要件之行為，但其夥同行劫，如係為自己犯罪之意思而參與，則雖僅擔任把風而未實行劫取財物，仍應依共同正犯論科。」之說明，共同正犯之成立不以參與構成要件行為為要件，惟須行為人係為自己犯罪之意思而參與。

五、共謀共同正犯不受修法影響

依修正理由說明，將舊刑法第28條「實施」改為「實行」，與司法院大法官釋字第109號解釋：「以自己共同犯罪之意思，參與實施犯罪構成要件以外之行為，或以自己共同犯罪之意思，事先同謀，而由其中一部

分人實施犯罪之行為者，均為共同正犯。」）處罰共謀共同正犯之立場並無牴觸，蓋（一）所謂「共同實行」犯罪行為，無論「實質客觀說」或「行為（犯罪）支配理論」，均肯定共謀共同正犯之處罰。僅在極少數採取「形式客觀說」立場者，對於無分擔構成要件行為者，不得論以共同正犯外，多數學說主張之見解仍肯定對共謀共同正犯之處罰；（二）各國立法例，對於共同正犯之成立要件規定為共同「實行」之日本立法例，亦承認共謀共同正犯之概念；而德國通說對於共同正犯，採取「行為（犯罪）支配理論」，亦肯定共謀共同正犯之存在；（三）另依現行實務對於共同正犯與從犯之區別標準，其採「以自己共同犯罪之意思，實施構成要件之行為者，為正犯；以自己共同犯罪之意思，實施構成要件以外之行為者，亦為正犯；以幫助他人犯罪之意思，實施構成要件之行為者，亦為正犯；以幫助他人犯罪之意思，實施構成要件以外之行為者，始為從犯」之立場（主觀客觀擇一標準說），更肯定共謀共同正犯之存在。惟依最高法院76年台上字第7210號判例：「刑法分則或刑法特別法中規定之結夥二人或三人以上之犯罪，應以在場共同實施或在場參與分擔實施犯罪之人為限，不包括同謀共同正犯在內。」之說明，共謀共同正犯不計入結夥人數之中。

六、英美刑法之共謀與其處罰

　　所謂共謀，通常是指二個以上的自然人間，有於將來實施違法活動或犯罪行為之協議或約定。該協議之存在本身，可視為成立共謀之客觀要件（actus reus）；而其犯罪之意圖，則該當為共謀之主觀要件（mens rea）。由於共謀僅止於計畫階段，距離著手階段還有一段距離，何以仍加以處罰？首先必須認識，之所以會處罰共謀行為，主要是因為該已成形之犯罪協議達成，提高了「犯罪意圖之明確性」。此外，法律處罰共謀的另一原因，乃在於二人以上之共謀，較之僅僅一人之計畫，將因互相幫助或互相檢討而更有能力達成犯罪。為了減弱「某犯罪發生之可能性」，亦為了避免共謀者間形成一個犯罪集團，繼續計畫下一個犯罪，法律遂不論共同計畫的犯罪是否完成，將共謀單獨規定為一種特定之處罰類型。惟須注

意者，在處罰共謀時，亦應避免對某犯罪無影響力或為參與共謀之集團成員予以處罰，以防止處罰過度。

共謀之處罰，從習慣法時代開始，除對於參與共謀者並無人數上限之限制外，對於實際犯罪之實施亦無特定程度以上參與之要求。易言之，共謀者亦不必自始至終均參與共謀，於他人之共謀中參與亦可成立共謀；而是否於共謀行為外，尚須著手於一定程度以上犯罪行為之實施（亦即是否僅達成違法行為之協議即足以認定犯罪之成立）？此純為立法者之裁量權限（United States v. Shabani, 513 U.S. 10 (1994)）。然而應予注意者，與既遂吸收未遂不同，美國聯邦最高法院曾指出，犯罪之完成並不會吸收其前階段之共謀，例如在甲與乙協議強盜丙的案件中，甲乙除須為強盜罪受處罰外，尚須為共謀行為受處罰（Callanan v. United States, 364 U.S. 587 (1961)）。不過模範刑法典卻採不同之觀點，依其規定，當被害客體為單一時（如前例），共謀者只能被依共謀或既遂規定之一處罰；而當被害客體非屬單一時（如前例中甲與乙協議分別強盜丁、戊、己、庚等人），甲或乙即可能同時被依共謀與既遂規定二者處罰（M.P.C. Sec.1.07(1)(b)）。

第七節　教唆犯

一、教唆犯之意義

教唆犯者，乃唆使原無犯意之人，實行犯罪行為之謂。舊刑法第29條第1項所謂教唆他人犯罪，原包含二種不同之解釋：其一為教唆行為使他人發生犯罪之決意；其二為教唆他人為犯罪之實行，現行法係指後者而言。教唆犯之意義，依現行刑法第29條第1項規定為：「教唆他人使之實行犯罪行為者，為教唆犯」，關於教唆犯之處罰，依刑法第29條第2項：「教唆犯之處罰，依其所教唆之罪處罰之」規定，在適用上係指被教唆者著手實行，且具備違法性後，教唆者始成立教唆犯。而成立教唆犯後之處罰，則依教唆犯所教唆之罪（如教唆殺人者，依殺人罪處罰之）。至於應適用既遂、未遂何者之刑，則視被教唆者所實行之構成要件事實既遂、未

遂為斷,以充分表現教唆犯之從屬性。

　　教唆他人犯罪之人,稱為「教唆犯」。被教唆而實施犯罪行為之他人,稱為「實施正犯」或「被教唆人」。關於教唆犯之性質為何,向來不一,惟依舊法教唆犯之立法理由:「教唆犯惡性甚大,宜採獨立處罰主義。惟被教唆人未至犯罪,或雖犯罪而未遂,即處教唆犯既遂犯之刑,未免過嚴,故本案規定此種情形,以未遂犯論。」似可得知舊刑法係採共犯獨立性說。然採共犯獨立性說之教唆犯,實側重於處罰行為人之惡性,此與現行刑法以處罰客觀犯罪行為為基本原則之立場有違。更不符合現代刑法思潮之共犯從屬性思想,故現行法改採德國刑法及日本多數見解之共犯從屬性說中之「限制從屬形式」。依限制從屬形式之立場,共犯之成立係以正犯行為(主行為)之存在為必要,而此正犯行為則須正犯者(被教唆者)著手於犯罪之實行行為,且具備違法性(即須正犯行為具備構成要件該當性、違法性)始足當之,至於有責性之判斷,則依個別正犯或共犯判斷之,由於現行法已揚棄共犯獨立性之觀點,遂刪除舊刑法第29條第3項失敗教唆及無效教唆之處罰,並修正教唆犯之要件為「教唆他人使之實行犯罪行為者,為教唆犯」,亦即被教唆者未產生犯罪決意,或雖生決意卻未實行者,教唆者皆不成立教唆犯。

二、教唆犯之要件

　　關於教唆犯之成立要件有七,茲述之如下:

(一)須有教唆他人犯罪之故意

　　教唆他人犯罪,須出於故意,若無意間引起他人犯罪之意思,進而實行犯罪,尚非教唆犯。過失與非故意之教唆,均為刑法所不罰。

(二)須有特定之被教唆人

　　教唆行為必須對於特定之人為之,始屬相當。如教唆之對象,為不特定人,則為刑法第155條之煽惑犯,而非教唆犯。

（三）須被教唆人有刑事責任能力

　　教唆行為必須對於有責任能力人為之，始能成立。否則，參照台灣高等法院84年上易字第6406號判決：「按所謂間接正犯，係指利用無刑事責任能力或無犯罪故意人或阻卻違法行為者之行為，以達其犯罪目的之情形，即間接正犯之成立，以有利用他人之故意與行為為前提。」之說明，如係利用他人犯罪，應成立間接正犯，而非教唆犯。

（四）須被教唆人有自由之意志

　　依最高法院23年上字第3621號判例：「教唆無犯罪意思之人使之實施犯罪者，固為教唆犯，若逼令他人犯罪，他人因怵於威勢，意思失其自由而實施者，在實施之人因無犯罪故意，既不構成犯罪，則造意之人為間接正犯而非教唆犯。」之說明，若以強暴、脅迫使人喪失自由之意志，而命其實施犯罪者，或以欺騙之方法而超過程度者，均非教唆犯而係廣義之間接正犯。

（五）須被教唆人原無犯罪之意思（因受教唆而啟發犯意）

　　如被教唆人原已有犯罪之意思，而教唆行為僅係堅定其犯意者，應屬於幫助，不能認為教唆。

（六）須有教唆他人犯罪之行為

　　所謂教唆他人犯罪之行為，指教唆行為之本身，非指他人所實施之行為。教唆行為之教唆方法，刑法上不設限制，無論為言語、文字或動作，明示或暗示，物理的或心理的，凡足以使被教唆人發生犯意者，皆屬之。至被教唆人於受教唆後，必須進而著手實行犯罪構成要件，始成立教唆犯。因此教唆行為終了之時，並非教唆犯成立之時，蓋教唆犯乃從屬於實施正犯之犯罪而成立，此即教唆犯從屬性之特質。

（七）須教唆人未親自參與犯罪行為之實施

　　依最高法院28年上字第19號判例：「教唆犯，除其所教唆之罪有處罰未遂犯之規定者外，必須正犯受其教唆而實施犯罪始能成立，若他人誤信其所教唆之事項為合法行為而實施之，並無犯罪故意者，則授意人係利用

不知情之人以實施自己之犯罪行為，即屬間接正犯，而非教唆犯。反之如授意人誤信為合法行為，因介入他人之不法行為而致成立犯罪者，應由行為人獨立負責，在授意人因欠缺故意條件，亦無成立教唆犯之餘地。」意旨，教唆犯之成立係以正犯受其教唆而實施犯罪為前提。依最高法院24年上字第890號判例：「刑法上之教唆犯，以對於本無犯罪意思之人，唆令決意實施犯罪，為其本質。如對於已經決意犯罪之人，以幫助之意思，資以物質上或精神上之助力，而助成其犯罪之實施者，不過成立從犯，固無教唆之可言。又假使他人犯罪雖已決意，仍以自己犯罪之意思，就其犯罪實行之方法，以及實施之順序，對之有所計畫，以促成犯罪之實現者，則其所計畫之事項，已構成犯罪行為之內容，直接干與犯罪之人，不過履行該項計畫之分擔而已，其擔任計畫行為者，與加工於犯罪之實施，初無異致，即應認為共同正犯，亦不得以教唆犯論。」之說明，如教唆人於教唆之後，復親自參與犯罪之實施，縱其參與者為犯罪構成要件以外之行為，因其為自己之犯罪，則應為共同正犯，而非教唆犯。

三、陷害教唆

（一）沿革

　　陷害教唆，有稱虛偽教唆，亦有稱為假像教唆、陷阱教唆以及未遂教唆。陷害教唆是大陸法系刑法學所衍生的概念，源自法文「agent provacatuer」，原意是使人陷入圈套的意思。法國大革命前，法王路易十四為逮捕革命份子，派出許多間諜偽裝成革命者，俟誘人加入革命團體後，乃加以逮捕誅殺，其後德國學者將其與教唆犯一併討論，稱為「Lockspitzel」（此為員警之眼線或探員之意）。所以，當時的陷害教唆是打擊政治犯罪的一種偵查方式，根本不負刑事責任。

（二）以陷害教唆作為抗辯事由

　　除執政者濫用陷害教唆打壓異己外，陷害教唆其後亦演變成為使他人受到刑事追究而實施的犯罪預防或偵查方式。類似陷害教唆的偵查方式在美國亦曾被廣泛運用並為法律所允許，但後來認為它違反了憲法第四修正

案之規定，並構成非法搜查罪而告一段落。陷害教唆在美國是先由州法發展出的一種「積極抗辯」，指警察對原無犯意之人，鼓動或引誘其犯罪，再加以逮捕之謂，屬陪審團得判被告無罪之法定原因之一。在犯意誘發型偵查中，常常會涉及到誘陷教唆，也即採用誘人入罪的方式來獲取對犯罪嫌疑人進行刑事追訴的證據。這種方式獲取的證據通常不能取得合法性，被告人可以以「陷害教唆（員警圈套）」作為免罪辯護的理由，但必須具備以下三個條件：1.主體條件：教唆者必須是員警或其他司法人員或者是他們的代理人，一般公民實施的陷害教唆不能作為免罪辯護的理由；2.客觀條件：教唆者以積極的行為誘使被告人實施犯罪，並非僅僅提供犯罪機會而已；3.主觀條件：被告本無犯意，而是在教唆者的強烈唆使下所產生的。

　　「陷害教唆」與「誘捕」不同之處在於，「誘捕」乃警方對原已有犯意之人，提供再次犯案之機會，然後再加以逮捕。故若行為人本來就有犯意，縱或警察有積極提供其機會，行為人仍不得主張「陷害教唆」。而且，一旦行為人被判定為原已有犯罪意圖時，政府之「提供犯罪機會之手段」幾乎不受限制。例如，在販毒案中，小盤毒販經警破獲後為求減刑，即配合警方佯為再次交易，等上游毒販現身後再行逮捕，此種情形上游毒犯之犯意是「本來就存在」，因此並非為「陷害教唆」。其次，在網路援交案中，如果行為人是自己先上網廣告，警方依其提供之聯絡方式佯為召妓逮捕之，而該行為人之犯意亦是本來就有。此外，在機車搶劫案中，女警佯裝為某柔弱婦女，故意在搶犯經常出沒之處所單獨夜行，「引誘」搶犯現身行搶，再由埋伏在旁之同仁加以逮捕，行為人的犯意也是本來就有，均非所謂「陷害教唆」。

（三）程序法上適用證據排除法則

　　通常陷害教唆係指教唆者明知被教唆者不致構成犯罪既遂所為之教唆行為，雖最高法院92年度台上字第4558號刑事判決：「按所謂陷害教唆，係指行為人原不具犯罪之故意，純因司法警察之設計教唆，始萌生犯意，進而實施犯罪構成要件之行為者而言。申言之，因陷害教唆係司法警察以

引誘或教唆犯罪之不正當手段，使原無犯罪故意之人因而萌生犯意而實施犯罪，再進而蒐集其犯罪之證據或予以逮捕偵辦；縱其目的係在於查緝犯罪，但其手段顯然違反憲法對於基本人權之保障，且已逾越偵查犯罪之必要程度，對於公共利益之維護並無意義，其因此等違反法定程序所取得之證據資料，應不具有證據能力。……又陷害教唆與警方對於原已具有犯罪故意並已實施犯罪行為之人，以所謂釣魚之偵查技巧蒐集其犯罪證據之情形有別，自不得混為一談。」係透過證據排除法則否認以陷害教唆方式蒐證之證據能力，以排除犯罪之成立，惟此時於實體法上或可認因被教唆者欠缺真正的犯罪故意，故不成立犯罪（周宜俊）。

四、英美刑法之教唆犯

教唆犯罪是指建議、唆使、刺激與命令他人犯罪之行為。雖然早期的習慣法並沒有犯罪教唆的概念，不過關於重罪與較嚴重之輕罪或是特定類型的犯罪部分，最終英美刑法還是承認了教唆的犯罪型態。鑒於教唆者與被教唆者具有同等級的社會危險性，因此除了特別嚴重之犯罪如謀殺罪外，模範刑法典將二者同等處罰之。不過教唆罪之成立，客觀上並不以被教唆者因教唆致犯罪為要件，故雖被教唆者未因教唆而產生犯罪之意圖甚至進而實施犯罪行為，教唆者亦成立教唆罪。然而當被教唆者果真因該教唆而犯罪時，教唆者與被教唆者間即成立共犯關係（accomplices），此時教唆者已不再被視為教唆犯，蓋其教唆行為已被正犯行為所吸收（merger）。例如：甲教唆乙傷害丙，若乙置之不理，則甲成立傷害罪之教唆犯；反之，若乙果真傷害丙，則甲乙間關於傷害丙之犯罪，成立共犯關係，易言之，此時甲非傷害丙之教唆犯。

幾乎任何的犯罪型態均可能成立教唆犯，只不過關於特別犯罪的教唆犯，如教唆賣淫或教唆賄賂，立法者會獨立規定成一項單獨的犯罪類型。由於教唆往往係透過言論（包含說與寫）進行，因此關於美國憲法第一修正案亦應留意。為了避免過度侵害教唆者之言論自由，教唆者必須具備使被教唆者犯某罪之特定意圖。從而，單純的或抽象的倡導或建議

（advocate）聽者犯罪，仍受到言論自由條款之保護而不成立教唆；惟具體唆使或煽動（incite）則須受到教唆罪之處罰（Brandenburg v. Ohio, 395 U.S. 444 (1969)）。

　　事實上，教唆型態本身可視為是未遂犯的一種，蓋行為人欲假他人之手以達其本身之犯罪目的，並透過唆使他人之手段著手犯罪。此種觀點在被教唆者無責任能力（如十歲之兒童）而可視為一種犯罪之工具時，更具說服力。然而有些法院卻認為只有在無責任能力之被教唆者接受教唆者之唆使並作成犯罪決意時，始成立未遂犯（State v. Bowles, 79 P. 726 (Kan.1905)）；亦有法院認為單純之教唆本身即足以評價為未遂（State v. Mandel, 728 P. 2d 413 (Ariz. 1954)）。

第八節　幫助犯

一、幫助犯之意義

　　依刑法第30條第1項規定：「幫助他人實行犯罪行為者，為幫助犯。雖他人不知幫助之情者，亦同。」因此於他人實施犯罪之前，或犯罪之際，予以助力，使其易於實施或易於完成犯罪行為者，即為幫助犯。幫助犯係狹義共犯之一種，惟因其祇幫助他人犯罪，並未誘發他人犯意、亦未親自實行犯罪構成要件，故在共犯中其可罰性最為微弱。共犯中不能成立共同正犯或教唆犯者，有時可認為成立幫助犯。

　　關於幫助犯之性質，可參照最高法院28年上字第1156號判例：「刑法上之從犯，以在他人實施犯罪行為前或實施中，予以助力，為構成要件。若於他人犯罪完成後為之幫助，除法律別有處罰規定，應依其規定論處罪刑外，尚難以從犯之例相繩。」之說明。舊刑法第30條第1項關於幫助犯之規定，與舊法第29條第1項關於教唆犯之規定，在解釋上產生共犯獨立性說與從屬性說之爭，學說及實務多數見解，例如最高法院77年台上字第4697號判決：「稅捐稽徵法第43條之『幫助犯第41條之罪』，為稅捐稽徵法之特別規定，屬於一獨立之犯罪型態，與刑法上幫助犯之具絕對

從屬性者不同，不必有正犯之存在亦能成立犯罪，自不得適用『從犯之處罰得按正犯之刑減輕之』規定。乃原判決認定被告等犯稅捐稽徵法第43條之罪，竟適用刑法第30條第2項之規定減輕其刑，亦不無適用法則不當之違法。」、82年台上字第6104號判決：「我國刑法就幫助犯言，係採共犯從屬性說，並不認幫助犯之幫助行為，為實行行為，是以幫助行為之是否既遂，仍應以正犯之實行行為為準。」86年台上字第22號裁判：「幫助犯係從屬於正犯而成立，以正犯已經犯罪為要件，故幫助犯並非其幫助行為一經完成，即成立犯罪，必其幫助行為或其影響力持續至正犯實施犯罪始行成立，有關追訴權時效，告訴期間等，亦自正犯完成犯罪時開始進行，是否合乎減刑要件，有無減刑條例等相關法律之適用，亦應以該時點為準據。」均採共犯從屬性說之立場，並主張幫助犯應採共犯從屬性說之「限制從屬形式」，以使教唆犯及幫助犯之從屬理論一致，故現行刑法第30條第1項遂將「犯罪」修正為「實行犯罪行為」，以杜疑義。又因「從犯」一語，常有不同解讀，關於教唆犯之理論，既改採從屬性說中「限制從屬形式」，乃將「從犯」修正為「幫助犯」，以符本意。參照最高法院98年度台上字第267號判決：「從犯之幫助他人犯罪，兼賅消極行為在內，即在他人實行犯罪行為前，或實行中，有助成他人犯罪之意思，非僅以消極態度不加阻止，而以犯罪構成要件以外之消極作為予正犯便利，使其易於實行犯罪者，即屬之。」說明，消極行為不加阻止僅在實行中有助人犯罪之主觀意思存在時，才會構成犯罪。

　　刑法第30條第1項前段修正為「幫助他人實行犯罪行為者，為幫助犯」，旨在明示幫助犯之成立，亦以被幫助者著手實行犯罪構成要件，且具備違法性為必要。至於被幫助者是否具有「有責性（罪責）」，皆不影響幫助犯之成立。因此，如被幫助之人未滿十四歲，或得因刑法第19條第1項之情形而不罰，依幫助犯之限制從屬形式，仍得依其所幫助之罪處罰之。又按最高法院60年台上字第2159號判例：「刑法上之幫助犯，以正犯已經犯罪為構成要件，故幫助犯無獨立性，如無他人犯罪行為之存在，幫助犯即無由成立」之說明，幫助犯不具獨立性，且依刑法第30條之立法修正理由：「幫助犯係採限制從屬形式，與修正後之教唆犯同，條文明示幫

助犯之成立，以被幫助者著手犯罪之實行，且具備違法性為必要。」既認幫助犯從屬於正犯而成立，故決定其犯罪之時間，自應以正犯之行為時為準。

二、幫助犯之要件

幫助犯之要件有五，茲述之如下：

（一）須有幫助之故意

幫助他人犯罪須出於故意，此與教唆須出於故意之情形同。

（二）須有正犯之存在

幫助犯係對正犯提供助力，故幫助犯之成立，須有被幫助之正犯存在為前提，此為幫助犯從屬性之當然結果。

（三）須有幫助之行為

其為事先幫助或事中幫助，固非所問，但其幫助行為，必須為犯罪構成要件外之行為，否則即成為共同正犯而非幫助犯。另參照最高法院22年上字第395號判例：「凡意圖幫助犯罪而以言語或動作從旁助勢，足以增加正犯犯罪之力量者，即屬幫助行為，無解於從犯之責。」之意旨，心理上的幫助亦該當幫助行為。

（四）須正犯有實行行為

幫助犯係從屬於正犯而成立之犯罪，如正犯無實行行為而不成立犯罪者，幫助犯亦無成立犯罪之餘地。

（五）須幫助行為與實行行為間有直接影響

幫助犯之幫助行為，必須與正犯之實行行為，有直接之影響，始能成立，亦即幫助行為與正犯之意思，必須一致，例如正犯意在行竊，而幫助犯供給兇刀，詳述殺人方法，除因啟發正犯殺人之意思，另構成教唆殺人罪外，其與正犯之竊盜行為並無直接影響，即非竊盜罪之幫助犯。參照最高法院20年非字第56號判例：「被告某甲於某乙與某丙爭毆之際，乃將

某丙髮辮揪住,以遂其傷害之目的,是其行為,自不得謂非直接及重要幫助。原判決適用刑法第44條第3項但書之規定處斷,尚無不合。」、23年上字第1738號判例:「上訴人出租房屋,並代正犯寄藏製造毒丸之藥水等物,雖予正犯以犯罪上之便利,尚難謂於製造毒丸之實施中,為直接重要之幫助。」與25年上字第2387號判例:「上訴人在製造嗎啡機關內,如僅係受僱服洗滌器具等一切雜事,對於製造嗎啡並無加工行為,縱係知情,尚難論以幫助製造嗎啡罪。」等說明,若從事之行為不具重要關聯性,行為人尚不構成幫助犯。

三、幫助犯之處罰

幫助犯之刑事責任如何,有主「必減」者,亦有主「得減」者。我國刑法以幫助之態樣不一,予正犯之助力亦不相同,如採必減主義,未免失諸寬縱,故採得減主義。刑法第30條第2項規定「幫助犯之處罰,得按正犯之刑減輕之」,減輕與否,一任裁判官自由裁量,如認為情節重大,與正犯不分軒輊,不予減輕亦無不可。

雖依最高法院29年上字第3833號判例:「上訴人對於某甲發掘墳墓事前表示贊同,不過於某甲已決意犯罪後,與以精神上之助力,祇應成立幫助犯。」、27年上字第2766號判例:「從犯之幫助行為,雖兼賅積極、消極兩種在內,然必有以物質上或精神上之助力予正犯之實施犯罪之便利時,始得謂之幫助。若於他人實施犯罪之際,僅以消極態度不加阻止,並無助成正犯犯罪之意思,及便利其實施犯罪之行為者,即不能以從犯論擬。」、24年上字第890號判例:「刑法上之教唆犯,以對於本無犯罪意思之人,唆令決意實施犯罪,為其本質。如對於已經決意犯罪之人,以幫助之意思,資以物質上或精神上之助力,而助成其犯罪之實施者,不過成立從犯,固無教唆之可言。又假使他人犯罪雖已決意,仍以自己犯罪之意思,就其犯罪實行之方法,以及實施之順序,對之有所計畫,以促成犯罪之實現者,則其所計畫之事項,已構成犯罪行為之內容,直接干與犯罪之人,不過履行該項計畫之分擔而已,其擔任計畫行為者,與加工於犯罪

之實施，初無異致，即應認為共同正犯，亦不得以教唆犯論。」等說明，單純的精神幫助亦屬於幫助之類型。然而，處罰未實質助力於犯罪實害甚至危險之人，其正當性基礎為何？非無進一步檢討的必要。按任何僅對犯罪行為人提供精神助力之人，大多不具防止該犯罪發生之保證人地位，如認提供精神上之助力與鼓勵即足以構成犯罪，不啻將僅具道德上非難性之行為予以入罪處罰，蓋一般人原無防止或告發他人犯罪之義務，縱於精神上支持某犯罪甚至給予精神鼓勵（例如：支持百米炸彈客之犯罪動機與理念），客觀上亦難謂單純的精神幫助已對於犯罪的發生予以實質的原因力。若過度擴張實務見解而認單純的精神助力亦得成立幫助犯，實意味著單純的精神幫助已足以創造類似保證人地位，並致單純提供精神幫助者成立犯罪。由於精神幫助之概念過於抽象並缺乏具體內涵，以之作為犯罪之類型，不僅有違刑法最後手段性之要求，亦已違構成要件明確性之要求。

四、幫助犯與共同正犯之區別

我國實務上對於正犯與幫助犯之區別標準，屢有變更，依民國24年7月最高法院刑庭總會之決議，幫助犯與共同正犯之區別共有四項標準可資判斷：（一）以自己犯罪之意思，而參與犯罪構成要件之行為者，為正犯。（二）以幫助他人犯罪之意思，而參與犯罪構成要件之行為者，為正犯。（三）以幫助他人犯罪之意思而參與，其參與之行為係犯罪構成要件以外之行為者，為幫助犯。（四）以自己犯罪之意思而參與，其所參與之行為，為犯罪構成要件以外之行為者，為正犯。惟因民國54年11月，司法院大法官會議應最高法院之請，對於共同正犯與幫助犯如何定其區別標準，重加解釋，作成釋字第109號解釋：「以自己共同犯罪之意思，參與實施犯罪構成要件以外之行為，或以自己共同犯罪之意思，事先同謀而由其中一部分人實施犯罪之行為者，均為共同正犯」，以重申司法院院字第1905號解釋（係指事前同謀，事後得贓，推由他人實施）、院字第2030號解釋（係謂事前同謀，而自任把風，皆不失為共同正犯）與院字第2202號解釋前段（所謂警察巡長與竊盜串通，窩藏贓物，並代為兜銷，應成立竊

盜共犯，如係以自己犯罪之意思，並參與其實施，則屬竊盜共同正犯）等
旨趣。又依最高法院95年度第22次刑事庭會議決議，因前揭24年7月決議
已有本院60年台上字第2159號判例：「惟查刑法上之幫助犯，以正犯已經
犯罪為構成要件，故幫助犯無獨立性，如無他人犯罪行為之存在，幫助犯
即無由成立」可供援用，而不再供參考。

五、英美刑法之幫助犯

　　幫助犯是指未實際實施犯罪行為，卻在犯罪實施過程中，提供協助
之人，又可稱為從犯。相較於正犯（principal）之作為（acts）或不作為
（omissions）足以獨立實現客觀犯罪構成要件，幫助犯對客觀構成要件
之實現只提供一般的或是有限的幫助或鼓勵，亦即僅僅有幫助犯之幫助尚
不至於直接地或獨立地實現客觀犯罪構成要件。就此而言，幫助犯不屬於
實際參與犯罪行為之共犯（accomplice）。一般而言，任何形式的協助、
鼓勵甚至是隱匿，均足以構成幫助行為。易言之，即使僅提供言語上的鼓
勵，也能成立幫助犯（Hicks v. United States, 150 U.S. 442 (1893)）。雖幫
助犯於主觀上須知悉有犯罪正在發生或將要發生，且其鼓勵或協助正在
幫助正犯完成某特定犯罪或協助其逃脫（Bailey v. United States, 416 F. 2d
1110 (D.C. Cir. 1969)），惟該主觀上之認知須尚未達與犯罪行為人達成犯
罪協議（agreement）之程度，否則已達共謀而非僅屬幫助。

　　幫助可分為事前幫助（accessory before the fact）與事後幫助
（accessory after the fact）等二種類型，前者如金錢上或精神上的支持，
後者如隱匿證據或協助脫逃；惟不論何者，均以實際上已發生某犯罪為前
提。值得注意的是，大多數的法院均不要求幫助犯提供犯罪成立所不可欠
缺之幫助（必要性），只要該幫助具有效性，即足以成立幫助犯。因此，
對警方虛偽陳述被告所在即屬有效之幫助（People v. Duty, 74 Cal. Rptr. 606
(Cal. App. 1969)）；不過單純拒絕提供警方有關被告所在之資訊則不屬之
（State v. Clifford, 502 P. 2d 1371 (Or. 1972)）。關於幫助犯之處罰，美國各
州不一，有的州認為幫助犯之處罰應輕於正犯，有的州卻承襲習慣法的傳

統認為幫助犯應視同正犯處罰。在刑事訴追上，雖習慣法認為：只有在正犯定罪後，才能審判幫助犯，至少正犯與幫助犯必須一同接受審判。惟現今此項原則已為大多數之法域所揚棄。

第九節　共犯與身分之關係

一般犯罪之成立，與犯人之身分無關，但刑法上若干犯罪，法律有將身分或其他特定關係，定為犯罪構成要件者，稱為純正身分犯；亦有規定為刑罰加減或免除之原因者，稱為不純正身分犯。此項判斷在單獨之犯罪，固不生問題，如係共犯之情形，究應如何處斷，不無疑義，茲分舉刑法之規定如下：

一、以身分或其他特定關係為構成要件之犯罪（純正身分犯）

刑法第31條第1項規定：「因身分或其他特定關係成立之罪，其共同實行、教唆或幫助者，雖無特定關係，仍以正犯或共犯論。但得減輕其刑。」此乃出於法律上之擬制，擴大處罰之範圍，使原無身分關係而不構成犯罪之人，從屬於有身分關係之人而為構成犯罪者，蓋如未有此法律上之擬制，則大部分因身分或其他特定關係成立之罪，均將因委諸他人實行犯罪構成要件行為（如公務員委由非公務員之親友索賄），而得解免因身分或其他特定關係成立之罪，實有失公允。依修正理由說明，舊法對共同實行、教唆或幫助者，雖無身分或其他特定關係，一律論以共犯，較有些國家之僅承認無身分或其他特定關係之教唆犯或幫助犯構成共犯者為嚴格（德國現行刑法第28條(1)所稱共犯，係指教唆犯或幫助犯而言，不及於共同正犯）。衡情而論，無身分或特定關係之共同正犯、教唆犯、或幫助犯，其可罰性應較有身分或特定關係者為輕，不宜同罰。再衡以第2項於對無身分或特定關係者之刑較對有身分或特定關係者之刑為輕時，對無特定關係之人科以輕刑之規定，益徵對無特定關係之正犯或共犯宜設減刑規定。

二、因身分或其他特定關係致刑罰有加重減免之犯罪（不純正身分犯）

此類共犯，有無刑罰加減免除之適用，應依刑法第31條第2項「因身分或其他特定關係，致刑有重輕或免除者，其無特定關係之人，科以通常之刑。」之規定解決之。參照最高法院70年台上字第1082號判例：「李某乃被害人李女唯一因親屬關係有監督權之人，竟將該未滿十六歲之被害人賣與陳婦為娼，同時觸犯刑法第232條、第233條罪名，因係法規競合，應論以較重之刑法第232條之罪。陳婦雖無該身分關係，但與李某共同引誘李女賣淫，依刑法第31條第2項規定，因身分或其他特定關係致刑有重輕或免除者，其無特定關係之人，科以通常之刑，故陳某應依較輕之刑法第233條論處。」之說明，科以通常之刑不得解為「論以特別之罪而科以通常之刑」。

三、雙重身分犯

純正身分犯與不純正身分犯間，本質上並無重疊適用之可能，惟就刑法第336條第2項業務侵占之規定而言，因業務而持有可能使之構成純正身分犯；然而業務關係相較於普通侵占來說，或亦可認屬加重條件而為不純正身分犯，從而業務侵占或公務侵占之共犯究為純正身分犯或不純正身分犯，遂生疑義。

實務上曾認無業務或公務身分之人僅成立普通侵占罪，如20年院字第592號解釋：「刑法第357條業務上侵占罪，係以業務人之身分為加重要件，其不在業務之人與共犯者，依刑法第45條第2項規定，仍科通常之刑。」惟依31年院字第2353號解釋：「侵占罪之持有關係為特定關係之一種，如持有人與非持有人共同實施侵占他人之物，依刑法第31條第1項及（註：此號解釋原文無「及」該字，惟應為漏字，為避免讀者混淆誤會，特加此字以資區別係兩條文）第28條，均應論以同法第335條之罪。至無業務上持有關係之人，對於他人之業務上持有物根本上既未持有，即無由觸犯同法第335條之罪，若與該他人共同實施或教唆幫助侵占者，依同法

第31條第1項之規定，應成立第336條第2項之共犯。」與最高法院70年台上字第2481號判例：「共犯中之林某乃味全公司倉庫之庫務人員，該被盜之醬油，乃其所經管之物品，亦即基於業務上關係所持有之物，竟串通上訴人等乘載運醬油及味精之機會，予以竊取，此項監守自盜之行為，實應構成業務上侵占之罪，雖此罪係以身分關係而成立，但其共同實施者，雖無此特定關係，依刑法第31條第1項規定，仍應以共犯論。」等實務見解，似乎否認有承認雙重身分犯此一概念之必要，並視業務上或公務上之持有關係構成純正身分犯。鑑於業務侵占或公務侵占之可罰性係以業務或公務為前提，而在共犯從屬性說下，其共犯之可罰性自亦應從屬於業務關係或公務關係，蓋捨此業務或公務，共犯亦無受處罰之可能。因此，最高法院判例所示，並無不當。

第三篇

數罪併罰
（複數構成要件實現之併合處罰）

第十四章
犯罪單數與複數

　　通常來說，構成要件該當、違法且有責之行為即構成犯罪，然因相同的外在行為可能基於不同主觀意思而做成，而且相同的法益侵害亦可能存在不同的侵害形式或侵害手段（例如用手傷人與用刀傷人），相同法益侵害所持續的時間亦易因行為類型而長短不一，為能充分保護法益，刑法乃盡可能地類型化各式各樣不同的法益攻擊型態，並分別制定為不同的犯罪類型，期能透過法益保護交叉重疊的方式，盡可能的避免法無明文而無法制裁法益侵害（或侵害危險）的缺漏。然而在交叉重疊保護法益的立法型態中，不免出現同一法益侵害行為構成多數刑法分則或特別刑法所定犯罪條文的現象，例如殺人既遂行為必然包含殺人未遂的階段，或是行使偽造的貨幣與他人進行交易亦大多具有詐欺的內涵。如依照所實現的犯罪構成要件一一處罰，恐將出現對於犯罪行為過度評價的不當。究竟應如何處理複數構成要件實現時的處罰問題，遂成為刑法分則條文交叉重疊保護法益的規範架構下，所必然面對的問題。而此種問題的處理，在我國稱為數罪併罰，在德國稱為犯罪競合。

　　刑法第七章所謂之數罪併罰乃指將行為人所犯的「形式上數罪」，予以一併處罰之義。查第二次修正案謂原案本章名俱發罪，乃沿用舊律之名稱，但實際上本章之規定，非限於數罪俱發（數罪同時發覺），即數罪各別發覺，亦得適用。是以日本舊刑法名為數罪俱發，新刑法改為併合罪，然所謂併合罪，並非將數罪併合為一罪，事實上其各罪仍獨立存在，不過在刑罰上併合處斷而已。故本案改為併合論罪，基此併合罪之範圍應較俱發罪為廣，此實為我國刑法數罪併罰規定之特色。而由於現行刑法針對「行為人多次實現犯罪構成要件」的情形，除有刑法第50條第1項前段實質數罪之處罰規定外，另有科刑上一罪（或稱裁判上一罪，即刑法第55條

想像競合犯、舊刑法第55條後段牽連犯與舊刑法第56條連續犯）之規定，鑒於科刑上之一罪於形式上具有數罪之外觀，因此所稱之形式上數罪，乃包含「實質上數罪」與「科刑上一罪」（實質上一罪）二部分。依併罰之範圍而論，數罪併罰可分為「狹義數罪併罰」與「廣義數罪併罰」二部分，前者係指刑法第50條第1項前段規定之情形；而後者除包含狹義數罪併罰外，尚包括想像競合犯、舊法之牽連犯與連續犯在內。

在我國刑事司法實務上，關於行為實現數個犯罪構成要件或多次實現同一犯罪構成要件之情形，除符合刑法第55條之想像競合犯、舊刑法第55條後段牽連犯及舊刑法第56條連續犯等科刑上一罪之規定外，依刑法第50條第1項前段之規定，裁判確定前所犯之數罪，應併合處罰之，依同法第51條之規定，該數罪於執行上係以「應執行刑」為依據。然若行為人所犯數罪不符合於本法第50條第1項前段所定「裁判確定前犯數罪」要件者，即應按累計該數罪宣告刑之刑度總數而合併執行。此時所犯數罪並無依刑法第51條規定酌定執行刑之必要，例如被告犯甲、乙、丙三罪，分受十年、八年及十五年之有期徒刑宣告，應合併執行有期徒刑計三十三年，不發生第51條第5款但書所定不得逾三十年之限制問題。縱前述三十三年有期徒刑之執行係接續不中斷，亦不生將整體不中斷有期徒刑執行視為一罪執行之效力，只不過在計算假釋時，產生一併計算的效果而已。

第一節　罪數之概念

犯罪行為該當多數犯罪構成要件之狀態，依刑法之規定，有為一罪者（想像競合犯與牽連犯），有為數罪者（數罪併罰）。惟何者為一罪？何者為數罪？即所謂罪數之問題，關於一人犯一罪或數罪，因在刑法上將受到不同之處遇，故此項問題十分重要。本來行為人之行為實現一個犯罪構成要件者成立一罪，實現二個犯罪構成要件者成立二罪，罪數之判斷本無困難。惟在刑法上對何種情形認為成立一罪，對何種情形認為成立數罪，另訂有如想像競合犯、牽連犯與連續犯等規定，遂使罪數之認定，不再只

是單純的機械式計算。數罪之中，有併立之關係者，稱為併合犯；亦有累次之關係者，稱為累犯。犯罪究為一罪，抑為數罪，即所謂犯罪之單數與複數。

第二節　一罪與數罪之分類

法律上所謂「一犯罪行為」，有依單獨之一行為（以刀刺被害人一次、連續揮十拳毆打同一被害人），而實現犯罪構成要件者，此乃一行為即為一犯罪行為；亦有依組合之數行為（結合擄人行為與勒贖行為而成為一擄人勒贖行為），而實現犯罪構成要件者，則此相組合之數行為，亦評價為一犯罪行為。綜合而言，一罪與數罪之區別，可分為下列各類情形：

一、一罪

（一）單純一罪

以一犯意，為一行為，其結果侵害一法益者，為單純一罪，又稱本來一罪或實質一罪。

（二）包括一罪

以一犯意，為數行為，而實現單一犯罪構成要件者，為包括一罪，其類型如下：

1. 結合犯

此乃立法者將原本足以構成數個犯罪之構成要件結合為單一犯罪構成要件之情形，例如刑法第348條之擄人勒贖結合罪。

2. 繼續犯

此乃指本質上需較長時間完全實現犯罪構成要件之犯罪類型，其行為必然於時間上繼續無間斷地侵害同一法益，例如刑法第302條之私行拘禁罪。惟因繼續犯在犯意、行為、法益侵害或構成要件實現之觀點而言，均僅成立單一評價，是否僅因其本質上需較長時間完全實現犯罪構成要件而

將之歸類為包括一罪,並排除於單純一罪外,恐有疑義。

3. 接續犯

　　此乃指行為人基於單一犯意,於同一機會或密接之時空中,本於多數行為持續侵害同一法益之犯罪型態,其個別行為本均足以獨立成罪,因於同一機會中犯罪或於時空密接下犯罪至評價上產生個別行為獨立性喪失並否定多數行為之複數可罰性,最高法院70年台上字第2898號判例:「刑法上之接續犯,係指以單一行為,經數個階段,持續侵害同一法益而言。被告於竊取第一張空白支票後,非但已予偽造,並經持以行使,其偽造有價證券之行為,業已完成,嗣因李某發覺支票印鑑模糊,交還被告予以撕毀丟棄,於一星期後,又再竊取第二張空白支票,另行偽造行使,應已侵害兩個社會法益,自屬兩個單一之犯罪,兩者之間,殊無接續關係之可言。原判決就此兩個單一之犯罪,依接續關係,論以一罪,其法律見解,自屬可議。」、71年台上字第2837號判例:「一行為觸犯數罪名之想像上競合犯,係指行為人以一個意思決定發為一個行為,而侵害數個相同或不同之法益,具備數個犯罪構成要件,成立數個罪名之謂,乃處斷上之一罪;此與行為人就同一犯罪構成事實,以單一行為之數個舉動接續進行,以實現一個犯罪構成要件,侵害同一法益,成立一個罪名之接續犯不同,雖接續犯於犯罪行為完畢之前,其各個舉動與該罪之構成要件相符,但行為人主觀上係以其各個舉動僅為全部犯罪行為之一部,而客觀上,亦認係實施一個犯罪,是以僅成立一個罪名。」與98年度台上字第392號判決:「刑法上所謂接續犯,係指行為人基於單一之犯意,數行為於同時同地或密切接近之時、地實行,而侵害同一法益,其各行為之獨立性極為薄弱,依一般社會健全觀念,在時間差距上,難以強行分開,在刑法評價上以視為數個舉動之接續實行,合為包括之一行為予以評價,較為合理者,始屬相當;如各行為之時間已非密切接近,而具有可分性、又係分別侵害不同被害人之財產,即無論以接續犯之餘地。」等實務見解,可資參照。

　　不過關於接續犯之本質,實務上有認其為單純一罪者,如最高法院73年台上字第1798號判決:「接續犯之性質,與連續犯不同,乃係在同一機會接續而為同一性質,以一般社會觀念言,此數次行為並無時間間斷,

認係一個行為的持續，始可論以單純一罪，被告前後二次砍殺被害人之行為，時間相隔兩天，且第一次係被告單獨為之，第二次係夥同不詳姓名者二人共同為之，犯罪態樣各不相同，其以接續犯論擬，即屬可議。」；亦有認為其本質為包括一罪者，如最高法院86年台上字第3295號判例：「連續犯之成立，除主觀上須基於一個概括之犯意外，客觀上須先後數行為，逐次實施而具連續性，侵害數個同性質之法益，其每一前行為與次行為，依一般社會健全觀念，在時間差距上，可以分開，在刑法評價上，各具獨立性，每次行為皆可獨立成罪，構成同一之罪名，始足當之；如數行為於同時同地或密切接近之時地實施，侵害同一之法益，各行為之獨立性極為薄弱，依一般社會健全觀念，在時間差距上，難以強行分開，在刑法評價上，以視為數個舉動之接續施行，合為包括之一行為予以評價，較為合理，則屬接續犯，而為包括之一罪。」就其包含數個法益侵害舉動之特徵而言，認其屬包括一罪似較符合接續犯接續數個舉動侵害同一法益之內涵。

4. 集合犯

此乃指立法者已預定犯罪構成要件之內涵必然包括數個同類行為反覆實施在內之犯罪類型，故如行為人僅實施單次構成要件行為，亦足以成立該犯罪，集合犯包括下列幾種犯罪型態：

(1) 偽造犯

依最高法院民國17年10月3日決議，同時偽造、變造多種貨幣、銀行券，仍應認為一罪。

(2) 收集犯

依最高法院29年上字第2155號判例，意圖供行使之用而收集偽造銀行券之罪，其收集二字，本含有反覆為同一行為之意義，被告甲先後收集偽券，交與乙、丙販賣，其收集行為並無連續犯之可言，原判決竟以連續犯論罪，顯屬錯誤。

(3) 散布犯

按刑法第235條第1項所稱之散布，本即包含在不同時間、地點分別向多數人散布之內涵，故為避免過度評價行為人所造成的法益侵害，多次散

布行為僅成立一罪。

(4) 販賣犯

按刑法第186條所稱之販賣，本即包含多次買進與賣出之內涵，故為避免過度評價行為人所造成的法益侵害，多次販賣行為僅成立一罪。

(5) 常業犯

依最高法院19年上字第203號判例，所謂常業犯者，乃以同一犯罪行為之意思反覆為之而成立，刑法第338條第1項第7款（舊刑法第322條）既以明文規定，是法律上已認為一罪，縱所侵害之法益不同，亦不生合併論罪之問題。然因刑法已刪除常業犯之規定，故集合犯已不含常業犯在內。

5. 吸收犯

如依犯罪之本質與一般人之生活經驗，可認甲罪犯罪行為必然包含乙罪犯罪行為時，則甲罪犯罪行為吸收乙罪犯罪行為，此時為避免過度評價行為人所造成的法益侵害，甲乙二行為僅論以一罪即足。不過由於吸收犯之概念不甚明確，適用上難免出現矛盾，近來已逐漸不採此種說法。

6. 加重結果犯

按加重結果犯係以單一行為造成二以上法益侵害為架構，只不過其重結果之發生係以過失為本質，此種結合基礎犯罪與過失加重結果（我國刑法僅定有故意加重結果犯，而無過失加重結果犯之規定）之犯罪類型，本質上乃以加重處罰為目的之集合犯。

（三）裁判上一罪

形式數罪，而僅處罰其中較重之行為或罪名者，為裁判上一罪，又稱處斷上一罪，或稱科刑上一罪。其情形有三：

1. 想像競合犯

以一犯意，為一行為，其結果侵害數法益，成立數罪名者，為形式數罪，稱為想像競合犯。（註：即現行刑法第55條）

2. 牽連犯

以一犯意，犯一罪，其方法或結果亦觸犯其他罪名者，為形式數罪，稱為牽連犯。（註：即舊刑法第55條後段，現行刑法已刪除）

3. 連續犯

以一犯意，連續數行為，侵害一法益或數法益，而犯同性質之罪名者，為形式數罪，稱為連續犯。（註：即舊刑法第56條，現行刑法已刪除）

二、數罪

又稱實質數罪，即以數犯意，為數行為，其結果侵害數法益，成立數罪者，為實質數罪，亦稱狹義數罪併罰。通常不該當上述一罪評價之複數構成要件實現，即為數罪。

第三節　罪數論

由於我國刑法之想像競合犯、牽連犯與連續犯係以單一刑罰權之刑罰效果為規範目的，關於罪數之判斷，自然成為刑罰判斷的前提，罪數論也因此成為我國數罪併罰之重要內涵。在我國刑法規範下，行為人之複數（多次）構成要件該當行為竟應成立「一罪」或「數罪」的問題，無法單純依據自然意義之行為概念去判斷，蓋罪數本質上應為一種複數構成要件該當行為如何為法律評價的法律問題。在裁判上一罪之架構下，數罪併罰之首要任務，就在探求一罪或數罪就應如何判斷與處理的問題。

一、罪數之意義

所謂「罪數」，即犯罪之個數，究為一罪或數罪，涉及犯罪單複之判斷。以判斷犯罪個數為內涵之理論，即為「罪數論」。因發展階段之不同，罪數具有下列三層意義：

（一）認識上之罪數

以行為人主觀上是否認識構成要件該當作為犯罪成否之判斷標準。罪數論，即以此認識上之犯罪為出發點，倘有認識上之數罪存在時，始有罪數之理論問題。

（二）評價上之罪數

以具體之犯罪本質論為重點，判斷認識上之數罪為評價上之一罪或數罪，屬於犯罪成立上之問題。評價上之罪數與認識上之罪數均屬「犯罪論」之領域。

（三）科刑上之罪數

以科刑之合目的性為中心，就已成立之數罪決定應如何科刑，即所謂犯罪競合之問題，本即屬於「刑罰論」之範疇。

二、罪數之判斷

關於罪數之判斷，因受到犯罪本質論影響，大致有下列幾項主要見解：

（一）意思說（犯意說）

此說以行為人犯罪意思之個數來決定罪數。從行為人犯罪意思實現的觀點出發，以此種犯罪意思是否為單一來決定犯罪之罪數。然而，僅以心理的犯罪意思為決定罪數之標準，例如，以一個犯罪意思，而導致多數犯罪行為（殺害數人）或多數犯罪結果（殺死數人）時，會產生偏離社會情感的不合理情況。最高法院21年非字第75號判例：「同時同地殺害二人，既非各別起意，自係一個行為，即在實施殺人之正犯，尚不得以其殺人有既遂、未遂，就被害之人數併合論科，則對於以概括意思而幫助殺人之從犯，尤不應處以兩個殺人之罪刑。」曾採此說。惟此說完全以行為人之犯意數目為決定罪數之標準（例如依此說以一個犯意殺三人僅成立一罪），恐不當地縮小法益侵害行為可罰性之範圍，而有評價不足之不當。

（二）行為說

此說以犯罪行為之個數來決定罪數。從犯罪行為的觀點出發，以此種犯罪行為是否為單一來決定犯罪之罪數。然而此處所謂行為之內涵，則有爭議。有依自然意義之行為說明行為之意義者（如日本學界），有依法律評價之行為說明行為之意義者（如德國學界區分自然概念之行為及法律

概念之行為，而以後者為決定行為與罪數單複之標準）。準此，欲以犯罪行為決定罪數，不免發生問題。若依法律概念之行為來認定，行為即與犯罪無異，則犯罪之罪數即由犯罪行為之單複來決定。依此種行為概念，將使得牽連犯之「相牽連數行為」、連續犯之「連續數行為」與想像競合犯之「一行為觸犯數罪名」之概念等同。實務上司法院院字第700號解釋：「依現行之縣保衛團法，縣為總團以縣長為總團長，而原呈內稱團總云云，非依縣保衛團法編制，自不能認為刑法第17條之公務員，即無須依同法第140條加刑，至詐欺取財罪數之計算，應採行為說。」曾採此說。

（三）法益說（結果說）

此說乃依所侵害法益之個數來決定罪數。從犯罪可罰性之基礎為法益侵害之觀點出發，以所侵害法益之個數來決定犯罪之罪數。我國實務向來多採此說，依其法益侵害之類型可分為：

1. 侵害國家法益之犯罪

因國家法益只有一個，故只成立一罪，此可參照最高法院69年台上字第1414號判例：「要求期約或收受賄賂罪所侵害之法益為國家公務執行之公正，雖同時向數人為之，其所侵害之法益仍屬一個，祇成立單純一罪，原判決認上訴人同時與林某等三人期約賄賂，係一行為觸犯數罪名，應從一重處斷，自屬違誤。」與31年上字第1807號判例：「上訴人偽證之對象雖有甲、乙二人，而其侵害國家審判權之法益則仍屬一個，自僅構成一個偽證罪，不能因其同時偽證甲、乙二人放火，即認為係一行為而觸犯數罪名。」等說明。

2. 侵害社會法益之犯罪

因社會法益只有一個，故只成立一罪，此可參照最高法院21年上字第391號判例：「刑法上之放火罪，其直接被害法益為一般社會之公共安全，雖私人之財產法益亦同時受其侵害，但本罪係列入公共危險章內，自以社會公安之法益為重，此觀於燒燬自己所有物致生公共危險時並應論罪之點，亦可得肯定之見解，故以一個放火行為燒燬多家房屋，仍祇成立一罪，不得以所焚家數，定其罪數。」、26年上字第1783號判例：「上訴人

偽造紙幣之行為，其開始摹擬與印造樣品以迄付印未成，雖經數個階段，然係持續的侵害一個之法益，僅屬一個行為，顯與數個獨立行為之連續犯有別。」與73年台上字第3629號判例：「同時偽造同一被害人之多件同類文書或同一被害人之多張支票時，其被害法益仍僅一個，不能以其偽造之文書件數或支票張數，計算其法益。此與同時偽造不同被害人之文書或支票時，因有侵害數個人法益，係一行為觸犯數罪名者迥異。」等說明。

3. 侵害個人法益之犯罪

關於人格法益之侵害，以被害人人數為法益侵害之判斷標準以決定罪數，此可參照最高法院33年上字第983號判例：「上訴人因業務上之不注意，致輪船底觸礁，乘客紛紛逃命，復致救生木船載重逾量傾覆，而發生數人落水淹斃之結果，與上訴人之過失原因，仍不能謂無聯絡之關係。」之說明；又關於財產法益之侵害，以財產監督權個數為法益侵害之判斷標準以決定罪數，此可參照最高法院29年上字第1403號判例：「上訴人夜間侵入人家，將甲之衣物及晒在院內之某乙衣服一併竊去，其所竊取者，雖屬兩人之財物，但非上訴人所能知悉，應成立一個夜間侵入住宅竊盜之罪，不發生數罪問題。」與62年台上字第407號判例：「上訴人等於夜間潛入某甲家中，將某甲所有財物及其妻某乙所有之國民身分證一併竊去，其所竊取者雖屬兩人之財物，但係侵害一個監督權，不生一行為而觸犯數罪名問題。」等說明。

然而，由於法益乃人為的抽象概念，其內涵並非明確，法益侵害究應指客觀存在的法益個數或是客觀實現的侵害次數，並無定論；又此說亦忽略對於同一法益有各種的侵害態樣，而存在無視於犯罪定型之不當。而且，侵害國家或社會等包括性法益時，其侵害態樣縱有數個，亦僅成立一罪，亦非全然合理。

（四）構成要件說

此說認為判斷罪數不應單純著眼於主觀事實或客觀事實，而應以犯罪構成要件是否該當為判斷標準，蓋主觀構成要件與客觀構成要件是否該當並非單純的自然事實判斷過程，實為法律評價之結果，故不應偏重主觀事

實或客觀事實。此說又可分為二：

1. 構成要件充足說

此說乃依所充足之構成要件之個數來決定罪數。從犯罪為充足構成要件的行為之觀點出發，以構成要件充足之個數為決定罪數之標準，因此充足構成要件一次之事實者為一罪，充足二次之事實者為二罪。

2. 構成要件評價說

此說乃依評價所得之構成要件之個數來決定罪數。從犯罪為構成要件評價結果之觀點出發，以構成要件評價之個數為決定罪數之標準。其事實得依一個構成要件予以一次之評價時為一罪；有二次評價必要時為二罪；罪數乃依構成要件評價之次數來決定。此說以構成要件為標準，藉其得予評價之次數，認定犯罪之個數，思考上頗為經濟與合理，且得將前述各說之標準涵蓋在內，兼具各說之長，故為日本通說。

然而，犯罪情狀甚為複雜，如犯意、行為與結果，有一或部分為複數時，判斷其得予評價之次數，顯屬不易；且其所謂包括評價，內涵仍甚抽象，不免爭議迭生。此說對於包括一罪之一罪性（單一可可性）為合理的說明，亦不免發生困難。最高法院38年穗上字第128號判例：「刑法第55條前段所稱一行為而觸犯數罪名，係指所犯數罪名出於一個意思活動，且僅有一個行為者而言，如其意思各別，且有數個行為，應構成數個獨立罪名，不能適用第55條之規定。」曾採此說。

（五）綜合說（總合說）

此說認為罪數係以一定之犯罪事實為基礎，不過對行為人於該犯罪法定刑範圍內應予以一次科刑為已足？抑或應予以二次或三次科刑為必要？如不綜合考量，不免出現應刑罰性次數之評價不當問題。罪數理論之原理終究仍須立足於此點之上。在此意義上，罪數論，應構築於實質的犯罪觀上，而非形式的構成要件論上。因之，應以法益為中心，對意思、行為等為綜合的考量。

（六）小結

由於上述各說之任何一說無法作為所有犯罪類型中罪數的判斷標準，

且各說亦多有實務判例採納，因此目前並無一通用的罪數判斷標準可資適用。然而，在現行刑法已廢止牽連犯與連續犯之架構上，競合問題已不具高度的罪數色彩，罪數論應僅剩下法制沿革上的意義，不再成為競合問題之核心部分（甘添貴I，10）。

第四節　實質上數罪之併合處罰

數罪併罰，依刑法第50條第1項前段規定，係指裁判確定前犯數罪而併合處罰之情形。所謂數罪，為實質的數罪之意。所謂併合處罰，原則上為數罪合併裁判處罰之意，依我國刑法第50條第1項前段規定，併罰規定並無將數罪合併為一罪之功能。故數罪併罰仍應就各罪分別宣告其罪刑，僅產生以同一裁判定其應執行刑之作用。

一、數罪併罰之要件

雖民國24年刑法立法理由與說明曾指出：「查第二次修正案理由謂關於併合論罪之範圍，各國立法例可分三派：一以裁判宣告前所犯之罪為限，德國、俄國是也。二以裁判確定前所犯之罪為限，中國、日本、葡萄牙、匈牙利是也。三以執行未畢前所犯之罪為限，芬蘭、瑞典、意大利是也。第三派在執行期內犯罪者，推翻以前之裁判，使犯人得享併合論罪之利益，無異獎勵犯法，故此派為學者所非議。第二派縮小併合論罪之範圍，而以裁判確定前為限，較第三派略優，但裁判宣告後，確定前之期間內犯罪者，與裁判宣告前之罪併合論罪，亦無充分之理由。蓋裁判既經宣告，而於未確定之前，雖或有變更之必要（如上訴等），然斷不能純因宣告後犯罪，而變更其裁判遷就犯人，使其得享併合論罪之利益。故本案擬從第一派，以裁判宣告前之罪為限。」惟依刑法第50條第1項前段之規定，關於數罪併罰之範圍，並不以裁判宣告前之罪為限，因此裁判宣告前所犯之罪與裁判宣告後確定前所犯之數罪，均得合併處罰。析言之，數罪併罰之要件有三：

（一）須由同一犯人，犯實質的數罪。所謂實質的數罪，即二個以上獨立的數罪。數個獨立的單純一罪，固為數罪，即數個獨立的裁判上一罪，亦可發生數罪併罰問題。

（二）須在裁判確定前，犯有數罪。同一犯人所犯獨立數罪之行為，均須在第一個裁判確定前完成，且須於裁判確定前發覺，始可能依刑法第51條於同一裁判中併合處罰。否則，僅能依刑法第52條就未經發覺之餘罪處斷。

（三）不符合刑法第50條第1項但書之規定。按依刑法第50條第1項但書：「但有下列情形之一者，不在此限：一、得易科罰金之罪與不得易科罰金之罪。二、得易科罰金之罪與不得易服社會勞動之罪。三、得易服社會勞動之罪與不得易科罰金之罪。四、得易服社會勞動之罪與不得易服社會勞動之罪。」之規定，並非所有裁判確定前所犯之罪均應適用數罪併罰之規定，原則上只有不得易科罰金或易服社會勞動之罪，才適用刑法第50條第1項之規定。

二、競合論與行為論

從刑法第七章之規範架構來說，關於一罪或數罪的處理，並非數罪併罰的核心問題，充其量不過是其前提問題而已。數罪併罰所要討論的並不是罪數判斷的問題，而是在處理行為人犯數罪時，應如何處罰（刑罰效果）的問題，蓋因刑法分則之條文，於本質上乃針對「行為人單次實現犯罪構成要件」所為法律效果之規定（即便刑法分則上之結合犯，係結合二以上之犯罪構成要件所組成，其於評價上仍屬單一構成要件之實現。）因此於「行為人多次實現犯罪構成要件」時，在刑法總則未採一罪一罰、數罪數罰原則之前提下，究應如何適用法律效果，因無法僅從刑法分則之規定得出，即有另外處理此法律適用問題之必要。此等以處理「行為人多次實現犯罪構成要件之法律效果」為核心之問題，德國法稱為「競合問題」；而為處理競合問題所提出的理論，則稱為「競合論」。從形成可能性的結構加以分析，刑法競合論的觀念，係奠基於「認定多數犯罪之單一

制裁」的理念之上。

　　惟如一國的刑事司法制度不承認實質上的多數犯罪得在同一程序上予以解決，或另將多數法律違犯之行為直接視為法律破壞者本身整體危險性之體現，則於概念上根本無由產生犯罪或刑罰競合的情形；因此，承認複數犯罪之個別可罰性得合併處罰乙事，乃競合論成立之前提。

　　由於法制內涵的差異，在德國，較為一致的見解均認為，競合論所涉及者均為「規範複數」，而對於此複數規範的實現者，可能為一行為，亦可能為數行為，因此，在決定競合型態時，必須先處理造成規範複數的前提條件，亦即先行區分究竟為「一行為」或是「數行為」。故而行為單複數問題，乃成為競合論首先需判斷的前提條件，而在行為數之決定見解上，較無爭議的看法，認為「行為複數」的決定，僅需確認「行為單數（包含單純的一行為自然意義的行為單數與法律意義的行為單數）」後，即可進一步確定之。因此，「行為單數」的認定，乃成為競合論前提判斷的核心問題（柯耀程III，321）。換言之，競合論乃指研究犯罪行為的單數或複數，以決定其法律效果的刑法理論。因此，行為的單複，乃成為競合問題的前提，只要複數構成要件該當之犯罪行為可被評價為一行為或行為單數，其可罰性即為單一，而為一罪；反之，若複數構成要件該當之犯罪行為無法被評價為一行為，其可罰性即非單一，而為數罪。

第十五章
複數犯罪之處罰

從犯罪結構的觀點而言，行為若符合犯罪構成要件，並且具有違法性與有責性，即成立犯罪。然而，事實上具體發生的犯罪事實，其構成法益侵害的態樣，不止一端，而所牽涉的法條及罪名，亦往往有多樣性。有由一行為構成一罪者，亦有由數個行為而結合成為一罪者；有由單一行為而侵害數個法益者，亦有由數個行為而侵害一個法益者。同一人的行為，究竟是構成一罪或數罪，在可罰性的評價上無疑關係重大；如何評斷論罪，乃成為刑法上「禁止雙重評價」原則之適用以及刑罰衡平的重要課題。簡單來說，處理複數犯罪，首應防止發生雙重評價。

第一節　競合問題與競合理論的沿革考察

對於同一犯罪行為，不得重複地多次加以處罰，此即刑事實體法上之一罪一罰原則，又稱雙重評價禁止原則。為實踐此一實體法上之原則，在刑事程序法上，乃採取一事不再理原則，認為對於同一被告之同一犯罪事實，不得重複開啟另一刑事訴訟程序重新裁判。因此當行為人之行為實現數個構成要件時，究為一行為抑數行為？究應成立一罪或數罪？複數構成要件實現在應刑罰性之評價上是否有可數性？是否足以避免一罪數罰？此等疑問均有待刑法理論另予解決。假如對於同一行為做數次之處罰，則此無異意味著行為罪責之擴張，而與罪責原則有違。因此，刑法必須透過競合論，才能固守一罪不數罰原則，並在罪責原則下，順利運作（林山田 II，569）。

自沿革上來說，依據「行為單一」或「行為複數」的區別而形成的競合理論，可謂是大陸法系刑法理論發展上最古老的一部分。中古時期

的義大利刑法理論及實務，雖就同一行為人之犯罪，概以「併科主義」的方式，各罪分別宣告，合併執行，而無處斷上一罪的概念；但是當時的刑法學者，已經注意到「行為單數」、「行為多數」乃至於「連續犯」等與犯罪行為的單元概念相關的問題，並提出了「吸收主義」、「限制加重主義」、「統一處罰主義」等處斷的法則。至於現代刑法競合理論中的實質競合與想像競合概念的區別，則可謂是19世紀時期在德國實務中，逐漸形成的見解，於1815年首先為普魯士刑法典所採納，並為1871年的德國刑法所續採。1960年代的德國刑法改革，曾經就刑法理論與刑法規定內容，從事嚴格的審酌。德國刑法改革後仍於其刑法第52條及第53條保留實質競合與想像競合的條文；至於「連續行為」概念的運用，雖未如我國舊刑法第56條設有連續犯的明文規定，但是其屬行為單元概念的範疇，在德國實務見解上，則可謂已經根深蒂固，其處斷法則的適用，並不受明文化與否的影響（蘇俊雄III，4）。

第二節　競合論之規範目的

關於刑法競合問題之處理，可回溯至羅馬法時期。原則上，羅馬法將所有受宣告之刑直接加以累計（又稱為累積原則），不管是一行為觸犯數罪名或是數行為觸犯數罪名，都是就各罪宣告其刑罰，然後以直接加算的方式併合處罰（黃榮堅I，451）。然而此種累計的方式，往往形成漫無邊際的擴張，且因刑法對同一法益重複保護之現象，造成行為人所受之刑罰又往往超過「由犯罪事實所生可歸責於行為人之責任」。故而，此種刑的併計制度，因其違背刑法思想，已不為現在刑法體制所採（柯耀程II，239）。蓋實證法上之所以拒絕適用累積原則，除因於多數死刑或多數無期徒刑之宣告下，不可能再執行其他的死刑或無期徒刑外，鑒於受刑人因服刑所受的痛苦與惡害，並不是隨著服刑期間的延長而呈現直線性的增加，而是呈現累進式的增加，因此不論在犯罪預防或是應報衡平的觀點下，均無採用該科刑法則之必要；例如，單獨執行一年有期徒刑，和已經

被關了兩年之後而緊接著繼續被執行一年有期徒刑，對於受刑人身心的侵害不能同日而語；此外，較為長期的自由刑累積，事實上往往造成和無期徒刑一般的結果，在性質上是已經根本改變了刑罰的種類（黃榮堅I，461）。

按刑法評價的最終工作，並非僅在確認多少構成要件被實現，而是藉由被實現之構成要件，以確認行為人之可罰性為何；對於單一構成要件實現的行為可罰性認定，可以透過反應行為不法內涵的刑法分則法律效果規定加以確認；惟如有多數構成要件被實現時，在個別構成要件中，雖有專屬之法律效果，但卻欠缺整體評價的法律效果，因此，刑法對於多數規範被實現的情況，其法律效果的判斷，必須在個別構成要件規定以外，另外再規範。然而，何種情況會發生多數構成要件被實現的情況？非無疑義。由於事實情狀萬端，其可能為一行為所實現，亦有可能被數行為所侵害；然不論係一行為或數行為所實現之複數構成要件，在法律效果的決定上，均不能從個別構成要件中求得，蓋此種情況並不同於單一構成要件實現情況。因此，刑法評價所涵蓋之範圍，應同時包含單一構成要件該當，以及複數構成要件該當之事實情狀；而二者間最大之差異，在於可罰性認定問題。對於單一構成要件該當，其可罰性的認定，僅需從該條文規定之法律效果確認即可；惟在複數構成要件該當的情況，如不採一罪一罰，則需另創處罰之基礎，亦即法律效果決定之標準，此即競合論所欲處理之課題。

基本上，刑法根本的評價關係，係從一行為人之一行為，侵害一客體，造成一規範（構成要件）之實現，以確認一可罰性存在，作為評價的基礎。在一行為實現一構成要件的結構中，可罰性乃源自於該構成要件實現禁誡規範後所招致的非價判斷，而可罰之程度則反映在法律效果的規定中。反之，如行為（不論單一或複數）所實現之構成要件並非單一，而係複數時，則可罰性之確認，勢必不能從個別構成要件中求得，必須借助刑法另外創設之法理，方得以對於如何處罰多次實現犯罪構成要件，明確加以決定，而此一認定法律效果之工作即落入競合論之範疇中。從而，競合論所處理的問題，並非構成要件該不該當的問題，亦非犯罪成不成立的問題，而係以複數構成要件該當為基礎，確認可罰性之法律效果決定問

題（柯耀程III，323）。綜合以上的說明，競合論係以處理「行為人之行為，多次實現犯罪構成要件時，究應如何加以處罰，始能避免雙重評價與累罰效應」之問題，為規範目的。

惟若自雙重評價禁止之觀點理解競合體系，即認為若複數構成要件不法內涵相互間出現重疊的部分，就會造成雙重評價。鑑於這種雙重評價是不合理的，所以當有重疊的時候，便要把「競合」的概念用上，如果是完全的重疊，就是法條競合；如果是部分重疊的話（例如使用偽造文書行使詐欺，「使用詐術」這部分是重疊的部分），那麼可以用想像競合；如果完全沒有重疊的部分那麼就用數罪併罰。此概念係少數學者提出，其認為競合概念與一行為或數行為完全沒有關係，重點在於數個犯罪的不法內涵有無重疊之部分，在法條競合，不法內涵是完全的重疊，換句話說，是一個犯罪構成要件包含另一個犯罪構成要件的全部要素，而且至少又多了一個要素，而不是交叉的情況，所以在此情況，一個法條就夠了，就可以把犯罪事實全部不法內涵表達清楚；但在想像競合的情況兩個條文都要用，否則一定會遺漏一部分的不法內涵；至於在不法內涵完全無重疊的情況，那就是數罪併罰。如果按照這種少數說法，競合問題和一行為或數行為沒有關係（黃榮堅II，121）。

第三節　競合論之類型與定位

一、想像競合與實質競合：純正的競合

刑法關於犯罪競合的規定，不論是實質競合、想像競合或法條競合，均以同一行為人的行為該當於兩個以上的「犯罪構成要件」為前提。其中，實質競合係指同一行為人，本於複數犯意，分別實現多數獨立的犯罪構成要件，而在同一刑事訴訟程序中，接受裁判論罪予以「數罪併罰」的犯罪競合；而想像競合則指同一行為觸犯數項犯罪構成要件（包含複數同樣罪名的法益侵害），例如行為人開一槍而同時間構成二人以上的傷亡情形，應如何科刑處斷的問題。以上兩種競合的型態，其作用乃在於決定如

何處斷行為人同時該當數項犯罪構成要件之行為，亦即與該當「數罪」或「一罪」之判斷有關，故亦被稱之為「純正的競合」。

二、法條競合：假象的競合

至於所謂「法規競合」以及「不罰的前、後行為」的競合，乃指在「表象概念上」雖有多數構成要件並存的情形，但是實際上其所牽涉的問題，乃一行為實際上該當幾個犯罪構成要件的問題；因為法規競合是一行為而有多種評價規範並存的情形，所以在「雙重評價禁止原則」之下，要求法官對行為做處斷時，只能適用其中一個法條，而排除其他法條的適用。所以在法理上，法規之競合，實乃純屬「何項法規應優先適用」的問題，並非實質上去判斷應以一罪或數罪論處的問題。就此，學術上亦稱之為「法規單數」、「法規競合」、「不純正競合」或「假象的競合」，而與前述純正的競合（想像競合）在概念上應予以區分（蘇俊雄III，4）。

本質上，法條競合乃指行為人基於一犯意而實施一行為，卻因為法律規範之錯綜複雜，導致該行為同時該當複數構成要件評價，鑑於行為人之行為實質上只造成一次法益侵害，因此無必要適用所有構成要件該當之法條處罰該行為人，只需引用其中最適當之法條並排斥其他法條作為處罰依據之情形。簡言之，在評價上其行為之可罰性單一，本質上僅應成立一罪的前提下，為解決複數構成要件該當之法律適用所提出的理論，即為法條競合理論。

刑法上之法條競合，可分為四種競合關係，茲述之如下：

（一）特別關係

如數法條構成要件間存在「全部（a,b,c,d）」對「一部（a, c）」之包含關係，亦即其中一罪之構成要件要素必然包含其他犯罪之構成要件要素時，被包含之犯罪為基本規定，而包含其他犯罪之規定即為特別規定。本諸特別規定排除一般規定之法則，應優先適用特別規定。特別關係又可區分為三類：

1. 加重減輕要件與基本要件之法條競合

例如刑法第272條殺直系血親尊親屬罪（加重）或刑法第273條義憤殺人罪（減輕）與刑法第271條普通殺人罪間之法條競合關係即屬之。

2. 結合犯要件與基礎犯罪要件之法條競合

例如刑法第332條第2項第1款強盜放火罪（結合犯）與刑法第328條強盜罪間之法條競合關係即屬之。

3. 結果加重犯要件與基礎犯罪要件之法條競合

例如刑法第277條第2項傷害致死罪（結果加重犯）與刑法第277條第1項普通傷害罪之法條競合關係即屬之。

（二）補充關係

若構成要件該當之數法條係以相同法益的不同侵害形式為保護對象，只不過攻擊方式或攻擊強度有所差異，則攻擊手段較強或法益侵害程度較高的構成要件該當，即為基本規定，而其他攻擊方式較弱法益侵害程度較低的構成要件該當，即為補充規定，由於補充規定旨在補充基本規定之不足，因而基本規定具有排除補充規定之作用。處於前後階段之數行為，可透過補充關係解決不罰前行為與不罰後行為之處罰問題，以避免對同一行為過度評價（雙重評價）之不當。補充關係又可區分為三種類型：

1. 法益侵害程度較高的構成要件該當行為與法益侵害程度較低的構成要件該當行為競合

若在某些犯罪構成要件實現的過程中，法益侵害程度較高的犯罪構成要件該當行為必然會實現其他犯罪法益侵害程度較低的構成要件該當行為，前者具有排除後者適用之功能。例如相對於刑法第296條之使人為奴隸罪與刑法第298條第2項之加重略誘罪，刑法第296條之1各項之買賣質押人口規定具有較高之法益侵害內涵，刑法第296條與第298條第2項僅具有補充處罰刑法第296條之1各項構成要件不該當之作用，因此刑法第296條之1各項該當具有排除刑法第296條與第298條第2項適用之功能。

2. 基本規定與擴張處罰規定競合

基於限制正犯概念，正犯乃行為處罰的基本規定，從犯則係刑罰擴張

之補充規定。由於實行構成要件之正犯行為已逾越教唆與幫助之程度，因而基本規定具有排除擴張處罰規定之作用。

3. 具體規定與概括規定競合

相對於刑法第213條公務員登載不實罪具體規範公務員瀆職行為之規定，刑法第134條乃刑法針對公務員瀆職行為所設之抽象規定，旨在補充具體規定之不足，因而具體規定具有排除概括規定之作用，僅於具體規定不適用時，才有補充規定適用之空間。

（三）擇一關係

若某一犯罪之構成要件與其他犯罪構成要件無法同時適用時，二相等價之法條僅能適用其一之關係，即為擇一關係。參照最高法院42年台上字第402判例：「刑法上之背信罪，為一般的違背任務之犯罪，而同法之侵占罪，則專指持有他人所有物以不法之意思，變更持有為所有侵占入己者而言。故違背任務行為，苟係其持有之他人所有物，意圖不法據為己有，即應論以侵占罪，不能援用背信之法條處斷。」侵占罪與背信罪具有擇一關係；又依25年上字第6518號判例：「為他人處理事務，意圖為自己或第三人不法之所有，以詐術使該他人交付財物者，縱令具備背信罪之要件，亦已包含於詐欺罪之觀念中，不得於詐欺罪外更論背信罪。」詐欺罪與背信罪亦具有擇一關係。惟因擇一關係之法條競合型態往往相互間處於互相排斥的關係，因此是否有單獨承認擇一關係作為法條競合類型之必要，非無疑義。

（四）吸收關係

如某一犯罪所定之構成要件為他罪規定之要件所包含，二罪間即存在吸收關係；通常而言，吸收關係有以下類型：

1. 實害法吸收危險法

例如刑法第271條第1項殺人既遂罪吸收第2項殺人未遂罪；最高法院46年台上字第812號判例：「收受賄賂行為，為賄賂罪之最高階段，依高度行為吸收低度行為之原則，其要求賄賂之低度行為，已為收受賄賂之高度行為所吸收，應依收受賄賂罪論處，方為適法，原判決竟依刑法第122

條第1項科以低度行為之要求賄賂罪，顯有未合。」亦為實害法吸收危險法之例。不過依最高法院91年台上字第4493號判決：「犯罪行為之各階段行為如均成立犯罪，其低度犯罪行為為高度犯罪行為所吸收而不另成立犯罪者，必其各犯行間，係基於一個犯罪之故意而接續為之，始有吸收關係之適用，如係犯意各別之數個犯罪行為，則無所謂高度行為吸收低度行為或危險犯為實害犯所吸收可言。」之說明，此類吸收須出於同一犯意始有適用。

2. 重法吸收新法

依最高法院79年2月6日刑事庭決議，擄人勒贖而故意殺被害人罪，係將擄人勒贖與殺人兩個獨立之罪名相結合成一新罪名，並科以較重之刑。此在舊刑法第372條第1項及現行刑法第348條第1項均有處罪之規定，自較單一擄人勒贖之犯罪情節為重。而懲治盜匪暫行條例及現行懲治盜匪條例對此項結合犯均未特設明文，僅就擄人勒贖罪加以處罰（懲治盜匪暫行條例第1條第1款及懲治盜匪條例第2條第1項第9款），按之上開普通刑法上之擄人勒贖而故意殺被害人與特別刑法上之擄人勒贖罪，兩者法定刑度雖相同，但罪名各別，如謂可將結合罪仍分割為二罪，一則適用特別法，一則適用普通法，顯違法定結合犯立法之意旨，故實難謂上開普通法上擄人勒贖而故意殺被害人之結合犯法條，已因特別刑法懲治盜匪暫行條例之施行而停止適用。

3. 全部法吸收一部法

依上述決議之說明，刑法第348條第1項之擄人勒贖而故意殺被害人罪，係將擄人勒贖與殺人兩個獨立之罪名相結合成一新罪名，而加重其刑罰，此種結合型態之犯罪，自較單一擄人勒贖之犯罪情節為重，如二者法定刑輕重相同，依全部法優於一部法之原則，自應適用刑法第348條第1項處斷。依最高法院89年台上字第809號判決：「刑法上所謂犯罪行為之吸收關係，係指行為人對於同一法益為不同程度之侵害，此數行為間依一般社會觀念，有著必然之附隨關係，或一行為為他行為之當然結果，或為應有成分者而言，此等犯行形式上雖為數行為，因吸收關係，而為實質上一罪，故擇一法律加以論科，已足以涵蓋該行為之全部評價，此被涵蓋之行

為已失其獨立性與顯在性，而無再適用其法條之餘地。查被告製造彈藥後之持有行為，為製造彈藥之當然結果或應有成分，被告對同一之社會法益為不同程度之侵害，該數犯行之間既具有吸收關係，被吸收之持有彈藥行為，已失其獨立與顯在性，自毋庸再加論科，且吸收關係為實質上一罪，自無割裂適用法律之餘地。」與92年台上字第7419號判決：「刑法之吸收關係，係指一行為觸犯數項罪名，其中一罪名之本質上，已包含他項之罪名，即所發生之數個犯罪事實之間，在法律之性質上或日常之見解上，一方可以包括於他方犯罪觀念之中，遂逕行認定一方之罪而置他方於不論，亦即學說上所謂之吸收犯；吸收關係，一般有主行為吸收從行為、高度行為吸收低度行為、重行為吸收輕行為等不同情形，然不論何種情形，須數個犯罪構成事實，有縱的前後關係，若數個犯罪構成事實並無前後關係，自無吸收可言。」等說明，刑法上之吸收存在前後必然包含之關係。

4. 狹義法吸收廣義法

依26年院字第1687號解釋，明知為無罪之人而使受處罰，或明知為有罪之人而使不受處罰，刑法第125條第1項第3款既有特別規定，應不包括於同法前條所謂枉法裁判之內，亦非一行為而觸犯兩罪名，又刑事訴訟法第370條、第371條之違法判決，或民、刑事一事再理之裁判，如非出於枉法故意，即不屬於枉法裁判。

不過在避免評價不足的考量下，法條競合應自於二犯罪間存在必然附隨之關係時，始有適用，此可參照最高法院42年台上字第410號判例：「刑法上所謂犯罪行為之吸收關係，係指其低度行為為高度行為所吸收（例如由收受偽造紙幣、器械、原料而偽造紙幣，其收受偽造紙幣、器械、原料之低度行為，為偽造紙幣之高度行為所吸收），或某種犯罪行為之性質或結果當然含有他罪之成分，自亦當然吸收者而言（例如行使偽造之紙幣購買物品，既曰行使，當然冒充真幣，則性質上含有詐欺之成分，已為行使偽造紙幣所吸收）。被告等共同自外國輸入海洛因而販賣之，其輸入與販賣之各犯罪行為，彼此程度不相關連，本難謂有低度行為與高度行為之關係，而海洛因自外國輸入，按其性質或結果，又非當然含有販賣之成分，故兩者之間祇能謂有刑法第55條之牽連犯關係，乃第一審判決誤

解其販賣行為為輸入行為所吸收,僅適用刑法第257條第3項處斷,原判決仍予維持,於法殊難謂合。」、46年台上字第1285號判例:「強姦罪之內容,當然含有使人行無義務之事等妨害自由之性質,該罪一經成立,則妨害自由行為即已包含在內,自不另成妨害自由之罪名,原判決於適用刑法第221條第1項論處罪刑之外,併引同法第304條、第55條,從一重處斷,顯屬用法有誤。」、68年台上字第198號判例:「強姦婦女而剝奪婦女之行動自由時,是否於強姦罪外,另成立妨害自由罪,須就犯罪行為實施經過之全部情形加以觀察,除該妨害自由之行為已可認為強姦行為之著手開始,應成立單一之強姦罪外,應認係妨害自由罪及強姦罪之牽連犯。本件原判決既認定上訴人係以機車將被害人載至大社鄉後,不允其下車,而加速另路馳往現場,然後下手行姦,則其強載被害人顯尚未達於著手強姦之程度,自難以單一之強姦罪論處。」、88年台非字第21號判決:「刑法上所謂法條競合,係指一行為侵害一法益而符合數法條所定犯罪構成要件,觸犯數罪名,因該數罪名所保護者為同一法益,禁止為雙重評價,故僅能適用一法條論罪,而排除其他法條之適用;其本質乃單純一罪之擇一適用競合之法條。所謂想像競合犯,則指一行為侵害數法益,符合相同或不同之數法條所定犯罪構成要件,應為雙重之評價,論以相同或不同之數罪名,但立法上基於刑罰衡平原理,規定為僅應從一重罪處斷;其本質實為犯罪之競合。」與90年台上字第4176號判決:「按想像競合係指一行為侵害數法益而觸犯數罪名,應從一重論處。其外形上具備數個構成要件,但包括的作為一個構成要件加以評價,乃犯罪之併合,亦即犯罪之個數問題。而法規競合則係同一構成要件,因法律規定之錯綜複雜,致同時有數法條可以適用,應擇其一而排斥其他,為法條之併合,亦即法律適用之問題,二者概念不同。」等說明。

三、以行為數之判斷為前提

以刑法裁判上一罪論罪法則為內涵的競合概念,主要涉及想像競合的處斷上「犯罪單一」以及在實質競合之「犯罪多數」的概念;其與犯罪理

論上的「行為單一」與「行為複數」的概念，雖然有關聯性，但是犯罪理論體系與論罪法則體系的概念，並非完全一致。行為單數與行為複數的概念，不過是形成犯罪單數或犯罪複數的前提條件之一，而非直接依行為單數與行為複數即足以論斷犯罪單數或犯罪複數，例如屬行為複數之牽連犯與連續犯，不論從一重處斷或以一罪論均屬評價上之犯罪單數而非犯罪複數。故以裁判上一罪為內涵之競合理論尚須考量犯罪單元概念以外之刑罰衡平問題，刑法理論上的行為單數或複數的概念，並不完全等於法典上論罪規定中的「一行為」或「數行為」的概念；從而，自不宜將行為單數的法律概念，直接視同想像競合犯的「一行為」。

四、以法律效果之確定為目的

　　競合論的提出，目的在探討並解決「在多數刑法條款競合在一起的情況下，究應如何適用刑法條款以定罪科刑」的問題，亦即是行為所觸犯的數個刑法條款是否可以並行適用；如可，則應如何適用的問題。詳言之，競合論要處理下列兩個問題：（一）同一行為人的一個行為或同一行為實現複數的構成要件時，這些構成要件之間到底是什麼關係，又如何適用構成要件以定罪科刑的問題。（二）同一行為人違犯複數的犯罪行為時，如何在同一審判中科處刑罰的問題（林山田III，30）。前者稱之為想像競合，而後者則稱為實質競合；由於德國刑法規定之犯罪單數，僅規定想像競合，犯罪競合僅規定實質競合，現行德國刑法中並無牽連犯與連續犯之明文規定。

　　關於競合論的定位，學說上眾說紛紜。一般而言，刑法理論於總則部分可大致區分為「犯罪行為論」與「犯罪結果（刑罰）論」二大部分。在禁止雙重評價之基本思考下，雖競合理論一方面在探討犯罪行為的單元概念，以判別行為人之一罪或數罪的問題，惟因其另一方面亦兼論刑罰衡平的問題，對其在刑法學上的定位，遂出現不同的認知；學者間有將之歸論於犯罪論的範疇，有於刑罰論中加以討論，亦有謂競合理論是屬於介乎犯罪理論與刑罰論中間，通盤追蹤法條適用的理論（蘇俊雄I，3）。

　　對於犯罪之處罰，原應依刑法分則中之個別規定，予以論罪科刑。不過於多次實現犯罪構成要件的情形中，由於刑法分則並未提供處理之機制，關於如何科刑，即有賴其他的規定加以補充。由於一罪或數罪之區分，只是競合問題的前提，並非主要的規範目的，因此不應將競合問題歸類為犯罪論之範疇。此外，刑法對於個別犯罪之科處，本可由刑法分則中之個別構成要件，對刑罰運用加以確定；惟於複數構成要件實現的情形下，自有賴法律明文，以確立刑罰應如何運作。從對複數構成要件實現確立「刑罰運用」的具體情況加以分析，更可說明競合論已然超越犯罪行為論之範疇，而為刑罰效果論之本質性問題。此可自競合規定得到驗證，且亦可從整體的實際運用的到確證，更可自歷史的發展加以理解，蓋競合論之基礎，乃在對一罪一刑及數罪併計原則之修正，而其根本亦為對法律效果之重新檢討和省思。

　　由於在複數構成要件實現的情況下，構成要件體系並未提供法律效果決定的基準，因此必須在法律效果的的處理上，另行思考。雖然在結構上，競合問題具有複數構成要件實現，但該複數構成要件並非由競合論來處理判斷，而係以其確立作為競合論的前提。因此，競合論的定位，應在犯罪論之後，而以犯罪論為前提基礎，並非犯罪論之範圍。再者，競合論處理的問題，既係以複數構成要件實現為基礎，而對其法律效果加以確認，以其為刑罰裁量之基本要素，故競合論應是對於複數構成要件實現問題，為提供刑罰裁量所需要，以確認出刑罰裁量前提之刑度範圍的問題，故應屬於法律效果認定的問題，其體系定位應為「法律效果論」的範圍（柯耀程III，347）。就其以決定可罰性範圍並確立行為人之可罰性而論，應將之定位為法律效果論，較為洽當。

第十六章
競合問題之處理原則

第一節　概說

　　在行為人犯數罪的情形中，最原始的處理方式為累罰原則，此原則採最原始的單純累計方式，係源自羅馬法的觀念，亦即將行為人所犯各罪之法律效果分別宣告，且不分法律效果之種類與程度，均合計加以計算。其所依據處理的基礎為各罪之宣告刑，且不論宣告刑中，有無不同種類之刑罰手段，均分別加以執行。此即所謂「有多少罪，即有多少刑」之理念。在我國刑法中，如一人犯數罪，而非於同一程序中處理，且數罪之成立亦非在裁判確定前所犯者，亦即雖有數獨立存在之行為，並實現複數構成要件，但卻不符合刑法第50條之規定時，即依據累罰原則加以處理，此時行為人所得之宣告刑，並不能依據犯罪競合之處理原則論斷，僅能將所有宣告之刑累計處罰。或因如此，關於此一累計處罰之處理原則，學者間幾無將之於實質競合之處理原則中予以說明。

　　刑罰成立之前提，乃建構於構成要件事實之上，在複數犯罪之情況下，是否可直接將由個別行為事實所生之罪責，加以累計，並作為刑罰之基礎，以確立「整體之罪責」，繼而推論出「整體刑之形成係直接取自個別刑之合併」？不無問題。通常於審酌罪責時，不論係單一犯罪或是多數犯罪，除須考量個別行為事實之外，尚有其他主、客觀的情狀，須一併注意，例如行為人主觀上的良知、意思能力、不法意識、客觀上之行為手段、行為結果及法益侵害程度以及由行為所生之危險等等。蓋人係有目的性之有機體，但非完全從事有目的性的作為，故於多數犯罪的罪責確定，自不能由個別責任，加以合計。大陸法系的國家，僅在避免累罰效應的目

的下，對於多數犯罪的處罰採獨立規定的方式，以別於個別犯罪之處罰。因此以此為前提所開展的競合論，並非確定個別行為之可罰性問題，而是於多數犯罪構成要件成立的情況下，對其刑度及刑的種類，予以範圍的確定，即對多數刑度及多數刑的種類，予以確定如何處罰之一定法律效果（柯耀程II，240）。綜觀大陸法系各國的刑法，對於競合問題的處理原則，於立法例上，有採「區別原則」，亦有採行「單一刑罰原則」（林山田III，31）。按競合論旨在提供複數構成要件實現時，法律效果決定之處理原則；處理原則之法律效果適用關係，有直接從法定刑得之者，亦有必須先依據法定刑，對於個別評價客體為法律效果宣告，再從各別之宣告刑為處理者，亦有根本不區分競合類型，而就法律效果依據複數實現構成要件之法定刑，為單一處理者（單一刑體制），不一而足。當然在不同體制下，對於法律效果之處理所採取之認定見解，亦又有程度之差異，然不論是何種處理原則，其出發點均以法定刑為最根本處理的依據，其中又因法律效果單一制與區分制之不同，而有僅依法定刑為處理依據者，亦有以法定刑為各別評價之基礎，而為宣告刑，進而以宣告刑為處理的基礎（柯耀程III，350）。以下乃分就各原則的內容，予以說明。

第二節　單一刑罰原則（統一處罰主義）

所謂單一刑罰原則，乃指行為人觸犯數罪，但是並不分別宣告數罪之刑罰，而是在判決時直接就數罪包括的宣告一個確定刑罰之原則；換言之，法律效果之形成，並不考慮受侵害法規之數目，亦不考慮形成競合之形式和種類，而將之直接於刑罰裁量中，委由法官就具體事實，為刑罰之量定；又有稱為「單一刑制度」。由於該原則不以所實現之各罪考量其法律效果，其所依據者，乃為所實現之構成要件法定刑，故而，競合形式之區分對其而言，並無實質意義，想像競合與實質競合概念，在單一刑原則中，僅具有概念上的形式意義而已，並不影響法律效果之決定。因此處理想像競合和實質競合時，在法律效果的確定上，並無外觀型態上之差別。

有認我國刑法對於競合論問題之法律效果處理，並非採取單一刑體制，故此一原則於我國刑法中，並無適用（柯耀程III，359）；惟若自想像競合犯、牽連犯及連續犯之單一刑罰法律效果而論，似可認有此原則之適用。

立法例上就犯罪競合採單一刑罰原則者，計有：1974年的奧地利刑法第28條第1項：「行為人單一行為或獨立之多數行為，違犯數個同種或異種之可罰行為，而同時接受裁判時，如其所競合之法律，僅規定自由刑或罰金刑者，僅處以一個惟一之自由刑或罰金刑。此一刑罰依科以嚴重刑罰之法律定之。除有特別減輕其刑之規定外，其處罰不得低於各競合法律所規定最低刑罰之最高度。」、1937年的瑞士刑法第68條第1項：「行為人之一行為或數行為觸犯科處自由刑之罪，處以最重犯罪行為之刑罰，並為相當之加重。但最重不得超過法定刑的二分之一，並受最重法定本刑之限制。」與1958年的法國刑法第5條第1項：「數重罪或輕罪競合者，僅依最重之刑處斷之」（林山田III，34）。根本上單一刑罰原則，並不考量各種競合型態，而僅對犯罪競合問題作單一法律效果之處理。

此外，雖單一刑制度並不對個別之罪刑予以個別宣告，而僅宣告單一之刑罰，但宣告刑的形成過程，則具有相當大的彈性，且各因司法及制度上之差異，故而有不同內容處理方式；因此，不應將單一刑制度內在實質意義誤解為僅得以一刑為限。又於單一刑制度上，雖對個別罪之各刑不予宣告，但其卻為刑罰裁量上之重要判斷基礎，並非全無作用。此外，亦有以單一刑制度而爭論「行為刑法」及「行為人刑法」者，實為誤解（至少認識有偏差）單一刑制度之角色，蓋雖採單一刑制度可想像對刑罰裁量份量之加重，但採單一刑制度並非表示於刑罰裁量上，只注重行為人，進而認定係「行為人刑法」，此種推論方式本身於命題上，即不成立（柯耀程III，359）。值得注意的是，由於此立法原則容許法官「從一重處罰」，不必分別考慮各種法規評價上的困難，而為「統一刑」的宣告，對於刑罰目的之實現，可謂較為便捷。但是，此說在有些情況，難免有籠統論罪之嫌，不如分離處罰主義的立法，對個別犯罪行為的評價，較能實現「罪有應得」之公平處罰的理念。故德國刑法改革法案的研究，經過討論的結果，除於德國少年刑法第31條第1項之立法，採統一處罰的立法原則以

335

外，仍保留分離之競合犯理論（蘇俊雄III，5）。

第三節　區分原則（分離論罪主義）

　　相對於單一刑罰原則，若對於法律效果之決定，在立法上以實質競合與想像競合之區分為基礎，配合數罪併罰與處斷上一罪論的法則，予以分開規定的，即可稱為區分原則，通常採區分原則者，對犯罪競合型態的認定，係從單一評價與複數評價，作為區隔，對於單數評價的法律效果處理，所依據者為法定刑之整合，對於複數評價的法律效果，則依據各別宣告刑，作為處理原則之依據（柯耀程III，352）。區分原則之處理方法，從學理之發展，目前可歸納為五種：一是數罪累計原則、二是綜合宣科原則、三是數罪限制加重原則、四是吸收原則、五是折衷原則，關於各該原則之內涵，說明如下（蘇俊雄III，6）：

一、數罪累計原則

　　即就各罪所分別宣告之刑，均加以累計執行。例如被告因犯竊盜罪被宣告有期徒刑一年，另犯傷害罪被宣告有期徒刑八月，應累計執行一年八月。至在刑罰種類中，有因性質上不能累計者，如生命刑、無期徒刑、拘役或罰金刑相互之間，而無法累計執行者；故現行法除宣告多數之沒收，併計執行以外，另亦兼採其他方式之立法例，藉以適用。參照最高法院98年度台上字第167號判決：「數罪併罰應分別宣告其罪之刑，然後依法定標準，定其應執行之刑，所謂其罪之刑，包括主刑及從刑而言，故無論主刑、從刑，均須依其所犯之罪分別宣告後，再據以定其應執行之刑，方為相當。而宣告多數沒收者，併執行之，刑法第51條第9款定有明文。所謂併執行之，即逐一執行之意，因沒收所以消滅犯人再犯之憑藉，事實上不能吸收。故數罪併罰均經宣告沒收，於定其應執行之刑時，就各該多數沒收，即應併執行之，不能在各刑合併沒收之範圍內僅擇其中一罪宣告之沒收，據以定其應執行之從刑。」之說明，不僅主刑與從刑之併科係採此原

則，即從刑與從刑之併科，亦有此原則之適用。

二、綜合宣科原則

就同時觸犯數刑罰法規或構成數次觸犯同一法規之罪，不為分別之宣告，而綜合其刑從一重處斷，僅宣告各刑罰規定的「統一刑」；故學理上亦稱之為統一刑原則。此種處理方式，立法上特別如想像競合犯或牽連犯之規定，其為從一重處罰時，係就一行為所觸犯的數刑罰法規中，依最重之法規定刑，但量刑不得輕於其他可資適用法規所容許之刑，且得依其他任一法規之規定宣告從刑或保安處分（刑法第55條，德國刑法第52條第2項至第4項參照）。

三、數罪限制加重原則

即就分別宣告之數罪的刑罰，以其中最重刑為低度，加重其刑至各罪合併之刑最高限度，定其併合刑。例如被告犯殺人罪被宣告有期徒刑十年；又犯侵占罪被宣告有期徒刑二年，又犯傷害罪被宣告有期徒刑八月，則在各刑中罪長期之十年以上，併合刑之十二年八月以下，在此範圍量定執行之刑；但加重之合併刑最高不得逾三十年（刑法第51條第5款參照）。

四、吸收原則

即以重罪吸收輕罪的原則，就數罪所分別宣告之刑中，擇期最重之一罪的宣告行為執行刑，其餘輕罪皆吸收於重罪之中，不得再執行。如宣告多數死刑者，執行其一；宣告多數無期徒刑者，執行其一；又宣告多數褫奪公權者，僅就其中最長期間執行之，其期間相等者，執行其一（最高法院23年上字第638號判例參照），宣告終身褫奪公權者，不執行有期褫奪公權（最高法院28年非字第55號判例參照）。

五、折衷原則

即兼採上述各種處罰方式，分別就所宣告各罪之刑罰的種類、性質，視其事實上有無併科、加重的意義與相容性，而為併科、加重或吸收之處理，若可併科或加重者，則折衷定其適當的執行刑。故一般稱之為「併用主義」。我國刑法第51條所規定之數罪併罰的處理方式，即是其適例。其中第1款宣告多數死刑或第2款宣告之最重刑為死刑、第3款宣告多數無期徒刑或第4款宣告之最重刑為無期徒刑、第6款宣告多數拘役或第7款宣告多數罰金者，則採限制加重原則。第9款宣告多數沒收及第10款規定按第5款至第9款所定之刑的執行，則採併科原則處理之。

第十七章
競合論之限制與內涵

第一節　競合範圍之限制

　　關於實質數罪之範圍，有認競合論之規範精神，即在將數罪數刑之區別，轉向於一人一刑之制度，此對於犯罪行為人而言，無疑的乃屬一種寬典；而其理論基礎，乃在於人格責任論。惟若完全基於人格責任論的思想，未免過份重視行為人之人格而忽略犯罪行為，因此，對於競合問題的範圍，即有加以限制之必要（楊建華，379）。至於如何限制，各國立法例互異，依民國24年刑法立法理由說明，約可歸納為下列三種：一、裁判宣告主義：即數罪併罰之範圍，以裁判宣告前所犯之數罪為限。如於裁判宣告後，始發現裁判宣告前另犯罪者，則應分別執行之，而不在數罪併罰範圍之列。德國、前蘇聯及我國舊刑法採之。二、裁判確定主義：即凡在裁判確定前犯數罪者，均得為數罪併罰之範圍准予併合處罰之。其適用範圍，較裁判宣告主義為廣，日本、葡萄牙、匈牙利及我國現行刑法均採之。三、執行未畢主義：即凡在刑罰執行未完畢或赦免前犯數罪者，均得為數罪併罰之範圍，其適用範圍最廣，義大利、瑞典刑法採之。

第二節　以程序階段為區分

　　關於立法例上針對犯罪競合範圍之限制，不論係「裁判宣告」、「判決確定」或是「執行完畢」，本質上係程序法上刑事訴訟程序進行之各個階段，也就是說，競合問題雖係以實體法上法律效果為處理之核心，然而

此種處理係以程序上之特徵（階段）作為概念之內涵；因此競合問題可謂兼具程序法與實體法的內涵，不論將之侷限於實體法或程序法的面向，均無法窺得此一概念之全貌。

對於應以何種程序階段，作為限制競合範圍之依據（標準），各國於立法沿革上，迭有爭論。就「執行未畢主義」而言，如義大利刑法第80條規定：「對於刑罰合計之規定，於判決或科刑命令後，另因其他犯罪行為，更受審判，或對於同一犯人，有多數判決或科刑命令，而須將所有刑罰加以合計之情形，亦適用之。」此說認為判決或科刑命令後之犯罪，亦適用數罪併罰之規定；又因此說未限於判決或科刑命令確定前，始得適用數罪併罰規定，故只要是執行未完畢前之犯罪，均得享受數罪併罰之利益。關於執行未畢主義之缺點，有認行為人可能因有此項規定，而於裁判宣告有罪後，甚至裁判確定後執行時，或在執行刑罰中，肆意犯罪，以獲取數罪併罰之優遇，此無異以法律鼓勵犯罪。且在受有罪判決確定後，仍沽惡不悛，更行犯罪，其人之惡性深重可知，實無予以數罪併罰利益之必要，故本項標準似嫌過寬。鑑於以執行未畢前所犯之罪為限之立法例，不無鼓勵犯罪之嫌，我國現行刑法並不採此說。而「裁判確定主義」，固可補救在刑罰執行中犯罪，亦可享受數罪併罰利益而有鼓勵犯罪之嫌之缺失。惟裁判宣告後未確定前，尚有相當期間，在此期間犯罪，亦享受數罪併罰利益，仍不無鼓勵犯罪之嫌，與執行完畢前亦僅為程度上之差異而已。論者或認為以裁判宣告前所犯之罪為限，範圍較小，因有上訴等機會可以變更裁判，不准其併合處罰，嫌其過苛。惟裁判已經宣告，雖未確定，但在上級法院依法定程序變更前，仍有其法律上之效力，行為人無視國家罪刑宣告之裁判，仍繼續犯罪，其惡性可知，有無就罪刑宣告後之繼續犯罪行為，予以併合處罰之必要，尚非毫無商榷之餘地（楊建華，381）；然此說已為我國刑法第50條所採。

事實上，不論以何種標準作為限制競合範圍之依據，均不免須斟酌於該標準下，非犯罪競合現象之存在是否將導致刑罰之執行出現「累罰」的效應。易言之，競合問題既以避免累罰作為制度設計的出發點，在此基礎上，若競合範圍之限制造成競合範圍過於狹隘，相對的亦將提高累罰現象

出現之可能性。因此，關於犯罪競合之範圍，究應如何加以限制，涉及立法政策，於裁判宣告主義與判決確定主義間，究應如何取捨權衡，似難一概而論。

第三節　以「裁判同時性」為內涵之德國刑法實質競合

　　德國刑法競合論既以「認定多數犯罪之單一制裁」的理念為基礎，且不論處理方法係採區分制或單一刑罰制，其科刑均係於單一制裁下，針對多數犯罪存在的情況所為之處理。由於概念上係將所有法律侵犯直接視為法律破壞者本身整體危險性之體現，無論係想像競合或是實質競合等實體上複數構成要件實現的型態，若無法在同一訴訟程序上予以解決，或許根本無由產生刑罰競合的觀念。此外，數罪得以於同一裁判中併罰，除其具實體法上之意義外，於程序上唯有於具有「同時裁判可能性」之條件成立時，不論該當實質競合或是事後併罰，始有實質競合法律效果之適用，基於此程序上特徵，實質競合實具有簡化訴訟程序及減輕法院負擔之功能，我國最高法院24年上字第3972號判例：「上訴人吸食鴉片部分，既係依法不得上訴第三審法院之案件，則原判決早經確定，無庸由本院與以館舍供人吸食鴉片罪刑合併定其執行之刑，應由該管檢察官查照刑事訴訟法第481條之規定辦理。」似即執此觀點而質疑我國刑法第53條之立法不符訴訟經濟之原則。故德國法學者均認為實質競合唯有於具有「裁判之同時性」之條件成立時，始能成之（柯耀程II，249）。而不能在同一刑事訴訟程序中併案審判之數罪，即不屬德國刑法所稱實質競合之範圍。應予注意者，由於是否存在將數個犯罪行為一起審判的可能性，通常情況下取決於刑事訴訟法，因此，實質競合的規定不僅屬於實體法，而且也具有程序法之內涵（徐久生，885）。

　　由於立法例上，德國刑法第53條第1項：「違犯數個犯罪行為而同時受裁判，科處數個自由刑或數個罰金刑者，併合宣判一個整體刑。」與奧地利刑法第28條第1項：「行為人單一行為或獨立之多數行為，違犯數個

同種或異種之可罰行為，而同時接受裁判時，如其所競合之法律，僅規定自由刑或罰金刑者，僅處以一個惟一之自由刑或罰金刑。此一刑罰依科以嚴重刑罰之法律定之。除有特別減輕其刑之規定外，其處罰不得低於各競合法律所規定最低刑罰之最高度。」等規定，均以「同時接受裁判」為成立實質競合之前提要件。故依其規定，「行為人在裁判確定前所違犯之數個行為必須能夠在同一刑事訴訟程序接受裁判者，始足以形成數個構成要件之實質競合關係。易言之，即行為人必須在裁判確定前違犯獨立之數個行為，而構成數罪，且此數罪均能在同一刑事訴訟程序中併案裁判者，方能構成實質競合；否則，行為人雖違犯數個行為，但此數個行為並無法在同一刑事訴訟程序中共同接受裁判之可能性，即無構成實質競合之餘地（林山田II，658）。」鑑於德國刑法實務認為：（實質競合）總合刑不是機械地或任意地提高具體刑罰的構成，總合刑的構成反映了行為人的個性和各具體犯罪之間的聯繫，因此，在對行為人進行評價時，首先要考慮到的是，犯罪行為是否表明了犯罪傾向，還是表明了各具體犯罪僅是互不相關的偶犯。在具備數個犯罪行為的情況下，必須考慮刑罰對行為人將來生活的影響。對各具體犯罪行為的總的評價，尤其必須考慮不法內容的整體情況和各具體犯罪行為之間的內在聯繫問題（徐久生，890）。不難理解前述學說實係以德、奧之法制結構為說理之基礎。從而在概念上，若將實質競合之概念定位為「能在同一刑事訴訟程序中接受裁判之一人犯數罪」，關於「裁判確定後發覺餘罪」與「數罪經兩個以上裁判」之情形，即非屬前述實質競合概念之範疇。然而何以德國刑法實質競合須以「能在同一刑事訴訟程序中接受裁判」為程序法上之要件？其規範目的為何？我國刑法數罪併罰於解釋上是否必須追隨德國法的解釋？似均有進一步探討之必要。

第四節　裁判同時性之規範目的與檢討

若以程序上之階段（裁判宣告、裁判確定或執行完畢）作為實質競

合成立的限制要件，不論採裁判確定主義或執行未畢主義，因裁判宣告
與裁判確定或裁判執行間，必然存在一定時間上的區隔，實務運作上似難
避免實質競合的範圍，因於裁判宣告後裁判確定前或執行完畢前再次犯
罪，出現事後「擴張」的現象；而唯有採絕對的裁判宣告主義（即一但未
於同一裁判中接受審判，則不成立實質競合），方有可能於程序上只出現
「一次」實質競合的現象。有鑑於此，於德國法上遂有認：「由於複數的
行為與複數的可罰行為評價關係的存在，得以成為實質競合型態者，必須
受到評價程序的條件拘束，亦即必須在同一裁判中，成為處理的對象，方
有實質競合可言。如個別行為分別在不同的評價程序中處理者，雖客觀
上具有複數客體與複數評價的存在，仍不能稱為實質競合（柯耀程VI，
285）。」簡單來說，之所以須以「同時接受裁判」為實質競合之內涵要
素，其目的主要在避免「競合範圍之不確定」。

　　雖然在避免實質競合範圍不確定的目的下，對於競合規定，設有「裁
判同時性」之限制。不過，關於裁判同時性之內涵，卻也產生究竟應以
「一審裁判時」或「二審裁判時」為界線之歧見，前者基於得以成為同一
裁判程序之審判內容者，並不侷限在檢察官的起訴範圍，故而主張應「以
第一審言詞辯論終結前，作為整個訴訟程序流程審理範圍的界線。因此宜
將裁判同一性的界線，界定在第一審言詞辯論終結之前。如將此一界線無
限延伸至裁判確定，則不但對於評價客體無由確認是否為複數，更會使
得原本同一裁判內容的複數轉變成為單數，更將使得實質競合核心的法律
效果處理問題形同虛設（柯耀程VI，287）」；不過，若鑒於「因第二審
亦為事實審，對於行為人之人格因素，亦能於裁判時斟酌」，為避免於裁
判確定主義之缺失（此即：裁判宣告後未確定前，尚有相當期間，在此期
間犯罪，亦享受數罪併罰利益，仍不無鼓勵犯罪之嫌，與執行完畢前亦僅
為程度上之差異），在採裁判宣告主義的前提下，亦有主張：「為補救裁
判宣告主義對行為人較為嚴苛之缺失，並使於第二審上訴程序中仍得予以
數罪併罰，而裁判宣示後至判決確定前之犯罪，則不予享受數罪併罰之利
益，亦可免鼓勵犯罪之譏；乃主張所謂裁判之宣告，係指第二審即事實審
裁判之宣告（楊建華，382）。」事實上，此種以裁判同時性作為競合要

件之思考，並非單獨存在於實質競合之中。以想像競合為例，由於單一刑罰原則的規定，在規範上具有將其多數構成要件實現之整體，視為「一事不再理」適用對象之功能，並作為單一可罰性評價之基礎；若未於同時接受裁判，自難將所有的構成要件該當行為，予以單一的刑罰評價。不過，在想像競合已判決確定的情形中，如果事後發現部分構成要件該當行為漏未評價，由於已本於同一刑罰權為可罰性評價，基於一事不再理之原則，規範上即認為該漏未評價的部分，為前判決之既判力所及。因此，想像競合在本質上，原即包含裁判同時性的限制。而在想像競合中，裁判同時性係以最後事實審為界線，此點並無學說上的爭論。

　　或許是基於類似想像競合的思考模式，對於同為處理複數犯罪構成要件實現的實質競合，學說上遂有如下：「蓋於基本上，刑法根本的評價關係，係從一行為人之一行為，侵害一客體，造成一個規範（構成要件）之實現，以確認一可罰性存在，作為評價基礎，此種結構係刑法最根本的評價型態，亦屬於犯罪行為論判斷的出發點。惟如行為（不論單一或複數）所實現之構成要件，並非單一，而係數個時，則可罰性之確認，勢必不能從個別構成要件中求得，必須藉助創設之法理，方得以對於反應可罰性之法律效果，明確加以決定（柯耀程V，61）。」、「由於概念上係將所有法律侵犯直接視為法律破壞者本身整體危險性之體現，無論係想像競合或是實質競合等實體上複數構成要件實現的型態，若無法在同一訴訟程序上予以解決，或許根本無由產生刑罰競合的觀念。此外，數罪得以於同一裁判中併罰，除其具實體法上之意義外，於程序法上最主要者，乃基於簡化訴訟程序，以及減輕法院負擔。故而，數罪得以併罰，亦唯有於具有裁判之同時性之條件成立時，始能成之……當行為人分別所犯的多數犯罪行為，有可能在一項裁判中加以評價處斷時，一旦該多數之犯罪係於同一刑事訴訟程序中接受裁判，法律乃予以併罰之整體可罰性評價。此時，雖各該犯罪本具有獨立之性質，惟於處罰上，因確立整體罪責所形成之整體刑於內涵上已異於為整體刑基礎之個別刑，不免出現以整體刑為刑罰執行上唯一依據，而非以個別宣告刑為執行依據之現象（柯耀程II，250）。」等主張「實質競合之單一可罰性須於同一裁判程序中確認」之見解的提出，

蓋德國法制之所以須以數構成要件實現「能在同一刑事訴訟程序中接受裁判」為實質競合問題之處理要件，實係由於「整體可罰性評價」之要求所致；若數犯罪未能於同一刑事訴訟程序中接受裁判，所為之「可罰性評價」即不免欠缺「整體性」。也就是說，在如德國刑法的立法例中，「整體性刑罰」惟於「數構成要件實現能在同一刑事訴訟程序中接受裁判」時始能獲得；一旦複數構成要件之實現無從於同一裁判中接受審判，即便同為裁判宣告前所犯之罪，原則上並不將之歸納於「實質競合」之範疇。我國學者更有本於德國刑法第53條之觀點，主張我國刑法第50條應修正為：「裁判確定前犯數罪，而數罪均能在同一刑事訴訟程序中接受裁判者，併合處罰之（林山田VI，104）。」

　　不過，值得探討的是，在裁判同時性的要求下，其所產生「限縮實質競合成立」的法律效果，與競合問題原在避免累罰效應的目的，究竟有無產生牴觸？固然同時裁判之限制有助於達成避免累罰效應之規範目的，惟如一定程度放寬裁判同時性之限制與避免累罰效應的規範目的尚無牴觸，那何須堅持以裁判同時性限制數罪併罰之成立？此外，將同時裁判性作為實質競合之前提要件，雖可達成確定實質競合範圍之目的；然而，相較於「想像競合中，如於事後發現部分構成要件該當行為漏未評價，基於一事不再理之原則，規範上即認為該漏未評價的部分，為前判決之既判力所及」，由於實質競合在規範上未將漏未裁判之犯罪，與前述想像競合的情形，做相同的處理，因此，似不應認為實質競合之法律效果，與想像競合之法律效果，同樣具有「單一可罰性評價」之內涵。因此，於法理上，是否有必要認為實質競合與想像競合一樣，本質上均必然包含此一「同時裁判性」的限制？即不無檢討的餘地。

第十八章
我國刑法之數罪併罰

　　關於外國法制上競合問題的發展與實質競合的內涵，已見於前。然而我國刑法並未以「實質競合」一詞，指稱多數構成要件該當（實質數罪）而併合處罰之情形。實務發展亦未以德國競合論之法理作為判斷的基礎。因此，我國法制上關於複數犯罪之處罰規定，在內涵上是否與前述德國刑法之實質競合相同？為免混淆，應有必要自我國刑法第50條規定予以說明。

第一節　法制沿革

　　數罪併罰一語，依學者之見，有廣狹二義，狹義之數罪併罰，係謂裁判確定前，犯數罪，而併合處罰之謂；廣義數罪併罰，乃指除狹義數罪併罰以外，包括形式上數罪（此乃指犯罪之併合，舊刑法第55條想像競合犯、牽連犯及第56條連續犯）之併合處罰在內。就刑法第七章章名所謂「數罪併罰」包含想像競合犯、牽連犯及連續犯之體例而言，我國係採廣義說，認為數罪併罰包括犯罪之併合與刑罰之併合。關於數罪併罰之規定，我國舊律原仿日本舊刑法之章名「數罪俱發」，而定為「俱發罪」的章名。然鑑於日本新刑法所規定之內容，並非僅限於數罪俱發，即數罪各別發覺，亦得適用，故改稱之為「併合罪」。又所謂併合罪，併非將數罪併合為一罪，而係各罪仍獨立存在，僅在處斷上併合而已，故我國現行法乃採其併合論罪的涵意，而改為數罪併罰（蘇俊雄I，16）。由於現行刑法已不採「俱發罪」之章名，或可謂併合罪之內涵並不以「同時發覺」或「同時裁判」為內涵，因此其法效應僅及於併合處罰而已。

　　我國刑法在立法理由上，因在裁判上一罪基礎上將處理競合問題定

位為處理「罪」之問題，故第七章即以「數罪併罰」為標題。查其主要立法理由乃謂：「查第二次修正案謂原案本章名俱發罪，沿用舊律之名稱，但本章之規定，非限於數罪俱發，即數罪各別發覺，亦得適用。是以日本舊刑法名為數罪俱發，新刑法改為併合罪，然所謂併合罪，並非將數罪併合為一罪，其各罪仍獨立存在，不過併合處斷之耳。故本案改為併合論罪。」依曾參與我國刑法前身「大清新刑律」編纂之日籍學者岡田朝太郎所見：「論數罪俱發之要素，不可無二個以上之罪。犯罪以其所為為成立條件，除因一所為成立一罪，及因數所為成立數罪外，別有因數所為成立一罪時，更有因一所為成立數罪時（想像上數罪）各有複雜之問題在，故先自數罪與一罪之區別立論（柯耀程V，67）」，似可了解罪數「判斷」問題何以成為我國數罪併罰之基本思考。

第二節　罪數論之檢討

關於數罪併罰規定，向來缺乏學理之論述，過去大多亦只是實務取向的探討，並將犯罪競合界定在罪數的問題。所發展出的架構亦完全將問題之焦點，放在判斷罪數之上，亦即決定在何種情況下，行為人所犯者為「一罪」；何種事實情況，對於行為人之歸責應屬於「數罪」（柯耀程III，319）。學理上乃將數罪與否視為數罪併罰問題的核心判斷問題，漸漸形成決定數罪併罰的基本機制，乃在於罪數判斷的看法（柯耀程V，61）。同時，實務的判斷，也未能明確界定特別、補充與吸收等三種法律競合關係，並且濫用「吸收」一詞，因而判例上動輒出現各種分屬各種不同關係的吸收，使人不知法律競合中的「吸收關係」與學說討論的「吸收犯」是否同屬一物。在處斷上一罪中，又分由德國刑法與日本刑法引進同時併存而概念與內涵混淆不清，卻終又能得出相同結果的想像競合犯、牽連犯與吸收犯。前揭現象終使我國刑法的競合論攣似茂密的原始叢林，使人一踏入就輕易地迷失於叢林中（林煒民，29）。

此外，雖然我國刑法將競合問題，於法律規定中稱為「數罪併罰」，

然此所稱之罪者,究係指獨立之犯罪事實本身,或是指行為,抑或指法益之侵害,或者指實現之構成要件而言,並不明確,而且學說上亦是眾說紛紜;故而導致處理競合論問題時,必須從確定罪數著手。實務上對於一罪(包含:單純一罪、包括一罪與裁判上一罪)與數罪(僅指裁判確定前犯數罪之數罪併罰)之判斷,在判斷過程中,未先建立判斷行為單、複數的基準,即已進入欠缺客觀判斷標準的罪數判斷(林山田III,62)。與我國實務相對,德國刑法實務在罪數之判斷上,係運用刑法學理論提出之「行為單數」與「行為複數」之法概念,針對具體行為事實,首先判斷究屬行為單數、抑屬行為複數。若屬行為單數,則續行判斷法律競合現象,除外其餘者即屬想像競合;若認定屬於行為複數,則應進而判斷是否為「與罰之前行為」或「不罰之後行為」,其餘即屬犯罪複數之「實質競合」。立法上既無牽連犯與連續犯,理論上亦無吸收犯,如此判斷程序,體系簡明,較能得出明確而一致性的判斷結果(林煒民,29)。

　　若再進一步分析刑法的評價關係,可以發現,刑法所關注者,為可罰性實現問題,而此可罰性認定,在單一構成要件實現的情況,自有刑法分則定刑之法律效果為依據,惟在複數構成要件實現時,原應得出複數可罰性之結論,但事實上卻無法單從構成要件體系中,確認出「單一」可罰性及責任,亦即無法從被實現之構成要件中,得出「數罪數罰」以外之具體法律效果,故而刑法必須對於此種複數構成要件實現的情況,就法律效果問題,另行思考,此似乎與罪數完全無關。因此,競合論的結構型態,以及其處理形式,應有別於單一構成要件實現之可罰性認定問題。因此縱依罪數論之主張區別一罪與數罪,罪數論仍無法提供關於數罪之「複數可罰性」應如何實現之處理標準。

第三節　想像競合犯

一、規範基礎

　　依刑法第55條規定,一個犯罪行為而觸犯數個罪名即為想像競合犯。

申言之,即基於一個犯意之發動,實施一個犯罪行為,而侵害數個獨立之法益,數次該當刑法分則中特定構成犯罪要件,成立數個罪名之意也。想像的競合,又稱「觀念的競合」,「想像上數罪」,或「一行為數罪」。所謂一行為而觸犯數罪名者,例如開槍殺人,同時毀損他人財物,即係一行為而觸犯殺人罪與毀損罪兩種罪名,應構成想像上競合犯。想像競合犯之處罰,依刑法第55條之規定,一行為而觸犯數罪名者,從一重處斷。所謂「從一重處斷」,即就所觸犯之數罪中,擇其最重之一罪處罰之。查刑法之所以規定想像競合犯從一重處斷,主要理由不外「禁止過度處罰」,以維護一行為一處罰之原理,蓋若對一行為所成立之數罪名重複處罰,即有違一事不二罰之原理。因此關於數個舉動(動作)是否應評價為一行為之判斷,應以一事不二罰為判斷之基礎,換言之,若評價上可認為法益侵害之「數個自然舉動之可罰性單一」,即得做出一行為之評價,反之,若數個自然舉動之可罰性非單一,自不應認其非為數行為。在廢除牽連犯規定後,或存在將方法或結果行為整體視為一行為以避免處罰過重之主張,然而鑑於多次舉動造成多數法益侵害(例如偽造文書與詐欺之舉動非同一且受害者亦常非同一人)之可罰性高於一次舉動造成多數法益侵害(例如一次車禍造成多數人死傷),似應限制一行為(亦即單一可罰性)成立之範圍,以符合保護被害人之潮流。

二、想像競合犯之要件

想像競合犯之成立要件有三:

(一)須基於一個犯意

想像上競合犯之行為,須基於一個意思決定所實施。其為單一之犯意,抑為概括之犯意,則非所問。

(二)須實施一個行為

所謂一個行為,係指實施犯罪行為全部過程中之一切動作而言。其為單一動作,抑為數個動作,在所不問。

（三）須侵害數法益並觸犯數罪名

所謂數罪名者，指具備數個構成要件，各自成立犯罪而言。是其一行為必須侵害數個法益，方克相當，至其觸犯之數罪名是否相同，在所不問。若一行為觸犯數罪名而侵害同一法益者，則為單純一罪，而非想像競合犯。

三、想像競合與法律競合之區別

所謂法律競合，又稱法條競合，係指一行為觸犯同一構成要件之犯罪，因法條之錯綜規定，致同時有數法條可以適用，應按一般法理選擇其一，而排斥其他法條適用之謂。如何擇一適用，其原則如後：

（一）特別法優於普通法。

（二）變態法（狹義法）優先適用於常態法（廣義法）。

（三）重法較輕法為優先。

（四）全部法優先適用於一部法。

（五）後法優於前法，但前法較重者，或前法為特別法者，仍應適用前法。

（六）實害行為吸收危險行為，重行為吸收輕行為，後行為吸收前行為。

想像競合與法律競合之區別有四：

（一）想像競合在刑法上有明文規定，法律競合應依法理解決。

（二）想像競合係一行為發生數結果，觸犯數罪名；法律競合則為一行為發生一結果，雖有數種法條可以適用，僅成立一罪。

（三）想像競合須就其觸犯之數罪中，從一重處斷，不排斥其競合輕罪之成立；法條競合為單純一罪，僅就競合之數法條中擇一適用，排斥其他法條之適用。

（四）想像競合為刑罰（從一重）處斷問題，法律競合為法律（優先）適用問題。

第四節　舊刑法之牽連犯與連續犯

　　就競合體系而言，犯罪行為該當數個犯罪構成要件，其法律效果並非把數個犯罪的法定刑做數學式的加算。在民國94年刑法修正前，依據我國實證法的體系以及通說的解釋，大抵上可以把犯罪之競合分成真正競合與非真正競合；所謂非真正競合，指的就是法條競合；至於真正競合，可以分為想像競合以及數罪併罰（實質競合）。所謂想像競合，就是舊刑法第55條前段所規定的一行為觸犯數罪名的情形；而實質競合，原僅指數罪併罰的情形。惟因我國刑法另有牽連犯及連續犯的規定，故在我國亦有認牽連犯及連續犯也屬於實質競合的範疇（黃榮堅I，452）。

　　由於我國舊刑法承認牽連犯與連續犯，從而我國刑法數罪併罰之體系乃異於德國刑法競合論之體系。惟關於牽連犯與連續犯之定位，非無爭論，茲述之如下：

一、牽連犯

　　依舊刑法第55條後段之規定，牽連犯乃犯一罪而其方法或結果之行為，觸犯他項罪名之謂。申言之，犯人之目的，僅欲犯某一罪，因其實施之方法，或因其實施之結果，觸犯其他不同之罪名，而其原因行為與結果行為，或其方法行為與目的行為之間，如認有牽連關係之存在，處斷上認為一罪者也。牽連關係，須存在於犯罪行為與方法行為，或犯罪行為與結果行為之間，始有牽連犯可言。此種牽連關係之範圍如何，亦即以何種情形方可認有牽連關係之存在，學說大致可分為主觀說、客觀說與折衷說三派。我國實例係採折衷說，即在客觀上應有通常犯罪之方法或結果之關係外，在主觀上尚須犯人有使之牽連之意思，且以具體的有方法結果之關係為必要。故在客觀上雖可認為有牽連關係，若犯人主觀上對於所犯之一罪不知有他罪之方法或結果者，亦不能認有牽連關係。例如偽造文書之時，並無詐欺取財之意，嗣後用之為詐欺之方法者，即非牽連犯。一般而言，

牽連犯之要件有三：

（一）須有二個以上之可罰行為

即其原因行為與結果行為，或方法行為與目的行為，須為各自獨立之可罰行為，且彼此不屬於同一犯罪構成要件要素者，始足當之。

（二）二個以上之可罰行為相互間須有牽連關係

即方法行為與目的行為，或原因行為與結果行為之相互間，不僅在犯人主觀之意思上具有聯絡關係，且在客觀上其相互間具有直接密切之牽連關係。

（三）二個以上之行為須觸犯不同之罪名

即方法行為之罪名與目的行為之罪名，原因行為之罪名與結果行為之罪名，互不相同，是為牽連犯之特性。所謂不同罪名之涵義，應為犯罪之構成要件不同，始屬二個不同罪名之犯罪也。

依舊刑法第55條規定，想像競合犯與牽連犯之法律效果，為從一重處斷。倘認舊刑法第55條之法律效果為單純的「罪之吸收」，因輕罪被重罪所吸收，輕罪已不復存在，則不僅在判決主文上不必輕重罪併舉，且在刑罰裁量上，亦毋庸考慮輕罪之不法內涵與罪責內涵；甚至亦無法發生現行刑法第55條但書「不得科以較輕罪名所定最輕本刑以下之刑」之封鎖作用。惟如在終局評價上承認想像競合犯與牽連犯，本質上僅屬於一罪（輕罪已不存在），除與現行法規定其為廣義數罪併罰之體系，有所牴觸；其輕罪不存在之評價結果亦將與法條競合為評價上一罪之情形，無從區別，故想像競合犯與牽連犯於本質上並非單純的「罪之吸收」。至持「刑之吸收」者，在終局評價上認為想像競合犯與牽連犯二者，在本質上仍屬數罪，惟既認輕罪之刑為重罪所吸收，則亦如前述，不但在刑罰裁量上，毋庸考慮輕罪之不法內涵與罪責內涵；且亦無法發生現行刑法第55條但書「不得科以較輕罪名所定最輕本刑以下之刑」之封鎖作用；此外，如主張輕罪之刑既為重罪之刑所吸收，則重罪無從刑，而輕罪有從刑時，則關於因犯罪所得之物是否仍得宣告沒收之問題，勢將無法作妥適之說明，故想

像競合於本質上亦非單純的「刑之吸收」。職是，想像競合犯與牽連犯之處斷刑，本質上實係「刑之合併」。易言之，所謂從一重處斷，乃係合併想像競合犯與牽連犯組成份子的數個評價上一罪，而成為科刑上一罪或執行上一罪；而其所對應之刑罰，則係合併其組成份子之各個評價一罪之複數法定刑，而為一個處斷刑或執行刑之評價。想像競合犯與牽連犯，在犯罪認識上為數罪，在犯罪評價上亦為數罪，僅在科刑上與執行上產生一罪之法律效果。論其性質，乃係就刑為人所觸犯之數罪，在科處刑罰制裁時，從其中一個重罪處罰；亦即就行為人所觸犯之數罪中，依其最重罪名之法定刑為準，並為一個處斷刑之判斷依據。依「罪刑不可分原則」，評價上數罪之各罪，皆有其各自對應之法定刑；而科刑上一罪，亦有其對應之處斷刑。在罪質上，想像競合犯與牽連犯，雖係科刑一罪，惟其實質乃係連結數個評價上一罪而合併為科刑上一罪。因此，科刑一罪，並非其組成份子之各別評價一罪；其所對應之處斷刑，亦非其組成份子之各個評價一罪之法定刑。此外，縱然可認想像競合犯與牽連犯之處斷刑本質上係「刑之合併」，至處斷刑之特性如何？有採罪之吸收說者：此說認為想像競合犯與牽連犯之處罰，係採吸收主義，所謂「從一重處斷」，係指從一重罪處斷，而非從一重刑處斷；即從重罪處斷之結果，輕罪遂被吸收於重罪，故為「罪之吸收」。亦有採刑之吸收者：此說認為想像競合犯與牽連犯，其輕罪之刑為重罪所吸收，故為「刑之吸收」，我實務亦採之（甘添貴II，8）。

二、連續犯

依舊刑法第56條規定，連續犯乃以一個概括之犯意，反覆數個可以獨立成罪之行為，而犯同一罪名之謂也。通常而言，連續犯之要件有三：

（一）須基於一個概括之犯意

行為人主觀上，於實施犯罪之初，自始即有一預定之計畫，而後乃就此計委之內反覆實施之犯罪行為。至於計畫中之犯罪次數，是否確定，則非所問。依院字第692號、第865號等解釋之說明，所謂連續數行為，係指

先後數行為出於一個概括犯意之義。

（二）須反覆為數個可以獨立成罪之行為

連續犯以有數個行為為前提，而其數個行為，必須個別可以獨立成立犯罪，且彼此間保持連續關係，始屬相當。

（三）須觸犯同一之罪名

所謂「同一罪名」者何，法條文義，未甚明瞭，學說與判例意見，亦不一致。狹義說謂係犯同一法條之罪名；廣義說謂非必同一法條，祗須罪質相同。我國以往之判解，如院字第2185號解釋：「刑法第56條所謂同一罪名，係指其連續數行為所侵害之法益性質相同，即在法律上屬於同一罪質者而言：（一）和姦有夫之婦及意圖姦淫而和誘有夫之婦，或未滿十六歲之女子脫離家庭，其侵害他人家庭關係之法益性質相同。至和姦未滿十六歲之女子，雖係妨害風化之罪，但和姦有夫之婦，不僅妨害他人之婚姻及家庭關係，即社會風化亦同時顯有妨害，關於此點，被害法益之性質仍屬相同，如以概括之犯意先後犯有上列各行為，自應成立連續犯；（二）結夥搶劫及恐嚇取財，均係侵害他人之財產法益，屬於同一性質之罪，如以概括之意思犯之，應成立連續犯；（三）以概括之犯意，先後運輸鴉片毒品、及販賣鴉片毒品、並販賣專供吸食鴉片及吸用毒品之器具，暨營利設所供人及食鴉片毒品，均係連續數行為侵害國民健康之公共法益，而犯同一性質之罪，應成立連續犯。係採廣義說，且認為各犯罪行為所侵害之法益性質相同，即為屬於同一罪質。」認為，凡屬同一罪質，縱令不規定在同一章次罪名下，亦包括之，不免失之寬縱。惟自司法院大法官釋字第152號解釋公布後，所謂同一罪名，則係專指「觸犯構成犯罪要件相同之罪名」而言。

依舊刑法第56條規定，連續犯之法律效果，為以一罪論。至所謂以一罪論，其性質如何？亦殊值探究。連續犯，其所連續實施之數個行為，已分別獨立構成犯罪。在犯罪認識上，為數罪；在犯罪評價上，因其侵害數個法益或對於同一法益為數次性之侵害，故亦為數罪。至在犯罪科刑上，因其所觸犯者，為同一罪名，故以一罪論處，而非從一重處斷。因此，所

謂以一罪論,並非將其所觸犯之數罪,評價其為一罪。易言之,所謂「以一罪論」,非指以評價上一罪論,而係以科刑上或執行上之一罪論。且基於罪刑不可分原則,此連續犯所對應之刑事處罰效果,係以其組成份子中較重之評價上一罪之法定刑為基礎,得加重其刑至二分之一,做為此一連續犯之處斷刑。因此,所謂以一罪論,在性質上,亦屬「刑之合併」,而非罪之吸收,亦非刑之吸收(甘添貴Ⅱ,8)。

又依最高法院99年度第5次刑事庭會議決議(一):「刑法於民國94年2月2日修正公布(95年7月1日施行)刪除連續犯規定之同時,對於合乎接續犯或包括的一罪之情形,為避免刑罰之過度評價,已於立法理由說明委由實務以補充解釋之方式,發展接續犯之概念,以限縮數罪併罰之範圍。而多次投票行賄行為,在刑法刪除連續犯規定之前,通說係論以連續犯。鑑於公職人員選舉,其前、後屆及不同公職之間,均相區隔,選舉區亦已特定,以候選人實行賄選為例,通常係以該次選舉當選為目的。是於刪除連續犯規定後,苟行為人主觀上基於單一之犯意,以數個舉動接續進行,而侵害同一法益,在時間、空間上有密切關係,依一般社會健全觀念,難以強行分開,在刑法評價上,以視為數個舉動之接續實行,合為包括之一行為予以評價,較為合理,於此情形,即得依接續犯論以包括之一罪。否則,如係分別起意,則仍依數罪併合處罰,方符立法本旨。」之說明,連續犯廢除後並非即全數回歸一罪一罰原則適用,依最高法院96年度第9次刑事庭會議決議:「依刑法第56條修正理由之說明,謂『對繼續犯同一罪名之罪者,均適用連續犯之規定論處,不無鼓勵犯罪之嫌,亦使國家刑罰權之行使發生不合理之現象。』『基於連續犯原為數罪之本質及刑罰公平原則之考量,爰刪除有關連續犯之規定』等語,即係將本應各自獨立評價之數罪,回歸本來就應賦予複數法律效果之原貌。因此,就刑法修正施行後多次施用毒品之犯行,採一罪一罰,始符合立法本旨。本則法律問題,某甲於刑法修正施行前連續施用毒品部分,應依刑法第2條第1項之規定,適用修正前連續犯之規定論以一罪;刑法修正施行後之多次施用犯行,除符合接續犯之要件外,則應一罪一罰,再就刑法修正施行後之數罪,與修正前依連續犯規定所論之一罪,數罪併罰,合併定其應執行之

刑。」仍應視情形探討有無適用接續犯或包括一罪之可能。

第五節　數罪併罰之範圍

　　由於我國刑法第50條第1項前段規定，並未以「裁判宣告前之犯罪」與「同時受裁判」為前提，因此數罪併罰之範圍，除包含與德國刑法第53條規定內涵相同之實質競合外，更包含「於第一個有罪裁判宣告後、判決確定前，其他個別發覺、個別裁判的犯罪」在內。以下圖為例，除於區間I或II犯他罪，而數罪同時於90年5月2日接受裁判而該當實質競合可認符合數罪併罰之規定外，關於數罪分別審判，其於事後併合裁判之情形（其類型有二：一、數罪併罰，於裁判確定後之區間IV始發覺尚有未經裁判且於區間I、II或III所犯之其他餘罪者；二、數罪併罰，其數罪經各裁判科刑，分別確定後始發覺該數罪均係於區間I、II或III所犯），亦為我國刑法第50條第1項前段數罪併罰之規定所包含。由於事後併合裁判並不符合德國刑法實質競合之定義，因此，鑑於併合罪之內涵較俱發罪為廣，較之德國實質競合之立法例，我國刑法中數罪併罰之範圍，更為廣泛。

```
  I            II                III               IV
-----------*-----------*------------------*---------------------->
97.1.5犯甲罪        97.5.2甲罪宣判       97.6.1甲罪裁判確定
```

　　關於複數構成要件實現之情形，依刑法效果可區分為科刑上一罪、法條競合、以裁判同時性為內涵之德國刑法實質競合以及事後併罰等四類（如下圖表），而我國刑法第50條數罪併罰之範圍包含實質競合與事後併罰二類，其範圍自大於德國刑法第53條之實質競合；惟此一本國法制特徵，於相關議題之探討上，經常遭到忽略。
　　圖示：

　複數構成要件實現 ＝ 科刑上一罪 ＋ 法條競合 ＋ 實質競合 ＋ 事後併罰

第十九章
事後併罰

　　由於犯罪事實之認定，乃刑事法院之權限；因此，關於行為人於何時犯何罪，唯有依照已確定之有罪判決，始有可能正確認定、判斷。行為人所犯之數罪間，是否符合刑法第50條之規定，亦只有在所有的有罪判決均告確定後，才有正確判斷的可能。因此，不論採用何種立法例，均無法避免因訴訟程序進行之遲緩，造成事後始發現「其他合於數罪併罰規定之犯罪」之情形（亦即於前述區間IV始發覺尚有未經裁判且於區間I、II或III所犯之其他餘罪）。或因如此，各國之立法大多均承認於事後（原科刑裁判後）亦有競合規定之適用。此種科刑裁判後競合之類型，相較於「同時併罰」之實質競合，本文稱為「事後併罰」。

第一節　事後併罰之法律效果

　　事後併罰既屬數罪併罰中之一種類型，於法律效果上，原應與數罪併罰相同。不過，關於事後併罰是否應與同時併罰相同處理，尚有不同見解。多數學說與現行實務採肯定說，其認為：「數罪併罰之規定，即便於裁判確定後，發覺尚有未經裁判之餘罪者，仍應就未經裁判之餘罪，宣告其罪之刑，並合與已經裁判確定之刑，依刑法第51條各款之規定，決定應執行之刑；蓋定執行刑，本以宣告刑為基礎，已經判決確定之數罪，縱已定有執行刑，然因發覺餘罪而須另行改定，自宜以前數罪之數個宣告刑與後發覺之餘罪之宣告刑，更定應執行之刑（韓忠謨，339）。」然而與此見解相對，否定說主張事後併罰並無刑法第51條規定之適用，並認為現行刑法第52條：「數罪併罰，於裁判確定後，發覺未經裁判之餘罪者，就餘罪處斷。」中所指之「就餘罪處斷」於系統解釋上不應該當「依前條之規

定，定其應執行之刑」，而將實質競合之併合處罰限縮於「在同一刑事訴訟程序中併案審判者」始有適用之餘地，因此如非在同一刑事訴訟程序中併案審判者即非屬實質競合之併合處罰。未經裁判之餘罪不可與在前之裁判確定之罪，定應執行之刑，而應單獨宣判罪刑，個別而為執行（林山田 II，664）。如依否定說，「未經裁判之餘罪」與「先前裁判確定之罪」間，即有可能形成累罰之關係，此種見解似將擴大累罰之範圍，而有違競合規範之初衷。

細究前述學說上之爭議，主要的問題在於「應否於時間上限制數罪併罰的適用？」也就是說，如果不應加以限制，則不論何時，只要數犯罪間符合數罪併罰的規定，即應適用刑法第51條之法律效果；反之，不論是何種限制，一但違反該限制規定，縱然數犯罪間符合數罪併罰「裁判確定前」之規定，亦無刑法第51條法律效果之適用。究竟事後併罰應如何處理？於法制上應否限制其範圍？針對學說之爭議，立法例上針對事後併罰之規定，即有參考之必要。

第二節　事後併罰之立法限制

關於事後併罰之處理，立法例上多有限制；採單一刑罰原則之立法例，如奧地利刑法第28條第1項：「行為人單一行為或獨立之多數行為，違犯數個同種或異種之可罰行為，而同時接受裁判時，如其所競合之法律，僅規定自由刑或罰金刑者，僅處以一個唯一之自由刑或罰金刑。此一刑罰依科以嚴重刑罰之法律定之。除有特別減輕其刑之規定外，其處罰不得低於各競合法律所規定最低刑罰之最高度。」與瑞士刑法第68條第1項：「行為人之一行為或數行為觸犯科處自由刑之罪，處以罪重犯罪行為之刑罰，並為相當之加重。但最重不得超過法定刑的二分之一，並受最重法定本刑之限制。」之規定，雖均於根本上並不考量各種競合型態，而僅對競合問題作單一法律效果之處理，惟在此規範型態下，仍有針對事後併罰之問題，予以規定。按瑞士刑法第68條第3項：「因他罪已受自由刑

之宣告，而對此宣告之前已有犯罪行為，亦應處以自由刑時，法官在定執行刑時，應注意不使其較數犯罪行為同時受審判時所受之刑罰為重。」與奧地利刑法第31條第1項前段：「已受刑之宣告之人，因另一犯罪而受裁判，自後罪遂行之時觀之，應在前罪程序中即已受判決，則宣告追加刑。」之規定，特別重視「有無同時合併審判之可能性」，就該等條文之反面解釋，如自後罪遂行之時點觀之，在前罪程序中並無受判決之可能性，即不能適用數罪併罰之規定（楊建華，383）。換言之，其係以「同時接受審判之可能性」為適用實質競合法律效果之限制。

　　德國刑法雖亦以「同時受裁判」為實質競合之前提要件，不過關於實質競合「合併刑（總合刑）」之適用，並非限於第53條第1項「數罪同時受裁判」之情形。依德國刑法第55條第1項：「受審判人在宣告刑執行完畢前，或在時效中止或赦免前，因原判以前之其他犯罪而受審判者，得適用第53條、第54條之規定（蔡墩銘II，21）。」之規定，只要在原宣告刑執行完畢前受審判，即存在合併刑嗣後構成（事後併罰）之空間。亦即將適用實質競合法律效果之範圍，延伸至「非同時接受裁判之部分」，並以「原宣告刑執行完畢前接受審判」為合併刑嗣後構成（實質競合法律效果適用）之限制。只要「數罪有可能同時受裁判」卻於事實上未同時受裁判，在原宣告刑執行完畢（或時效中止或赦免）前受審判之「原裁判宣告前所犯之其他犯罪」，即與原裁判所宣告之犯罪，形成事後併罰之關係；因此關於德國刑法上事後併罰之適用，「根據第55條之規定，總合刑還可以在事後構成。事後構成總合刑的先決條件是，後來被判處的犯罪行為的實施先於原來被判刑的行為，因此，在第一個訴訟程序中實際上就必須構成總合刑，如果法院當時就了解另一犯罪行為。後來被判刑的犯罪行為是否是在先前判處的犯罪行為之前實施的，最重要的是要看對罪責和刑罰問題作出裁決的上一個判決是在何時宣布的，法院在該判決中本來應當可以做出總合刑的裁判。此外，原先的刑罰在後一個犯罪裁判時不得執行、經過時效或赦免，因為只有一個尚未完結的刑罰可以被納入新的訴訟程序，被運用於構成總合刑。對後一個判決起決定作用的時刻，是上一個法官的判決。在上一個判決中已經科處了總合刑，則應當撤銷之，並基於當時判

學習刑法─總則編

處的具體的刑罰和第二個判決中確定的刑罰,重新確定起始刑罰。該起始刑罰可根據關於構成總合刑的一般規定予以加重。後一個判決要對附加刑等統一予以科處。如果先前的判決中已經有附加刑,原則上予以保留。如果先前所科處的刑罰被准予緩刑交付考驗,並不妨礙事後構成總合刑。由於被納入新的判決,緩刑變得無對象,在構成總合刑時第二個法官還必須對緩刑重新作出決定。起決定作用的是總合刑的高度。刑法第58條第2項對已經經過的緩刑期間和被判刑人已經履行的給付義務的計算作出了規定。構成新的判決的犯罪行為部分存在於先前的判決之前、部分存在於先前的判決之後,必須構成兩個總合刑。由於法院不了解先前的判決,在後一個判決中未依據第55條的規定嗣後構成總合刑的,可依據刑事訴訟法第460條的規定,以決定方式重新作出裁決(徐久生,890)。」查其以「原宣告刑執行完畢前接受審判」為合併刑得以嗣後構成之限制條件,應係以累罰效應得否避免作為規範之基礎,蓋於原宣告刑或執行刑執行完畢的情形中,其所形成之事後併罰必然會使得併合之數罪出現非接續執行之現象。因已無從避免累罰效應之出現,自無再形成事後競合之必要。

中華人民共和國刑法對於事後併罰,亦有類似於德國刑法之限制規定。雖其刑法第69條:「(第1項)判決宣告以前一人犯數罪的,除判處死刑和無期徒刑的以外,應當在總和刑期以下、數刑中最高刑期以上,酌情決定執行的刑期,但是管制最高不能超過三年,拘役最高不能超過一年,有期徒刑最高不能超過二十年。(第2項)如果數罪中有判處附加刑的,附加刑仍須執行。」係以判決宣告前所犯之數罪為併罰之基礎,惟於第70條:「判決宣告以后,刑罰執行完畢以前,發現被判刑的犯罪份子在判決宣告以前還有其他罪沒有判決的,應當對新發現的罪作出判決,把前後兩個判決所判處的刑罰,依照本法第69條的規定,決定執行的刑罰。已經執行的刑期,應當計算在新判決決定的刑期以內。」之規定,卻明確指出以「判決宣告以後,刑罰執行完畢以前發現」、「在判決宣告以前還有其他沒有判決的犯罪」為併罰效果適用之限制;因此,若係刑罰執行完畢後始發現在判決宣告以前還有其他沒有判決的犯罪,即不在事後併罰之列。不過在前述限制規定外,依該法第71條:「判決宣告以後,刑罰執行

完畢以前，被判刑的犯罪份子又犯罪的，應當對新犯的罪作出判決，把前罪沒有執行的刑罰和后罪所判處的刑罰，依照本法第69條的規定，決定執行的刑罰。」之規定，似又承認在執行完畢前之犯罪，縱非判決宣告前之犯罪，亦得形成事後併罰。相較於德國法以裁判同時性與接續執行可能性限制犯罪競合成立之立法體例，中華人民共和國刑法此種規定更擴大了事後併罰之範圍。

　　日本刑法第45條：「未經確定判決之數罪為併合罪。如判處監禁以上刑罰之罪，已經判決確定時，僅該罪和其判決確定前所犯之罪為併合罪。」之規定，與我國刑法第50條之規定相同，乃以「判決確定前之數罪」為併合罪之範圍。惟與我國刑法不同者，其乃以「是否同時接受裁判」作為不同法律效果之處理標準。簡單來說，依日本刑法第47條：「併合罪中有兩個以上應判處有期徒刑之懲役或監禁之罪時，應按其最重之罪所定刑罰之最高刑期加其半數為其應處刑之最高刑期，但不得超過各罪所定刑罰之最高刑期之總和。」、第50條：「併合罪中，已經判決之罪及未經判決之罪並存時，應再就未經判決之罪判處。」與第51條：「併合罪有兩個以上之判決時，應將各個刑罰合併執行。但應執行死刑者，除沒收外，不執行其他刑罰。應執行無期懲役或監禁者，除罰金、罰款及沒收外，不執行其他刑罰。有期之懲役或監禁之執行，不得超過其最重罪所定刑罰之最高刑期再加其半數之總合。」等規定，如果併合之數罪係於同一訴訟程序中接受裁判，即於「其最重之罪所定刑罰之最高刑期加其半數」之範圍內為其應處刑之依據；惟若併合之數罪未於同一訴訟程序中接受裁判而出現二以上之裁判時，不論是否該當事後併罰，即將各個各個判決所確定之刑罰累計合併執行。換言之，縱然出現事後併罰之狀態，即無須如我國刑法第52條：「數罪併罰，於裁判確定後，發覺未經裁判之餘罪者，就餘罪處斷。」與第53條：「數罪併罰，有二裁判以上者，依第51條之規定，定其應執行之刑。」之規定，另定應執行刑，而係合併執行各個刑罰。故其亦以「同時受裁判」為限制要件。

第三節　事後併罰限制之檢討

　　基於前述說明，可知除非在裁判宣告主義之立法例中，另以「同時接受裁判」為適用實質競合規定的「絕對性」前提限制，否則即不免出現事後併罰之現象。或許在「限制事後併罰之範圍，旨在避免任意更動應執行刑所致法律狀態之無法確定（柯耀程VI，300）」之思考下，才會出現如前述各國立法例「限制事後併罰適用實質競合法律效果」之規定。不過，值得注意的是，一但限制事後併罰適用實質競合之法律效果，勢將造成原本合於實質競合規定之數犯罪，出現合併執行的累罰效應。

　　細究此一「應執行刑範圍無法確定」法律狀態不安定現象之發生，實係由於競合問題本質上即具有程序法之要素所致。易言之，由於實質競合之形成，原有賴各犯罪訴追程序所確定之犯罪時點，始得確定；又由於競合狀態原本即以程序上之階段（裁判宣告、裁判確定或執行完畢），作為形成之基礎。因此，既然於先進行的案件訴追、處罰的各階段中，均無從確定是否尚有其他的犯罪，得與之形成實質競合的關係（也就是說，非於其他犯罪的訴追程序完成後，本質上尚無從詳明該犯罪與先前之它犯罪間，是否形成實質競合的關係），則所謂「競合狀態的不確定」，實即創設競合規範所必然附隨的狀態。因此，在探討立法例上各種針對事後併罰的限制規定後，不論自累罰避免之觀點，或是基於訴訟程序進行遲緩（並因此導致原合於實質競合規定之犯罪未於同一裁判中接受審判）無從歸責於被告之立場，如對事後併罰設有範圍上之限制，反而導致被告於刑事執行上承受如同累罰般的不利益，實非妥適。

第四節　我國實務之事後併罰

　　承上說明，「不論採裁判宣告主義之德、瑞、奧等國，或採裁判確定主義之日本，在立法例上對於事後併合，均有適當限制，數犯罪行為間，

如已介入已經宣告之裁判或已經確定之裁判，其前後犯罪，即不認有數罪併罰之適用（楊建華，384）。」不過由於我國刑法並未針對事後併罰另設有限制適用併罰法律效果之規定，此點乃與上述各國之立法例有所不同；或許此點正為事後併罰產生爭議的原因。

由於德國刑法第53條第1項，關於實質競合之法律效果，定有阻斷式之限制，因此，自難想見在先確定之案件確定多時（甚至已對該案所宣告之罪刑開始執行或已執行完畢）後，始發生事後併罰，並依應執行刑另行執行之現象。而我國刑法於「裁判確定前犯數罪」外，並未就數罪併罰設有適用上之限制，因此，在行為人多次實現犯罪構成要件之前提下，任一案件先確定後，隨時均有可能形成事後併罰之狀態，此實為德國法制下，作成實質競合整體刑裁定時，所不需考慮之情形。因此，本於事後併罰容許範圍上之差異，德國法制下之詮釋，於我國現行刑法第50條之規範下，自不應做相同之理解，亦不宜直接予以「繼受」。

既然我國刑法數罪併罰之規定，本質上並不會造成被告於刑罰執行上出現累罰之不利益，且於適用上反多有利於被告，該併合處罰中之一罪與他罪縱非於同一裁判中加以評斷處罰，本於程序法上之考量及實用上之必要，在法未明文限縮適用範圍的前提下，本於罪刑法定原則之精神，於定應執行刑時，不論先確定之犯罪於執行階段上係該當「尚未開始執行」、「已開始執行」甚或「已執行完畢」，依刑法第53條：「數罪併罰，有二裁判以上者，依第51條之規定，定其應執行之刑。」之規定，均應認有數罪併罰法律效果之適用。如此說來，由於刑法第50條，並未將數罪併罰之法律效果，限於「在同一刑事訴訟程序中併案審判者」之情形，始有適用之餘地；因此不應認為最高法院43年台上字第441號判例：「數罪併罰的案件，裁判時應依刑法第51條之規定，分別宣告其罪之刑，定其應執行之刑者，以其數個罪刑的宣告，係於同一判決所為者為限。」可以排除司法院院字第662號解釋：「合併論罪一罪已裁判者，應專就他一罪審斷，依本條（舊刑法第70條）定其應執行之刑。」之適用。事實上，最高法院43年台上字第441號判例應只有針對刑法第51條「直接適用」的情形，加以解釋。

第二十章
數罪併罰之法律效果

　　由於競合問題在定位上屬於法律效果的範疇，且法制上各立法例亦於刑法分則規定外，另行創設處理競合問題之規定（依據），因此競合問題之重點除於前述所指之「範圍」與「限制」外，法律效果之規範，實為另一個值得重視的焦點。惟不論法律效果的規範方式為何，均不外以獨立於個別犯罪可罰性之方式，另行規定犯罪競合之「刑罰適用」依據。在我國，即為刑法第51條「應執行刑」之決定。

第一節　應執行刑之內涵

　　數罪併罰在定其「應執行刑」之際，除死刑、無期徒刑、與褫奪公權之刑，係採吸收主義外，其係計期計額者，自應再為應執行之刑的決定，學理亦稱之為「併合刑之構成」。此項綜合刑，在我國採限制加重主義的立法原則下，係於宣告的最長刑期或額度以上，各刑合併的刑期或額度以下定之。基於刑法第51條之規定，應執行刑之決定，對法院而言亦是一項法定義務，如有違反即屬違法裁判。由於在德國應執行刑之量定乃被認為係一種「特別的量刑過程」，故德國刑法實務（德國聯邦法院判決BGH 24, 269）認其裁定結果並非單純表示數罪刑度的「總和」而已，而是出於同一行為人人格的流露，學理上遂認是一種「總體概念」，而有其獨立的意義。我國刑法第57條亦定有科刑時應審酌的事項，但此項規定僅係對一般犯罪行為之裁量而言。而併合刑（應執行刑）的宣告，則屬一種就犯罪人本身及所犯之各種犯罪的綜合判斷；法制上，德國刑法第54條第1項第三句，乃明文規定：「定併合刑時，應就犯罪人本身及各個犯罪綜合審酌之。」我國法制雖無類似明文，但有認應執行刑亦具有德國刑法實質競合

併合刑之總體意義，處理上亦應有其適用（蘇俊雄I，109）。然而我國刑法數罪併罰之應執行刑並未如想像競合犯或牽連犯之從一重處斷法律效果般，具有限制漏未評價之餘罪另行審理之效力（即應執行刑之確定對漏未裁判之餘罪不生既判力），故關於一事不再理之原則僅適用於想像競合犯與牽連犯，而不適用於數罪併罰之應執行刑。鑑於可罰性是以行為該當構成要件為基礎，且數罪併罰本質上具有複數可罰性，因此不論是否因事後併罰而事後擴張併罰之範圍，我國刑法數罪併罰之應執行刑應僅在累罰效應避免上之規範目的上具有總體意義，而無德國法制將多數犯罪構成要件該當之現象總體視為單一可罰性之效力。

第二節　數罪併罰規範目的之再檢討

競合問題的提出，主要在避免累罰效應對受刑人造成過度不利益，已如前述。然因我國刑法在競合問題上，並未建構如外國法制般之理論基礎，所以學說上乃不乏探究數罪併罰規範目的之說明。有依責任刑法之理論，主張刑罰之數目應與犯罪之數目相等，犯一罪處一刑，犯兩罪處兩刑。惟各罪之間，因有其特殊關係，不宜堅守一罪一刑之原則，有合數罪為一罪者，亦有合數刑為一刑者，此即為數罪併罰之問題。然無責任即無刑罰，非具責任之行為，非為處罰之對象，刑法固非不得基於道義責任立場，對於行為人之心意予以適當之處遇，但在刑罰制度上，仍應以客觀上有行為之事實，並引起結果之發生，為其處罰之對象。一人犯數罪，究應一罪一刑，或應一人一刑，則又因行為責任與人格責任而有不同。在採行為責任論者，因係以各個行為定其責任，故以一行為一罪為原則。在採人格責任論者，認犯罪行為乃犯人惡性之表徵，犯人之惡性與犯人之人格不可分離，一人犯數罪與一人犯一罪並無不同，故應以一人一刑為原則。一罪一刑固過分偏向客觀主義，忽視行為人之性格；一人一刑又過分偏向於主觀主義，忽視犯罪行為。如何折衷至當，實為立法上值得檢討之事項（楊大器，280）。亦有認為一人犯一罪應依一罪論處，並擔負一罪之罪

責與刑責；本此而言，一人犯數罪時，自亦應擔負數罪之罪責與刑責。然而本於前述對所有犯罪在累罰效應避免上之「總體評價」思考，各國立法例，為免一一執行過於嚴苛，並出於衿恕之懷，多有數罪併處之規定（謝兆吉等，96）。

　　由於數罪併罰，行為人所觸犯之犯罪在犯罪認識上與犯罪評價上，既均為數罪，因而在犯罪科刑上，數罪得以合併裁判，並在一個併合刑之範圍內予以執行之實質根據何在？亦值探討，就此學者不一其說，茲述之如下：（一）有認為基於刑事政策及訴訟經濟之要求，將裁判確定前同一人所犯之獨立數罪，以其具有同時審判之可能性，而為合併裁判處罰，既可節勞費，又可符合刑罰經濟原則，得發揮刑罰之機能者；（二）有基於人格責任論之立場，認為數個行為，固非一個人格態度之發現，惟在根本上實係一連串之人格所形成，故綜合予以評價並予科刑，較為妥當者；（三）有認為同一人所犯之數罪，本應就其各罪分別予以處罰，惟在有同時審判可能之狀況下，就刑之適用而言，將此等犯罪包括予以處理，顯較為合理者；（四）有認為倘強調行為責任，則就各個行為予以科刑，固屬理所當然；惟在此情形，該行為人之素質、環境，不僅於決定其責任之量刑時予以考慮，且亦波及其他犯罪之刑的量定。因此，於同時審判時，倘對於各個行為，賦予各別之刑罰，即為對於相同之素質、環境為雙重之評價者。以上諸說，雖各有其一面之道理，惟姑不論人格責任是否適合說明責任之本質，彼謂行為人於裁判確定前所犯之數罪，乃係同一之人格所形成，故得綜合予以評價；至裁判確定後始再犯罪者，其人格之連續性，即被確定裁判所遮斷，故不宜再予合併裁判。惟一個人之人格形成過程，頗為複雜，且既經形成，其人格之連續性，不但非短時間所能改變，且亦非確定裁判即可加以扭轉。因此，此說顯不足以作為其得合併執行處罰之理由。其以訴訟經濟為由，而謂行為人在裁判確定前所犯數罪，得以合併執行處罰之見解，雖非無理，惟僅以訴訟經濟之考量，無法說明何以數罪合併裁判時，部分刑罰須採限制加重主義；亦難以解說，何以在數罪未合併裁判時，仍得依第52條、第53條合併定其應執行之刑。至以刑事政策作為依據，或認為將此等犯罪包括予以處理，顯較為合理之說法，則語涉空

泛，並未說明其政策之內涵或較為合理之理由，亦不足採。行為人觸犯數罪，應如何予以處罰？本屬刑罰論之範疇，自與刑罰之本質及目的理念，息息相關。關於刑罰執行之任務，倘基於應報刑之觀念，一罪一罰，數罪數罰，乃出於正義之當然要求，實無在一個併合刑之範圍內予以合併執行處罰之必要。惟如基於教育刑、目的刑之理念，數罪則未必要數罰，其所著重者，在於如何矯正犯罪行為人，使其得以復歸於社會。因此，行為人即使觸犯數罪，亦得在一個併合刑之範圍內予以合併執行處罰。其次，在教育刑、目的刑之理念下，行為人祇須於刑罰執行完畢前，縱使另行觸犯他罪，亦得在一個併合刑之範圍內予以合併執行處罰，並不以裁判確定前所犯者為限。因此，關於數罪併罰之範圍，在立法例上，有以裁判宣告前所犯之罪為限者；有以裁判確定前所犯之罪者為限；亦有以執行未畢前所犯之罪為限者。我國舊刑法，曾以裁判宣告前所犯之罪為限；惟刑罰之執行，係以裁判確定為前提，行為人於裁判確定前觸犯數罪，既出於同一人之所為，法院於裁判時，得同時考量被告所犯數罪之素質與環境，而決定應施以如何之矯治手段，最能達成改善被告之犯罪因子，俾其能早日復歸於社會（甘添貴III，16）。

　　雖亦有學者基於我國法制史的觀點，主張：「我國法制，關於數罪併罰，早已見諸唐律，名之曰俱發，其規定為：諸二罪以上俱發，以重者論，等者須從一斷，亦即指發現其犯二罪以上時，應從其一重罪論處，若各罪相等時則依一罪論處已足之謂。考我舊法暫行新刑律，即於總則第五章，定名為俱發罪，其第23條規定：確定審判前犯數罪者，為俱發罪，各科其刑，並依左列定其應執行刑者，即係淵源於唐律而來，現行刑法則改為數罪併罰，殊非始自外國法例始（謝兆吉等，96）。」不過就實質規範目的來說，數罪併罰之規範目的實應同於外國法制，以累罰效應之避免為主要目的。只要無助於累罰效應避免目的之實現，法理上似不應適用數罪併罰之規定。

第三節　事後併罰之應執行刑：非接續執行之可能

　　雖然在我國法制下，事後併罰亦有刑法第50條法律效果的適用。令人質疑的是，事後併罰的應執行刑與同時併罰的應執行刑，二者有無差異？由於德國刑法規定之實質競合係以「數犯罪於同一訴訟程序中同時接受裁判」為前提；並就事後併罰之範圍，設有限制之規定。因此，關於德國刑法實質競合「併合刑之構成」，學說上有認：「關於整體刑之態樣，由於立法例上之差異，而有強制整體刑與選擇整體刑之不同。例如我國刑法第51條之規定，皆係強制性之整體刑，其又包括強制性整體生命刑、自由刑及罰金刑三者；所謂強制性之整體刑，乃指法院對於整體刑之內容，僅能依刑的種類，而依限制加重原則（或吸收原則）而為整體刑之確立。而基於刑法的彈性運用，或基於個別化原則，或基於特別預防之構想，而更有選擇性整體刑之適用，如德國刑法第53條第2項之規定（柯耀程II，250）」，其以「是否於同一訴訟程序中同時接受裁判」為區分標準，將於同一裁判所形成之併合刑稱為「根本之整體刑」，而將事後併罰所形成之整體刑稱為「衍生（或次級）之整體刑」。又因二者於確定執行刑時並無方法上之不同，故而於探討整體刑之種類時並無差別。同時併罰與事後併罰之應執行刑，均具有相同內涵之整體性。不過，關於德國刑法上事後併罰之適用，雖然德國聯邦法院認為：「原先的刑罰在後一個犯罪裁判時不得執行、經過時效或赦免，因為只有一個尚未完結的刑罰可以被納入新的訴訟程序，被運用於構成總合刑（徐久生，891）」，不過，在原先的刑罰開始執行後，始進行後一犯罪的審判程序的情形中，縱然停止執行，也使得併合刑的執行，於整體觀察上，出現非接續執行的現象。縱認「根本之整體刑」與「衍生之整體刑」二者於確定執行刑時，並無方法上之不同，且整體刑之種類亦無差別；由於實際上事後併罰將不可避免地導致刑罰執行，出現「非接續執行」之現象，因此於「同時競合」或「事後競合」應執行刑之「整體性」判斷上，乃至於刑罰執行程序上，學者所稱之

「根本之整體刑」與「衍生之整體刑」二者，關於是否接續執行即存在不同之特徵，此實為相關競合問題所應留意之現象。

在我國，若依德國刑法分類以同時接受裁判作為區分標準，仍然可將數罪併罰區分為同時併罰與事後併罰；而將其法律效果區分為「根本之應執行刑」與「衍生之應執行刑」。而且於執行上，存在「前者必然接續執行，後者則有可能出現非接續執行」之差異。只不過，由於在我國法制規範下，數罪併罰的範圍因事後併罰不受限制而大於德國法實質競合的範圍，因此，若仍自外國法制上可得避免累罰效應之整體刑概念，理解我國法上之應執行刑，並認二者具有完全相同之內涵，似不洽當。不過，於現行刑法第50條之規範架構下，究應如何理解我國刑法之「應執行刑」？此應為極待釐清之課題。

第四節　我國數罪併罰應執行刑整體性之探討

關於應執行刑之內涵，我國刑法並未規定；學說上雖有主張：「對於具有實質競合關係之數罪所宣告之有期徒刑，與單純一罪所宣告之有期徒刑，並無任何不同（林山田III，23）」，卻未明確指出其理由為何。事實上，數罪併罰之應執行刑與單純一罪之宣告刑在是否出現一事不再理效力與可罰性單複之判斷上，存在本質性的差異。究竟數罪併罰之應執行刑與單純一罪之宣告刑，是在什麼基礎上，具有相同的內涵？德國刑法實務認為：「（實質競合）總合刑不是機械地或任意地提高具體刑罰的構成，總合刑的構成反映了行為人的個性和各具體犯罪之間的聯繫，因此，在對行為人進行評價時，首先要考慮到的是，犯罪行為是否表明了犯罪傾向，還是表明了各具體犯罪僅是互不相關的偶犯。在具備數個犯罪行為的情況下，必須考慮刑罰對行為人將來生活的影響。對各具體犯罪行為的總的評價，尤其必須考慮不法內容的整體情況和各具體犯罪行為之間的內在聯繫問題（徐久生，890）。」簡單來說，實質競合之總合刑，乃針對各具體犯罪行為與人格，所為的總體評價；一經評價後，即無從區分各罪刑與人

格因素之影響。此與單一犯罪之宣告刑，亦為對具體犯罪行為與人格，所為的總體評價；一經評價後，即無從區分罪刑與人格因素之影響，具有相同的內涵。因此，前述之學說與最高法院82年度台上字第6865號判決：「蓋數罪之合併定執行刑，無從嚴於區分各罪分別於何時執行完畢。」之見解，或許即是受到德國見解的影響。

　　此外，由於我國刑法於法制沿革上，關於數罪併罰於前提上存在「罪數論」與「行為論」之混淆，因此關於數罪併罰之法律效果定位，即不免出現自裁判上一罪（罪數）之角度出發所提出的見解，例如：「我國刑法第51條第5至7款，對於有期徒刑、拘役與罰金之執行方式，採限制加重原則。宣告多數有期徒刑所以採限制加重原則，且執行刑之上限，以二十年為限，係因狹義數罪併罰，乃就數罪所諭知之宣告刑予以合併執行，其具有執行一次性之特質。數個宣告有期徒刑之罪，經數罪併罰後，僅合併執行一次之有期徒刑（甘添貴V，14）」、「被告所觸犯之多數犯罪，均宣告死刑，解釋上，數罪併罰，乃係就數罪所諭知之宣告刑予以合併執行。所謂宣告多數刑者，執行其一，其效果乃及於所有併合處罰之各罪，並非謂僅執行其中一罪之刑，而置其餘各罪之刑於不顧。因此，此一刑之執行，實已吸收併合處罰各罪刑之宣告刑（甘添貴IV，16）」。此種「執行刑吸收所有宣告刑」之理解，似乎將數罪併罰之法律效果，於性質上類比為想像競合犯、牽連犯或連續犯之規範結果（執行上單一、刑罰合併），因而出現類似「基於一罪為處斷（類似於「一罪」之可罰性判斷）」之思考。在此種基礎上，所定之整體刑即被視為「單一」可罰性反應，並於執行上被視為一個不可割裂整體。惟若自刑法第52條、第53條及第54條之規定觀之，在事後併罰另定應執行之情形中，前所定之應執行刑縱已執行完畢，亦不生阻斷另定應執行刑之效力。則執行刑吸收所有宣告刑之觀點，在我國應不生不可割裂之整體性，充其量不過產生作為合併處罰，基礎之效力。在前述法制架構下，實無法導出應執行刑具有反應複數犯罪單一可罰性之功能。

　　就「根本整體刑」而言，由於其以「裁判同時性」為基礎，因此或可謂「整體可罰性」得於同一裁判程序中獲得確認，亦可於同一裁判程序

中考量如何量刑始不至對於被告造成「累罰效應」；在此種型態下，尚可認所形成之應執行刑因得避免累罰效應而具有如單一處斷刑之效力。然而於「衍生整體刑」之情形中，因其係以事後併罰為前提，執行上經常會出現「非接續執行」之現象，若仍認此時所形成之應執行刑，亦具有與單一處斷刑完全相同之效力，就其執行型態之差異而言，不免令人感到困惑，蓋單一宣告刑之執行並不會出現非接續執行之現象。因此於理解上，即然有可能存在二次以上之可罰性評價過程，特別是在第一次作成「宣告刑或根本之整體刑」可罰性評價時，無法確定是否尚會於將來出現另一次之可罰性評價之情形下，實難認該次之評價結果，具有反應所有犯罪之單一可罰性之機能。而一旦出現二次以上之可罰性評價過程，即與單一宣告刑只存在一次可罰性評價過程有異。因而，事後併罰本質上即不可避免存在多次可罰性評價之現象，則任何一次之可罰性評價均可能因事後形成併罰而被推翻，我國數罪併罰應執行刑在此點上迥異於德國刑法實質競合之總體刑。

此外，於單純一罪或科刑上一罪的可罰性評價上，除於累犯之涵攝出現誤認，而有刑法第48條：「裁判確定後，發覺為累犯者，依前條之規定更定其刑。但刑之執行完畢或赦免後發覺者，不在此限。」規定之適用外，是不可能出現二次以上的評價程序。縱然於事後發覺「未於先前之訴追程序中接受審判之其他犯罪行為」，亦因既判力之阻斷，而無法另行開啟訴訟程序予以追訴處罰。此部分與「在數罪併罰中，縱於事後發覺其他未及於前程序中訴追審判之犯罪行為，尚得單獨針對該犯罪，進行可罰性之評價，並與前程序所處斷之犯罪，事後形成應執行刑」之情形，有很大的不同。而由於數罪併罰並未在規範上，將多數構成要件實現之整體，視為「一事不再理」適用之對象，以「單一可罰性評價之基礎」之觀點理解應執行刑，並不恰當。

因此，縱然基於教育刑、目的刑之理念，數罪則未必要數罰，然而在未完全以人格責任論為刑罰基礎的立法中（亦即未採絕對的人格責任論之刑事立法），將應執行刑視為具有「執行一次性」之特質，即有未洽。如是，在法未明文限制數罪併罰之適用範圍與避免累罰效應之考量下，由

於「總體」數罪併罰之範圍，須俟事後所進行之訴訟程序全部終了，始得「逐次」確定；在此基礎上，衍生整體刑尚未具有「執行一次性」之特質，勉強而言，其僅附帶地具有「暫時」反應複數犯罪「總體」可罰性之功能；也就是僅具有「暫時」決定「總體」應執行刑「刑罰強度（刑度）」之功能。經由以上之說明，本文認為：由於數罪併罰乃以實質數罪為規範對象，因此處理上，既不同於實質一罪（想像競合犯、牽連犯與連續犯）之模式，其處理形式，亦應有別於單一犯罪之可罰性認定。特別在事後併罰非接續執行的型態下，前述應執行刑於「執行上被視為一個不可割裂整體」以及「數罪併罰應執行刑與單純一罪宣告刑並無任何不同」之觀點，即應揚棄。

第五節　應執行刑具高度不確定性

承接前述關於數罪併罰的說明，在考慮事後併罰可能存在非接續執行之現象後，本文認為：應執行刑，雖較諸個別犯罪之宣告刑有其獨立性，於定位上似仍不能本於「整體刑單一可罰性認定」之角度理解應執行刑。蓋依最高法院59年台抗字第367號判例：「若裁判確定前所犯各罪，有一裁判宣告數罪之刑，雖曾經定其應執行之刑，但如再與其他裁判宣告之刑定其執行刑時，前定的執行刑則當然無效，仍應以其各罪宣告之刑為基礎，定其執行刑，不得以前的執行刑為基礎，以與後裁判宣告之刑，定其執行刑。」之見解，在事後併罰之情形中，所定之應執行刑具有高度之不確定性，隨時均有可能因為出現事後併罰而使得先前所定之應執行刑「當然無效」。若以之作為可罰性認定之基礎，將因難以確定該次之應執行刑是否為「最終」之應執行刑，導致出現「可罰性不確定」之不當結果；例如甲因犯A、B二罪，於同一判決中分別宣告有期徒刑七年與一年，並依刑法第51條規定定應執行刑為有期徒刑七年八月；嗣後發現與A、B二犯罪間具有符合刑法第50條規定數罪併罰關係之C罪，經依刑法第52條規定判處有期徒刑一年，並依刑法第53條規定，另就A、B、C三罪裁定應執行

刑，此時數應執行刑間即出現不安定之現象，特別當嗣後所定之應執行刑僅為有期徒刑七年十月時（即於外觀上被告所享刑罰之寬典超過其中某犯罪之宣告刑），此種不安定之現象將更為明顯。此一現象不啻與刑事裁判旨在確認犯罪行為可罰性之目的相違。因此，在我國刑法數罪併罰之規範架構下，實不宜自「單一」可罰性認定之觀點，理解並定位應執行刑。

此外，雖最高法院59年台抗字第367號判例曾肯認應執行刑之高度不確定性，然而，依最高法院103年度第14次刑事庭會議決議：「刑事訴訟法第三百七十條第二項、第三項，已針對第二審上訴案件之定應執行之刑，明定有不利益變更禁止原則之適用；而分屬不同案件之數罪併罰，倘一裁判宣告數罪之刑，曾經定其執行刑，再與其他裁判宣告之刑定其執行刑時，在法理上亦應同受此原則之拘束，本則判例不合時宜，不再援用。此為本院所持法令上之見解變更，故對於本則判例公告不再援用前所為之確定裁判，自不得據以提起非常上訴，而使前之裁判受影響。」與其審查意見：『二、一人犯數罪，除如前述之在同一個案件內為判決外，亦有各別繫屬分別受裁判並先後確定，且符合數罪併罰之情形，後者倘一裁判宣告數罪之刑，曾經定其執行刑，但依刑事訴訟法第四百七十七條第一項規定，再與其他裁判宣告之刑定其執行刑時，應否同受「前定之執行刑」之拘束，本次修正條文對此並未規定。考諸立法委員提案增訂刑事訴訟法第三百七十條第二項、第三項之緣由經過，此應屬立法疏漏，而非立法者有意省略。鑒於數罪併罰之定應執行之刑，係出於刑罰經濟與責罰相當之考量，本含有恤刑之性質，故於分屬不同案件之數罪併罰有應更定執行刑者，本於同為定刑裁定應為相同處理之原則，法院於裁定定應執行之刑時，自仍應有「不利益變更禁止原則」法理之考量；亦即，另定之執行刑，其裁量所定之刑期，不得較重於前定之執行刑加計後裁判宣告之刑之總和。』等說明，實質上第一次裁定之應執行刑似已為嗣後裁定之應執行刑，設下該數罪併罰之上限。

第六節　2013年之修正：數罪併罰之限制

　　為了徹底解決源自釋字第144號解釋而延宕多年的爭議，立法院在民國102年1月8日修正了刑法第50條之規定，確定了易科罰金或易服社會勞動等易刑處分，不再因與不得易科罰金或不得易服社會勞動之罪併罰而受影響之原則，以避免受刑人反因數罪併罰規定之適用而招致刑罰執行之不利益。綜觀該條第1項但書所列四款不併罰事由：「一、得易科罰金之罪與不得易科罰金之罪。二、得易科罰金之罪與不得易服社會勞動之罪。三、得易服社會勞動之罪與不得易科罰金之罪。四、得易服社會勞動之罪與不得易服社會勞動之罪。」應係以轉向不併罰原則（轉向處分與數罪併罰僅能擇一適用）為基礎；而在此原則指導下，因得數罪併罰者皆應接受機構內處遇之執行，故受刑人依該條第2項規定請求檢察官聲請定應執行刑者，即無再依應執行刑執行易刑處分之道理。換言之，數罪併罰既以受刑人接受機構內處遇為前提條件，則依體系解釋，僅於受刑人決定入監服刑時，才有依刑法第50條第2項請求檢察官聲請定應執行刑之必要；僅於受刑人不願意依易刑處分接受機構外轉向時，對於未執行易刑處分轉向之宣告刑，才有刑法第50條第2項之適用。一旦受刑人決定接受易刑處分，即無刑法第50條第2項規定之適用；又依刑法第51條所定之應執行刑，僅應為發監執行之依據，而非易刑處分之基礎。

　　此外，此次刑法第50條之修正，對於易科罰金究竟是否為受刑人之權利，亦已有所釐清，蓋依釋字第245號解釋理由書：「刑法第41條易科罰金之換刑處分應否准許，依刑事訴訟法第457條之規定，固由檢察官指揮之，而屬於檢察官之職權。」之說明，是否易科罰金並非受刑人所得決定。不過，依新法之規定，是否依易科罰金或易服社會勞動執行宣告行，即為受刑人有權決定之事項，蓋刑法第50條第2項既已明文由受刑人發動定應執行刑之程序，自係以其有權決定接受機構內處遇為前提，據此規定，受刑人自亦有權決定接受易科罰金或易服社會勞動之易刑轉向，前述

釋字第245號解釋理由書所持見解,即應有所變更。

　　為因應此次修法,臺灣高等法院特別召開102年第1次刑事庭庭長、法官會議,針對實務可能出現之爭議,進行討論,並做出結論供各級法院辦案參考,茲將該次會議討論之法律問題與結論摘錄於後:

編　　號	第1號
法律問題	甲於新法修正後犯竊盜、偽證罪,經法院分別判處有期徒刑四月、五月,法院於判決時應否定其應執行刑?
研討意見	肯定說:按偽證罪雖係不得易科罰金之罪,惟依刑法第41條第3項規定,屬得易服社會勞動之罪,而得易科罰金之罪與得易服社會勞動之罪,並非修正後刑法第50條第1項但書所規定,不得併合處罰之數罪,法院自須為應執行刑之諭知。 否定說:修正後刑法第50條增訂第1項但書規定,考其立法目的,係基於保障人民自由權之考量,經宣告得易科罰金之刑,原則上不因複數犯罪併合處罰,而失其得易科罰金之利益。按竊盜罪係得易科罰金之罪,而偽證罪係不得易科罰金之罪,依修正後刑法第50條第1項第1款規定,法院不得諭知應執行刑。
結　　論	採否定說。

編　　號	第2號
法律問題	數罪併罰分別犯得易科罰金或得易服社會勞動與死刑或無期徒刑之罪,是否有修正後刑法第50條第1項但書之適用?
研討意見	甲說:修正後刑法第50條第1項前段規定,裁判確定前犯數罪者,併合處罰之。同法第51條規定數罪併罰之方法,該條第2、4款規定,宣告之最重刑為死刑或無期徒刑者,不執行他刑。宣判死刑或無期徒刑,係屬不得易

	科罰金與不得易服社會勞動之罪，依修正後刑法第50條第1項但書之規定即不得併合處罰。
	乙說：刑法第50條第1項前段規定，裁判確定前犯數罪者，併合處罰之。宣判死刑或無期徒刑之罪，係屬不得易科罰金與不得易服社會勞動之罪，如依刑法第50條第1項但書之規定，宣告得易科罰金或得易服社會勞動之罪即不得與宣判死刑或無期徒刑之罪併合處罰。例如，同一判決宣告被告犯偽造文書罪判處有期徒刑五月與犯殺人罪判處死刑，同時確定，依甲說之主張，法官即不得併合處罰，除非受刑人聲請定執行刑，否則受刑人恐將先執行五月有期徒刑後，再執行死刑或無期徒刑，顯不合理。故修正後刑法第50條第1項但書，應限縮解釋排除刑法第51條第1款至第4款之適用，否則難以說明上述之扞格不合理。
	丙說：宣判死刑或無期徒刑，係屬不得易科罰金與不得易服社會勞動之罪，依修正後刑法第50條第1項但書之規定即不得併合處罰，當事人如根據刑法第50條但書聲請，檢察官應以沒有聲請合併執行必要程序駁回。
結　　論	採甲說。

編　　號	第3號
法律問題	甲於判決確定前犯A、B、C三罪，各判處有期徒刑五月、七月、五月（上開判處五月之罪均可易科罰金），A、B二罪於新法修正前先確定，並定其應執行刑為有期徒刑十一月；C罪於新法修正後確定。於受刑人未請求檢察官向法院聲請定應執行刑之情形下，檢察官以依新舊法比較結果，舊法較新法有利，而依舊法規定，就A、B、C三罪向法院聲請另定應執行刑時，法院應如何處理？

研討意見	甲說：修正前刑法第50條之規定，屬強制規定，目的在使被告（或受刑人）得依同法第51條各款規定，享有併合處罰，限制加重刑罰之恤刑利益（最高法院98年度台抗字第697號裁定參照）。故以舊法較有利於受刑人，法院應依舊法之規定，定其應執行刑。 乙說：按法院裁定定應執行刑時，不見得會減免受刑人之刑期，而舊法剝奪受刑人原得易刑處分之利益，自屬不利於受刑人，自應適用新法之規定，檢察官依職權聲請於法不合，應予駁回。
結 論	採乙說。

編 號	第4號
法律問題	承上題，倘認應依新法規定定應執行刑，受刑人未請求檢察官向法院聲請就A、B、C三罪定其應執行刑，檢察官得否另就A、C部分聲請法院定其應執行刑？
研討意見	甲說：定應執行之裁定具有實質確定力，A、B二罪已經法院定應執行刑確定，則不得再與C罪另定應執行刑。 乙說：按數罪併罰，應依分別宣告其罪之刑為基礎，定其應執行，此觀刑法第51條規定自明，故一裁判宣告數罪之刑，雖曾經定其執行刑，但如再與其他裁定宣告之刑定其執行刑時，前定之執行刑當然失效，仍應以其各罪宣告之刑為基礎，定其執行刑，不得以前之執行刑為基礎，以與後裁判宣告之刑，定其執行刑（最高法院59年度台抗字第367號判例參照）。A、C二罪既屬判決確定前犯數罪，自應依修正後刑法第50條之規定併合處罰。A、C二罪定其應執行刑後，原A、B二罪所定之執行刑即失其效力。

	丙說：檢察官應受刑法第50條第2項之限制，受刑人未依刑法第50條第2項請求檢察官定應執行刑者，依法不合，應將聲請駁回。
結　　論	採乙說。

編　　號	第5號
法律問題	新法修正後，甲犯A、B二罪，於審理中向法院陳明，若經判處有罪，請求定應執行刑，倘法院各判處有期徒刑五月（可易科罰金）、七月時，應如何裁判？
研討意見	甲說：依以往實務之作法，法院於判決中皆同時諭知應執行刑，被告於審理時既為上開意思表示，法院應於判決中為上開諭知。 乙說：依修正前刑法第50條之規定，只要是裁判確定前犯數罪，均應併合處罰，故以往實務上，法院於宣判時，就符合併合處罰之數罪，均於判決中同時為應執行刑之諭知。但依修正後刑法第50條規定，上開兩罪原則上已不得併合處罰，僅於判決確定後之受刑人請求檢察官聲請定其應執行刑時，始得為之。甲於審判中之身分係屬被告而非受刑人，且案件未經確定，依文義解釋，法院自不得為定應執行刑之諭知。
結　　論	採乙說。

編　　號	第6號
法律問題	承上題，除甲於審理中向法院為上開陳明外，法院詢問檢察官時，檢察官亦表示同意時，有無區別？
結　　論	同上題，採乙說。

編　　號	第7號
法律問題	設甲於102年2月間犯偽造私文書罪、偽證罪，經法院分別判處有期徒刑五月（可易科罰金）、七月，偽證罪於102年9月30日先確定，並於103年6月20日執行完畢；偽造私文書罪經最高法院發回更審後，於103年10月1日判處有期徒刑五月（可易科罰金）確定。甲因資力不足，擬入監執行部分刑期後，再向檢察官聲請易科罰金，乃於103年11月1日先入監執行，而未向檢察官聲請應執行刑。又甲於103年7月1日另犯竊盜罪，103年11月10日審理時，惟恐所犯竊盜罪，因前開偽證罪於103年6月20已執行完畢而成為累犯，乃於103年11月15日請求檢察官向法院聲請就偽證罪及偽造私文書罪定其應執行刑，檢察官據以向法院聲請，應否准許？
研討意見	肯定說：依修正後刑法第50條第2項規定，甲自得請求檢察官向法院聲請定其應執行刑。 否定說：按檢察官於執行偽造文書罪時，甲既未向檢察官請求聲請定應執行刑，應認為其已放棄請求，依禁反言之法理，自不得再向檢察官請求，否則數罪併罰之適用範圍，以及偽證罪、偽造私文書罪二罪究應於何時執行完畢，完全繫於甲個人何時行使刑法第50條第2項之請求，而使法律關係（尤其是累犯）無從確定。 折衷說：按增訂刑法第50條第2項之立法本旨，係賦與受刑人自行衡量，選擇執行原得易刑處分之刑，或選擇合併定應執行刑，而失其原易刑處分之利益，換取刑期之優惠，一經選擇，應不容再恣意變更。若檢察官於執行偽造文書罪時，曾曉諭甲得依修正後刑法第50條第2項規定請求，甲明確告知不請求時，採否定說。反之，檢察官若未曾曉諭，甲有可能不知有

	刑法第50條第2項之規定，為保護甲之權益，採肯定說。
結　　論	採肯定說。

編　　號	第8號
法律問題	承上題，若甲所犯偽造文書罪行確定，並易科罰金執行完畢後，偽證罪刑才確定，檢察官依甲之請求，向法院聲請就偽造私文書罪及偽證罪定其應執行，法院應否准許？
結　　論	應予准許。

編　　號	第9號
法律問題	新法修正後，甲犯A、B二罪，分別判處有期徒刑五月（得易科罰金）、一年確定，嗣甲就A罪部分繳納易科之罰金後，另於執行B罪時，請求檢察官就A、B二罪聲請定其應執行刑，法院應否准許？
研討意見	肯定說：依修正後刑法第50條第2項規定，甲自得請求檢察官向法院聲請定其應執行刑。 否定說：按增訂刑法第50條第2項之立法本旨，係賦與受刑人自行衡量，選擇執行原得易刑處分之刑，或選擇合併定應執行刑，而失其原易刑處分之利益，以換取刑期之優惠，一經選擇，應不容再恣意變更。甲既選擇繳納A罪所易科之罰金，該罪刑已執行完畢，依禁反言之法理，自不得再向檢察官請求聲請定其應執行刑。
結　　論	採肯定說。

編　號	第10號
法律問題	新法修正後，甲於裁判確定前犯A、B、C、D等四罪，A、B二罪分別判處有期徒刑四月、五月（均得易科罰金），C罪判處有期徒刑六月（不得易科罰金，得易服社會勞動），D罪判處有期徒刑八月。甲請求檢察官就A、B、C罪聲請定其應執行刑，法院應否准許？
研討意見	肯定說：修正刑法第50條第2項賦予受刑人選擇請求定應執行刑之權利，未限制適用範圍，題旨A、B、C三罪均科處得易刑處分之刑所定之執行刑，依刑法第41條第8項之規定仍得易服社會勞動，受刑人選擇就該三罪請求檢察官聲請定其應執行刑，法院應予准許。 否定說：增訂刑法第50條第2項，賦與受刑人選擇請求定執行刑之權利，並未給予任意選擇適用範圍之權利，故甲選擇部分數罪請求檢察官聲請定其應執行刑，法院不應准許之。
結　論	採肯定說。

編　號	第11號
法律問題	新法施行後，甲犯A、B、C、D四罪，各處有期徒刑五月、六月（均可易科罰金）、九月、九月，A、B二罪定其應執行刑有期徒刑十月，C、D兩罪定其應執行刑有期徒刑一年二月，法院宣告緩刑時，主文應如何記載？
結　論	應於各執行刑項下個別宣告緩刑。

編　號	第12號
法律問題	承上題，若A、B兩罪定其應執行刑為有期徒刑十月，C、D兩罪定其應執行刑為有期徒刑一年四月，是否適合宣告緩刑？
結　論	宜由審判庭依具體案件審酌是否適合宣告緩刑。

編　　號	附件一臨時提案
法律問題	行為人於刑法95年7月1日修正施行前犯罪，法院比較新舊法時，就102年1月25日生效之修正刑法第50條規定，是否應與行為人罪刑有關之共犯、未遂犯、想像競合犯、牽連犯、連續犯、結合犯，以及累犯加重、自首減輕暨其他法定加減原因（如身分加減）與加減例等一切情形，綜其全部罪刑而為比較？
研討意見	甲說：修正刑法第50條規定使行為人取得易科罰金之利益，行為人於裁判時雖未能因定執行刑而取得限制加重刑罰之利益，惟仍得於判決確定後聲請檢察官定執行刑，整體觀察應屬有利於行為人之修正。而刑法第50條數罪併罰規定與罪刑有關，法院比較新舊法時，刑法第50條規定應與其他與行為人罪刑有關之共犯、未遂犯、想像競合犯、牽連犯、連續犯、結合犯，以及累犯加重、自首減輕暨其他法定加減原因（如身分加減）與加減例等一切情形，綜其全部罪刑之結果而為比較。不能割裂而分別適用對行為人有利之刑法（95年7月1日施行）修正前規定及102年1月25日生效之修正刑法第50條規定。 乙說：修正刑法第50條規定係有利於行為人之修正（此部分理由同甲說），且該法條僅規定數罪併罰之適用範圍，並未變更刑法第51條之內容，法院比較新舊法時，刑法第50條規定毋庸與其他與行為人罪刑有關之共犯、未遂犯、想像競合犯、牽連犯、連續犯、結合犯、以及累犯加重、自首減輕暨其他法定加減原因（如身分加減）與加減例等一切情形，綜其全部罪刑之結果而為比較。應單獨比較新舊法之規定，是用較有利於行為人之修正刑法第50條規定。 丙說：程序事項適用裁判時新法，不定應執行刑。
結　　論	採乙說。

第七節　夾結效果之檢討

在德國刑法體系中，競合論尚進一步討論實質競合與想像競合間的夾結效果（連結理論）。所謂夾結效果係指二個不存在想像競合的獨立犯罪（甲、乙）均同時與另一個獨立犯罪（丙）存在想像競合關係時所產生想像競合的效果，亦即較重的丙罪對較輕的甲、乙二罪產生夾結效果，使得不存在想像競合關係的甲、乙二個輕罪因丙罪的存在而使得三罪一併適用想像競合從一重處斷之規定。依夾結效果，甲、乙、丙三罪之可罰性即為單一，甲、乙二罪本屬犯罪複數之關係，即因丙罪而解消，此理論旨在避免對法益侵害做出過度評價。舉例來說，如行為人在私刑拘禁被害人期間，亦傷害與無故開拆被害人持有之封緘信函，後二罪間原本無想像競合關係，原應分論併罰，但私刑拘禁罪在夾結效果之主張下，卻可使原無想像競合關係的傷害罪與無故開拆被害人持有封緘信函罪，一併與私刑拘禁罪產生依想像競合規定從一重處斷之法律效果，換言之，依夾結理論之主張，傷害罪、無故開拆被害人持有封緘信函罪與私刑拘禁罪三罪之可罰性為單一，以避免同時論處三罪所生過度或重複評價之不利益。不過為維法安定性，德國聯邦最高法院遂以除攝處理之方式，排除夾結效果之適用，蓋因重罪之繼續行為將因二輕罪行為之出現而喪失其繼續性，既然已非繼續行為，則其行為已不具有單一性，對不具單一性之行為做出多數評價，本無違一事不再理之原則。

此外，在避免過度評價或處罰部分，由於我國刑法第51條第5款採限制加重原則，原未要求不具想像競合關係的數罪併罰應一概適用刑罰累計原則，則行為人實際所受之刑罰（各刑中之最長期以上，各刑合併之刑期以下）未必出現如累計般的嚴苛，蓋實際上亦曾出現法院僅依最長期之刑定應執行刑之例。另依刑事訴訟法第254條：「被告犯數罪時，其一罪已受重刑之確定判決，檢察官認為他罪雖行起訴，於應執行之刑無重大關係者，得為不起訴之處分。」之規定，檢察官原有權在執行無實益的考量

下，對輕罪作出不起訴處分，則訴訟法制上原已存在避免過度評價的機制，實體法上是否有必要在法無明文的前提下提出前述連結理論，已非無疑。

又關於夾結作用所產生單一可罰性的法律效果，將使得裁判之既判力及於夾結關係中的所有犯罪，如此法律適用解釋的結果將擴大法院應依職權調查的範圍，否則法院無從知悉是否存在他罪與已起訴之犯罪間可存在夾結效果。果如此似與我國改良式當事人進行主義之刑事訴訟有所牴觸，蓋我國刑事訴訟法第163條：「（第1項）當事人、代理人、辯護人或輔佐人得聲請調查證據，並得於調查證據時，詢問證人、鑑定人或被告。審判長除認為有不當者外，不得禁止之。（第2項）法院為發見真實，得依職權調查證據。但於公平正義之維護或對被告之利益有重大關係事項，法院應依職權調查之。」已明文要求法院原則上不得依職權調查證據。鑑於是否存在夾結效果並不足以評價為於公平正義之維護或對被告之利益有重大關係事項，則於法院無職權調查義務之法制架構下，如認前例中之丙罪裁判確定時，將致使未經起訴之甲、乙犯罪因夾結效果並受丙罪裁判既判力之保護，亦存在過度保障被告並忽略甲、乙二罪被害法益保障之弊端。因此，既然規範上本即無理由將本來是數罪併罰的情形當成科刑一罪來處理，為免產生罪刑不均之效果，德國刑法關於夾結效果之主張亦將因不符我國訴訟法制所追求之改良式當事人進行主義，而無法於我國刑法生根發展。

第四篇

刑罰論

第二十一章
刑罰之概念

第一節　刑罰之功能與內涵

　　刑罰的意義在於矯正犯罪行為人的惡性，並使之改過向善。惟因非犯罪者並無刑罰適應性或非刑罰所能改善者，為達預防侵害與保護法益之目的，刑法乃另訂保安處分以施予刑罰外之教育、矯正與醫療。傳統國家都採嚴刑竣罰之法律系統，不過現代國家的刑法，都以人性尊嚴為依歸。若從人道角度觀察，死刑似將因對受刑人不人道而應廢止；惟基於維持社會秩序之立場，死刑仍有其存在意義，蓋雖於法哲學上不易完全合理論證群體有權剝奪個人之生命，但若絕對廢除死刑，面對層出不窮的暴力犯罪與恐怖攻擊事件，似乎將出現反面承認只有殺人犯有權剝奪他人生命之謬誤。鑑於死刑最主要的爭議之一在於執行誤判之死刑無救濟的管道，若能嚴格限制死刑裁判之要件（例如禁止僅基於間接推論所得之事實做出死刑裁判、或是要求在有犯罪經過之錄影證據才可做出死刑裁判等），進而排除死刑誤判之可能，或可為折衷之方案。固然不該擴張死刑之適用，惟於現今社會似仍難否認死刑存在之必要。

　　刑罰乃國家依據刑事法規，以剝奪法益為手段，對於犯罪人本身所加之公法上制裁，其內涵析述如下：

一、刑罰乃國家加於私人之公法上之制裁

　　犯罪者為私人，科刑者為國家，故刑罰係國家與私人間，因犯罪所發生之公法上法律關係。

二、刑罰為對於犯罪人本身所加之制裁

行為人之行為違反法律，且具備犯罪成立要件者，則其人即為犯罪行為人，刑罰為對犯罪行為人因犯罪行為所加之制裁。

三、刑罰以剝奪私人之法益為手段

私人之生命、自由、財產、權利等法益，原受國家法律之保護。但私人犯罪時，國家對此種法益，不但不加保護，反而予以剝奪。

四、刑罰以刑事法規所明定者為限

古代刑罰之重輕及有無，概由裁判官自由判斷，及至近世，何種行為認為犯罪，何種罪名如何處罰，皆由法律預為明定，不許裁判者擅斷，僅許在法定刑之範圍內，予以自由裁量之權，此即所謂罪刑法定主義。

第二節　刑罰之本質

人民之權利，國家原應保障，不可侵害，惟人民如觸犯刑章，構成犯罪，則不能無制裁之道，此制裁之道即所謂刑罰。關於刑罰之本質如何，有二種不同之見解，茲分別說明如後：

一、刑罰為對於犯罪之應報

以「應報」解為刑罰之本質者，係「應報刑理論」者所主張。關於應報之淵源，有「道德應報說」、「神意應報說」及「法律應報說」等各種不同見解，而以法律應報說為今日之通說。此說重視正義，故關於刑罰之重輕，完全以犯罪之大小為依據。所謂應報思想，就是以牙還牙、以眼還眼的觀念，以刑罰來報應犯罪，用刑罰的痛苦來衡平犯罪所造成的惡害。因此說認為刑罰為解除罪責之唯一方法，科刑的原因在於犯罪之自體，捨此並無目的可言，故亦有稱為絕對理論。鑑於刑罰乃係針對犯罪之

惡害所為的公正報應，並為實現公平正義理念的手段，故也被稱為「正義理論」。亦有認為刑罰是對於犯罪人所為不法行為的贖罪，亦即刑罰意味著回復原狀與對其犯行的損害補償，希冀以處罰來消除仇恨，並達重建秩序的目的，犯人因為刑罰的贖罪而與社會言歸於好，故又稱贖罪理論。應報刑理論認為刑罰之根本在於：（一）刑罰以意思自由為前提，基於意思自由之行為始負責任；反之，即不受刑罰之科處；（二）刑罰係由復仇而產生，無犯罪即無此種復仇之必要，而所謂復仇，係由私人報復行為，演進為醇化之復仇；（三）刑罰為正義之實現，一方面用以恢復被侵害之法律秩序，一方面對被害者心理予以相當之滿足。故刑罰之本身，即可以產生安定社會，對犯人以警告、改善及教育之效果，並予一般人心理上之威嚇，以產生抑制犯罪之作用。

二、刑罰為鎮壓犯罪防衛社會之方法

以預防犯罪思想為基礎之刑罰理論，又可稱為「預防理論」或「目的刑理論」。此說認為刑罰不應只是為了實現正義理念而應報犯罪行為人，而應具有預防犯罪之目的。與絕對理論不同，此說認為處罰犯罪行為人並非刑罰目的，刑罰只是達到預防犯罪目的之手段，故又稱為相對理論。關於預防理論之內涵，又可分為：

（一）一般預防理論

此說以「心理強制論」為基礎，而認為刑罰之目的在於威嚇社會大眾而產生嚇阻犯罪的預防功能。依此說之觀點，刑罰是透過法律的明示以及司法的操作，對於社會大眾造成犯罪會被處罰之威嚇，以此達制止與預防犯罪的一般預防目的。不過若無罪刑相當之觀念，此說易走向強調治亂世用重典的重刑思想。

（二）特別預防理論

希望透過處罰特定犯罪人的作用來預防犯罪，又稱為「個別預防理論」。因認刑罰的意義與目的應該在於教育以及矯治犯人，使其能夠再度

適應社會共同生活而不再犯罪，故刑罰應為教育犯人或促其再社會化的有效手段。為達上述之目的，主張除傳統刑罰之外，另外再附加教育刑與保安刑（此為保安處分的起源）。

（三）綜合理論

此說綜合一般預防理論與特別預防理論，認為刑罰之意義與目的除在公正地報應犯罪之外，尚在於威嚇社會大眾，以及教化犯罪人。刑罰之主要目的乃在於公正地報應行為人之罪責，並以刑罰之公正報應，威嚇或教育社會大眾而生嚇阻犯罪之一般預防功能，並利用刑罰執行的機會，從事受刑人之矯治與再社會化的工作，而收教化之個別預防功能。

（四）小結

主張「目的刑理論」者，並不重視正義，亦不以犯罪之大小作為刑罰重輕之依據，而重視刑罰之相對目的，針對犯人之人格以決定其刑罰。故刑罰之本質，並不在於刑罰本身之應報性格，而在於刑罰應報以外防衛社會之方法。故認刑罰與其目的，立於相對之地位，因此目的刑理論，亦稱「相對說」。又因其目的為社會之防衛保全，故亦稱「社會防衛理論」。復因其目的在於法益之保護，如法益一旦受有侵害，須以刑罰為保護之方法，因而亦稱為「保護刑理論」。此說關於刑罰之手段，不外：1.刑事糾正手段及刑事教育手段，以刑罰為改善犯人、教育犯人之方法；2.威嚇手段，藉刑罰之科處，使犯人感覺刑罰之可懼，不敢再犯；3.隔離手段，使犯人一時或永久與社會隔離，以保障社會安全。

此三種方式，以刑罰個別化之原則，對於有改善可能者，處以改善之刑罰方式，對於無改善之必要且無危險性者，處以威嚇之刑罰方式，對於不能改善之犯人，則處以永久隔離之刑罰方式。刑罰之科處，非由於現在之犯罪，而在於將來之犯罪可能，因其注重刑罰之改善與教育作用，故目的刑理論，今日已轉化為「教育刑理論」。

三、刑罰之目的

以上兩種刑罰理論，應報刑理論之發達較早，目的刑理論之建立在後，近世各國刑罰之理論，雖多趨向於後者，惟注重正義之實現，以維持法律秩序，並對犯罪之被害人以相當之滿足，不僅以社會利益為標的，更能兼顧道德的觀念，則應報之理論，不失為有力之說，亦殊不可忽視。故今日應報刑思想，仍然支配刑事立法與司法。但在行刑階段，則應趨向於教育刑之立場，強調目的刑或教育刑之思想，自為社會所公認。

至於刑罰之最終目的，在於消滅犯罪之發生，防衛社會之安全。就其功用而言，可分三方面加以說明（惟此三種功用，究應注意何者，則因時代而有不同）：

（一）刑罰對於社會之功用

刑罰之科處，不免含有害惡與痛苦，對於犯人固有非難與應報之作用，對於社會一般人則有警戒之功用，使之有所忌憚，不敢以身試法，此即所謂一般預防。刑罰警戒社會，亦所以昭示社會倫理價值，不容蔑視，同時符合正義之觀念。

（二）刑罰對於犯人之功用

刑罰以糾正及教育手段，矯治犯人之惡性，使能適合社會生活，並以隔離手段，使犯人與社會隔離，以免其再有侵害社會之行為，此即所謂特別預防。

（三）刑罰對於被害人之功用

被害人法益受侵害，對犯人處以刑罰，即不啻代被害人行其報復，使被害人因此得平息其私忿，得到精神上之安慰與滿足。

第二十二章
刑罰之種類

第一節　概說

　　依刑法第32條之規定，刑罰之種類有二：一為主刑，二為從刑。稱主刑者，凡得獨立科處之刑罰即屬之；從刑者，附屬於主刑而科處之刑罰，故又稱附加刑。刑法第33條規定，主刑分為五種：一、死刑。二、無期徒刑。三、有期徒刑：二月以上十五年以下。但遇有加減時，得減至二月未滿，或加至二十年。四、拘役：一日以上，六十日未滿。但遇有加重時，得加至一百二十日。五、罰金：新臺幣一千元以上，以百元計算之。刑法第34條規定，從刑可分為三種：一、褫奪公權。二、沒收。三、追徵、追繳或抵償。按依舊刑法從刑之種類，原僅有褫奪公權及沒收二種，惟因刑法第121條、第122條、第131條、第143條尚有追徵之規定；貪污治罪條例第10條、組織犯罪防制條例第7條、毒品危害防制條例第19條亦有追繳、追徵或抵償之規定，鑑於價額之追繳、追徵或抵償之規定為現今刑事法制所承認之從刑，且德國及日本立法例亦設有相類之規定，故於從刑增訂第3款「追徵、追繳或抵償」之規定。

第二節　主刑與從刑

一、生命刑

　　生命刑乃剝奪犯人生命法益之刑罰，我國刑法稱為死刑，為所有刑罰中最重的刑罰，故又稱極刑；死刑亦係世界人類中最原始之刑罰之一。

我國刑法基於矜老卹幼之精神，對於死刑之適用，特設限制之規定，依現行刑法第63條規定，未滿十八歲或滿八十歲之犯罪者，不得處死刑或無期徒刑，本刑為死刑或無期徒刑者，減輕其刑。按舊刑法第63條第2項原規定：「未滿十八歲人犯第272條第1項之罪者，不適用前項之規定。」查其立法理由，係基於傳統孝道精神而對未滿十八歲人犯殺害直系血親尊親屬罪者，例外得判處死刑或無期徒刑。然因（一）未滿十八歲人犯重大刑案，如擄人勒贖而故意殺害被害人，其惡性並不亞於殺害直系血親尊親屬。在現行法適用之結果，未滿十八歲人犯擄人勒贖而殺人罪不得判處死刑、無期徒刑，僅能判處有期徒刑，而殺害直系血親尊親屬罪反而可判處死刑、無期徒刑，似有罪刑不均衡之失。（二）「公民與政治權利國際公約」第5條揭示「未滿十八歲之人犯罪，不得處死刑。」；另「兒童權利公約」第37條提到，對未滿十八歲人之犯罪行為，不得判處死刑或無釋放可能之無期徒刑，可知對未滿十八歲之人不得判處死刑或無期徒刑，已成為國際間之共識；立法者基於上開公約之精神及國際間之共識，遂刪除刑法第63條第2項之規定。

又依現行刑法第64條第2項規定，死刑減輕者，為無期徒刑。查舊刑法第64條第2項除現行「死刑減輕者為無期徒刑」規定外，尚規定「得減為十五年以下十二年以上有期徒刑」，因立法者認為該規定存在下述缺點：（一）單一犯罪有期徒刑之最高上限，第33條第3款規定原則上為十五年，遇加重時得加至二十年，何以死刑之減輕，除得減為無期徒刑外，尚得減為有期徒刑，且其上限為十五年，下限為十二年？（二）舊刑法第65條第2項之規定，無期徒刑減輕者，減為七年以上，其上限依33條第3款之意旨，應為十五年。死刑減輕為無期徒刑之上限，與無期徒刑減輕之上限，同為十五年，死刑與無期徒刑之性質，差異極大，如其減輕之效果無法予以區別，實有違衡平原則之要求。其次，現行死刑減輕得減至有期徒刑，實係過去有為數不少之罪為絕對死刑，為避免有情輕法重之情形，死刑減輕至有期徒刑有其必要性。惟現行刑事政策已陸續將絕對死刑之罪，修正為相對死刑，而相對死刑之罪遇有減輕事由，依本條及第65條無期徒刑減輕之規定，使相對死刑減輕後之選科可能為無期徒刑、有期徒

刑，為避免上開（一）（二）所述之缺點，立法者爰將第2項後段死刑得減輕至有期徒刑之規定刪除。

二、自由刑

自由刑者，國家剝奪犯人之自由，以為犯罪之制裁，由於現行法未採身體刑，而死刑又存在爭議，故自由刑為最主要之刑罰種類。我國刑法所定自由刑，可分為下列三種：

（一）無期徒刑

將犯人終身監禁於監獄中者，為無期徒刑，或稱終身徒刑。依刑法第77條第1項規定，受無期徒刑之執行，逾二十五年後，有懺悔實據者，原則上得許假釋出獄；又依赦免法第2條規定，遇有大赦時，亦有出獄之望，故無期徒刑並非絕無恢復自由之希望。此外，無期徒刑之減輕效果，應與死刑及有期徒刑之減輕效果，具有合理之差異為當。無期徒刑減輕為有期徒刑之下限，不應低於有期徒刑減輕之上限。據此，刑法第65條第2項關於無期徒刑減輕之效果，遂修正為以二十年以下十五年以上有期徒刑為當。

（二）有期徒刑

於一定期限之內，拘禁犯人於監獄者，稱為有期徒刑。有期徒刑恆以期限之長短，以為刑罰重輕之標準，而法律且有最長及最短之規定，否則長可至與無期徒刑相等，短可至與拘役相混，失其本旨矣。我國刑法參照多數立法例而折衷之，定最長期限為十五年以下，最短為二月以上，遇有加減時，得加至二十年，或減至二月未滿，是為立法上適中之規定，甚屬妥當。

（三）拘役

拘役者，於一日以上，六十日未滿（但遇有加重時得加至一百二十日）之期限內，將犯人拘置於監獄之自由刑也。此為次於有期徒刑，乃自由刑中剝奪犯人自由之期間最短者，但遇有加重時，其最長期亦得加至

一百二十日。拘役與有期徒刑同係有期限之剝奪犯人之自由，且均在監獄內執行，故在本質上並無差異，但兩者在法律之效果上，則顯有不同。其區別有四：

1. 依刑法第47條規定，有期徒刑之執行完畢或執行一部而赦免後，五年內再犯有期徒刑以上之罪者，成立累犯，加重其刑；受拘役之執行完畢而再犯者，則不生累犯之問題。

2. 依刑法第43條規定，受拘役之宣告，其犯罪動機在公益或道義上顯可有恕者，得易以訓誡；但受有期徒刑之宣告者，則不得易以訓誡。

3. 依刑法第77條規定，受有期徒刑之執行，如合於刑法上假釋之規定者，得為假釋；惟受拘役之執行者，則無假釋之適用。

4. 依刑事訴訟法第466條與監獄行刑法第2條規定，拘役與有期徒刑雖同在監獄內執行，並均應服勞役，但兩者應分別監禁，不得混雜。

三、財產刑

財產刑者，即剝奪犯人財產法益之刑罰。財產刑可分兩種，在主刑中為罰金，在從刑中為沒收與追徵、追繳或抵償，茲分述於後：

（一）罰金

罰金，即判令犯人繳納一定金額金錢之刑罰。依刑法第33條第5款規定，罰金之最少金額為新臺幣一千元以上（為計算之便宜，避免有零數之困擾，遂規定以百元計算），而於最多額未加限定，蓋其額度有無從預定者，至其種類，我國刑法規定有四種：

1. 專科罰金

以罰金為惟一之法定刑，如刑法第266條第1項之賭博罪是。

2. 選科罰金

以罰金與其他法定刑併立，由裁判官擇一科處，如刑法第320條第1項之竊盜罪是。

3. 併科罰金

除處其他法定刑外，可同時併科罰金，蓋就犯人之危險性言，應科以

自由刑，另就犯人之貪得性言，又得一併科以罰金者也。

4. 易科罰金

為避免短期自由刑之流弊，刑法遂有短期自由刑易科罰金之設計，依刑法第41條第1項規定，犯最重本刑為五年以下有期徒刑以下之刑之罪，而受六月以下有期徒刑或拘役之宣告者，得以新臺幣一千元、二千元或三千元折算一日，易科罰金。但易科罰金，難收矯正之效或難以維持法秩序者，不在此限。

（二）沒收

沒收乃國家剝奪與犯罪有密切關係之物之所有權，強制收歸國庫之處分。依我國刑法之規定，沒收雖為財產刑之一種，但係從刑而非主刑。沒收之方法有三，茲分述如下：

1. 併科沒收

沒收有從屬性質，依刑法第40條第1項規定，應於裁判時併宣告之，即在原則上，沒收應與主刑同時宣告。惟如有刑事訴訟法第259條之1或其他可單獨宣告沒收之規定者，則不限於裁判時併予宣告沒收。

2. 專科沒收

有主刑之宣告，乃得宣告從刑，沒收為從刑之一種，原則上應附隨於主刑。惟專科沒收則為例外，依刑法第39條規定，免除其刑者，仍得專科沒收。

3. 單獨沒收

從刑附隨於主刑，原則上應與主刑同時宣告，免刑之裁判雖無主刑，但沒收之物亦應於裁判時併宣告之。惟依刑法第40條第2項規定，遇有犯人不明，以及因罪證不足而為不起訴處分或諭知無罪之裁判者，倘案內有違禁物時，即得單獨宣告沒收。至分則中有沒收之特別規定者（參照刑法第200條、第205條、第209條等），以及特別刑法上有沒收之特別規定者（參照妨害國幣懲治條例第6條），均得單獨宣告沒收，以貫徹義務沒收主義之精神。刑法分則或刑事特別法關於專科沒收之物，例如偽造之印章、印文、有價證券、信用卡、貨幣，雖非違禁物，然其性質究不宜任令

在外流通，自有單獨宣告沒收之必要，立法者爰於刑法第40條第2項增訂沒收之規定。

沒收時，須宣告沒收之裁判確定，並經執行後，該物之所有權始歸國庫。關於沒收之標的，可分下列三種：

1. 違禁物

即法令禁止私人製造、販賣、運輸、特有或所有之物，凡屬違禁物，依刑法第38條第2項規定，不問屬於犯人與否，一律沒收之。

2. 供犯罪所用或供犯罪預備之物

所謂供犯罪所用之物，指直接用以實施犯罪之物而言，如殺人所用之刀槍是；所謂供犯罪預備之物，即以實施犯罪之目的而準備之物，如意圖殺人而購置之刺刀或毒藥，意圖放火而事先準備之油料是。

3. 因犯罪所生或所得之物

所謂因犯罪所得之物，指因犯罪之結果而產生或取得之物，如偽造之印章、偽造之支票、偽造之貨幣，均係犯罪產生之物；如賄賂所受財物，賭博所贏金錢，販毒所得價款，均係犯罪所取得之物。又因所謂「因犯罪所得之物」，係指因犯罪結果取得之物（如竊盜罪中之財物），至因犯罪之結果產生之物（如偽造文書罪中之假文書），如何沒收，並無明文規定。現行法乃增設「因犯罪所生之物」亦得沒收，以資明確。因犯罪所生或所得之物，須屬於犯人所有，或分則上有沒收之特別規定者為限，始得宣告沒收。依最高法院25年上字第5950號判例：犯罪所得之贓物以及質押贓物之當票，均屬被害人所有，不得沒收。又因依司法院院字第2024號解釋認為「共犯（包括教唆犯、正犯、從犯）對於贓款之全部，均負連帶返還之責任，其有未經獲案者，得由到案之其他共犯負擔」，換言之，數人加功於同一犯罪事實，僅其中一人或數人受審判，而得沒收之物，屬於其餘未歸案之共同加功人者，亦得予以沒收；而解釋文所稱之共犯、教唆犯、正犯、從犯係指犯罪行為人而言，為使適用更期明確，遂將舊法第2項、第3項規定「屬於犯人」修改為「屬於犯罪行為人」，使其普遍適用於一般沒收。

惟如同時符合前述三款中二款以上之沒收事由時，依最高法院100年

度第3次刑事庭會議決議：「愷他命（Ketamine；俗稱『K他命』）係毒品危害防制條例第2條第2項第3款所定之第三級毒品，應認係違禁物。又販賣愷他命而被查獲，其所販賣之愷他命，係供實行販賣犯罪行為所使用之目的物，亦屬供犯罪所用之物。而供犯罪所用之物併具違禁物之性質者，因違禁物不問是否屬於犯罪行為人所有，均應宣告沒收，自應優先適用刑法第38條第1項第1款之規定。」之說明，刑法第38條第2項之規定乃優先於同條第3項之適用。

（三）追徵、追繳或抵償

刑法第34條第3款增列「追繳、追徵或抵償」為從刑之一，係以法律之規定將犯罪所得，收歸國家所有，如本法分則第121條、第122條、第131條、第143條、公職人員選舉罷免法第88條、總統副總統選舉罷免法第75條、第76條、毒品危害防制條例第19條、貪污治罪條例第10條、組織犯罪防制條例等，避免因該犯罪所得因不符刑法第38條沒收之規定，致犯罪行為人仍得於判決確定後享受犯罪之成果，故有自犯罪行為人強制收回之必要。惟無論追繳、追徵或抵償，其所得來自於他人，故欲將此項所得收歸國家所有，自應以法律規定者，始得追繳、追徵或抵償，以符法律保留之原則。因此遂有增訂刑法第40條之1：「法律有規定追徵、追繳或抵償者，於裁判時併宣告之。」規定之必要。

四、名譽刑

名譽刑者，謂國家褫奪犯人所享有榮譽之資格，亦即使犯人喪失享有公法上一定權利之資格之刑罰。喪失公權之資格，乃喪失公法上一定之權利能力，故名譽刑又稱權利刑、資格刑或能力刑。

（一）內涵

凡因犯罪而被褫奪公權者，即喪失刑法第36條所列舉之二種公權，除此之外，仍得照常享有，如訴訟、訴願等權利，服兵役之資格（參照最

高法院50年台非字第58號判例）等是。茲將褫奪公權之二種權利，說明如
下：

1. 為公務員之資格

所謂公務員者，即依公務員服務法從事於公務之人員。公務員首重品
格，若因犯罪而經宣告褫奪公權者，自不足以代表國家行使權利，而為民
眾表率。其為現任公務員，經褫奪公權者，即當然免除其職務。

2. 公職候選人之資格

所謂公職，指執行國家公務之職位而言；所謂候選人，指有被選舉權
之人而言。凡依法律之規定，國家公務職位須由人民或特定人選舉者，其
有被選舉資格之人，為公職候選人是。犯罪而被褫奪公權之人，即喪失此
項資格，若被褫奪公權而經宣告緩刑者，在緩刑期內仍得應公職候選人考
選並為公職候選人，其當選者，不得撤銷其資格，但其他法令別有消極資
格之限制者，則應從其規定。

（二）褫奪公權之期間

褫奪公權之期間，可分二種：

1. 終身褫奪

依刑法第37條第1項規定，宣告死刑或無期徒刑者，宣告褫奪公權終
身。此係絕對的宣告，且係終身的宣告，採義務宣告主義。

2. 有期褫奪

依刑法第37條第2項規定，宣告一年以上有期徒刑，依犯罪之性質認
為有褫奪公權之必要者，宣告褫奪公權一年以上十年以下。此乃相對的宣
告，且為有期的宣告，採職權宣告主義。定期褫奪公權，為出獄後之制
裁，期間不宜過長，現行刑法定為一年以上十年以下。

（三）褫奪公權之宣告

依刑法第37條第3項規定，褫奪公權為從刑之一種，應於裁判時與主
刑一併宣告，並應將褫奪公權之期間，一併記載於判決之主文。如係數罪
併罰之案件，內有褫奪公權之必要者，須於分別宣告主刑之下，一併宣告
褫奪公權，再定其應執行之主從各刑。

（四）褫奪公權之效力

依刑法第37條第4項規定，褫奪公權之宣告，自裁判確定時發生效力，其褫奪公權之從刑與主刑同時發生效力。蓋自法理言，刑罰之宣告本應自裁判確定時起，發生效力，褫奪公權既為從刑之一種，當應作相同的解釋，不因其為終身褫奪或有期褫奪而有所差別（參照司法院院字第2494號解釋）。為明示主刑執行完畢或赦免之日為有期褫奪公權之期間起算日期，並用以澄清有期褫奪公權除生效日期外，另有其期間之起算日期，立法者乃增列刑法第37條第5項：「依第2項宣告褫奪公權者，其期間自主刑執行完畢或赦免之日起算。」之規定。又刑法第74條第5項已增訂「緩刑之效力不及於從刑與保安處分之宣告」，因緩刑期內主刑既無從執行，則現行第5項褫奪公權自主刑執行完畢或赦免之日起算之規定，已無法適用，故於但書增訂「但同時宣告緩刑者，其期間自裁判確定時起算之。」俾利適用。

第三節　主刑重輕之順序

刑罰之適用，往往因為法條本身之規定而發生刑罰輕重之比較，例如刑法第2條第1項但書之規定法律有變更時，比較新舊刑罰之輕重，適用最有利於行為人之法律；舊法第55條之規定，想像競合犯與牽連犯從一重處斷。故比較刑罰之重輕，在實務上極為重要。

關於刑罰之重輕，原則上以法定刑之主刑為比較對象，從刑不過為附屬而已。我國刑法第35條設有主刑比較重輕之標準，以資依據，茲分別說明如後：

一、不同主刑之重輕

依刑法第35條第1項規定，關於不同主刑之重輕，應依刑法第33條規定次序，定其重輕，即以死刑為最重，無期徒刑次之，有期徒刑又次之，拘役又再次之，罰金為最輕。

二、同種之刑之重輕

依第35條第2項之規定，同種之刑，以最高度之較長或較多者為重，最高度相等者，以最低度之較長或較多者為重。所謂同種之刑，專指有期徒刑、拘役及罰金而言。

有期徒刑以最高度之較長為重，最高度之刑相等者；以最低度之較長者為重，例如刑法第124條之枉法裁判或仲裁罪，處一年以上七年以下有期徒刑；刑法第168條之偽證罪，處七年以下有期徒刑，兩罪高度刑均為七年以下有期徒刑，自以低度刑較長之第124條為重。

三、不能依前二項定重輕之補充規定

刑法分則各本條之處罰方式不一，其有多種主刑錯綜參雜者，亦有所定之主刑完全相同者，前二項之規定未能包括殆盡，雖舊刑法第35條第3項乃設補充規定，凡不能依前二項定刑之重輕者，依犯罪情節定之。惟其規定對於刑之重輕之判斷標準似過於簡略，蓋判斷刑之重輕，情形至為複雜，舊法規定幾等於未設標準；且「得依犯罪情節定之」，更有違法理。為便於未來刑之重輕判斷更趨明確，茲就實務適用情形，分別規定如下：（一）各罪法定刑之重輕，應以最重主刑為準，依第1項、第2項之標準定其輕重；（二）二罪之最重主刑相同，而不能依第1項、第2項之標準定其重輕者，如一罪有選科主刑者，他罪並無選科主刑者，則以無選科主刑者為重；（三）二罪之最重主刑相同，而不能依第1項、第2項之標準定其重輕者，如一罪有併科主刑者，他罪並無併科主刑者，則以有併科主刑者為重；（四）二罪之最重主刑相同，而其次重主刑同為選科刑或併科刑者，以次重主刑為準，依第1項、第2項之標準定其重輕。從而，現行刑法第35條第3項遂規定為：「刑之重輕，以最重主刑為準，依前二項標準定之。最重主刑相同者，參酌下列各款標準定其輕重：一、有選科主刑者與無選科主刑者，以無選科主刑者為重。二、有併科主刑者與無併科主刑者，以有併科主刑者為重。三、次重主刑同為選科刑或併科刑者，以次重主刑為準，依前二項標準定之」，以為刑罰重輕之判斷依據。

第二十三章
刑罰之適用

第一節　概説——法定刑、處斷刑、宣告刑與執行刑

　　刑罰之適用者，謂斟酌犯罪之情狀，對於犯人科以適當之刑罰也。刑罰之適用，包括刑法總則與分則上之適用，故又稱刑罰之法律上適用。適用刑罰之最高準則，首為合法，次為適當。刑罰之適用雖屬合法，但未必皆為適當，故兩者應分別言之。

　　刑罰適用之階段，首先為刑罰之分則各本條適用，即所謂「法定刑」，次為經總則規定修正法定刑後之「處斷刑」之適用，再次為裁判上之適用，即所謂「宣告刑」。而在數罪併罰之場合，最後仍須依刑法第51條規定定其應執行之刑，即所謂「執行刑」，茲分別説明於後：

一、法定刑

　　法定刑者，法律上抽象規定之刑罰也。申言之，即對於一定之犯罪行為，刑法分則各本條所規定其處罰之刑罰是也。

二、處斷刑

　　處斷刑者，謂對一定犯罪，依法定之事由，於裁判時選擇法律所定之刑或就法律上加減之刑，而決定賦予特定犯人之刑罰也。申言之，即在特定之刑事案件中，依法律所定之事由，修正法定刑而得具體處斷之刑罰，故為經修正之法定刑，裁判上之宣告刑須在此修正範圍內予以量處。刑法分則各本條之法定刑，在適用於具體犯罪事實之際，因刑事政策上之要

407

求，基於「犯罪情狀」或「犯罪人情狀」之差異，而須加以加重或減輕，然後始得於此修正之範圍內處斷者也。此種法定之事由，以總則部分之規定較多，例如防衛過當（刑法第23條但書參照）、避難過當（刑法第24條第1項但書參照）、未遂（刑法第25條第2項參照）、年齡（刑法第18條參照）、精神狀態（刑法第19條參照）等是。又法定刑得受多次之修正，例如遞加或遞減（刑法第70條參照），先加後減（刑法第71條第1項參照）等是。

三、宣告刑

宣告刑者，裁判上實際量定並宣示之刑罰也。申言之，即裁判官就特定犯罪，在處斷刑之範圍內，如法定刑未經修正者，即在法定刑之範圍內，量定一定之刑罰而為科處之宣示者也。

四、執行刑

執行刑者，乃數罪併罰中，就各罪之宣告刑，合併而定其應行執行之刑罰也。申言之，即狹義的數罪併罰，於實質上數罪經分別宣告其罪刑後，依法律之規定，乃就各罪刑合併之結果，所定應行執行之刑罰。

第二節　科刑輕重之標準

一、科刑之意義

裁判官依犯人犯罪之情狀，在法定刑或處斷刑之範圍內科以較輕或較重之刑時，稱為「科刑」或「量刑」。科刑本包括「選科」與「酌科」兩種情形。所謂「選科」，即同一犯罪定有數種之刑罰，由裁判官選擇其中之一而為科處者，是為刑之「選科」；所謂「酌科」於科處有期徒刑、拘役或罰金時，其期間之長短，金額之多寡，亦任由裁判官自由量定者，是為刑之「酌科」。可見「量刑」乃係由法定刑或處斷刑，經裁判官選擇較

重或較輕之刑種，並決定其刑度，演變為宣告刑而對犯人科處之過程。

　　科刑（或稱刑罰裁量、量刑等）之標準與科刑之基礎，二者之關係至為密切，在適用上，對於犯罪行為事實論罪科刑時，須先確認科刑之基礎，始得進而依科刑之標準，諭知被告一定之宣告刑。而責任原則，不僅為刑事法律重要基本原則之一，且為當代法治國家引為科刑之基礎。由於舊法僅就科刑之標準予以規定，並未對科刑之基礎設有規範。為使法院於科刑時，嚴守責任原則，現行法爰仿德國刑法第46條第1項、日本改正刑法草案第48條第1項之立法例，於刑法第57條明定應以行為人之責任為科刑之基礎，並審酌一切情狀，為科刑輕重之標準，此為科處刑罰之一般標準。至於罰金之科處，除一般標準外，復於第58條設有特別應行注意之規定，乃科處罰金之補充標準，茲分別說明於後：

二、一般標準

　　刑法第57條為選科刑罰種類及決定刑度之標準，係依據客觀主義及主觀主義之觀點所訂定：

（一）犯罪之動機與目的

　　動機即犯罪意思發動之原因，如殺人之動機，或因復仇，或因忌嫉，或因一時氣憤，動機不同，量刑自有軒輊。目的即實施犯罪行為之目的，如殺人之目的，有為謀財，有為鋤奸，各有不同，量刑亦應有所區別。由於「犯罪之動機」與「犯罪之目的」乃專為故意犯而設，故予以合併訂於第1款。

（二）犯罪時所受之刺激

　　即犯罪行為實施之時，所受外界之影響，亦即所受之鼓動或感觸，如激於義憤，無端受辱，受人挑撥等而決意犯罪，自應予以審酌，以為量刑之依據。

（三）犯罪之手段

　　即犯罪所使用之方法，如以平常之方法殺人，或以極為殘酷之方法殺

人，手段不同，科刑亦不能等量齊觀。

（四）犯罪行為人之生活狀況

即犯人之日常生活情形，犯人生活狀況與其惡性之輕重，有時頗有關係，如飽暖思淫慾，情無可原，饑寒起盜心，不無可憫，量刑時自應注意及之。

（五）犯罪行為人之品行

即犯人之品德與素行，如善良者偶觸刑章，於情可原；暴戾者犯罪成性，無可宥恕。明理知恥者宜從輕科處，以期其自新；卑鄙頑劣者即應從重量處，以使其有所警惕而不敢再犯。

（六）犯罪行為人之智識程度

即犯人智愚情況及辨別是非與理解事理之能力，如未受教育知慮淺薄而誤蹈法網，或知法熟法而明知故犯，量刑宜有分別。

（七）犯罪行為人與被害人之關係

即犯人與被害人平時之情感，有無冤仇、積怨、忿嫌、或親朋、師生、恩義等關係，其關係之親疏，與犯罪之情節有關，科刑自亦不同。

（八）犯罪行為人違反義務之程度

鑒於處罰違反義務犯罪之法規日益增多（如電業法第107條），而以違反注意義務為違法要素之過失犯罪發生率，亦有增高趨勢（如車禍案件，醫療糾紛案件），犯罪行為人違反注意義務之程度既有不同，其科刑之輕重，亦應有所軒輊，又就作為犯與不作為犯（如刑法第149條）而言，其違反不作為義務或作為義務之程度，亦宜審酌以為科刑之標準。因此增訂「犯罪行為人違反義務之程度」，作為具體案件量刑時應審酌之判斷標準。

（九）犯罪所生之危險或損害

即犯罪行為對外界所生影響及其結果之程度，危險有巨細之分，損害有輕重之別，因犯罪所生危險較大損害較重者，其處罰自應重於危險較小

損害較輕之犯罪。

（十）犯罪後之態度

犯罪後有無悔悟之態度，如表示歉疚，深知悔悟者，量刑從輕；性情殘虐，怙惡不悛者，則宜從重，故犯罪後之態度，亦為量刑標準之一。

三、補充標準

科處罰金時，除應注意一般標準外，並應注意刑法第58條之特別規定，此部分可分兩點述之如次：

（一）犯罪行為人之資力

即犯罪行為人之經濟狀況，富有者科以多金，無損毫末，貧困者科以少額，已感艱窘，故犯罪行為人之經濟狀況寬裕者，不妨科以較多之金額，若境況貧苦者，則宜酌予少科，以免執行困難。否則，勢必依刑法第42條之規定易服勞役，乃不得已之救濟辦法，究非罰金刑之本旨，故科處罰金時，應審酌犯罪行為人之資力。

（二）犯罪所得之利益

即因犯罪而所獲致之利益，其所得之利益多者，宜科較多金額之罰金，以收懲罰之效，其所得利益少者，則科以較少金額之罰金，以示平允。

第三節　刑罰之加重

刑罰之加重，因其方法之不同，可分法律上加重與裁判上之酌加兩種。前者，乃基於法律上特定加重事由而加重；後者，由裁判官酌量犯罪情形而依職權加重，或稱酌量加重。我國刑法對於裁判上加重，僅適用於罰金，至於其他刑罰之加重，則不許裁判官依職權為之。故所謂刑罰之加重，衹有法律上加重與罰金刑酌量加重二者，分述如下：

411

一、法律上加重

法律上之加重，復有一般加重與特別加重之分。基於刑法總則之規定，其加重之效力及於一般犯罪者，稱為一般加重；基於分則之規定，對於某種犯罪明定其加重之特別事由而加重者，稱為特別加重，述之於次：

（一）一般加重

1. 累犯，加重其刑至二分之一（刑法第47條第1項參照）。
2. 連續犯，得加重其刑至二分之一（舊刑法第56條參照）。

（二）特別加重

1. 公務員犯瀆職罪章以外之罪者，加至二分之一（刑法第134條參照）。

2. 誣告直系血親尊親屬罪者，加至二分之一（刑法第170條參照）。

3. 公務員包庇他人犯鴉片罪者，加至二分之一（刑法第264條參照）。

4. 公務員包庇他人犯賭博罪者，加至二分之一（刑法第270條參照）。

5. 傷害或重傷直系血親尊親屬者，加至二分之一（刑法第280條參照）。

6. 對於直系血親尊親屬犯遺棄罪者，加至二分之一（刑法第295條參照）。

7. 對於直系血親尊親屬犯私行拘禁罪者，加至二分之一（刑法第303條參照）。

二、裁判上酌加

裁判上之加重者，裁判官審酌犯罪行為人情狀，認為處以最高度之法定刑，猶嫌過低者，得依其職權超出法定刑之最高度，酌量加重其利者也。刑法關於自由刑之加重，除法律上加重外，不得超出法定刑之範圍，故不許在法定刑以外，酌量加重。但對於罰金，則設酌量加重之特別

規定，即我國刑法第58條：「如因犯罪所得之利益，超過罰金最多額時，得於所得利益之範圍內，酌量加重。」之規定是。此一特別規定，祗於犯罪行為人因犯罪所得之利益，超過法定罰金最多額時，始能適用，且酌加後之罰金額，仍應在所得利益範圍之內，否則即屬違法。至於「所得利益」，不以有體物為限，其為有體物時，除依上開法條規定酌處罰金外，並得依同法第38條第1項第3款宣告沒收，蓋一為主刑，一為從刑，原本即不相牴觸。

第四節　刑罰之減輕

刑罰之減輕，可分為法律上之減輕與裁判上之減輕二類，茲說明於次：

一、法律上減輕

減輕之原因，由法律具體加以規定者，稱為法律上之減輕。依總則之規定而減輕其刑者，謂之一般減輕；依分則之規定而減輕其刑者，謂之特別減輕，分述如後：

（一）一般減輕

法律上之一般減輕，係依總則所定，為一般犯罪共通適用之減輕。按其規定之內容，復可分為「必減」與「得減」二種，即學理上所謂「絕對減輕」與「相對減輕」，前者乃法律規定一定之事由，必須減輕其刑罰；如刑法第27條第1項及第63條等是。後者乃法律規定之事由，減輕與否得由裁判官之自由裁量，如刑法第18條第2項、第3項、第19條第2項、第20條、第23條但書、第24條第1項但書等等均是。

（二）特別減輕

法律上之特別減輕，係依刑法分則所定，為對於某種犯罪特別事由之減輕，亦有「必減」與「得減」之分，前者如刑法第166條（湮滅證據罪

之自白減免）與第167條（親屬間犯湮滅證據罪之減免）等是，後者如刑法第244條（送回被誘人之減免）與第301條（送回被誘人之減免）等是。

二、裁判上酌減

所謂裁判上酌減者，係裁判官依職權酌量減輕法定刑度之意，亦稱「酌量減輕」，或稱「酌減」。我國刑法第59條規定：「犯罪之情狀顯可憫恕，認科以最低度刑仍嫌過重者，得酌量減輕其刑。」良以犯罪之情狀不一，法定刑度雖有彈性，然情輕法重之情形在所難免，若科以最輕本刑，猶嫌過重者，即得酌量減輕其刑至法定最低刑度範圍之外，惟依最高法院98年度台上字第360號判決：「刑法第59條之酌量減輕其刑，必須犯罪另有特殊之原因與環境等，在客觀上足以引起一般同情，認為即予宣告法定低度刑期猶嫌過重者，始有其適用。原判決於理由內係認上訴人販賣毒品之對象及次數不多，交易數額非鉅，且未有大量囤積預備販賣之毒品扣案，與一般之大毒梟顯有不同，所為之販毒行為對於他人及國家社會侵害之程度尚非屬十分重大，依其情節，若科以販賣第一級毒品及販賣第二級毒品罪之法定最低刑，不無失重之虞，乃俱予適用刑法第59條規定，就所犯販賣第一級毒品及販賣第二級毒品罪部分，酌減其刑。但其對於上訴人所犯該二罪名，究有如何特殊之原因、環境，客觀上足以引起社會一般同情，而有堪以憫恕情形，則未置一詞，予以說明，尚嫌理由不備。」之說明，法院必須交代客觀上足以引起社會一般同情之理由始為適法。

三、裁判上酌減與法律上加減之併用

酌量減輕，在已行法律上之減輕（必減及得減）之後，或遇有刑罰之加重其刑之後，不能謂其情狀更無可憫恕而不得適用，故衡情度理，於刑之加減之後，有了以酌減之必要者，不妨再予減輕，以保罪刑之平。我國刑法第60條規定：「依法律加重或減輕者，仍得依前條（裁判上酌減）之規定，酌量減輕其刑。」即本此旨也。例如瘖啞人之犯罪，依第20條之規定減輕後，核其情節，尚嫌過重時，仍得依第59條予以酌減其刑。又如某

甲為累犯，依第47條之規定加重本刑後，如認其犯情堪憫，仍得依第59條酌減其刑。惟依第60條規定同時適用法律加重或減輕時，應注意第70條及第71條關於先加後減及遞減之規定順序。

四、自首減輕

　　自首者，對於未發覺之犯罪，自為報告而受裁判之謂。以自首為減刑之理由，乃為我中華法系獨有之特色。惟按自首之動機不一而足，有出於內心悔悟者，有由於情勢所迫者，亦有基於預期邀獲必減之寬典者。對於自首者，舊刑法規定一律必減其刑，不僅難於獲致公平，且有使犯人恃以犯罪之虞。在過失犯罪，行為人為獲減刑判決，急往自首，而坐令損害擴展之情形，亦偶有所見。從而自首必減主義，在實務上難以因應各種不同動機之自首案例。鑒於我國暫行新刑律第51條、舊刑法第38條第1項、日本現行刑法第42條均採得減主義，既可委由裁判者視具體情況決定減輕其刑與否，運用上較富彈性。真誠悔悟者可得減刑自新之機，而狡黠陰暴之徒亦無所遁飾，可符公平之旨，宜予採用。故於現行文字「減輕其刑」之上，增一「得」字。自首之效力，僅及於所自首之罪，例如犯殺人、詐欺二罪，殺人罪部分已經自首，而詐欺罪於偵查或審判中經查明舉發者，自首之效力僅及於殺人罪，其所犯詐欺罪部分不能依自首之規定而減刑。依刑法第62條但書規定，關於自首在法律上有特別規定者，則應依其規定。所謂特別規定，刑法分則中，如犯預備或陰謀內亂罪而自首（刑法第102條參照），犯行賄罪而自首（刑法第122條第3項但書參照），犯參與犯罪結社罪而自首（刑法第154條第2項參照），特別法中，如貪污治罪條例第8條、第10條、肅清煙毒條例第4條等所定之自首，均為減輕或免除其刑之特別規定。

　　又關於自首與自白間之關係，依最高法院101年度第4次刑事庭會議決議（二）：「刑法第62條所謂自首，祇以犯人在犯罪未發覺之前，向該管公務員申告犯罪事實，並受裁判為已足。目的在促使行為人於偵查機關發覺前，主動揭露其犯行，俾由偵查機關儘速著手調查，於嗣後之偵查、審

理程序，自首者仍得本於其訴訟權之適法行使，對所涉犯罪事實為有利於己之主張或抗辯，不以始終均自白犯罪為必要。至毒品危害防制條例第17條第2項規定：『犯第4條至第8條之罪於偵查及審判中均自白者，減輕其刑。』則旨在使刑事案件儘速確定，鼓勵被告認罪，並節省司法資源，行為人須於偵查及審判中均自白者，始符合減輕其刑之要件。上揭法定減輕其刑之規定，前者，重在鼓勵行為人自行揭露尚未發覺之犯罪；後者，則重在憑藉行為人於偵查、審判程序之自白，使案件儘速確定。二者之立法目的不同，適用要件亦異，且前者為得減其刑，後者為應減其刑，乃個別獨立減輕其刑之規定。法院若認行為人同時存在此二情形，除應適用毒品危害防制條例第17條第2項減輕其刑外，尚得依刑法第62條自首之規定遞減其刑。」之說明，二者並非不得一併適用。

刑法第62條前段規定：「對於未發覺之罪自首而受裁判者，得減輕其刑」，依條文之規定，自首之成立，須具備下列要件：

（一）所自首者須係未發覺之犯罪

通常稱犯罪之發覺，含有二義，其一為犯罪事實，其二為犯罪行為人。此所謂「未發覺犯罪」，不僅指犯罪事實未發覺之情形，即犯罪事實雖已發覺而犯罪者為何人尚未發覺之情形，亦包括在內。關於發覺之內涵，可參照最高法院20年上字第1721號判例：「查刑法第38條之所謂發覺，係指該管公務員已知犯罪事實並知犯罪人之為何人而言，至被害人以及被害人以外之人知悉其事並知其人，而該管公務員猶未知之者，仍不能不認為合於該條所謂未發覺之規定，蓋該條之立法本旨自首減刑，係為獎勵犯罪者悔過投誠，而一方為免搜查逮捕株連疑似累及無辜，就此觀察，其所謂發覺，並不包括私人之知悉在內」、26年上字第484號判例：「自首以對於未發覺之罪投案而受裁判為要件，如案已發覺，則被告縱有投案陳述自己犯罪之事實，亦祇可謂為自白，不能認為自首」、26年渝上字第1839號判例：「刑法第62條所謂未發覺之罪，凡有搜查權之官吏，不知有犯罪之事實，或雖知有犯罪事實，而不知犯罪人為何人者，均屬之，上訴人向第一審檢察官投首之際，雖在告訴人告訴某乙之後，但當時告訴人既

未對之一併指訴，而第一審檢察官亦未知上訴人是否參加犯罪，假使上訴人確曾參加械鬥，因迫於族議自行投首，以免株連無辜，自係合於自首之條件，依法應予減刑。」與75年台上字第1634號判例：「刑法第62條之所謂發覺，係指有偵查犯罪職權之公務員已知悉犯罪事實與犯罪之人而言，而所謂知悉，固不以確知其為犯罪之人為必要，但必其犯罪事實，確實存在，且為該管公務員所確知，始屬相當。如犯罪事實並不存在而懷疑其已發生，或雖已發生，而為該管公務員所不知，僅係推測其已發生而與事實巧合，均與已發覺之情形有別。」等說明。

（二）所申告者須係自己之犯罪事實

自首須有自首之行為，而須犯人自動申告其自己之犯罪行為，若由被害人告知者，謂之告訴，由第三人告知者，謂之告發，均非自首。至於自首之方法，並無限制，依最高法院24年上字第1162號判例：「自首祇以在犯罪未發覺前，自行申告其犯罪事實於該管公務員，而受法律上之裁判為要件，至其方式係用言詞或書面，以及係自行投案或託人代行，係直接向偵查機關為之，抑向非偵查機關請其轉送，均無限制」之說明，自首或以言詞陳述，或以書面、電話、電報通訊報告，或親自投案，或託他人代為申告犯罪，均無不可。

（三）自首者須向檢察官、司法警察官或有偵查犯罪職權之公務員或機關為之

刑法上雖未規定自首須向何人或何機關為之，依刑事訴訟法第244條：「自首向檢察官或司法警察官為之者，準用第242條之規定。」與最高法院28年上字第3551號判例：「上訴人於殺害某氏後，僅向族人告知肇事經過，與刑法上所稱對於未發覺之罪自首而受裁判之條件，絕不相符。」觀之，原則上應向檢察官，司法警察官或其他具有偵查犯罪職權之公務員或機關為之。又依29年上字第3430號判例：「刑法上之自首，不問動機如何，亦不以犯罪後即時投案為要件。」意旨，刑法並未限制自首之動機。鑑於自首係為鼓勵犯人悔悟以易於發現犯罪，依22年上字第4502號判例：「刑法第38條第1項自首減刑之規定，本為使犯罪事實易於發覺及

獎勵犯人知所悔悟而設,故犯人就其犯罪行為苟已到官自首,縱令對於犯罪之原因未肯盡情披露,仍不失有自首之效力。」之說明,自首不以全盤拖出犯罪情節為要件,而依63年台上字第1101號判例,犯人在犯罪未發覺之前,向該管公務員告知其犯罪,而不逃避接受裁判,即與刑法第62條規定自首之條件相符,不以言明「自首」並「願受裁判」為必要。

(四)須自動接受裁判

自首之後,須聽受裁判,方合減輕之要件,若僅自行申告其犯罪事實,於審判中藉故規避,不受裁判,尚難認為有悔過之誠意,自不能獲自首減輕之寬典。至於自首之後,在偵查中即行避匿者,此不僅不足以表明其悔悟之誠,且偵查勞費亦不能節省,牽累無辜終無由免,則更無自首之適用矣。

(五)裁判上一罪之自首效力

前述關於自首之說明,於單一犯罪之判斷,原無疑義,然如行為人僅就裁判上一罪之一部自首,其自首之效力是否及於裁判上一罪全體,即有待詳明。學理上對此一疑義之說明可分為三說:

1. 裁判上之一罪其一部分犯罪既已因案被發覺,雖在檢察官或司法警察官訊問中被告陳述其未發覺之部分犯罪行為,並不符合刑法第62條之規定,不應認有自首之效力。

2. 連續犯或牽連犯既規定以一罪論或從一重處斷,科刑上有審判不可分之關係,雖僅自首其犯罪之一行為,仍應認有自首之效力。

3. 裁判上一罪實質上為數個犯罪行為,自首效力僅及於未發覺部分,所自首者如係較重之罪,即無再行計較他罪有無自首之必要,如所自首者為較輕之罪,則不影響於重罪之處斷。

為免行為人避重就輕並誤導辦案,最高法院73年度第2次刑事庭會議決議(二)就此爭議係採甲說。

五、老幼宥減

　　老幼宥減，在我中華法系中，自唐律以來，即有明文。我國現行刑法第63條規定：「（前段）未滿十八歲人或滿八十歲人犯罪者，不得處死刑或無期徒刑。（後段）本刑為死刑或無期徒刑者，減輕其刑。」蓋於傳統上認為老者來日無多，而幼者前途有望，故特予宥恕，另求防衛社會之法。

　　關於刑法第63條之適用，可參照最高法院25年上字第5113號判例：「刑法第63條第1項前後段之規定情形各異，前段所謂不得處死刑或無期徒刑，係指未滿十八歲人或滿八十歲人所犯之罪，其法定刑本有死刑、無期徒刑及有期徒刑三種，或為無期徒刑及有期徒刑兩種，審判官於科刑時，祇能科以有期徒刑，不許於法定刑之範圍內，自由選擇，處以死刑或無期徒刑，後段所謂死刑或無期徒刑者減輕其刑，則係指法定刑為唯一死刑或其最輕本刑為無期徒刑，裁判時應本於該條規定而減處有期徒刑，故前者為科刑權之限制，後者為刑之減輕，界限至明，不容含混」、28年上字第2312號判例：「被告殺人時之年齡，雖未滿十八歲，但係犯刑法第271條第1項之罪，該條所定本刑並非唯一死刑或死刑及無期徒刑，如以年齡關係減輕其刑，自應適用刑法第18條第2項之規定，原判決乃引用同法第63條第1項為減輕之根據，於法殊有誤會」與49年台上字第1052號判例：「未滿十八歲人犯罪，而其本刑為死刑或無期徒刑者，依刑法第63條第1項規定，必須減輕其刑，審判上並無裁量之餘地，因而同法第18條第2項之規定於此亦無其適用。上訴人所犯之罪，其本刑既係惟一死刑，而其時上訴人又尚未滿十八歲，自應先依刑法第63條第1項、第64條第2項減輕後，再適用同法第59條遞減其刑方為適法。乃原判決不依此項規定，竟引用同法第18條第2項為遞減其刑之根據，不無違誤。」等說明。

六、刑事妥速審判法之減輕

　　關於刑事妥速審判法第7條規定：「自第一審繫屬日起已逾八年未能判決確定之案件，除依法應諭知無罪判決者外，經被告聲請，法院審酌下

列事項，認侵害被告受迅速審判之權利，情節重大，有予適當救濟之必要者，得酌量減輕其刑：一、訴訟程序之延滯，是否係因被告之事由。二、案件在法律及事實上之複雜程度與訴訟程序延滯之衡平關係。三、其他與迅速審判有關之事項。」之減輕究應如何適用，最高法院99年度第9次刑事庭會議曾作成以下決議：「壹、本條規定旨在就久懸未決案件，從量刑補償機制予被告一定之救濟，以保障被告受妥速審判之權利。法院於審酌本條各款規定之事項後，認被告之速審權確已受侵害，且情節重大，有予適當救濟之必要時，始得酌量減輕其刑，並非案件逾八年未能判刑確定，即得當然減輕。貳、本條僅限於仍在法院訴訟繫屬中之案件，始有其適用，對已經判刑確定之案件，不得提出酌減其刑之聲請。參、本條所稱已逾八年未能確定之案件，自第一審繫屬日起算，第二審、第三審及發回更審之期間累計在內，並算至最後判決法院實體判決之日止。所稱第一審，包括高等法院管轄第一審之案件。其於再審或非常上訴之情形，自判決確定日起至更為審判繫屬前之期間，應予扣除，但再審或非常上訴前繫屬法院之期間，仍應計入。肆、本條酌量減輕其刑，僅受科刑判決之被告有聲請權，法院不得依職權審酌。被告得以言詞或書面聲請，其於案件尚未逾八年聲請時，為不合法；但於該審級判決前已滿八年者，宜闡明是否依法聲請。其經合法聲請者，效力及於各審級。伍、檢察官或被告之辯護人、代理人、輔佐人為被告之利益主張依本條酌減其刑者，法院宜適度闡明，以究明被告是否依法聲請。其以被告名義聲請，但書狀無被告簽章時，應先命補正。陸、本條各款所定法院應審酌之事項，非犯罪構成要件之要素，以經自由證明為已足，惟須與卷存資料相符。柒、被告提出聲請時，對於酌減其刑之事由毋庸釋明，事實審法院如認有調查之必要，應於被告被訴事實為訊問後行之，並給予當事人、辯護人、代理人、輔佐人表示意見之機會。但法院認為不合酌減之要件者，關於此部分之聲請，不得於本案或其他案件採為對被告或其他共犯不利之證據。捌、依本條酌減其刑者，應於裁判內記載衡酌之具體理由；數罪併罰案件，應就各別之數罪分別審酌。酌減其刑者，應援引本條為適用法律之依據。玖、本條酌量減輕其刑，得宣告法定本刑以下之刑期，仍得再適用刑法第五十九條酌減，然

應符合罪刑相當原則。對於刑之減輕，適用刑法總則有關規定。拾、案件於第二審判決前已逾八年，被告未聲請酌減其刑，或繫屬於第三審始逾八年，而於上訴第三審後為聲請者，如第三審法院得自為判決時，由第三審審酌是否酌減其刑；若案件經發回更審者，由事實審法院為審酌。」

第五節　刑罰之免除

刑罰之免除，亦有法律上之免除與裁判上之免除二種。且按其規定之內容，復可分為絕對免除與相對免除。由於刑法上規定免除之方式不一，有單獨規定免除者，如刑法第288條第3項是；有單獨規定減輕者，如刑法第162條第5項是，而以同時規定減輕或免除之法條較多。在單獨規定免除之情形，如係「免其刑」，為絕對免除；如係「得免除其刑」，則為相對免除。在同時規定減免之情形，如係「得減輕或免除」，為相對減免；如係「減輕或免除其刑」，雖屬絕對減免，裁判官於減輕或免除二者，必須擇一行之，但免除與否則尚有裁量之餘地，因此就免除之點言之，仍屬相對，而非絕對也。茲將法律上之免除與裁判上之免除，分述於後：

一、法律上免除

法律上之免除，其規定於刑法總則者，為一般免除；規定於刑法分則者，為特別免除。前者如刑法第23條但書、第27條第1項均屬；後者如刑法第166條、第167條、第172條、第238條與第343條等條均屬之。

二、裁判上免除

裁判上之免除，亦稱酌免。犯罪情狀如堪憫恕，依刑法第59條之規定，固得酌減其刑，然減刑之結果，仍嫌過重者，應有救濟之道，此即酌免之規定，容許裁判官依職權免除犯人之刑罰，一方面求情法之平，另方面與偵查中檢察官得依職權為不起訴處分或緩起訴等規定相呼應也。依刑法第61條酌免之規定：「犯下列各罪之一，情節輕微，顯可憫恕，認為依

第59條規定減輕其刑仍嫌過重者，得免除其刑：一、最重本刑為三年以下有期徒刑、拘役或專科罰金之罪。但第132條第1項、第143條、第145條、第186條、第272條第3項及第276條第1項之罪，不在此限。二、第320條、第321條之竊盜罪。三、第335條、第336條第2項之侵占罪。四、第339條、第341條之詐欺罪。五、第342條之背信罪。六、第346條之恐嚇罪。七、第349條第2項之贓物罪。」免除其刑之要件有三：

（一）須所犯為本條所列舉之罪。

（二）須情節輕微，顯可憫恕：所謂「情節」，與第59條所謂「情狀」不同，情節得之於情狀之中，故情節之涵義，較情狀為狹。情節是否輕微，應依客觀事實，由裁判官妥為認定。所謂「顯可憫恕」，乃犯人之所以犯罪出於不得已，其可憫情形，極為顯著，在客觀上足以引起一般同情，而毋待推求之情形而言。

（三）須依第59條規定酌減其刑，仍嫌過重：即依酌量減輕之後，其最低度之刑，尤嫌過重，始得免除其刑，否則酌量減輕即可，自無適用第61條之規定予以免除之必要。

第六節　刑之加減例

刑之加減例者，謂刑罰之加重或減輕之標準、次序及方法之法律也。刑罰分主刑及從刑，而從刑不得加減，故加減例專為主刑而設。刑法上所以有加減標準之設，一以基於罪刑法定主義之原則，將主刑之加重與減輕，予以一定之限度，以免無限制擴張刑罰之範圍；二以遇有加減競合之場合，須有一定之順序與計算方法，以符合法律規定加減之精神，我國刑法第64條至第73條之規定，其理由在此。

一、主刑加減之標準

刑法分則各本條之主刑，為法定本刑，遇有加重或減輕時，其法定刑應加至或減至何種程度，標準如下：

（一）加重之標準

1. 死刑不得加重（刑法第64條第1項參照）。

2. 無期徒刑不得加重（刑法第65條第1項參照）。

3. 有期徒刑或罰金加重者，其最高度及最低度同加重之（刑法第67條參照），但有期徒刑加重不得逾二十年（刑法第33條第3款參照）。

4. 拘役加重者，僅加重其最高刑（刑法第68條參照），但不得逾一百二十日（刑法第33條第4款參照）。

（二）減輕之標準

1. 死刑減輕者，為無期徒刑（刑法第64條第2項參照）。

2. 無期徒刑減輕者，為二十年以下十五年以上有期徒刑（刑法第65條第2項參照）。

3. 有期徒刑、拘役、罰金減輕者，減輕其刑至二分之一。但同時有免除其刑之規定者，其減輕得減至三分之二（刑法第66條參照）。

4. 有期徒刑或罰金減輕者，其最高度及最低度同減輕之（刑法第67條參照）。

5. 拘役減輕者，僅減輕其最高度（刑法第68條參照）。

二、加減之次序與方法

有二種以上加減之原因同時存在時，如何加減？加減後剩餘之零數，是否計算？以及酌量減輕之規定，如何適用？亦不可不加以規定，此即加重減輕之次序與方法。

（一）關於加重者

1. 有二種以上之主刑者，加重時應併加重之（刑法第69條參照）。

2. 有二種以上刑之加重者，遞加之（刑法第70條參照）。

（二）關於減輕者

1. 有二種以上之主刑者，減輕時應併減輕之（刑法第69條參照）。

2. 有二種以上刑之減輕者，遞減之（刑法第70條參照）。並先依較少

之數減輕之（刑法第71條第2項參照）。

3. 酌量減輕其刑者，準用減輕其刑之規定（刑法第73條參照）。

（三）關於加重及減輕者

1. 同時有加重及減經者，先加後減（刑法第71條第1項參照）。

2. 因刑之加重減輕而有不滿一日之時間者，不計（刑法第72條參照）。

3. 因刑之加重減輕而有不滿一元之額數者，不計（刑法第72條參照）。

4. 從刑不得加減。

法定主刑有二種以上，加重或減經時，一併加減之，就加減後之刑度以內科刑，但有期徒刑加重時，不得超過二十年。遞加或遞減者，謂就加減後之數而再加減之，於最後所得之範圍內，酌定宣告刑。刑有二種以上減輕而數有多少者，如依較少之數先減，則有利於行為人，故本此旨而為少數先減之規定。例如無期徒刑或死刑，先減二分之一，後減三分之二，較為有利；先減三分之二，後減二分之一，較為不利，其結果不同也。酌量減輕，與因法定減輕之事由而減輕有別，然其減輕之方法、順序、限度等不必另有規定，故準用減輕其刑之規定。

刑有加重又有減輕時，如因加減先後而有差異，則應先加後減，如是較有利於行為人。例如：死刑、無期徒刑，不得加重，如先加後減，實為未加而僅有減，與先減後加之結果不同。因加減之結果而有不滿一日或一元之零數者，自可不計，以免繁瑣。例如：拘役減輕三分之二，為十九日又十六小時，此十六小時即不為滿一日之零數，僅計十九日即可。又如一千元以下罰金，減輕三分之二，為三百三十三元三角三分，此三角三分奇數，即為不滿一元之零數，僅計其三百三十三元以下罰金是。

第二十四章
累　犯

第一節　累犯之意義與要件

　　累犯本有廣狹二義。廣義之累犯，指犯罪後再犯罪，其先後犯罪間具有累次之關係而言；狹義之累犯，則專指具有一定之要件，其再犯罪須加重其刑之情形而言。前者，包括實質累犯與形式累犯，數個犯罪具有併立關係，為併合犯；後者，則僅指形式累犯，數個犯罪具有累積關係，故為狹義累犯。我國刑法所謂累犯，屬於狹義之累犯，自非單純之一人犯數罪之情形可比。

　　累犯之加重，係因犯罪行為人之刑罰反應力薄弱，需再延長其矯正期間，以助其重返社會，並兼顧社會防衛之效果。關於累犯之處罰，刑法第47條係採原刑加重制，並限定其最多加重本刑至二分之一，而不定加重之最少限度，俾予裁判官自由裁量也。又對於累犯除加重其刑外，立法例上亦有如我國舊刑法第90條施以保安處分之規定，依其規定，法院得對有犯罪習慣或以犯罪為常業或因遊蕩或懶惰成習而犯罪者，於刑之執行完畢或赦免後，令入勞動場所，強制工作，藉收特別預防實效。又依刑法第48條規定，如裁判確定後始發覺為累犯，則應依刑法第47條之規定，更定其刑，此觀最高法院84年台非字第92號判決：「又於刑法第48條、刑事訴訟法第477條第1項明定於裁判確定後，始發覺為累犯者，由該案犯罪事實最後判決之法院檢察官，聲請法院依累犯之規定裁定更定其刑，考其立法旨趣，在於不使累犯被告得以倖免，並期達防衛社會秩序之目的。故於非常上訴判決糾正後，仍無礙於上開聲請裁定更定其刑之程序，二者得以併行不悖。」亦明；但刑罰執行完畢或受赦免後，始發覺為累犯者，則無庸更

定其刑。

關於累犯之成立，依刑法第47條之規定，須具備下列要件：

一、須前犯之罪受徒刑以上刑之執行

曾受徒刑（有期徒刑與無期徒刑）以上刑之執行者，當然不包括死刑在內，蓋死刑經執行後，自無再犯之理。至於曾受拘役或罰金之執行者，其罪較輕，若有再犯，祇須依法定本刑宣告較重之刑為已足，無依累犯加重之必要。又因保安處分本有補充或代替刑罰之功用，為配合刑法第98條第2項增訂強制工作處分與刑罰之執行效果得以互代，參照竊盜犯贓物犯保安處分條例第7條之立法體例，乃於刑法第47條第2項：「第98條第2項關於因強制工作而免其刑之執行者，於受強制工作處分之執行完畢或一部之執行而免除後，五年以內故意再犯有期徒刑以上之罪者，以累犯論。」增訂擬制累犯之規定。

值得檢討的是，雖然最高法院一直認為刑法第47條第1項之「受徒刑執行」包括易刑處分在內，不過，在與釋字第133號解釋比較後，基於立法理由之考察以及刑事政策之分析，類此主張不但不符累犯制度之立法精神，其過度擴張累犯適用範圍致對受刑人產生過度不利益之結果，亦有違個別刑事制度以累犯限制適用或加重處遇之刑事政策。因此，縱依刑法第44條規定，易刑處分足生以執行論之評價，因易科罰金之執行實際上僅足以產生類似執行罰金刑之改善效果，而易服社會勞動亦無從與發監執行自由刑相提並論，故刑法第44條所謂「以已執行論」亦僅應產生消滅該宣告刑刑罰權之效果，而不致產生入監執行之刑罰改善效果。鑑於前犯罪於接受緩刑宣告與緩起訴處分等轉向處分時，再犯罪均無從成立累犯，則同屬轉向處分之易刑處分，亦不致使再犯成立累犯之評價。故僅有依監獄行刑法等相關規定執行有期徒刑之情形，始足以該當累犯要件中受徒刑執行之要件，以免不當擴張累犯之適用。

二、須在前犯受徒刑（或強制工作）之執行完畢或一部之執行而赦免

前犯之罪刑，雖經裁判確定，如尚未開始執行，因尚無判斷刑罰反應力強弱之機會，即不能成立累犯。

三、須故意再犯之罪法定刑為有期徒刑以上之罪

前述前犯所受執行之刑，是以執行刑為判斷基礎，而再犯之罪，則以法定刑為判斷標準，只要再犯之最重法定本刑為有期徒刑以上之刑者，均成立累犯，並不論再犯之實際宣告刑為何。犯罪行為人之再犯係出於故意者，固有適用累犯加重規定之必要；惟若過失再犯者因難據以確認其刑罰反應力薄弱，故宜以勸導改善等方式，促其提高注意力以避免再犯，而不宜遽行加重其刑，故限制以故意再犯者為限，方成立累犯。

四、須再犯在前犯徒刑（或強制工作）執行完畢或執行一部而受赦免後五年以內

累犯大都在出獄後不久期間內發生，我國刑法仿多數之立法例，規定限制期間為五年，如超過五年再犯罪者，因距以前受刑之期間較遠，刑罰已收相當效力，即無加重處罰之必要，故無累犯之適用。

五、須其前犯係受本國法院之裁判

累犯之規定，依刑法第49條規定，於前所犯罪在外國法院受裁判者，不適用之，此為累犯之消極條件。所謂「在外國法院受裁判」者，泛指本國法院以外他國法院之裁判而言，不問該國與本國是否建有邦交。按依民國88年10月2日公布修正之軍事審判法，有關第三審上訴程序，依上訴原因，分別由司法審判機關之最高法院或高等法院審理，自無排除適用累犯加重規定之理；若依軍法受裁判者，排除累犯適用，則將發生同一案件視被告是否提起第三審上訴，而發生是否適用累犯加重規定之歧異結果，實有未妥，立法者遂將「依軍法」受裁判者不適用累犯之規定刪除，以求司

法、軍事審判程序中，適用法律之一致。

第二節　累犯適用之疑義

　　雖然現行刑法第47條第1項雖規定：「受徒刑之執行完畢，或一部之執行而赦免後，五年以內故意再犯有期徒刑以上之罪者，為累犯，加重本刑至二分之一」，惟於最高法院84年台非字第92號判決：「非常上訴制度，乃對於審判違背法令之確定判決所設之救濟方法。此所謂審判違背法令，指審判程序或其判決援用之法令，與所應適用之法令有所違背而言。最高法院檢察署檢察總長於判決確定後，發見該案件之審判係違背法令者，即得向本院提起非常上訴，而非常上訴審，應就非常上訴理由所指摘之事項，予以調查審判之，為刑事訴訟法第441條、第445條第1項所明定，倘認非常上訴為有理由，即應依同法第447條之規定，分別為適法之判決。而依法應於審判期日調查之證據，未予調查，致適用法令違誤，顯然於判決有影響者，該項確定判決，即屬判決違背法令，應有同法第447條第1項第1款規定之適用，業經司法院大法官會議於民國72年7月1日以釋字第181號解釋在案。又同法第379條第10款所稱：『依本法應於審判期日調查之證據』，指該證據在客觀上為法院認定事實及適用法律之基礎者而言，亦有司法院大法官會議釋字第238號解釋可資參照。事實審法院於審判之際，對於有罪科刑之被告，有無累犯之事實，應否適用刑法第47條累犯之規定加重其刑，即屬法院認定事實與適用法律之基礎事項，客觀上有其調查之必要性，應依職權加以調查，倘被告確係累犯而事實審並未詳加調查，致判決時未適用累犯之規定論處，即為上開第10款之範圍，其判決當然為違背法令。在判決確定前，尚可依上訴程序救濟之，如合法上訴第三審時，即足構成判決撤銷之原因。若未發覺而判決確定，於判決確定後始行發覺時，既合於上開確定判決之審判違背法令而得提起非常上訴之要件，苟檢察總長據以提起非常上訴時，非常上訴審經調查審理無誤，即應認為非常上訴為有理由，但因原確定判決係未適用累犯規定而非不利於被

告，依刑事訴訟法第447條第1項第1款前段之規定，應僅將其違背法令之部分撤銷，不得另為不利於被告之判決。」實務操作下，現行法未加明文之「受徒刑之執行完畢」，即不免滋生疑義並導致累犯判斷出現爭議。關於有期徒刑已否執行完畢之判斷，在實質一罪的情形中，係以宣告刑為判斷的依據，而在數罪併罰的情形中，係以應執行刑為判斷的依據；表面上看來，此乃十分單純的判斷過程。不過，在數罪併罰的情形中，實際上所執行之有期徒刑，除有可能依單一犯罪之「宣告刑」執行外，尚有可能依數罪併罰之「應執行刑」執行。從而，當先前之數個犯罪其後該當刑法第50條之規定時，累犯要件中所指「受有期徒刑之執行」，究係指「依宣告刑之執行」？「依應執行刑之執行」？抑或兼含二者在內？刑法第47條就此並無規定；我國學者向來對此亦未有所說明。由於實務上關於「數罪併罰之執行完畢」此一問題，存有兩極化的見解，並因此導致累犯之判斷，出現歧異；究竟應以「應執行刑執行完畢」為累犯判斷的依據？或是僅依一罪宣告刑執行完畢之事實，即可作為累犯判斷的依據？不無疑問。由於依刑法第77條第1項、刑事訴訟法第114條、行刑累進處遇條例第11條第1項、第19條第3項與保安處分累進處遇規程第7條第3項等規定，累犯之判斷除於再犯罪者之刑事責任有所加重外，對於受刑人何時得假釋出監、如何計算累進處遇之責任分數，亦有決定性之影響，其重要性不言可喻。既然累犯之判斷於「前犯所受之有期徒刑執行」係依「應執行刑」而為時，將出現如何判斷「執行完畢」之爭議，則為正確評價累犯，避免嗣後於提報假釋等受到不利的影響，關於如何評價執行完畢乙事，亦應成為亟待處理之問題。

第三節　數罪併罰執行完畢

　　由於應執行刑之構成，係以各犯罪的宣告刑為基礎。而數罪併罰在執行上除必然存在以應執行刑為依據的階段外，尚有可能存在以一罪宣告刑為執行依據的階段。因此，相較於實質一罪之執行，關於數罪併罰何時該

當執行完畢之認定，即顯得更加困難。實務上對此問題之態度，大致上可分為二種立場；第一種立場認為：已否執行完畢，應以整體應執行刑為判斷依據。例如最高法院76年台非字第128號判例指出：「被告犯有應併合處罰之數罪，經法院分別判處有期徒刑確定，其中一罪之有期徒刑先執行期滿後，法院經檢察官之聲請，以裁定定其數罪之應執行刑確定後，其在未裁定前已先執行之有期徒刑之罪，因嗣後合併他罪定應執行刑之結果，檢察官所換發之執行指揮書，係執行應執行刑，其前已執行之有期徒刑部份，僅應予扣除，而不能認為已執行完畢。」也就是說，行為人於併罰數罪非接續執行中所為的犯罪，因為事實上存在「應執行刑尚未執行完畢」之狀態，因此不該當刑法第47條規定，不能將之評價為累犯。除前述判例外，最高法院82年度台上字第6865號判決、最高法院83年台上字第5578號判決與最高法院84年台非字第284號判決等，均持相同的立場；另參照（前）司法行政部，60年台令刑（四）字第10466號函：「在所裁定之執行刑尚未執行完畢前，各案之宣告刑不發生執行完畢之問題。」此種見解目前為我國多數實務見解所採。

　　與前述相對，第二種見解認為：累犯之評價非必以「應執行刑之執行完畢」為判斷依據；於數罪併罰之情形中，縱僅依「單一犯罪宣告刑」所為之刑事執行，亦足為刑法第47條「前犯受有期徒刑執行完畢」之判斷依據。例如最高法院82年台上字第4932號判決：「按刑法第47條規定：受有期徒刑之執行完畢……五年以內再犯有期徒刑以上之罪者，為累犯，加重本刑至二分之一。又刑法第50條、第51條雖就數罪所宣告之刑定其應執行之刑期，但此項執行方法之規定，並不能推翻被告所犯係數罪之本質，若其中一罪之刑已執行完畢，自不因嗣後定其執行刑而影響先前一罪已執行完畢之事實，謂無累犯規定之適用。……原判決竟謂準強盜罪雖已折抵刑期期滿，惟與竊盜罪既為併合處罰並更定其刑，自應以其後更定其刑之執行完畢日期為全案之執行完畢日期。茲竊盜罪刑尚未執行完畢，即不能據以論斷本案犯罪為累犯。……檢察官上訴執以指摘其有不適用法則之違誤，非無理由，應認原判決有發回更審之原因。」與最高法院86年台非字第78號判決：「原確定判決認定之事實，係被告前因違反麻醉藥品管理條

例案件，經法院判處有期徒刑七月，於民國84年9月12日執行完畢。詎被告又基於概括之犯意，自民國85年4月19日起，迄同年9月15日止，連續犯非法吸用化學合成麻醉藥品罪。依此事實，原判決適用刑法第47條之規定論以累犯，其適用法律即難謂有違背。至檢察官於前案執行完畢後，復依原法院另案以85年度聲字第589號合併定應執行刑之刑事裁定，重新簽發執行指揮書，再度發監執行應執行刑剩餘之刑期，並非原確定判決確認之事實，亦與原確定判決認定事實與卷內訴訟資料是否相符無關。自不得執以指摘其適用法律有所違誤。」不過，此說為國內之少數說。

　　一般來說，在行為人只犯一罪的情形中，一旦所受有期徒刑之執行可評價為「宣告刑執行期滿」時，即可認該罪所宣告之有期徒刑業已執行完畢。就實務上所指之執行期滿而言，依行刑累進處遇條例第28條之1第3項：「經縮短應執行之刑期者，其累進處遇及假釋，應依其縮短後之刑期計算。」之規定，乃指扣除依同條例第28條之1第1項：「累進處遇進至第三級以上之有期徒刑受刑人，每月成績總分在十分以上者，得依左列規定，分別縮短其應執行之刑期：一、第三級受刑人，每執行一個月縮短刑期二日。二、第二級受刑人，每執行一個月縮短刑期四日。三、第一級受刑人，每執行一個月縮短刑期六日。」規定之縮刑後，所餘之刑期，而非逕依宣告刑為判斷之依據；又依同條例第28條之1第4項：「受刑人經縮短刑期執行期滿釋放時，由典獄長將受刑人實際服刑執行完畢日期，函知指揮執行之檢察官。」之規定，一旦所為之執行已該當前述執行期滿之情形，即可評價為執行完畢。觀諸最高法院85年台非字第391號判決：「前案之假釋既經撤銷，仍應執行原宣告刑，則其原宣告刑，尚非已執行完畢。」與學者之主張：「所謂刑之執行完畢，固指服刑期滿或其他刑罰之執行完畢，然而亦包括以已執行論之情形，例如假釋未經撤銷，其未執行之刑不能再執行及各種易刑是（蔡墩銘I，328）。」只要足以評價為執行期滿，即可認已執行完畢。然而，與前述之提問相同，「服刑期滿」一詞，在數罪併罰的情形中，究竟應以一罪之宣告刑為判斷依據？或是應以數罪併罰之應執行刑為判斷之依據？似乎仍待進一步的說明。因此，前述實務見解與學者的說法尚無法「清楚地」定義執行完畢一詞。

特別於數罪併罰之情形中，實務上對於「受有期徒刑執行完畢」之認定，大部分係以應執行刑為依據，此一現象，似乎意味著「前犯受有期徒刑執行執行完畢」之判斷，將因數罪併罰規定之適用與否，而有不同的判斷標準。如此一來，是否成立累犯，似乎將因先確定之犯罪是否與其他犯罪併合處罰，而出現不同的判斷結果。然而，如最高法院82年台上字第4932號判決案例所示，該案中準強盜與竊盜二罪間之併罰關係，乃於準強盜罪已執行期滿，且本案之罪已評價為累犯後始形成。如果僅承認應執行刑為執行完畢之判斷依據，則關於準強盜罪執行期滿之事實，究應如何評價？即不無疑問。如依實務上之多數見解，是否表示：「受有期徒刑執行完畢」之法律事實，於判斷、涵攝上，將因數罪併罰規定之事後適用，而受到本質上之更異？為免累犯之判斷因數罪併罰之適用出現不一致的矛盾，並影響受刑人的法律地位，關於究應以「宣告刑」或「應執行刑」為數罪併罰執行完畢（執行期滿）之認定標準？實應予以釐清。

第四節　刑罰之執行

刑罰的執行是指現實地執行法院對被告宣告的刑罰。於現行刑法架構下，可將行為人多次實現犯罪構成要件的狀態，評價為「實質一罪」與「數罪併罰」二類。而依刑事訴訟法第457條第1項、第458條與第477條第1項之規定，刑罰之執行係以「實質一罪之宣告刑」或「數罪併罰之應執行刑」為執行檢察官簽發執行指揮書之依據。由於數罪併罰係以各犯罪之宣告刑為基礎，因此，本文乃先以宣告刑之執行，作為刑罰執行類型的說明基礎。

依照1996年4月增訂之台灣高等法院檢察署刑罰執行手冊（第61頁）之規定，刑期起算的標準為：「一、受刑人在押者，應自裁判確定日起算；二、受刑人自動到案或傳拘通緝到案者，自到案日起算；三、接續他案執行者，自該他案刑滿之翌日起算」，自其反面推之，有期徒刑之執行，乃於發監執行後，連續執行至刑滿始得出監；不過，於具特殊原因之

例外時，例如刑事訴訟法第467條：「受徒刑或拘役之諭知而有左列情形之一者，依檢察官之指揮，於其痊癒或該事故消滅前，停止執行：一、心神喪失者。二、懷胎五月以上者。三、生產未滿二月者。四、現罹疾病，恐因執行而不能保其生命者。」（法定停止執行事由）以及監獄行刑法第26條之1：「（第1項）受刑人之祖父母、父母、配偶之父母、配偶、子女或兄弟姊妹喪亡時，得准在監獄管理人員戒護下返家探視，並於二十四小時內回監；其在外期間，予以計算刑期。（第2項）受刑人因重大事故，有返家探視之必要者，經報請法務部核准後，準用前項之規定。」第26條之2第1項：「受刑人在監執行逾三月，行狀善良，合於左列各款情形之一，日間有外出必要者，得報請法務部核准其於日間外出：一、無期徒刑執行逾九年，有期徒刑執行四分之一，為就學或職業訓練者。二、刑期三年以下，執行逾四分之一，為從事當有公益價值之工作者。三、殘餘刑期一月以內或假釋核准後，為釋放後謀職、就學等之準備者。」（法定外出事由），執行上亦會出現「不連續執行」的現象。由於我國刑法及監獄行刑法，制度上並無如法國刑法第132條之27：「輕罪案件，法院得因醫療、家庭、職業或社會之嚴肅理由，決定對其宣告的刑期為一年或一年以下之監禁刑，可以在不超過三年的期間分期執行，但每一分期執行之時間，不得少於二日。」與第132條之28：「輕罪案件，法院得因醫療、家庭、職業或社會之嚴肅理由，決定罰金刑可以在不超過三年的期間分期執行，對判處日罰金刑或吊銷駕駛執照之自然人，亦同。」等，設有「刑罰分期執行」之規定（羅結珍，715），因此，有期徒刑的執行，若不存在「法定停止執行事由」與「法定外出事由」，原應連續進行（執行）。此種執行程序「持續不斷地」連續進行的現象，即為執行宣告刑所應有的外觀。最高法院90年台非字第344號判決即曾以「接續執行」描述前述執行程序持續不斷地連續進行的現象（關於修正前兵役法施行法第59條第2項前段「實際執行有期徒刑滿四年」之規定，實務上認為須「屬接續執行性質」，「無論一罪、或數罪分別處罰或數罪併罰，而曾經實際連續在監羈押及執行之期間」，始符合禁役之要件，修正後之兵役法第5條第2項規定「執行有期徒刑在監合計滿三年」，其法條用語修正前後雖略有不同，惟

所謂「在監合計」之文義，解釋上仍應有「接續執行」、「連續在監羈押及執行」之情事，始能計入，如係各案分別執行，而各次執行均有中斷不接續之情形，即不能合併計算之）。數罪併罰之執行，係以應執行刑為依據，原則上仍應如前述宣告刑之執行程序，具有「持續不斷地」連續進行的外觀；此種應執行刑連續執行的現象即可稱為「接續執行」。

不過如果出現最高法院82年台上字第4932號判決案例之準強盜罪宣告刑、竊盜罪宣告刑與該二罪之應執行刑，並非同時作成之情形，在執行程序上便會出現執行依據變更（亦即換發執行指揮書）之現象。數罪併罰既指裁判確定前犯實質數罪之情形，本質上各犯罪乃屬各自獨立之案件；既屬獨立之數個案件，即有可能因訴訟繫屬之不同，而導致併罰數罪（如準強盜罪與竊盜罪）之各個裁判於不同時點確定。嗣於檢察官依最後確定之裁判聲請定應執行刑，並依該確定之應執行刑裁定更為執行時，即會出現併罰數罪中之部份犯罪業已執行完畢之情形（例如：準強盜罪已執行期滿後，始為應執行刑之裁定），如此一來，應執行刑於實際執行上，即存在前後二次以上之執行程序；相較於前述「執行程序持續進行的現象」，本文稱此種應執行刑執行程序「割裂進行」的現象為「非接續執行」。

第五節　執行完畢之內涵

所謂刑罰權，指國家得對於犯罪人科以刑罰制裁之權限之義，屬於實體上權限之一種，與科刑權係指法院諭知刑罰之權限，屬於程序上權限者有別。刑罰權又可稱為刑罰請求權、刑罰執行權，其本質即在實現國家對個別犯罪行為人特定犯罪之處罰權限，猶如判決之確定具消滅國家對個別犯罪行為人所為特定犯罪追訴、審判之權限一般；對應於犯罪行為人，刑罰之執行亦含有應報其先前實施犯罪所造成惡害之意，並祈能改善、教育犯罪行為人，使之再適應社會之生活。

關於國家刑罰權的實現，不僅指追訴、審判之程序，依釋字第392號解釋：「司法權之一之刑事訴訟、即刑事司法之裁判，係以實現國家刑罰

權為目的之司法程序，其審判乃以追訴而開始，追訴必須實施偵查，迨判決確定，尚須執行始能實現裁判之內容。是以此等程序悉與審判、處罰具有不可分離之關係，亦即偵查、訴追、審判、刑之執行均屬刑事司法之過程」，更包含刑事執行程序在內。也就是說，不論係偵查、追訴（實行公訴）或是執行，均屬實現國家刑罰權之程序。以此為基礎，所謂「刑事執行完畢」，即含有國家刑罰權「已經實現」之意義在內。換言之，「國家對行為人具體特定犯罪之刑罰執行權，除因時效、赦免、緩刑期間之經過與犯人之死亡而消滅外，惟於刑之執行完畢而消滅（蔡墩銘I，328）。」因此，於受刑之執行完畢後，刑罰執行權即應歸於消滅。

　　由於刑事執行程序之進行，具有具體實現國家刑罰權與消滅刑罰執行權的效力。因此，本於一事不再理之法理，一旦評價為執行完畢，國家機關即不得重複執行，以避免出現一罪兩罰的現象。於執行實務上，不論是實質一罪或數罪併罰，刑罰執行係以檢察官所簽發的「執行指揮書」為依據；就此而言，宣告刑與應執行刑只不過是形成實際執行刑的基礎，而非直接等於執行刑，蓋「對於某種犯罪，法律規定其應科處之刑罰，稱為法定刑，而對於法定刑依法律上之規定而為加重減免者，稱為處斷刑。處斷刑既係修正法定刑之結果，則處斷刑之範圍自異於法定刑，即可能重於法定刑或輕於法定刑。而對於特定之犯罪事實，法院實際上諭知之刑罰，稱為宣告刑。法院於諭知刑罰時，應在法定刑之範圍內，如有加重減輕事由存在者，應在處斷刑之範圍內，依自由裁量決定宣告刑（蔡墩銘I，311）」，而嗣後檢察官依刑事訴訟法第457條第1項、第458條之規定簽發執行指揮書所實際執行者，不論是否該當數罪併罰之規定，均稱為執行刑。關於刑罰之適用，原可嚴格區分為法定刑、處斷刑、宣告刑與執行刑等四個階段；只不過在一罪的執行上，執行刑乃直接基於宣告刑而來，而在數罪併罰的執行上，執行刑並非直接以各罪的宣告刑為基礎，而係以依刑法第51條規定所定之應執行刑為基礎。既然宣告刑與應執行刑並非實際執行的依據，關於執行期滿，自不應以宣告刑或應執行刑為判斷依據，而應以實際的執行依據（執行指揮書）為判斷的基礎。否則，若認為執行期滿應以宣告刑或應執行刑為判斷依據，則於最高法院82年台上字第4932號

判決案例中,準強盜罪宣告刑既已執行期滿,嗣後再執行「以準強盜罪與竊盜罪二罪宣告刑為基礎」的應執行刑時,就準強盜罪之宣告刑而言,豈不成了重複執行?因而所謂不得重複執行者,應指實際的執行依據(執行指揮書)而言,尚非指宣告刑或應執行刑。簡單來說,在執行程序中,一旦已因刑罰執行程序之推移而該當「執行指揮書上所載之執行刑執行期滿」時,即應評價為「執行完畢」,此時國家機關不得本於同一份執行指揮書,再次對同一受刑人開啟刑事執行程序;此種事實狀態,即為執行完畢所具有的意義與效力。有鑑於此,本文遂認為:執行期滿之事實(執行完畢),原則上只應具有表徵「以該執行指揮書為依據的刑罰執行權已經消滅」之意義;而該次之執行程序應已因執行完畢而終結,並應與嗣後進行之執行程序間,有所區隔。換言之,「應執行刑執行完畢」與「宣告刑執行完畢」二者,在前述定義的推演下,並非不兩立的概念。在此種認知下,自不難理解何以在最高法院86年台非字第78號判決與同院82年台上字第4932號判決中,最高法院均以「執行完畢」一詞,指涉先執行之犯罪已執行期滿之事實狀態。復參照最高法院最高法院103年度第1次刑事庭會議決議:『(一)二以上徒刑之執行,除數罪併罰,在所裁定之執行刑尚未全部執行完畢以前,各罪之宣告刑均不發生執行完畢之問題外(四十七年度台抗字第二號判例),似宜以核准開始假釋之時間為基準,限於原各得獨立執行之刑,均尚未執行期滿,始有依刑法七十九條之一第一、二項規定,合併計算其最低應執行期間,同時合併計算其假釋後殘餘刑期之必要。倘假釋時,其中甲罪徒刑已執行期滿,則假釋之範圍應僅限於尚殘餘刑期之乙罪徒刑,其效力不及於甲罪徒刑。縱監獄將已執行期滿之甲罪徒刑與尚在執行之乙罪徒刑合併計算其假釋最低執行期間,亦不影響甲罪業已執行完畢之效力。(二)裁判確定後犯數罪,受二以上徒刑之執行,(非屬合併處罰範圍)者,其假釋有關期間如何計算,有兩種不同見解:其一為就各刑分別執行,分別假釋,另一則為依分別執行,合併計算之原則,合併計算假釋有關之期間。為貫徹監獄行刑理論及假釋制度之趣旨,並維護受刑人之利益,自以後者為可取,固為刑法第七十九條之一增訂之立法意旨。惟上開放寬假釋應具備「最低執行期間」條件之權宜規定,應

與累犯之規定，分別觀察與適用。併執行之徒刑，本係得各別獨立執行之刑，對同法第四十七條累犯之規定，尚不得以前開規定另作例外之解釋，倘其中甲罪徒刑已執行期滿，縱因合併計算最低應執行期間而在乙罪徒刑執行中假釋者，於距甲罪徒刑期滿後之假釋期間再犯罪，即與累犯之構成要件相符，仍應以累犯論。』之說明，以宣告刑作為累犯是否執行完畢之判斷依據，論理上並無瑕疵。

第六節　以個別宣告刑為併罰執行完畢之判斷依據

關於如何判斷「徒刑執行完畢」，實務上向來存在二套判斷標準：在實質一罪的情形中，以「依宣告刑所為之執行」為判斷的標準；在數罪併罰中，以「依應執行刑所為之執行」為判斷的標準。就該當數罪併罰之所有犯罪所形成的整體應執行刑而言，後說的看法固然沒錯，不過，由於應執行刑之本身具有高度之不確定性，若堅持後說的看法，依最高法院50年度第7次民、刑庭總會會議決議：「定執行刑之裁定確定後，發現基以定執行刑之數罪中，有一罪係違法重判。經非常上訴，將該重判之罪刑撤銷改判免訴。原裁定隨之變更而已不存在，應由原審檢察官另行聲請定應執行之刑。」與最高法院50年台非字第111號判例：「按定執行刑之裁定本身違法者，固得於裁定確定後依非常上訴程序加以糾正，若其本身並不違法，而僅係基以定執行刑之判決有違法情形，經非常上訴審將該違法判處之罪刑撤銷改判無罪、免訴或不受理者，則該裁定因將經撤銷之刑與其他刑罰合併所定之執行刑，當然隨之變更而已不存在，應由原審檢察官就撤銷後之餘罪，另行聲請定其應執行之刑」之說明（此所指應執行刑乃指所有形成該次數罪併罰關係的犯罪所形成的應執行刑），認為此時必須俟「整體應執行刑執行完畢」，方可評價為刑法第47條之「徒刑執行完畢」，並認執行刑裁定具有將「對併罰數罪之執行」，於本質上及概念上轉變為「對一罪之執行（林山田IV，23）」，似乎將因數罪併罰的範圍事後不斷擴大，導致發生「永遠無法確定何時執行完畢」的困擾。在法

安定性的要求下，實不應主張數罪併罰的形成，具有改變「先執行之刑罰已經執行完畢」之效力。因此，類似最高法院100年度第6次刑事庭會議決議：「被告有無累犯之事實，應否適用刑法第四十七條規定加重其刑，為法院認定事實與適用法律之基礎事項，客觀上有調查之必要性，應依職權調查。倘被告不合累犯之要件，事實審法院未予調查，依累犯規定加重其刑，即屬刑事訴訟法第三百七十九條第十款規定之依本法應於審判期日調查之證據而未予調查，致適用法令違誤，而顯然於判決有影響，其判決為當然違背法令。又數罪併罰案件之執行完畢，係指該數罪所定應執行之刑已執行完畢而言。若數罪中之一罪已先予執行，嗣法院始依檢察官之聲請，就該數罪裁定定其應執行之刑，則前已執行之刑，係檢察官執行時予以扣除之問題，不能認為已執行完畢。被告故意再犯丙罪之日期係在甲、乙二罪應執行之刑執行完畢以前，不構成累犯，原確定判決依累犯規定加重其刑，自有判決適用法則不當及應於審判期日調查之證據而未予調查之違背法令。非常上訴意旨執以指摘，不問其所指被告前受有期徒刑宣告及執行之前科資料，是否存在於事實審訴訟卷宗內而得以考見，均應認為有理由。」此種以「整體應執行刑執行完畢」，作為數罪併罰執行完畢判斷標準之主張，應值檢討。

在「是否執行期滿，係以發動該次執行程序之執行指揮書為判斷依據」的認知下，本文認為：不論是否為數罪併罰，一旦所進行之刑事執行程序，已該當執行指揮書「執行期滿」之狀態，即應賦予執行完畢之評價。蓋數罪併罰的規定，原在避免累罰效應，並未以改變執行狀態為目的。此外，數罪併罰，亦僅於應執行刑作成後，始會產生內涵擴大，而須另行開啟執行程序的現象；且在事後併罰的情形中，並無理由可認先前已為之執行不具獨立之地位。因此，以該獨立之執行程序，作為是否成立累犯的評價依據，並無不當。而在受刑人均已知悉該次執行指揮書上執行期滿日的前提下，如其於執行期滿後更再犯罪，自亦可作為受刑人刑罰感應力薄弱的判斷依據，如此，亦無悖於前述累犯加重處罰之基礎。既然在數罪併罰的執行上，不可避免地將出現「多次執行程序」，在此前提下，自然也就會「相應地」出現多次「執行期滿」的事實狀態。在此基礎上，本

文認為：只要該次執行所依據的執行指揮書，在執行期滿前，未因事後併罰之形成而被註銷，一旦出現執行指揮書已執行期滿之事實狀態，即應評價為執行完畢。如果在執行期滿前，執行指揮書已因事後併罰形成而被註銷，並依檢察官簽發，併罰範圍已擴張的應執行刑而另予執行時，先前已進行的執行程序，尚不能評價為執行完畢。換言之，在事後併罰的執行程序上，是有可能出現多次執行完畢的評價。

由於刑法第47條未明文限定「前犯受徒刑執行完畢」究竟係指「實質一罪宣告刑」、「部分數罪併罰之應執行刑」或「整體數罪併罰之應執行刑」之前提下，不論出現「實質一罪宣告刑執行完畢」、「部分數罪併罰之應執行刑執行完畢」或「整體數罪併罰之應執行刑執行完畢」，只要於執行過程中該執行依據（執行指揮書）係合法、有效的存在，均可將之評價為「執行完畢」。就此而言，最高法院85年台非字第50號判決：「一裁判宣告數罪之刑，雖曾經定其應執行刑，但如再與其他裁判宣告之刑定其執行刑時，前定之執行刑當然失效，仍應以其各罪宣告之刑為基礎，定其執行刑」等實務見解，主張「前所定執行刑當然失效」之觀點，即有未洽。換言之，本文認為，不論先執行之犯罪是否於事後與其他犯罪形成數罪併罰之關係，亦不論該犯罪係於執行之何階段與其他犯罪形成數罪併罰之關係，依法所定之應執行刑均不至出現「當然失效」之法律效果；至於實際執行之刑罰究竟所據為何，則只需以該次執行所依據之執行指揮書判斷即可。

相較於刑事偵審程序為「抽象的實現國家刑罰權」之程序，刑事執行程序則為「具體的實現國家刑罰權」之程序。本文認為：所謂「執行完畢」本質上係以執行指揮書上所載刑期之「執行期滿」為判斷依據，具有表徵「國家刑罰權（犯罪法律效果）已具體實現」之效力；其本質上乃一「事實狀態」，而非以意思表示為基礎之公法上行為；至於成立該犯罪之事實並不因此而消除。進一步來說，由於刑事執行程序之進行，具有具體實現國家刑罰權的效力，因此本於一事不再理之法理，一旦可評價為執行完畢，國家機關即不得本於同一執行指揮書，再次對同一受刑人開啟刑事執行程序；此種事實狀態，即為執行完畢所具有的內涵意義。而以此種認

知為基礎，亦不難了解「應執行刑執行完畢」具有實現併罰數罪法律效果的效力，國家機關亦不得本於同一「應執行刑」裁判，再次對同一受刑人開啟刑事執行程序。

從另外一個角度來說，倘若如最高法院86年台非字第264號判決所云：「如於定執行刑之前，因有一部分犯罪先確定，形式上予以執行，仍應依刑法規定定其應執行之刑，俟檢察官指揮執行應執行刑時，再就形式上已執行部分予以折抵，不能謂先確定之罪已執行完畢。」則在數罪併罰範圍具有高度不確定性之前提下，即無法正確地評價與確定何時始該當為「執行完畢」。既然在數罪併罰的執行上，不可避免地將出現「多次執行程序」，在此前提下，自然也就會「相應地」出現多次「執行期滿」的事實狀態。因此，本文反對前述實務上多數見解僅以「依應執行刑所為之執行」為數罪併罰執行完畢之判斷標準。事實上，最高法院104年度第7次刑事庭會議決議已認78年度第2次刑事庭會議決議：『按裁判確定前犯數罪者，併合處罰之，數罪併罰有二裁判以上者，依第五十一條之規定定其應執行之刑，刑法第五十條、第五十三條定有明文，故數罪併罰案件之執行完畢，係指數罪定應執行之刑後，已將該應執行之刑執行完畢而言，若僅數罪中之一罪所宣告之刑執行完畢，而數罪合併定應執行之刑尚未執行完畢，應認為合於中華民國七十七年罪犯減刑條例第七條第一項所規定「執行未畢」之要件，即丙罪亦應予以減刑，然後再與甲、乙兩罪定其應執行之刑。』與前述100年度第6次刑事庭決議等不合時宜，其所改採原提案之甲說：「已經判決確定之案件，得依中華民國七十七年罪犯減刑條例減刑者，以其罪於七十七年四月二十二日該條例施行時，尚未執行或執行未畢者為限，如已執行完畢，即無依該條例減刑之餘地，此觀該條例第七條第一項之規定甚明，丙罪既經執行完畢，自不得減刑，但丙罪之宣告刑應與甲、乙兩罪減得之刑依該條例第十條規定適用刑法第五十一條定其應執行之刑。」並參照最高法院104年度第6次刑事庭會議決議：「刑法第四十七條所規定累犯之加重，以受徒刑之執行完畢，或一部之執行而赦免後，五年以內故意再犯有期徒刑以上之罪者，為其要件。良以累犯之人，既曾犯罪受罰，當知改悔向上，竟又重蹈前愆，足見其刑罰感應力薄弱，基於特

別預防之法理，非加重其刑不足使其覺悟，並兼顧社會防衛之效果。職是，應依累犯規定加重其刑者，主要在於行為人是否曾受徒刑之執行完畢後，猶無法達到刑罰矯正之目的為要。而數罪併罰之案件，雖應依刑法第五十條、第五十一條規定就數罪所宣告之刑定其應執行之刑，然此僅屬就數罪之刑，如何定其應執行者之問題，本於數宣告刑，應有數刑罰權，此項執行方法之規定，並不能推翻被告所犯係數罪之本質，若其中一罪之刑已執行完畢，自不因嗣後定其執行刑而影響先前一罪已執行完畢之事實，謂無累犯規定之適用。題示情形，被告故意再犯施用第一級毒品罪之日期，係在所犯施用第二級毒品罪執行完畢五年以內，應構成累犯。」等見解，實務似已出現改採本書主張之趨勢。

由於是否執行期滿係以發動該次執行程序之執行指揮書為判斷依據，因此一旦所進行之刑事執行，已該當「執行期滿」之狀態，即應賦予執行完畢之評價。換言之，本章認為：在數罪併罰中，一旦出現執行指揮書已執行期滿之事實狀態，即應評價為執行完畢。從而，於刑法第47條未明文限定「前犯受有期徒刑執行完畢」究竟係指「依實質一罪宣告刑所為之執行」、「依部分數罪併罰之應執行刑所為之執行」或「依（最終）整體數罪併罰之應執行刑所為之執行」之前提下，不論所受有期徒刑之執行已該當「依實質一罪宣告刑所簽發之執行指揮書所載之刑期」、「依部分數罪併罰之應執行刑所簽發之執行指揮書所載之刑期」或「依整體數罪併罰之應執行刑所簽發之執行指揮書所載之刑期」，只要於執行過程中，該執行依據（執行指揮書）係合法、有效地存在（亦即未因數罪併罰之形成而事後被註銷），均足以評價為「執行完畢」。如果採取這樣的判斷標準，不論事後數罪併罰的範圍如何擴大，均不致影響已成立的累犯判斷；不但符合法安定性的要求，也符合設置累犯制度延長刑罰反應力薄弱者矯正期間之本旨。

本章大致介紹累犯制度的基本思考（雖然學說上有主張應廢除此制度，然因此種倡議是否妥當非本書討論之目的，故本章不擬就該部分加以說明），並分析於不同的併罰類型中，各種可能形成累犯之再犯類型。在認識各種可能形成累犯之再犯類型後，由於刑法分則的規定係以單一犯罪

為科刑的基礎，因此主張以「一罪」「宣告刑」的執行程序為基礎，探討「執行完畢」一詞所應具有之內涵意義。雖然前述主張已足以說明並釐清如何評價「執行完畢」之標準，為免累犯之判斷出現前述實務運作之盲點，正本清源之道，仍應以法律明訂有期徒刑「執行完畢」之判斷，不致因事後該犯罪與其他犯罪間，適用刑法第50條之規定而受影響。本文建議宜於現行刑法第47條之中，增訂相關之規定。試擬刑法第47條第3項增訂條文：「第1項累犯之加重，不因刑法第50條之事後適用而受影響。」以解決實務之盲點。

第二十五章
刑罰執行

第一節　概説

　　刑罰之執行，乃依據確定裁判對於被科處刑罰之犯人而執行其所定應執行之刑罰之謂。刑罰之執行，乃國家刑罰權之實現，故對一定之犯罪，除宣告一定之刑外，尚須實際進而執行，始可收刑罰之效果，此不僅為刑法之問題，亦係刑事訴訟法之問題。關於執行之實體規定，屬於刑法之範圍，注重原則與合目的性。關於執行手續及執行細則之規定，屬於訴訟法及監獄法之範圍，注重執行者與被執行者之關係，然二者所規定者，實為一事之兩面。

第二節　各種刑罰之執行

一、生命刑之執行

　　刑法上科以生命刑之目的，今昔不同，其執行之方法，因之亦異。依監獄行刑法第90條：「（第1項）死刑用藥劑注射或槍斃，在監獄特定場所執行之。其執行規則，由法務部定之。（第2項）第31條第1項所列舉之期日，不執行死刑。」規定，死刑之執行，用電或瓦斯在監獄內特定場所執行之，未設電機刑具或瓦斯室者，得用槍斃。又依同法第91條規定，執行死刑，應於當日預先告知本人。且執行死刑係採秘密執行主義，應由檢察官蒞視，並命書記官在場，於監獄內執行之，並不開放公眾參觀。行刑應嚴守秘密，依刑事訴訟法第462條及第463條等規定，非經檢察官及監獄

長官許可不得入刑場內。

二、自由刑之執行

受徒刑（無期徒刑、有期徒刑）或拘役裁判確定之人犯，除法律別有規定外，於監獄內分別拘禁之，令服勞役，但得因其情節，免服勞役（刑事訴訟法第466條參照）。其應免服勞役者，由指揮執行之檢察官命令之（刑事訴訟法第467條參照）。刑期之起算點及其計算方法，依刑法第45條規定：「（第1項）刑期自裁判確定之日起算。（第2項）裁判雖經確定，其尚未受拘禁之日數，不算入刑期內。」受徒刑或拘役執行之人犯，已在羈押中者，雖未經檢察官之指揮執行，亦應自確定之日，起算刑期。惟裁判雖經確定，其尚未受拘禁之日數，則不算入刑期內。依監獄行刑法第83條第1項執行期滿者，除接續執行強制身心治療或輔導教育處分者外，應於其刑期終了之次日午前釋放之。又依同法第58條規定，受刑人現罹疾病，在監內不能為適當之醫治者，得斟酌情形，報請監督機關許可保外醫治或移送病監或醫院（第2項）；保外醫治期間，不算入刑期之內。但移送病監或醫院者，視為在監執行（第3項）；保外醫治，準用刑事訴訟法第111條第1項至第4項之命提出保證書、指定保證金額、第118條第1項之沒入保證金、第119條第2項、第3項之免除具保責任及第121條第4項之准其退保之規定（第4項）；保外醫治受刑人違反保外醫治應遵守事項者，監督機關得廢止保外醫治之許可（第6項）。

三、財產刑之執行

罰金、沒收、追徵、追繳或抵償之裁判，應依檢察官之命令執行之。刑法第34條第3款增列「追繳、追徵或抵償」為從刑之一，係以法律之規定將犯罪所得，收歸國家所有（如本法分則第121條、第122條、第131條、第143條、公職人員選舉罷免法第88條、總統副總選舉罷免法第75條、第76條、毒品危害防制條例第19條、貪污治罪條例第10條、組織犯罪防制條例等），避免因該犯罪所得因不符刑法第38條沒收之規定，致犯罪

行為人仍得於判決確定後享受犯罪之成果，並成為司法暴發戶，故有自犯罪行為人強制收回之必要。惟無論追繳、追徵或抵償，其所得來自於他人，故欲將此項所得收歸國家所有，自應以法律規定者，始得追繳、追徵或抵償，以符法律保留之原則。依最高法院21年上字第369號判例，關於飲宴招待、特種風化場所之尋歡召妓等，為足以供人需要或滿足人慾望之有形或無形利益，係屬「不正利益」之一種，惟因「不正利益」非屬貪污治罪條例第10條第1項所指應予追繳沒收之項目，自不能逕予折算為金錢價值，併予宣告追繳沒收（參見最高法院74年台上字第1355號刑事判例）。又由於追徵、追繳或抵償係屬從刑，依法應附隨於主刑，原則上應於裁判時一併宣告之，故刑法第40條之1遂規定：「法律有規定追徵、追繳或抵償者，於裁判時併宣告之。」關於罰金之執行，刑法第42條第1項云：「罰金應於裁判確定後兩個月內完納，期滿而不完納者，強制執行，其無力完納者，易服勞役。」此係為犯人之經濟上著想，予以寬緩兩個月之期間，俾得籌措金錢也。

四、名譽刑之執行

　　名譽刑即權利刑，或稱資格刑或能力刑。褫奪公權於宣告確定或主刑執行完畢而生效，惟法律上未定有執行之方法。資格刑源於古代的名譽刑，以剝奪犯人名譽或資格作為刑罰手段，係基於應報思想而來，認為自由刑與身體刑儘管可以使犯人身受痛苦，但仍猶不足，而必須再加諸犯人以恥辱，以減損犯罪者之名譽。除此之外，並剝奪其一定的資格與權利，以降低其社會地位與法律地位，以示懲罰，例如，把犯罪的貴族或平民降低為奴隸，或剝奪榮譽、稱號、勳章。近代刑罰理論受預防思想之影響，認為資格刑的存在，不應只是剝奪犯罪者的特定資格，以減損名譽：而是欲藉剝奪犯罪者之特定資格，減少其犯罪機會，以達預防犯罪之目的。

　　依前司法行政部民國41年12月26日台41指監字第11041號函：「查刑法第37條第5項規定褫奪公權者，自主刑執行完畢或赦免之日起算，其立法意旨，以徒刑執行中既已喪失身體自由，一切公權當然不能行使，若與

徒刑執行同時起算,即有失褫奪公權之本旨,據此而論,凡在徒刑執行中者,不論其有否褫奪公權,其不能行使公權,至甚明顯,毋待深究。」以及舊刑法第36條規定,宣告褫奪公權者褫奪下列資格:(一)喪失服公職之權利。亦即喪失為公務員之資格;(二)喪失為公職候選人之資格。亦即剝奪被選舉權;(三)喪失行使選舉、罷免、創制、複決之資格。亦即喪失投票權。民國94年2月修正之刑法第36條廢除原第3款褫奪選舉、罷免、創制、複決之資格,因立法認為舊法剝奪犯罪人行使選舉、罷免、創制、複決四權之資格,係不分犯罪情節、犯罪種類,齊頭式的剝奪人民選舉權之行使,似與受刑人之再社會化目的有悖,且與預防犯罪無涉,故修正褫奪公權之內涵,將此權利之剝奪移於「公職人員選舉罷免法」與「總統副總統選舉罷免法」中規範。

參照司法院大法官釋字第84號解釋:「公務員依刑事確定判決受褫奪公權刑之宣告者,雖同時諭知緩刑,其職務亦當然停止。」以及銓敘部民國95年6月30日部法二字第0952643882號函示規定,自民國95年7月1日起,依現行刑法第37條第2項規定宣告褫奪公權者,雖仍應自主刑執行完畢或赦免之日起執行,惟如遇有同時宣告緩刑之情形,係自裁判確定時起執行。是以,經判決確定同時宣告褫奪公權及緩刑者,其褫奪公權宣告,並不受緩刑宣告之影響,須自判決確定時起執行,爰各機關如遇有判決確定,同時宣告褫奪公權及緩刑之人員,適用公務人員任用法第28條第1項第7款,褫奪公權尚未復權者,不得任用為公務人員或應予免職。

又依公職人員選舉罷免法第26條第4款、第8款規定,犯內亂、外患、貪污、賄選以外之罪,經判處有期徒刑以上之刑確定,尚未執行或執行未畢,且未受緩刑宣告者,以及褫奪公權,尚未復權者,均不得登記為候選人。故犯上開選罷法之罪並受緩刑宣告者,依舊刑法規定,於緩刑期間仍得登記為候選人。嗣因新修正刑法第74條第5項規定:「緩刑之效力不及於從刑。」故自新修正刑法施行後,始同時受褫奪公權及緩刑宣告者,因緩刑之效力不及於從刑(褫奪公權)。於緩刑期間,仍應執行褫奪公權之從刑,換言之,於褫奪公權期間,以其仍有上開公職人員選舉罷免法第26條第8款規定之情事,故不得登記為候選人。惟新修正刑法於民國95年7月

1日施行前已判決確定，同時受褫奪公權及緩刑宣告者，實務上認為如緩刑宣告未經撤銷，所宣告之褫奪公權，於新刑法生效後，仍無庸回溯予以執行。如於民國95年7月1日以前判決確定者，於緩刑期間仍得登記為候選人，如係於民國95年7月1日以後判決確定者，則於褫奪公權期間不得登記為候選人。

第三節　易刑處分

易刑處分，又稱換刑處分，指刑罰執行之替換。確定裁判所宣告之刑，原應如實執行之，惟有時因特殊事由，不能執行，或其犯罪情節顯可宥恕，以不執行為宜，如得以他刑或其他方法代替，經執行完畢者，其所受宣告之刑，即以已執行論，此即所謂易刑。我國刑法為顧全事宜需要，斟酌人情法理，對於受一定之刑之宣告者，設易刑處分四種，即易科罰金、易服勞役、易以訓誡、易服社會勞動等是。易刑制度，在事實上有其必要，惟學者間亦有反對之意見。易刑並非獨立之主刑或從刑，而係特別之執行方法，故其所宣告之刑如已罹於行刑權時效者，即不得為易刑之執行。又依刑法第44條規定：「易科罰金、易服社會勞動、易服勞役或易以訓誡執行完畢者，其所受宣告之刑，以已執行論。」易刑處分足生執行完畢之效力。惟因裁判確定前之羈押，使人喪失身體自由，與執行刑罰初無二致，如於科刑裁判確定後，將羈押之事實，置之不顧，無異將刑罰予以加重，未免侵害人權。為保障受刑人之權利起見，刑法特於第46條第1項明定：「裁判確定前羈押之日數，以一日抵有期徒刑或拘役一日，或第42條第6項裁判所定之罰金額數。」又經宣告拘束人身自由之保安處分者（例如強制工作），受處分人亦失去其自由，在性質上與刑罰相近，如於執行前曾受羈押，而無刑罰可抵者，顯於受處分人不利，特增訂第2項：「羈押之日數，無前項刑罰可抵，如經宣告拘束人身自由之保安處分者，得以一日抵保安處分一日。」規定，俾使羈押之日數亦得折抵保安處分之日數，以保障受處分人之權益，並解決實務上之困擾。有關羈押折抵之規

定，本質上並非易刑處分之一種，不過準用其法律效果而已。

茲將各種易刑處分及其效力，分述如次：

一、易科罰金

（一）沿革

易科罰金制度，自其沿革觀之，初因慮及外國水手無法隨船離去，為防衛本國反因此增一飄零無業之異國遊民而設；復因短期自由刑未能矯治犯人之惡習，為避免其在監感染犯罪習慣而倡。然其所蘊含之另一目的，端在確保徒刑之執行並避免因徒刑不執行造成之不良影響。雖本制度制定時在成文法國家中尚乏先例，且立法之初對於外國水手無法隨船離去之顧慮，在日前交通發達之世界中亦不存在；然因短期自由刑確難收矯治犯罪之功效，則於一定之條件下以易科罰金為短期自由刑之執行方法，亦符近代行刑政策廢止短期自由刑之潮流（金欽公，532；陳樸生，763）。一般而言，短期自由刑易科罰金之理由，約有數端：1.短期自由刑，刑期短促，難收遷善改過之實效；2.偶發犯罪往往因受監禁，以致自暴自棄；3.監內眾犯雜處，有濡染惡習之虞；4.短期自由刑害多利少，徒增國庫負擔，有損無益。

（二）修正理由

刑法第41條：「（第1項）犯最重本刑為五年以下有期徒刑以下之刑之罪，而受六個月以下有期徒刑或拘役之宣告者，得以新臺幣一千元、二千元或三千元折算一日，易科罰金。但確因不執行所宣告之刑，難收矯正之效，或難以維持法秩序者，不在此限。（第8項）第1項至第4項及第7項之規定，於數罪併罰之數罪均得易科罰金或易服社會勞動，其應執行之刑逾六月者，亦適用之。」之相關規定為我國易科罰金規定之基礎。由於易科罰金制度旨在救濟短期自由刑之流弊，性質上屬於易刑處分，故在裁判宣告之條件上，不宜過於嚴苛，舊刑法規定除「犯最重本刑為五年以下有期徒刑以下之刑之罪」、「而受六個月以下有期徒刑或拘役之宣告」外，尚須具有「因身體、教育、職業或家庭之關係或其他正當事由，執行

顯有困難」之情形，似嫌過苛，爰刪除「因身體、教育、職業或家庭之關係或其他正當事由，執行顯有困難」之限制。至於個別受刑人如有不宜易科罰金之情形，在刑事執行程序中，檢察官得依現行條文第一項但書之規定，審酌受刑人是否具有「確因不執行所宣告之刑，難收矯正之效，或難以維持法秩序」等事由，而為准許或駁回受刑人易科罰金之聲請，以符合易科罰金制度之規範目的。故若法院所下判決為「六個月以下有期徒刑或拘役」之宣告，並同時於判決主文中諭知「得易科罰金」，被告可免自由刑執行，判決確定後受判決人將會收到地檢署之執行通知，屆時依時間到地檢署繳納罰金結案即可。縱原有罪判決主文沒有一併諭知得易科罰金，但若符合上開規定，仍得向承辦執行檢察官聲請易科罰金。罰金若數額太大，亦可聲請分期繳納。

（三）易科罰金之要件

易科罰金是一種易刑處分，亦即於裁判宣告之刑，因特殊事由，不能或不宜執行者，以其他方法代替之。依刑法第41條第1項規定，短期自由刑易科罰金，須具備之要件有三：

1. 須所犯最重本刑為五年以下有期徒刑以下之刑之罪：所謂本刑，指分則各本條之法定刑，或依分則加重所得之法定刑（不含依總則加重所得之法定刑），必其最重本刑為五年以下有期徒刑或拘役之刑，始可易科罰金。

2. 須受六月以下有期徒刑或拘役之宣告：此係指宣告刑而言，宣告刑較長者，不宜於易科罰金，故如宣告刑超過六個月，縱其所犯法定最重本刑為五年以下有期徒刑之罪，亦無易科罰金之餘地。

3. 須非因不執行所宣告之刑，難收矯正之效，或難以維持法秩序者所謂「因不執行所宣告之刑，難收矯正之效，或難以維持法秩序者」，係指刑事政策上有執行短期自由刑之必要，而其原因不限於存於被告本身。

4. 須數罪併罰中各罪宣告刑均未逾六月：依刑法第41條第8項：「第1項至第4項及第7項之規定，於數罪併罰之數罪均得易科罰金或易服社會勞動，其應執行之刑逾六月者，亦適用之。」規定，須數罪併罰之數罪均得

易科罰金始有易科罰金之適用,如其中一罪宣告刑已逾六月,參照大法官釋字第144號解釋:「數罪併罰中之一罪,依刑法規定得易科罰金,若因與不得易科之他罪併合處罰結果而不得易科罰金時,原可易科部分所處之刑,自亦無庸為易科折算標準之記載。」之說明,其應執行刑仍不得易科罰金。

(四)易科罰金折算之標準

易科罰金,法院只須於判決主文中諭知其折算之標準為已足,至於應否准予易科,由檢察官於執行時定之。蓋易科罰金之准駁,係屬於檢察官之職權也。刑法第33條第5款修正後,罰金刑已為新臺幣一千元以上。因而徒刑或拘役易科罰金之標準,亦應配合調整,依刑事訴訟法第309條第2款諭知折算之標準,法院應審酌犯人之資力,可以一千元、二千元或三千元,折算一日之標準,予以易科罰金。罰金罰鍰提高標準條例第2條有關易科罰金折算一日之數額提高倍數規定,即不再適用。雖現行刑法第41條第1項前段關於易科罰金之規定為「犯最重本刑為五年以下有期徒刑以下之刑之罪,而受六個月以下有期徒刑或拘役之宣告者,得以新臺幣一千元、二千元或三千元折算一日,易科罰金」,惟如依被告行為時之刑罰法律即修正前刑法第41條第1項前段:「犯最重本刑為五年以下有期徒刑以下之刑之罪,而受六個月以下有期徒刑或拘役之宣告,因身體、教育、職業、家庭之關係或其他正當事由,執行顯有困難者,得以一元以上三元以下折算一日,易科罰金」及修正前罰金罰鍰提高標準條例第2條關於「依刑法第41條易科罰金者,均就其原定數額提高為一百倍折算一日;法律所定罰金數額未依本條例提高倍數,或其處罰法條無罰金刑之規定者,亦同」等規定,易科罰金之折算標準最高為銀元三百元,最低為銀元一百元,換算為新臺幣後,最高額為新臺幣九百元,最低額為新臺幣三百元。比較修正前、後關於易科罰金折算標準之刑罰法律,即應整體適用修正前刑法第41條第1項前段及修正前罰金罰鍰提高標準條例第2條規定,對被告較為有利。

（五）易科罰金之效力

依刑法第44條規定，經准予易科罰金，並執行完畢者，其原宣告之有期徒刑或拘役，以已執行論。如原宣告之刑為有期徒刑，而易科罰金執行完畢後，五年內再犯有期徒刑以上之刑之罪者，仍應以刑法第47條累犯論，因科罰金，不過為換刑處分，並不影響其原宣告之刑名。同理，有期徒刑經易科罰金執行完畢，參照刑法第74條第2項規定，亦可為不能宣告緩刑之事由。

（六）易科罰金修正之爭議

依民國94年2月7日刑法修正說明，民國90年1月10日修正公布之刑法第41條第2項，係為配合司法院大法官釋字第366號解釋而增訂之規定，雖刑罰於學理上有「法定刑」、「處斷刑」、「宣告刑」、「執行刑」等區別，惟因認刑法第41條第1項所謂受六個月以下有期徒刑或拘役之「宣告」，基於易科罰金應否採行專屬刑罰之執行技術問題，應指最終應執行之刑之宣告而言，而非指學理所謂「宣告刑」。以此為基礎，數罪併罰之各罪，雖均得合於刑法第41條第1項之要件，因其最終應執行之刑之宣告，已逾六個月者，其所應執行之自由刑，既非短期自由刑，自無採用易科罰金之轉向處分之理由。例如，行為人所犯十罪，各宣告有期徒刑五個月，數罪併罰合併宣告應執行之刑為四年，其所應執行之刑，既非短期自由刑，如仍許其易科罰金，實已扭曲易科罰金制度之精神。

事實上，在釋字第366號解釋作成時，即曾有大法官提出不同意見書予以反對，其雖肯定易科罰金制度具有救濟短期自由刑弊端之功效，並主張「易科之准駁，純屬檢察官執行之職權，被告是否合乎上列要件，應由檢察官於執行時決定之。若謂判決主文中既諭知易科罰金，檢察官即應一律照准，不無誤會。且易科罰金執行完畢後，而原來宣告之刑，如為有期徒刑，五年內再犯有期徒刑以上之罪者，仍屬累犯。顯見易科罰金，祇不過係換刑之處分。」，惟基於「（一）甲犯侵入住宅罪（本刑一年以下），處有期徒刑二月，得易科罰金，又犯傷害罪（本刑三年以下），處有期徒刑四月，得易科罰金。如均予執行，須繳六個月之罰金。此例就六

月以下四月以上更定執行有期徒刑五月，得易科罰金，即僅繳五個月之罰金，自屬有利被告。（二）乙犯脫逃罪（本刑一年以下）處有期徒刑六月，得易科罰金。又犯收受贓物罪（本刑三年以下）處有期徒刑六月，得易科罰金。其罪刑分別執行，固可以金贖刑，對被告而言，較為有利。但檢察官於實際執行時，未必皆准其易科罰金，已詳上述。如合併定其執行刑七月，雖不得易科罰金，亦不違背正義公平原則。蓋乙第一次犯罪後，不知安分守己，仍以身試法，要屬無可原宥。（三）丙除犯上述脫逃、收受贓物罪外（均判如上刑），又犯偽造公文書罪（本刑七年以下）處有期徒刑一年，竊盜罪（本刑五年以下）處有期徒刑二年，以上四罪刑適用刑法第51條第5款，應於四年以下二年以上定其應執行有期徒刑二年四月，顯然有利被告。若對各刑一一執行，除脫逃、收受贓物兩罪，准繳易科罰金外，仍應執行偽造公文書及竊盜罪，即合為有期徒刑三年，匪僅對被告不利，且使囹圄擁擠，不易管理，增加國庫負擔，種種弊端，毋待贅言。（四）因併合處罰所定執行刑逾六個月者，仍得易科罰金，顯然失平，如丁犯侵入住宅、傷害、脫逃、收受贓物四罪，各判有期徒刑六月，均得易科罰金，併合定其執行刑一年二月（十四月），依本解釋，仍得易科罰金。而戊祇犯傷害一罪，判有期徒刑七月，不得易科罰金，即應發監執行，身繫囹圄，如此不平，焉有不鳴者也。」等原因，關於犯實質上數罪，或對宣告之各罪刑一一執行之，或就宣告之罪刑合併之結果定其應執行之刑，何者對被告完全有利，尚難一以斷言，故認上開刑法各條，既無缺失，應屬合憲。

而學者間亦有本諸刑事政策的立場，提出「屬於犯罪複數的實質競合，其不法內涵與罪責內涵自然高於犯罪單數，刑事立法政策上得以易科罰金者，應以屬於輕罪的犯罪單數為限，雖屬輕罪，但係犯罪複數者，自不以得易科罰金為宜。況且，數罪併罰所定應執行的刑期若超過六個月者，已非屬於得以易科罰金的短期自由刑（林山田V，144）」、「易科罰金之設計除了可以避免短期自由刑的執行外，尚考慮到行為的輕微性，故本法原限於法定刑三年以下有期徒刑，而宣告刑為六月以下者，方可適用。對於裁判確定前犯數罪分別宣告均未滿六月有期徒刑，因依本法第51

條併合處斷定其應執行刑逾六月者，則依刑法第41條的規定及其精神，本不得易科罰金（林山田VI，104）」等相關論點。依其主張，由於實質競合的不法內涵與罪責內涵，均高於犯罪單數，本於「屬於輕罪的犯罪單數」才能易科罰金的刑事政策，縱然複數犯罪均為輕罪，亦不得易科罰金。

　　然而，或許在與德國法制作比較法的觀察後，學說上對於釋字第366號解釋之批評以及修正理由：「數罪併罰之各罪，雖均得合於第1項之要件，惟因其最終應執行之刑之宣告，已逾六個月者，其所應執行之自由刑，既非短期自由刑，自無採用易科罰金之轉向處分之理由。」尚非無據，不過大法官釋字第662號解釋：「中華民國94年2月2日修正公布之現行刑法第41條第2項，關於數罪併罰，數宣告刑均得易科罰金，而定應執行之刑逾六個月者，排除適用同條第1項得易科罰金之規定部分，與憲法第23條規定有違，並與本院釋字第366號解釋意旨不符，應自本解釋公布之日起失其效力。」卻重申釋字第366號解釋與民國90年1月生效之刑法第41條第2項之立場，除相當程度反駁學說上對於釋字第366號解釋為一不符合刑罰理論的解釋之批評外，也呼應了許玉秀大法官先前即曾提出之觀點：「修正理由與反對釋字第366號解釋的理由看似四平八穩，其實未看見第五屆大法官所看到對受刑人不公之處。對受刑人不公之處，尚不僅在於該號解釋個案的數罪中一罪，已經執行完畢，又敗部復活與尚未執行的他罪，合併遭定超過六月的執行刑，而更在於宣告徒刑未超過六月而法官准予易科罰金的受刑人，雖然表面上與其他自由刑的受刑人一樣，受惠於定執行刑，而應執行較少的刑期，但其實因為合併定執行刑超過六個月，以致原本各別擁有易科罰金的機會遭到剝奪，定執行刑對受數個未逾六月徒刑宣告的受刑人而言，的確有獲得不利益的風險。雖然縱然法官准許易科罰金，檢察官尚有准駁的裁量權，雖然縱使所定執行刑未逾六月，易得不許易科罰金，但是對於具備現行法所規定的實質條件，檢察官亦認為符合易科罰金的情形，卻因為定執行刑的制度，將使得受刑人不符合未逾六月的形式條件……，但是，定執行刑乃是基於訴訟經濟的考量，這個制度，使法官可以有機會使原本符合形式條件的受刑人，變成不符易科罰金

資格的受刑人，則受刑人必然要主張，寧願放棄定執行刑的機會，而請求各別執行所受宣告的判決，法官當然還是可以不准各個宣告未逾六月的徒刑易科罰金，但無論如何，至少受宣告人符合易科罰金的形式要件，而始終有機會以罰金贖罪（許玉秀II，71）。」

（七）易科罰金應以法官保留為基礎

依現行刑法第41條第1項之規定，行為人所犯係屬最重本刑為五年以下有期徒刑以下之刑之罪，而受六月以下有期徒刑或拘役之宣告，形式上即具備「得聲請易科罰金」之資格。不過關於易科罰金之執行，尚需受刑人非「確因不執行所宣告之刑，難收矯正之效或難以維持法秩序」。關於被告所犯是否為最重本刑為五年以下有期徒刑以下之刑之罪、所受是否為六月以下有期徒刑或拘役之宣告，因其為法律所定之要件，認定上僅須單純以論罪科刑之確定判決為依據，並無實際上的困難；但在什麼情況下，可認該當「確因不執行所宣告之刑，難收矯正之效或難以維持法秩序」？由於法律就此並未明定，本質上應屬立法者授與執法者之裁量權限。然而此裁量權究應如何行使？因學理上曾出現易科罰金究屬執行指揮權或係司法權之爭議，遂產生釋字第245號解釋之說明：「受刑人或其他有異議權人對於檢察官不准易科罰金執行之指揮認為不當，依刑事訴訟法第484條向諭知科刑裁判之法院聲明異議，法院認為有理由而為撤銷之裁定者，除依裁定意旨得由檢察官重行為適當之斟酌外，如有必要，法院自非不得於裁定內同時諭知准予易科罰金。」依釋字第245號解釋之說明，是否該當「確因不執行所宣告之刑，難收矯正之效或難以維持法秩序」，原則上係由檢察官於開始執行時舉證判斷；惟於受刑人不服檢察官之判斷並聲明異議時，法院即須對於該要件進行司法審查。由於「確因不執行所宣告之刑，難收矯正之效或難以維持法秩序」之要件，亦有可能因判決後情勢變更而有改變，因此究竟得否易科罰金，並無從於裁判時預為「正確」之審查。然而不論如何，關於是否易科罰金之決定，必須接受司法審查，此種由檢察官或法官於「實際執行時」審查決定是否易科罰金之規範模式，實乃因應司法最後審查之事務本質，可稱之為法官保留模式（執行階段之法

官保留）。

　　雖然釋字第662號解釋並未直接論及易科罰金之法官保留，不過由於池啟明大法官曾於協同意見書：「先前審判實務認為合併定應執行刑逾六月者，即不予宣告易科罰金之折算標準而不准易科罰金，未就個案考量有無執行困難，由法院逕予剝奪受刑人原有易科罰金之機會，干預執行檢察官之職權，尚與舊刑法第41條之立法意旨不符。」指出該號解釋涉及以民國95年施行之刑法第41條第1項規定（立法）一概否定超過六月之應執行刑易科罰金是否合憲之爭議。因此，關於易科罰金之法官保留是否會因複數犯罪之累積甚至數罪併罰規定之該當而產生改變？亦即在得否易科罰金之議題上，規範保留之型態是否將必然因刑罰權之積累而出現本質上的改變？在法制上應是一個值得探討的議題。

　　我國學說常以德國實質競合法理為基礎，批評釋字第366號解釋及民國90年制定之刑法第41條第2項規定。惟如以規範保留恆定原則之觀點而言，德國實質競合法制之理論，似乎亦無法作為民國94年修訂刑法第41條第2項規定之合理解釋。蓋於德國刑法第47條：「（第1項）法院依據犯罪和犯罪人人格具有之特別情況，認為必須判處自由刑始能影響犯罪人和維護法律秩序時，得判處六個月以下之自由刑。（第2項）本法未規定罰金刑和六個月或六個月以上自由刑，又無前項必須判處自由刑情況，法院得判處其罰金。」之規定下，不論法定刑規定為何，法院仍有權決定應否判處自由刑或罰金刑；縱然法院僅判處三個月之短期自由刑，執行上亦無易刑處分（易科罰金）可適用，蓋依我國刑法第41條規定易科罰金，所執行者仍為自由刑；反之，若依德國刑法第47條第2項規定處以罰金刑，所執行者並非自由刑，而係罰金刑。換句話說，是否應執行自由刑，在德國乃屬裁判階段之法官保留事項，一旦法官於個別犯罪裁判宣告時作成應執行自由刑之決定，其後之定執行刑程序，並不會改變德國法制由法官於裁判宣告時決定是否執行自由刑之規範保留模式。舉例來說，如果德國法官判處被告有期徒刑三月及五月，並定執行刑七月，則不論三月、五月或七月，原本均無我國法制易科罰金之機會，其執行刑七月所以必須入監服刑之理由在於：其個別犯罪之宣告刑三月及五月原本即應入監服刑。德國定

執行刑之程序不會改變被告應否入監服刑之狀態，德國定執行刑之程序並未改變德國刑法關於是否執行自由刑之規範保留模式（於裁判宣告時由法官決定應否執行自由刑）。與此相對，如果我國法官在符合刑法第41條第1項規定之情況下判處被告有期徒刑三月及五月，並定執行刑七月，則因三月及五月原本存在由檢察官或法官於執行時決定是否易科罰金之機會，如依民國95年施行之刑法第41條第2項規定，則應執行刑七月反而無從透過法官保留之模式易科罰金，此種改變是否執行自由刑之規範保留模式之立法，與德國刑法的相關規定迥然不同。在欠缺強有力維護重大公共利益必要的法理支持下，民國95年施行之刑法第41條第2項規定貿然改變應否執行自由刑之規範保留模式，在美德法制均未恣意違反規範恆定原則之先例下，此種立法非但不當地創造了規範保留模式之衝突而違背體系正義原則，也無故地破壞了人民對於應否執行自由刑屬於法官保留模式之法制信賴（例如，被告因信賴該犯罪得易科罰金而基於訴訟經濟之考量於偵審中自白並接受簡易程序）而忽略了個案正義（蓋於前述情形中，如被告事先知悉其所為之自白將因數罪併罰規定使其失去自由，必須接受徒刑執行，多半即不願自白並接受簡易程序；而於被告自白並接受簡易程序後，始知悉其將因數罪併罰規定入監服刑，似將招致法律設局欺騙之非議），其立法之不當，已無待贅言。觀諸釋字第662號解釋黃茂榮大法官之協同意見書參：「按是否適合易科罰金，涉及個案之衡平性的評價，並不適合由立法機關超出刑法第41條第1項以上，自始為一般的禁止。且量刑之裁量權本屬於法院。在各罪之量刑中，各審判法院已就各罪之可罰性及適合之刑罰充分表示其評價。該評價對於因數罪併罰，而依刑法第51條定應執行刑之法院，有其拘束力。」之說明，黃大法官似亦肯認易科罰金之法官保留模式不宜因複數犯罪之累計而變更為法律保留之模式。

應予補充說明者，由於數罪併罰規定原以累罰效應避免為規範目的，故縱依施行於民國95年之刑法第41條第2項規定，限於在應執行刑未逾六個月始得易科罰金，不過既然應執行刑未逾六月，如認被告不必發監執行有期徒刑，本質上原無避免累罰效應之必要。則此時允許應執行刑未逾六個月始得易科罰金之民國95年施行之刑法第41條第2項規定，不但無法

說明何以在無避免累罰效應之必要時，被告仍得基於數罪併罰規定而於罰金之易科執行上享有減免之優待；而若堅持應執行刑逾六月即不得易科罰金，更令人不解的是，何以實務上會出現如釋字第366號解釋所引之案例「其中一罪已依易科罰金之方式執行完畢」與「民國95年施行之刑法第41條第2項規定所有罪刑均不得易科罰金」二者相互矛盾之現象。因而，正本清源之道，乃在調整限縮數罪併罰之規定。本書建議於刑法第50條規定後，增訂但書：「但如部分之宣告刑於應執行刑開始執行前已執行完畢，或以易科罰金之方式執行，不在此限。」之規定，以避免類似釋字第366號解釋等源自數罪併罰規定之爭議。

（八）易科罰金之轉向功能

　　為了緩和自由刑之嚴屬性、避免短期自由刑之流弊並解決監獄人滿為患之困境，縱於我國刑法制定之際（民國23年）即存在本於贖刑流弊而反對之聲浪，立法者最終仍於刑法第41條制定易科罰金之規範，以符自由刑最後手段原則。相對於傳統上係於矯正機構（監獄）內執行自由刑之行刑制度，任何替代前述傳統機構內處罰方式之刑事處遇措施（包含少年保護事件之刑事措施），本質上均屬於轉向處分。雖因易科罰金與易服社會勞動之宣告係以被告已接受正式審判並告有罪確定為前提，概念上不屬於以未經正式司法審判程序為內涵之狹義轉向處分（diversion），不過如以非機構處遇執行（不發監執行）為廣義轉向處分之內涵，因易科罰金與易服社會勞動二者本質上均係以機構外處遇替代短期自由刑之執行方式，故二者於概念上應該當廣義轉向處分，並無疑義。鑒於1.轉向處分在美國法制沿革上之蓬勃發展旨在避免以機構內處遇措施對待煙毒犯所衍生之違憲爭議，雖其內涵及性質因已不屬「過度酷刑」而與未經轉向之傳統機構內處遇不能相提並論，2.轉向處分本質上乃處罰之選擇制度，縱有轉向仍不失其處罰色彩，從而，不論係易科罰金或是易服社會勞動，此等以機構外處遇為執行手段之轉向處分對被告造成之處罰效應，本質上應迥異於以機構內處遇為執行手段之自由刑執行；依刑法第44條規定，其作用充其量不過與執行所宣告之自由刑相同，具有解消國家對宣告刑行刑權之效力而已。

因此，因自由刑接續執行（機構內處遇）可能導致過度處罰之疑慮，本質上並不存在於轉向處分（機構外處遇）之執行中。

關於易科罰金准駁之權誰屬，在舊刑法第41條仍以「因身體、教育、職業或家庭之關係，執行顯有困難者」為其要件時，其要件該當與否究應由誰判斷，歷來迭有爭議。雖本諸院字第1387號解釋：「刑法第41條之易科罰金，法院祇須依刑事訴訟法第301條第2款，於判決主文中諭知其折算標準，無庸就執行有無困難預為認定。」而有主張：「因其係執行事項而應專由檢察官於實際執行時具體判斷」，不過在刑事訴訟法第484條允許受刑人等以檢察官執行之指揮不當為由，向諭知該裁判之法院聲明異議之規範下，事實上法院可以透過聲明異議程序裁定變更檢察官有關是否該當「因身體、教育、職業或家庭之關係，執行顯有困難」之判斷，依釋字第245號解釋：「受刑人或其他有異議權人對於檢察官不准易科罰金執行之指揮認為不當，依刑事訴訟法第484條向諭知科刑裁判之法院聲明異議，法院認為有理由而為撤銷之裁定者，除依裁定意旨得由檢察官重行為適當之斟酌外，如有必要法院自非不得於裁定內同時諭知准予易科罰金」意旨以及法院有權於裁判宣告時自由裁量是否符合刑法第74條「以暫不執行為適當者」之緩刑要件以為緩刑宣告基礎之規定，因此，既然法院都可以在宣判時決定暫時不執行自由刑（緩刑）了，舉重以明輕，實在找不出甚麼理由否定法院於裁判宣告時有權認定執行有無困難，以決定以罰金刑代替短期自由刑之執行；因此，縱在刑法第41條修正前，關於執行時得否易科罰金，本質上仍應屬法院之權限。觀諸修正前刑法第41條並無類似刑法第42條第6項（修正前刑法第42條第4項）：「科罰金之裁判，應依前三項之規定，載明折算一日之額數。」強制載明折算標準之文字以及刑事訴訟法第309條第2款：「有罪之判決書，應於主文內載明所犯之罪，並分別情形，記載左列事項：二、諭知六月以下有期徒刑或拘役者，如易科罰金，其折算之標準」並未強制法院宣告易科罰金之折算標準，並允許法院於「如不易科罰金時」不必諭知易科罰金之折算標準，修法前有關「易科罰金乃專屬檢察官權限、法院無庸就執行有無困難預為認定」之說法，非無疑義。

　　由於刑法第41條已於民國94年修正時刪除前述「因身體、教育、職業或家庭之關係，執行顯有困難者」之要件，因此，犯最重本刑為五年以下有期徒刑之刑之罪並受六月以下有期徒刑或拘役之宣告者，原則上即為「應」易科罰金（非「得」易科罰金）。雖然刑法第41條第1項但書「但確因不執行所宣告之刑，難收矯正之效或難以維持法秩序者，不在此限」明文不得易科罰金之要件，不過關於「是否確因不執行所宣告之刑，難收矯正之效或難以維持法秩序」之判斷誰屬，除前述理由外，鑒於現行刑法第41條第1項已刪除「執行顯有困難」、但同條第4項卻仍保留「執行顯有困難」等文字，在現行法已調整易科罰金規範架構之前提下，解釋上應認關於易科罰金之准駁，本質上已非屬通說所認須於執行時始得予以評價之事項；則就體系解釋而言，得否易科罰金應係法院於個別犯罪量刑時，針對矯正效果與法秩序維護等因素予以考量之事項。既然關於得否易科罰金之判斷須於裁判宣告時作成，實質上得否易科罰金即猶如緩刑宣告般，係屬於法院在裁判宣告時即應決定之事項，亦即法院應裁判時決定被告是否應執行短期自由刑。故就現行易科罰金之規範結構而言，如果法院於刑之宣告時認刑法第41條第1項但書之情形不存在（亦即該宣告刑得易科罰金），即應諭知易科罰金之折算標準，以為檢察官將來執行之依據；相反的，如果法院於刑之宣告時認為確實存在刑法第41條第1項但書之情形（亦即該宣告刑不得易科罰金），即無須諭知易科罰金之折算標準，檢察官於執行時亦無須再行判斷得否易科罰金。既然現行法關於得否易科罰金之判斷與定位已與修正前不同而非屬執行時所應判斷之事項，故其本質即應如同緩刑宣告般，屬法院就具體犯罪情狀於罪刑宣告（量刑）時應判斷與決定之事項；鑒於法院於具體個案中得裁量是否選擇易科罰金或緩刑作為某犯罪宣告刑之轉向處分以救濟短期自由刑或避免不必要的自由刑，法理上自應認檢察官實際上已無權否定或改變法院所宣告之（緩刑或易科罰金）轉向處分而逕自決定得否易科罰金。

　　不過法院所為緩刑或易科罰金之宣告，因規範設計之不同，其於得否撤銷或是否執行之點，對被告而言並不完全相同，其轉向之內涵亦因此有所出入。如前所述，由於易科罰金之性質已因刑法第41條之修正而有所

轉變，故一旦法院於量刑時已為易科罰金之宣告，如同法院為緩刑之宣告般，關於短期自由刑是否易科罰金（或是自由刑得否緩刑），已非檢察官於執行時所得干涉。惟應予注意者，原則上法院所為之緩刑宣告於裁判確定時即已「自動」發生效力，被告對此並無權置喙，縱被告於事實上得藉由於緩刑期內再犯罪之方式否定該緩刑宣告之效力，徵諸實際，其不過為緩刑撤銷之問題，被告仍無權同意或否定緩刑之生效與執行。與此相對，雖法院所為之易科罰金宣告亦於裁判確定時發生效力，不過該宣告卻不生「必然」易科罰金之效果，蓋如被告於實際執行時不繳納易科罰金，甚至拒絕易服社會勞動而堅持入監服刑，則關於應易科罰金之短期自由刑宣告，實際上仍將以機構內處遇之方式執行原宣告刑。就此而言，本質上我國刑法第41條第1項有關得否轉向以易科罰金之方式執行短期自由刑之轉向制度，除以法院同意為前提外，被告之同意與配合亦為不可缺之要件，一旦法院已作出刑法第41條第1項但書不存在之判斷而為易科罰金之轉向宣告，被告於該宣告確定時即已取得選擇以易科罰金方式執行之權利。

　　鑒於被告事實上為短期自由刑是否易科罰金之決定者，其得決定是否接受轉向處分之地位，在憲法第22條保障所有不妨害社會秩序與公共利益權利之憲政秩序下，除非認為其有害社會秩序或公共利益，否則應足以評價為一種值得法律保護之權利，而受到憲法第23條之保障。因此，當法院同意轉向處分後，是否選擇轉向處分，本質上乃被告之權利（易科罰金權或易科罰金選擇權），依憲法第23條規定，「除為防止妨礙他人自由、避免緊急危難、維持社會秩序或增進公共利益所必要者外」，原則上不得以法律限制易科罰金。因此，縱欲以法律限制此「易科罰金權或易科罰金選擇權」，其內容亦須通過比例原則之檢驗。因此，大法官雖未明文「一概不許超過六月應執行刑易科罰金，在本質上過度侵害了此種選擇是否易科罰金之權利」，惟如前述說明，數罪併罰既無使被告處於更不利地位之效力，則「過度限制轉向處分」應即為釋字第366號與第662號等解釋指摘違憲之主要理由所在。因此，如併罰數罪分別宣告之有期徒刑「均」未逾六個月，受刑人對於各個短期自由刑本即「均」得行使易科罰金選擇權，僅因所定應執行刑逾六個月即一概否定法院個別所為轉向宣告之效力，並限

制受刑人行使易科罰金選擇權，自不屬最小侵害手段而有違憲法第23條之規定。

就裁判確定前數罪均宣告有期徒刑來說，數罪併罰之規範目的原在避免因接續執行自由刑對受刑人造成過度處罰之不利益，因此一旦不存在避免過度處罰之考量，數罪本即應因目的之不達而不應併罰，並應接續（累計）執行宣告刑。因此，當裁判確定前所犯數罪之一已執行完畢並出現事後併罰時，因已無從接續執行自由刑，自無從發生過度處罰之可能，此時在規範目的拘束下，法理上裁判確定前之數罪本即不應依刑法第51條第5款定應執行刑。同理，當裁判確定前所犯數罪之一部或全部不須執行自由刑時，理論上亦應因其不與其他自由刑接續執行而不生過度處罰之問題，而失依刑法第51條第5款規定併罰之必要，此觀實務上於裁判確定前所犯數罪之一部受緩刑宣告或緩起訴處分（轉向處分）時，其於緩刑宣告或緩起訴處分撤銷前與其他未受緩刑宣告之有期徒刑不適用數罪併罰規定定應執行刑；而刑法第51條亦因法理上之當然而未針對「緩刑與未緩刑之犯罪併罰」與「緩起訴與未緩起訴之犯罪併罰」明文應如何定應執行刑之規範設計，自可明瞭。從而，一旦裁判確定前所犯數罪之一部接受轉向處分（如緩起訴處分或緩刑宣告），因其與未接受轉向處分之自由刑宣告間，於轉向處分撤銷前已無接續執行自由刑之可能，本質上尚不生過度處罰之疑慮而無必要併合處罰；蓋機構內處遇與機構外處遇之本質並不相同，實施機構外處遇並不會產生「機構內處遇是否過度」之問題。因此，裁判確定前所犯數罪是否以機構內處遇之方式執行自由刑，實與數罪併罰之適用有密切的關聯。鑒於刑法第41條第1項僅規定單獨一罪之有期徒刑宣告超過六月時不得易科罰金，並未就數罪併罰應執行刑是否視為宣告刑以及超過六月應執行刑得否易科罰金有所規範，在罪刑法定主義禁止不利益類推適用之拘束下，數罪併罰規定並不生限制轉向處分（緩起訴或緩刑）之效力，縱已依刑法第51條第5款定應執行刑，亦不影響刑法第41條第1項係以宣告刑為易科罰金對象之原則。鑒於實際上只有在裁判確定前所犯數罪皆以機構內處遇之方式執行自由刑（未接受轉向處分）時，始有避免過度處罰並適用數罪併罰規定之必要，則任何接受轉向處分之犯罪（不論已否經

法院宣告自由刑），就刑法第51條第5款規定而言，皆應排除於併罰範圍之外。

　　故雖刑法第51條第5款僅以宣告多數有期徒刑為定應執行刑之前提，而未明文將受緩刑宣告等不執行機構內處遇者排除於併罰範圍外，不過在併罰目的限制下，因僅在多數有期徒刑宣告皆以機構內處遇（自由刑執行）為執行手段時，始有避免過度處罰之必要，故解釋上應僅於所宣告多數有期徒刑皆接受機構內處遇時，檢察官始得依所定應執行刑指揮執行；一旦部分犯罪已因緩起訴而轉向、或部分自由刑宣告已因緩刑或易科罰金而轉向執行（機構外處遇），因已非自由刑之執行，自應排除於併罰範圍外而無再據以定應執行刑之必要。雖法無明文及此，惟就緩起訴與緩刑於未撤銷前均不適用數罪併罰，但卻於「撤銷緩起訴處分後並經法院為有期徒刑宣告」以及「撤銷緩刑」時均適用數罪併罰之實務運作而言，前此基於規範目的所為之說明，應屬法理上之當然結果。基於以上之說明，當裁判確定前所犯數罪皆宣告有期徒刑時，法院依刑法第51條第5款所定應執行刑僅於所有罪刑宣告皆接受機構內處遇時，始有適用，當「法院對部分有期徒刑宣告緩刑」或「受刑人行使易科罰金權選擇以機構外處遇之方式執行部分有期徒刑宣告」時，該部分之罪刑宣告即不應為指揮執行應執行刑之基礎，而應排除於併罰範圍之外；此時縱或仍有數罪併罰之空間，亦僅應以未接受轉向處分之其他罪刑宣告為定應執行刑之基礎。

　　復按於併罰制度濫觴之際，刑事制裁體系於規範上尚未發展出機構外處遇之轉向執行手段，因此有關併罰制度之發展，原僅以機構內處遇為考量；以此為基礎，所謂避免接續執行產生過度處罰之論點，原本即未將機構外處遇之轉向處分考慮在內。試想，如果我國刑法未有易科罰金制度（轉向處分），縱裁判確定前犯數罪皆宣告短期自由刑，因所有自由刑宣告皆須接受機構內處遇，法院此時亦僅須單純地考慮短期自由刑併罰如何定應執行刑較為恰當，實務上當不發生前述短期自由刑宣告得否易科罰金（轉向執行）之爭議。事實上，在1921年德國制定「罰金刑法」第3條引進替代罰金刑（Ersatzgeldstrafe）救濟短期自由刑弊端之前，由於所有短期自由刑宣告均須入監服刑（接受機構內處遇）而不得轉向宣告為罰金

刑，因此縱法院就多數犯罪中之一部或全部為短期自由刑之宣告，本質上尚不生得否接受機構外處遇之問題，則於1921年以前發展之併罰學理，當然不存在併罰數罪之全部或一部轉向執行時，究應如何定位數罪併罰之論述。

除前述併罰學理早期發展並未考量轉向處分外，關於轉向處分之規範模式，亦對併罰實務產生實質的影響。由於前身為1921年德國「罰金刑法」第3條之現行德國刑法第47條有關短期自由刑轉換為罰金刑宣告之規定，對於短期自由刑之轉向係採「法官保留」之規範模式，一旦法官已對輕微犯罪為罰金刑宣告，被告對於法官是否轉向之決定於實際執行時並無選擇權（此點與我國法制並不相同），換言之，一旦法官已為轉向宣告，因該轉向宣告之罰金刑已不得「轉回」短期自由刑，縱其與其他犯罪數罪併罰，由於依德國刑法第47條宣告者已非自由刑，縱與其他自由刑合併執行，本質上並不生過度處罰之疑慮，此時並無透過限制加重原則（即類似我國刑法第51條第5款併罰規定）予以規避過度處罰之必要。既然德國刑法第47條有關短期自由刑轉換為罰金刑宣告之規定，亦具有非機構內處遇犯罪之特徵，其本質亦屬廣義轉向處分之一，因此當法院依該規定將短期自由刑轉換（轉向）為罰金刑宣告時，已轉向之罪刑宣告與未轉向之罪刑宣告間，縱亦該當裁判確定前犯數罪之併罰規定，鑑於被告於轉向宣告罰金刑後只能接受罰金刑之執行，實際上符合併合處罰定之數犯罪因已不存在併合數自由刑宣告定應執行刑之可能，既然此時已不存在因接續執行自由刑而過度處罰之疑慮，自無需定應執行刑；相對而言，如法院於該犯罪審理後認有執行自由刑必要而未依德國刑法第47條將短期自由刑轉換（轉向）為罰金刑宣告，因此時所有罪刑宣告均無轉向之必要而須接受機構內處遇，此時各罪宣告刑已無任何轉向宣告之機會，則併罰數罪即有定應執行刑之必要以實現避免過度處罰之規範目的。縱上所述，德國刑法於多數有期徒刑宣告併合處罰時，係以法官認為所有自由刑罪刑宣告均須接受機構內處遇為前提，因法制上已不存在部分有期徒刑得轉向宣告罰金刑之現象。因此，縱其所定應執行刑為短期自由刑，因已不須再考慮應否轉向，只要單純依應執行刑所定刑度執行機構內處遇即可；蓋依德國法制，由於

所有短期自由刑宣告係以法院認必須接受機構內處遇為前提，縱所定應執行刑為短期自由刑仍須入監服刑，更遑論所定應執行刑已非短期自由刑時，被告是否應入監服刑。因此，不應以德國法制上併合多數短期自由刑所定應執行刑已非短期自由刑並須入監服刑，作為我國相關法制說明之依據。

　　值得注意的是，前述德國刑法第47條有關短期自由刑轉向為罰金刑宣告之規範模式，與我國刑法第41條並不相同，德國法院依該規定將短期自由刑直接轉向宣告為罰金刑時，受刑人對於罰金刑之執行並無選擇權。事實上，關於是否轉向處分，於德國法制係單純屬於法官保留領域之事項，法官依刑法第47條所為之轉向宣告，係以法官認為被告沒有接受機構內處遇之必要（否則即不必要為轉向宣告）為內涵，由於法理上並不存在因多數犯罪之罪責較高而一概皆不得轉向之限制，因此如法院認為個別犯罪之罪責皆不致使被告接受機構內處遇，縱係裁判確定前之多數犯罪，亦因罪責未提昇至必須入監服刑之程度，本即得為多數轉向宣告。

　　既然我國刑法轉向規範之結構異於德國法制，而且於多數有期徒刑之宣告併合處罰時，我國刑事執行實務仍將出現部分有期徒刑得以易科罰金之現象，因此我國刑法於相關問題之處理上，本即因法制規範有異而存在不同解釋之空間。就救濟短期自由刑而言，與德國法制不同，我國易科罰金制度除須法院將短期自由刑轉向宣告為「短期自由刑易科罰金」（法官保留）外，仍存在由受刑人選擇是否轉向執行之空間（受刑人選擇權），則僅法院為「短期自由刑易科罰金」之宣告，本質上尚不足以實現轉向處分救濟短期自由刑之目的。不過由於受刑人已於宣判時取得選擇轉向處分之權利，縱發現其他裁判確定前之犯罪，在行為刑法之前提下，亦不致改變法院基於罪責原則所為某犯罪「應否接受機構內處遇」之判斷。又如法院對裁判確定前之多數犯罪均作出「短期自由刑易科罰金」之轉向宣告，數次「不應接受機構內處遇」之科刑判斷（轉向宣告）亦不應僅因發現其他裁判確定前犯罪而有所改變，蓋法院如認為某犯罪應接受機構內處遇矯治，本可於科刑判斷時作出被告應接受機構內處遇之裁判，實無必要於科刑宣告後再透過數罪併罰制度達成機構內處遇被告之目的。因此，如同德

國法制般，受刑人已依法院轉向宣告取得接受機構外處遇之權利，縱因數罪併罰之適用，尚不致「得而復失」。

　　鑒於德國刑法亦肯認於併罰數罪中之一罪為轉向宣告時，並無合併機構內處遇（自由刑）與機構外處遇（罰金刑）定應執行刑之必要，則當我國實務出現併罰數罪中之一罪以機構外處遇方式（易科罰金、易服社會勞動或緩刑）執行時，自亦應排除其與須接受機構內處遇之自由刑宣告再依刑法第51條第5款規定定應執行刑。從而，本文認為我國數罪併罰之實務，應依下述原則執行：1.在事後併罰的情形中，不論事後併罰中之一罪已先依何種方式執行完畢，因無接續執行自由刑而不生過度處罰之疑慮，該犯罪即不須與其他同為裁判確定前所犯之罪依刑法第51條第5款規定定應執行刑；此時如後確定之罪刑宣告為超過六月之自由刑，僅應依該自由刑宣告而為執行，縱後執行之罪刑宣告為六月以下之短期自由刑，只要法院宣告易科罰金之標準且受刑人選擇接受轉向處分，亦僅須執行後確定犯罪之轉向處分即為已足；2.在同時併罰的情形中，因受刑人有權選擇六月以下短期自由刑是否接受轉向處分已為大法官釋字第366號與第662號解釋所肯認，則依刑法第51條第5款所定之應執行刑應僅於受刑人選擇數罪皆接受機構內處遇時，始得作為執行之依據；一旦受刑人選擇以機構外處遇之方式執行短期自由刑宣告，因該經法院宣告轉向之短期自由刑已因被告選擇接受轉向處分而告確定，該已轉向之機構外執行即不必要與其他未轉向之機構內處遇適用刑法第51條第5款規定。簡單來說，由於我國刑法第41條與德國刑法第47條在轉向處分之適用上採取不同規範模式（前者以法官保留與受刑人選擇為要件，後者僅以法官保留為要件）以救濟短期自由刑流弊，因此相關實務運作必然存在一定程度的差異；不過一旦短期自由刑之宣告已轉向為機構外處遇，則不論係德國法上由法院單獨決定轉向之模式，或是我國法上係由法院與受刑人共同決定之轉向模式，已轉向之機構外處遇與未轉向之機構內處遇間，縱形式上仍屬自由刑之執行，實質上亦因執行內涵之不同而不存在避免過度處罰之必要，此時自不須再依刑法第51條第5款所定應執行刑而為執行。現行實務不區分是否轉向執行而一概適用數罪併罰並以應執行刑為執行依據（亦即轉向仍併罰）之作法，應

予改變。因此，雖依刑法第51條第5款所定之應執行刑係以數有期徒刑宣告為前提要件，其於執行上亦應僅限於所有有期徒刑宣告均未接受轉向處分為適用前提，此觀最高法院98年度台抗字第606號刑事裁定僅限於所有有期徒刑宣告均未接受緩刑宣告轉向為定應執行刑前提之說明，自可明瞭。關於此種接受轉向處分即不適用刑法第51條第5款之現象，稱為自由刑「轉向不併罰原則」。

事實上，如以轉向不併罰原則為基礎，前述大法官解釋所遺留未明之難題或將迎刃而解。蓋以釋字第366號解釋與第662號解釋所指之併罰類型而言，由於裁判確定前所犯數罪均得易科罰金，而受刑人本有權決定是否接受該轉向處分，故當其選擇以機構外處遇之方式執行短期自由刑之罪刑宣告時，原則上因各罪刑宣告已因轉向而無過度處罰之疑慮，自無須依刑法第51條第5款所定應執行刑而為執行，亦即，此時僅分別執行其轉向處分（而不必依應執行刑易科罰金）即已達法院宣告轉向處分之處罰目的，如僅因存在其他犯罪（多數犯罪）進而一律限制受刑人選擇轉向處分之權利，鑒於數罪併罰本無提昇罪責與限制轉向之功能，自有此二則大法官解釋所指違憲之不當；惟如受刑人選擇接受機構內處遇執行自由刑，為避免過度處罰，此時僅依所定之應執行刑執行亦已達法院宣告多數自由刑之刑罰目的。而在釋字第144號解釋與第679號解釋之併罰類型中，可分為以下二種處理方式：1.如果事後併罰中之一罪已先以易科罰金方式執行完畢，亦因無接續執行自由刑而不生過度處罰之問題，該犯罪亦不須與其他同為裁判確定前所犯之罪依刑法第51條第5款規定定應執行刑；如果事後併罰中之一罪已先發監執行完畢，縱受刑人選擇以機構內處遇方式執行後確定之罪刑宣告，亦因不生過度處罰之問題而無與後確定之犯罪定應執行刑之必要，如受刑人選擇以機構外處遇方式執行後確定之罪刑宣告，在轉向不併罰之原則下，自亦僅須依轉向宣告執行後確定之短期自由刑宣告即可，簡言之，在併罰目的之拘束下，本質上所有的事後併罰均無依刑法第51條第5款所定應執行刑而為執行之必要。2.另在同時併罰的情形中，由於併罰數罪中之部分罪刑宣告必須接受有期徒刑之執行（機構內處遇），因此於該部分執行期滿前，受刑人本無可能藉由轉向處分解免牢獄之災，此時

尚不生如何執行轉向宣告之問題；不過一旦該部分罪刑宣告已執行期滿，則因短期自由刑依刑法第41條第1項規定易科罰金已為受刑人權利，除非於個別犯罪罪刑宣告時法院已依刑法第41條第1項但書否定易科罰金之執行，否則此時應由受刑人決定如何執行對其較為有利，如受刑人認依應執行刑繼續執行較有利，本即不必再為轉向處分之聲請；如其認以轉向處分之方式執行短期自由刑宣告對其較為有利，基於轉向不併罰之原則，即應於機構內處遇執行期滿時依原轉向宣告執行之，院字第2702號解釋及釋字第144號解釋（包含釋字第679號解釋）一律限制受刑人選擇轉向處分之權利，亦應同具釋字第366號解釋與第662號解釋所指違憲之不當。至於得易科與不得易科之罪併罰而無庸載明易科標準之解釋，則因准否易科及易科標準已於短期自由刑宣告時諭知，其本質上本非應執行刑所應審認之對象，自無變更之必要。

（九）易科罰金之執行

關於易科罰金之執行，法務部訂有「受刑人聲請易科罰金須知」，其內容如下：

「一、台端所受本案判處之（有期徒刑○月拘役○日），如因身體、教育、職業或家庭之關係，執行顯有困難，依刑法第41條規定，得易科罰金。

二、台端如聲請易科罰金，請於月日攜帶易科罰金之金額新臺幣元及身分證，親自前來本署，向承辦人口頭聲請。

三、聲請易科罰金，請提出執行顯有困難之證明文件，例如：

（一）因『身體』關係執行顯有困難者──請提出公立或主管官署核准立案之私立醫院或當地衛生所之診斷書（如係一望可知之殘疾不須提出證明文件）。

（二）因『教育』關係執行顯有困難者──請提出學生證或在學之證明文件。

（三）因『職業』關係執行顯有困難者──請提出職業證明文件、在職證明及營利事業登記證、稅單。

（四）因『家庭』關係執行顯有困難者——請提出扶養親屬關係之戶口名簿影印本或原本。（不須提出村、里、鄰長證明）

四、本署對於易科罰金之聲請，只須提出前述執行顯有困難之任何證明文件之一，經核屬實，即得准許，如有請託關說行為，嚴予查辦。

五、得易科罰金之案件，受刑人如出國未歸，在遠洋漁船作業或罹患重病經醫師證明無法親自到案辦理者，得由受刑人之配偶、三親等內血親、二親等內姻親持確實之證明文件，代為聲請。」

又關於罰金之分期繳納，法務部亦訂有「受刑人分期繳納罰金要點」，以資遵循：

「一、受刑人無力完納罰金者，得於裁判確定後兩個月內，向檢察官聲請分期繳納。

二、檢察官應依受刑人聲請分期繳納之期數，准許其就罰金總額平均分期繳納，其期限最多不得超過八期。但時效即將完成者，僅得於時效完成前之期限內，准許其分期繳納。

三、分期繳納罰金以一個月為一期，受刑人遲延一期不繳納者，檢察官得撤銷分期繳納之許可，並依法強制執行或易服勞役。

四、受刑人應繳納之罰金在新臺幣五千元以下者，除確有實際困難，得酌情准許其分期繳納外，宜儘量命其一次完納。

五、准許分期繳納罰金者，檢察官應以書面或口頭將每期應繳納之日期、金額及不按期繳納之後果通知受刑人，其以口頭通知者，應記明筆錄。

六、受刑人如係自動到案，不論係傳喚案或通緝中自動投案，均毋庸具擔保書狀即准許其分期繳納罰金撤銷通緝。如係經拘提或通緝到案或在易服勞中之受刑人，得責令其提出殷實之人或商舖出具擔保書狀及先繳一期罰金後，准許其分期繳納。對於已發監執行易服勞之受刑人，執行檢察官應按月與監獄連繫，如仍有提出分期繳納罰金之聲請者，即予轉送，並應主動告知受刑人得隨時向指揮執行檢察官提出聲請。

七、前項擔保書狀應載明『如受刑人逃匿或不按期繳納時，願負全部代為繳納責任』。

八、罰金分期繳納在執行中，固不生時效問題，惟如受刑人於嗣後不再繳納，且已傳扣無著時，即應注意於時效完成前予以通緝，以適用刑法第85條第3項延長時效四分之一之規定。

九、在辦公時間外，各級法院及其院檢察署應指定專人代收罰金。

十、拘提、通緝或易服勞役中之受刑人之配偶、三親等內之血親、二親等內之姻親，得向檢察官查詢應繳納之罰金數額，並准其代辦分期繳納手續。

十一、經通緝到案而准許分期繳納，如嗣後不再繳納經再執行拘提或通緝到案者，不得分期繳納。

十二、罰金經准許分期繳納而其期限未屆滿者，視為不遲延案件。

十三、書記官本從寬原則認真辦理罰金分期繳納而成績優良者（例如參考檢察官結案折計件數標準），應作為年終考績之重要參考。

十四、檢察官、書記官辦理罰分期繳納案件，違反本要點規定或執行不力者，當酌情議處。」

二、易服勞役

依刑法第42條第1項規定，罰金應於裁判確定後二個月內完納，期滿而不完納者，強制執行，其無力完納者，即得易服勞役。由於罰金受刑人中，無力一次完納或一時無力完納者，在實務上，時有所見。我國關於罰金執行，准許分期繳納，試行有年，頗有績效，惟分期繳納，必須依受判決人經濟或信用之狀況，二個月內無繳納之可能時，始准分期，故將之列為准許分期繳納之要件，爰參酌德、瑞立法例（德國現行刑法第42條、瑞士現行刑法第49條），於本條第1項增設但書：「但依其經濟或信用狀況，不能於二個月內完納者，得許期滿後一年內分期繳納。遲延一期不繳或未繳足者，其餘未完納之罰金，強制執行或易服勞役。」規定，予以明文化。有關罰金准否分期繳納之決定權，歸屬於執行檢察官。准許分期繳納罰金後，受判決人，如有遲延一期不繳或未繳足之情事，即喪失分期繳納之待遇，故規定遲延一期不繳或未繳足者，其未完納之罰金（如第一期

即遲延不繳時，其未繳者為罰金全部。第二期以後遲延不繳時，其未繳者為罰金之一部）強制執行或易服勞役。

又依刑法第42條第1項規定罰金逾裁判確定二個月不完納者，原必須經強制執行程序，確屬無力完納，始得易服勞役。惟實務上，如已查明受判決人確無財產可供執行時，尚須經此形式上之強制執行程序，則徒增不必要之勞費並耗費時日，有待改善，經研酌，以得逕予易服勞役為宜。故增列第2項：「依前項規定應強制執行者，如已查明確無財產可供執行時，得逕予易服勞役。」規定，以為適用之依據。因於刑法第33條第5款修正後，罰金刑已為新臺幣一千元以上，罰金易服勞役之標準，應與之相配合，故將刑法第3項修正為以一千元、二千元或三千元折算一日，由審判者依具體案情斟酌決定之。又本條易服勞役之折算標準，修正提高為以一千元、二千元或三千元折算一日，因此罰金罰鍰提高標準條例第2條有關易服勞役折算一日之數額提高倍數之規定，即不再適用。又按目前國民所得較諸過去為高，且犯罪所得之利益，亦顯然增加，此觀諸特別刑法所定併科或科罰金之金額，較諸刑法為高，而依舊刑法規定易服勞役之期限僅六個月，即便以最高額度新臺幣九百元折算一日，六個月亦不過十六餘萬元（亦即宣告罰金超過十六萬元，受刑人僅須服刑六個月即可免繳罰金），罰金超出此數額者，即以罰金總數與六個月比例折算，殊有不公平。況現行特別法所定之罰金刑，有新臺幣數十萬元，甚至數百萬元、數千萬元之數額，如仍依現行規定，則宣告再高額之罰金刑，受刑人亦僅執行六個月，實無法嚇阻犯罪，與高額罰金刑之處罰意旨有悖，爰將刑法第42條第3項但書之易服勞役期間由六個月提高至一年。關於折算金額逾一年之規定，移列至第5項：「罰金總額折算逾一年之日數者，以罰金總額與一年之日數比例折算。依前項所定之期限，亦同。」以求允當。

鑑於民國93年2月4日公布施行之銀行法、金融控股公司法、票券金融管理法、信託業法、信用合作社法、保險法及民國93年4月28日公布施行之證券交易法等，特別增訂提高罰金折抵勞役之期間，因上開七法之罰金刑有高達新臺幣數百萬元、千萬元，甚或上億元之金額，就易服勞役之規定，現行規定六個月或本條所定一年之折算期間，已無法反應無力或

拒絕繳納高額罰金刑情形，而迭遭質疑高額罰金刑之處罰效果，故上開金融七法中增列「犯本法之罪，所科罰金達新臺幣五千萬元以上而無力完納者，易服勞役期間為二年以下，其折算標準以罰金總額與二年之日數比例折算；所科罰金達新臺幣一億元以上而無力完納者，易服勞役期間為三年以下，其折算標準以罰金總額與三年之日數比例折算。」之規定，以解決高額罰金刑易服勞役之折算標準。惟行為人犯上開金融七法之罪與他罪有數罪併罰之情形，於定應執行刑之罰金部分，因本法與上開金融七法規定不一，而有數個易服勞役之折算標準，為杜法律適用之爭議，爰增訂第4項：「依第51條第7款所定之金額，其易服勞役之折算標準不同者，從勞役期限較長者定之。」以從期限較長者定折算標準。

依刑法第42條第6項規定，科罰金之裁判，應依前三項之規定，載明折算一日之額數。此應由裁判官於諭知罰金裁判時，依刑事訴訟法第309條第3款規定於主文內一併宣告之。依同法第7項規定，易服勞役不滿一日之零數，不算。依同法第8項規定，易服勞役期內納罰金者，以所納之數，依裁判所定之標準折算，扣除勞役之日期。依刑法第44條規定，易服勞役執行完畢者，其所受宣告之刑，以已執行論。但易服勞役只為易刑處分，不能視為徒刑之執行，自不生累犯之問題，亦不得據為不能宣告緩刑之事由。

三、易以訓誡

易以訓誡者，以訓誡代替拘役或罰金之執行之謂。「訓誡」即告誡其以往之犯罪，訓導其將來不再犯罪之意。易以訓誡，立法上有規定為刑罰之一者，我國刑法未列入刑罰之種類以內，惟規定於第五章「刑」章之內，故為代替刑之一種。惟少年事件處理法第42條第1項第1款之訓誡，為管訓處分之一種，屬保安處分之性質，與刑法上之易以訓誡不可混為一談。

犯罪情節輕微，且其動機可恕之情形，無論依社會責任論或道義責任論之立場，其行為係無可非難者，若必科以刑罰，反無實益。故刑法

第43條特規定：「受拘役或罰金之宣告，而犯罪動機在公益或道義上顯可宥恕者，得易以訓誡。」至於最重本刑是否為拘役或罰金，抑重於拘役或罰金，則非所問。犯罪之動機，如與公益或道德有關者，必與正義或道德之觀念相謀合，而其宣告刑既為拘役或罰金，則其犯情亦甚輕微，故准許易以訓誡。又依刑事訴訟法第316條規定：「羈押之被告，經諭知無罪、免訴、免刑、緩刑、罰金或易以訓誡或第303條第3款、第4款不受理之判決者，視為撤銷羈押。但上訴期間內或上訴中，得命具保、責付或限制住居；如不能具保、責付或限制住居，而有必要情形者，並得繼續羈押之。」關於是否易以訓誡，法院有充分裁量之權，依刑事訴訟法第310條第5款：「易以訓誡或緩刑者，其理由。」規定，法院須於裁判時併宣告易以訓誡，而檢察官於依刑事訴訟法第482條：「依刑法第43條易以訓誡者，由檢察官執行之。」規定實際執行時，得斟酌以言詞或書面為之。

四、易服社會勞動

　　有鑒於過去因公務員無意間收受他人小額款項，誤觸法律，法官雖輕判六個月以下徒刑，但因貪污罪本刑最高超過五年，所以不能易科罰金，致生短期自由刑威嚇無效、教化無功之弊，刑法新增訂社會勞動制度，並自2009年9月1日起正式施行，社會勞動使受六月以下有期徒刑、拘役宣告之人可以經檢察官同意後選擇改服社會勞動，以代替原本徒刑或罰金的執行，同時提供無償勞動補償社會。社會勞動的內容包羅萬象，諸如清潔整理、居家照護、弱勢關懷、淨山淨灘、環境保護、生態巡狩、社區巡守、農林漁牧業勞動、社會服務、文書處理、下水道淤積檢查、城鄉街景改善、道路與道樹維護、兒童與青少年照顧、工業區清潔與景觀改造以及河川環境維護管理等，相較於入監執行自由刑，社會勞動讓犯罪人不與其社會網絡脫離，得以兼顧家庭、學業、人際與工作，由社會成本負擔者轉而成為對社會有貢獻的生產者，亦可避免因入監執行短期自由刑標籤化更生不易、沾染惡習等衍生性問題，有利於犯罪人之復歸社會。社會勞動係以提供無償勞動或服務補償社會，作為六月以下有期徒刑或拘役等短期自由

刑之一種替代措施，屬於刑罰的一種易刑處分，具有處罰性質。

　　依法務部之立法說明，勞動或服務雖非有形財產，但亦具有經濟價值。外國的「社區服務」（community service）制度，即以提供勞動或服務做為一種刑罰或刑罰的替代措施。為彌補易科罰金制度上的不足，秉持解決短期自由刑流弊的理念，參酌外國社區服務制度及我國現行刑法第74條及刑事訴訟法第253條之2關於緩刑及緩起訴處分附帶義務勞務制度，遂於刑法增訂社區服務制度，以提供勞動或服務之方式，作為短期自由刑之易刑處分，替代短期自由刑之執行。為提高執行可行性，縮短履行期間，規定最長不得逾一年。同時建立篩選機制，對於老弱殘病或重大惡疾不適合提供社會勞動者，及易服社會勞動難收矯正之效或難以維持法秩序者，例如累犯，賦予檢察官裁量權，不准易服社會勞動，以提高執行效益及社會的接受度，減少執行觀護人力的負荷。依法務部所做修法說明，實施易服社會勞動制度有下列優點：

　　（一）避免短期自由刑的流弊：依統計資料所示，97年度累計迄11月底止，六月以下有期徒刑、拘役及罰金易服勞役等短期自由刑新入監的人數有2萬6,295人，占新入監受刑人的59.5%。易服社會勞動制度施行後，這些原應入監執行的短期自由刑受刑人，扣除第4項所定不得易服社會勞動者，包括老弱殘病、重大惡疾、累犯（尤其是竊盜犯與毒品犯）等，以及不願意提供社會勞動或因不履行而被執行原宣告刑者，保守估計至約有六成以上、約1萬5,000名的短期自由刑受刑人可轉向服社會勞動，無須入監執行，避免沾染惡習、被貼上標籤等短期自由刑的流弊。

　　（二）有助復歸社會：自由刑之執行係消極拘禁人身自由，與社會隔離，為不事生產的單純消費者，出獄後有社會復歸的問題。社會勞動則係將犯罪人置入社會，不與社會脫節，積極提供勞動服務，成為對社會有貢獻的生產者，藉此產生肯定自我的正面功能，並藉由社會制約，適應社會，避免再犯罪。相較於入監執行自由刑，社會勞動讓受刑人不生復歸社會困難的問題。

　　（三）紓緩監獄擁擠問題、避免增（擴）建監獄、節省矯正費用、減少國庫財政負擔：監禁率係指每十萬人口的監禁人數。我國的監禁率

473

於97年11月底為275，雖較美國773為低，但相較於其他國家，例如加拿大107、英國150、法國85、德國95、日本62、韓國97，相對偏高，造成監所超額收容，人滿為患。監獄的硬體設備費用及人事管理、伙食等矯正費用，皆係國庫支付，造成國庫沈重的負擔。我國監獄超額收容的問題日趨嚴重，迄97年11月底，超額收容人數已達8,688人，超額收容比率（超額收容人數占核定容額人數的比率）達15.8%，有的監所甚至超過50%，過度擁擠，不利矯正教化。就在監受刑人人數觀察，六月以下有期徒刑、拘役或罰金易服勞役等短期自由刑的在監受刑人數（非年度累計），從90年底的2,571人增加至96年底的4,164人、97年11月底的5,247人，占在監受刑人數的百分比，從90年的6.4%增加至96年的10.0%、97年11月底的9.9%。若以極大值計算，5,247名短期自由刑的在監受刑人全部釋放出獄，轉服社會勞動，可節省監獄5,247個收容空間（一個收容空間可能因受刑人入出獄而先後由不同人使用，惟就總容量而言，與5,247人持續使用一年等值），相當於三座新竹監獄（核定收容人數為1,674人）的收容額，除紓緩監獄過於擁擠的問題之外，亦無須為解決監獄擁擠問題而花費鉅資增建或擴建監獄（新竹明年度編列預算為二億餘元）。此外，這些受刑人在監內的伙食、人事管理、業務、獎補助等矯正費用，一人一年平均須花費16萬673元，5,247人一年總計須花費8億4,305萬1,231元。若轉往社會勞動，一年即可省下約8億元的矯正費用，減少國庫的財政負擔。由於5,247名受刑人並非皆適合提供社會勞動，且依據法務部就現行監所符合易服社會勞動資格的短期自由刑受刑人所做的統計，有89%之受刑人有意願提供社會勞動，11%沒有意願（參見附件）。若再扣除不適合社會勞動者，最保守估計，約有6成短期受刑人可轉往社會勞動，節省3,148個收容空間，相當於二座新竹監獄的收容額，節省5億579萬8,604元的矯正經費。

（四）從消費者變成生產者，創造產值，回饋社會：若以極大值計算，上述5,247名短期自由刑在監受刑人，若釋放出獄，提供社會勞動服務，從不事生產的消費者，變成生產者，創造產值。以每日工作八小時、月薪17,280元之基本工資計算，每人每日提供勞動六小時，月薪為1萬2,960元，年薪為15萬5,520元，5,247人一年可創造相當於8億1,601萬3,440

元的產值，回饋社會。若以最保守估計，5,247名短期受刑人僅有六成即3,148人轉往社會勞動，3,148人每年可創造相當於4億8,957萬6,960元的產值，回饋社會。

　　依刑法第41條第2項：「依前項規定得易科罰金而未聲請易科罰金者，得以提供社會勞動六小時折算一日，易服社會勞動。」及第3項：「受六月以下有期徒刑或拘役之宣告，不符第1項易科罰金之規定者，得依前項折算規定，易服社會勞動。」等規定，易服社會勞動不以得易科罰金之案件為限，因此本不得易科罰金之案件，只要受六月以下有期徒刑之宣告，亦得易服社會勞動。又依刑法第41條第4項：「前二項之規定，因身心健康之關係，執行顯有困難者，或易服社會勞動，難收矯正之效或難以維持法秩序者，不適用之。」規定，由於社會勞動者必須親自提供勞動或服務，因此必須考量勞動者之身心健康等因素是否足堪勝任，以免發生難以履行的情形。又社會勞動並未拘禁人身自由，監督功能較低，對於有再犯危險者，可能於履行期間再度犯罪危害社會。若准予易服社會勞動，難收矯正之效或難以維持法秩序，故亦應將之篩選過濾。藉由篩選機制的建立，以提高社會勞動的執行效益及社會接受度，減少執行觀護人力的負荷。換言之，在篩選機制下，對於老弱殘病或重大惡疾等因身心健康因素，不適合提供社會勞動者，或易服社會勞動難收矯正之效或難以維持法秩序者，檢察官得裁量不准易服社會勞動。又為讓勞動者於提供社會勞動之外，有充裕時間兼顧自身工作，維持正常生活所需，以提供社會勞動六小時折算徒刑或拘役一日，做為折算標準。至於社會勞動之履行期間，由檢察官考量個案勞動時數之多寡及勞動者身心健康、家庭、工作狀況等各項因素後決定之。惟為防止社會勞動之執行拖延甚久，效益低落，影響服務對象接受勞動或服務的意願，故刑法第41條第5項：「第2項及第3項之易服社會勞動履行期間，不得逾一年。」明文規定其履行期間最長不得逾一年。若易服社會勞動之後，於履行期間內發生刑事訴訟法第467條停止執行之事由或有其他正當理由，例如發生意外受傷，難於原定履行期間內履行完畢者，自得向檢察官聲請延長履行期間，但最長仍不得超過一年。為避免提供社會勞動者藉機拖延履行或不為履行，發生無法可管的情形，

刑法第41條第6項：「無正當理由不履行社會勞動，情節重大，或履行期間屆滿仍未履行完畢者，於第2項之情形應執行原宣告刑或易科罰金；於第3項之情形應執行原宣告刑。」乃明訂無正當理由不履行社會勞動，或履行期間屆滿仍未履行完畢者，於得易科罰金之案件得聲請易科罰金，若未聲請易科罰金，則執行原宣告刑，不得易科罰金的案件則執行原宣告刑。若不服檢察官執行原宣告刑之指揮命令，可依刑事訴訟法第484條規定聲明異議，提起救濟。

對於得易科罰金之案件，如先聲請易科罰金後，嗣無力完納者，是否得聲請改易服社會勞動，宜以法律明文之。依刑法第41條第7項：「已繳納之罰金或已履行之社會勞動時數依所定之標準折算日數，未滿一日者，以一日論。」規定，於易服社會勞動期間，有錢易科罰金者，自得准許易科罰金執行完畢。若不履行社會勞動，又未能易科罰金，則執行原宣告刑。不得易科罰金之案件，若不履行社會勞動，則執行原宣告刑。於轉換過程中，已繳納之罰金數額或已履行之社會勞動時數折算標準折算日數，未滿一日者，以一日計算，此乃採取對提供社會勞動者有利之規範方式。又為免易服社會勞動之終結遙遙無期，致生不利受刑人之影響，刑法第41條第9項：「數罪併罰應執行之刑易服社會勞動者，其履行期間不得逾三年。但其應執行之刑未逾六月者，履行期間不得逾一年。」定有執行期間之限制。又為免於數罪併罰執行過程中產生不履行社會勞動時是否得易科罰金之爭議，刑法第41條第10項：「數罪併罰應執行之刑易服社會勞動有第6項之情形者，應執行所定之執行刑，於數罪均得易科罰金者，另得易科罰金。」乃明文於無正當理由不履行社會勞動，或履行期間屆滿仍未履行完畢者，於數罪均得易科罰金之案件得聲請易科罰金，若未聲請易科罰金，則執行原宣告刑，惟如有不得易科罰金的案件，則執行原應執行刑。

易服社會勞動除為短期自由刑及罰金刑之易刑處分外，更為罰金易服勞役之替代措施。按罰金為一種財產刑，以能執行受刑人之財產為原則。至如無財產可繳納或供強制執行，刑法第42條雖定有易服勞役制度，惟因其須入監執行，本質上仍屬於機構內處遇方式。經參考德國立法例及刑法第41條增訂徒刑、拘役得易服社會勞動之立法意旨，刑法第42條之1第

1項遂增訂得以提供社會勞動來替代罰金所易服之勞役，將社會勞動作為罰金易服勞役後之再易刑處分，使無法繳納罰金者，得以提供社會勞動方式，免於入監執行罰金所易服之勞役。依刑法第42條之1第1項：「罰金易服勞役，除有下列情形之一者外，得以提供社會勞動六小時折算一日，易服社會勞動：一、易服勞役期間逾一年。二、入監執行逾六月有期徒刑併科或併執行之罰金。三、因身心健康之關係，執行社會勞動顯有困難。」規定，易服勞役期間須未滿一年，蓋因其他法律對於易服勞役期限亦有特別規定之例，如銀行法、金融控股公司法、票券金融管理法、信託業法、信用合作社法、保險法、證券交易法、證券投資信託及顧問法、農業金融法等金融法規，即規定「犯本法之罪，所科罰金達新臺幣五千萬元以上而無力完納者，易服勞役期間為二年以下，其折算標準以罰金總額與二年之日數比例折算；所科罰金達新臺幣一億元以上而無力完納者，易服勞役期間為三年以下，其折算標準以罰金總額與三年之日數比例折算。」（此乃刑法第42條規定易服勞役期限不得逾一年之例外規定），如准對此高額罰金及逾一年易服勞役期間易服社會勞動，非僅與國民法感情不符，同時亦將減弱罰金刑之嚇阻作用；又對於應執行逾六月有期徒刑併科之罰金，包括數罪併罰之案件，由於所應執行者已非六月以下之短期刑，且須入監執行，犯罪情節較為嚴重，多屬槍砲或毒品案件，且其執行，除完納罰金之外，多以易服勞役接續徒刑之執行；考量社會接受度及社會勞動執行之困難度，對於須入監執行逾六月有期徒刑者，其併科或併執行罰金之執行實不得易服社會勞動，併科或併執行罰金不得易服社會勞動包括下列情形：1.單罪宣告刑逾六月有期徒刑併科之罰金；2.數罪併罰之徒刑應執行刑不得易科罰金或易服社會勞動，而須入監執行逾六月有期徒刑者，其併執行之罰金；3.數罪併罰之徒刑應執行刑得易科罰金或易服社會勞動，惟未聲請易科罰金或易服社會勞動，而入監執行逾六月有期徒刑者，其併執行之罰金；4.數罪併罰之徒刑應執行刑得易科罰金或易服社會勞動，經聲請易科罰金或易服社會勞動，惟未獲准許易科罰金或易服社會勞動，而入監執行逾六月有期徒刑者，其併執行之罰金；又因社會勞動必須親自提供勞動或服務，與易服勞役入監執行不同，自必須考量勞動者之身心健康因素是

否足堪勝任，參酌刑法第41條第4項立法意旨，爰於刑法第42條之1第1項第3款增訂因身心健康之關係，執行社會勞動顯有困難者，由執行檢察官於個案認定是否適合准予易服社會勞動。

　　由於易服勞役期限最長一年，而勞役再易服社會勞動之期限最長亦達一年，故於參考刑法第41條社會勞動之履行期間與應執行六月刑期之比例，於刑法第42條之1第2項規定社會勞動之履行期間最長不得逾二年。另參考本法第41條第6項之規定，為避免提供社會勞動者藉機拖延履行或不為履行，發生無法可管情形，刑法第42條之1第3項乃明定：「無正當理由不履行社會勞動，情節重大，或履行期間屆滿仍未履行完畢者，執行勞役。」以資適用。上開事項影響執行方式之選擇，屬於刑罰之執行事項，原則上應由執行檢察官予以認定。又因已履行之社會勞動時數，於折算勞役日數時可能發生不滿一日之情形，刑法第42條之1第4項：「社會勞動已履行之時數折算勞役日數，未滿一日者，以一日論。」乃明定時數折算未滿一日時以一日論，以杜爭議。由於罰金刑為財產刑，於履行社會勞動期間內，若有錢繳納罰金者，自應准許，惟因本條之易服社會勞動為罰金易服勞役後之再易刑處分，原裁判主文亦僅諭知罰金易服勞役之折算標準，為免歧異，應認原裁判所定罰金易服勞役之折算標準，即係罰金易服社會勞動之折算標準；若於履行社會勞動期間內有錢繳納罰金，以本應繳納之罰金數，依裁判所定罰金易服勞役之標準，折算已履行之社會勞動日數等同多少額度之罰金，將之扣除後，方係膛餘應繳納之罰金數，此為刑法第42條之1第5項：「社會勞動履行期間內繳納罰金者，以所納之數，依裁判所定罰金易服勞役之標準折算，扣除社會勞動之日數。」所明定。末按履行部分社會勞動後因有刑法第42條之1第3項之情事而執行罰金所易服之勞役者，於勞役期內，若有錢繳納罰金者，自應准許，以本應繳納之罰金數，依裁判所定罰金易服勞役之標準，折算已履行之社會勞動日數及勞役日數等同多少額度之罰金，將之扣除後，方係膛餘應繳納之罰金數，為求明確，刑法第42條之1第6項：「依第3項執行勞役，於勞役期內納罰金者，以所納之數，依裁判所定罰金易服勞役之標準折算，扣除社會勞動與勞役之日數。」對此亦有規定。鑑於刑法增訂易服社會勞動制度，以提供

無酬的勞動服務，作為六個月以下有期徒刑、拘役或罰金易服勞役期間一年以下之一種替代措施，屬於刑罰的一種易刑處分，依刑事訴訟法第479條第2項規定，指揮執行之檢察官命令社會勞動人向該管檢察署指定之政府機關、政府機構、行政法人、社區或其他符合公益目的之機構或團體提供社會勞動，因社會勞動執行機關（構）之遴選及執行作業程序，有明確規範之必要，法務部遂訂定社會勞動執行機關（構）之遴選與執行作業規定，以為易服社會勞動之依據。

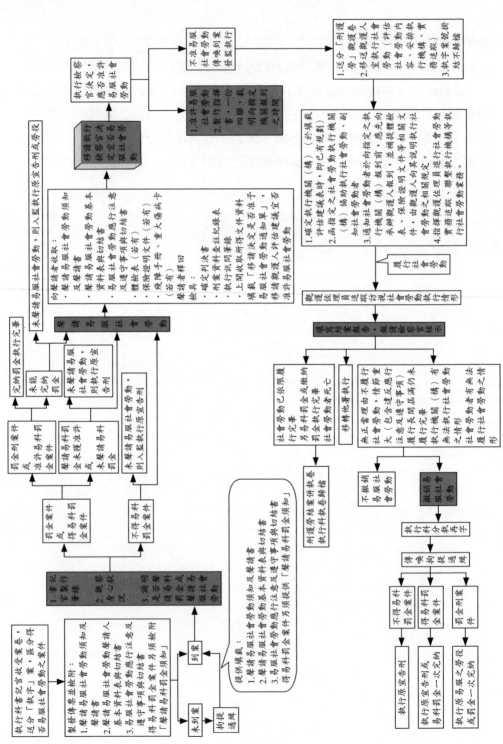

檢察機關辦理易服社會勞動案件執行流程圖

第二十六章
緩　刑

第一節　緩刑之意義

一、定義

　　依刑法第74條第1項規定，緩刑乃對於一定之犯罪宣告一定之刑，並同時諭知於一定期間內（二年以上五年以下），暫緩其刑之執行（也就是暫時不用在監獄中服刑），如未經撤銷而緩刑期滿時，其刑之宣告失其效力之制度，因此緩刑乃針對初犯或輕微犯罪行為者，暫緩其宣告之執行。倘犯人在法院宣告之緩刑期間內能潔身自愛，不再犯罪，即不再執行已宣告之刑。基本上緩刑係為救濟短期自由刑之弊而設，如有完善之處遇與輔導制度之配合，當能發揮特別預防之刑罰功能。也就是說，緩刑係法院對被判處二年（少年犯為三年）以下有期徒刑、拘役或罰金之被告，同時宣告於一定期間內暫緩執行其刑，以勵犯人遷善之制度。

二、緩刑之機能

　　緩刑之機能，消極方面可以避免短期自由刑之弊害，使犯人不至在監獄內感染犯罪之惡習與伎倆，亦不至因入獄服刑而自暴自棄，轉為墮落。積極方面對於偶發犯與輕微犯罪之類，雖認其有罪而為科刑之判決，但其品性原非不良，如認為自新有望，正不妨緩其刑之執行，以保全其嫌恥，而促進其悔悟。倘於緩刑之同時，賦科保護管束（刑法第93條第1項參照），監視其行為，不但不易再犯，且方可促其自我約束，不敢為非，此即不執行刑罰而收刑罰防止犯罪之效果矣。

第二節　緩刑之要件

我國刑法第74條第1項規定：「受二年以下有期徒刑、拘役或罰金之宣告，而有下列情形之一，認以暫不執行為適當者，得宣告二年以上五年以下之緩刑，其期間自裁判確定之日起算：一、未曾因故意犯罪受有期徒刑以上刑之宣告者。二、前因故意犯罪受有期徒刑以上刑之宣告，執行完畢或赦免後，五年以內未曾因故意犯罪受有期徒刑以上刑之宣告者。」本此規定，緩刑之要件，可歸納為下列數端：

一、須對於受二年以下有期徒刑、拘役或罰金之宣告

所謂「二年以下有期徒刑、拘役或罰金」均係指宣告刑而言，至於所犯何罪，其法定刑如何，在所不問。

二、須「未曾因故意犯罪受有期徒刑以上刑之宣告」或「前因故意犯罪受有期徒刑以上刑之宣告，執行完畢或赦免後，五年以內未曾因故意犯罪受有期徒刑以上刑之宣告」

按緩刑之目的，在使偶發犯與經微犯之，悔悟自新，若曾受徒刑以上之刑之宣告，足徵其品行惡劣，非受刑罰之執行，難期遷善，故刑法對於緩刑之宣告，特設此項限制條件。舊刑法第74條第1項第1款及第2款所謂未曾受或前受徒刑以上刑之宣告者，係包括故意或過失犯罪之情形在內。惟過失犯，惡性較之故意犯輕微，且以偶蹈法網者居多，而緩刑制度，既為促使惡性輕微之被告或偶發犯、初犯改過自新而設，自應擴大其適用範圍，使其及於曾因過失犯罪受徒刑以上刑之宣告者。故修正條文分別於第1款及第2款增列「因故意犯罪」字樣，使曾因過失犯罪，受徒刑以上刑之宣告及曾因故意犯罪，受徒刑以上刑之宣告，執行完畢或赦免後，五年以內，再因過失犯罪，受徒刑以上之宣告者，均屬於得適用緩刑規定之範圍。

三、須以暫不執行為適當

除具備上述兩項緩刑之前提條件外，尚須認為以暫不執行為適當之情形下，始得宣告緩刑。至於「以暫不執行為適當」之情形如何，標準如何，刑法無明文規定。裁判官為適當裁量之際，須審酌實際情形，並參照刑法第57條各款及國家之刑事政策而定，司法院曾於民國95年11月13日院台廳刑一字第0950024913號函修正制定「法院加強緩刑宣告實施要點」以為參考，其內容如下：

「一、為加強妥適運用緩刑制度，特訂定本實施要點。

二、法院對符合刑法第74條及少年事件處理法第79條規定之被告，依其犯罪情節及犯後之態度，足信無再犯之虞，且有下列情形之一者，宜認為以暫不執行為適當，並予宣告緩刑：

（一）初犯。

（二）因過失犯罪。

（三）激於義憤而犯罪。

（四）非為私利而犯罪。

（五）自首或自白犯罪，且態度誠懇或因而查獲其他共犯或重要物證。

（六）犯罪後因向被害人或其家屬道歉，出具悔過書或給付合理賠償，經被害人或其家屬表示宥恕。

（七）犯罪後入營服役。

（八）現正就學中。

（九）身罹疾病必須長期醫療，顯不適於受刑之執行。

（一○）如受刑之執行，將使其家庭生活陷於困境。

（一一）依法得免除其刑，惟以宣告刑罰為適當。

（一二）過境或暫時居留我國之外國人或居住國外之華僑。

前項緩刑宣告，法院得斟酌情形，命被告為刑法第74條第2項所定各款事項。

宣告緩刑時所應審酌之事項，法院應為必要之調查。

三、法院對於犯刑事訴訟法第376條所列之罪，而受一年以下有期徒刑、拘役或罰金宣告之被告，尤應注意酌情宣告緩刑。

四、被告受六月以下有期徒刑、拘役或罰金之宣告者，宜宣告緩刑二或三年。

五、被告受七月以上、一年以下有期徒刑之宣告者，宜宣告緩刑三或四年，並得酌情宣付保護管束。

六、被告受逾一年有期徒刑之宣告者，應注意緩刑與社會大眾之影響，從嚴認定所宣告之刑是否以暫不執行為適當，以決定宣告緩刑與否；如為緩刑之宣告者，其期間宜為四或五年，並宣付保護管束。

七、被告有下列情形之一者，以不宣告緩刑為宜：

（一）犯最輕本刑為一年以上有期徒刑以上之刑之罪。

（二）犯罪行為嚴重侵害個人法益、影響社會治安或國家利益。

（三）斟酌被告性格、素行、生活經歷、犯罪情狀及犯後之態度，足認有再犯之虞或難收緩刑之效。

八、法院對於受緩刑宣告之被告送達判決時，應附寄「緩刑被告須知」，使其明瞭有關緩刑及撤銷緩刑之規定，以期惕勵自新。」；

此外，為免緩刑被告被撤銷緩刑，有違緩刑宣告之目的，應告知緩刑被告應注意事項與應遵守規定，以利被告自新，並免緩刑宣告事後撤銷；司法院頒訂之「緩刑被告須知」，其內容如下：

「一、被告經判處罪刑並諭知緩刑者，於緩刑期間，其宣告刑暫不執行。

二、緩刑期間自裁判確定之日起算。

三、刑法第75條規定：『受緩刑之宣告，而有下列情形之一者，撤銷其宣告：一、緩刑期內因故意犯他罪，而在緩刑期內受不得易科罰金之有期徒刑以上刑之宣告確定者。二、緩刑前因故意犯他罪，而在緩刑期內受不得易科罰金之有期徒刑以上刑之宣告確定者。前項撤銷之聲請，於判決確定後六月以內為之。』刑法第七十五條之一規定：『受緩刑之宣告而有下列情形之一，足認原宣告之緩刑難收其預期效果，而有執行刑罰之必要者，得撤銷其宣告：一、緩刑前因故意犯他罪，而在緩刑期內受得易科罰

金之有期徒刑、拘役或罰金之宣告確定者。二、緩刑期內因故意犯他罪，而在緩刑期內受得易科罰金之有期徒刑、拘役或罰金之宣告確定者。三、緩刑期內因過失更犯罪，而在緩刑期內受有期徒刑之宣告確定者。四、違反第74條第2項第1款至第8款所定負擔情節重大者。前條第2項之規定，於前項第1款至第3款情形亦適用之。』

依上述規定，經撤銷其緩刑宣告時，前後兩罪所宣告之刑即應合併執行。

四、受緩刑之宣告及在緩刑期內付保護管束者，於接獲各地方法院檢察署通知後，應立即前往報到；於保護管束期間並應接受住居所在地地方法院檢察署檢察官及觀護人之輔導、監督，以利保護管束之執行。

五、受保護管束人住居所遷移時，應報經執行保護管束者轉請檢察官核准之。

六、受保護管束人在保護管束期間內，應遵守下列事項：

（一）保持善良品行，不得與素行不良之人交往。

（二）服從檢察官及執行保護管束者之命令。

（三）不得對被害人、告訴人或告發人尋釁。

（四）對於身體健康、生活情況及工作環境等，每月至少向執行保護管束者報告一次。

（五）非經執行保護管束者許可，不得離開受保護管束地；離開在十日以上時，應經檢察官核准。

七、受保護管束人違反保護管束應遵守事項情節重大者，檢察官得聲請撤銷緩刑之宣告。緩刑經撤銷，即應執行原宣告之刑。

八、刑法第76條規定：『緩刑期滿，而緩刑之宣告未經撤銷者，其刑之宣告失其效力。但依第75條第2項、第75條之1第2項撤銷緩刑宣告者，不在此限。』依此規定，除但書之情形外，緩刑期滿而緩刑之宣告未被撤銷時，與未曾受刑之宣告相同。

九、本件緩刑係法院體認立法意旨暨國家當前刑事政策，依據法律規定，審酌案情，認為以暫不執行為適當而宣告，如有人藉詞騙取錢財，請向法院或其他治安機關檢舉。

一○、如有不明瞭事項，請向法院服務處或訴訟輔導單位詢問。」

四、須履行緩刑命令

　　參照刑事訴訟法第253條之2緩起訴應遵守事項，於刑法第74條第2項明定法官宣告緩刑時，得斟酌情形，命犯罪行為人向被害人道歉、立悔過書、向被害人支付相當數額、向公庫支付一定之金額、提供四十小時以上二百四十小時以下之義務勞務、完成戒癮治療、精神治療、心理輔導等處遇措施、其他保護被害人安全或預防再犯之必要命令，以相呼應。依刑法第74條第3項：「前項情形，應附記於判決書內。」規定，刑法第74條第2項：「緩刑宣告，得斟酌情形，命犯罪行為人為下列各款事項：一、向被害人道歉。二、立悔過書。三、向被害人支付相當數額之財產或非財產上之損害賠償。四、向公庫支付一定之金額。五、向指定之公益團體、地方自治團體或社區提供四十小時以上二百四十小時以下之義務勞務。六、完成戒癮治療、精神治療、心理輔導或其他適當之處遇措施。七、保護被害人安全之必要命令。八、預防再犯所為之必要命令。」所定之緩刑命令，應附記於判決書內，其中第2項第3款、第4款並得為民事強制執行名義（刑法第74條第4項參照）。

　　此外，沒收雖為從刑，但與主刑並非有必然牽連關係，其依法宣告沒收之物，或係法定必予沒收者，或係得予沒收而經認定有沒收必要者，自與本條所稱以暫不執行為適當之緩刑本旨不合，均應不受緩刑宣告之影響（司法院釋字第45號解釋參照）。而褫奪公權係對犯罪行為人一定資格之剝奪與限制，以減少其再犯罪機會（例如對犯瀆職罪者，限制其於一定期間內再服公職），其性質上兼有預防犯罪與社會防衛之目的，故於緩刑內執行褫奪公權，並未悖於緩刑之本旨。又保安處分兼有社會防衛及改善教育之功能，如法官依各項情形綜合判斷，就主刑部分為緩刑宣告，惟基於社會防衛及改善教育之目的，同時為保安處分之宣告時，則保安處分之宣告與本條暫不執行為適當之緩刑本旨不合，爰與從刑合併於第5項規定：「緩刑之效力不及於從刑與保安處分之宣告。」俾資明確。

此外，由於刑法並未明文排斥法人犯罪適用緩刑負擔，故只要符合管制與矯正法人犯罪之目的，在修復式司法的理念下，必要時並非不得以社區服務作為法人緩刑宣告之負擔。換言之，刑法第42條之1第1項：「罰金易服勞役，除有下列情形之一者外，得以提供社會勞動六小時折算一日，易服社會勞動：一、易服勞役期間逾一年。二、入監執行逾六月有期徒刑併科或併執行之罰金。三、因身心健康之關係，執行社會勞動顯有困難。」、第74條第2項第5款：「向指定之公益團體、地方自治團體或社區提供四十小時以上二百四十小時以下之義務勞務。」以及刑事訴訟法第253條之2第1項第5款：「向指定之公益團體、地方自治團體或社區提供四十小時以上二百四十小時以下之義務勞務。」等規定，應得作為命法人提供社區服務之法律依據。

第三節　緩刑之撤銷

緩刑之所以附有一定時間，旨在考察受緩刑人改過自新。若於緩刑期內，不能保持善行，更犯他罪，則顯然難期遷善，非執行宣告刑，不能收刑罰之實效。刑法第75條規定：「（第1項）受緩刑之宣告而有下列情形之一者，撤銷其宣告：一、緩刑期內因故意犯他罪，而在緩刑期內受不得易科罰金之有期徒刑以上刑之宣告確定者。二、緩刑前因故意犯他罪，而在緩刑期內受不得易科罰金之有期徒刑以上刑之宣告確定者。（第2項）前項撤銷之聲請，於判決確定後六月以內為之。」依此規定，撤銷緩刑之事由如次：

一、必要撤銷（絕對撤銷）事由

按緩刑制度係為促使惡性輕微之被告或偶發犯、初犯改過自新而設，如於緩刑期間、緩刑前故意犯罪，且受不得易科罰金之有期徒刑以上刑之宣告確定者（意即應入監服刑），足見行為人並未因此而有改過遷善之意，此等故意犯罪之情節較諸增訂第75條之1「得」撤銷之原因為重，

不宜給予緩刑之寬典，而有「應」撤銷緩刑宣告之必要。至於有上開情形，而受可易科罰金之有期徒刑刑之宣告者，因犯罪情節較輕，以此列為「應撤銷」緩刑之事由，似嫌過苛，故改列為刑法第75條之1「得撤銷」緩刑之事由，以資衡平。又因實務見解認為：（一）緩刑期內，因故意犯他罪，受徒刑以上刑之宣告確定者；（二）緩刑前因故意犯他罪，在緩刑期內受徒刑以上刑之宣告確定者，均須在緩刑期滿前，後案之裁判已「確定」，始得撤銷緩刑之宣告（參照刑法第76條、司法院院字第387號解釋），故分別於第1項第1款、第2款增列「於緩刑期內」、「確定」之用語，以資明確。從而受緩刑宣告，有下列事由之一者，應予撤銷緩刑，裁判官無審酌之餘地，惟因過失犯之者，則不在此限：（一）緩刑期內因故意犯他罪，而在緩刑期內受不得易科罰金之有期徒刑以上刑之宣告確定者；（二）緩刑前因故意犯他罪，而在緩刑期內受不得易科罰金之有期徒刑以上刑之宣告確定者。

二、裁量撤銷（相對撤銷）事由

受緩刑之宣告者，依刑法第93條第1項之規定，在緩刑期內應付保護管束。依保安處分執行法第74條之2規定，「受保護管束人在保護管束期間內，應遵守左列事項：一、保持善良品行，不得與素行不良之人往還。二、服從檢察官及執行保護管束者之命令。三、不得對被害人、告訴人或告發人尋釁。四、對於身體健康、生活情況及工作環境等，每月至少向執行保護管束者報告一次。五、非經執行保護管束者許可，不得離開受保護管束地；離開在十日以上時，應經檢察官核准。」依同法第74條之3第1項規定，受保護管束人違反前條各款情形之一，情節重大者，檢察官得聲請撤銷保護管束或緩刑之宣告。

又關於緩刑之撤銷，現行法第75條第1項固已設有兩款應撤銷緩刑之原因；至得撤銷緩刑之原因，則僅於舊刑法保安處分章內第93條第3項與撤銷假釋合併加以規定，體例上不相連貫，實用上亦欠彈性。外國立法例，德國現行刑法第56條f及奧地利現行刑法第53條，均有「撤銷」與

「得撤銷」兩種原因，爰參酌上開立法例增訂刑法第75條之1：「（第1項）受緩刑之宣告而有下列情形之一，足認原宣告之緩刑難收其預期效果，而有執行刑罰之必要者，得撤銷其宣告：一、緩刑前因故意犯他罪，而在緩刑期內受得易科罰金之有期徒刑、拘役或罰金之宣告確定者。二、緩刑期內因故意犯他罪，而在緩刑期內受得易科罰金之有期徒刑、拘役或罰金之宣告確定者。三、緩刑期內因過失更犯罪，而在緩刑期內受有期徒刑之宣告確定者。四、違反第74條第2項第1款至第8款所定負擔情節重大者。（第2項）前條第2項之規定，於前項第1款至第3款情形亦適用之。」於第1項分設四款裁量撤銷之原因，其理由如次：

（一）現行關於緩刑前或緩刑期間故意犯他罪，而在緩刑期內受得易科罰金之有期徒刑之宣告者，列為應撤銷緩刑之事由，因認過於嚴苛，而排除第75條應撤銷緩刑之事由，移列至得撤銷緩刑事由，俾使法官依被告再犯情節，而裁量是否撤銷先前緩刑之宣告；其次，如有前開事由，但判決宣告拘役、罰金時，可見行為人仍未見悔悟，有列為得撤銷緩刑之事由，以資彈性適用，爰於第1項第1款、第2款增訂之。

（二）緩刑期內，因過失犯罪其情節較重，受有期徒刑之宣告確定者，乃係未能澈底悔悟自新之表徵，足見其人一再危害社會，均有由法院斟酌決定撤銷緩刑之必要，爰增列為第3款得撤銷緩刑之事由。

（三）修正條文第74條第2項增列法院於緩刑期間內，得命犯罪行為人於緩刑期內應遵守之事項（例如向被害人支付相當數額、向公庫支付一定之金額、接受精神、心理輔導、提供義務勞務或其他為預防再犯之事項），明定違反該條所定事項情節重大者，得撤銷其緩刑宣告，以期週延。至於所謂「情節重大」，係指：受判決人顯有履行負擔之可能，而隱匿或處分其財產、故意不履行、無正當事由拒絕履行或顯有逃匿之虞等情事而言。

鑒於本條採用裁量撤銷主義，賦與法院撤銷與否之權限，特於第一項規定實質要件為「足認原宣告之緩刑難收其預期效果，而有執行刑罰之必要」，供作審認之標準。為貫徹緩刑期內未能改悔自新而更犯罪者，不宜繼續許其緩刑之旨意，並配合第75條第2項撤銷緩刑期限之規定，於

第2項規定「前條第2項之規定，於前項第1款至第3款情形亦適用之。」換言之，主管機關欲行使裁量撤銷緩刑之期限亦應在判決確定後六個月內為之。

<h2 style="text-align:center">第四節　緩刑之效力</h2>

緩刑之效力，依刑法第74條第5項規定，原則上不及於從刑；主刑緩刑，其褫奪公權並不當然亦緩執行。故司法院36年院解字第3519號解釋與大法官釋字第56號解釋（被判褫奪公權而經宣告緩刑者，在緩刑期內除別有他項消極資格之限制外，仍得享有刑法第36條所列之公權），已無適用。

緩刑之效果如何，即緩刑期滿而緩刑之宣告未經撤銷，其在法律上之效果如何，刑法第76條原僅規定：「緩刑期滿而緩刑之宣告未經撤銷，其刑之宣告，失其效力。」亦即以其原宣告之主從各刑，視為自始未受刑之宣告。倘緩刑人之宣告為有期徒刑，前於緩刑期滿後五年內再犯有期徒刑之罪者，則不生累犯問題。惟刑法對於緩刑制度採罪刑附條件宣告主義，認緩刑期滿未經撤銷者有消滅罪刑之效力，故刑法第76條規定對於緩刑期內更犯罪或緩刑前犯他罪，原則上縱於緩刑期間內開始刑事追訴或為有罪判決之宣告，如其判決確定於緩刑期滿後者，不得撤銷其緩刑。惟為督促主管機關注意即時行使撤銷緩刑之責，刑法第75條第2項、第75條之1第2項已增訂檢察官於判決確定後六月以內，聲請撤銷緩刑之規定，為配合此項修正，並重申其修正原旨，增設刑法第76條但書：「但依第75條第2項、第75條之1第2項撤銷緩刑宣告者，不在此限。」故凡依第75條第2項、第75條之1第2項之規定聲請撤銷者，即便撤銷緩刑之裁定在緩刑期滿後，其刑之宣告，並不失其效力。

第五節　法制疑義

　　我國緩刑制度非無疑義，就撤銷緩刑宣告之原因而論，依我國刑法第75條第1項第2款與第75條之1第1項第1款等規定，緩刑開始執行前與緩刑期間內之更犯罪均得為撤銷緩刑宣告之事由。鑑於緩刑制度旨在對一定條件下輕犯之被告，鼓勵遷善，猶豫其刑之執行，以兼顧情理之平之立法精神，故如被告於緩刑期內再犯故意之罪，並受罪刑宣告，因已足見原緩刑宣告無從鼓勵遷善，所謂暫不執行原刑罰宣告之考量已非適宜，此時以之撤銷緩刑宣告，縱或可能於緩刑期滿前再犯罪尚未確定時，產生牴觸無罪推定之疑義，因與緩刑制度之規範本旨尚屬相符，應認正當。然而，如以緩刑宣告前之更犯罪作為撤銷前案緩刑宣告之事由，因被告於更犯罪時無從得知法院於將來或對原犯罪做出緩刑宣告，則以之作為撤銷前案緩刑宣告之原因，不僅對被告而言無從發揮預防再犯罪之功能，對法院而言亦不生救濟法院不當宣告緩刑之作用，則其撤銷緩刑宣告之目的為何，特別在被告於緩刑期內已改過自新、表現良好的情形中，以其於緩刑前之犯罪於緩刑期內確定作為撤銷緩刑之原因，就刑事政策之角度而言，並不明確，其必要性恐值商榷。此外，縱因認緩刑宣告前之犯罪於緩刑期內受有罪判決確定，即足認被告惡性較大而不該當「以暫不執行為適當」之要件，則何以當同一緩刑前犯罪之罪刑宣告於緩刑期滿後始確定時，亦不基於相同理由撤銷緩刑之宣告呢？又此時何以不招致與最高法院93年度台非字第228號判決：「無異將撤銷緩刑與否，繫於訴訟進行之遲速，並鼓勵狡黠之被告濫行訴訟，藉審級制度拖延訴訟，以獲得不當之利益」相同之批評呢？因此，在此種情形中，應認上開美國實務之說明：「緩刑宣告前之犯罪不得作為撤銷緩刑宣告之事由」為正當。正本清源之道，我國法制應刪除以緩刑宣告前之犯罪於緩刑期內確定為撤銷緩刑原因之規定。

　　復就被告於緩刑期內再犯故意之罪而言，雖然刑法第76條之修正理由：「本法對於緩刑制度採罪刑附條件宣告主義，認緩刑期滿未經撤銷者

有消滅罪刑之效力，現行第76條規定謂『緩刑期滿，而緩刑宣告未經撤銷者，其刑之宣告失其效力』。對於緩刑期內更犯罪或緩刑前犯他罪，縱於緩刑期間內開始刑事追訴或為有罪判決之宣告，如其判決確定於緩刑期滿後者，不得撤銷其緩刑。」已明文再犯之罪須於緩刑期滿前確定之意旨，而學說上亦存在「以於緩刑期內確定之罪刑宣告作為撤銷緩刑之原因，才不違無罪推定原則」之主張，不過，若從緩刑制度鼓勵遷善之規範目的而論，此種主張並非無疑。蓋緩刑制度之目的既在鼓勵遷善，則受緩刑宣告之人本即有義務於緩刑期內不再犯罪（此可認係屬當然之緩刑負擔），甚至遵守法院額外宣告之緩刑負擔。因此，當受緩刑宣告之人於緩刑期間再犯他罪，甚至違反法院宣告之緩刑負擔時，法院本得因其違反緩刑義務而撤銷其緩刑宣告。換言之，縱然「本法對於緩刑制度採罪刑附條件宣告主義，認緩刑期滿未經撤銷者有消滅罪刑之效力」，亦應認該緩刑宣告附有「不履行緩刑負擔」之解除條件，於條件成就時，該緩刑宣告即失其效力。

另因刑法第74條第2項：「緩刑宣告，得斟酌情形，命犯罪行為人為下列各款事項：一、向被害人道歉。二、立悔過書。三、向被害人支付相當數額之財產或非財產上之損害賠償。四、向公庫支付一定之金額。五、向指定之政府機關、政府機構、行政法人、社區或其他符合公益目的之機構或團體，提供四十小時以上二百四十小時以下之義務勞務。六、完成戒癮治療、精神治療、心理輔導或其他適當之處遇措施。七、保護被害人安全之必要命令。八、預防再犯所為之必要命令。」所定之緩刑負擔並非皆屬另犯刑事犯罪，如認較嚴重之義務違反（已構成犯罪）須待有罪判決確定始足以撤銷緩刑宣告，而較輕微之義務違反（尚不致構成犯罪）卻可逕為撤銷緩刑宣告之事由，豈非輕重失衡？舉例而言，如被告於緩刑期間傷害被害人，依刑法第75條第1項第2款與第75條之1第1項第1款等規定，須於傷害案確定後始可聲請撤銷緩刑宣告，惟如依刑法第75條之1第1項第4款：「違反第74條第2項第1款至第8款所定負擔情節重大者。」規定，卻可不待傷害罪判決確定即得逕以「情節重大」此一未經確定判決確認之抽象事實向法院聲請撤銷緩刑宣告，何以後者不生違反無罪推定原則之爭

議？由此可知，縱以未經確定判決確認之事實，作為撤銷緩刑宣告之原因，與無罪推定原則沒有必然的關聯。我國刑法以「緩刑期內之故意犯罪其罪刑宣告須於緩刑期內確定」為撤銷緩刑之原因，實已有違緩刑制度鼓勵遷善之規範意旨。

　　雖以緩刑期內之再犯罪確定為撤銷緩刑之原因，得以避免因事後撤銷有罪判決導致先前之撤銷緩刑裁定無所附麗，而引起違反無罪推定原則之爭議，然若換一個角度予以觀察，這樣的說法並非沒有盲點。事實上，由於任何違反緩刑義務之事由均須經過一定時間的調查認定，因此，如主張所有緩刑期內違反緩刑義務之情形，須俟確定後始得成為撤銷緩刑之事由（如刑法第75條第1項與第75條之1第1項等規定），無異使得於緩刑期間將要屆滿前（甚至最後一天）之犯罪，因事實上不可能於緩刑期滿前確定，而無法成為撤銷緩刑之原因。果如此，法院所宣告之緩刑期間事實上即不免大打折扣，而於相程度內降低了緩刑制度旨在使被告改過遷善之規範目的達成，甚至產生類似最高法院90年台非字第354號判決所指摘：「無異將撤銷緩刑與否，繫於訴訟進行之遲速，並鼓勵狡黠之被告濫行訴訟，藉審級制度拖延訴訟，以獲得不當之利益」之流弊。從而，似不應認所有緩刑期內違反緩刑義務之情形，均須俟其確定後始得成為撤銷緩刑之事由。

　　縱依刑法第76條之規定，緩刑期滿後刑之宣告即失其效力，不過，最高法院73年台非字第219號判例所持觀點：「緩刑期間屆滿後，原宣告刑已失其效力，自無更行撤銷緩刑之餘地，蓋以原宣告刑既已失其效力，縱予撤銷緩刑，亦無宣告刑可以執行」，特別在立法者肯認最高法院90年台非字第354號判決之指摘，並增訂刑法第76條但書後，卻已非法理上之當然解釋。蓋如撤銷緩刑之裁定於緩刑期滿時尚未確定，依最高法院90年台非字第354號判決：「其後經有權機關依法定程序撤銷而確定者（如抗告、上訴、非常上訴等），其有刑法第76條之適用」之說明，於緩刑期滿後，撤銷緩刑之裁定本有經有權機關再依法定程序予以撤銷之可能。鑑於在緩刑期滿時，撤銷緩刑宣告之裁定尚未確定之情形中，為維緩刑制度所欲達成之公共利益，刑之宣告並未失其效力，則在一定法定條件下，原宣

告刑是否於緩刑宣告期滿時失其效力，本為立法裁量之事項。既然得以於緩刑期內聲請撤銷緩刑宣告，作為於緩刑期滿後撤銷緩刑裁定始確定之情況下，撤銷緩刑裁定得溯及緩刑期滿時發生效力之前提要件，則在符合緩刑制度目的之刑事政策考量下，亦得以「於緩刑期滿前已發現再犯罪」，作為於緩刑期滿時原宣告刑效力保留之前提要件。基於被告於緩刑期內之義務為不再犯罪並遵守緩刑負擔，最高法院73年台非字第219號判例易令人誤認緩刑義務係於緩刑期內維持緩刑宣告未被撤銷之狀態，實有不當。從而，如法制上得許於緩刑期滿後以於緩刑期內已發現之再犯罪撤銷原緩刑宣告，實無限制須以再犯罪有罪判決於緩刑期內確定之必要。果如此，為免於緩刑期內所涉嫌之犯罪於緩刑期滿後無罪確定，導致被告因原緩刑宣告不當地遭到撤銷而執行不必要之原科刑宣告，規範上似無必要僅以被告於緩刑期內涉嫌犯罪即否定緩刑宣告之效力，為能兼顧被告利益與緩刑制度所欲達成之公共利益，應認刑法第76條之但書，包括符合「緩刑期內之再犯罪於緩刑期滿後始確定並得據以撤銷緩刑宣告」之情形，以正確適用緩刑制度。

第二十七章
假　釋

第一節　假釋之意義

　　假釋者，對於入獄受徒刑執行之犯人，因其於執行中已知悔改，於未屆刑滿之期，准其暫行出獄之制度。故假釋又稱假出獄，從日文「假」之「暫時」字義。既然假釋是指在受刑人服刑期滿前，在一定的監督條件（保護管束）下被釋放之制度，本質上，假釋者在假釋期滿前仍被認為在服刑中，並且可能因違反保護管束而重返監獄服刑（依監獄行刑法第82條規定：受刑人經假釋出獄，在假釋期間內，應遵守保護管束之規定），假釋不過是一種執行方法。假釋制度為救濟長期自由刑之弊而設，與緩刑制度之為救濟短期自由刑之弊而設，恰為相反。假釋之機能，就消極方面言之，長期自由刑使人長期與社會隔離，絕其改悔之希望，不易收感化之實效，如輔以假釋之制，即能獎勵自新，並匡正量刑之偏失，故假釋制度，可救長期自由刑之弊害。就積極方面言之，教育犯人之目的，在於使犯人復歸社會，而此種教育於嚴格管理下之監獄內實施，有時甚感不足，且犯人之社會適應性，只有在現實自由之社會中，加以觀察，始屬確實，故假釋制度其有教育犯人之作用。假釋制度之建立，在刑法理論上與監獄法理論上均有其意義，而有助於刑罰執行、獄政管理與處遇制度之合理化（林紀東III，242；蘇俊雄II，3；林山田I，239）。

　　依刑法第93條第2項規定，受刑人假釋出獄，在假釋中應付保護管束，本質上假釋可謂受刑人在監獄外接受刑罰執行之措施，並非一經假釋，國家對受刑人之刑罰執行權即歸於消滅，從而假釋制度乃國家以機構外之處遇（或稱社會內之處遇）作為刑罰執行方式；受刑人假釋出獄後，

仍是受國家機構之輔導與監督，以繼續接受刑罰之執行，正因如此，受刑人於假釋時，若有違反保護管束規定，便應取消假釋，重新予以收容入監執行其殘餘之徒刑，期以此一心理強制作用，達矯正改造犯人，使其重返社會之目的。換言之，假釋乃是以附條件釋放為主要內涵的一種刑罰執行型態（或有稱為執行收容處分之一種型態），鑑於多數見解已把假釋當做刑罰執行之一部，假釋在本質上可視為一種「行刑措施」，且是為達成自由刑行刑目的而進行的一種權宜措施，並非對於法院依法定程序所為判決所科處刑罰之事後修正。假釋本質上既為一種有期徒刑之代執行制度，並經由受刑人是否已達教化的實質考核，附條件式地提前釋放受刑人，使受刑人於藉由非監所性處遇的進行，以達到再社會化的理想。從而，假釋制度的根本應係考核受刑人是否確實因監所隔離處遇而已為更生化育。藉由假釋制度操作的盲點，並參酌假釋制度的本質，實不應將焦點集中於假釋法定年限上，而應針對是否有「悛悔實據」的審查進行檢討：透過對於監所受刑人於監所中的確實紀錄與考核，以切實認定其是否已對於所犯之罪有所悔改，俾便於徒刑執行達到象徵正義應報的法定假釋年限之後，能有復歸社會生活的機會。許多實證研究指出監所隔離式的刑罰應報並未提供最好的教化處過，法律創設假釋制度本為輔助。假釋出獄之受刑人，其有期徒刑之刑期仍未執行完畢，雖其已無庸在監獄拘禁執行徒刑，但在假釋之殘餘刑期內，仍具有「受刑人之身分」，僅是刑罰之執行處所易監獄為社會，換言之，受刑人之刑期必沒有因為獲得假釋出獄而有所改變，而假釋受刑人之「假釋期間」是等同於其未在監獄內實際之殘餘刑期。

第二節　假釋之要件

假釋制度係發軔於英國，固已為目前大多數國家刑事立法例所採行，惟對於受刑人應服刑多久，始得許其假釋，各國立法規定不一。尤其對於重刑犯及累犯是否准予假釋，尤有爭執。鑑於晚近之犯罪學研究發現，重刑犯罪者，易有累犯之傾向，且矯正不易，再犯率比一般犯罪者高，因此

在立法上為達到防衛社會之目的，漸有將假釋條件趨於嚴格之傾向。如美國所採之「三振法案」，對於三犯之重刑犯罪者（FELONY）更採取終身監禁不得假釋（LIFE SENTENCE WITHOUT PAROLE）之立法例。我國現行對於重大暴力犯罪被判處無期徒刑者，於服刑滿十五年或二十年後即有獲得假釋之機會，然其再犯之危險性較之一般犯罪仍屬偏高，一旦給予假釋，其對社會仍有潛在之侵害性及危險性。近年來多起震撼社會之重大暴力犯罪，均屬此類情形。因此目前之無期徒刑無法發揮其應有之功能，實際上變成較長期之有期徒刑，故應提高無期徒刑，以達到防衛社會之目的有其必要性，爰將無期徒刑得假釋之條件提高至執行逾二十五年，始得許假釋。依刑法第77條第1項規定：「受徒刑之執行而有悛悔實據者，無期徒刑逾二十五年，有期徒刑逾二分之一、累犯逾三分之二，由監獄報請法務部，得許假釋出獄。」假釋須具備下列之各項要件：

一、須係受徒刑之執行

假釋既以救濟長期自由刑之弊害而設，故必須已受徒刑之執行，為其前提條件。

二、須徒刑之執行已逾法定之期間

為便於審查受刑人在執行期內有無悛悔之實據，自應經過相當之期間，刑法規定無期徒刑逾二十五年，有期徒刑逾二分之一，累犯逾三分之二，得為假釋，乃定其期限及比例規定之混合制也。二以上徒刑併執行者，最低應執行之期間，合併計算。併執行無期徒刑或二以上有期徒刑合併逾四十年，而接續執行逾二十年者，亦得許假釋。又依監獄行刑法第81條第1項規定，對於受刑人累進處遇進至二級以上，悛悔向上，而與應許假釋情形相符合者，經假釋審查委員會決議，報請法務部核准後，假釋出獄。

三、須有後悔之實據

所謂「悔悔實據」，依監獄行刑法第81條第2項：「報請假釋時，應附具足資證明受刑人確有悔悔情形之紀錄及假釋審查委員會之決議。」規定，原指犯人在監行狀確有改過遷善之明徵而言，不僅消極的不違反監獄各項規定，其須有積極的優良表現，始克相當。至於犯刑法第十六章妨害風化各條之罪者，非經強制診療，不得假釋。

四、須不具備不得假釋之事由

按舊刑法規定不得假釋者，僅有「有期徒刑之執行未滿六個月者」，因此類犯罪之惡性並不嚴重，且刑期僅六個月，假釋對於受刑人並無實質利益可言，故現行法仍維持之。對於屢犯重罪之受刑人，因其對刑罰痛苦之感受度低，尤其犯最輕本刑五年以上重罪累犯之受刑人，其已依第1項規定（執行逾三分之二）獲假釋之待遇，猶不知悔悟，若其於「假釋期間」或「徒刑執行完畢或赦免後五年內」再犯最輕本刑五年以上之罪，顯見刑罰教化功能對其已無效益，為維護社會安全，遂有必要酌採美國「三振法案」之精神，限制此類受刑人假釋之機會應有其必要性。又依監獄行刑法第81條第2項：「犯刑法第221條至第230條及其特別法之罪，而患有精神疾病之受刑人，於假釋前，應經輔導或治療。」、第3項：「報請假釋時，應附具足資證明受刑人確有悔悔情形之紀錄及假釋審查委員會之決議。前項受刑人之假釋並應附具曾受輔導或治療之紀錄。」與刑法第91條之1等規定，則性侵害犯罪之加害人進入強制治療之程序，理應依監獄行刑法接受輔導或治療後，經評估、鑑定其再犯危險並未顯著降低者，始有接受刑法強制治療之必要；反之，如受刑人依前開規定接受輔導或治療後，其再犯危險顯著降低，即可依假釋程序審核是否有悔悔實據，而准予假釋。從而，監獄中之治療評估小組作整體評估、鑑定時，似無一方面認受刑人接受輔導或治療，其再犯危險顯著降低而准其假釋，另一方面又評估其應繼續接受強制治療之矛盾情形。故刑法之強制治療應視刑期內之輔導或治療不具成效，其再犯危險仍未顯著降低時，始有進一步施以強制治

療之必要。此觀民國86年所修訂之刑法第77條：「犯刑法第十六章妨害風化各條之罪者，非經強制診療，不得假釋。」規定，亦以接受強制診療作為犯性侵害犯罪加害人假釋之要件亦可知悉。為避免強制治療由刑前治療改為刑後治療，與假釋規定發生適用法律之疑議，亦有必要增訂不得假釋之規定，以杜爭議。因此，假釋宣告須以刑法第77條第2項規定：「前項關於有期徒刑假釋之規定，於下列情形，不適用之：一、有期徒刑執行未滿六個月者。二、犯最輕本刑五年以上有期徒刑之罪之累犯，於假釋期間、受徒刑之執行完畢，或一部之執行而赦免後，五年以內故意再犯最輕本刑為五年以上有期徒刑之罪者。三、犯本法第91條之1所列之罪，於徒刑執行期間接受輔導或治療後，經鑑定、評估其再犯危險未顯著降低者。」所定之要件未備為其前提。蓋依監獄行刑法第81條第4項：「依刑法第91條之1第1項接受強制身心治療或輔導教育之受刑人，應附具曾受治療或輔導之紀錄及個案自我控制再犯預防成效評估報告，如顯有再犯之虞，不得報請假釋。」規定，犯本法第91條之1所列之罪之受刑人，原於無再犯之虞時，始得假釋出監。

第三節　假釋之撤銷

假釋之制，所以鼓勵受刑人改過遷善，並以之測驗其在假釋期中，是否能始終保持善行。倘在假釋期間惡性復萌，再趨犯罪，足徵其人顯未真正改善，倘有待於更進一步之教誨，自應撤銷其假釋，繼續執行其所餘之刑期。惟依舊刑法第78條第2項：「前項犯罪，其起訴及判決確定均在假釋期滿前者，於假釋期滿後六月以內，仍撤銷其假釋；其判決確定在假釋期滿後者，於確定後六月以內，撤銷之。」似認假釋中再犯罪於假釋期滿而未及起訴者，即不能再撤銷假釋，如此似有鼓勵受刑人於假釋期滿前再犯罪之嫌，應有未妥，爰將撤銷之期限修正於「判決確定後六月以內」為之。又依舊法規定假釋中更故意犯罪，只要在假釋期滿前起訴而其判決確定在假釋期滿後者，均於確定後六月以內撤銷之，則受刑人將長期處於

是否撤銷之不確定狀態，蓋案件非可歸責於受刑人延滯，亦可能一再發回更審，致使訴訟程序遲遲未能終結，如未設一定期間限制假釋撤銷之行使，則受刑人形同未定期限之處於假釋得被撤銷之狀態，對於法律安定效果，實屬不當，亦對受刑人不公，爰於刑法第78條增設假釋期滿逾三年未撤銷者，不得撤銷假釋之規定，以期公允。基於前揭說明，刑法第78條遂規定：「（第1項）假釋中因故意更犯罪，受有期徒刑以上刑之宣告者，於判決確定後六月以內，撤銷其假釋。但假釋期滿逾三年者，不在此限。（第2項）假釋撤銷後，其出獄日數，不算入刑期內。」此外，違反保護管束期間應遵守之事項，其情節重大者，亦得撤銷假釋。茲分別說明如後：

一、必要撤銷（絕對撤銷）原因

在假釋期中更犯罪而受有期徒刑以上刑之宣告者，為必須撤銷假釋之事由。所謂「假釋中因故意更犯罪」，必須出於故意，且已經裁判確定，並受有期徒刑以上刑之宣告為限；而「受有期徒刑以上刑之宣告」，指宣告刑而言，至於是否執行，並非所問。假釋期中偶犯輕微之罪，受拘役或罰金之宣告而確定者，以其犯情不重，自無撤銷假釋之必要。又假釋中更犯之罪，必須出於故意，方得為撤銷之原因，若因過失而致犯罪，尚無惡性，不足以認定其無悛悔之心，縱所受為有期徒刑之宣告而確定，亦不得撤銷假釋，此與因過失犯罪不得撤銷緩刑宣告之法意相同。

二、裁量撤銷（相對撤銷）原因

假釋出獄者，依刑法第93條第2項規定，假釋中必須付保護管束（監獄行刑法第82條參照）。若違反保護管束應遵守之事項，而其情節重大者，依舊刑法第93條第3項規定，得撤銷其假釋。假釋中具有此項原因時，典獄長得報請撤銷假釋，至於是否撤銷，法務部仍有裁量之權。

三、假釋撤銷之法制與程序

　　依前所述，現行撤銷假釋之規定有二：（一）刑法第78條第1項規定：「假釋中因故意更犯罪，受有期徒刑以上刑之宣告者，撤銷其假釋」；（二）舊刑法第93條第3項規定：「假釋中付保護管束，違反保護管束規則情節重大者，得撤銷假釋」，所謂違反保管束規則情節重大者之認定，以是否遵守保安處分執行法第74條之2規定：「受保護管束人在保護管束期間內，應遵守左列事項：一、保持善良品行，不得與素行不良之人往還。二、服從檢察官及執行保護管束者之命令。三、不得對被害人、告訴人或告發人尋釁。四、對於身體健康、生活狀況及工作環境等，每月至少向執行保護管束者報告一次。五、非經執行保護者許可，不得離開受保護管束地；離開在十日以上時，應經檢察官核准。」以及地方法院檢察署執行保護管束案件手冊（肆）應遵守事項之規定，作為判斷是否有違反保護管束情節重大。而撤銷假釋之程序，在得撤銷假釋為原因之撤銷假釋，依保安處分執行法第73條之3規定，由典獄長報請撤銷；至於撤銷假釋由何機關為核准，法律上並未明文規定。而應撤銷假釋之程序，在法律上更漏未規定，只有在法務部民國81年3月19日修正發布「辦理假釋應行注意事項」第21條規定：「假釋出獄人有應予撤銷其假釋之情事者，應由原執行監獄速為處理。監獄辦理撤銷假釋事件，應檢具撤銷假釋報告表函報法務部核辦。」因而，不管是得撤銷假釋或應撤銷假釋，遂均由法務部准駁（劉邦繡I，2123）。

第四節　假釋撤銷之救濟程序

一、行政救濟程序

　　受刑人經法院判處有期徒刑確定發監執行後，復依刑法第77條第1項規定由法務部核准假釋，並經法院裁定於假釋中付保護管束。若受刑人於假釋保護管束期間，因故意犯罪或有違反保護管束期間應遵守事項情節重

大者，經法務部撤銷其假釋，並由原指揮執行之檢察署檢察官再執行假釋之殘餘刑期；惟如假釋受刑人不服法務部撤銷其假釋事件，過去實務上撤銷假釋之受刑人均以向法務部提出訴願，經法務部駁回其訴願決定，再向行政法院提起行政訴訟以為救濟，例如最高行政法院91年判字第1798號、91年判字第218號判決、台北高等行政法院92年度訴字第354號、91年訴字第5245號、91年度訴字第5381號、89年度訴字第1045號等判決，均對撤銷假釋之行政訴訟為實體審理。

二、刑事救濟程序

與前述觀點相對，亦有認為假釋撤銷屬刑事裁判執行之一環，本質上為廣義之司法行政處分，尚不能依行政救濟程序提起訴願或行政訴訟，如最高行政法院91年度裁字第1533號、92年度裁字第329號裁定、93年度判字第755號判決。台北高等行政法院曾於民國92年召開法律座談會，就此問題（假釋中之受刑人，對於法務部撤銷其假釋之決定，是否可以循行政爭訟之程序請求救濟？）提出討論，惟因討論意見有甲說（肯定說）：法務部撤銷假釋之決定，屬於行政處分，被處分之相對人自得提起訴願及行政訴訟（最高行政法院於84年判字第3310號、91年判字第1798號、91年判字第218號等判決均對撤銷假釋之行政訴訟為實體審理。）與乙說（否定說）：假釋之撤銷屬刑事裁判執行之一環，為廣義之司法行政處分，如有不服，其救濟程序，應依刑事訴訟法第484條之規定，即俟檢察官指揮執行該假釋撤銷後之殘餘徒刑時，再由受刑人或其法定代理人或配偶向當初諭知該刑事裁判之法院聲明異議，不得提起行政爭訟（參考最高行政法院91年裁字第1533號及92年裁字第329號等裁定，於停止執行撤銷假釋處分之抗告案件中所採之見解）之爭，最高行政法院乃於93年1月份之庭長法官聯繫會議中討論決議：「假釋之撤銷屬刑事裁判執行之一環，為廣義之司法行政處分，如有不服，其救濟程序，應依刑事訴訟法第484條之規定，即俟檢察官指揮執行該假釋撤銷後之殘餘徒刑時，再由受刑人或其法定代理人或配偶向當初諭知該刑事裁判之法院聲明異議，不得提起行政爭

訟。」。

　　行政程序及行政政訴訟皆屬行政法上之制度，前者屬於行政上之程序，後者雖屬於司法之程序，但行政訴訟程序之規範對象係以事件本身須屬公法之行政法性質外，尚須此行政法上之爭議事件，非屬於其他審判機關所掌理者，例如憲法性質之公法爭議事件，則應依司法院大法官審理案件法為憲法訴訟、公務員之懲戒應依法公務員懲戒法之程序由公務員懲戒委員會審理、而已劃歸民事或刑事法院之公法爭議事件，如選舉訴訟及國家賠償事件、交通違規裁決事件、違反社會秩序法案件、流氓案件，皆無行政訴訟法及訴願法之適用。假釋、撤銷假釋之進行乃以有受刑人為刑罰之執行為前提，而此刑罰之執行乃刑事訴訟程序之一環，是刑事訴訟法上檢察官之刑罰執行之處分及監獄行刑法、保安處分執行法上矯正機關之監禁、戒護、假釋、撤銷假釋、保護管束等矯正目的之處分，屬刑事法領域之刑事執行之一環，為廣義之司法行政處分，並非單純之行政機關所為行政處分之執行。而行政爭訟應不包括刑事法院裁判之執行在內，假釋與撤銷假釋事件乃刑罰執行之範疇，非屬行政法院所應管轄之事件，對法務部假釋之准否與核定撤銷假釋，自不能依訴願法為訴願，亦不能依據行政訴訟法為行政訴訟，此亦符合前開所確認之假釋本質乃刑事法領域內之一種變相刑罰執行方式，刑事執行乃指揮刑罰執行之檢察官與實際執行刑罰之監獄依據刑事法律所為之作用，當非受刑人可依行政爭訟方式請求救濟，其救濟之管道及途徑，應循刑事法上之刑事訴訟法或監獄行刑法之刑事司法途徑為之。

　　過去實務曾依行政救濟程序之觀點，將假釋制度認為是行政處分且是屬於受刑人之權利，並依據有權利有救濟（行政訴訟）之原理，允許依行政爭訟方式提起救濟程序，此種見解除將刑事執行處分誤為行政處分外，更誤認假釋之核准行為，是一種單純行政機關對受刑人之授益處分行為；再者由行政法院介入再行審查刑事法院刑罰裁判與刑罰執行之必然性，行政法院伸入刑罰矯正目的性之行為，紊亂行政法與刑事法之領域關係，勢必導致刑事司法之無效與刑罰執行制度終歸無能，而蹦毀監獄矯正機關與刑事執行制度，蓋監獄矯正機關現行固然認為是行政機關，但監獄基於矯

正收容目的而對受刑人所為之行為，並不是行政處分。

關於假釋核可與撤銷的問題，不但實務難解，立法上亦有嚴重的瑕疵。單就刑罰執行之免除核可程序而言，因法律規定不明，致使核可者為法務部，而撤銷假釋似乎當然又歸法務部所轄，因於刑事法上未對法務部之准駁置救濟程序，遂將其視為一行政處分，且因該處分攸關受刑人權利，故又允許依據行政程序救濟。在修法制訂前，如有必要維持假釋或撤銷假釋由法務部決定，在撤銷假釋之程序上，不管是應撤銷假釋或得撤銷假釋事由而撤銷假釋，宜改由檢察官以假釋受刑人在假釋中，有違反保護管束情節重大之事項，先向法院聲請裁定撤銷假釋中之付保護管確定後，再由監獄報請法務部撤銷其假釋（蕭丁苑，1987）。此乃因為撤銷假釋對當事人接受非機構性處遇之利益，可兼顧到當事人如不服撤銷保護管束裁定後，先行循求刑事法院之對撤銷該假釋中付保護管束裁定之抗告救濟途徑，而不會出現無司法救濟之途徑。而在假釋之程序上，宜在法務部下設置獨立公正之假釋審查委員會，職司假釋之審查，以公正客觀來審查假釋事件。而徹底解決之見解，應認為刑之執行、假釋及撤銷問題，當屬刑事司法問題，應採用刑事司法程序，以現行刑法第77條、第78條的規定，僅提及「由監獄報請法務部，得許可假釋出獄」之規定，當然就被詮釋為並不須向法院聲請，屬於法務部專屬的權限，乃導致撤銷假釋時，其救濟方式的質疑均同此癥結在詮釋我國現行假釋制度為法務部專屬權限，癥結所在法律規定之不甚妥當；在德國刑法及刑事訴訟法對刑罰之執行，均將許多重要之裁判權保留給法院，而西元1975年第3次刑事法修正時，即引進由法院掌理附條件釋放措施辦理假釋之程序；相同的，我國當然最好的解決方式是刑法關於假釋規定，修正為明定假釋、撤銷假釋必須由法院裁定之，並在刑事訴訟法上完善刑事執行程序上之司法救濟途徑與程序（劉邦繡II，14）。

第五節　假釋之效力

　　關於假釋之效力，刑法第79條規定：「（第1項）在無期徒刑假釋後滿二十年，或在有期徒刑所餘刑期內未經撤銷假釋者，其未執行之刑，以已執行論。但依第78條第1項撤銷其假釋者，不在此限。（第2項）假釋中另受刑之執行、羈押或其他依法拘束人身自由之期間，不算入假釋期內。但不起訴處分或無罪判決確定前曾受之羈押或其他依法拘束人身自由之期間，不在此限。」按第1項之「以已執行論」，與在監執行生相同效力，足以消滅行刑權。而因舊刑法第79條第2項不算入假釋期內之規定，其範圍原包含受刑人因不起訴處分或無罪判決確定前之審理過程中之羈押等拘束人身自由之情形，鑑於舊法未排除不起訴處分或無罪判決確定前之拘束人身自由致使受刑人之權益不當受損，考量受刑人於假釋期間內，既已獲不起訴處分或無罪判決確定，其所曾受之羈押或其他拘束人身自由之期間，自無排除於假釋期內之理。參酌冤獄賠償法第1條之法理，明定不起訴處分與無罪判決確定前曾受之羈押或其他依法拘束人身自由之期間，仍算入假釋期內，並以為第2項但書之規定。

　　依刑法第79條之1第1項：「二以上徒刑併執行者，第77條所定最低應執行之期間，合併計算之。」規定，二以上合併計算執行期間，亦合併計算其所餘刑期，前項情形，併執行無期徒刑者，適用無期徒刑假釋之規定；二以上有期徒刑合併刑期逾四十年，而接續執行逾二十年者，亦得許假釋。但有第77條第2項第2款之情形者，不在此限（刑法第79條之1第2項），蓋合併執行之數罪中，如有符合第77條第2項第2款之情形者，依該款之規定已不得假釋，自不得因與他罪合併執行逾四十年，而獲依本項假釋之待遇；而刑法第51條數罪併罰有期徒刑之期限既已提高至三十年，具有數罪性質之合併執行，其假釋條件亦應配合修正為「逾四十年」；如符合合併刑期逾四十年者之假釋條件，其接續執行應與單一罪加重結果之假釋及與無期徒刑之假釋有所區別，爰修正須接續執行「逾二十年」始得許

其假釋；又合併執行之數罪中，如有符合第77條第2項第2款之情形者，因依該款規定已不得假釋，自不得因與他罪合併執行逾四十年，而獲依本項假釋之待遇，爰增訂刑法第79條之1第2項但書，以杜爭議。依第1項規定合併計算執行期間而假釋者，前條第1項規定之期間，亦合併計算之（刑法第79條之1第3項）。前項合併計算後之期間逾二十年者，準用前條第1項無期徒刑假釋之規定（刑法第79條之1第4項）。經撤銷假釋執行殘餘刑期者，無期徒刑於執行滿二十五年，有期徒刑於全部執行完畢後，再接續執行他刑，第1項有關合併計算執行期間之規定不適用之（刑法第79條之1第5項）。

　　值得注意的是，由於刑法第79條之1第2項定有「合併刑期逾四十年」之明文，鑑於數罪併罰應執行刑須受刑法第51條5款但書所定三十年之限制，故此處合併刑期一詞，應係指同時執行多數不符數罪併罰規定之宣告刑或應執行刑之情形；故對於非數罪併罰之案件，如前案已假釋出獄，後案始移送執行者，依法務部法檢字第0920803136號函：「二、查本部89年12月28日法(89)檢決字第004830號函示之刑事法律問題研究意見如下：非數罪併罰案件，前案於執行期間獲准假釋付保護管束在外，後案始移送執行，則後案應如何執行？原研究意見略以：倘後罪執行時，前罪尚未假釋期滿，應先行傳喚受刑人到案執行後案，所餘前案應執行之保護管束停止進行，俟後案執行完畢後，接續執行。三、惟上開函示之研究意見於實務運作上，造成部分受刑人雖合併執行後已達假釋之標準，惟仍須先行入監執行，俟重核假釋後始得再行假釋之情形，衍生民怨。有鑑於此，本部乃重行討論上開法律問題，並做成決議如下：對於非數罪併罰之案件，如前案已假釋出獄，後案始移送執行，為受刑人利益計，應在符合刑法第79條之1第1項『分別執行合併計算』之原則下，不待傳喚假釋受刑人到案執行，即由執行檢察官逕行簽發接續執行之後案執行指揮書，送交監獄辦理重核假釋或註銷假釋事宜，本部首揭函示所採之研究意見應予變更。」之說明，應於註銷原假釋後，始得傳喚假釋受刑人到案執行。惟雖刑法第79條之1應不適用於數罪併罰之併執行類型，應執行刑於實際執行上似僅生如同執行單一宣告刑之效力；惟將應執行刑視為單一宣告刑，卻因我國刑

法容認事後併罰之存在，將衍生許多規範上之疑義。

第六節　數罪併罰、累犯與假釋之競合

　　刑法第50條第1項前段數罪併罰並未排除事後併罰之適用，因此在假釋後始出現事後併罰之情形在實務上屢見不鮮。故如數罪併罰案件，於前罪已發監執行並假釋後，後罪始確定，則不論假釋期滿與否，皆應於定應執行刑後，不待傳喚假釋受刑人到案執行，即由執行檢察官逕行換發執行指揮書，送交監獄辦理重核假釋或註銷假釋事宜，如仍符合假釋條件者，原經核准之假釋仍予維持，惟應檢具有關假釋表件執核，經核准後，由本部函知臺灣高等法院檢察署轉知執行保護管束單位依其更定後之刑期更正其保護管束期間之屆滿日，並副知原執行監獄；如不符合假釋條件者，應報請求部註銷原核准之假釋，經核准後，原執行監獄應即聯繫指揮執行之檢察署，並於註銷原假釋後，始得傳喚假釋受刑人到案執行更定後之刑期（法務部公報第223期，頁121-122）。舉例而言，如某甲於竊盜罪假釋期滿後，因併罰之詐欺罪判刑十月確定，經法院另定應執行刑四年。其先發覺竊盜罪原經法院判處有期徒刑三年，於發監執行一年八月後假釋出獄，此時，就某甲之詐欺罪徒刑應如何執行？即產生爭議。因原執行之有期徒刑未達應執行刑假釋之要件，依前說明，實務上於註銷原假釋後即會通知受刑人到案執行。由於前執行實際上僅為一年八月，因此需於累計後執行至逾有期徒刑二分之一（二年）後，始得由監獄報請法務部許可假釋。然而，鑑於類此情形不符撤銷假釋之規定，且刑法第79條第1項已明文假釋期滿未經撤銷假釋者，以已執行論，何以僅憑法務部有關註銷假釋之函釋即足以推翻刑法第79條第1項以已執行論之效力？蓋於釋字第144號解釋提及的刑法第44條：「易科罰金、易服社會勞動、易服勞役或易以訓誡執行完畢者，其所受宣告之刑，以已執行論。」情形中，並未曾見法律明文以已執行論之評價，會於事後遭到行政命令之註銷（蓋如可註銷就不會出現釋字第144、366、662、679號解釋之爭議了），因此，現行實務亦非毫無

疑義。鑑於假釋之註銷對受刑人權利義務之影響甚為重大，縱有相關規範之必要，依國會保留之重要性理論，亦應透過立法的方式予以規定。而在立法完備以前，依據法律保留原則，應認只有撤銷假釋足生否定假釋的效力，而為保障受刑人之權益，亦應肯認以已執行論之法律效果事後不受行政命令之影響。因此，於前述案例中，依刑法第79條第1項規定，應認竊盜罪三年有期徒刑已執行，故於假釋之計算上，亦得以應執行刑已執行三年有期徒刑予以計算。鑑於假釋中受刑人並無適用行刑累進處遇條例之規定，依最高法院98年度台抗字第327號刑事裁定：「刑法第79條之1第1項規定：二以上徒刑併執行者，刑法第77條（假釋之要件）所定最低應執行之期間，合併計算之。又行刑累進處遇條例施行細則第15條第1項明定：對有二以上刑期之受刑人，應本分別執行、合併計算之原則，由指揮執行之檢察官於執行指揮書上註明合併計算之刑期，以定其責任分數（辦理假釋應行注意事項第18條亦定明：對於二以上之刑期，應本分別執行、合併計算之原則，由指揮執行之檢察官於執行指揮書上註明合併計算之刑期，以憑核辦假釋）。是對於有二以上刑期之受刑人，檢察官應於執行指揮書上註明合併計算之刑期，以利該受刑人累進處遇責任分數之計算，並憑以核辦假釋，事屬至明。」之說明，因為未在監執行之期間無法累積累進處遇責任分數，縱認已執行有期徒刑三年，因未必已達應執行刑聲請假釋所需之責任分數，故於多數情形中，受刑人仍需再入監服刑，以繼續累積聲請假釋所需之責任分數。

又由於刑法第48條針對累犯有更定其刑之規定，故如假釋受刑人在執行中發覺為累犯，經法院更定其刑時，假釋期間已屆滿，其因累犯加重之刑，是否得再命其回監繼續執行，便有疑義。參照法務部（71）法監字第10836號函：「二、前開受刑人既經更定其刑，其原執行指揮書即應註銷，並換發新執行指揮書，俾原執行監獄得據以報請註銷前之假釋，更定其刑如合假釋條件應即報請假釋，嗣後類似案件悉應遵照此一原則辦理。」、（74）法監字第15322號函：「黃○○因犯煙毒罪經本部核准假釋出監後因其所犯煙毒罪發覺為累犯，經法院更定其刑，致刑期增加，又經本部註銷前假釋，再予核准假釋，致前後有二假釋日期，究應以何者為

準？仍應以前假釋出監之日期為其假釋起算日，如於假釋期間內若再犯罪受有期徒刑以上刑之宣告確定，應依刑法第78條第1項規定辦理撤銷其假釋。」、（76）法監字第10982號函：「一、對於假釋出獄之受刑人因更定其刑，致其刑期增加或減少時，原執行監獄應就其有關假釋資料，重新審查，並依下列方式處理：（一）如仍符合假釋條件者，原經核准之假釋仍予維持，惟應檢具有關假釋表件報核，經核准後，由本部函知臺灣高等法院檢察處轉知執行保護管束單位依其更定後之刑期更正其保護管束期間之屆滿日，並副知原執行監獄。（二）如不符合假釋條件者，應報請本部註銷原經核准之假釋，經核准後，原執行監獄即應聯繫指揮執行之檢察處，執行更定後之刑期。」與（86）法監字第08114號函：「受刑人林○○原執行之詐欺、侵占二罪應執行有期徒刑一年四月，嗣增加偽造文書有期徒刑六月合計應執行有期徒刑一年十月，經重新核算其累進成績，尚未達累進處遇第二級以上，已不符合監獄行刑法第81條規定之假釋要件；本部86年2月20日法（86）監字第04884號函核准林○○假釋部份，應予註銷。」等說明，乃認此時得以註銷假釋之方式，於更定其刑不符假釋條件時，命受刑人回監繼續執行。

　　然而，前述相關函釋之法源依據為何？是否符合法律保留原則，法理上並非沒有疑義。在傳統特別權力關係理論盛行之時代，以相關函釋規範受刑人之自由權利，或為法理之當然；惟於特別權力關係已轉換為特別法律關係之際，仍以行政命令限制受刑人之自由權利，應已有違法律保留原則。立法者實應以立法之方式，就此事項有所規範，以免遭違憲之譏。

第七節　美國的假釋制度

　　在美國的刑事司法制度中，假釋主要是指監獄犯人在服刑一段時間或者大部分刑期服滿之後，在滿足一定條件的情況下，可以獲准提早釋放，不過釋放後一段時間內還要繼續受到監視之制度；如果被假釋者在這段期間違反了假釋規定，就會被取消假釋資格，而必須重新入監服刑。目前美

國聯邦法制已經廢除了假釋制度，但是大多數州仍然保留了關於假釋的規定。

一、假釋制度的起源和發展

　　假釋制度源自十九世紀中期的愛爾蘭，當時監獄犯人可以通過參加一些監獄管教計畫，爭取得到提早釋放的機會，隨後美國也採納了這種做法，允許表現好的監獄犯人在滿足一定的條件下提早出獄，並在出獄後一段時間內繼續受到監視。到了西元1942年，美國各州和聯邦一級都開始實行假釋制度，而且聯邦和州法官的判刑有很大的選擇餘地，犯罪人員在被判「不固定刑期（例如某人被判五到十五年不固定刑期）」，如果表現好，五年就可以獲釋，如果表現不好，就有可能要服滿十五年的刑期才能出獄。監獄犯人什麼時候獲釋由假釋委員酌情決定。假釋委員根據犯罪人員的犯罪歷史、獄中表現以及對社會可能構成的危險等因素，逐案進行審議。這個制度得到監獄官員的支援，因為它有助於減輕監獄人滿為患的壓力。但是，不固定刑期的判決也存在很多問題，由於法官在量刑方面無章可循，犯罪人員可能會因為類似的犯罪而得到不同的判刑。另外，公眾普遍擔心，提早釋放監獄犯人，有可能使犯罪活動增多。因此要求對犯罪人員施以更長刑期以及統一判刑標準的呼聲日益高漲。

　　到了二十世紀七〇年代中期，美國的假釋制度出現大的變革，重新確立的判刑條例要求法官施以「固定刑期」，對很多刑事犯罪都規定了必須有最低刑期，有些假釋委員會也被取消。美國國會於西元1984年通過「全面控制犯罪法」，在聯邦一級廢除了假釋制度。根據這項法律，在1987年11月1日之前有過犯罪活動的聯邦監獄犯人在服滿三分之一刑期後，仍然有資格得到假釋，但是，在這之後有犯罪行為的聯邦監獄犯人不享受這種待遇。如果他們在獄中表現好，每年最多可以減刑五十四天，釋放後一段期間內仍要繼續接受監視。

二、假釋委員會的職能

　　美國大多數州仍然保有關於假釋的規定，但是只有十四個州保留了假釋委員會。以俄亥俄州為例，假釋委員會由十名成員組成，他們由州長任命，任期六年。當一個監獄犯人具備申請假釋資格的時候，假釋委員會要投票決定是否將其提早釋放。俄亥俄州的做法是，委員會根據監獄犯人犯罪的嚴重程度以及重犯的機率進行分析，然後提出一個危險程度評估，如果他們認為這名監獄犯人的危險程度還可以接受，那麼，他們就決定提早將其釋放。一般而言，美國的假釋制度可以分為以下三種形式：（一）假釋委員會對不固定刑期的判決幾乎有絕對的決定權，也就是說，他們可以在犯罪人員服刑期間決定是否將其釋放；（二）法律對假釋委員會的決定權實施某些限制，例如法律規定，犯罪人員必須在服滿最低刑期之後才能被考慮是否給予假釋，以及某些犯罪不能得到假釋，犯罪人員必須服滿整個刑期才能出獄等；（三）對於固定刑期的判決，假釋委員會在是否釋放監獄犯人的問題上沒有任何決定權，它只能設定假釋條件，如果犯罪人員在假釋期間違反了假釋規定，假釋委員會有權撤銷他的假釋資格。另外，假釋委員還可以對假釋計畫進行監視。

　　北卡羅來納大學社會學和刑法學教授馬利奧帕帕羅奇比較了有假釋委員會和沒有假釋委員會的州的不同做法後指出：「在那些沒有假釋委員會的州，比如說法律規定搶劫罪的刑期是五年，犯罪人員在服滿85%的刑期以後便可以獲得假釋，釋放之後在一段時間內繼續受到監視，這類似於假釋監視期，但是沒有人對是否釋放監獄犯人進行審議，即使他在監獄中沒有參加過任何計畫，而且沒有遵守監獄的規定，都必須釋放，這被稱為法定釋放。在那些仍然有假釋委員會的十四個州，當監獄犯人具備申請假釋的資格時，假釋委員會要詳細審議他的檔案，同時找他和犯罪受害人談話，然後再決定是否可以提早釋放他。」由此可見，美國的假釋制度目前主要在州一級才有，而且每個州的情況不同，有的州根據不固定刑期判決，由假釋委員會決定是否提早釋放監獄犯人，在另外一些州，根據固定刑期的判決，監獄犯人在服滿「固定刑期」判決所要求的刑期之後，不需

要審議就可自動得到假釋。

三、假釋的條件和過程

　　蓋爾休斯曾針對假釋的程序提出以下的說明：「假釋委員會在了解案情之後，再對申請假釋的監獄犯人是否具備假釋資格做出決定。假釋委員會要求監獄犯人提出重返社區的計畫，犯罪人員或是自己提出計畫，或是由假釋委員會指定某個社會機構幫助他制定計畫。假釋委員會還要派假釋官員到監獄犯人所在的社區，對他將來的就業和住處等情況進行調查，在確定一切都符合要求之後再將其釋放。」在美國幾乎所有的司法管轄區，監獄犯人都必須在服滿一定刑期之後，才有申請假釋的資格。假釋是一項特權，而不是權利，監獄犯人有申請假釋的自由，但不一定能得到假釋。帕帕羅奇教授指出，監獄犯人必須同意假釋條件，否則就得不到假釋，例如假釋期間必須遵紀守法，不能擁有武器，不准吸毒，必須遵守假釋官員提出的所有規定等。另外，如果獲得假釋的犯罪人員有精神方面的問題，他還會被要求接受心理治療。得到假釋以後，由假釋官員對他進行監視，如果獲得假釋的犯罪人員違反假釋條件，他就會再次被關入監獄，繼續服刑。

四、假釋的運作情況

　　假釋的運作可以從監獄犯人被允許提早釋放、釋放後繼續受到監視以及因違反假釋規定而被取消假釋資格三個方面進行分析。美國緩刑和假釋協會前任主席、現任北卡羅來納大學刑法學教授馬利奧帕帕羅奇曾經擔任過假釋官員。他提到了親自處理的一起監獄犯人在假釋後受到監視期間發生的案子：「一名男子因打死了自己女友的女兒，坐了二十年牢，服刑期間，他和監獄外的一位婦女結了婚。這位婦女有四個女兒，當這名男子得到假釋以後，我告訴他，在接受心理醫生的檢查之前，他不能和這名婦女及孩子住在一起。但是，他偷偷住進她的家中，我們發現後把他逮捕。在決定是否取消他的假釋資格的聽證會上，這名婦女祈求我們釋放他，而且

保證這個男人沒有任何危險。我們無奈只好釋放了他。但是，出於對四個孩子的擔心，我提出把她們從家中搬出來，這對她們的母親來說是一件非常困難的決定，但是她答應了，並讓這個男子住到她的家中。不到一個星期，這個男子割斷了她的喉嚨。現在他在死囚名單上。」不過帕帕羅奇教授指出，也有一些假釋成功的案例，經他接手的案子當中，有一個人因殺人罪被判刑入獄二十多年，他在監獄中刻苦自學，獲得假釋後進入法學院深造，畢業後成為一名成功的律師。

帕帕羅奇教授說，僅僅通過上面兩起案子很難判斷假釋制度究竟是好是壞，關鍵在於社會是否因為有假釋制度而比沒有假釋制度更加安全。他指出：有假釋制度比沒有假釋制度安全5%，也就是說，有假釋制度會使重返監獄的犯罪人員減少了5%。另外，如果我們提供密集的心理治療和教育計畫，社會就更加安全，再次被捕的人會減少10%，有時最高可減少到30%。

五、假釋制度引起爭議

並不是所有的人都贊同前述觀點，假釋制度始終是美國刑事法中引起廣泛爭議的問題。支援和反對的都大有人在。新罕布夏大學政策和社會學研究院教授泰德柯克帕特里克分析了支援和反對假釋的兩派人士的觀點。他提到：「反對假釋的人認為，美國在過去十五年中採取了嚴厲的法治政策，這個政策說：我們不能縱容罪犯，他們既然犯了法，就應該在監獄中接受懲罰。因此，一說到讓更多監獄犯在刑滿之前釋放，就會引起爭議。支援假釋的人認為，如果在監獄外的環境為監獄犯人提供一些服務，例如提供教育和就業機會以及戒酒戒毒的治療計畫等，會比把他們關在監獄更能節省開支，因為研究表明，把公共資金花在避免獲得假釋的犯罪人員走回頭路上面是一項有利的投資。」邁克艾倫檢察官提出了反對假釋的理由：「假如某人犯了刑事罪，因謀殺罪而被判刑三十年，我認為就應該把他關三十年，一天刑期都不能少，更不能提早將他釋放。重罪罪犯必須服滿刑期，因為我們不斷看到，在考慮給某名罪犯人員假釋時，受害人的家

屬就要到假釋委員會作證，這等於讓他們再受一次折磨。」不過國際假釋協會執行主任蓋爾休斯認為：實行假釋對社會更有利，他指出：「如果你縱觀全美國，你就會發現有一些州開始有加強假釋制度的趨向。例如，加利福尼亞州過去幾年中通過了一項直接針對吸毒犯罪人員的法律，根據這條法律，這些犯罪人員獲得假釋後，如果又開始吸毒，僅僅因為這一點不會被重新關入監獄，而是要接受戒毒治療。很多人認為，把他們重新關回監獄有很多益處，但是實際情況是，減少服刑時間，讓他們得到假釋的好處似乎更多一些。」

在美國各州當中，加州是獲得假釋的監獄犯人以及假釋後重新關回監獄的犯人人數最多的。加州薩克拉蒙托警察局局長阿爾伯特納赫拉認為，假釋制度在實際運作中不是很成功的，他認為：「假釋制度從觀念上來說是一個好的制度，這個觀念是：假釋機構幫助獲得假釋而重返社會的犯罪人員重新做人並不再犯罪，同時利用教育和職業等資源幫助實現這個目標，但是，他們也面臨犯罪人員有走回頭路、重新被關回監獄的危險。得到假釋的犯罪人員知道，如果自己表現不好，不做一個好公民，就有可能被送入監獄繼續服刑。不幸的是，我們在這方面的工作失敗了，因為得到假釋重返社會的犯罪人員的人數太多，而為他們提供的資源卻很缺乏。」（美國之音）。

六、假釋與三振法案

三振法案（Three Strikes Laws）主要是指各州所制定要求州法院強制延長嚴重刑事累犯入獄服刑時間並限制假釋之法律，三振法案之名稱來自於棒球術語，蓋一名打擊手只被允許不超過三次的好球打擊機會，否則將被判出局。

沿革上來說，早在十九世紀末期，紐約州就曾制定一項關於「持續犯重罪者」（Persistent Felony Offender）的法案，不過該法並沒有強制性量處重刑之規定，對於是否處以重刑，法官有廣泛的自由裁量權。華盛頓州於1933年投票通過了第一個具有強制性的三振法案（Initiative 593），

而加州在1934年也通過了標題為「三振出局」（Three Strikes and You're Out）的法案（Proposition 184），依該規定，如果有三項重罪指控成立，即會被判處終身監禁。三振法案的內涵各州不同，部分州要求三次重罪均必須都是暴力犯罪，而如加州等，則規定前兩次重罪只要是暴力或嚴重犯罪即可。因此在加州，即使是盜竊一百美元以下物品的行為人之前曾有過搶劫和夜盜等重罪前科，都會被依三振法案嚴懲，刑事被告將因第三次輕微的犯罪被判處二十五年至終身監禁。此外，依加州三振法案，第一次和第二次犯罪是以獨立指控為計算基礎，而非以獨立案件計算，因此被告可能在一個案件中被指控並定罪了第一次與第二次犯罪；而被告過去在五十州以及聯邦法庭的案件都是計算範圍，無論該案件是否為認罪協商的結果。至2004年為止，共計有二十六州以及聯邦政府都訂有類似三振法案的規定，即如果第三次重罪指控成立，那麼被告將被判終身監禁，且在很長一段時間（大多為二十五年）內不得假釋。三振法案實質延長了有暴力犯罪或嚴重犯罪前科者再犯時的刑期，並限制了對此類刑事被告採取其他寬容或輕微的處罰方式。

在所有的三振法案中，加州議會1994年通過的三振法案堪稱最嚴厲的版本，事實上該項法律在該年底的州全民投票中得到七成多州民的支持。根據加州的三振法案，被第二次判重罪的罪犯，其刑期將增加一倍，被第三次定重罪的罪犯，將被判處二十五年有期徒刑到終身監禁。這項法律還規定罪犯必須在監獄（非看守所）服刑，且法院不得判處緩刑，此外，該法只允許對在監獄表現較好的罪犯減少最多五分之一的刑期，而非服刑一半即得申請假釋。

雖然在1980年的朗梅爾訴埃斯泰勒案（Rummel v. Estelle）中，聯邦最高法院支持德州的三振出局法案，不過在2002年11月，卻出現三振法案是否違反美國憲法第8條修正案有關不得施以嚴厲和殘酷刑罰條款之爭議。儘管在商店扒竊一般來說屬於輕罪，不過加州一名罪犯於1996年僅因偷竊價值一百五十三美元的錄像帶而被判處二十五年有期徒刑，蓋依加州三振法案規定，對於已經有兩次定罪前科的罪犯來說，輕罪也有可能被視為重罪，從而被施以很長的刑期。在另一案子中，一名被告因試圖在一家

體育用品商店偷竊高爾夫球棒而被抓住,僅因該被告有兩次定罪前科,因此輕罪變成重罪,該被告被判處終身監禁。不過在2003年3月5日,美國最高法院以五比四的多數意見決定,三振法案並未違反禁止殘酷和不人道刑罰的憲法規定,以加州嚴重的累犯問題為基礎,其指出:「我們並不是以超級立法機關的立場對這些政策做事後評價。加州有充分的理由認為,實質加重習慣性重罪犯人刑期有益於達成在刑事司法目標,……雖然被告爾文的刑期確實很長,但是這反映了一個理性且應被遵守的立法判斷,亦即犯下嚴重或暴力罪行的被告再度犯罪時必須被重判。(We do not sit as a "superlegislature" to second-guess these policy choices. It is enough that the State of California has a reasonable basis for believing that dramatically enhanced sentences for habitual felons advances the goals of its criminal justice system in any substantial way ... To be sure, Ewing's sentence is a long one. But it reflects a rational legislative judgment, entitled to deference, that offenders who have committed serious or violent felonies and who continue to commit felonies must be incapacitated. Ewing v. California, 538 U.S. 11, 28(2003).)」

第八節　緩刑與假釋區別

　　假釋與緩刑均為救濟自由刑之制度,不過基本上緩刑與假釋不同之處約有以下七點:
　　一、前者為救濟短期自由刑之弊而設;後者則為救濟長期自由刑之弊而設。
　　二、前者自始即避免刑之執行;後者則以有刑之執行為前提。
　　三、前者為裁判上審酌事項,故須以裁判宣告之;後者則為司法行政處分,故不經裁判程序。
　　四、前者得付保護管束;後者則必須付保護管束。
　　五、前者之宣告刑為二年以下有期徒刑,拘役或罰金;後者之宣告刑則最低須在六月以上。

六、前者，緩刑期間為二年以上五年以下，須經裁判之宣告；後者，假釋期間，無期徒刑逾二十五年，有期徒刑逾二分之一、累犯逾三分之二，由監獄報請法務部，得許假釋出獄，毋庸再經司法機關之斟酌。

七、前者，期間屆滿後原宣告之刑，失其效力，與自始未受罪刑之宣告同，故不得為累犯之前科；後者，期間屆滿後，原宣告之刑，以已受執行論，視為執行完畢，故得為累犯之前科。

第二十八章
刑罰權消滅

第一節　概説

一、刑罰消滅之意義

　　刑罰之消滅者，乃基於法令上或事實上之原因，對於犯人之刑罰權，歸於消滅之謂，一旦刑罰權已歸於消滅，縱該犯罪行為人未受刑罰制裁，國家機關亦不得對犯罪行為人施以刑罰，更不得對其進行刑事訴訟程序。故刑罰消滅，亦稱刑罰權消滅。刑罰之消滅可分廣狹二義。廣義之刑罰消滅，包括「刑罰請求權」消滅與「刑罰執行權」消滅二者在內；狹義之刑罰消滅，則專指「刑罰執行權」消滅而言。

二、刑罰消滅事由之類別

　　茲將刑罰消滅之事由，可分為以下二種類型：

（一）刑罰請求權消滅

　　1. 大赦（未受罪刑之宣告）。

　　2. 追訴權時效完成。

　　3. 告訴或請求乃論之罪已撤回其告訴或請求。

　　4. 行為後，裁判確定前，法律已廢止其刑罰。

　　5. 犯人死亡（在裁判確定前死亡）。

（二）刑罰執行權消滅

　　1. 緩刑期間之經過。

2. 大赦（已受罪刑之宣告）。

3. 特赦。

(1) 罪刑宣告無效者。

(2) 免除其刑執行者。

4. 減刑。

5. 復權。

6. 行刑權時效完成。

7. 裁判確定後，未執行或執行未完畢前，法律已廢止其刑罰。

8. 免除其刑。

9. 免其刑之執行。

10. 假釋期間之經過。

11. 執行完畢。

12. 受刑人死亡（在科刑裁判確定後死亡）。

　　關於刑法請求權消滅，因國家機關已不得再基於同一犯罪事實對同一被告進行追訴程序，因此已無從確認犯罪是否成立，更遑論如何執行刑罰，故產生罪與刑均告消滅之效果。關於刑罰執行權消滅，雖國家機關已對特定犯罪做出罪刑宣告，因已不得對之執行刑罰，故可謂刑已消滅罪尚存在。上列刑罰消滅之各種事由，關於時效及赦免兩部分，於後述加以說明，至於其他各項，或在前述各章中已有所論列，或係訴訟法上之問題，均不贅述。

第二節　時效

一、時效之意義

　　刑法上之消滅時效，乃消滅刑罰權之時效。凡因時效之完成而使追訴權消滅者，謂之「追訴權時效」；因時效之完成而行刑權消滅者，謂之「行刑權時效」。一般認為時效制度，係尊重因時間經過之事實狀態，為保障人權，安定社會秩序，確定權利界限，故使刑罰權經過法定期間，歸

於消滅，以符合刑事政策之要求。

二、追訴權時效

　　按追訴權之性質，係檢察官或犯罪被害人，對於犯罪，向法院提起確認國家刑罰權之有無及其範圍之權利。追訴權時效者，謂犯罪發生後，基於法律之規定，因一定期間之經過，不提起公訴或自訴者，刑罰請求權即因而消滅之時效制度也，簡言之，如果觸犯刑罰的被告，沒有在一定的期間內（依案件不同，最長卅年）接受偵查、審判，國家就不能再加以追訴處罰，亦稱「起訴權時效」或「求刑權時效」。因此，追訴權消滅之要件，當以檢察官或犯罪被害人未於限期內起訴為要件。蓋未起訴前，法院基於不告不理原則，無從對於犯罪之國家刑罰權確認其有無及其範圍；自反面而言，倘經起訴，追訴權既已行使，原則上即無時效進行之問題。而所謂起訴，係指刑事訴訟法第251條第1項提起公訴及第451條第1項聲請簡易判決處刑者而言。鑑於追訴權係指檢察官或自訴人對於「犯罪」請求訴追之權利，舊法規定有使人誤解為係對「刑」訴追之虞，而有修正以「罪」判斷之必要。追訴權時效之期間，刑法以刑之種類及刑之輕重為標準，分為四等，最長三十年，最短五年，於此範圍內定之。依刑法第80條第1項規定，追訴權，因下列期間內未起訴而消滅：

　　（一）犯最重本刑為死刑、無期徒刑或十年以上有期徒刑之罪者，三十年。

　　（二）犯最重本刑為三年以上十年未滿有期徒刑之罪者，二十年。

　　（三）犯最重本刑為一年以上三年未滿有期徒刑之罪者，十年。

　　（四）犯最重本刑為一年未滿有期徒刑、拘役或罰金之罪者，五年。

　　關於時效期間，應自何時起算，刑法第80條第2項前段規定為「前項期間自犯罪成立之日起算。但犯罪行為有繼續之狀態者，自行為終了之日起算。」所謂「犯罪成立」，指犯罪構成事實之完成，「形式犯」以實行行為為已足。「實害犯」則以結果發生為要件，應以自結果發生時起算。但犯罪行為如有繼續狀態者，其犯罪成立時，行為尚未終了，故有但書之

設。參照最高法院25年上字第1679號判例,所謂「繼續狀態」,係指犯罪行為之繼續而言,如僅係犯罪狀態繼續,或犯罪結果繼續,則不包括在內。

　　因舊刑法第83條第1項:「追訴權之時效,如依法律之規定,偵查、起訴或審判之程序不能開始或繼續時,停止其進行。」將依法不能開始或繼續偵查之情形,列為追訴權時效之停止原因,並於同條第3項,配套規定其繼續存在如達於本條第1項各款所定期間四分之一者,其停止原因視為消滅,該條之規定相當繁瑣,在適用上,模糊而不便利。依前開說明,追訴權之消滅既以一定期限內未起訴為要件,基於判斷之明確性及便利性之考量,應儘量將判斷標準單純化,故關於依法不能開始或繼續偵查之追訴權時效停止原因之規定,衡酌偵查需要,除依法應停止偵查或被告逃匿而通緝者外,並無完全保留之必要,爰予修正以利時效期間之計算。依修正後之偵查期間除有法定事由外,時效並不停止進行,如時效期間過短,有礙犯罪追訴,造成寬縱犯罪之結果,為調整行為人之時效利益及犯罪追訴之衡平,刑法第80條第1項各款之期間,依最重法定刑輕重酌予以提高。

　　現行刑法就時效制度,捨時效中斷制,而專採時效停止制,與德國法例之兼採時效停止原因及時效中斷原因之規定有別;又僅於舊刑法第83條第1項就消極方面規定妨礙時效進行之事由,與日本刑事訴訟法分別就積極與消極兩方面規定公訴之提起與公訴之因法律上障礙而不能有效提起,均足以停止時效之進行者,亦非相若。此項立法應係鑒於德、日立法例對時效完成限制過嚴,爰未予完全仿效,藉使時效易於完成;另考慮其停止期間過長,有礙時效完成,而於舊刑法第83條第2項規定停止原因視為消滅之事由,用意在儘量放寬對時效完成之限制,以矯正德、日立法過嚴之缺點。然舊刑法條文之規定,在實務上每感時效完成過易,為謀補救,判例解釋先後闡述「案經起訴,即不發生時效進行問題。」(最高法院民刑庭總會51年7月10日第四次會議決議、司法院釋字第138號解釋參照)、「案經起訴,時效當然停止進行。」(司法院院字第1963號解釋、最高法院31年上字第1156號判例、司法院釋字第123號解釋參照)、「所謂追訴

權，係對行刑權而言，應指形式之刑罰權，包括偵查、起訴及審判權在內，若已實施偵查，此時追訴權既無不行使之情形，自不生時效進行之問題。」（最高法院82年9月21日第10次刑事庭會議決議參照），雖有利偵查程序之進行，但迭遭學者所訾議，質疑偵查程序不當延宕，影響行為人之時效利益，爰參考日本關於時效之規定，於刑法第83條第1項前段：「追訴權之時效，因起訴而停止進行。」明定追訴權之時效，因起訴而停止進行，以杜爭議。而所謂起訴，係指依刑事訴訟法第251條第1項提起公訴或第451條第1項聲請簡易判決處刑者而言。又偵查程序依法應停止（如刑事訴訟法第261條、商標法第49條等）或因犯罪行為人逃匿而通緝等非可歸責偵查機關，被告亦與有責任之事由時，為避免寬縱犯罪，爰於刑法第83條第1項後段：「依法應停止偵查或因犯罪行為人逃匿而通緝者，亦同。」規定偵查期間時效停止原因，俾利適用。

　　刑法第83條第1項既明定起訴（包括公訴與自訴）為時效停止原因，則每一刑事案件，一經起訴，時效即停止進行，對被告殊為不利，為緩其嚴苛，故於第2項明定停止原因視為消滅之事由，以利時效繼續進行。依刑法第83條第2項第1款：「諭知公訴不受理判決確定，或因程序上理由終結自訴確定者。」之規定，因程序上理由以判決終結公訴或自訴，或自訴案件因程序上理由以裁定駁回自訴（參照刑事訴訟法第326條第3項）確定者，其追訴權時效停止原因視為消滅。又依刑法第83條第2項第2款：「審判程序依法律之規定或因被告逃匿而通緝，不能開始或繼續，而其期間已達第80條第1項各款所定期間四分之一者。」之規定，係因審判程序依法律之規定或因被告逃匿而通緝不能開始或繼續，而其期間已達於第80條第1項各款所定期間四分之一者，參酌司法院院字第1963號解釋與釋字第123號解釋等說明，仍應列為時效停止原因視為消滅之事由。又於偵查程序依法應停止或因犯罪行為人逃匿而通緝等非可歸責偵查機關，被告亦與有責任之事由時，為避免寬縱犯罪，於刑法第83條第2項第3款：「依第1項後段規定停止偵查或通緝，而其期間已達第80條第1項各款所定期間四分之一者。」規定偵查期間停止原因視為消滅之事由。另依刑法第83條第3項規定：「前二項之時效，自停止原因消滅之日起，與停止前已經過之期

間，一併計算。」蓋因現行刑法就時效制度，乃專採時效停止制之故。

　　值得注意的是，關於身分犯之追訴權時效計算，必須考量身分消失對於犯罪之影響，而不能一概以狀態犯作為追訴權不能開始計算之託辭。舉例而言，世界銀行前副總裁林○○於民國68年5月16日晚間自金門潛往大陸地區，觸犯陸海空軍刑法第24條投敵罪，國防部高等軍事法院檢察署即以犯罪行為尚未終了，林○○迄今依然被軍方視為叛逃軍官為由，於民國91年11月15日對其發布通緝，故如林○○返台，將遭逮捕並面臨軍法審判。然而，觸犯軍刑法所列犯罪須以行為人具現役軍人身分為前提（學說上稱軍法犯罪為身分犯）。果如國防部所言，林○○犯罪仍在繼續進行中，其前提是林○○仍為現役軍人。惟依當時有效之陸海空軍軍官服役條例第12條第1項第1款規定，常備軍官在現役期間失蹤逾三個月者，應予停役。換言之，林○○至遲於逃亡至大陸地區逾三個月時，即因已失其現役軍人身分，而不可能再「繼續」觸犯任何軍刑法上之身分犯罪。國防部逕依釋字第68號解釋認定林○○所犯之投敵罪仍在繼續進行中，恐無視軍刑法犯罪屬身分犯之本質，非現役軍人已無從觸犯軍刑法之罪，其於法理之不當，至為顯明。因此，縱其所犯投敵罪之最高法定刑為死刑，惟依當時有效之刑法第80條第1項第1款規定，該罪之追訴權時效為二十年，而依當時有效之刑法第83條、釋字第123號與第138號等解釋，該案之追訴權時效應已於投敵行為終了日翌日（即喪失現役軍人身分日，民國68年8月16日）起二十五年屆至時（即民國93年8月15日）消滅。故依法而論，雖該管軍事檢察署尚未依法就本案為不起訴處分，倘如林○○此時返台，依刑法追訴權時效之法理而論，其已不至於因該投敵案而續受通緝之法理，不應有模糊空間。

三、行刑權時效

　　行刑權，係國家對於已終局確定之科刑判決，執行其宣告刑之權利，既係以執行已確定之科刑判決為目的，故行刑權之消滅要件，當以未於期限內執行刑罰為其要件。因此，行刑權時效者，謂於科刑裁判確定後，基

於一定之原因，不能執行其刑，而經過法定期間，使刑罰執行權歸於消滅之制度也，亦稱「行刑時效」或「刑罰執行權時效」。行刑時效完成，僅生消滅執行權之效力，其科刑之確定判決，依然存在。故受有期徒刑之宣告者，雖其行刑權已罹於時效而消滅，若於時效消滅之後更行犯罪，仍不得宣告緩刑，此與追訴權時效完成而根本消滅罪刑之宣告之情形不同也。我國刑法原已規定行刑權時效，只要被告判決確定後，在一定時間內沒有執行刑罰（依刑度不同，最長四十年），就可逃過刑罰的執行。考法律作如此規定，似認被告在經過長期的逃亡並無法見光的情況下，其所受的身心痛苦已足抵償應受的刑罰制裁，而且在長期間的逃避追訴下，似已達到刑罰維護社會秩序的目的，時效制度已為大多數國家刑事立法所採用的制度。依刑法第84條第1項之規定，行刑權因下列期間內未執行而消滅：

（一）宣告死刑、無期徒刑或十年以上有期徒刑者，四十年。

（二）宣告三年以上十年未滿有期徒刑者，三十年。

（三）宣告一年以上三年未滿有期徒刑者，十五年。

（四）宣告一年未滿有期徒刑、拘役、罰金或專科沒收者，七年。

行刑權之時效期間，依刑法第84條第2項規定，應自裁判確定之日起算。惟刑法第90條既已參照竊盜犯贓物犯保安處分條例第3條第1項、第5條及第7條規定意旨修正，明定強制工作原則上應於刑罰執行前為之，以三年為期，執行滿三年認有延長之必要者，法院得延長一年六月，則該條例第3條第2項行刑權時效期間自強制工作執行完畢之日起算之特別規定，自應予以納入，以期配合；又犯竊盜罪或贓物罪，而與竊盜、贓物以外之他罪合併定執行刑，並於刑之執行前令入勞動場所強制工作，該他罪之行刑權時效期間，依目前最高法院之見解，認無竊盜犯贓物犯保安處分條例第3條第2項之適用，仍應自裁判確定之日起算，並有刑法第85條第3項之適用（最高法院74年度台非字第100號判決參照），致實務上常有於保安處分執行完畢後，該他罪刑罰之行刑權時效罹於消滅之情形，實有違宣告刑罰之本質。為避免將來適用修正條文第90條發生疑義，特參照竊盜犯贓物犯保安處分條例第3條第2項規定意旨及立法體例，於第84條第2項增設但書，規定因保安處分先於刑罰執行者，第1項行刑權時效期間，自保安

處分執行完畢之日起算，俾於保安處分執行完畢後，仍可執行其刑罰。從而，現行刑法第84條第2項遂規定為：「前項期間，自裁判確定之日起算。但因保安處分先於刑罰執行者，自保安處分執行完畢之日起算。」

　　修正前刑法第85條規定：「（第1項）行刑權之時效，如依法律之規定不能開始或繼續執行時，停止其進行。（第2項）前項時效停止，自停止原因消滅之日起，與停止前已經過之期間，一併計算。（第3項）停止原因繼續存在之期間，如達於第84條第1項各款所定期間四分之一者，其停止原因視為消滅。」惟依修正前刑法第84條第1項規定，行刑權時效之消滅係以法定期間內不行使為要件，如在法定期間內已有行使之行為，並不發生時效進行之問題。關於妨礙行刑權時效完成之事由，仍維持現行時效停止制，僅就不能開始或繼續執行之情形予以明文，且為配合第83條第1項立法體例，爰於現行刑法第85條第1項前段明文規定：「行刑權之時效，因刑之執行而停止進行。」行刑權時效停止進行之原則。又執行程序亦有依法停止執行者，如：刑事訴訟法第430條但書、第435條第2項、第465條、第467條、監獄行刑法第11條第1項及第58條等。故於刑法第85條第1項第1款明訂：「依法應停止執行者。」為行刑權時效停止進行事由，如有該款情形致行刑權時效不能開始或繼續執行者，行刑權時效應停止進行。若因受刑人逃亡或藏匿而通緝，不能開始或繼續執行者，依台灣高等法院55年3月7日（55）文公字第5913號呈：「依最高法院51年7月10日第4次刑庭會議紀錄認為：追訴權既在行使中，不生時效問題。蓋認為起訴後之被告雖經通緝，其追訴權已在行使中，與刑法第80條所定不行使之情形有別，故不生時效因不行使而消滅之問題。惟依此一見解則被告或受刑人縱經長期通緝如未緝獲歸案，其時效將永無涓滅之日，有背時效之立法精神，且通緝案件無法清結通緝犯勢將益形增多，實增加實務上之困難。又依司法院院字第1963號解釋謂：於偵查審判中通緝被告其追效權時效均應停止進行，但須注意刑法第83條第3項規定。最高法院31年上字第1156號判例亦認：被告在逃曾經通緝者，其追訴權之時效應停止進行，至執行中之受刑人經通緝無著，此項通緝自在刑法第85條第1項所謂依法律之規定不能開始或繼續進行之列，而依刑法第83條第3項、第85條第3項既有停

止原因經過一定期間視為消滅之規定，則停止原因消滅後，即應認為恢復時效之進行。按刑法上時效制度原在謀法律狀態不致夕懸不決，追訴權或行刑權時效既不能永久進行進行不已，亦無永久停止之理，故通緝之被告或受刑人依刑法第83第3項、第85條第3項時效停止進行之原因消滅後，其追訴權或行刑權之時效如非恢復進行，無異永久陷於停止進行之態，似非該兩條立法之本旨。」以及司法院釋字第123號解釋意旨，認為行刑權時效應停止進行。另受刑人執行中脫逃，雖處於未執行狀況，然行刑權時效究不宜繼續進行，爰予刑法第85條第1項第2款明文：「因受刑人逃匿而通緝或執行期間脫逃未能繼續執行者。」以為行刑權時效停止進行之原因。此外，受刑人因依法另受拘束自由者，例如，受拘束自由保安處分之執行、流氓感訓處分、少年感化教育、及民事管收等，致不能開始或繼續執行時，亦有列為行刑權時效停止進行原因之必要，爰增列為第85條第1項第3款：「受刑人依法另受拘束自由者。」以資適用。為免行刑權時效永久陷於停止進行之態，刑法第85條第2項乃明文：「停止原因繼續存在之期間，如達於第84條第1項各款所定期間四分之一者，其停止原因視為消滅。」又為受刑人利益，避免時效停止原因消滅後重行起算，刑法第85條第3項亦明文：「第1項之時效，自停止原因消滅之日起，與停止前已經過之期間，一併計算。」

第三節　赦免

　　赦免者，係指司法機關以外之國家機關未依正常訴訟法之程序，變更、消滅法院所為刑之宣告，或解消特定犯罪追訴權之行為，由行政權為放棄全部或一部國家刑罰權赦免權之行為，乃國家元首使其特權作用所為變更罪刑之行政處分，在權力分立下，形成例外干涉司法權結果之制度（何子倫）。就國家刑罰權之行使而言，赦免亦屬「處罰障礙」之事由。由於赦免介入司法權運作，造成捨棄刑事程序之結果，就捨棄之範圍而言，若係捨棄全部刑事程序，即自偵查以迄執行者，謂之「廣義赦免」；

若僅捨棄確定判決之執行者,稱為「狹義赦免」。在君主專制時代,赦免多半是展現君主權威,顯示仁惠措施的象徵。時至今日,雖有認為赦免破壞法律制度之公正及威信,且易縱容奸逆之徒,無法實現正義,此一制度實與民主法治之精神,背道而馳。然而赦免權仍普遍在各國憲法中留存,並將其交由國會或行政權力部門(內閣或總統)決定,介入司法權的行使。赦免之機能,在於限制並緩和刑罰之科處,修正刑事判決過分之嚴格性,希藉由赦免衡平刑罰的嚴酷,或彌補裁判的錯誤,謀求實質正義,以維繫憲法基本價值秩序。蓋於證據裁判主義之規範下,「應斟酌全辯論意旨及調查證據之結果」,「得心證之理由應記明於判決,這兩個要件是否就是自由心證的有效約束?如果相信這兩個要件遵守了.就能發現實,正確適用法律,那是對審判心理學一廂情願的幻想,也不符司法的現實。所謂「應斟酌全辯論意旨及調查證據之結果」,是指自由心證可馳騁的空間範圍,如止而已。在此空間的「證據之取捨,應由法院自由判斷(22年上字第4453號判例)」,因此不得採為證接的,自由心證可採為證據;可採為證據的,自由心證可以不採。證據可信性強的,自由心證可以認為不強;可信性弱的,自由心證可以無保留地採信;至於證明力的高低,可任由自由心證高低顛倒,更不在話下。可見「應斟酌全辯論意旨與調查證據之結果」云云,根本不足以對自由心證的運作,有絲毫規範、約束的作用。僅僅「得心證之理由,應記明於判決」稍有程序上約束的力量,因為如未記明於判決,構成判決不備理由,足為被廢棄撤銷之原因。但卻不足為枉法裁判之根據。然而只要得心證的理由記明於判決,不論心證的理由多麼脆弱,即構成判決約合法與維持。然則蓄意歪曲事寅,而為背於心證的認定,只須將似是而非的理由,記明於判決,心證之當否既不得為判決違背法令的根據,自由心證當然成了不能發現真實、扭曲真實、顛倒是非的淵藪了(林瑞富,13-15)。

依我國憲法第40條規定:「總統依法行使大赦、特赦、減刑及復權之權。」赦免係依命令頒行,故為行政處分之一種,除憲法之規定外,另以赦免法加以規定,所以別於刑法及刑事訴訟法上之司法處分也。就赦免適用對象是否特定或普遍,可分為「一般赦免」及「個別赦免」,上述四種

赦免之措施中，大赦及全國性之減刑屬前者，至於特赦、減刑及復權則屬後者。

一、赦免之類型

茲依赦免法第1條所規定赦免之內容，分大赦、特赦、減刑及復權四項，述之如後：

（一）大赦

大赦係使一般人之特定犯罪或一般犯罪之刑事法上之效果，歸於消滅之行政行為，換言之，係對全國性的特定犯罪或一般犯罪，國家不予訴追或繼續執行刑罰權，亦即普遍地捨棄刑事訴追及處罰。依赦免法第2條有關大赦效力之規定，未受罪刑宣告者，其追訴權消滅；已受罪刑宣告者，其宣告無效。換言之，行為人一經大赦，即不受刑事訴追，如已受刑之宣告者，不僅無須執行宣告刑，且刑之宣告亦失其效力。

（二）特赦

特赦者，乃對於受罪刑宣告之人，免除其刑罰全部執行之行政行為。相對於大赦，特赦係指對特別之個案或特定之犯罪人，免除其刑罰之執行，亦即對受確定判決之被告捨棄刑之執行。依赦免法第3條規定，受刑之宣告之人經特赦者，免除其刑之執行，其情節特殊者，得以其罪刑之宣告為無效。

（三）減刑

減刑者，乃對於受罪刑宣告之人，變更其刑罰之種類或範圍，而免除其刑罰一部之執行之行政行為也。依赦免法第4條規定，受罪刑宣告之人，經減刑者，減輕其所宣告之刑。減刑可分兩種：

1. 特定人之減刑，以其所受宣告刑，作為減輕之基準，此與特赦相似。

2. 依赦免法第6條第2項規定：「全國性之減刑，得依大赦程序辦理」，亦即以類似大赦方式為之。因此，普遍性之減刑應刑事法律所定之

「法定刑度」，作為其減免基準，我國自行憲後四次減刑條例，均循此辦理。

（四）復權

復權者，係對於受褫奪公權之宣告者，回復其所褫奪之公權之行政行為也。依我國刑法規定，褫奪公權既為從刑之一種，則復權自亦不失為刑罰消滅之原因。赦免法第5條規定，經復權者，回復其所褫奪之公權，其效力應向將來發生。

二、赦免事由

關於赦免事由，可粗略分成以下三類：

（一）法律過苛

此又可分為兩種情形：

1. 法律本身過苛：如舊刑法第100條的所謂「言論叛亂」罪。

2. 法律本身雖不過苛，但適用到個案則嫌過苛：如美國曾赦免反越戰的逃兵。逃兵固然應予處罰，但越戰本身爭議性太大，以致許多人基於良心或政治信念而逃兵、燒毀兵令，情有可原。因此，越戰結束多年後，美國總統下令赦免，讓許多逃亡已久的人可以不再擔心受到追訴。又如國內轟動一時的鄧如雯殺夫案與原住民青年湯英伸殺人案，也有許多婦女、人權團體呼籲給予赦免，亦屬此類。

（二）為政治與社會安定

法治的公平性固然可貴，但並非絕對的價值，有時為了其他重要目的，法治的公平性也必須犧牲，例如在叛變發生時，宣示「凡判軍投降者，既往不究」以平叛。蓋如追究到底，等於逼叛軍決一死戰，犧牲更大。而在尼克森下台後，繼任的福特總統以「水門案對美國整體傷害已夠大，辭職下台對尼克森本人是最嚴厲的制裁」為由特赦尼克森。在我國，李前總統赦免政治犯包括美麗島事件的政治受難者（如施明德、許信良等），備受國際讚揚，可同時歸類於「法律過苛」與「為政治、社會安

定」兩類。

（三）救濟誤判

　　關於誤判可否用赦免（特赦）來救濟，主要的疑問倒不在於司法審判獨立不能干涉（憲法第80條），特赦是判決確定後的行政權介入，本來就談不上干涉司法獨立、影響審判公正的問題（而且，立法錯誤都可以用赦免來救濟，何況是司法誤判？）。真正的疑問在於民主法治國家中，法院在司法獨立、程序正義的制度原則，以及嚴格的證據法則下，作成的有罪判決，憑什麼由不受獨立保障的赦免權人，經由行政調查（程序通常不如司法調查嚴謹，當事人的程序保障也不如司法程序）予以推翻？難道赦免權人的政治判斷可以取代法院的法律專業判斷，而認定法院誤判？這個質疑雖然有力，但是，恐怕還不能根本否定以「救濟誤判」為赦免事由。誤判既然不可避免，再審、非常上訴也因程序的嚴格而無法完全平反冤案，從而「救濟誤判」的赦免（特赦）也就仍有其存在必要，只是，面對前述「以政治判斷取代法律專業判斷」的質疑，化解之道，應走在赦免案件處理程序中加強法律專業的調查、建議，一方面使赦免權的行使更慎重、嚴謹以避免濫用，另一方面使赦免的決定，更有說服力，或幫赦免權人分攤決策責任。必須注意的是，赦免處理程序中導入的法律專業調查、建議，目的在協助赦免權人下決定。在程序上不可能、也不應該設計成第四審，其最後的報告，必須向赦免權人提出「建議」是否赦免，理由中必須詳述一切與決定赦免與否相關的調查所得事實及意見（可包括本案有無誤判的意見），但其理由和建議，對赦免權人均無拘束力。從實際的角度看，與其讓赦免權人做純粹的政治判斷，不如提供法律專業意見供其參考。最終，仍須由赦免權人做最後的判斷。此一判斷可能是基於良知、信念，也可能基於政治考慮，但這已是法制設計的極限，無從予以規範了。

三、赦免行使之程序

　　理論上，請求赦免是人犯的權利。「公民權利和政治權利國際公約」第6條第4項並明定：「任何被判處死刑的人應有權要求赦免或減刑。對

531

一切判處死刑的案件均得給予大赦、特赦或減刑。」憲法第40條規定：
「總統依法行使大赦、特赦、減刑及復權之權」，故赦免權係屬總統之職
權，亦即是否為赦免措施，悉由總統決定，而赦免法第6條第1項亦規定：
「總統得命令行政院轉令主管部為大赦、特赦、減刑、復權之研議。」一
般而言，由於赦免係對司法權運作之干涉，實已破壞權力分立原則，要屬
憲法上例外之非常制度，故總統於決定行使與否，必須審時度勢，盱衡一
切情況，謹慎作出決定，非可恣意而行。美國各州及聯邦政府一般均有常
設的赦免委員會（在聯邦為赦免檢察官，U.S. Pardon Attorney，設於聯邦
司法部內，可指揮聯邦調查局或監所長官協助調查）負責調查過濾赦免聲
請，並向總統或州長提出報告、建議赦免與否。雖然總統或州長在決定赦
免時，可以不附理由，不過在重大爭議性的案件中，政治上免不了要提出
解釋。有關赦免權行使之程序，則應依憲法及赦免法等相關規定進行。其
中屬於「一般赦免」之大赦，因其有使罪刑宣告失其效力，或消滅追訴權
之效果，其程序應力求慎重。因此，依憲法第58條第2項及第63條規定，
大赦案必須經行政院會議及立法院議決，另依立法院職權行使法第7條規
定，大赦案經立法院二讀會議決之。而同屬「一般赦免」之全國性減刑，
依赦免法第6條第2項規定，亦得依大赦之程序辦理。因此，我國行憲後的
全國性減刑，均定有「罪犯減刑條例」。至於屬「個別赦免」之特赦、減
刑及復權，依赦免法第6條第1項及第7條規定，則由總統以命令行政院轉
令主管部研議，經總統核可，為特赦、減刑或復權之命令，由主管部發給
證明予受赦免人。惟人犯可否拒絕赦免？如過去李前總統特赦施明德時曾
被拒絕，因施明德表示自己無罪可赦。如果赦免是以「有罪的人才可獲赦
免」為前提，那麼「拒絕赦免」似應該是人犯的權利。對於良心犯、政治
犯、主張自己無辜的冤獄受害人，在飽受摧殘後，還要欣然接受寬恕的仁
政，確實令人情何以堪。奧國在1883年間曾發生人犯堅稱無辜拒絕赦免，
又被關了好幾年的案例。故有必要確認：誤判也可以赦免。只是如果赦免
時明示赦免理由是「司法誤判」，似將造成總統與司法機關間的緊張關
係，反將使總統行使赦免權時有所顧忌。

第五篇

保安處分論

第二十九章
保安處分之沿革

由於現代刑法在行為責任原則之下，往往無法僅以定期的刑罰，達到特別預防犯罪之目的，而必須另外配合對於犯罪人的矯治、教育及醫療措施，才能將行為人的危險性格，予以減輕、改善。基於預防理論與社會防衛思想而產生的保安處分，現今已廣為世界各國所採，其補充刑罰之性質遂被認為是近代刑法和刑事政策的重要課題。

第一節　保安處分之意義

保安處分一詞源自大陸法系，保安本含有維持社會安寧及保護人犯安全兩種意義，處分則意指類似行政上的措施，卻又有別於刑事處罰之雙重意義。保安處分，原有行政法上保安處分與刑法上保安處分之別；行政法上的保安處分，其意指為維護社會上的安寧秩序而為的行政處分，凡對於特定人或特定物，行使保安警察權所施的一定處分，即為行政法上的保安處分。例如行政執行法第37條、第38條之規定，對於瘋狂或酗酒泥醉者的管束、對於軍器凶器的扣留。惟通常所謂保安處分，為刑法上之保安處分，就一般之定義而言，保安處分乃國家基於公權力並依據法律，對於犯罪行為或其他類似行為而具有一定危險之人，以特別預防其犯罪為目的所施矯治、教育、醫療或保護等方法，而由法院宣告之公法上處分也。依此定義，分述如後：

（一）保安處分為對於具有一定危險之人所加之處分，並不以刑法上犯罪之人為限，即無責任能力人，限制責任能力人，特種危險性之犯罪人，以及未曾犯罪而有犯罪之虞之人，均得為保安處分之對象。

（二）保安處分係以特別預防為目的之處分，重在對於受處分人反社

會危險性之矯治、教育、醫療或保護，以防止其再犯或犯罪，故只須具有將來之危險性，即得宣告保安處分，若無將來危險性，縱有犯罪行為，亦可不受保安處分之宣告，蓋此時刑罰之宣告已足達特別預防之目的。

（三）保安處分係一種用以代替刑罰或補充刑罰之處分，例如依刑法第88條規定：「（第1項）施用毒品成癮者，應於刑之執行前令入相當處所，施以禁戒。（第2項）前項禁戒期間為一年以下。但執行中認為無繼續執行之必要者，法院得免其處分之執行。禁戒處分可為刑罰之代替。又如因酗酒而犯罪者，得於刑之執行或赦免後，令入相當處所施以禁戒（舊刑法第89條參照），是為刑罰效力之補充。

（四）保安處分係以剝奪或限制自由，或以隔離，或以改善為內容之處分，若以剝奪自由或隔離之點而論，與刑罰之性質，似無差別。惟事實上刑罰為對於過去犯罪行為之法律制裁，而保安處分乃對將來犯罪危險性之防止或改善，故謂刑罰僅有消極之思想，而保安處分含有積極之思想。

（五）保安處分係由法院所宣告之處分，此為近代法治思想之一大原則，故刑法上保安處分之宣告由法院為之，而行政法上之保安處分則由行政機關為之。

（六）保安處分係國家基於公權力並依法律所為之公法上處分，因其基於公權力之作用，而為公法上之處分，故個人有服從之義務。因其得為剝奪或限制個人之法益，故須依法律之規定，始得為之，此所以保障人權也。

此外，就其範圍而言，刑法上的保安處分可以分為四種意義（林宜靜I，2281）：

（一）最廣義的保安處分

基於防止犯罪之危險，或是矯正與保護犯罪人的目的，由國家所實行，用以代替或補充刑罰的改善、教育、保護等處份之整體，稱為最廣義的保安處分。此種意義之下的保安處分，包含對物之保安處分與保護處分。在刑事制裁之體系中，每為刑法和保安處分二元主義所討論的保安處分通常採用最廣義的意涵。最廣義的保安處分概念，並不以犯罪行為的存

在作為處分之要件，例如少年法中對於虞犯少年的處分。

（二）廣義的保安處分

廣義的保安處分乃指將最廣義的保安處分排除保護處分之意。近來，保護處分在全世界有擴大適用範圍的傾向，而廣義的保安處分與其在某些方面上存在著不同的法律性質。在此情況之下，具有將保安處分與保護處分並提而論的意圖。

（三）狹義的保安處分

在排除保護處分之後，為防止再度產生犯罪行為的原因，由法院對行為人宣告，用以代替或補充刑罰的對人保安處分，就是狹義的保安處分。包含剝奪自由之保安處分與限制自由的保安處分。狹義的保安處分是指犯罪後作為司法處分的對人保安處分，對此，在立法例中，也有為求預防犯罪，而在犯罪之前，根據犯罪，人的危險性，由法院宣告的對人保安處分等規定，此種情形下於犯罪前宣告的保安處分，於自由主義國家一般都有被否定的傾向，僅係於概念上包含在狹義保安處分的範疇。

（四）最狹義的保安處分

從狹義的保安處分概念，排除限制自由的保安處分，亦即，單指剝奪自由的保安處分而言，法院針對行為人的犯罪行為所宣告之代替或補充刑罰的剝奪自由措施，即為最狹義的保安處分。日本所謂的保安處分多數採用此種概念，日本刑法改正草案第97條關於保安處分之規定，所指亦為最狹義的保安處分。

綜觀我國刑法及特別刑法之保安處分，因未設對物保安處分制度，故未採最廣義保安處分的意涵；如認為其採取狹義保安處分的意涵（僅限於設置對人之保安處分），又因有關感化教育及保護管束之規定，皆具有保護處分之性質，其範圍則超過超過狹義概念之範疇。因此現行刑法之保安處分規定，應是在最廣義與狹義的意涵上採取一種折衷方式。

第二節　保安處分之發展歷史
（林宜靜I，2281；林宜靜II，2282）

　　雖保安處分乃近代刑事思潮之產物，惟遠在羅馬法即已存在若干個別保安處分之規定。中世紀以後之刑罰制度以死刑、使人殘廢之身體刑和流放刑為中心，其刑罰目的旨在將犯罪人排除於社會生活範圍外，基本上此時欠缺保安處分存在的需要和理由，不過仍出現一些特定而被視為具有保安處分傾向的思想，例如：戈斯拉爾法規定對喪失理智的犯罪人給予保護性監禁；此外，在德國南部各州，法律則規定讓精神病患者駕駛一葉扁舟逆流而行；另外尚有將未成年的罪犯交付監獄進行管教方式。直至加絡利刑法典（查理五世刑事法院條例），才產生針對行為人的犯罪性格制訂保安處分的思想。該刑法典於其第176條規定：預測某特定犯罪者有犯罪嫌疑，得施以不定期之保安監禁。雖其後漸發展出保安監禁、嫌疑刑罰、善行保證及晚間監禁等預防性措施，但並未區分刑罰與保安處分兩者。西元十六世紀以後，英國倫敦於1557年設立懲治場（其性質為一矯正性收容所），主要目的在於消除城市內的流浪漢和乞丐，欲藉由強制性收容並使其從事勞動以解決當時社會問題。此制度隨後傳入歐洲各地，並歷經如下幾次關鍵性的重大發展，才得以具備今日之規模：

一、克萊恩之保安處分理論

　　直到十八世紀末期，學理上才產生刑罰與保安處分在概念上應否區別的問題。最先根據行為人的犯罪危險性建立保安處分理論者，為著名的普魯士刑法學者克萊恩。克氏在其1796年與1799年的著作中，明確的區別刑罰與保安處分，主張應賦予法院科處不定保安處分的權限。其認縱使刑罰與保安處分有本質上的差異，但兩者在執行方法上，對於應科處刑罰之犯人，在必要為一定處分的範圍內，仍得以刑罰執行之內容作為保安處分之執行內容。克氏的部分主張，為普魯士1794年的普通邦法所接受，並為德

意志各州法律所採用。

由於德國刑法學者李斯特在1882年馬堡計畫中的一場題為刑法之目的思想的演講，而使克萊恩所提出的保安處分理論再度受到注目。李斯特認為，對於有改善必要的犯罪人應施以不定期收容於矯治機構之內，並且對於不能改善的犯罪人則應給予終身監禁的隔離處分。就李氏所持的看法而言，處罰與預防二者，已然成為相對立的觀念。

二、法國之殖民地流放刑

法國於其1885年5月27日所制訂的累犯者法中規定了殖民地流放刑。依該規定有四種類型的常習犯應於刑罰執行終了後，被送至殖民地或屬地終身監禁。而後在1942年7月6日所通過的法律中，法國又創設將流放刑因犯收容於國內機構的假釋制度，允許其服刑三年後得以假釋，服刑二十年後予以確定釋放。有關殖民地流放刑的性質，一般咸認為屬於一種形式上的補充型、實質上的保安處分。

自1885年至1935年間，法國約有二萬人被處以殖民地流放刑，此外，在第二次世界大戰之前，每年約有四百人被科以此刑。由於此種制度，招致許多批判。故於1970年7月17日通過第643號法律（即所謂人權保障強化法），廢除殖民地流放刑，而創設刑事監護制度。衡諸殖民地流放刑廢止的原因，是為了求取成為此種犯罪人的累犯能按其分類（如常習犯、精神障礙犯罪人、酒精中毒犯罪人等）獲得個別化的處遇，而考慮到有必要創設新制度。惟刑事監護制度在1981年2月2日通過所謂的「安全與自由法」中亦被廢除。

三、義大利學派的發展

義大利實證學派的發展，特別是費利於1880年任職波隆尼亞大學教席時所發表之「刑法及刑事訴訟法的新視野」演講以來，提供了刑法學新的科學研究方法，對於保安處分理論的發達有很大的貢獻。在1889年的刑法中，基本上採提倡改革的新古典學派（亦即第三學派）的主張，規定對於

精神障礙者適用特別的社會防衛處分。其意為，法官對於行為時處於心神喪失狀態且被認定有危險性者，有權採取司法上措施（如收容於司法療養院）並命令有關當局接受委託；另外，對於在限制責任能力範圍內減輕其刑的犯罪人也能夠命令看守所予以收容。由此觀之，保安處分理論在這部法典中已開始萌芽。

四、史托斯刑法草案

1893年擔任政府刑法修正委員會委員長的伯恩大學教授史托斯，完成瑞士刑法草案總則。此以「史托斯草案」（第一草案）著稱的草案，係將刑罰及保安處分一併納為刑事制裁規定的劃時代刑法草案。

史托斯草案將保安處分規定為：對具危險性之無責任能力人、限制責任能力人的治療、看護處分（草案第10、11條）；對酒精中毒者之矯正處所收容處分（草案第26條）及禁止進入飲食店（草案第25條）；對厭惡勞動者之勞動處所容處分（草案第24條）；對累犯者之矯正、監禁處分（草案23、40條）；對假釋者之保護監督處分（草案第22條）；對濫用職權、親權者之權利剝奪處分（草案第30至33條）；公共危險物的廢棄處分（草案第28條）及危害防止處分（草案第29條）等八類。

史托斯草案很快地跨越國境藩籬，許多國家均將保安處分納入刑法規定內，而其對世界刑事立法及刑法思潮亦產生廣泛的影響，保安處分理論從此成為刑事處罰理論中不可或缺的一部。例如此後德意志等國的刑法草案，亦採納此類的保安處分規定，而史托斯草案在瑞士經過歷次審議，採為1908年草案、1918年草案，最後於1937年通過立法成為瑞士聯邦刑法典之內容。

自1942年施行的瑞士刑法典，將保安處分規定為：對無責任能力人、限制責任能力人之治療看護處分（舊刑法第14、15條）；常習犯之保安拘禁（舊刑法第42條）；對怠惰者、勞動厭惡者之勞動處分（舊刑法第43條）；以及酒精中毒者麻藥中毒者之禁絕處分（舊刑法第44條）等四種。然而1971年3月18日修正並於同年7月1日施行的刑法則將保安處分規定

為：對常習犯之保安拘禁（新刑法第42條）對精神障礙者之治療看護處分（新刑法第43條）；以及對酒精中毒者、麻藥中毒者之禁絕處分（新刑法第44條）等三種，而將其要件及內容加以修正。此重要修正之處，包括：得採用保安拘禁以取代自由刑（第42條第1項）；於適當處所執行治療看護處分（第43條第1項），以及允許外來治療（第43條第1項、第44條第1項）等。

五、國際會議之決議

真正將保安處分理論發揚光大，並使其制度日漸精密者，為與刑法有關的各種國際會議的相關決議，茲分述如下：

（一）1930年及第十屆國際刑法及監獄會議

1872年美國發起國際監獄會議（至第十屆改稱為國際刑法及監獄會議），歷次集會多對保安處分有所討論，其中最值得注意者，為1930年之決議案：「無法適用刑罰或刑罰不足時，建立保處分體系，以為補充，實為不可避免的處置。保安處分係以改善犯人、隔離犯人，或使其不再犯為目的，由法院宣告之。」另外，第一屆國際刑法及監獄會議亦曾提出重要決議：「保安處分足以補充刑法之不足，而保障社會之安全，對於犯人能改善者則改善，否則予以隔絕，使其不致危害社會，法官按其情節選用之，下列保安處分足以採用：1.限制自由處分：危害社會之精神病人及危害性自主權之變態行為人的拘禁，應注意治療之釋放後的生活。酗酒犯及煙毒犯之拘禁，應以使其慣於工作為目的。乞丐及無賴者之拘禁，應以使其慣於工作為目的。慣行犯之拘禁，應以隔離為目的，但仍應注意改善。2.非限制自由處分：保護管束為保安處分最有效力者。善行保證或禁止其引起犯行之營業、職業、出入酒店，均能獲得實效，必要時得與保護管束並行之。3.含經濟性質之處分：除上述兩類外，尚有以沒收公共外安全之物或排除其危害性為目的者。外國人之驅逐出境，有妨國際排除犯罪之合作，實非完善之方法。」

（二）1925年、1931年國際刑事學協會德國分會之決議

國際刑事學協會德國分會，於1925年通過防範社會危險份子之方案，對各國保安處分制度啟發甚多。復於1931年通過決議案，認為保安處分之手段乃防衛常業犯之重要對策。

（三）1926年國際刑法學會之決議

國際刑法學會1926年第1次會議曾討論「保安處分是否能代替刑罰？或只能補充刑罰？」此項議題，並決議：如以刑罰為對於犯罪為一之制裁，則對於精神犯、傾向犯、習慣犯或有教育可能之少年犯，在防衛社會的實際要求方面，均嫌不足，因此希望刑法典內應規定保安處分。保安處分之內容，應以犯罪者之人格及社會適應性為標準，而刑罰與保安處分，均應由法院宣告。法官可依照犯罪情形及犯罪者之人格，並科刑罰與保安處分，或選擇其一。

（四）1928年國際刑法統一會議之決議

國際刑法統一會議，對於保安處分理論之發展有重大貢獻。該會議於1928年開會時，決議有關保安處分的十五個條文，係就保安處分之核心問題，例如：保安處分與刑罰之區別；前兩者執行上之關係；保安處分與緩刑之關係；保安處分之性質、淵源及效力等，為明確之規定，並作成條文之形式，被視為保安處分理論之結晶。

第三節　保安處分之性質

一、舊派與新派之見解

保安處分之性質如何，其與刑罰之性質有無差異，存在兩種不同意見，即舊派與新派之見解，茲分述如後：

（一）舊派之見解

舊派主張應報刑理論，認為刑罰之本質，為純然之應報，基於道義責

任之觀點，科刑乃對於應負責任者之非難，而保安處分係對社會有危險行為之虞者所科之特別預防措施，故兩者之性質根本不同。

（二）新派之見解

新派主張目的刑理論，認為刑罰之目的，在於防衛社會，保護法益，並對行為人加以教育、改善，使之與社會同化，是以保安處分在本質上與刑罰並無差別。

二、保安處分與刑罰之異同

為明確前述新派與舊派之區分，茲就刑法上保安處分之性質，列舉其與刑罰之異同如後：

（一）保安處分與刑罰相同之點

1. 就防衛社會之任務言，保安處分與刑罰相同。
2. 對於已犯罪者所加之制裁之情形，兩者亦屬相同。
3. 保安處分與刑罰同為剝奪或限制犯人之權利。
4. 保安處分與刑罰均係司法上之處分，並均應由法律之規定，始得為之。
5. 刑罰有假釋之規定，保安處分則有停止執行之規定，兩者在適用上各有不同，而其主旨則屬一致。

（二）保安處分與刑罰不同之點

1. 本質上之不同

(1) 刑罰之本質含有痛苦之成分，而保安處分之本質為改善與教育，不以痛苦為要素。

(2) 刑罰係以犯罪之違法性為前提，有責性為基礎；而保安處分則以行為之危險性為基礎。

(3) 刑罰具有雙面預防作用，即一般預防與特別預防兩方面之倫理的及功利的作用；保安處分則僅有特別預防之功利作用。

(4) 刑罰對於犯人課以道德的及社會的雙重責任；保安處分對於犯人

則僅課以社會的責任。

2. 適用上之不同

(1) 刑罰之分量與期間，在法律上均有一定之範圍，裁判官僅得在此範圍內有所伸縮；保安處分則採不定期主義，或雖規定其最長期限，但仍可根據犯人行為危險性之狀態，得延長其處分之期間。

(2) 刑罰在一定條件下，可以假釋出獄，並有撤銷假釋之規定；而保安處分執行，如行為人之危險性消滅，除停止執行外，又得免除保安處分之執行。一旦免除執行，即無撤銷免除再受執行之必要。

(3) 裁判確定前之羈押日數，可以與刑期折抵，但僅於無刑罰可抵時，才能與保安處分折抵。

(4) 刑罰適用之對象，為對於刑罰有感應性之犯人；而保安處分之對象，為對於缺乏刑罰感應性之犯人。

(5) 刑罰以剝奪犯人之法益為內容，於新舊法中間法交替之時，適用最有利於犯人之法律；而保安處分則以矯治改善為目的，對於確有應付保安處分原因之人，乃為予以有利之處遇，故保安處分適用新法。

(6) 刑罰得因法定之原因而加重，如累犯、連續犯等是；保安處分則無加重之規定。

(7) 刑罰之時效制度，不適用於保安處分。

(8) 刑罰得因大赦、特赦或減刑而消滅或減輕，保安處分則否。

3. 執行上之不同

刑罰與保安處分，其執行方法，即不相同，其執行之處所，亦均有異也。

三、我國保安處分之性質

舊派與新派兩種見解，雖各具相當理由，但新派謂刑罰與保安處分，性質上並無不同，其主張未免率斷，而舊派以刑罰與保安處分在性質上區分之點，在於一為應報，一為非應報，亦有偏頗之虞，二說均不足以完全釋明保安處分與刑罰之性質。蓋保安處分仍係刑罰之補充，亦即刑罰之延

展與擴張，兩者間不能謂無相同之點。然嚴格言之，保安處分實非刑罰，兩者自亦有其區別。關於刑罰與保安處分之性質，學理上雖有一元論（新派）與二元論（舊派）之爭，惟觀諸最高法院87年台上字第3247號判決：「刑法第2條第2項規定保安處分採取絕對從新主義，其立法用意端在保安處分以防衛社會為目的，而用感化、矯治等方式，消弭犯人之違法潛在性，基此教育刑思想所採取之措施，唯有優先適用裁判時之新法，較能切合社會變遷之需要，而充分發揮其積極防衛社會之功能，因此保安處分自有別於一般刑罰，不必過問舊法有無保安處分之規定，一律適用裁判時之新法。」之說明，我國實務係採二元論之立場。換言之，依實務及學說目前之見解，不溯既往之罪刑法定派生原則，僅適用於刑罰之科處，而不及於保安處分。

依司法院大法官釋字第471號解釋：「人民身體之自由應予保障，憲法第8條設有明文。限制人身自由之法律，其內容須符合憲法第23條所定要件。保安處分係對受處分人將來之危險性所為拘束其身體、自由等之處置，以達教化與治療之目的，為刑罰之補充制度。本諸法治國家保障人權之原理及刑法之保護作用，其法律規定之內容，應受比例原則之規範，使保安處分之宣告，與行為人所為行為之嚴重性、行為人所表現之危險性，及對於行為人未來行為之期待性相當。槍砲彈藥刀械管制條例第19條第1項規定……不問對行為人有無預防矯治其社會危險性之必要，一律宣付強制工作三年，限制其中不具社會危險性之受處分人之身體、自由部分，其所採措施與所欲達成預防矯治之目的及所需程度，不合憲法第23條所定之比例原則。」與釋字第528號解釋：「刑事法保安處分之強制工作，旨在對有犯罪習慣或以犯罪為常業或因遊蕩或怠惰成習而犯罪者，令入勞動場所，以強制從事勞動方式，培養其勤勞習慣、正確工作觀念，習得一技之長，於其日後重返社會時，能自立更生，期以達成刑法教化、矯治之目的。組織犯罪防制條例第3條第3項：『犯第1項之罪者，應於刑之執行完畢或赦免後，令入勞動場所，強制工作，其期間為三年；犯前項之罪者，其期間為五年。』該條例係以三人以上，有內部管理結構，以犯罪為宗旨或其成員從事犯罪活動，具有集團性、常習性、脅迫性或暴力性之犯罪組

織為規範對象。此類犯罪組織成員間雖有發起、主持、操縱、指揮、參與等之區分，然以組織型態從事犯罪，內部結構階層化，並有嚴密控制關係，其所造成之危害、對社會之衝擊及對民主制度之威脅，遠甚於一般之非組織性犯罪。是故組織犯罪防制條例第3條第3項乃設強制工作之規定，藉以補充刑罰之不足，協助其再社會化；此就一般預防之刑事政策目標言，並具有防制組織犯罪之功能，為維護社會秩序、保障人民權益所必要。至於針對個別受處分人之不同情狀，認無強制工作必要者，於同條第4項、第5項已有免其執行與免予繼續執行之規定，足供法院斟酌保障人權之基本原則，為適當、必要與合理之裁量，與憲法第8條人民身體自由之保障及第23條比例原則之意旨不相牴觸。」等說明，保安處分兼具舊派與新派之性質，按於限制人身自由之保安處分，其性質與刑罰同，為刑罰之代替；而於非限制人身自由之保安處分，其性質與刑罰異，為刑罰之補充，此種觀點亦為刑法第2條第2項：「保安處分適用裁判時之法律。但拘束自由之保安處分期間，準用前項之規定。」所肯認。

關於保安處分之實施，固以適用裁判時之新法，較能切合社會變遷之需要，而充分發揮其積極防衛社會之功能，惟：（一）拘束人身自由之保安處分，既以剝奪受處分人之人身自由為其內容，在性質上，帶有濃厚自由刑之色彩，如無不溯既往之罪刑法定派生原則之適用，除有違憲法之平等原則外，更屬不當侵害人民之基本權利。因此，拘束人身自由之保安處分，自當適用罪刑法定原則，以求允當；（二）再者，本條與第2條第1項之立法體系關係，現行法第1條係揭諸罪刑法定原則之明文，第2條第1項則以第1條為前提，遇有法律變更時應如何適用新舊法律之規定。本案既認拘束人身自由之保安處分亦應有罪刑法定原則之適用，現行法第2條第2項之規定，即應配合修正。因此，臺灣刑事法學會研擬中華民國刑法部分條文修正草案曾主張將拘束人身自由之保安處分，亦適用罪刑法定原則之意旨，增訂於刑法第1條後段。而保安處分遇有新舊法律變更之適用問題者，亦僅限於拘束人身自由之保安處分部分，得依第2條第1項予以規範；至非拘束人身自由之保安處分，仍應以裁判時之規定為準，而維持保安處分之功能與目的，特於第2條第2項予以明定。

第三十章
保安處分之種類

關於保安處分之種類，各國刑法之規定，頗不一致，我國刑法根據第一屆國際刑罰會議之決議案，並參照各國立法例，及審酌國情，將保安處分規定為七種，茲分述於後：

第一節　感化教育處分

一、感化教育之意義

所謂少年感化教育，乃就對於具有反社會性之少年，由於絕對或相對不負刑事責任，或由於其行為足徵有犯罪之虞時，為矯正其犯罪性或不良習性，而置之一定處所，實施改善處分之特殊教育也。依中央法規標準法第16條之規定：「法規對其他法規所規定之同一事項而為特別之規定者，應優先適用之。其他法規修正後，仍應優先適用。」刑法第86條第2項、第3項與現行少年事件處理法相關規定，分屬不同法規，而有規定同一事項之情形，因少年事件處理法係特別法規，自應優先適用。

二、感化教育處分之對象

對於未滿十四歲者之犯罪，雖少年事件處理法亦設有感化教育之規定，惟刑法係規定犯罪之基本法，就防制犯罪而設有刑罰及保安處分兩種手段。不僅對於未滿十四歲人之刑事責任，於第18條第1項設有明文規定，且於第86條規定感化教育之保安處分，以資配合。綜觀刑法規定得為感化教育處分之對象有二：

（一）絕對無責任能力之少年

依刑法第86條第1項規定，因未滿十四歲而不罰者，得令入感化教育處所，施以感化教育。

（二）相對無責任能力之少年

依刑法第86條第2項規定，因未滿十八歲而減輕其刑者，得於刑之執行完畢或赦免後，令入感化教育處所，施以感化教育。但宣告三年以下有期徒刑、拘役或罰金者，得於執行前為之。

三、感化教育處分之期間

配合刑法第97條之刪除及少年事件處理法規定，刑法第86條第3項規定，感化教育處分之期間為三年以下。但執行已逾六月，認無繼續執行之必要者，法院得免其處分之執行。

第二節　監護處分

一、監護之意義

監護者，監禁、保護、治療與教化之處分也。保安處分之目標，在消滅犯罪行為人之危險性，藉以確保公共安全。對於因第19條第1項之原因而不罰之人或有第2項及第20條原因之人，並非應一律施以監護，必於其情狀有再犯或有危害公共安全之虞時，為防衛社會安全與治療起見，對於此種人不能不有適當之處分，藉以防止犯罪，故應由法院宣告監護處分，始符保安處分之目的。監護並具治療之意義，行為人如有第19條第2項之原因，而認有必要時，在刑之執行前，即有先予治療之必要，故保安處分執行法第4條第2項、第3項分別規定，法院認有緊急必要時，得於判決前將被告先以裁定宣告保安處分；檢察官於偵查中認被告有先付監護之必要者亦得聲請法院裁定之。

二、監護處分之對象

依舊刑法第87條規定：「（第1項）因心神喪失而不罰者，得令入相當處所，施以監護。（第2項）因精神耗弱或瘖啞而減輕其刑者，得於刑之執行完畢或赦免後，令入相當處所，施以監護。」監護處分原以心神喪失者、精神耗弱者或瘖啞人為宣告對象。為配合刑法第19條之修正，現行刑法之監護處分係以具備刑法第19條第1項：「行為時因精神障礙或其他心智缺陷，致不能辨識其行為違法或欠缺依其辨識而行為之能力者，不罰。」、第2項：「行為時因前項之原因，致其辨識行為違法或依其辨識而行為之能力，顯著減低者，得減輕其刑。」與第20條等原因為宣告監護處分之對象。由於保安處分之目標，在消滅犯罪行為人之危險性，藉以確保公共安全。對於因第19條第1項之原因而不罰之人或有第2項及第20條原因之人，並非應一律施以監護，必於其情狀有再犯或有危害公共安全之虞時，為防衛社會安全，應由法院宣付監護處分，始符保安處分之目的，因此現行刑法乃參考德國現行刑法第63條之規定，於第1項、第2項另增訂「其情狀足認有再犯或危害公共安全之虞時」為宣告監護處分之要件，此部分可參考最高法院97年台上字第1736號判決：「惟按保安處分之目標，在消滅犯罪行為人之危險性，藉以確保公共安全。對於有刑法第19條第2項原因之人，並非應一律施以監護，必於其情狀有再犯或有危害公共安全之虞時，為防衛社會安全，始應由法院宣付監護處分，以符保安處分之目的」之說明。

三、監護處分之期間

鑑於監護並具治療之意義，因此行為人如有第19條第2項之原因，而認有必要時，在刑之執行前，即有先予治療之必要，故保安處分執行法第4條第2項、第3項已分別規定，法院認有緊急必要時，得於判決前將被告先以裁定宣告保安處分；檢察官於偵查中認被告有先付監護之必要者亦得聲請法院裁定之。惟判決確定後至刑之執行前，能否將受刑人先付監護處分，則欠缺規定，爰於本條第2項但書增設規定，使法院於必要時，宣

告監護處分先於刑之執行。對精神障礙者之監護處分，其內容不以監督保護為已足，並應注意治療（參照保安處分執行法第47條）及預防對社會安全之危害。舊刑法第87條第3項規定監護處分期間僅為三年以下，尚嫌過短，有延長必要，故現行刑法第87條第3項將其最長執行期間提高為五年以下。但如受處分人於執行中精神已回復常態、或雖未完全回復常態，但已不足危害公共安全、或有其他情形（如出國就醫），足認無繼續執行之必要者，自得免其處分之繼續執行。有鑑於此，現行法第87條第3項但書乃增定：「執行中認無繼續執行之必要者，法院得免其處分之執行。」之規定，以為補充。參照最高法院97年台上字第2283號判決說明：「（一）有刑法第19條第2項及第20條之原因，其情狀足認有再犯或有危害公共安全之虞時，於刑之執行完畢或赦免後，令入相當處所施以監護。但必要時，得於刑之執行前為之，其期間為五年以下。但執行中認無繼續執行之必要者，法院得免其處分之執行，同法第87條第2項、第3項規定甚明。又有罪之判決書，如諭知保安處分者，並應記載其處分及期間，亦為刑事訴訟法第309條第6款所明定。從而法院依刑法第87條第2項之規定諭知監護處分者，自應在五年以下之法定期間範圍內，具體酌定監護處分之期間，以為執行之依據，始為適法。原判決認定上訴人因長期服用甲基安非他命，產生與妄想型精神分裂症患者類似之精神症狀。其於民國96年2月8日或9日某時，復因施用甲基安非他命，而陷於精神耗弱程度。嗣於同年月11日下午六時十分許，上訴人攜帶土造霰彈長槍一支及制式霰彈三發，駕駛自用小客車行經彰化縣竹塘鄉○○村○○路二十七號曾○○住處時，因妄想被害人林○○監錄其夫妻做愛畫面並傳送至其行動電話內，竟基於殺人犯意，攜帶上述槍、彈進入曾○○住處庭院，以該槍抵住林○○頭部右眼眶上方射擊一發子彈，致林○○當場死亡等情，而論以殺人罪。並以上訴人犯罪時具有刑法第19條第2項『行為時因精神障礙或其他心智缺陷，致其辨識行為違法或依其辨識而行為之能力顯著減低』之原因，除依該條項規定減輕其刑外，復以其情狀足認有再犯或有危害公共安全之虞，併依同法第87條第2項規定於主文內宣告『應於刑之執行完畢或赦免後，令入相當處所，施以監護，期間為五年以下』。惟依上開規定諭知監護處分

者，其處分期間為五年以下，同條第三項規定甚明，法院自應在此範圍內具體酌定監護處分之期間，以為執行之依據，已如前述。乃原判決主文僅宣告監護處分期間為『五年以下』，並未具體諭知監護處分期間，致監護處分之執行期間處於未確定之狀態，揆之上開說明，自屬違法。」有關監護處分之諭知，應具體其處分期間，否則即屬違法。

第三節　禁戒處分

一、禁戒之意義

　　禁戒者，乃禁止其行為並戒除其不良嗜好之處分也。監護包括治療，禁戒亦含有治療矯正之性質。凡有習慣性施用毒品之惡癖者，因與社會之安寧秩序有關，國家為防衛社會計，乃禁止其自由行動以戒絕施用毒品之惡癖，此禁戒處分制度之所由設也。依毒品防制條例第20條第1項：「犯第10條之罪者，檢察官應聲請法院裁定，或少年法院（地方法院少年法庭）應先裁定，令被告或少年入勒戒處所觀察、勒戒，其期間不得逾二月。」規定，毒品禁戒處分稱為觀察勒戒。依中央法規標準法第16條：「法規對其他法規所規定之同一事項而為特別之規定者，應優先適用之。其他法規修正後，仍應優先適用。」規定，刑法第88條第1項、第2項與現行毒品危害防制條例，分屬不同法規，而有規定同一事項之情形，因毒品危害防制條例係特別法規，自應優先適用。又「酗酒」與「施用毒品」不同，其本身非為刑法所處罰之行為，須因酗酒以致犯罪，且已酗酒成癮及有再犯之虞者，基於維護社會公共安全之立場，始有考慮施以禁戒之必要。

二、禁戒處分之對象

（一）煙毒犯

　　依刑法第88條第1項規定，施用毒品成癮者，於刑之執行前令入相當

處所，施以禁戒。

（二）酗酒犯

依刑法第89條第1項規定，因酗酒而犯罪，足認其已酗酒成癮並有再犯之虞者，於刑之執行前，令入相當處所，施以禁戒。

三、禁戒處分之期間

（一）煙毒犯之禁戒期間為一年以下（刑法第88條第2項參照），且於刑之執行前為之（刑法第88條第1項參照）。依刑法第88條第2項但書規定，如執行中認無繼續執行之必要者，法院得免其處分之執行。蓋按禁戒處分，貴在儘速執行，以期早日收戒絕之效，故明定施用毒品成癮者，應於刑之執行前令入相當處所，施以禁戒。另參考毒品危害防制條例規定，行為人符合本條之要件時，法官即應義務宣告令入相當處所施以禁戒，以收成效。其次，施用毒品成癮者，有所謂身癮及心癮，其身癮當可於短期內戒除，欲解除施用毒品者身體內毒素，必須於其查獲後，即送往禁戒處所施以治療，始能達到禁戒之醫療功能。心癮之戒除則較費時，故以一年以下為其禁戒治療之期間，執行中視治療之情況認已治癒或因其他情形，而無治療之必要時，自應賦予法院免其處分執行之權。

（二）酗酒犯之禁戒處分期間為一年以下，但執行中認無繼續執行之必要者，法院得免其處分之執行（刑法第89條第2項參照）。按禁戒處分，貴在儘速執行，參酌保安處分執行法第4條第2項、第3項之精神，將舊刑法第89條第1項「得於刑之執行完畢或赦免後」宣告禁戒處分之規定，修正為「於刑之執行前」宣告禁戒處分。鑑於醫療上酒癮（酒精依賴）之治療可分為三階段：1.酒精戒斷症狀之處理；2.因酗酒導致身體併發症之評估與治療；3.復健；國內醫院所提供之治療，大抵為1.與2.之階段，如以全日住院方式進行，平均約須二週。至於3.復健，因涉及戒酒動機及個案需要，其治療期間應為長期，而舊刑法規定僅三月，對於已酗酒成癮而有再犯之虞之行為人而言，似嫌過短。從而，對於此類行為人之禁戒，固然在於使行為人戒絕酒癮，去除其再犯之因子，惟其戒除標準，醫

學上並無絕對禁絕之標準，現行刑法第89條第2項乃修訂以最長期間為一年，由執行機關或法院就具體個案判斷，如執行中認已治癒或因其他情形而無治療之必要時，賦予法院免其處分執行之權。最高法院95年台非字第172號判決曾宣示此類禁戒處分之宣告標準：「原審法院審理中，將被告送請行政院衛生署草屯療養院鑑定結果，認『綜合張員之過去生活史、疾病史、身體檢查、精神狀態檢查及心理評估結果如下：（一）精神科診斷：酒精成癮；酒精引發之精神病：張員長期使用酒精，飲酒問題已造成張員社會功能下降，身體的危害以及犯罪等問題，但仍持續使用，且多次戒除都不成功，已符合酒精成癮的診斷標準。張員於飲酒後開始出現明顯之精神症狀，包含被害妄想、關係妄想、聽幻覺、視幻覺等，應已達酒精引發之精神病之診斷標準。（二）犯行時之精神狀態：張員對於犯行之細節以其前後的歷程能回憶描述，了解此行為是違法的，也有多次類似的行為。而張員飲酒的決定是在其自由意識下運作，非受聽幻覺控制，且騎乘機車此一行為和精神症狀無明顯之關聯，張員似有過度將責任歸諸於疾病之情形。張員長期有酒精成癮的問題，且造成無法合宜扮演符合其年齡之社會角色，缺乏社會適應能力，整體功能下降，對生活所遭遇困難不易面對。評估所見張員之犯行和聽幻覺等精神症狀關聯性有限，似乎和酒精長期的社會適應不良及整體能力下降和犯行的關聯較為明顯。因此，本院認為張員長期酒精成癮問題，已造成其整體能力下降，現實判斷能力較差，衝動控制能力不佳及精神症狀干擾。但就此次騎車問題，犯行前飲酒之際其對於外界事務之知覺理會與判斷作用，以及自由決定意思之能力，應未較普通人之平均程度顯然減退，其精神狀態應未達到精神耗弱的程度。考量張員過去病史及物質濫用史，首要問題應是停止使用酒精，建議其應接受持續之精神科治療』，顯見被告確有酗酒情形，且前後三次因酒醉駕車違反刑法第185條之3之公共危險罪，應依刑法第89條規定，命其於刑之執行完畢或赦免後入相當處所施以禁戒，其期間為三個月以下，固非無見。惟依修正前刑法第89條第1項規定論知禁戒處分者，其處分期間為三個月以下，同條第二項規定甚明，依上說明，法院自應在此範圍內，酌定禁戒處分之期間，以為執行之依據，乃原判決主文並未具體論知禁戒期間，致

禁戒處分之執行，處於未確定之狀態，自屬違法。」足供參考。

第四節　強制工作處分

一、強制工作之意義

強制工作者，為矯正犯人犯罪習慣或遊惰習性，養成其勤勞之德性，俾能繼續從事工作之處分也。

二、強制工作處分之對象

強制工作處分，原則上係對於成年人為之，此與感化教育處分之施於少年人情形，恰屬相反。依刑法之規定，依舊刑法第90條第1項規定：「有犯罪之習慣或以犯罪為常業或因遊蕩懶惰成習而犯罪者，得於刑之執行完畢或赦免後，令入勞動場所，強制工作。」強制工作處分適用對象有三：（一）習慣犯；（二）常業犯；（三）因遊蕩或懶惰成習而犯罪之人。然因刑法已廢除常業犯與連續犯，為符立法體例，自不宜再保留「以犯罪為常業」而宣告強制工作之規定，爰於現行刑法第90條第1項刪除「以犯罪為常業」之規定，而僅以「有犯罪之習慣或因遊蕩或懶惰成習而犯罪者」為強制工作處分之宣告對象。惟因特別法仍有關於常業犯之處罰，在配合本法刪除之前，如犯特別法之常業罪，其行為符合「有犯罪之習慣者」之要件時，仍應依本條宣告強制工作之處分。又參照最高法院97年台上字第1177號判決：「按刑法第90條第1項規定對於有犯罪之習慣或因遊蕩或懶惰成習而犯罪者之宣付強制工作處分，係本於保安處分應受比例原則之規範，使保安處分之宣告，與行為人所為行為之嚴重性、行為人所表現之危險性及對於行為人未來行為之期待性相當之意旨而制定，由法院視行為人之危險性格，決定應否令入勞動處所強制工作，以達預防之目的。所謂有犯罪之習慣係指對於犯罪已成為日常之慣性行為者而言，至所犯之罪名為何，是否同一，則非所問。」之說明，本條不以重複實施特定

犯罪為前提。

三、強制工作處分之期間

　　依舊刑法第90條第1項規定，強制工作應於刑之執行後為之，惟按其處分之作用，原在補充或代替刑罰，爰參考德國現行刑法第67條立法例及竊盜犯贓物犯保安處分條例第3條第1項強制工作處分應先於刑之執行而執行之意旨，將刑法第90條第1項後段修正為：「於刑之執行前，令入勞動場所，強制工作。」依刑法第90條第2項前段規定，強制工作處分期間為三年。依同條項但書規定，強制工作執行滿一年六月後，認為無繼續執行之必要者，為鼓勵向上，法院得免其處分之執行。又依刑法第90條第3項規定，如強制工作處分執行將屆三年，認為有延長之必要者，法院得許可延長之，其延長以一次為限，延長期間不得逾一年六月。

第五節　　強制治療處分

一、強制治療之意義

　　強制治療者，即國家以公權力對於患有某種傳染病之人，強制其受醫療之處分，受強制治療之宣告者，不得拒絕接受治療。

二、強制治療處分之對象及期間

　　依刑法第91條第1項之規定，花柳病及麻瘋患者犯刑法第285條之罪（明知自己有花柳病或麻瘋，隱瞞而與他人為猥褻之行為或姦淫，致傳染於人者，處一年以下有期徒刑、拘役或五百元以下罰金。）者，得令入相當處所，強制治療。依刑法第91條第2項規定，強制治療於刑之執行前為之，其期間至治癒時為止。

　　舊刑法第91條之1第1項原規定：「犯第221條至第227條、第228條、第229條、第230條、第234條之罪者，於裁判前應經鑑定有無施以治療之

必要。有施以治癒之必要者，得令入相當處所，施以治療。」依此規定，關於與強制性交之結合犯是否得施以強制治療，即出現法無規定缺漏，並引起實務適用之疑義，為弭爭議，爰於刑法第91條之1第1項增列第332條第2項第2款強盜強制性交罪、第334條第2款海盜強制性交罪及第348條第2項第1款擄人勒贖強制性交罪及其特別法（如兒童及少年性交易防制條例第22條）等罪，以資涵括。又舊刑法第91條之1第1項就強制治療之認定為「於裁判前應經鑑定有無施以治療之必要」，在實務上常引起鑑定人質疑行為人有無犯罪不明下，無以憑作鑑定之質疑，亦或有判決與鑑定意見相左之情形，且學者及精神醫學專家咸認此類行為人於出獄前一年至二年之治療最具成效，故有修正舊刑法第91條之1第1項「裁判前應經鑑定」之必要。而因性罪犯之矯治應以獄中強制診療（輔導或治療）或社區身心治療輔導教育程序為主，若二者之治療或輔導教育仍不足矯正行為人偏差心理時，始有施以保安處分之必要。而性罪犯之矯治以再犯預防及習得自我控制為治療目的，其最佳之矯正時點咸認係出獄前一年至二年之期間，已如前述，現行依監獄行刑法之輔導或治療，即在符合此項理論下，於受刑人出獄前一至二年內進行矯治。如刑期將滿但其再犯危險仍然顯著，而仍有繼續治療必要時，監獄除依第77條第2項第3款規定，限制其假釋外，亦須於刑期屆滿前提出該受刑人執行過程之輔導或治療紀錄、自我控制再犯預防成效評估報告及應否繼續施以治療之評估報告，送請檢察官審酌是否向法院聲請強制治療之參考。據上說明，刑法第91條之1第1項第1款遂修正為：「犯第221條至第227條、第228條、第229條、第230條、第234條、第332條第2項第2款、第334條第2款、第348條第2項第1款及其特別法之罪，而有下列情形之一者，得令入相當處所，施以強制治療：一、徒刑執行期滿前，於接受輔導或治療後，經鑑定、評估，認有再犯之危險者。」

此外，依性侵害犯罪防治法第18條規定對於刑及保安處分之執行完畢、假釋、緩刑、免刑、赦免之性侵害犯罪加害人，主管機關應對其施以身心治療或輔導教育，依現有之社區治療體系進行矯治事宜，如經鑑定、評估有強制治療之必要，再由各縣市政府性侵害防治中心提出評估、鑑定結果送請檢察官向法院聲請強制治療之依據，爰將刑法第91條之1第1項

第2款修正為：「犯第221條至第227條、第228條、第229條、第230條、第234條、第332條第2項第2款、第334條第2款、第348條第2項第1款及其特別法之罪，而有下列情形之一者，得令入相當處所，施以強制治療：二、依其他法律規定，於接受身心治療或輔導教育後，經鑑定、評估，認有再犯之危險者。」以落實此類犯罪加害人之治療。從而，性侵害犯罪之加害人有無繼續接受強制治療之必要，係根據監獄或社區之治療結果而定，如此將可避免現行規定之鑑定，因欠缺確定之犯罪事實，或為無效之刑前強制治療，浪費寶貴資源，使強制治療與監獄或社區之治療結合，為最有效之運用。

　　由於加害人之強制治療是以矯正行為人異常人格及行為，使其習得自我控制以達到再犯預防為目的，與尋常之疾病治療有異，學者及醫界咸認無治癒之概念，應以強制治療目的是否達到而定，故期限以「再犯危險顯著降低為止」為妥。惟應每年鑑定、評估，以避免流於長期監禁，影響加害人之權益。據此刑法第91條之1第2項乃修訂為：「前項處分期間至其再犯危險顯著降低為止，執行期間應每年鑑定、評估有無停止治療之必要。」最後，強制治療既已修正於刑後執行，應無折抵刑期之問題，爰刪除舊刑法第91條之1第3項：「前項治療處分之日數，以一日抵有期徒刑或拘役一日或第42條第4項裁判所定之罰金數額。」有關折抵刑期之規定。而在刑法第91條之1第1項規定修正後，最高法院94年台上字第2239號判決所持之理由：「（五）原判決分別論處上訴人刑法第222條第1項第2款對十四歲以下之男子以違反其意願之方法而為性交及同法第224條之1之對十四歲以下之男子以違反其意願之方法而為猥褻之行為等罪刑，並依高雄市立凱旋醫院之鑑定意見，認上訴人有施以強制治療之必要，如若無誤，則上訴人究係因犯何罪名而認有令入相當處所施以治療之必要？抑或所犯二罪俱有令入相當處所施以治療之必要？自應於其所犯罪名後分別宣告之，以期翔適。至於上訴人所犯二罪，如均認有令入相當處所施以治療之必要，則應分別宣告後，依保安處分執行法第4條之1第1項第8款規定執行之。原判決關於宣告令上訴人入相當處所施以治療部分，不在其論處之罪刑後分別宣告，竟於定執行刑後，另為強制治療之諭知，難認適法。」關

於裁判時應宣告強制治療之觀點，應已無適用。

第六節　保護管束處分

一、保護管束之意義

　　保護管束（Probation or Protective Control Measures）者，乃對於一定之犯人，不拘束其身體自由，僅命其遵守一定之事項，而由觀護人予以適當之指導，於必要時並予援助，以期其改善與更生之處分也。一般意義的保護管束，乃指檢察官或法院依裁判，就個案具體情形，指定適當之人或觀護人以輔導及監督之方式，協助受保護管束人在社會中新生；受保護管束期間以不再犯罪、並遵守一定事項為條件，有違反則撤銷保護管束，繼續執行原處分、刑期或轉為較嚴厲之處分。西元1836年美國麻州開始規劃保護管束制度，並於波士頓設支薪之觀護人，負責執行保護管束及審前調查。西元1841年熱心公益的皮靴匠Tohn Augustus更熱心向法院聲請交保，負責審前調查、社區監督與提出量刑建議，前後協助兩千餘位被告戒癮戒毒成功，由於他對案主年齡、背景、特質與未來環境均篩選謹慎，並就近安置於自己家中加以監護，故在長達十八年的輔導志工生涯中，據稱失敗者僅十件，遂有「美國觀護之父」之美譽。在前述沿革下，少年矯治處遇領域之保護管束體制逐步形成。德國於西元1930年於其刑法草案第55條第5款設保護管束規定；瑞士於刑法第47條定保護管束條款；法國則於刑法草案第70條第4款均列有保護管束之規定（施亦暉，258）。

二、保護管束處分之對象及期間

　　除依刑法第92條規定：「（第1項）第86條至第90條之處分，按其情形得以保護管束代之。（第2項）前項保護管束期間為三年以下。其不能收效者，得隨時撤銷之，仍執行原處分。」受感化教育，監護、禁戒或強制工作之處分者，按其情形，得以保護管束處分代替其執行外，我國保護

管束處分之適用對象如下：（一）假釋人：依刑法第93條第2項規定，假釋出獄者，在假釋期中，應付保護管束；雖依最高法院93年台抗字第461號裁定：「按刑法第92條所規定，代替其他保安處分（如強制工作處分等）之保護管束，應由法院於裁判時併為宣告；同法第93條第2項之假釋中付保護管束，則為法律所明定，無待裁判，此觀同法第96條規定自明。兩者縱同為保護管束，功能本非相同。且保安處分執行法第4條之1第1項第7款規定，宣告保護管束之外，另宣告強制工作者，僅就強制工作執行之，尤見其矯治功能非一般假釋中付保護管束所能取代。」說明，假釋中付保護管束原無待法院裁判，惟實際上依刑事訴訟法第481條規定，刑法第96條但書之保安處分之執行，由檢察官聲請法院裁定，亦即假釋中付保護管束，仍須由法院裁定之。（二）緩刑人：依刑法第93條第1項規定，受緩刑之宣告者，除有下列情形之一，應於緩刑期間付保護管束外，得於緩刑期間付保護管束：一、犯第91條之1所列之罪者。二、執行第74條第2項第5款至第8款所定之事項者。從而依現行法制，緩刑人可分為「應付保護管束之緩刑人」與「得付保護管束之緩刑人」二種。蓋緩刑制度在暫緩宣告刑之執行，促犯罪行為人自新，藉以救濟短期自由刑之弊，則緩刑期內，其是否已自我約制而洗心革面，自須予以觀察，尤其對於因生理或心理最需加以輔導之妨害性自主罪之被告，應於緩刑期間加以管束，故於刑法第93條第1項增訂對此類犯罪宣告緩刑時，應於緩刑期間付保護管束之宣告，以促犯罪行為人之再社會化。惟為有效運用有限之觀護資源，並避免徒增受緩刑宣告人不必要之負擔，其餘之犯罪仍宜由法官審酌具體情形，決定是否付保護管束之宣告。又依刑法第74條第2項第5款至第8款之緩刑執行事項，因執行期間較長，為收其執行成效，宜配合保安處分之執行，方能發揮效果，爰於刑法第93條第1項第2款增列法官依第74條第2項規定，命犯罪行為人遵守第5款至第8款之事項時，應付保護管束，以利適用。

三、保護管束處分之撤銷

　　舊刑法第93條第3項原規定:「前二項情形,違反保護管束規則情節重大者,得撤銷緩刑之宣告或假釋。」因所稱「違反保護管束規則,情節重大」,因保護管束規則業已廢止(64年2月10日內政部台內警字第62194號及前司法行政部台64令字第01397號令會銜廢止),且對於「違反保護束應遵守之事項,其情節重大者,檢察官得聲請撤銷假釋或緩刑」,保安處分執行法第74條之3已有規定,故已無第3項規範之必要。然而是否須撤銷保護管束處分,須以「保護管束處分是否已不能收效」為前提要件,此可參照最高法院92年台非字第54號判決:「按受保護管束人在保護管束期間內,應保持善良品行,不得與素行不良之人往還;受保護管束人違反上開規定,情節重大者,檢察官得聲請撤銷保護管束或緩刑之宣告,保安處分執行法第74條之2第1款及同法第74條之3第1項分別定有明文。」之說明。

　　上揭條文並未明確規定受保護管束人須同時具備「未保持善良品行」及「與素行不良之人往還」兩項要件,始得撤銷保護管束或緩刑之宣告。且依該法第74條之3之立法理由:「受保護管束人違反前條規定應遵守之事項,其情節重大者,足見保護管束處分已不能收效,得為刑法第92條第2項及第93條第3項撤銷保護管束或緩刑之宣告或假釋之事由,檢察官及典獄長應聲請撤銷,爰增訂本條。」觀之,撤銷保護管束或緩刑之宣告與否厥在「保護管束處分是否已不能收效」,此合乎法律之「目的解釋」,同時未逾「法條可能文義之限制」範圍。依此,受保護管束人,於保護管束期間未保持善良品行,且情節重大,而屬保護管束不能收效之情形,其間縱未與素行不良之人往來,亦應屬同法第74條之3所示之得撤銷保護管束或緩刑宣告之情形。又依最高法院94年度台抗字第8號裁定:「保安處分係對受處分人將來之危險性所為拘束其身體、自由之處置,以達教化與治療之目的,為刑罰之補充制度。假釋出獄者,假釋中付保護管束,屬於保安處分之一種,其目的在監督受刑人釋放後之行狀與輔導其適應社會生活,期能繼續保持善行。依保安處分執行法第64條第2項之規定,法務部

得於地方法院檢察署置觀護人，專司由檢察官指揮執行之保護管束業務，因此受刑人假釋中是否遵守保護管束之規則自由檢察官指揮執行。受保護管束人違反保護管束規則，情節重大，撤銷假釋執行殘刑仍屬刑事裁判執行之一環，為廣義之司法行政處分，受保護管束人對於檢察官所指揮執行撤銷假釋之原因事實，如有不服，非不得依刑事訴訟法第484條之規定，即俟檢察官指揮執行該假釋撤銷後之殘刑時，由受刑人或其法定代理人或配偶向當初諭知該刑事裁判之法院，聲明異議以求救濟。刑事訴訟法第486條規定，此項異議由法院裁定，又未限制法院裁定之內容，法院自得就受保護管束人是否遵守保護管束之規則，如有違反，情節是否重大加以審查，以決定是否維持或撤銷、變更其處分，以達救濟之目的。」之說明，關於違反保護管束情節重大已不能收效之判斷，得向法院以聲明異議之方式請求救濟。

第七節　驅逐出境處分

一、驅逐出境之意義

　　驅逐出境者，乃對於外國人犯罪，除科處刑罰外，認為對社會猶有危險性時，不許其再居留於國內，而將其遣送回國或遣送至其他國家之處分也。凡在本國境內合法居留之外國人，原應保障其權益，但如其在本國為非作歹，已受本國法律之制裁，則其權益無再受本國保護之必要，故各國法制，多有驅逐出境處分之設也。

二、驅逐出境之對象

　　依刑法第95條規定，驅逐出境處分之適用對象，為外國人受有期徒刑以上刑之宣告者，得於刑之執行完畢或赦免後驅逐出境。又依保安處分執行法第74條第1項規定，外國人受保護管束者，亦得以驅逐出境代替之。又依最高法院93年台非字第189號判決：外國人在本國犯罪，而受有期徒

刑以上刑之宣告者，始得於刑之執行完畢或赦免後，驅逐出境，刑法第95條亦定有明文。是本國人並無該條之適用。而中華民國國民，如未依國籍法第11條規定，經內政部許可喪失中華民國國籍者，縱具有他國國籍，仍不失為本國人，亦無刑法第95條之適用。

第三十一章
保安處分之宣告執行與消滅

第一節　保安處分之宣告

　　保安處分雖非刑罰，但其效力亦可拘束犯人之自由，且保安處分制度若運用不當，不特不足以防衛社會，反而蹂躪人權，演變為不良之制。故各國為慎重保安處分之宣告起見，均委諸法院管轄，由法院之裁判為之。保安處分應否實施，由法院依法決定之。如其涉及人身自由之拘束者，原則上應於裁判時併為宣告；惟以下情形，則例外許其於裁判外單獨宣告：一、依法律規定，先於判決而為裁定者，如現行本法第88條第1項之禁戒處分、第91條之強制治療等。另依保安處分執行法第4條第2項及第3項規定，亦有得於判決前宣告之規定；二、依法律規定，許其事後補行裁定者，如依刑事訴訟法第481條第3項宣告之保安處分，或依本法第93條第2項於假釋中付保護管束處分，乃發生於裁判確定後，性質上自宜許其於事後裁定；三、因無裁判，法律准許單獨裁定保安處分者，如刑事訴訟法第481條第2項所定檢察官不起訴處分後向法院所為聲請之情形，即屬之。據上所述，刑法第96條乃規定：「保安處分於裁判時併宣告之。但本法或其他法律另有規定者，不在此限。」又刑事訴訟法及保安處分執行法上關於保安處分宣告之程序，亦有詳細規定，茲不贅述。

第二節　保安處分之執行

　　舊刑法第97條原規定：「感化教育、監護、禁戒、強制工作及保護管

束，於所宣告之期間未執行終了之前，如認為無繼續執行之必要者，法院得免其處分之執行；如認有延長之必要者，法院得就法定期間之範圍內，酌量延長之。」係就裁判諭知保安處分之期間特設免除及延長之規定，而普遍適用於各種保安處分。依其規定，延長期間雖不能逾各該保安處分之法定期間，而延長之次數，則無限制，延長處分期間與免其處分之執行，相輔為用，足以充分發揮保安處分之不定期及其作用，以收防衛社會改善犯人之功用。惟經分別檢討修正後之各種保安處分與本條之關係如下：一、免除處分之執行，已分別納入第86條至第90條中；二、現行第90條規定已依次將本條延長執行之規定納入第90條第2項中；三、現行第86條至第89條執行最長期間分別為五年、三年、一年，而依其處分之性質，應無再延長執行必要；四、第91條、第91條之1，則以「治癒」或「再犯危險顯著降低為止」，亦無再延長必要。因此，舊刑法第97條已無保留必要，故予以刪除。

舊刑法第98條原規定：「依第86條、第87條、第89條及第90條規定宣告之保安處分，於刑之執行完畢或赦免後，認為無執行之必要者，法院得免其處分之執行。」鑑於保安處分中不乏拘束人身自由之處分，而有補充或代替刑罰之作用，依刑法第86條第2項、第87條第2項所宣告之保安處分，除得於刑之執行前執行之外，亦得於刑之執行後執行之，如其係先執行刑罰，而於刑之執行完畢或赦免後，認無執行處分之必要者，得免除處分之執行；惟如其先執行保安處分者，於處分執行完畢或一部執行而免除後，認為無執行刑之必要者，法院得否免其刑之全部或一部執行，則尚乏明文，特將刑法第98條第1項修正為：「依第86條第2項、第87條第2項規定宣告之保安處分，其先執行徒刑者，於刑之執行完畢或赦免後，認為無執行之必要者，法院得免其處分之執行；其先執行保安處分者，於處分執行完畢或一部執行而免除後，認為無執行刑之必要者，法院得免其刑之全部或一部執行。」以免爭議。

又依刑法第88條第1項所宣告之禁戒處分、第89條第1項宣告之禁戒處分、第90條第1項所宣告之強制工作、第91條第2項宣告之強制治療，其處分之執行均先於刑之執行，故處分執行完畢或一部執行而免除後，認為

無執行刑之必要者，法院得免除刑全部或一部之執行。為免因法無明文而產生不必要之爭議，遂增訂刑法第98條第2項：「依第88條第1項、第89條第1項、第90條第1項、第91條第2項規定宣告之保安處分，於處分執行完畢或一部執行而免除後，認為無執行刑之必要者，法院得免其刑之全部或一部執行。」之規定。關於刑罰之免除，原應有其範圍，罰金刑無免除必要，無期徒刑免除於刑事政策上有所不宜，刑法第98條第3項：「前二項免其刑之執行，以有期徒刑或拘役為限。」乃將免其刑之執行，限制在有期徒刑或拘役之範圍，以期公允。

第三節　保安處分之消滅

保安處分，因其執行完畢，或其代替之保安處分執行完畢，或經依法免除其執行而消滅。又受處分人死亡者，則其所受保安處分之宣告，亦屬消滅，此與刑罰消滅之情形相同，毋待深論。此外，保安處分雖不適用刑罰權時效之規定，然如漫無限制，亦非所以安定社會保障人權之道。依舊刑法第99條規定，感化教育、監護、禁戒、強制工作、強制治療等五種保安處分，自應執行之日起，經過三年未執行者，非得法院許可，不得執行之。由於該規定僅針對刑法第86條至第91條所定之保安處分而設，依竊盜犯贓物犯保安處分條例等特別法宣告之保安處分，自應執行之日起經過三年未執行者，如不能適用此一規定，前受處分人是否須接受處分之執行，永在不確定狀態中，殊非所宜，故有將「第86條至第91條之」修正為「保安處分」之必要。

又舊刑法第99條所稱「經過三年未執行者」，應包括「未開始」執行，與開始執行後「未繼續」執行兩種情形，例如：受處分人逃匿，自始即未受執行之例屬前者；受執行中脫逃，未繼續執行之例屬後者。為免爭議，亦有必要將之修正為「經過三年未開始或繼續執行」，以期明確。舊條文就保安處分經過相當期間未執行者，採許可執行制度，而不適用時效規定。至法院於如何情形，應許可執行，並未規定其實質要件。按各種

保安處分經修正後業已增訂其實質要件,而原來宣告各該保安處分之實質要件,應即為許可執行之實質要件,刑法既仍採許可執行制度,則逾三年後是否繼續執行,應視原宣告保安處分之原因,是否繼續存在為斷,故參考檢肅流氓條例第18條第3項之體例,規定非經法院認為原宣告保安處分之原因仍繼續存在時,不得許可執行;逾七年未開始或繼續執行者,不得執行,以維護人權。據上所述,刑法第99條乃修正為:「保安處分自應執行之日起逾三年未開始或繼續執行者,非經法院認為原宣告保安處分之原因仍繼續存在時,不得許可執行;逾七年未開始或繼續執行者,不得執行。」以期適用之明確。又參照最高法院94年台非字第240號判決:「毒品危害防制條例,並無類似竊盜犯贓物犯保安處分條例第1條後段明定:『本條例未規定者,適用刑法及其他法律之規定。』之規定,又觀察勒戒處分執行條例第2條僅規定:『觀察、勒戒處分之執行,依本條例之規定,本條例未規定者,適用保安處分執行法之相關規定。』而觀察、勒戒處分執行條例及保安處分執行法,均無類似刑法第99條逾三年未執行,需再經法院許可之規定。再按刑法第88條、第99條固分別規定:『犯吸食鴉片或施打嗎啡或使用高根、海洛因或其化合質料之罪者,得令入相當處所,施以禁戒。』、『第86條至第91條之保安處分,自應執行之日起經過三年未執行者,非得法院許可不得執行之。』,惟安非他命係毒品危害防制條例第4條第1項第2款所列第二級毒品,與同條項第一款所列第一級毒品及刑法第262條及第88條所列吸食鴉片、高根、海洛因或其化合質料有別,故施用安非他命者,經法院裁定應送勒戒處所觀察、勒戒者,雖經三年未執行,亦無刑法第88條、第99條之適用。再毒品危害防制條例於92年7月9日經政府修正公布,增訂第24條之1規定:『觀察、勒戒或強制戒治處分於受處分人施用毒品罪之追訴權消滅時,不得執行。』,並自93年1月9日施行,而施用第二級毒品罪之法定刑為三年以上有期徒刑,其追訴權依刑法第80條第1項第2款之規定為十年。經查本件被告○○○基於概括犯意,自88年6月間起至同年12月10日,連續在不詳處所施用第二級毒品安非他命多次,經台灣板橋地方法院以88年度毒聲字第7885號裁定送勒戒處所觀察、勒戒確定。嗣因該裁定自觀察、勒戒應執行之日起已逾三年未

執行，台灣板橋地方法院檢察署依刑法第99條，聲請許可執行前述觀察、勒戒之裁定，經台灣板橋地方法院92年度毒聲字第3656號裁定，以被告於觀察、勒戒處分確定，因另案入監執行，已逾三年未執行原觀察、勒戒處分，其間別無更犯施用毒品行為，認為尚無再予執行觀察、勒戒處分之必要，而駁回聲請。台灣板橋地方法院檢察署檢察官提起抗告，原審法院於93年1月14日裁定時，不論依修正前、後之法律，均應認檢察官無庸聲請即可執行前開觀察、勒戒處分，乃竟未從程序上駁回檢察官之聲請，而維持第一審之裁定，駁回檢察官之抗告，適用法則即有違誤，非常上訴意旨以前開理由指摘原裁定不當，為有理由。」之說明，依毒品危害防制條例執行觀察勒戒，並不受刑法第99條逾三年未執行需再經法院許可之限制。

參考資料

林紀東Ⅰ，憲法與刑法，憲政思潮第29期，1975年1月。

林紀東Ⅱ，監獄學，正中書局，1977年4月。

林紀東Ⅲ，刑事政策學，正中書局，2000年6月。

蔡墩銘Ⅰ，中國刑法精義，漢林出版社，1990年6月。

蔡墩銘Ⅱ，德、日刑法典，五南圖書出版有限公司，1993年12月。

甘添貴Ⅰ，罪數理論之研究（一），軍法專刊，第38卷第10期。

甘添貴Ⅱ，科刑一罪處斷刑之性質，月旦法學雜誌第56期，2000年1月。

甘添貴Ⅲ，數罪併罰之概念與根據，月旦法學雜誌第61期，2000年6月。

甘添貴Ⅳ，狹義數罪併罰與執行刑之吸收，月旦法學雜誌第64期，2000年9月。

甘添貴Ⅴ，狹義數罪併罰與執行刑之加重與併科，月旦法學雜誌第67期，2000年12月。

甘添貴Ⅵ，醫療糾紛與法律適用：論專斷醫療行為的刑事責任，刑事醫療糾紛學術研討會，台灣刑事法學會等主辦，2008年1月。

柯耀程Ⅰ，易科罰金的數罪併罰問題探討，蔡墩銘主編，刑法爭議問題研究，五南圖書，1999年2月。

柯耀程Ⅱ，數罪併罰整體刑之確立與易刑處分，變動中的刑法思想，1999年9月。

柯耀程Ⅲ，競合論之回顧與前瞻，刑法七十年之回顧與展望紀念論文集（一），元照出版公司，2001年1月。

柯耀程Ⅳ，數罪併罰整體刑之確立與易科罰金，刑事法雜誌，第39卷第2期。

柯耀程Ⅴ，罪數論根源與發展之探索，月旦法學雜誌第75期，2001年8月。

柯耀程Ⅵ，刑法競合論，元照出版公司，2000年12月。

黃榮堅Ⅰ，犯罪的結合與競合，刑法問題與利益思考，月旦出版社，1995年6月。

黃榮堅Ⅱ，刑法上競合關係座談會，黃榮堅發言部分，臺大法學論叢，第20卷第2期。

林山田Ⅰ，刑罰學，臺灣商務印書館，1998年6月。

林山田Ⅱ，刑法通論下冊，三民書局，2008年10月。

林山田Ⅲ，競合論概說與行為單數，政大法學評論第39期。

林山田Ⅳ，論併合處罰之易科罰金，刑事法雜誌，第39卷第1期。

林山田Ⅴ，評易科罰金的修正，月旦法學雜誌第74期，2001年7月。

林山田Ⅵ，論刑法總則之改革，月旦法學雜誌第76期，2001年9月。

林鈺雄，新刑法總則，元照出版社，2006年9月。

蘇俊雄Ⅰ，刑法總論Ⅲ，作者自刊，2000年4月。

蘇俊雄Ⅱ，自由刑理論與刑法改革的比較研究，臺大法學論叢，第23卷第1期。

蘇俊雄Ⅲ，競合理論之探討，法令月刊，第49卷第2期，1998年2月。

蘇俊雄Ⅳ，假釋制度的法理問題——刑罰再社會化機制強化，法令月刊，第51卷第1期，2000年1月。

劉邦繡Ⅰ，假釋與撤銷假釋程序上救濟疑義之探討二，法務通訊，第2123期。

劉邦繡Ⅱ，假釋與撤銷假釋程序之探討——臺北高等行政法院89年度臺上字第2490號判決之商榷，法令月刊，第53卷第10期，2002年10月。

余振華，違法性理論，元照出版社，2001年3月。

楊建華，刑法總則之比較與檢討，三民書局，1998年3月。

許玉秀Ⅰ，犯罪階層理論（上），臺灣本土法學第2期，1999年2月。

許玉秀Ⅱ，刑法導讀，學林分科六法（刑法），新學林，2005年2月。

韓忠謨，刑法原理，作者自刊，1972年4月。

楊大器，刑法總則釋論，大中國圖書公司，1992年3月。

謝兆吉、刁榮華合著，刑法學說與案例研究，漢林出版社，1976年10月。

羅結珍譯，（法國）斯特法尼等著，法國刑法總論精義，中國政法大學出版社，1998年6月。

徐久生譯，（德）漢斯・海因里希・耶塞克、托馬斯・魏根特著，德國刑法教科書（總論），頁885，中國法制出版社，2001年3月。

王乃彥，論人格尊嚴對國家刑罰權力實現過程的統制，國立中興大學法律學研究所碩士論文，1996年6月。

鄭文中，刑事執行程序中之辯護──以自由刑之執行為中心，臺大法研所碩士論文，1999年7月。

劉幸義，罪刑法定原則的理論與實務批判，刑事法雜誌，第38卷第5期，1994年10月。

董保城，首長特別費法律爭議，法令月刊，第58卷第6期，2007年6月。

許宗力，基本權的功能與司法審查，人文及社會科學，第6卷第1期，1996年1月。

許宗力，從大法官解釋看平等原則與違憲審查，憲法解釋之理論與實務第二輯，2000年8月。

李建良，基本權利理論體系之構成及其思考層次，人文及社會科學，第9卷第1期，1997年3月。

何建志，憲法上平等條款與違憲審查──由空洞概念到價值權衡，判解研究彙編（五），2001年1月。

蔡宗珍，人性尊嚴之保障作為憲法基本原則，月旦法學雜誌第45期，1999年2月。

朱石炎，兩岸人民關係條例刑事章釋義，法令月刊，第43卷第10期，1992年10月。

呂秉翰，刑法犯罪論體系之流變，吳鳳學報第13期，2005年9月。

林煒民，刑罰行為之質與量──主論「行為單數」，兼論「吸收」，刑事法雜誌，第40卷第2期，1996年4月。

朱敏賢，「數罪併罰之易科罰金」之研究──以釋字第三六六號解釋為中

心，刑事法雜誌，第40卷第4期。

金欽公，刑法第四十一條之研究，司法週刊第532期。

陳樸生，刑法第四十一條至第四十六條之研究意見，刑法總則研究修正資料彙編，司法行政部，1975年12月。

蔡碧玉，2005年新刑法修正綜覽6，法務通訊，第2244期，2005年6月30日。

蕭丁苑，假釋與假釋中付保護管束之探討，法務通訊，第1987期，2000年6月22日。

林宜靜Ⅰ，保安處分之意義與發展歷史(1)，法務通訊，第2281期，2006年3月23日。

林宜靜Ⅱ，保安處分之意義與發展歷史(2)，法務通訊，第2282期，2006年3月30日。

林瑞富，自由心證主義的法律與實務，法令月刊，第45卷第12期，1994年12月。

夏　勇，鄧玉嬌案與羅克辛的客觀歸責理論，北方法學，第3卷第17期，2009年10月。

施亦暉，少年保護管束之研究，社區發展季刊第111期，2005年9月。

蔡順雄，刑法的基本理念，司改雜誌第026期，available at: http://www.jrf.org.tw/mag/mag_02s.asp?SN=766（最後造訪日：2013/08/15）。

宗建文，刑法法典化及其可能性，available at: http://www.chinalawedu.com/news/2004_9/11/1206237266.htm（最後造訪日：2013/08/15）。

鄭孟伯，「業務過失」的難題，http://www.drkao.com/3rd_site/season/3/2.htm（最後造訪日：2013/08/15）。

張明楷，英美刑法中關於法律認識錯誤的處理原則（文章來源：法學家），available at: http://www.chinalawsociety.org.cn/forum/shownews.asp?id=808&cpage=1（最後造訪日：2013/08/15）。

周宜俊，陷害教唆理論探微，available at: http://www.ngjc.net/viewnews-3262（最後造訪日：2013/08/15）。

美國之音，美國的假釋制度，available at: http://www.voafanti.com/gate/
  big5/www.voanews.com/chinese/archive/2008-02/w2008-02-22-voa62.cfm?
  CFID=302089476&CFTOKEN=11640900（最後造訪日：2013/08/15）。

何子倫，林毅夫案之赦免可行性分析，http://www.npf.org.tw/
  particle-1271-3.html（最後造訪日：2013/08/15）。

蔡兆誠，談赦免的基本觀念，http://www.tahr.org.tw/site/sue/menu4/2.htm
  （最後造訪日：2013/08/15）。

曾粵興，違法性認識與定罪模式思考，http://www.chinalawsociety.org.cn/
  forum/shownews.asp?id=846&cpage=1（最後造訪日：2013/08/15）。

國家圖書館出版品預行編目資料

學習刑法. 總則編／張明偉著. 一一四版.
一一臺北市：五南, 2015.09
　面；　公分
ISBN 978-957-11-8321-3（平裝）
1.刑法總則
585.1　　　　　　　　　　104017720

1T13

學習刑法—總則編

作　　　者一 張明偉（203.3）

發 行 人一 楊榮川

總 編 輯一 王翠華

主　　　編一 蔡惠芝

責任編輯一 宋肇昌　李孝怡

封面設計一 斐類設計工作室

出 版 者一 五南圖書出版股份有限公司

地　　　址：106台北市大安區和平東路二段339號4樓

電　　　話：(02)2705-5066　　傳　　　真：(02)2706-6100

網　　　址：http://www.wunan.com.tw

電子郵件：wunan@wunan.com.tw

劃撥帳號：01068953

戶　　　名：五南圖書出版股份有限公司

法律顧問　林勝安律師事務所　林勝安律師

出版日期　2008年9月初版一刷
　　　　　2011年1月二版一刷
　　　　　2013年9月三版一刷
　　　　　2015年9月四版一刷

定　　　價　新臺幣620元